Waxmann Verlag GmbH
Steinfurter Straße 555, 48159 Münster
info@waxmann.com

Psychotherapiewissenschaft
in Forschung, Profession und Kultur

Schriftenreihe der
Sigmund-Freud-Privatuniversität Wien

Herausgegeben von Bernd Rieken

Band 2

Die Sigmund Freud-Privatuniversität in Wien ist die erste akademische Lehrstätte, an der die Ausbildung zum Psychotherapeuten integraler Bestandteil eines eigenen wissenschaftlichen Studiums ist. Durch das Studium der Psychotherapiewissenschaft (PTW) wird dem Umstand Rechnung getragen, dass Psychotherapie eine hoch professionelle Tätigkeit ist, die – wie andere hoch professionelle Tätigkeiten auch – neben einer praktischen Ausbildung eines eigenen akademischen Studiums bedarf. Das hat zur Konsequenz, dass die wissenschaftliche Beschäftigung mit ihr nicht mehr ausschließlich den Nachbardisziplinen Psychiatrie und Klinische Psychologie mit ihrer nomologischen Orientierung obliegt, sodass die PTW als eigene Disziplin an Konturen gewinnen kann.

Vor diesem Hintergrund wird die Titelwahl der wissenschaftlichen Reihe transparent: Es soll nicht nur die Kluft, welche zwischen Psychotherapieforschung und Profession besteht, verringert, sondern auch dem Umstand Rechnung getragen werden, dass man der Komplexität des Gegenstands am ehesten dann gerecht wird, wenn neben den üblichen Zugängen der Human- und Naturwissenschaften auch Methoden und/oder Fragestellungen aus dem Bereich der Kultur-, Sozial- und Geisteswissenschaften Berücksichtigung finden.

Rosa C. Nowak

Transaktionsanalyse und Salutogenese

Der Einfluss transaktionsanalytischer Bildung
auf Wohlbefinden und emotionale Lebensqualität

Waxmann 2011
Münster / New York / München / Berlin

Bibliografische Informationen der Deutschen Nationalbibliothek

Die Deutsche Nationalbibliothek verzeichnet diese Publikation in
der Deutschen Nationalbibliografie; detaillierte bibliografische
Daten sind im Internet über http://dnb.d-nb.de abrufbar.

Gedruckt mit freundlicher Unterstützung der Österreichischen Forschungsgemeinschaft.

Diese Arbeit wurde 2011 von Sigmund-Freud-Universität im Fach
Psychotherapiewissenschaft als Dissertation angenommen.

Psychotherapiewissenschaft in Forschung, Profession und Kultur, Band 2

ISSN 2192-2233
ISBN 978-3-8309-2557-6

© Waxmann Verlag GmbH, Münster 2011

www.waxmann.com
info@waxmann.com

Umschlaggestaltung: Anne Breitenbach, Tübingen
Umschlagfoto: © misterryba – Fotolia.com
Druck: Hubert & Co., Göttingen
Gedruckt auf alterungsbeständigem Papier,
säurefrei gemäß ISO 9706

Mix
Produktgruppe aus vorbildlich bewirtschafteten
Wäldern und anderen kontrollierten Herkünften
www.fsc.org Zert.-Nr. SGS-COC-005773
© 1996 Forest Stewardship Council

FSC

Printed in Germany

Vorwort des Reihenherausgebers

In der vorliegenden Dissertation werden transaktionsanalytische Weiterbildungen aus der Perspektive des Salutogenese-Konzeptes betrachtet. Das ist ein interessanter Zugang – nicht nur, weil er neu ist, sondern auch, weil sich daraus beachtliche Synergieeffekte ergeben, vor allem hinsichtlich der Veränderung des Kohärenzgefühls mithilfe der Transaktionsanalyse.

Die Arbeit ist aber auch aus weiteren Gründen beachtenswert. Sie thematisiert psychotherapeutische bzw. psychotherapiewissenschaftliche Fragestellungen in einem Nachbarkontext, nämlich der Weiterbildung im beruflichen Bereich (Pädagogik, Wirtschaft), und macht deutlich, dass Fragen seelischen Wohlbefindens und seelischer Veränderungen auch außerhalb des engeren Herkunftsbereichs sinnvoll thematisiert werden können. Dabei geht es mehr um die feinen Nuancen der Veränderung, welche bei nomothetischem Vorgehen weniger gut oder kaum erfasst werden. Qualitativ-hermeneutische Zugänge, wie sie die Autorin in ihrer Arbeit verwendet hat, eignen sich dafür besser. Hinzukommt, dass sie aus einem geisteswissenschaftlichen Blickwinkel die Dinge betrachtet, indem sie Grundfragen menschlicher Existenz thematisiert, etwa nach der eigenen Identität, nach dem Sinn des Lebens, nach spirituellen Dimensionen, aber sich auch zu den Phänomenen Normalität und Authentizität Gedanken macht. Vor allem das Stichwort „Authentizität" ist ein bedeutender Aspekt nicht nur für das alltägliche Zusammenleben und das eigene Selbstverständnis, sondern auch für Geisteswissenschaften und Dichtung, wird diese Problematik doch dort als Frage nach dem Verhältnis von Sein und Schein abgehandelt und ist als Theatrum-mundi-Metapher (Bühnenmetapher) ein gewichtiges Motiv der europäischen Kulturgeschichte seit der Antike.

Darüber hinaus ist die Arbeit für Studierende von besonderem Interesse, indem Einblick gewährt wird in den Forschungsprozess bzw. die allmähliche Entwicklung der Forschungsfrage – und zwar in einer Weise, durch die musterhaft klar wird, wie man an ein Thema herangehen und es dann auch durchführen kann.

Bernd Rieken
Leiter der Abteilung Doktoratsstudium der Psychotherapiewissenschaft
an der Sigmund-Freud-Privatuniversität

TA wirkt! …

So der Titel einer vor Jahren von der DSGTA, der Deutsch Schweizerischen Gesellschaft für Transaktionsanalyse abgehaltenen Konferenz.

Die Transaktionsanalyse ist eine seit den 1950er Jahren durch den Psychiater und Psychotherapeuten Eric Berne entwickelte, spezielle Psychologie. Sie wird heute in den unterschiedlichsten Arbeitsfeldern als Persönlichkeitstheorie und als Interaktions-, bzw. Beziehungstheorie eingesetzt. Als Persönlichkeitstheorie ist sie Grundlage für ein vertieftes Verständnis von intraindividuellen Strukturen sowie deren Dynamik und Entstehung. Als Interaktionstheorie bietet sie viele Möglichkeiten, Interaktions- und Beziehungsprozesse zu erklären und zu verstehen. Sowohl das Verständnis unseres Inneren als auch dessen, was wir mit anderen Menschen im sozialen Beziehungskontakt tun, sind wichtige Voraussetzungen, um in unserer widersprüchlichen und fragmentierten Welt (Antonovsky) unser Leben auf gute Weise zu gestalten. Dies gilt vor allem für die Menschen, deren Arbeit eng mit dem Zusammensein mit anderen Menschen verbunden ist. So etwa Führungskräfte, Trainer, Lehrende jedweder Professionalität uvam.

Als die Transaktionsanalyse in den 60er und 70er Jahren nach Europa kam, war sie schnell etwas, das expost als „Pop-Psychologie" bezeichnet wird. Durch die Idee Eric Bernes, psychotherapeutische Prozesse so zu gestalten und zu beschreiben, dass der Patient verstehen kann, was warum gefragt wird, ist die transaktionsanalytische Theorie durch Verständlichkeit in Wort und Darstellungen gekennzeichnet. Dies und die Titel der Bücher, die in der ersten Hochzeit der Transaktionsanalyse auf den Markt kamen (so etwa die „Spiele der Erwachsenen" und die „Spielarten und Spielregeln der Liebe") führten zu einer schnellen Verbreitung transaktionsanalytischer Theorie. Aus heutiger Perspektive zu einer zu schnellen Verbreitung. Es wurde zu wenig darauf geschaut, dass Transaktionsanalyse eine sehr hinter- und tiefgründige spezielle Psychologie ist, die ihre Wurzeln in der Tiefenpsychologie und der Humanistischen Psychologie hat. Transaktionsanalyse wurde Ende der 70er Jahre in vielen Bereichen, vor allem außerhalb psychotherapeutischer Settings, zur Mickey-Mouse-Psychologie: schnell gelernt, oberflächlich angewendet, schnell wirkend. Aber nicht wirksam. Allein theoretische Erkenntnisse führen noch nicht zur nachhaltigen Änderung im Denken, Fühlen und Verhalten. Hierzu braucht es Fortschritte in allen drei menschlichen Daseinsäußerungen: neben dem Denken (Verstehen) auch im Fühlen (emotionale Über- und Umsetzung) sowie im Verhalten (konative Umsetzung).

Nur über das Zusammenspiel in Denken, Fühlen und Verhalten sind wir in der Lage, uns wirksam proaktiv weiterzuentwickeln. Ziel transaktionsanalytischer Arbeit ist die Stärkung menschlich bezogener Autonomie (Schlegel) des Individuums. Ein autonomer Mensch ist unabhängig und selbstständig in Urteil und Entscheidung. Hierzu braucht er die Fähigkeiten zur Bewusstheit, zur Spontaneität und zur Intimität. Bewusstheit bedeutet sinnliche Unvoreingenommenheit im Hier und Jetzt, achtsam zu sein auf sich, die Anderen und die Welt hin. Spontaneität heißt, zu echten Gefühlen fähig zu sein, freie Wahl zu haben im Denken, Fühlen und Verhalten. Sie ist zu verstehen, als der unverfälschte Ausdruck des wahren Selbst ohne äußere oder verinnerlichte negative Zensur. Intimität schließlich führt zu offener, bedingungsfreier und verantwortungsvollen Bezugnahme zum Gegenüber, zu „Innerlichkeit" im Sinne von Zugewendetheit, Mitgefühl, Rücksichtnahme und Liebe.

Sich in all diesem zu entwickeln, braucht Verständnis, Zeit und Unterstützung, welche sich Menschen in transaktionsanalytischen Ausbildungsgruppen suchen, holen und bekommen.

Rosa C. Nowak hat sich im Rahmen ihres Dissertationsprojektes auf den Weg gemacht, die Wirksamkeit dieser transaktionsanalytischen Ausbildungsarbeit zu untersuchen. In diesem Buch sind ihre Ergebnisse zusammengetragen.

Ihre Erkenntnis: TA(-Ausbildung) wirkt! => Quod erat demonstrandum!

Rosa C. Nowak herzlichen Dank für ihre Arbeit und den durch sie erbrachten Erkenntnisgewinn, allen Lesern des vorliegenden Buchen viel Interesse und Freude beim Lesen, Studieren, Nach-Denken.

Deggendorf im Juni 2011

Prof. Dr. Henning S. Schulze
Vorsitzender des Vorstandes der Deutschen Gesellschaft für Transaktionsanalyse, DGTA e.V.
Stellv. Herausgeber der Zeitschrift für Transaktionsanalyse, ZTA
TSTA-O
Lehrsupervisor in der European Association for Supervision and Coaching, EASC

Inhalt

„And if you are looking for answers, beware of black and white.
Sometimes, the truth is just a little gray, between wrong and right."

(Heather Doiron, 1993)

Vorwort

Mehr als 70 Jahre sind seit dem Tod von Sigmund Freud vergangen, eine Zeitspanne, in der sich die Psychotherapie in vielfältiger Weise und mit einer Intensität weiterentwickelt hat, die Freud vermutlich nicht geahnt hätte. Mittlerweile existieren in Österreich 22 anerkannte Therapieschulen und allein in Wien sind weit über 2000 eingetragene Psychotherapeuten verzeichnet. Bekannterweise nützen und schätzen viele Menschen die Psychotherapie als Mittel der Wahl, um Probleme zu lösen, krisenhafte Ereignisse zu bewältigen, sich zu entwickeln und ihren Leidensdruck zu mildern. Wenn auch die Psychotherapie keine Wunderheilungen versprechen und nicht in der Art eines Automatismus wirken kann, so gehen doch äußerst viele Klienten als gestärkte, reifere Persönlichkeiten mit neugewonnener Energie und Lebensfreude aus der therapeutischen Arbeit hervor, die allerdings oft ein mühsamer, anstrengender und sicher nicht schmerzfreier Prozess ist.

Auch die gesellschaftliche Bewertung der Psychotherapie hat sich stark verändert. Psychotherapeutische Hilfe in Anspruch zu nehmen scheint sehr verbreitet, ja fast üblich zu sein, hat weitgehend den Beigeschmack eines zu verbergenden Makels verloren, wird durchaus als gesellschaftsfähig betrachtet und gilt zunehmend als persönliches Qualitätsmerkmal eines bewusst gestalteten Lebens.

Seit langem lässt sich daneben aber auch (etwa unter dem bekannten Schlagwort „Psycho-Boom") ein zeitgeistiges Phänomen beobachten, das sich in einer unübersehbaren Flut an populärwissenschaftlicher Ratgeber-Literatur sowie in einer ebenso unüberblickbaren Menge an Kursen, Beratungen und Hilfsangeboten unterschiedlichster Art und Qualität äußert, die zudem vielfach mit Esoterik vermischt sind. Hier eine sinnvolle und zielgerichtete Auswahl zu treffen, stellt für den Einzelnen eine kaum lösbare Aufgabe dar. Die Kunst der Unterscheidung fällt schwer, die Orientierung in diesem überfüllten Markt ist wahrhaft nicht einfach.

Eine zweite, ähnliche Welle dürfte sich im Bereich der psychosozialen Ausbildungen abzeichnen. Längst gibt es nicht nur Lebens- und Sozialberater, Mediatoren, Supervisoren und Coaches, sondern auch Trainer für fast alle Lebensbereiche. So kann man sich zum „Diplomierten Freizeit- und Outdoor-Guide" ausbilden lassen, zum „Ernährungsvorsorge-Coach", ja sogar zum „Systemischen Tierkommunikator", der zum „besseren Umgang mit dem Familienmitglied Tier" verhilft, wie im Programm einer Fortbildungsinstitution angekündigt wird. Fast entsteht der Eindruck, es solle ein Markt erzeugt werden, in dem der Einzelne das Gefühl entwickelt, für jeden Lebensvollzug einen Spezialisten zu benötigen. Selbst die simple Zubereitung des Kaffees kann man eigens geschulten „Baristas" überlassen.

Vermutlich trifft diese Entwicklung aber auf ein reales Bedürfnis der Menschen nach Halt und Orientierung, das nichts mit individuellem Unvermögen zu tun hat, sondern Ausdruck der Tatsache ist, dass die erfolgreiche Bewältigung eines fordernden und stressreichen Alltags eine komplexe und anspruchsvolle Angelegenheit geworden ist, wie Gergen bereits 1996 in seiner Publikation „Das übersättigte Selbst. Identitätsprobleme im heutigen Leben" feststellte. Ein Überangebot an Wahlmöglichkeiten verbunden mit einem Mangel an allgemein verbindlichen Werten, individuelle

Entscheidungen, die ständig zu treffen sind, diverseste Einflüsse, vielfältige Aufgaben, sowie Erwartungen im Berufs- und Privatleben, die nicht kompatibel sind, prägen häufig den Tagesablauf. Letztlich geht es um die berechtigte Frage, die Antonovsky im Rahmen der Stressforschung stellt: Wie bleibt der Mensch handlungsfähig in einer widersprüchlichen und fragmentierten Welt?

Wie verhalten Menschen sich nun angesichts dieser Situation? Welche Strategien wenden sie an, welche Ressourcen stehen zur Verfügung und in welcher Weise wird die breite Palette an professioneller Unterstützung in Anspruch genommen? Neben der sinnvollen und geglückten Nutzung derselben lassen sich zwei extreme Positionen beobachten: einerseits Menschen, die trotz der Omnipräsenz von Therapie und Beratung erstaunlich unbeirrt am Nicht-Reflektieren festhalten und sich gegen jede Veränderung sträuben, andererseits Personen, die zwar die Notwendigkeit von Entwicklung und Veränderung erkennen, dabei aber die Macht zu handeln und Entscheidungen zu treffen, gerne anderen überlassen und selbst Psychotherapie als Art „Reparatur-Werkstätte" missverstehen, in der man die Verantwortung an Experten abgeben kann.

Auf der Suche nach Möglichkeiten, die eigene Entwicklung in Selbstverantwortung voranzutreiben, die Persönlichkeit zu stärken und Eigeninitiativen zu fördern, fällt die Transaktionsanalyse (TA)[1] auf, und zwar aus einem besonderen Grund. Die von Eric Berne in den 1960er Jahren in Amerika begründete Transaktionsanalyse ist nicht nur eine in Österreich offiziell anerkannte Form der Psychotherapie. Sie ist auch eine Kommunikations- und Persönlichkeitstheorie, die man unabhängig von Psychotherapie (und auch ohne Therapeut werden zu wollen) im Rahmen von Ausbildungen erlernen kann. Ziel ist das bessere Verständnis innerpsychischer Prozesse und zwischenmenschlicher Kontakte, sodass es zu einer Optimierung des professionellen Kommunikations- und Beziehungsverhaltens kommt.

Im Laufe der Zeit haben sich vor allem zwei berufliche Felder herauskristallisiert, in denen diese Kurse angeboten werden: Organisation und Pädagogik. Praktisch gesehen bedeutet dies, dass zum Beispiel Lehrer, Erzieher, Kleinkind-Pädagogen, Erwachsenenbildner, Seminarleiter sowie Manager und Führungskräfte im Wirtschaftsbereich sich etwa drei Jahre lang einer fixen Ausbildungsgruppe anschließen und in rund 20 Wochenend-Blockveranstaltungen sämtliche Modelle der Transaktionsanalyse – die auch die Basis der transaktionsanalytischen Psychotherapie bilden – kennenlernen. Verbunden wird dies mit praktischen Übungen, dem organisierten Austausch mit Kollegen und mit Supervisionen, sodass der Transfer in den beruflichen Kontext gegeben ist.

Dass ergänzend zu Psychotherapie (oder auch unabhängig davon) einzelne Seminare, Workshops oder Selbsterfahrungseinheiten angeboten werden, ist auch in anderen Therapie-Richtungen nicht ungewöhnlich. Doch eine fundierte Ausbildung, die über die wesentlichen Bausteine der gesamten Theorie informiert, scheint tatsächlich bemerkenswert. Deshalb sollen genau diese Kurse in der vorliegenden Arbeit näher betrachtet werden.

---

1   sprich: TE-A

Ganz besonderer Dank geht an Bernd Rieken, der diese Untersuchung betreut, begleitet und durch wertvolle Hinweise, wie jenen auf den Stellenwert Antonovskys, unterstützt hat. Seine Mahnung, man solle nicht zu ausufernd in der Darstellung werden und kein Buch schreiben, mit dem man bloß ein Pferd erschlagen könne, hat mich ständig begleitet und daran erinnert, den Umfang in vernünftigen Grenzen zu halten, wenngleich die Thematik so interessant war, dass sich damit mühelos weitere Bücher füllen ließen.

Werner Vogelauer danke ich für hilfreiche Informationen und Kommentare zu Teil 1.1 und den Graphiken. Ebenso danke ich Günther Mohr für die Unterstützung dieses Projekts. Hervorzuheben sind auch etliche wohlmeinende Menschen, die mit emotionaler Unterstützung zur Seite standen, vor allem Jonathan, Georg, Claudia und viele andere. Jonathan danke ich zusätzlich für den Einsatz seines technischen Know-hows am Computer. Nicht zuletzt gebührt der Dank jedoch den zahlreichen TA-Absolventen, die bereit waren, Zeit und Energie zu investieren, um aus ihrem Leben zu berichten und wertvolle Erfahrungen mitzuteilen.

Einleitung

Das Phänomen, dass Ausbildungen existieren, in denen man die Theorie der Transaktionsanalyse auch unabhängig von Psychotherapie erlernen und praktisch anwenden kann, schien so interessant, dass der Wunsch entstand, die Wirksamkeit dieser Kurse empirisch zu untersuchen. Es interessierte, welche Erfahrungen Menschen mit dieser Form der Ausbildung machen, wie sie das erworbene Wissen nützen und in welcher Weise Entwicklungen vor sich gehen. Vor allem aber bewegte folgende Frage: Wirken sich diese Kurse, die primär als Kompetenzerweiterung für den beruflichen Kontext gedacht sind, auch in einem allgemeineren Sinn auf die Absolventen aus? Verändert sich etwas in ihrer Befindlichkeit und der subjektiven Wahrnehmung von Lebensqualität? Leisten TA-Ausbildungen auch einen Beitrag zur Persönlichkeitsentwicklung? Beeinflussen sie auch private Beziehungen, und lassen sich in irgendeiner Form Wirkungen feststellen, die man als heilsam bezeichnen könnte? Da Aspekte dieser Art auch im Rahmen der Psychotherapie relevant sind, könnte man in gewissem Sinn sagen, dass es sich hier um psychotherapeutische Fragestellungen in einem nicht-therapeutischen Kontext handelt.

In Zusammenhang mit den genannten Themen und der beabsichtigten Studie wurde das Konzept der Salutogenese nach Antonovsky in Verbindung gebracht, der sich ja ausführlich mit der Frage nach der Entstehung von Gesundheit und der erfolgreichen Bewältigung des Alltags befasst. Bei näherer Betrachtung stellte sich heraus, dass die Bedeutung dieses Konzepts für das Forschungsvorhaben über die Funktion einer reinen Hintergrundinformation weit hinausreicht. Obwohl Antonovsky die Perspektive eines Soziologen einnimmt, während Berne als Arzt und Therapeut publiziert hat und es nicht unbedingt auf der Hand liegt, die beiden Systeme näher in Verbindung zueinander zu setzen, zeigen sich zwischen den Modellen der Transaktionsanalyse und dem Denkansatz der Salutogenese überraschende Parallelen und Querverbindungen. Unter anderem sind es diese entdeckten Gemeinsamkeiten, die zur Konkretisierung der Forschungsfrage beitragen sollten. Transaktionsanalyse und Salutogenese sind somit jene Theorien, die der vorliegenden Studie zugrunde liegen. Neuere Entwicklungen dieser Ansätze werden dabei berücksichtigt, jedoch nicht ohne einen deutlichen Bezug zu ihren Ursprüngen in den Werken Bernes und Antonovskys herzustellen. Beide Autoren stehen in dieser Untersuchung – oft mit wörtlichen Zitaten – sehr stark im Vordergrund, da sich wesentliche Kernaussagen hier in ihrer ursprünglichsten Form zeigen. Zudem bestehen Theorien nicht nur aus logischen Gedankengängen, sondern auch aus einem bestimmten Geist, der sie trägt, den Beginn einer Bewegung gestaltet und dadurch in gewisser Weise auch langfristig erhalten bleibt. Diese Atmosphäre, die in beiden Fällen von der Suche nach Erkenntnis, Optimismus und Aktivität geprägt war, zeigt sich eben am besten in den Originalwerken der Theorie-Begründer.

Ein roter Faden, der sich durch diese Arbeit zieht, steht damit in Zusammenhang: das Verhältnis von logisch-rationalem, analytischem Denken und ganzheitlicheren Zugängen, die auch Platz für Intuition und Kreativität lassen und das mitbedenken, was sich allein durch rationales Denken nicht fassen lässt. An mehreren Stellen wird davon die Rede sein.

Ein weiterer roter Faden, der diese Arbeit kennzeichnet, liegt im Prinzip der Offenheit und Transparenz ihrer Gestaltung. Ziel war es, nicht einfach gewonnene Daten zu präsentieren, sondern auch sehr genau und im Detail zu erläutern, auf welche Weise diese Ergebnisse zustande kamen. Daher entspricht der Aufbau der vorliegenden Studie der chronologischen Reihenfolge ihrer einzelnen Entstehungsschritte, sodass letztendlich der gesamte Forschungsprozess mitverfolgt werden kann. Dadurch ist diese empirische Untersuchung gleichzeitig eine Dokumentation wissenschaftlichen Arbeitens, bei dem jeder Schritt wohl überlegt und methodisch durchdacht ist.

Was die einzelnen Kapitel dieser Arbeit betrifft, so besteht sie aus drei Teilen: Teil 1 ist rein theoretischer Natur und stellt die beiden Theorien – Transaktionsanalyse und Salutogenese – vor. Teil 2 umfasst die empirische Untersuchung zur Wirksamkeit nicht-therapeutischer TA-Ausbildungen. Im abschließenden Teil 3 werden zentrale Aussagen nochmals hervorgehoben und Schlussfolgerungen dargestellt, die sich für Theorie, Forschung und Praxis ergeben.

Was die einzelnen Unterpunkte der Kapitel 2 und 3 betrifft, so wird in Abschnitt 2.1 der Weg zum konkreten Forschungsdesign erläutert; Abschnitt 2.2 beschreibt die Methode und den Prozess der Datenerhebung und 2.3 berichtet vom Vorgang und der Methodik der Datenauswertung. Der Abschnitt 2.4. ist sehr ausführlich gehalten und stellt die Ergebnisse der Untersuchung in mehreren, nach konkreten Inhalten geordneten Unterpunkten dar (Punkte 2.4.1 bis 2.4.8). Punkt 3.1 thematisiert die Verallgemeinerbarkeit der Ergebnisse und den Bezug dieser Untersuchung zur neuen Disziplin der Psychotherapiewissenschaft. Im Abschnitt 3.2 geht es um mögliche, theoretische und praktische Konsequenzen, ehe in einem kurzen Nachwort noch einige Gedanken zum Ausklang formuliert werden.

Nicht zu vergessen ist der Exkurs „Zum Begriff der Normalität", der sich nach dem Abschnitt 2.1.3 findet, da hier deklariert wird, welche Einstellung dieser Arbeit zugrunde liegt.

Zuletzt soll noch ausdrücklich betont sein, dass die durchgängige Verwendung der männlichen grammatikalischen Form in keiner Weise Desinteresse an Gleichberechtigungsfragen signalisiert, sondern lediglich mit der flüssigeren Art der Formulierung und der besseren Sprachmelodie zu tun hat. Da alle Varianten, bei denen ständig oder abwechselnd die weibliche und die männliche Form benützt werden, leider nach wie vor sehr holprig klingen und damit den freien Fluss des Schreibens und Denkens behindern, wurde diese Entscheidung getroffen. Selbstverständlich sind mit der männlichen Formulierung immer beide Geschlechter gemeint. Diese Entscheidung ließe sich durchaus auch feministisch interpretieren: Worte sind wichtig, aber nur sinnvoll, wenn Taten folgen. Sich zu sehr auf Formulierungen zu konzentrieren, könnte auch dazu führen, dass es bei leeren Worten bleibt, was nicht der Fall sein soll.

1 Die Theorien der Transaktionsanalyse und der Salutogenese

1.1 Eric Berne (1910-1970) und die Transaktionsanalyse (TA)

1.1.1 Das Leben Eric Bernes und die Entstehung der Transaktionsanalyse

Als Begründer der Transaktionsanalyse gilt Eric Berne, der 1910 in Montréal als Sohn eines praktischen Arztes und einer Schriftstellerin geboren wurde und mit seinem Geburtsnamen Eric Lennard Bernstein hieß. Er studierte Medizin, promovierte 1935 an der kanadischen McGill University in Montréal, ging aber bald darauf in die Vereinigten Staaten, absolvierte dort eine Facharztausbildung in Psychiatrie an verschiedenen amerikanischen Kliniken und war von 1941 bis 1943 als Psychiater am „New York Psychoanalytic Institute" tätig. Zuvor hatte er Ende der 1930er Jahre das amerikanische Bürgerrecht erworben und seinen Namen geändert. Ab 1941 absolvierte er eine Ausbildung in Psychoanalyse mit einer Lehranalyse bei Paul Federn, die allerdings aufgrund des Zweiten Weltkriegs eine Unterbrechung erfuhr, da Berne 1943 als Psychiater in die Armee eintrat und dort bis 1946 wirkte.

In dieser Zeit begann er bereits, kritische Notizen zur Psychiatrie und Psychoanalyse zu sammeln. Sein spezielles Interesse galt jedoch dem Phänomen der Intuition, dem er in späteren Jahren auch einige Aufsätze und Zeitschriftenartikel widmete. Sein Anliegen war es, die Intuition vor allem für die Anwendung im klinischen Bereich zum Verstehen von Patienten fassbar und gezielt nutzbar zu machen und ihr Verhältnis zu logischem und begrifflichem Denken zu beschreiben. Mehrfach erwähnt Berne einige Episoden aus seinem Leben als Armee-Psychiater, die auf ihn wie Schlüsselerlebnisse wirkten und ihn zur Konzeption neuer therapeutischer Ansätze veranlassten: Berne hatte 1945 im Entlassungsbüro des Heeres die Aufgabe, die Soldaten, die bereits verschiedene ärztliche Untersuchungskabinen in Fließbandmanier durchlaufen hatten, psychiatrisch zu begutachten. Für jeden Soldaten standen 40 bis 90 Sekunden zur Verfügung; die Situation war angespannt, da die Befürchtung, aufgrund einer negativen Beurteilung nicht entlassen zu werden, im Raum stand. Zwei Standardfragen waren zu beantworten: ‚Haben Sie nervöse Beschwerden?' und ‚Waren Sie je bei einem Psychiater?'[2]. Irgendwann begann Berne, stillschweigend zu beobachten und zu vermuten, wie die Antworten ausfallen würden. Er war selbst darüber erstaunt, mit welcher Treffsicherheit er bereits nach 10 oder 20 Sekunden das Ergebnis meist vorhersagen konnte. Kleidung als Merkmal spielte keine Rolle, da alle Soldaten die gleichen Bademäntel und Hausschuhe trugen. Nun versuchte er zusätzlich, die Zivilberufe der Soldaten zu erraten, was ihm vor allem bei Farmern und Mechanikern anhand typischer Augenbewegungen und Blickrichtungen derselben gelang.

Berne publizierte seine Erfahrungen, die er über das Wesen des intuitiven Prozesses sammeln konnte, das erste Mal 1949 in dem Artikel „The Nature of Intuition". Nach Berne beruht die Intuition teilweise auf vorbewussten sinnlichen Wahrnehmun-

---

2   siehe Berne 1949. In: H. Hagehülsmann (Hg.) 2005, S. 39.

gen[3], die sich gedanklich und sprachlich im Nachhinein als diagnostische Kriterien definieren lassen, wie die Dynamik der Nacken- und Gesichtsmuskulatur im obigen Beispiel. Eigentümlicherweise stellte er aber fest, dass die Zuverlässigkeit des intuitiven Prozesses durch das bewusste Heranziehen dieser Beobachtungen wieder abnahm und deutlich geringer war als in rein intuitiven Phasen[4]. Der intuitiv Wahrnehmende erkennt also etwas ohne genau sagen zu können, wie er zu dieser Schlussfolgerung kam[5]. Zudem übersteigt das intuitiv Wahrgenommene immer die sprachliche Äußerung und unterscheidet sich daher von der Verbalisierung des intuitiv Erkannten. Berne hält es zwar für möglich, gewisse Aspekte des intuitiven Prozesses festzumachen, bezieht sich auch auf Ausführungen früherer Autoren, wie Wittels, Poincaré und nicht zuletzt Freud[6], die sich ebenfalls mit dem Thema Intuition beschäftigt haben, erkennt aber auch die Unmöglichkeit, dieses Phänomen vollständig zu erfassen. Verbalisierte und in Begriffe gefasste Intuition verliert eben ihren spezifischen Charakter. Allerdings hält diese Einsicht Berne nicht davon ab, dieser „archaischen Fähigkeit" bewusst Raum zu geben[7]. Er meint, „daß es eine Zeit für wissenschaftliche Methodik und eine Zeit für Intuition gebe […] – die eine bringt mehr Gewissheit mit sich, die andere bietet mehr Möglichkeiten; zusammen bilden die beiden die einzig mögliche Grundlage für kreatives Denken"[8]. Er äußerst sogar die Ansicht, es müsse „das Nachdenken über geistige Phänomene anders betrachtet werden als das über andere natürliche Erscheinungen. Die Zukunft der Psychologie könnte durchaus in den Paradoxien und weniger im Bereich der Logik liegen."[9] „Viele Menschen könnten intuitive Fähigkeiten pflegen, ohne ihre übrige Persönlichkeit und die notwendige Realitätsprüfung zu gefährden"[10].

Als der erste Artikel zur Intuition[11] sowie zwei weitere Aufsätze „Über das Wesen der Diagnose"[12] und „Über das Wesen der Kommunikation"[13] erschienen, hatte Berne nach einer ersten Ehe (in der zwei Kinder zur Welt kamen) und der Scheidung von seiner Frau Elinor (1946) seinen Wohnsitz in die kalifornische Kleinstadt Carmel-by-the-Sea verlegt. 1948 hatte er dort ein weitläufiges Grundstück mit einem im Jahr 1888 erbauten Wohnhaus erworben (das sich noch immer im Familienbesitz befindet, heute aber der Öffentlichkeit zugänglich ist und als „historic home" mit Antiquitäten und Möbelstücken aus Bernes Zeit zu Ferienappartements umgestaltet wurde). 1949 heiratete Berne Dorothy de Mass Way, die drei Kinder mit in die Ehe brachte. Zwei weitere Söhne wurden geboren, sodass etliche Jahre reges Familienleben herrschte. Zu schriftstellerischen Aktivitäten zog Berne sich in sein „studio", ein eigens dafür vorge-

---

3   siehe ebd., S. 63.
4   siehe ebd., S. 42.
5   siehe ebd., S. 33 ff.
6   siehe ebd., S. 62.
7   siehe Berne 1962. In: H. Hagehülsmann (Hg.) 2005, S. 191 ff.
8   Berne 1949. In: Ebd., S. 62.
9   Ebd., S. 61.
10   Ebd.
11   Berne 1949. In: H. Hagehülsmann (Hg.) 2005, S. 33 ff.
12   Berne 1952. In: Ebd., S. 65 ff.
13   Berne 1953. In: Ebd., S. 81 ff.

sehenes Gartenhäuschen zurück. Berne betrieb eine psychiatrische Praxis (mit einem Standort in Carmel-by-the-Sea und einem zweiten in San Francisco), setzte seine begonnene psychoanalytische Ausbildung ab 1947 fort, war nun Analysand von Erik Erikson und strebte den Titel „Psychoanalytiker" an. Als beratender Psychiater und Gruppentherapeut war er von 1947 bis 1956 u.a. am „San Francisco Psychoanalytic Institute" und als Dozent an der „University of California Medical School" tätig. Er schrieb und publizierte zu psychiatrischen und psychoanalytischen Themen in unermüdlicher Weise. 1947 erschien sein erstes Buch „The Mind in Action", eine populäre und erfolgreiche Einführung in Psychiatrie und Psychoanalyse, das 1957 in zweiter Auflage mit dem Titel „A Layman's Guide to Psychiatry & Psychoanalysis" herausgegeben wurde.

Die Psychoanalyse war für Berne immer noch die Methode der Wahl bei seelischen Störungen. Er suchte aber auch nach Möglichkeiten, die Psychoanalyse sprachlich und methodisch zu präzisieren[14], psychoanalytische Vorgehensweisen effektiver zu gestalten und ein Vokabular zu verwenden, das sich möglichst nahe an der Alltagssprache orientiert[15]. Sein Artikel „Urbilder und primäre Urteile" (1955)[16] wird wegen der etwas drastischen Darstellungsweise genitaler Phantasien in therapeutischen Zusammenhängen mitunter kritisiert. Man könnte aus seinen Ausführungen jedoch auch folgern, dass es hier im Grunde um die Funktion frühkindlicher Erfahrungen geht, die – ganz allgemein gesprochen – „Bilder" im Menschen entstehen lassen, die im Erwachsenenalter in persönlichen Beziehungen aktiviert werden, ohne dass dies den betreffenden Personen bewusst ist[17]. Vermutlich ging es in diesem Sinn auch um die grundsätzliche Bildhaftigkeit von Eindrücken und Erinnerungen, was erklärt, dass im späteren Leben der Kontakt mit anderen Menschen spontan innere Bilder auftreten lässt.

1956 beantragte Berne seine Aufnahme in die Psychoanalytische Gesellschaft, wurde aber abgelehnt. Er schloss auch seine Ausbildung nicht formal durch eine Prüfung ab. Die Chronik schweigt darüber, in welchem Zusammenhang diese Abweisung durch die orthodoxe Psychoanalyse zu der Entwicklung dezidiert neuer und eigener Konzepte stand[18] und ob hier eine Ursache-Wirkung-Relation (in welcher Richtung auch immer) vorhanden war. Berne selbst hat sich offenbar nicht eindeutig – oder zumindest nicht öffentlich – dazu geäußert[19], stand aber der Psychoanalyse auch später, nachdem sich die Transaktionsanalyse als eigenständige Methode etabliert hatte, positiv gegenüber. Im Vorwort der 1961 erschienenen Publikation „Transactional Analysis in Psychotherapy" verwendet er psychoanalytische Ausdrücke bewusst im Sinne Freuds. „Es darf jedoch nicht vergessen werden", schreibt er, „dass sich vor einigen Jahren die psychoanalytische Bewegung und der Verfasser nach fünfzehn gemeinsamen Jahren auf das freundlichste getrennt haben und daß das vom Verfasser vertretene

---

14   siehe Hagehülsmann. In: Ebd., S. 7.
15   siehe Wartenberg. In: Ebd., S. 22.
16   Berne 1955. In: Ebd., S. 99 ff.
17   siehe Berne 1955. In: Ebd., S. 129.
18   siehe Hagehülsmann. In: Ebd., S. 7.
19   siehe ebd.

Konzept der Ichfunktion von der Mehrheit der orthodoxen Psychoanalytiker nicht geteilt wird. Seine Auffassung deckt sich eher mit den Ansichten Federns (1952) und dessen Schüler Edoardo Weiss (1950)."[20]

Interessant ist, dass Bernes Artikel „The Ego Image" und vor allem „The Ego States in Psychotherapy" (in dem er sein Konzept der Ich-Zustände, sowie seinen neuen methodischen Ansatz das erste Mal schriftlich darlegt) im Jahr 1957, also kurz nach dem Ausschluss aus der Psychoanalytischen Gesellschaft, erscheinen. Berne versucht nun nicht mehr, dem Phänomen der Intuition weiter auf den Grund zu gehen. Ein intuitives Verstehen dessen, worum es eigentlich geht, dürfte jedoch bei der Konzeption und auch begrifflichen Fassung seiner Ideen, die sich zu einer eigenen therapeutischen Schule entwickeln sollten, von wesentlicher Bedeutung gewesen sein. Ein viel zitiertes und klassisches Beispiel dafür erwähnt Berne das erste Mal in seinem Artikel „The Ego Image" (1957)[21]. Hier wird die Verfassung eines seiner Patienten, eines erfolgreichen Strafverteidigers, beschrieben, der über sich sagt: „Manchmal ist mir, als wäre ich eigentlich kein Rechtsanwalt; ich bin nur ein kleiner Junge."[22] So ginge es vielen Menschen, meint Berne: „Es wurde bald klar, daß die berufliche Stellung eines Psychiaters in etwa der eines Kinderarztes ähnelt, der mitten im Winter ein ernsthaftes Familienproblem in einer Einzimmer-Blockhütte behandeln muß"[23], auch wenn es sich um die Therapie einer einzelnen Person handelt.

Da weder der „Erwachsene" noch das „Kind" (im Patienten) aus dem Raum geschickt werden könnten, wäre es notwendig, sich mit beiden gleichzeitig zu beschäftigen. Logische Argumente allein wären zu wenig, Babysprache hingegen würde beide zurecht verärgern[24]. Wie begegnet man also einem Menschen, der erwachsen ist, sich aber oft wie ein Kind fühlt oder auch benimmt? „Mit einer solchen Person muß man wie mit einem Erwachsenen reden, aber sie wie ein Kind behandeln", schreibt Berne[25]. „Daher muß jeder Psychotherapeut gleichzeitig als Kindertherapeut und als Erwachsenentherapeut fungieren, auch wenn er nur eine Praxis für Erwachsene hat."[26] (Dass diese Beobachtungen und das sich daraus ergebende Prinzip auch Allgemeingültigkeit haben und nicht nur in therapeutischem Kontext von Bedeutung sein könnten, soll hier nur angedacht werden.) Jedenfalls trug Bernes intuitives Verstehen von Patienten wesentlich zur Entwicklung des Ich-Zustandsmodells bei, das heute die Basis schlechthin der gesamten Transaktionsanalyse bildet. Berne erweiterte sein Konzept des kindhaften und erwachsenen Zustandes um die Dimension des „elternhaften" Ich-Zustandes und formulierte schließlich drei mögliche Weisen des In-der-Welt-Seins: den Eltern-Ich-, den Erwachsenen-Ich- und den Kind-Ich-Zustand (wovon im Punkt 1.1.3 noch ausführlicher die Rede sein wird).

---

20 Berne 1961/2006, S. 14.
21 Berne 1957 (1). In: H. Hagehülsmann (Hg.) 2005, S. 131 ff.
22 Ebd., S. 131.
23 Ebd., S. 149.
24 siehe ebd.
25 Ebd.
26 Ebd., S. 151.

Der Vergleich mit den Kategorien Über-Ich, Ich und Es der Psychoanalyse drängt sich auf. „Es sollte noch einmal betont werden," schreibt Berne, „daß EL, ER und K (Abkürzungen für die drei genannten Ich-Zustände, Anm. d. Verf.) nicht mit dem Über-Ich, Ich und Es gleichzusetzen sind. Die letzteren sind ‚psychische Instanzen' […], während die ersten vollständige Ich-Zustände sind, die jeder für sich Einflüsse des Über-Ich, Ich und Es beinhalten."[27] In diesem Sinn trägt auch die Publikation „Transaktionsanalyse der Intuition", in der acht Aufsätze Bernes aus den Jahren 1949 bis 1962 gesammelt und kommentiert wurden, den Untertitel „Ein Beitrag zur Ich-Psychologie".[28] Der Titel der englischen Originalausgabe (1977) hingegen lautet: „Intuition and Ego States – The Origins of Transactional Analysis", was im Sinn Bernes auf den Bogen hinweist, der sich vom „Ratespiel" mit den Soldaten über das intuitive Verstehen von Patienten und den Gebrauch der Intuition als eines psychotherapeutischen Werkzeugs[29] bis zur Entwicklung einer neuen psychotherapeutischen Methode spannt, die 1957 erstmals publiziert und 1958 nochmals ausdrücklich als Methode der Gruppentherapie vorgestellt wurde: „Transactional Analysis – A New and Effective Method of Group Therapy". In diesem Artikel führt Berne zum ersten Mal die Begriffe „Transaktion", „Spiel" und „Skript" ein, die bis heute als Grundbausteine der TA-Theorie gelten.[30] Seine Methode der Gruppentherapie bestand primär darin, Kommunikationsabläufe der Gruppenmitglieder untereinander auf der Basis des Ich-Zustandsmodells zu analysieren. Die Kernfrage lautete: Wer nimmt welchen Ich-Zustand ein und welche Form der Interaktion entsteht dadurch? Diese „Transaktionen", die von Berne als kleinste Einheiten der Kommunikation definiert werden, geben somit nicht nur Aufschluss über typische soziale Verhaltensweisen der Gruppenmitglieder, sondern auch über deren innere psychische Struktur und Verfasstheit. Dass Berne Kommunikation nicht als etwas auffasst, was man losgelöst vom Individuum betrachten könne, wurde von ihm bereits 1953 in dem Artikel „Das Wesen der Kommunikation"[31] dargelegt. Kommunikation ist nach Berne untrennbar mit kommunizierenden Subjekten verbunden, die nicht nur präzise Informationen austauschen, sondern auch latente Inhalte über die eigene Person vermitteln bzw. latente Botschaften des Gegenübers aufnehmen. Für die Kommunizierenden sei es sogar nützlicher, meint Berne, den Zustand des anderen zu kennen als bloß verbale Informationen zu erhalten. Auch der Psychiater solle solch unterschwelligen Hinweisen besondere Aufmerksamkeit schenken[32]. Mit der Konzeption dieses methodischen Ansatzes schafft Berne auf dem Hintergrund der Psychoanalyse tatsächlich etwas Besonderes, nämlich die Verbindung eines individuellen, tiefenpsychologischen Ansatzes mit Konzepten, die Beziehungs- und Kommunikationsaspekte beinhalten. Seine 1961 erschienene Publikation „Transactional Analysis in Psychotherapy" trägt in der deutschen Übersetzung den

---

27 Berne 1958. In: Ebd., S. 180.
28 H. Hagehülsmann (Hg.) 2005.
29 siehe Berne 1957 (1). In: Ebd., S. 150 f.
30 siehe Punkt 1.1.3
31 Berne 1953. In: H. Hagehülsmann (Hg.) 2005, S. 81 ff.
32 siehe ebd., S. 97.

Untertitel: „Eine systematische Individual- und Sozial-Psychiatrie".[33] Die Konzentration auf den einzelnen Menschen, das Bemühen, ihn in seiner gesamten psychischen Struktur zu erfassen, soll ebenso Bedeutung haben wie die Analyse seines konkreten Agierens und des menschlichen Miteinanders. Besonders deutlich wird das Zusammenspiel von Persönlichkeitsstruktur und Sozialverhalten in der Analyse von „Spielen"[34], einer Abfolge ungünstiger Transaktionen, die zu Enttäuschung und Frustration aller Beteiligten führen. Gelingt es, den Ablauf eines solchen „Spiels" zu erkennen, erlaubt dies nicht nur, Begegnungen sinnvoller zu gestalten, sondern auch Einblick in innere Beweggründe und Motive zu gewinnen, die den Einzelnen auf diese oder jene Weise handeln lassen.

Bernes methodischer Ansatz zeichnet sich aber auch durch eine weitere Synthese aus: nämlich der zwischen Vergangenheits- und Gegenwartsbezug. Die Analyse von Transaktionen in der Therapiegruppe, sowie das Berichten von aktuellen Ereignissen sind eindeutig Geschehnisse im Hier und Jetzt, die im Mittelpunkt des Interesses stehen. Berne fokussiert jedoch gleichzeitig auf die je persönliche Vergangenheit seiner Patienten, da er nach wie vor frühkindliche Erfahrungen für äußerst bedeutsam und wesentlich für das Verstehen aktueller Probleme hält. Dies zeigt sich vor allem im Rahmen seiner Skripttheorie, eines „unbewussten Lebensplanes"[35], der nach Berne in den ersten Lebensjahren entsteht, was die Nähe zu Konzepten Alfred Adlers erkennen lässt.

2010 gab ein Sohn Eric Bernes, Terry Berne, bisher unveröffentlichte autobiographische Notizen seines Vaters heraus, die sich jedoch nur auf dessen Kindheit und Jugend in Montréal beziehen. Ansonsten existiert – bis auf eine englischsprachige Biographie – nur wenig ausführliches Material über das Leben Bernes, aus dem Näheres über persönliche Hintergründe und Motive seines weiteren Schaffens hervorgeht.[36] Die wenigen biographischen Daten, die auch in einigen Aufsätzen referiert werden[37], erwecken jedoch den Eindruck, dass Berne nach seiner Abweisung durch die Psychoanalytische Gesellschaft im Jahr 1956 sehr entschieden mit der von ihm entwickelten Theorie und Methode an die Öffentlichkeit trat und damit in nur wenigen Jahren Erfolg und Berühmtheit erlangte. Bereits in den frühen 50er Jahren hatte Berne eine Gruppe von Mitarbeitern um sich versammelt, die mit ihm gemeinsam den neuen Ansatz elaborierten, unter ihnen Claude Steiner, Stephen Karpman und Franklin Ernst. 1958 erhielten diese Zusammenkünfte, die regelmäßig jeden Dienstag in Bernes Wohnung stattfanden, die offizielle Bezeichnung „San Francisco Social Psychiatry Seminars". Berne publizierte unaufhörlich. Seine Bücher, die man bald in viele Sprachen übersetzte, wurden zu Bestsellern. Der große Erfolg mag nicht zuletzt dadurch begründet gewesen sein, dass sich Berne bewusst einer einfachen, klaren und leicht verständlichen Sprache bediente, die auch komplizierte Sachverhalte und Gedankengänge jedem zugänglich macht, der sich dafür interessiert. Damit hob er sich von den damals

---

33 Berne 1961/2006.
34 siehe Punkt 1.1.3
35 siehe ebd.
36 Jorgensen u. Jorgensen 1984.
37 siehe Cheney 1971.

üblichen Gepflogenheiten des Wissenschaftsbetriebes deutlich ab. Im Vorwort zu „What Do You Say after You Say Hello?"[38] schreibt er: „Dieses Buch ist in erster Linie als eine Art Lehrbuch für Fortgeschrittene im Bereich der Psychotherapie gedacht. […] Zweifellos werden auch Laien dieses Buch lesen, und aus diesem Grund habe ich es so abgefaßt, daß auch sie es verstehen können. Wenn dazu auch ein spezifisches Denkvermögen erforderlich ist, glaube ich dennoch, daß niemand diesen Text wie eine Geheimschrift entziffern muß."[39] Auch habe Berne zu vermeiden versucht, „Ungewißheit durch Überladenheit und Weitschweifigkeit zu verschleiern."[40] „Wo immer ich die Wahl hatte zwischen Geheimniskrämerei und Klarheit und Offenheit sowie zwischen Überkompliziertheit und ‚Simplifizierung‘, habe ich mich stets auf die Seite des Laien geschlagen. Hin und wieder habe ich einen großartig klingenden Begriff als ‚Köder‘ hingeschleudert, um die ‚akademischen Wachhunde‘ abzulenken; inzwischen habe ich mich dann sozusagen durch die Kellertür eingeschlichen, um meinen Freunden heimlich guten Tag zu sagen!"[41]

Vermutlich waren Bernes Ideen auch deshalb so erfolgreich, weil sie ermöglichten, psychische Probleme und schwierige Kommunikationssituationen mit Hilfe einfacher Konzepte auf der Basis klarer und logischer Strukturen zu analysieren und zu verändern. TA-Modelle[42] stellen etwas dar, was man als „Minimalformel" für psychologische, individuelle und soziale Phänomene bezeichnen könnte. Berne dürfte die Gabe gehabt haben, mit unglaublichem Scharfblick das Wesentliche zu erkennen und diese zentralen Momente – wie Punkte eines Koordinatensystems, die der Orientierung dienen – in einfachen Worten zu definieren. Als Fachausdrücke für diese Sachverhalte führte Berne allgemein verständliche Begriffe der Alltagssprache ein, wie „Eltern", „Kind", „Spiel" usw. Allerdings führte dies auch zu Missverständnissen, da diese Bezeichnungen zwar allgemein bekannt waren, im Rahmen der Transaktionsanalyse aber doch andere, spezifische Bedeutungen erhielten.

1962 begann Berne, das „Transactional Analysis Bulletin" herauszugeben, die erste speziell der Transaktionsanalyse gewidmete Fachzeitschrift, die später in „Transactional Analysis Journal" umbenannt wurde.

1963 erschien „The Structure and Dynamics of Organisations and Groups", eine Publikation, in der Berne die Theorie der Transaktionsanalyse auch auf das Funktionieren von Gruppen und Organisationen bezieht.[43]

Mitte der 1960er Jahre interessierten sich auch Fachleute anderer Professionen für die Anwendung der Transaktionsanalyse.[44] Man begann, TA nicht nur im Bereich der Psychotherapie, sondern auch im Kontext pädagogischer und sozialer Einrichtungen sowie wirtschaftlicher Unternehmen anzuwenden, um die Dynamik von Systemen zu diagnostizieren, berufliches Handeln Einzelner zu optimieren und soziale Beziehungen

---

38   Berne 1972; von Berne als Manuskript verfasst, erst nach seinem Tod veröffentlicht.
39   Berne 1972/2007, S. 11.
40   Ebd.
41   Ebd., S. 12.
42   siehe Punkt 1.1.3
43   Berne 1963; deutsche Übersetzung 1986.
44   siehe Allaway 1983; H. Hagehülsmann 2007, S. 15 ff.

in professionellen Zusammenhängen sinnvoll und effektiv zu gestalten. Seitdem hat die Transaktionsanalyse vor allem in den Bereichen Pädagogik und Organisation in umfassendem Sinn als Persönlichkeits- und Kommunikationstheorie Bedeutung.

In der ersten Hälfte der 1960er Jahre war die Transaktionsanalyse bereits international bekannt. Die „International Transactional Analysis Association (ITAA)" wurde gegründet und Bernes sozialpsychiatrische Seminare wurden umbenannt in „San Francisco Transactional Analysis Seminar". Zudem bereiste Berne verschiedenste Länder, um die Allgemeingültigkeit seines Ich-Zustandsmodells in Form des Strukturmodells mit Eltern-, Erwachsenen- und Kind-Ich zu überprüfen: „Der Verfasser hatte die Ehre", schreibt er, „in etwa dreißig verschiedenen Ländern Europas, Asiens, Afrikas und der atlantischen und pazifischen Inseln psychiatrische Kliniken zu besuchen. Er hat dabei die Gelegenheit genutzt, die Grundlagen der Strukturanalyse bei unterschiedlichen Völkern und Kulturen zu überprüfen. Deren Präzision und Brauchbarkeit bei der Hypothesenbildung haben sich auch unter besonders erschwerten Bedingungen bewährt, die den Einsatz von Dolmetschern erforderten, um Menschen mit einer ihm besonders fremdartigen Mentalität zu erreichen."[45] Berne bezeichnet die Strukturanalyse 1961 in seinem Werk „Transactional Analysis in Psychotherapy"[46] im Vergleich zur Psychoanalyse als umfassendere Theorie; Übertragung beispielsweise könne als Spezialfall bestimmter Transaktionsformen gesehen werden[47]. Die zunehmende Abgrenzung der Transaktionsanalyse von der orthodoxen Psychoanalyse zeigt sich auch in der dritten Auflage von „A Layman's Guide to Psychiatry and Psychoanalysis" 1968: nun wurden jene Kapiteln weggelassen, in denen die klassische Psychoanalyse als Grundlage jeder Psychotherapie empfohlen wird, dafür transaktionsanalytisch orientierte Kapitel von Schülern Bernes eingefügt[48].

1964 erreichte Berne mit der Publikation „Games People Play" („Spiele der Erwachsenen. Psychologie der menschlichen Beziehungen") einen Höhepunkt an Popularität und Anerkennung, sowohl bei Fachleuten als auch bei Laien. 1966 erschien „Principles of Group Treatment" („Grundlagen der Gruppenbehandlung"), was Schlegel für sein bedeutendstes Werk hält[49]; im April 1970 wurde „Sex in Human Loving" („Spielarten und Spielregeln der Liebe") publiziert.

Immer wieder wird die Frage aufgeworfen, was Berne wohl für ein Mensch gewesen sein mag. Am eindrücklichsten schildert Claude Steiner, der mit Berne befreundet war, dessen vielschichtige Persönlichkeit mit teilweise widersprüchlichen Charakterzügen.[50] An anderer Stelle reichen die Beurteilungen von fördernd, humorvoll und genial bis arrogant und unnahbar.[51] Jedenfalls war Berne ein Individualist, „im Grunde ein Aufrührer"[52], der gegen manche Regeln des psychoanalytischen Establishments

---

45 Berne 1961/2006, S. 13.
46 Ebd.
47 siehe ebd.
48 siehe Schlegel 2007, S. 223 f.
49 siehe ebd., S. 224.
50 siehe Steiner 2005, S. 15 ff.
51 siehe Stewart u. Joines 2000, S. 405.
52 Ebd.

verstieß. „Was feststeht", schreiben Stewart und Joines, „daß er ein klarer Denker war und von anderen klares Denken forderte."[53] Aus seinen Publikationen kann man schließen, dass dieses klare Denken stets mit tiefgründigen Überlegungen und inhaltsreichen Darstellungen verbunden war. Berne bezog sich in seinen Werken nicht nur auf psychiatrische und therapeutische Literatur, sondern auch auf (antike) philosophische Traditionen, verwendete häufig lateinische Wendungen und stellte vor allem Querverbindungen zur griechischen Mythologie her. Spätere Vereinfachungen der transaktionsanalytischen Theorie scheinen diesen umfassenden humanistisch geprägten Hintergrund und das komplexe Gedankengebäude, das zur Entwicklung der TA führte, teilweise übersehen zu haben.

Bernes Originalwerke erfahren heute nicht immer die ihnen gebührende Aufmerksamkeit und Anerkennung. Vielfach wird Bernes Tonfall für ironisch-arrogant[54] gehalten und die sarkastische Art der Darstellung bemängelt. Wenn diese Einwände auch für viele Passagen gelten mögen, so scheint es doch bedauerlich, dass die durchdachte, komplexe und für Bernes Zeit neuartige Herangehensweise an psychologische Phänomene, die er wortgewandt ausdrückt, nicht entsprechend gewürdigt wird. Auch abgesehen von den Inhalten könnte Bernes kreativer Umgang mit der Sprache und der pointierte Stil auch Leser unterhalten, die sich nicht mit allen Aussagen einverstanden fühlen.

Am 15. Juli 1970 starb Eric Berne 60-jährig an einem Herzinfarkt. Die Situation der Transaktionsanalyse nach dem unerwarteten Tod ihres Begründers wird oft mit dem persönlichen Schicksal Bernes verglichen, der 11-jährig seinen Vater verloren hatte. Steiner schildert die Betroffenheit seiner Schüler und Mitarbeiter[55], die sich eben noch gemeinsam mit Berne in einem angeregten, intensiven und fruchtbringenden Arbeits- und Entwicklungsprozess befunden hatten. Teilweise wird berichtet, dass dies dazu führte, dass die Entwicklung der transaktionsanalytischen Theorie, die ja noch nicht vollständig ausgereift und abgerundet war, zunächst weniger dynamisch verlief. Andererseits wurde die Notwendigkeit erkannt, Bernes Werk theoretisch weiterzuführen, vorhandene Modelle zu präzisieren und praktisch anzuwenden. In dieser Zeit wurden aber nicht nur Bernes Modelle weiter differenziert; es entstanden auch einige neue Konzepte, wie das „Mini-Skript-Modell" oder jenes der „Passivität".[56] Einen Überblick über den Stand der Transaktionsanalyse in den 1970er-Jahren bietet die von Barnes herausgegebene dreibändige Publikation „Transaktionsanalyse seit Eric Berne"[57], in der Autoren „der ersten Stunde" wie Dusay, Kahler oder Fanita English publizierten. Der erste Band enthält auch Beiträge von Jacqui Lee Schiff und Robert L. Goulding, die teilweise gemeinsam mit ihren jeweiligen Ehepartnern als Repräsentanten unterschiedlicher transaktionsanalytischer Therapieschulen galten, die sich neben der „klassischen" an Berne orientierten Form der Psychotherapie etablierten. Während letztere die Wichtigkeit des Gruppenprozesses unterstreicht und die Einsicht in die Na-

---

53 Ebd.
54 Vgl. Harsch. In: U. Hagehülsmann 2006, S. 9.
55 siehe Steiner 2005, S. 34.
56 siehe Punkt 1.1.3
57 Barnes u.a. (Hg.) 1979 (Bd. 1), 1980 (Bd. 2), 1981 (Bd. 3).

tur der Probleme akzentuiert, arbeiteten Bob und Mary Goulding im Rahmen ihrer „Neuentscheidungs-Schule"[58] primär mit Emotionen und verwendeten methodische Elemente der Gestalttherapie. Ziel war es, in Kontakt mit unterdrückten Gefühlen der Kindheit zu kommen, um damals getroffene ungünstige und Energie raubende „Entscheidungen" zu revidieren und Freiraum für Neues zu schaffen.

Der Energiebegriff ist auch in der von Schiff begründeten „Cathexis-Schule"[59], die durch ihre Arbeit mit Schizophrenen bekannt wurde, von Bedeutung. Hauptanliegen dieser Richtung war es, die Patienten bis in frühkindliche Phasen regredieren zu lassen, um dadurch eine neue Konstitution der Ich-Zustände und die Bildung einer reifen Persönlichkeit zu ermöglichen. Dem „verrückten" Anteil des Eltern-Ichs sollte Energie entzogen werden – er sollte dekathektiert werden; eine erwachsene Form des Eltern-Ichs sollte entstehen, was als „Neubeelterung" bezeichnet wurde. Teilweise wurden Patienten im Zuge dieser Therapie tatsächlich in das Haus der Therapeuten-Familie aufgenommen, wie Kinder behandelt und formal adoptiert, was heute natürlich nicht mehr praktiziert wird. Die Begriffe der Regression, der „Neubeelterung" und der Neuentscheidung spielen aber nach wie vor in der transaktionsanalytischen Psychotherapie eine zentrale Rolle. Auch die damalige Unterscheidung verschiedener „Schulen" existiert heute nicht mehr in dieser Form. Heutige Therapeuten lernen ein umfassendes Repertoire an Methoden kennen, die sie individuell an Klienten anpassen. Das ursprünglich rein gruppentherapeutische Setting wurde erweitert, sodass transaktionsanalytische Psychotherapie auch als Einzeltherapie angeboten wird.

1976 schlossen sich die Verbände der europäischen Länder, in denen die Transaktionsanalyse Verbreitung gefunden hatte, zur EATA, der „European Association for Transactional Analysis" zusammen. Hier definierte man – neben der Psychotherapie – drei weitere Anwendungsfelder der Transaktionsanalyse: Beratung, Pädagogik und Organisation[60], eine Differenzierung, die sich bis heute erhalten hat.

Aus all dem wird ersichtlich, dass die Transaktionsanalyse nie ein rein theoretisches Produkt war, das am Schreibtisch entworfen wurde. Vielmehr entstand sie aus der Praxis, wurde theoretisch in Begriffe gekleidet, wiederum in der Praxis erprobt, verändert und ständig weiterentwickelt, was bis heute als positives Merkmal der gesamten Transaktionsanalyse erhalten blieb. Sie wird nicht als ein in sich geschlossenes Ganzes betrachtet, das irgendwann das Stadium der endgültigen Ausformulierung erreicht hat.

Auch Berne selbst hatte teilweise seine Konzepte nicht als etwas Endgültiges betrachtet, sondern deren Prozess- und Werkstattcharakter betont. Selbst bei seinen Bemühungen um Vereinheitlichung der Entwürfe bezeichnet er seine Ausführungen als „Abriß einer vereinheitlichten Individual- und Sozial-Psychiatrie"[61]. Bis zum jetzigen Zeitpunkt befindet sich die Transaktionsanalyse in Bewegung, was sich darin äußert, dass von TA-Gesellschaften Preise für besondere Leistungen auf dem Gebiet der Theorie-Entwicklung verliehen werden. Das Gegengewicht dazu bilden innerhalb der

---

58   siehe R. Goulding. In: Barnes u.a. (Hg.) 1979 (Bd. 1), S. 113 ff.
59   siehe J. Schiff. In: Barnes u.a. (Hg.) 1979, S. 83 ff.
60   siehe H. Hagehülsmann 2007, S. 17.
61   Berne 1961/2006, S.13.

Transaktionsanalyse immer wieder „Back-to-the-roots"-Strömungen, die der Rückbesinnung auf das Eigentliche, auf die von Berne vertretenen Grundkonzepte und Kernaussagen der Transaktionsanalyse den Vorzug geben.

Immer wieder wurde auch auf Widersprüche in Bernes Werken hingewiesen und deren mangelnde logische Konsistenz, die sich an manchen Stellen findet, aufgezeigt. Dies führte zu Bestrebungen, Bernes Konzepte zu glätten und noch präziser zu formulieren. Eher weniger wird angedacht, dass Widersprüchlichkeiten auch Ausdruck von Lebendigkeit und typisch für das menschliche Leben sein könnten und daher besonders im Rahmen psychologischer Theorien nicht unbedingt als etwas zu Eliminierendes gesehen werden müssten. In jedem Fall geben aber gerade diese widersprüchlichen Passagen Einblick in die ungeheure Vielfalt des kreativen Gestaltungsprozesses, der sich in Bernes Kreisen und vor allem in den transaktionsanalytischen Seminaren in San Francisco abzeichnete.

Berne hinterließ das Manuskript einer geplanten Veröffentlichung mit dem Titel „What Do You Say After You Say Hello?", welches 1972 in Buchform herausgegeben wurde und als letztes Originalwerk gilt.[62]

In den 1970er Jahren erlebte die Transaktionsanalyse eine weltweite Expansion[63], zu der sicherlich auch die bereits 1967 erschienene Publikation von Thomas A. Harris „Ich bin okay. Du bist okay"[64] (sowie der später mit seiner Gattin Amy Bjork Harris gemeinsam verfasste Folgeband „Einmal okay. Immer okay"[65]) beitrugen, die – sehr persönlich, engagiert und im Ratgeberstil gehalten – grundlegende Konzepte der TA der breiten Masse zugänglich machten. In dieser Zeit stieg auch die Mitgliederzahl der internationalen TA-Gesellschaft auf fast 11000 an. Die Kehrseite dieses enormen Grades an Beliebtheit war der Umstand, dass die TA-Theorie verflachte und oft in sehr vereinfachten und geradezu banalen Versionen verbreitet und aufgefasst wurde. Ein Grund dieser Simplifizierung könnte darin liegen, dass die TA-Konzepte, die ja eine Art kondensierte Darstellung oder Kurzformel für vielschichtige Zusammenhänge sind, mit dem gesamten Inhalt der transaktionsanalytischen Theorie verwechselt wurden, was der TA ungerechtfertigterweise den Ruf von Oberflächlichkeit einbrachte.

In den 1980er Jahren nahm die Begeisterung der Massen wieder ab, was jedoch nach Ansicht mancher Autoren im Grunde der gesamten Bewegung nützte und Gelegenheit bot, als Disziplin heranzureifen und sich als professionelle Methode zu etablieren[66], was Stewart und Joines als „weltweite Konsolidierung"[67] bezeichnen. Es entsteht der Eindruck, dass in der weiteren Folge die Logik und Struktur der Konzepte sowie die exakte Ausformulierung der Modelle im Vordergrund stand. Vermutlich besteht hier ein Zusammenhang mit der Anerkennung durch bestehende Wissenschaftsformen und der Platzierung in der Fachwelt, was eine stärkere Orientierung am naturwissenschaftlichen Paradigma zur Folge hatte. Der Begriff der Intuition, der für Berne

---

62 Berne 1972/2007.
63 siehe Stewart u. Joines 2000, S. 407.
64 T.A. Harris 1967/2009.
65 T.A. Harris u. A.B. Harris 1984/2008.
66 siehe Stewart u. Joines 2000, S. 409.
67 Ebd.

von außerordentlicher Bedeutung gewesen war, trat damit in den Hintergrund und wird auch in heutigen nicht-therapeutischen TA-Kursen im Wirtschafts- und Pädagogikbereich nur am Rande erwähnt.

1.1.2 Theoretische, praktische und organisatorische Aspekte der Transaktionsanalyse in ihrer heutigen Form

Obwohl Eric Berne seine Ideen und Konzepte auf der Basis der Psychoanalyse entwickelte, vertrat er von Anfang an einen integrativen Standpunkt, sodass die heutige transaktionsanalytische Psychotherapie sowohl tiefen- und individualpsychologische als auch lerntheoretisch orientierte, gestalt- und verhaltenstherapeutische Elemente enthält[68]. Das bedeutet, dass die in psychotherapeutischen Richtungen vielfach existierende Polarisierung zwischen Ressourcen- und Problemorientiertheit, zwischen der Konzentration auf das Individuum beziehungsweise das System, sowie zwischen Vergangenheits- und Zukunftsbezug nicht existiert. Je nach Problemlage können Ereignisse aus der Kindheit erinnert, neue Verhaltensweisen eingeübt oder zukünftige konkrete Lösungen schwieriger Situationen besprochen werden. Aus heutiger Sicht könnte man sagen, dass Berne nicht nur von der Psychoanalyse, sondern auch von der humanistischen Psychologie und von Kommunikationstheorien beeinflusst war und auf dieser Basis eine neue und eigenständige Theorie entwickelte, die ein breiteres Spektrum an Anwendungsmöglichkeiten bietet als Methoden, die entweder von einer rein individuell-tiefenpsychologischen oder einer ausschließlich gegenwartsbezogenen, beziehungs- und systemorientierten Sichtweise ausgehen. Gearbeitet wird anhand der transaktionsanalytischen Modelle, vor allem der Ich-Zustände, der Transaktionen, der Skripttheorie und der Spiele.[69] Da im Rahmen der vorliegenden Arbeit die Transaktionsanalyse als Form der Psychotherapie nicht primär Thema ist, sollen an dieser Stelle nur jene Momente angedeutet werden, die für jede Form transaktionsanalytischer Therapie von grundlegender Bedeutung sind. (Eine kompakte und praxisnahe Einführung in therapeutische Arbeitsweisen und Methoden von Transaktionsanalytikern findet sich bei U. Hagehülsmann;[70] Schlegel bietet in seiner Publikation „Überblick über historisch und aktuell bedeutsame psychotherapeutische Verfahren" nicht nur eine Darstellung transaktionsanalytischer Therapie, sondern analysiert auch deren Verhältnis zu anderen Therapie-Richtungen.[71])

Auffallend ist, dass das hierarchische Gefälle zwischen Therapeut und Klient abgelehnt wird. Beide begegnen sich als gleichberechtigte Partner, die je auf ihre Weise und in unterschiedlichen Rollen Verantwortung für den Verlauf der Therapie übernehmen. Dazu zählen klare Vereinbarungen, in denen eindeutig Ziel und Inhalt der gemeinsamen Arbeit definiert werden. Dieser Vorgang, der vielleicht sogar etliche Sitzungen in Anspruch nehmen kann, ist bereits ein therapeutischer Prozess und erlaubt zudem das konkrete Überprüfen des Therapie-Erfolges. Das Prinzip der „offenen

---

68 siehe Schlegel 2007, S. 221.
69 siehe Punkt 1.1.3
70 U. Hagehülsmann 2006.
71 Schlegel 2007.

Kommunikation", das wesentlich für die gesamte Transaktionsanalyse ist, äußert sich darin, dass der Klient das ausdrückliche Recht hat, Einsicht in die Notizen des Therapeuten zu nehmen. Ebenso werden Klienten angehalten, sich über die Theorie der Transaktionsanalyse zu informieren, entsprechende Bücher zu lesen oder Kurse zu besuchen.

Zwischen Therapeut und Klient soll eine echte Beziehung entstehen, die bei tiefgreifenden und manchmal auch angstauslösenden Wandlungsprozessen Halt und Sicherheit bietet. Die transaktionsanalytische Psychotherapie ist demnach keine dezidierte Kurztherapie, die in erster Linie an schnellen Fortschritten interessiert ist. Andererseits besteht aber auch ein gewisses Misstrauen gegenüber Therapien, die sich über extrem lange Zeiträume erstrecken.

Als professionelle Methode findet die Transaktionsanalyse auch in nicht-therapeutischen Zusammenhängen im Wirtschafts-, Pädagogik- und Sozialbereich Anwendung. Im wirtschaftlichen Kontext dient die Transaktionsanalyse vor allem als konzeptuelle Grundlage des Coaching[72] sowie der Organisations- und Unternehmensberatung[73]. Die Modelle sind die gleichen wie im Fall der Psychotherapie; sie werden jedoch auf andere Weise, zu anderen Zwecken und mit anderen Intentionen eingesetzt. Immer handelt es sich aber um die Analyse und Weiterentwicklung einzelner Personen bezogen auf die berufliche Situation, wie im Fall des Coaching, oder um die innere Dynamik und Struktur von Unternehmen und Organisationen zur Optimierung professionellen Handelns. Vielfach wird die Transaktionsanalyse mit systemischen Konzepten verbunden[74], sodass mitunter auch die „klassische" von der „systemischen" Transaktionsanalyse unterschieden wird. Die Grundideen und Konzepte der TA sind außerdem in der psychosozialen Beratung[75] und zur methodischen Gestaltung von Mediationen[76] aktuell. Wo auch immer konstruktive Gesprächsführung[77] oder Konfliktlösung angestrebt wird, lässt sich die Transaktionsanalyse praktizieren, sei es im Team, unter Kollegen, mit Kunden oder zur Mitarbeiterführung[78].

Im Pädagogik- und Sozialbereich[79] setzt man Transaktionsanalyse zur Verbesserung sämtlicher Kontakte und Kommunikationsabläufe im beruflichen Alltag ein, in Schulen[80] ebenso wie in Kindergärten, in der Behindertenarbeit[81], in Institutionen der Erwachsenenbildung[82] und Berufsberatung, im kirchlich-pastoralen Kontext[83] sowie in diversen weiteren sozialen, kommunalen oder pädagogischen Zusammenhängen. Lehrer beispielsweise profitieren von TA-Konzepten, wenn sie das Klassenklima verbes-

---

72　Vogelauer 2005; Vogelauer 2007; Mohr 2008; Mohr 2010.
73　Hagehülsmann 2007.
74　Schmid 2003.
75　Schmid u. Gérard 2008; Schneider 2000; Stewart 2000.
76　Risto 2003.
77　Gührs u. Nowak 2002.
78　Meininger 1992.
79　Zeitschrift für Transaktionsanalyse 2/2009, 1/2007.
80　Meier-Winter 1994; Ludescher 1987; Babcock u. Keepers 1998.
81　Elbing 1996.
82　Nagel 1996.
83　Zeitschrift für Transaktionsanalyse 4/2003; Niederl 1993; Elsdörfer 1988.

sern, die Kooperation mit Kollegen fördern, Konflikte regeln oder effektive Elterngespräche führen wollen.

Die dreijährige Basisausbildung wird für den Organisations- und Pädagogikbereich getrennt durchgeführt. Die Inhalte sind jedoch identisch; unterschiedlich sind jeweils die konkreten Anwendungsbeispiele, die zur Sprache kommen und die Themen, die Teilnehmer in persönlichen Supervisionen einbringen. Trainiert wird auch weniger eine konkrete Anwendungstechnik, wie beispielsweise eine bestimmte Unterrichtspraxis oder eine spezielle Beratungsmethode; gelehrt wird einfach die TA-Theorie in Form der Grundkonzepte und der einzelnen Modelle. Es obliegt dann jedem einzelnen Kursteilnehmer, das Gelernte in seinem Fachgebiet je nach Erfordernis konkret umzusetzen und einzubringen.

Formal betrachtet haben diese Kurse in Österreich den Status einer beruflichen Fortbildung. Im Rahmen der Transaktionsanalyse und vor allem aus der Sicht der teilnehmenden Personen stellen diese Veranstaltungen jedoch weit mehr als übliche Weiterbildungen dar. Als dezidierte und relativ zeitaufwendige Ausbildungen bieten sie fundierte Kenntnisse der gesamten Theorie der Transaktionsanalyse und verlangen ein entsprechendes Engagement der Teilnehmer, da sie auch ein bestimmtes Ausmaß an persönlichen Supervisionen und Selbsterfahrungseinheiten inkludieren.[84] Voraussetzung für diese Ausbildung ist eine mindestens zwölf-stündige Einführungsveranstaltung, der sogenannte „one-o-one"-Kurs, der seinen Namen der Tatsache verdankt, dass in den Vereinigten Staaten universitäre Lehrveranstaltungen, die allen Hörern zugänglich waren, die Nummer 101 hatten. Der Inhalt dieses Einführungskurses ist weltweit standardisiert und umfasst Informationen zu Leben und Werk Eric Bernes sowie einen ersten Überblick über die wesentlichsten TA-Modelle, sodass Interessenten gut durchdachte Entscheidungen für oder gegen eine TA-Ausbildung treffen können, die etwa drei Jahre dauern wird. Konkret sind folgende Einheiten zur Erlangung der „Transaktionsanalytischen Praxiskompetenz" oder „Basiskompetenz", wie der Abschluss der dreijährigen Grundausbildung genannt wird, vorgeschrieben:

230 Stunden TA-Training – das heißt Erlernen der TA-Modelle – in einer Ausbildungsgruppe (was in den meisten Fällen etwa 20 Wochenendseminare bedeutet), 30 Supervisionen eigener Praxisfälle mit TA-Lehrenden, 10 Supervisionsberichte, 50 Stunden transaktionsanalytischer Selbsterfahrung sowie eine schriftliche Abschlussarbeit zu persönlichen Lernerfahrungen und der Darstellung der professionellen Identität. Zwischen den einzelnen Seminaren besteht die Verpflichtung, sich in selbstorganisierten kleineren Gruppen zu „Intervisionen" zu treffen, um die Anwendung des Gelernten gemeinsam zu reflektieren und Praxisfälle im Kollegenkreis zu besprechen. Für diese Intervisionen sind mindestens 20 Stunden vorgesehen; zehn Berichte über eigene berufliche Situationen, die diskutiert wurden, sind zu verfassen.

TA-Ausbildungen sind nicht reine Theorievermittlung, sondern als praxisnahes Lernen erfahrungsorientiert und mit Selbstreflexion verknüpft. Konkret bedeutet dies, dass schon während der Seminare in den Ausbildungsgruppen das theoretische Ken-

---

84 Zu den formalen Anforderungen der Ausbildungen in Transaktionsanalyse siehe Stewart u. Joines 2000, S. 417 ff.

nenlernen der TA-Modelle mit eigenen Erfahrungen und konkreten Übungen verbunden ist, sodass der Transfer in den beruflichen Alltag möglich wird. Auch Einzelsupervisionen finden im Rahmen der Gruppe statt und haben meist die praktische Umsetzung des Gelernten als Hintergrund. Es wird erwartet, dass Ausbildungskandidaten im Zeitraum zwischen den Lehrveranstaltungen bewusst TA-Modelle einsetzen, über ihre Erfahrungen berichten, diese sowohl bei Intervisionen als auch bei Folge-Seminaren zur Sprache bringen und kritisch reflektieren. Die verpflichtende Selbsterfahrung findet meist in Form von Blockveranstaltungen außerhalb des gewohnten Settings statt, die auch nicht vom Lehrer und Trainer der Gruppe gehalten werden. Das heißt, dass das Vertrautwerden mit der TA-Theorie auch der Entwicklung persönlicher Fähigkeiten dienen und somit das bloße Anwenden einer effektiven Technik übersteigen soll.

Möchte man Transaktionsanalyse als Lehrender in Form von Ausbildungen im Bereich Pädagogik oder Organisation unterrichten, sind weitere Ausbildungsstufen von ähnlicher Dauer und Intensität zu absolvieren. Das gesamte Prüfungs- und Ausbildungswesen obliegt im Rahmen der ITAA, der „International Transactional Analysis Association", dem „Training and Certification Council"; das „Training Standards Committee" (TSC) befasst sich innerhalb dieses „Councils" mit Ausbildungsfragen, während Prüfungsangelegenheiten vom „Board of Certification" geregelt werden. In der EATA, der „European Transactional Analysis Association", werden diese Aufgaben durch das „Professional Training Standards Committee" (PTSC) und die „Commission of Certification" (COC) wahrgenommen.[85]

Zwei unterschiedliche Ausbildungsstufen stehen zur Wahl. „Level I" erreicht man frühestens nach weiteren 18 Monaten intensiver Auseinandersetzung mit TA, führt zum Titel „CTA" („Certified Transactional Analyst")[86] und berechtigt – in Kombination mit einer weiteren Prüfung – zur Durchführung von 101-Kursen. Folgende Leistungen sind erforderlich: 250 Stunden fortgeschrittenes TA-Training, 350 Stunden Training in einem gewählten Fachgebiet, 150 Stunden Supervision, Abhalten eigener Seminare, 500 Stunden praktische Tätigkeit, Abfassen einer schriftlichen Arbeit und Ablegen einer mündlichen Prüfung vor einer Jury.[87]

Die höchste erreichbare Stufe ist „Level II" mit dem Titel „TSTA" („Teaching and Supervising Transactional Analyst"), die einzige, die zur selbständigen Ausbildungstätigkeit berechtigt. Zuvor ist man „PTSTA" („Provisional Teaching and Supervising Transactional Analyst"), also Lehrender unter Supervision. Es besteht die Möglichkeit, sich entweder auf Supervision oder auf Theorievermittlung zu spezialisieren, sofern man nicht die Anerkennung für beide Bereiche anstrebt. Mehrere hundert Stunden theoretischer und praktischer Weiterbildung sind vorgeschrieben: 300 Stunden eigener Lehrveranstaltungen unter Supervision, 100 Stunden weiterführende Fachausbildung, Halten eigener Vorträge auf nationalen oder internationalen Konferenzen (12 Stunden), Durchführen eines Grundlagenkurses und 50 Stunden Supervision eigener Lehr-

---

85   siehe ebd., S. 417.
86   Zur leichteren Handhabbarkeit der Abkürzungen der Ausbildungsstufen in Form von Blockbuchstaben sei angemerkt, dass hier „TA" für „Transactional Analyst" steht, „C" für „Certified", „P" für „Provisional" und „TS" für „Teaching and Supervising"
87   siehe ebd., S. 420.

veranstaltungen zur Anerkennung als TA-Lehrender. Angehende Supervisoren müssen 500 Stunden Erfahrung in Supervision (und 50 Stunden Supervision der Supervision) nachweisen sowie 35 Stunden an einem offiziell anerkannten Kurs in Berufsethik, Supervision und Training teilnehmen.[88] Die abschließende mündliche Prüfung zu Theorie, Lehrtätigkeit bzw. Supervision wird vor einer Jury von Lehrenden abgelegt.

All diese Ausbildungsschritte sind so aufwändig, dass von einer österreichischen TA-Gesellschaft, dem „Österreichischen transaktionsanalytischen Institut im Sozial-, Pädagogik- und Organisationsbereich" (ÖTISO) für das Erreichen von „Level I" ab dem erfolgreichen Abschluss der dreijährigen Grundausbildung drei weitere Jahre veranschlagt werden; mindestens zwei Jahre sind bis zum Status des Lehrenden unter Supervision vorgesehen und sieben weitere bis zum „Level II", dem endgültig Lehrenden. Um zur Lehrtätigkeit (unter Supervision) grundsätzlich zugelassen zu werden, ist die Teilnahme an einem von lehrenden Transaktionsanalytikern veranstalteten „Training Endorsement Workshop" erforderlich.

Was die konkrete Art und Dauer dieser einzelnen Weiterbildungsschritte betrifft, mag man vielleicht geteilter Meinung sein. In jedem Fall scheint es jedoch bemerkenswert, dass es im Bereich der Transaktionsanalyse gelungen ist, weltweit eine einheitliche und verbindliche Ausbildungsstruktur zu schaffen. Dies geht auf die Zusammenarbeit zahlreicher nationaler Verbände zurück, die in den letzten Jahrzehnten nicht nur in Nordamerika und Europa, sondern auch in vielen Ländern Südamerikas, Asiens und Australiens entstanden sind.

Ebenso herrscht Einigkeit über Prinzipien, die inhaltlich das Fundament der gesamten transaktionsanalytischen Theorie bilden, egal ob es sich um Psychotherapie, Beratung oder die Anwendung in den Feldern Organisation und Pädagogik handelt. Basis der Transaktionsanalyse ist ein Menschenbild humanistischer Tradition, das von der Würde und dem Wert jedes Menschen ausgeht, von Respekt und Anerkennung sich selbst und anderen gegenüber. „Ich stehe nicht über dir, und du stehst nicht über mir"[89] ist eine menschliche Grundhaltung sich selbst und anderen gegenüber. „Als Menschen bewegen wir uns auf der gleichen Ebene"[90] unabhängig von Unterschieden in Leistungen, der Rasse, dem Geschlecht oder der Religionszugehörigkeit[91]. Sich selbst und andere zu akzeptieren gilt für die Person an sich, muss jedoch nicht zur Folge haben, dass man alle konkreten Verhaltensweisen und Eigenschaften für akzeptabel hält. Auf diese Weise ist auch die berühmt gewordene Kurzformel „Ich bin okay – du bist okay" zu verstehen, von der in Punkt 1.1.3 noch ausführlicher die Rede sein wird. Diese etwas salopp klingende Redeweise hat eine tiefe, philosophisch fundierte Bedeutung und ist keineswegs eine banale Aussage. Auch der transaktionsanalytische Grundsatz „Die Menschen sind in Ordnung" ist in dieser Hinsicht zu interpretieren: Es hat seine Richtigkeit mit dem So-Sein des Menschen.[92]

---

88 siehe ebd.
89 Ebd., S. 28.
90 Ebd.
91 siehe ebd.
92 siehe ebd.

Zu dieser grundsätzlichen Wertschätzung und Einschätzung des Menschen zählt auch die Betonung seiner Eigenständigkeit, der Selbstverantwortlichkeit und der Fähigkeit zu Bewusstheit als Entwicklungsziele bzw. als prinzipielle Möglichkeit. Eine Grundüberzeugung der Transaktionsanalyse lautet: Jeder Mensch kann denken. „Jeder, der nicht schwere Hirnschädigungen hat," schreiben Stewart und Joines, „hat die Fähigkeit zu denken. Deshalb hat jeder von uns auch die Verantwortung dafür, zu entscheiden, was er vom Leben will. Und jeder einzelne wird schließlich mit den Folgen dessen leben müssen, was er selbst beschlossen hat."[93] Was also auf den ersten Blick wie eine Binsenweisheit aussieht, hat bei näherem Hinsehen weitreichende Konsequenzen[94]. Man betrachtet sich selbst und andere als prinzipiell gestaltungs- und entscheidungsfähig. „Andere Mitmenschen oder unsere Lebensumstände mögen einen starken Druck auf uns ausüben. Aber ob wir uns diesem Druck fügen, bleibt immer unsere eigene Entscheidung. Für unsere eigenen Gefühle und unser Verhalten sind wir selbst verantwortlich."[95]

Daher ist auch der Begriff der Autonomie in der Transaktionsanalyse von zentraler Wichtigkeit. Ziel aller Bemühungen ist die autonome, von blockierenden Mustern freie Persönlichkeit. Nach Berne umfasst Autonomie die Fähigkeit zu wacher Bewusstheit, zu Spontaneität und zu Intimität (womit nicht primär Sexualität, sondern in weiterem Sinn die Fähigkeit zu echter Begegnung gemeint ist)[96]; „redliche Mitmenschlichkeit" ist in diesem Zusammenhang ebenfalls ein vielfach verwendeter Ausdruck.

Alle oben genannten Einstellungen sind Merkmale einer ethischen Grundhaltung, die – ausgehend vom humanistischen Menschenbild – nicht nur in der Praxis von Transaktionsanalytikern erwartet wird, sondern die auch fester Bestandteil der Theorie wurde.

Zudem werden im Rahmen der EATA in Übereinstimmung mit der „Universalen Deklaration der Menschenrechte" Ethik-Richtlinien erarbeitet, die von EATA-Mitgliedern zu befolgen sind. Diese beinhalten Ausführungen zu generellen Rahmenbedingungen der Ethik (wie Definitionen, Ziele und Verbindlichkeiten der Richtlinien), grundlegende ethische Prinzipien sowie konkrete Bedeutungen und Handlungsanweisungen für die Praxis.

Auch unabhängig von dieser praxisnahen Formulierung ethischer Grundsätze ist heute die gesamte Theorie der Transaktionsanalyse ohne Hervorhebung des humanistischen Gedankengutes und einer explizit ethischen Basis nicht denkbar. Aus diesem Grund wird die transaktionsanalytische Psychotherapie meist den humanistischen Therapieformen zugeordnet, obwohl eine Betonung des tiefenpsychologischen oder des verhaltensorientierten Anteiles ebenso zutreffend wäre.

---

93   Ebd., S. 29.
94   Vgl. dazu auch die Website der „Deutschen Gesellschaft für Transaktionsanalyse": www.dgta.de
95   Stewart u. Joines 2000, S. 29.
96   siehe Punkt 1.1.3, Strukturierung der Zeit

Auch alle Modelle der Transaktionsanalyse, die im nächsten Punkt zur Sprache kommen, gewinnen Sinn und Bedeutung durch das Mitbedenken einer Werthaltung und ethischen Basis als Hintergrund.

1.1.3 Modelle und Schlüsselbegriffe der Transaktionsanalyse

Vorbemerkung

Im Folgenden sollen nun die wesentlichen Modelle und Schlüsselbegriffe der Transaktionsanalyse im einzelnen erörtert werden. Eine der schwierigsten Fragen, die sich dabei stellt, ist jene nach der geeigneten Länge und Ausführlichkeit der Darstellung. Zweifelsohne ließen sich mit der Theorie der TA auch einige hundert Seiten füllen. Ebenso wäre es denkbar gewesen, auch in wenigen prägnanten Sätzen auf einige Grundkonzepte hinzuweisen. Beides scheint wenig aussichtsreich: die erste Variante aufgrund der Tatsache, dass es hier primär um eine empirische Untersuchung und nicht um eine theoretische Abhandlung geht; die zweite deshalb, weil extrem kurze Zusammenfassungen zwar einen ersten Eindruck von TA-Modellen geben könnten, vermutlich aber kein echtes Verständnis der Wirkmechanismen und inneren Logik der Konzepte vermitteln würden. Vor allem soll eine allzu kurze Aneinanderreihung von Begriffen und Schlagworten vermieden werden, die vermutlich nur eingeweihten Transaktionsanalytikern etwas sagen könnte. Mit anderen Worten: Die Präsentation der TA-Konzepte soll möglichst plastisch und praxisnah gestaltet sein, was ein gewisses Ausmaß an Ausführlichkeit nicht unterschreiten kann, andererseits aber nicht länger zu sein hat als dies für das Verständnis der Arbeit notwendig scheint.

Da thematisch die Wirksamkeit von Ausbildungen im Mittelpunkt steht, ist das Ausmaß an Theorie, das bereits in der dreijährigen Grundausbildung vermittelt wird, nicht bedeutungslos. Die gewählte Thematik bezieht sich ja nicht nur im Allgemeinen darauf, welche Veränderungen durch Ausbildungen stattfinden, sondern konkret auf die Frage, welchen individuellen Nutzen Menschen aus einem definierten Angebot an Theorie-Vermittlung ziehen. Aus diesem Grund scheint es angebracht, die Theorie der Transaktionsanalyse etwa in jenem Umfang darzustellen, in dem diese im Allgemeinen in der Grundausbildung unterrichtet wird. Was die Ergebnisse der Studie betrifft, so lassen sich diese vermutlich besser einordnen, wenn klar ist, auf welchem theoretischen Hintergrund persönliche Aussagen gemacht werden und in welchem Zusammenhang diese Statements zur erworbenen theoretischen Basis stehen.

Inhaltlich orientiert sich das folgende Kapitel an Publikationen, die als Standardwerke zur Theorie der Transaktionsanalyse gelten, allen voran jene von Stewart und Joines „Die Transaktionsanalyse. Eine Einführung"[97] mit dem Titel „TA today" im englischen Original sowie die allgemein geschätzten Publikationen von Leonhard Schlegel. Miteinbezogen wird auch die deutsche Übersetzung von „Transactional Analysis in Brief" von Brown u.a., die 2006 in 6. Auflage erschien. Gleichzeitig und vor allem sollen jedoch – im Sinn des „Back-to-the-roots"-Gedankens – auch manche Passagen aus den Originalwerken Bernes zur Sprache kommen. Einerseits scheint die

---

97 Stewart und Joines 2000.

Weiterentwicklung der Modelle und die Konzipierung von Neuem von Bedeutung, andererseits soll dabei aber nicht außer acht gelassen werden, in welcher Weise viele Ideen und Grundgedanken bereits von Berne formuliert wurden und nach wie vor die Basis bilden, auf der nachfolgende Generationen von Transaktionsanalytikern aufbauen. Ein weiterer Grund, sich an einigen Stellen direkt auf Berne zu beziehen, liegt in der Tatsache, dass TA-Theoriedarstellungen selten mit Originalzitaten verknüpft werden. Allerdings scheinen jedoch gerade die Anfänge von Entwicklungen bedeutsam. Sie sind mehr als der zeitliche Moment des Beginns und prägen in gewisser Weise auch die Dynamik und Eigenart alles Weiteren. Vieles an der aktuellen Form der TA-Theorie ist in seiner Struktur und Logik nur verständlich, wenn der Blick auf die Ursprünge vorhanden ist.

Ich-Zustände

Das von Berne entwickelte Modell der Ich-Zustände ist das Grundmodell der Transaktionsanalyse schlechthin und bildet die Basis vieler weiterer Konzepte.[98] Es erlaubt, die Persönlichkeit eines Menschen und sein aktuelles Verhalten zu analysieren und zu begreifen. Nach Berne gibt es drei Möglichkeiten des In-der-Welt-Seins, drei verschiedene Zustände, die mit Energie besetzt werden können: den Eltern-Ich-Zustand, den Erwachsenen-Ich-Zustand und den Kind-Ich-Zustand. Es handelt sich hier jeweils um „kohärente Gedanken- und Gefühlssysteme, die durch entsprechende Verhaltensmuster zum Ausdruck gebracht werden."[99] Wenn auch jeder Mensch Vorlieben für bestimmte Seins- und Verhaltensweisen hat, so stehen doch jedem alle drei Varianten zur Verfügung. Üblicherweise werden diese auch je nach Umstand und Situation genützt, sodass eine veränderte Situation auch zu einem Ich-Zustandswechsel führen kann. Man kann den Ich-Zustand auch bewusst verändern, wenn man merkt, dass eine bestimmte Haltung nicht zum Ziel führt, unpassend oder unproduktiv ist. Diese Zustände sind als Anteile des „Ichs" eines Menschen immer ganzheitliche Seins- oder Verhaltensweisen. Ein Mensch, dessen Eltern-Ich-Zustand aktiviert ist, verhält sich nicht nur „elternhaft" beschützend, umsorgend, kontrollierend oder belehrend, sondern er fühlt sich in diesem Moment auch selbst anderen gegenüber – unabhängig von deren tatsächlichem Alter – wie ein Elternteil. Er denkt und agiert in einer Art, die er möglicherweise von den eigenen Eltern oder anderen Autoritätspersonen übernommen hat.

Das Gleiche gilt für den Kind-Ich-Zustand, eine ganzheitliche „kindhafte" Verfassung, in der jemand aktuell fühlt, denkt und handelt „wie ein Kind": entweder angepasst, gehorsam und unterwürfig oder trotzig, rebellierend, widersprechend oder aber frei, ungezwungen und völlig unabhängig von geltenden Normen und Regeln.

Der Erwachsenen-Ich-Zustand zeichnet sich durch bewusstes, reflektiertes, eigenverantwortetes, eher sachliches Handeln und Denken aus, was dazu geführt hat, das Erwachsenen-Ich mit einem Computer zu vergleichen, der Ereignisse und Umstände der Gegenwart analysiert und verarbeitet.[100] Gefühle, die man im Erwachsenen-Ich-Zustand hat, sind angemessene Reaktionen auf aktuelles Geschehen, wobei natürlich

---

98 siehe Berne 1957 (1). In: H. Hagehülsmann (Hg.) 2005, S. 131 ff.
99 Berne 1972/2007, S. 26.
100 siehe ebd., S. 27.

zu fragen ist, was unter „Angemessenheit" zu verstehen ist und bereits Berne darauf verwiesen hat, dass dies kulturell sehr unterschiedlich geprägt sein kann.[101] Wesentlich scheint, dass ein Mensch im Erwachsenen-Ich imstande ist, sein gesamtes Repertoire an Talenten und Fähigkeiten, die in ihm liegen, maximal zu nützen, um konkrete Probleme zielorientiert und kreativ zu lösen, während Eltern- und Kind-Ich-Zustände eher Wiederholungen alter Muster sind.

Graphisch dargestellt werden diese drei Zustände in der TA durch drei übereinander liegende Kreise, ein Zeichen das sich zum Symbol schlechthin für Transaktionsanalyse entwickelt hat. Die Abkürzungen lauten Eltern-Ich, Erwachsenen-Ich und Kind-Ich (im Englischen „Parent", „Adult" und „Child"), sowie EL, ER und K. (Abb. 1)

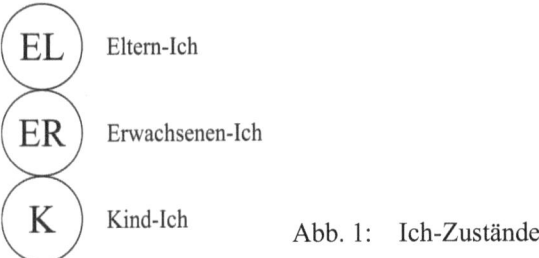

Abb. 1:   Ich-Zustände

Zur weiteren Differenzierung der Ich-Zustände unterteilt man das Eltern-Ich in „fürsorgliches" und „kritisches" Eltern-Ich, das Kind-Ich in „angepasstes", „rebellisches" und „freies Kind". Das Erwachsenen-Ich, das im Wesentlichen durch seinen starken Realitätsbezug, ein Planen, Strukturieren, Denken, Entscheiden und Fühlen im Hier und Jetzt charakterisiert ist, wird im Allgemeinen nicht weiter unterteilt. (Abb. 2)[102]

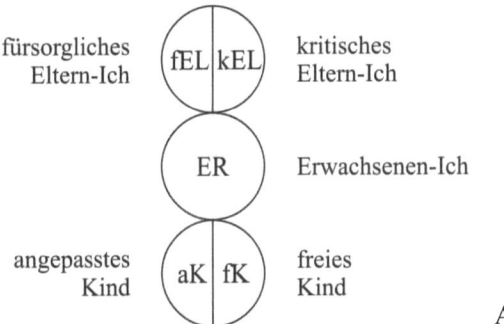

Abb. 2:   Ich-Zustände

„Fürsorglich" wäre ein Zustand, in dem man sich um andere sorgt und kümmert, zur Seite steht, beschützt, fördert, bestärkt, tröstet oder behilflich ist. „Kritisch" wären Verhaltensweisen des Beurteilens, Belehrens, Verbietens, Normierens, Belohnens oder Bestrafens. Manche Autoren unterteilen das Kind-Ich nur in „angepasstes" und „freies" Kind, da ihrer Ansicht nach auch rebellische Verhaltensweisen oder Wesenszüge

---

101 siehe Berne 1961/2006, S. 73.
102 Zur eventuellen weiteren Unterteilung des Erwachsenen-Ichs in einen Ethos-, Logos- und Pathos-Anteil siehe Schneider 2001; Stewart 2001, S. 143.

einfach Reaktionen auf elterliche Vorgaben und somit nur andere Varianten von angepasstem Verhalten seien.[103] Das „freie Kind" mit seinen „archaischen", impulsiven
Anteilen wird als ursprünglichste Schicht der Persönlichkeit gesehen und (unter anderem) assoziiert mit Vitalität, Lebensfreude, Genuss, Spaß und Unabhängigkeit. Berne
spricht in seiner Publikation „Die Transaktionsanalyse in der Psychotherapie", in der
er das Modell der Ich-Zustände am ausführlichsten referiert, von drei psychischen
„Organen", die den drei Ich-Zuständen entsprechen: der Archäopsyche (Kind-Ich), der
Neopsyche (Erwachsenen-Ich, wird in aktueller, bewusster Interaktion mit der Umwelt
gebildet) und der Exteropsyche (Eltern-Ich, entstand durch Prägung von außen).[104]

Meist wird der lebensgeschichtliche Ursprung von Eltern- und Kind-Ich und deren
individuelle Ausprägung für sehr wichtig gehalten. Das Eltern-Ich wäre demnach eine
Verfassung, in der man Verhaltensmuster und Seinsweisen, die man in der eigenen
Kindheit von elterlichen Bezugspersonen übernommen hat, in der Gegenwart imitiert
und relativ unreflektiert kopiert, so als würde man alte Tonbänder oder Filme neu auf-
legen und wieder abspielen. Auch das Übernehmen von Überzeugungen, Normen und
Werten fiele in diese Kategorie. Das Kind-Ich wäre dann eine Wiederholung jener
Empfindungen oder jener Vorstellungen, die man tatsächlich als Kind gehabt hat. Das
heißt, in bestimmten Situation wird man zum „Kind", das man einmal war.[105] Betont
man die je individuelle Entstehung von Eltern- und Kind-Ich, so hat jeder Mensch eine
ganz persönliche und einzigartige Ausprägung von Eltern- und Kind-Ich, was dazu
führt, dass man bei der Beobachtung eines Menschen nicht auf den ersten Blick feststellen kann, in welchem Ich-Zustand er sich befindet. Harsch schreibt – nicht ganz
unernst gemeint – in seinem Vorwort zu einer psychotherapeutisch orientierten Publikation von U. Hagehülsmann, dass man üblicherweise in fünf Minuten verstehen kann,
was Ich-Zustände im Großen und Ganzen bedeuten, es aber einer Ausbildung von fünf
Jahren bedarf, bis ein Transaktionsanalytiker Ich-Zustände von Klienten zuverlässig
und unmittelbar feststellen kann.[106]

In diesem Sinn wird in der TA-Literatur meist Vorsicht geboten vor Listen[107], in
denen für jeden Ich-Zustand typische Merkmale, wie Gesten, Redewendungen, Ge-
sichtsausdrücke, Körperempfindungen und Handlungen aufgezählt werden, durch die
sich Ich-Zustände identifizieren lassen. Andererseits existieren in jeder Gesellschaft
doch auch weitgehende Übereinstimmungen darüber, wie es sich darstellt, wenn jemand beispielsweise verärgert ist und seine Mitmenschen aus einer Position der Überlegenheit zurechtweist oder kritisiert (Eltern-Ich), mit seinen Kollegen sachlich und
konstruktiv ein Projekt bespricht (Erwachsenen-Ich) oder Spaß beim Spielen hat
(Kind-Ich).

Nicht zu verwechseln sind die Ich-Zustände mit sozialen Rollen oder dem tatsächlichen Lebensalter. Eltern oder Autoritätspersonen müssen nicht notwendigerweise im
Eltern-Ich sein und können sich sehr wohl auch „kindhaft" fühlen oder benehmen und

---

103 siehe Stewart u. Joines, S. 47.
104 siehe Berne 1961/2006, S. 29.
105 siehe Stewart u. Joines 2000, S. 33 ff.
106 siehe Harsch. In: U. Hagehülsmann 2006, S. 11 f.
107 vgl. Gerhold 2005.

Kinder sind nicht prinzipiell im Kind-Ich, sondern verfügen bereits über alle drei Ich-Zustände und können beispielsweise abwechselnd ihren Freunden helfen, andere kritisieren oder mit ihnen kooperieren und Aufgaben erledigen.

In welchem Ich-Zustand sich nun jemand gerade befindet, lässt sich hauptsächlich durch äußere, aufmerksame Beobachtung und durch Befragen des Betroffenen selbst feststellen. Bei der sogenannten „Verhaltensdiagnose" beachtet man sämtliche sprachliche und nichtsprachliche Äußerungen eines Menschen; bei der „historischen" oder „lebensgeschichtlichen" Diagnose sucht man nach biographischen Zusammenhängen und vergleicht das aktuelle Verhalten mit jenem von Elternfiguren oder mit Kindheitserinnerungen. Oft kann man auch aus der eigenen Reaktion auf das Verhalten des Gegenübers auf dessen Ich-Zustand schließen, oder umgekehrt aus dem Verhalten des anderen auf den eigenen Ich-Zustand. Reagiert jemand trotzig und ablehnend (rebellisches Kind), kann es sein, dass dieser zuvor vom Gesprächspartner zu kritisch oder abwertend behandelt wurde (kritisches Eltern-Ich). Allerdings ist auch bei dieser „sozialen Diagnose" Vorsicht vor allzu schnellen Interpretationen und eigenen oder fremden Projektionen geboten. Im Rahmen der „phänomenologischen Diagnose" erinnert sich jemand an vergangene Ereignisse und durchlebt bestimmte Szenen nochmals mit einer solchen Intensität, dass es sich für den Betroffenen und den Beobachter so anfühlt, als ob das Erinnerte tatsächlich Realität wäre.

Zusammenfassend heißt dies, dass alle Ich-Zustände äußerlich sichtbar sind und sich durch umfassende Beobachtung, durch emotionale Reaktionen des Gegenübers und durch die Meinung des Beobachteten selbst ermitteln lassen.[108]

Natürlich kann es sein, dass es mitunter schwer fällt, den Ich-Zustand eindeutig festzustellen, da das rebellische Kind auch Ähnlichkeiten mit dem kritischen Eltern-Ich aufweisen kann, ebenso das angepasste Kind mit dem fürsorglichen Eltern-Ich.

Schwierig wird es vor allem dann, wenn der Beobachtete nach außen hin anders agiert als er sich im Inneren fühlt und der Eindruck von Inkongruenz entsteht. Berne diagnostiziert in diesem Fall zwei aktuelle Ich-Zustände, den nach außen gezeigten und den tatsächlich empfundenen, was von ihm etwas plakativ als „Exekutive" und „reales Selbst" bezeichnet wird.[109]

Auch Menschen, denen es schwer fällt, Entscheidungen zu treffen und die daher oft mit inneren Dialogen befasst sind, in denen zum Beispiel das „freie Kind" mit dem „kritischen Eltern-Ich" hadert, sind in ihren Ich-Zuständen nicht leicht einzuschätzen. TA-Übungsbücher, die den Leser anregen, anhand von gedruckten Aussagen wie „Herzlich willkommen" oder „Beruhigen Sie sich", den Ich-Zustand des Sprechenden festzustellen, scheinen daher problematisch.

Dass eine verbale Äußerung allein zur Diagnose der Ich-Zustände nicht ausreicht, zeigt Berne anhand des Wortes „gut": „Die Diagnose des Wortes „gut" ist eine einfache und dankbare Intuitionsübung. Mit einem impliziten großen G ist es „elterlich". Wenn seine Anwendung realistisch vertretbar ist, ist es „erwachsen". Wenn es Triebbefriedigung bedeutet und im wesentlichen ein Ausruf ist, kommt es aus dem „Kind"

---

108 vgl. Steiner 2005, S. 41 f.
109 siehe Stewart u. Joines 2000, S. 83 ff.

und ist dann ein gebildetes Synonym für „Njam-njam!" oder „Mmmmmmm!" Meistens ist es jedoch ein Hinweis auf eine Trübung und unausgesprochene „elterliche" Vorurteile, die als „erwachsen" rationalisiert werden."[110]

Das Wort „Trübung" wird in der TA als Fachbegriff mit spezieller Bedeutung verwendet. „Getrübt" ist das Erwachsenen-Ich dann, wenn die Grenze zum Kind-Ich oder zum Eltern-Ich nicht klar verläuft. Die Zustände überlagern sich dann teilweise und verschwimmen in den Grenzbereichen, sodass der Realitätsbezug, die realistische Einschätzung der Gegenwart und die Fähigkeit, autonom und bewusst zu reagieren, eingeschränkt sind. Wird das Erwachsenen-Ich vom Eltern-Ich her getrübt, verwechselt man vorgefasste Meinungen und althergebrachte Überzeugungen mit Fakten. Trübt das Kind-Ich das Erwachsenen-Ich, vermischen sich Ängste, Illusionen oder kindliche Vorstellungen mit der tatsächlichen Wahrnehmung.

Graphisch dargestellt werden diese Trübungen durch drei Kreise, die sich in verschiedenem Ausmaß überschneiden. Es können auch gleichzeitige Trübungen aus dem Erwachsenen-Ich und dem Kind-Ich auftreten. Viele Autoren sind der Ansicht, dass es sich im Grunde immer um kombinierte Trübungen handle.[111] (Abb. 3)

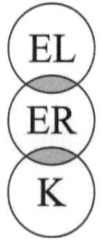

Abb. 3: Trübungen des Erwachsenen-Ichs
durch das Eltern- und Kind-Ich

Manche Menschen sind nicht oder kaum in der Lage, einen bestimmten Ich-Zustand zu aktivieren. Man spricht dann vom „Ausschluss" eines Ich-Zustandes.

Bleiben zwei Ich-Zustände inaktiviert, nennt man den einzigen Zustand, der sichtbar gelebt wird „konstant".

Diese Fälle, bei denen Ich-Zustände getrübt oder ausgeschlossen bleiben, werden meist unter dem Stichwort „Pathologie" zusammengefasst, was natürlich voraussetzt, dass man meint, sehr genau zu wissen, was „gesund" oder „krank" bedeutet.[112] Im Allgemeinen wird es wohl kaum Menschen geben, deren „Erwachsen-Sein" völlig ungetrübt von elterlichen oder kindlichen Anwandlungen ist, sodass die gegenwärtige Wahrnehmung der Realität mit elterlichen Vorurteilen oder kindlichen Vorstellungen vermischt ist.

Keinesfalls soll unerwähnt bleiben, dass das Ich-Zustandsmodell grundsätzlich in zwei Formen existiert, die sich jeweils auf verschiedene Aspekte der Ich-Zustände konzentrieren. Das „Funktionsmodell" beschreibt die Haltung und Handlungsweise eines Menschen als aktuelle Funktion der Ich-Zustände, als Prozess, und ist vor allem für die Analyse von Kommunikationssituationen von Bedeutung.

---

110 Berne 1961/2006, S. 70.
111 siehe Stewart u. Joines 2000, S. 91.
112 siehe Exkurs: Zum Begriff der Normalität.

Das Strukturmodell betrifft den individuellen „Inhalt" der Ich-Zustände, die inner-psychische Struktur einer Persönlichkeit, also alle vorhandenen Muster des Empfindens, Denkens und Agierens, von denen aktuell die eine oder andere Komponente realisiert wird.

Bezogen auf das Funktionsmodell entwickelte Dusay das so genannte Egogramm.[113] Dieses bildet in Form von nebeneinander stehenden und unterschiedlich hohen Säulen ab, wie oft die einzelnen Ich-Zustände eines Menschen aktiviert sind und vor allem, wie viel Energie in die jeweiligen Ich-Zustände fließt. Was sich nämlich durch Beobachtung einer konkreten einzelnen Situation nicht feststellen lässt, ist die Häufigkeit, mit der ein Mensch insgesamt seine verschiedenen Seinsweisen aktiviert. Natürlich handelt es sich hier um eine subjektive Einschätzung, die man bei sich selbst oder anderen vornimmt, die aber dann wichtig ist, wenn man etwas verändern möchte. Ein Beispiel für dieses Egogramm findet sich in der folgenden Abbildung. (Abb. 4)

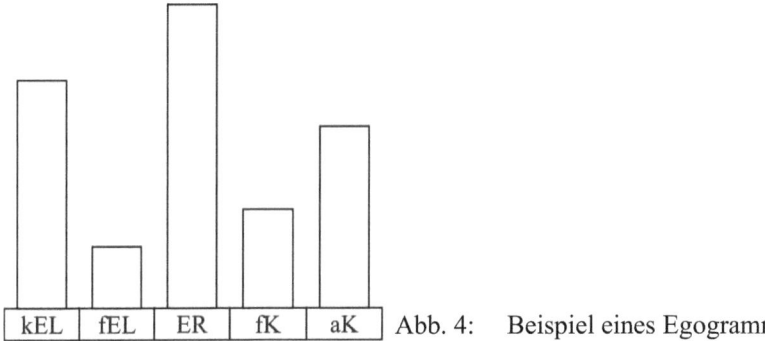

Abb. 4:   Beispiel eines Egogramms

Mitunter lassen sich für eine einzelne Person auch mehrere Egogramme erstellen, wenn beispielsweise die Verfassung im Berufsleben deutlich von jener der Privatperson abweicht. Auch die Aussage „Im Urlaub bin ich ein anderer Mensch!" würde dazu passen.

Möchte man in diesem Sinn an der eigenen Persönlichkeit arbeiten, so empfiehlt es sich, nicht den zu stark ausgeprägten Ich-Zustand zu dezimieren, sondern den erwünschten, schwächeren zu stärken, da dadurch automatisch Energie von anderen Anteilen abgezogen wird. Dusay erklärt dies mit der „Konstanz-Hypothese"[114]: Die gesamte zur Verfügung stehende Energiemenge bleibe gleich, daher lasse sich Energie nicht vermehren, sehr wohl aber verlagern.

Das Strukturmodell erfährt eine weitere Differenzierung als „Strukturmodell zweiter Ordnung" (Abb. 5). In der graphischen Darstellung erhalten daher alle Ich-Zustände den Zusatz „$_2$". Hier geht es darum, die Persönlichkeit eines Menschen von seiner Lebensgeschichte her und damit seine individuelle Gestalt von Eltern- und Kind-Ich noch besser zu erfassen. Dieses weiter strukturierte Eltern-Ich (EL$_2$) wird als Summe sämtlicher verinnerlichter Elternfiguren der Kindheit verstanden, die damals

113 siehe Dusay. In: Barnes 1979, S. 65 ff.
114 siehe ebd., S. 66.

ihrerseits natürlich auch alle ein Eltern-, Erwachsenen- und Kind-Ich hatten. Daher wurden nicht nur deren „elternhafte" Züge verinnerlicht, sondern auch Ängste, Illusionen oder „Botschaften", die sie (nonverbal) vermittelten. Das verinnerlichte Eltern-Ich von Elternfiguren enthält Aussagen, die diese schon selbst als Kinder von den eigenen Eltern erhalten hatten und unreflektiert an die nächste Generation weitergaben. Das verinnerlichte Erwachsenen-Ich von Elternfiguren ist der Sitz rationaler Begründungen für diese Botschaften, während deren verinnerlichtes Kind-Ich nonverbale und verdeckte Botschaften enthält. Wie viele Elternfiguren oder Autoritätspersonen verinnerlicht wurden, ist von Mensch zu Mensch verschieden. (In Abb.5 sind es beispielsweise drei Personen.)

Im näher differenzierten Kind-Ich (K_2) wiederum sind alle drei Ich-Zustände gespeichert und zwar in jenen Formen, die während der Kindheit gebildet wurden: also ein „kindliches" Eltern-, Erwachsenen- und Kind-Ich. Im elternhaften Teil des Kind-Ichs – auch „magische Elternfigur" genannt – sind Vorstellungen darüber gespeichert, was im Fall des Nichtbeachtens von Geboten und Verboten passieren könnte. Der „erwachsene" Anteil des Kind-Ichs enthält intuitive und kreative Problemlösungsstrategien des Kindes, was zur Bezeichnung „kleiner Professor" geführt hat. Der kindliche Anteil des Kind-Ichs wird auch „somatisches Kind" genannt, da frühe Gefühle und Erfahrungen größtenteils Körperempfindungen waren. Da sich ein einjähriges Kind mit seinen Ich-Zuständen wesentlich von drei- oder siebenjährigen unterscheidet, wird das Kind-Ich auch als „russische Puppe" bezeichnet, die sich immer wieder öffnen lässt, bis zuletzt ein winziges Kind-Ich im Säuglingsalter erscheint.

Das Erwachsenen-Ich im Strukturmodell zweiter Ordnung (ER_2) wird nicht weiter differenziert. Es enthält Botschaften von Elternfiguren, die man zu bewussten Überzeugungen werden ließ.

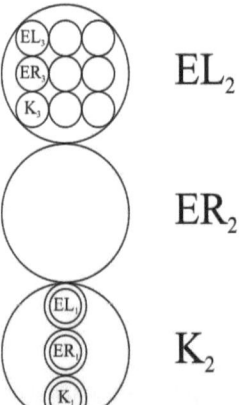

EL$_2$

ER$_2$

K$_2$

Abb. 5:   Strukturmodell zweiter Ordnung

Wie oben abgebildet erhalten die einzelnen Differenzierungen des Eltern-Ichs die Ziffer „drei" und die verschiedenen Anteile des Kind-Ichs „eins". Diese etwas umständlich wirkende Differenzierung dürfte eher für den therapeutischen Kontext sinnvoll sein, wenn die Entstehungsgeschichte von Überzeugungen und Vorstellungen relevant ist. Für die Anwendung im nicht-klinischen Bereich, um die es ja in der vorliegenden

Untersuchung geht, scheint der Vergangenheitsbezug der Ich-Zustände „wohl weniger wichtig", wie Stewart und Joines feststellen.[115]

Was bei der Anwendung im Alltag hingegen zählt, ist Bernes Beobachtung, dass sich jede Art des menschlichen Verhaltens den drei Grundkategorien „elternhaft, erwachsen oder kindhaft" zuordnen lässt und man daher – bei aller Vorsicht und mit Respekt – in Kommunikationssituationen recht schnell erkennen kann, was sich gerade in einem selbst oder in anderen Menschen, mit denen man zu tun hat, abspielt.

Typisch für die TA ist, dass „kindhaft" oder „kindlich" eine sehr positive Konnotation hat und in keiner Weise abwertend gemeint und nicht mit „kindisch" zu verwechseln ist. Dadurch wird deutlich, dass in der TA die Beobachtung und Diagnose der Ich-Zustände nicht immer klar getrennt ist von einer Bewertung derselben, ja dass sogar bei der Beschreibung des Modells jeder Ich-Zustand nochmals unterteilt wird in eine „positive" und „negative" Version. Anweisungen aus dem „positiven kritischen Eltern-Ich" zum Beispiel würden andere respektvoll beurteilen und fördern, aus dem „negativen kritischen Eltern-Ich" dagegen im Befehlston herabsetzen und die eigene Überlegenheit demonstrieren.[116] Ähnliche Beispiele könnte man für sämtliche Ich-Zustände auflisten. Gührs und Nowak schwächen die Bezeichnungen „positiv" und „negativ" etwas ab, indem sie von den „Vorteilen" und „Nachteilen" jedes Ich-Zustandes sprechen. Sie bewerten insofern differenzierter als sie zwischen einer starken und schwachen Ausprägung der Ich-Zustandsanteile unterscheiden und zu dem Schluss kommen, dass sich letztlich jede Form – je nach Situation – günstig oder ungünstig auswirken kann. So wären die erfreulichen Eigenschaften eines stark ausgeprägten „freien Kindes" u.a. Phantasie, Charme und Kreativität, die weniger angenehmen Impulsivität, Rücksichtslosigkeit und: „fördert ein Klima von Chaos".[117] (Ob impulsives Verhalten grundsätzlich negativ zu sehen ist, und ob es nicht auch positive Formen von „kreativem Chaos" geben kann, bleibt hier unbeantwortet.) Allein im schwach ausgeprägten Erwachsenen-Ich wird kein Vorteil erkannt. Gührs und Nowak verwenden auch den allgemein üblichen Begriff der „produktiven Ich-Zustände". Das sind jene, die besonders bei Kooperation oder Konfliktbewältigung nützlich sind: das positiv-fürsorgliche Eltern-Ich, das Erwachsenen-Ich und das freie Kind.[118] Andere Transaktionsanalytiker zählen sehr wohl auch das rebellische Kind dazu, da dieses sehr viel Kraft zur Veränderung in sich trägt.

In Zusammenhang mit den Ich-Zuständen stellt sich natürlich die Frage, was denn nun eigentlich das Ziel transaktionsanalytischer Arbeit sei. Berne selbst sah es als erste Aufgabe an, das Erwachsenen-Ich seiner Klienten zu stärken[119] und dieses von elterlichen, schädigenden Einflüssen oder kindlich-magischen Vorstellungen zu befreien. Das ist leicht verständlich, wenn man bedenkt, dass Berne als Arzt und Psychiater tätig war und der Autonomie-Begriff grundsätzlich in der gesamten TA-Arbeit relevant ist.

---

115 siehe Stewart u. Joines 2000, S. 34.
116 siehe ebd., S. 49 ff.
117 Gührs u. Nowak 2002, S. 113.
118 siehe ebd., S. 111.
119 siehe Schlegel 2007, S. 230.

In der weiterführenden Literatur wird eher die Ausgewogenheit der Ich-Zustände als anzustrebendes Ziel betont.[120] (Dies steht m.E. in einem gewissen Widerspruch mit der Herkunftsgeschichte von Eltern- und Kind-Ich und kann nur dann sinnvoll sein, wenn positive Prägungen in der Kindheit stattgefunden haben und das Erworbene sich als konstruktiv und förderlich erweist.)

Hält man die Bedeutung des Ursprungs von Eltern- und Kind-Ich nicht für allzu wichtig oder nimmt man positive Prägungen an, könnte man „Ausgewogenheit" im Sinn von Flexibilität verstehen und es für günstig halten, wenn ein umfassendes Repertoire an alternativen Strategien zur Bewältigung des Alltags zur Verfügung steht. „Ein Ich-Zustand ist weder gut noch schlecht", meint Dusay, „von Bedeutung ist vielmehr, daß ein Gleichgewicht zwischen den Ich-Zuständen besteht und dem einzelnen jeder seiner Ich-Zustände gut zugänglich ist."[121] Man könne leicht einsehen, „daß ein geachteter Staatsanwalt ein anderes Egogramm aufweist als ein schöpferischer Künstler, ein leitender Buchhalter oder ein Karikaturist."[122]

Steiner akzentuiert etwas anders, wenn er schreibt: „Die Bedeutung des Kindheits-Ich ist nicht zu überschätzen. Aus der Sicht der Transaktionsanalyse stellt es den wertvollsten Anteil einer Persönlichkeit dar und ist der einzige, der wirklich genießen kann. Dem Kindheits-Ich entspringen Spontaneität, Sexualität, Kreativität und Lebensfreude."[123] Diese Aussagen stehen natürlich in einer gewissen Spannung zur Ansicht Eric Bernes, der primär die Wichtigkeit des Erwachsenen-Ichs und dessen Realitätsbezug betonte.

Weiterentwicklungen des Ich-Zustandsmodells sind das Rollenkonzept von Bernd Schmid[124], das vor allem im Kontext von Organisationen Anwendung findet, sowie das „Functional Fluency Model" von Susannah Temple für den pädagogischen Bereich.[125] Letzteres ist jedoch nicht standardmäßiger Inhalt von TA-Grundausbildungen.

Für den nicht-therapeutischen Kontext scheint weniger das Struktur- als das Funktionsmodell von Bedeutung zu sein. Als Grundlage weiterer TA-Konzepte, vor allem des Modells der Transaktionen, dient es der Analyse und Verbesserung aktueller Kommunikationssituationen.

Transaktionen

Bei diesem Modell geht es darum, Kommunikationsabläufe zwischen Menschen unter dem Aspekt der Ich-Zustände zu betrachten: Aus welchem Ich-Zustand agiert jemand? Welcher Ich-Zustand des Gegenübers wird angesprochen und aus welchem Ich-Zustand antwortet der andere tatsächlich? Je nach Haltungen und Positionen, die eingenommen werden, ergeben sich unterschiedliche Muster und Gesprächsstrukturen. Als „Transaktion" bezeichnet Berne die kleinste Einheit jeder Kommunikation, bestehend aus Reiz und Reaktion, wobei die Reaktion (zum Beispiel die Antwort auf

---

120 siehe Dusay. In: Barnes 1979, S. 80 f.
121 Ebd., S. 80.
122 Ebd.
123 Steiner 2005, S. 43.
124 Schmid 2008, S. 87 ff.
125 www.functionalfluency.com

eine Frage oder die Bemerkung zu einer Feststellung des Gesprächspartners) gleichzeitig Stimulus für die nächste Reaktion ist. So lassen sich alle Kommunikationsprozesse in Minimaleinheiten dieser Art zerlegen – daher auch die Bezeichnung „Transaktions-Analyse", hier im engeren Sinn verwendet. Dies erlaubt ein differenziertes Verstehen dessen, was sich jenseits der verbalen Mitteilung zwischen Menschen ereignet. Nützlich ist diese Analyse vor allem dann, wenn Dialoge unbefriedigend verlaufen und man an einer konstruktiveren Gestaltung interessiert ist, im Sinn des berühmt gewordenen Publikationstitels von Fanita English „Es ging doch gut, was ging denn schief?"[126]

In der TA unterscheidet man drei Grundarten von Transaktionen: parallele (oder komplementäre), gekreuzte und verdeckte Transaktionen.

Am reibungslosesten verläuft die parallele Transaktion. Hier antwortet jemand aus dem Ich-Zustand, den der (die) andere ansprechen wollte. Stellt man Reiz und Reaktion als Vektoren zwischen den Ich-Zuständen der Gesprächspartner dar, ergeben sich diese als parallele Linien, wobei der von links nach rechts führende Pfeil den Stimulus symbolisiert, der Pfeil von rechts nach links die Antwort. Die Unterhaltung verläuft vorhersagbar und könnte in dieser Form auch sehr lange andauern, vor allem wenn Menschen aus den gleichen Ich-Zuständen heraus miteinander in Kontakt treten und sich auf der gleichen Ebene treffen. Der Dialog „Schrecklich, diese öffentlichen Verkehrsmittel!" – „Ja wirklich, eine Katastrophe!" wäre eine Transaktion von Eltern-Ich zu Eltern-Ich.

Besprechungen, bei denen beide sachlich auf der Erwachsenen-Ebene in Kontakt sind („Wo ist der Ordner mit den Rechnungen?" – „Im Kasten links oben.") oder lustvoll kindliche Bemerkungen über den Spaß, den man gemeinsam hat („Super der Film!" – „Echt lustig!") wären ebenfalls parallele Transaktionen. (Abb. 6a, 6b, 6c)

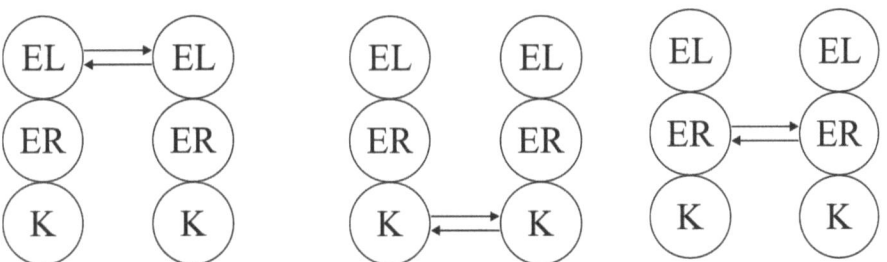

Abb. 6a, 6b, 6c: Parallele (komplementäre) Transaktionen

Aber auch Kommunikationsformen vom Eltern-Ich zum Kind-Ich und umgekehrt sind problemlos, solange beide mit dieser Form der Gestaltung einverstanden sind, zum Beispiel: „Soll ich dir helfen?" – „Ja bitte, ich bin schon so müde." Allerdings sind nur Interaktionen vom fürsorglichen Eltern-Ich zum angepassten Kind bzw. vom kritischen Eltern-Ich zum rebellischen Kind komplementäre Transaktionen. (Abb. 7)

---

126 English 2003.

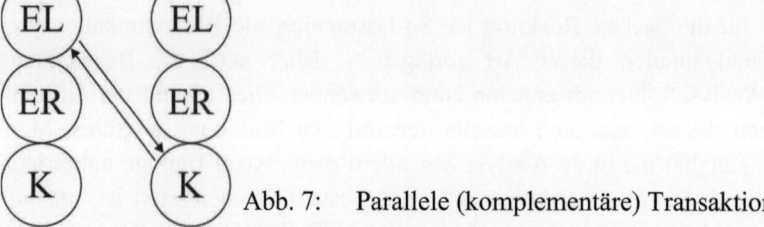

Abb. 7:   Parallele (komplementäre) Transaktion

Antwortet man jedoch nicht aus dem Ich-Zustand, der vom Gesprächspartner inten-diert war, „durchkreuzt" man also dessen Pläne, entstehen „gekreuzte" Transaktionen. Der Kontakt erhält eine unerwartete Wendung, die einerseits positiv etwas Neues in Gang bringen, andererseits eine Störung des Kommunikationsflusses bedeuten kann. Ein Beispiel dafür wären Transaktionen, die darauf abzielen, das Gegenüber in den Kind-Ich-Zustand zu drängen, zum Beispiel durch abwertende Aussagen oder über-triebene, unfreundliche Kritik („Wie oft soll ich dir noch sagen …!"), der Angespro-chene aber nicht in die erwünschte Anpassung geht, sondern klar und selbstbewusst auf der Erwachsenen-Ebene bleibt. (Abb. 8)

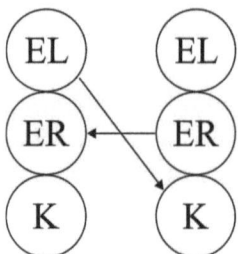

Abb. 8:   Beispiel einer gekreuzten Transaktion

Mit persönlichen „Plänen" bezüglich der Ich-Zustände sind natürlich nicht unbedingt bewusste Absichten gemeint, doch jeder Mensch begegnet dem anderen in einer be-stimmten Verfassung und hat – auch unreflektiert – meist Vorstellungen, wie sich das Gegenüber erwünschterweise präsentieren sollte: bewundernd aufschauend, klar und nüchtern oder kreativ rebellierend.

Eine gekreuzte Transaktion wäre auch dann der Fall, wenn ein Stimulus von ER zu ER erfolgt, die Reaktion aber nicht auf der Erwachsenen-Ebene stattfindet. So könnte die neutrale Feststellung eines Mannes zu seiner Frau: „Wir haben kein Papier mehr für den Drucker" als Anschuldigung oder Aufforderung missverstanden werden, wo-rauf die Partnerin je nach Situation und Persönlichkeit aus dem Eltern- oder dem Kind-Ich antworten würde. „Immer muss ich mich um alles kümmern. Du kannst ruhig auch einmal selbst einkaufen gehen" wäre eine Antwort aus dem kritischen Eltern-Ich. (Abb. 9a) „Entschuldige bitte vielmals, ich habe schon wieder etwas falsch gemacht und darauf vergessen" die Reaktion aus dem angepassten Kind. (Abb. 9b)

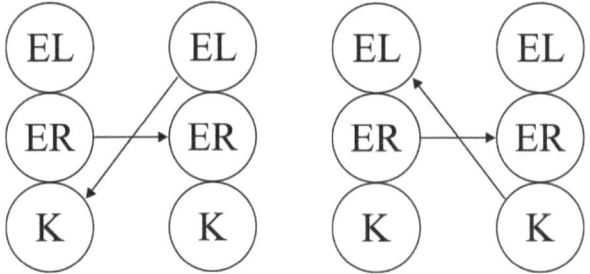

Abb. 9a und Abb. 9b: Beispiele gekreuzter Transaktionen

Nun kann es aber sein, dass die sachlich klingende Bemerkung über das fehlende Papier tatsächlich vorwurfsvoll gemeint ist, nämlich: „Wieso hast du nicht schon längst Papier besorgt?" In diesem Fall wäre die Transaktion „verdeckt" oder doppel-bödig.[127] Enthält die verbale Antwort (zum Beispiel: „Wir haben auch bald kein Geld mehr") wiederum eine unterschwellige Botschaft, verläuft die Kommunikation auf zwei Ebenen gleichzeitig, der offenen und der verdeckten, die in der TA auch als „soziale" und „psychologische" Ebene bezeichnet werden. Verdeckte Transaktionen der beschriebenen Art nennt man auch Duplex-Transaktionen, wobei die verbalen Botschaften graphisch in Form der üblichen Pfeile dargestellt sind, die Aussagen, die indirekt mitschwingen, als unterbrochene Linien. In der TA ist man der Ansicht, dass fast immer die verdeckte Ebene über den weiteren Verlauf der Kommunikation entscheidet.

Was nun genau die indirekte Botschaft der Aussage „Wir haben auch bald kein Geld mehr" sein soll, weiß nur die Sprecherin selbst (vorausgesetzt es ist ihr bewusst), ihr Partner kann es nur vermuten oder aus den Gegebenheiten der Situation schließen. Ob es sich um eine Aktion aus dem kritischen Eltern-Ich handelt (vielleicht: „Wieso verdienst du nicht mehr?") oder eher kindhaft rebellierend klingt, kann man nur in der gelebten Situation aus Mimik, Gestik oder Stimmfarbe schließen. Möglicherweise war die Aussage – aller Wahrscheinlichkeit zum Trotz – doch nur ein sachliches Statement zur finanziellen Lage der Familie.

Einfacher strukturiert sind verdeckte Transaktionen, bei denen Stimulus und Reaktion jeweils von ER zu ER gehen, dahinter aber ein Austausch auf der Kind-Ebene steht. So könnte ein Kongressbesucher in der Pause zu einem Kollegen sagen: „Sehr anspruchsvoll und inhaltsreich, diese Vorträge!", worauf dieser antwortet: „Ja, ja – sehr fordernd." Im Grunde empfinden und meinen aber beide etwas anderes, nämlich: „Verstanden hab ich fast gar nichts." – „Und ich bin hundemüde. Lieber wäre ich jetzt zu Hause am Sofa." (Abb. 10)

---

127 siehe Gührs u. Nowak 2002, S. 126 ff.

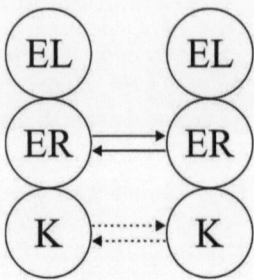

Abb. 10:   Verdeckte Transaktion

Selbstverständlich ist es manchmal schwer zu erkennen, ob eine zweite, indirekte Aussage tatsächlich anklingt oder ob vielleicht jemand nur meint, eine Doppelbödigkeit zu erkennen, die nicht vorhanden ist. Doch selbst Phantasien oder Befürchtungen können Ich-Zustände, Beziehungsmuster und Kommunikationsformen verändern.

Eine Sonderform der verdeckten Transaktion ist die so genannte Winkeltransaktion. Hier erfolgt der offen geäußerte Stimulus von ER zu ER, während der verdeckte Stimulus sich an das K des Kommunikationspartners wendet, der tatsächlich aus diesem indirekt angesprochenen Ich-Zustand heraus reagiert. Lehrbuchbeispiel dafür wäre ein Verkäufer, der auf diese Weise seinen Kunden zu einem Kauf animiert. (Abb. 11)

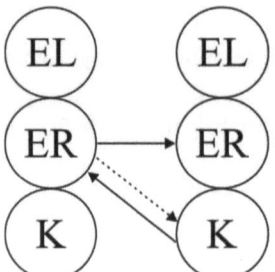

Abb. 11:   Beispiel einer Winkeltransaktion

Wichtiger als die verbalen Äußerungen sind also im Modell der Transaktionen die Haltungen, die eingenommen werden. Allerdings ist niemand gezwungen, jene Position einzunehmen, die implizit erwartet wird. Auch wenn jemand einen Dialog aus dem Kind-Ich beginnt und das Eltern-Ich seines Kollegen anspricht, kann dieser aus jedem beliebigen Ich-Zustand heraus antworten, wenngleich eine fast automatische Reaktion in der erwarteten Art nahe liegt. Das Gleiche gilt nun wieder für den ursprünglichen Sprecher, der seinerseits das Gespräch auf unterschiedliche Weise fortführen kann usw., sodass sich in jeder Situation eine Vielzahl von Möglichkeiten ergibt, einen begonnenen Dialog fortzuführen. Berne hat mathematisch anhand der Ich-Zustandsdiagramme aufgezeigt, dass insgesamt 72 Varianten gekreuzter Transaktionen existieren: „9 × 9 = 81 Kombinationen, abzüglich der neun Komplementär-Transaktionen."[128] „Glücklicherweise", fährt er fort, „ kommen jedoch nur etwa vier

---

128 Berne 1972/2007, S. 34. Als „gekreuzt" gelten bei Berne alles Transaktionen, die nicht parallel sind, auch wenn sich die Pfeile – wie im Fall der Winkeltransaktion – nicht innerhalb des Diagramms kreuzen.

von ihnen so häufig vor, daß sie sowohl in der klinischen Praxis als auch im Alltagsleben eine größere Rolle spielen."[129] Gemeint sind damit jene Transaktionen, bei denen sich ER-ER-Stimuli mit K-EL-Reaktionen (oder K-EL-Stimuli mit ER-ER-Reaktionen) in unterschiedlicher Form und Richtung kreuzen.[130]

Bewusste Ich-Zustandswechsel erweisen sich als nützlich, wenn die Kommunikation unerfreulich oder unproduktiv erscheint. Entweder wechselt man selbst den Ich-Zustand und bewirkt damit eine Veränderung, oder man animiert den anderen zu einer neuen Haltung, indem man zum Beispiel mit einer witzigen Bemerkung sein freies Kind anspricht. Dadurch ergeben sich auch neue Arten der Transaktion und der Begegnung.

Auch ein beidseitiger Ich-Zustandswechsel ist Erfolg versprechend. Was man allerdings unter „Erfolg" versteht, ist wiederum eine Wertfrage und damit eine Sache der subjektiven Entscheidung. Berne hat sich sehr klar deklariert und in der Direktheit und Aufrichtigkeit von Dialogen das Merkmal schlechthin gelungener Kommunikation gesehen.[131]

„Blockierende" und „tangentiale" Transaktionen sind zwei weitere Spezifizierungen. Sie beziehen sich nicht auf den Ich-Zustand der agierenden Person, sondern auf die Art und den Inhalt der Mitteilung. Tangentiale Transaktionen berühren das zur Debatte stehende Thema bewusst nur am Rande und haben den Zweck, der eigentlichen Frage auszuweichen oder vom Diskussionsgegenstand abzulenken. Blockierende Transaktionen finden sich vor allem in Konfliktsituationen und sind Bemerkungen, die das Thema insgesamt in Zweifel ziehen und abblocken sollen.

Beide Kommunikationsformen entsprechen natürlich nicht der von Berne geforderten Aufrichtigkeit und Direktheit.

Strukturierung der Zeit
Berne spricht von „structure hunger" und meint damit das menschliche Bedürfnis nach Strukturen in der zeitlichen Gestaltung des Alltags: „Ein immerwährendes Problem des Menschen besteht in der Frage, wie er seine Tageszeit strukturieren soll. In diesem existentiellen Sinn besteht die Funktion allen gesellschaftlichen Lebens darin, sich bei der Bewältigung dieses Projekts Beistand zu leisten."[132] Hier geht es jedoch nicht um die Unterscheidung verschiedener Arten von Tätigkeiten (wie berufliches Agieren, das Ausüben eines Sportes oder Ähnliches), auch weniger um Handlungen, die man alleine setzt, sondern um die Frage der Intensität und der inneren Qualität von zwischenmenschlichen Begegnungen und gemeinsamen Aktivitäten, welcher Form auch immer.

Berne entwirft in diesem Sinn sechs Intensitätsstufen des sozialen Miteinanders:

– Rückzug
– Ritual
– Zeitvertreib

---

129 Ebd.
130 siehe ebd., S. 34 f.
131 siehe Schlegel 2007, S. 234.
132 Berne 1964/2007, S. 20.

- Aktivität
- Spiele
- Intimität

Diese Intensitätsgrade fungieren in der TA als Strukturmerkmale und bestimmende Aspekte (gemeinsamer) Zeitgestaltung.

Rückzug wäre die Form, die keine Nähe zu einem anderen Menschen zulässt, sei es ein räumliches oder innerpsychisches Abwesendsein. Intimität bezeichnet nicht primär Sexualität, sondern – im umfassenden Sinn des Wortes – jeden aufrichtigen und tiefgreifenden Kontakt, egal ob dieser Austausch zwischen Menschen für einige Momente oder für längere Zeitspannen andauert. Es ist die intensivste Kontaktform, die durch Authentizität und den Austausch echter Gefühle gekennzeichnet ist, muss sich jedoch nicht unbedingt angenehm anfühlen. Auch ein ehrlicher, konstruktiv gemeinter Streit kann eine Form von Intimität sein.

Rituale als Varianten mit sehr niedrigem Energieniveau und wenig persönlicher Betroffenheit sind meist gesellschaftlich vorgegebene Kontaktformen – von der Begrüßung bis zum Zeremoniell – die vertraut und vorhersehbar sind. Sie geben Sicherheit, lassen aber wenig Spielraum für Persönliches und Individuelles.

Eine typische Form des Zeitvertreibs sind unverfängliche und wenig bedeutsame Unterhaltungen, die bereits etwas intensiver verlaufen als soziale Rituale und unter Umständen dazu dienen, den anderen einschätzen zu können.

Aktivität ist bei Berne der Ausdruck für zielgerichtetes, sachbezogenes, gemeinsames Tun und Kommunizieren.

Das Wort „Spiel" wird in der TA als Fachbegriff verwendet und bedeutet nichts Freiwilliges und Erfreuliches, sondern bezeichnet eine Abfolge von Transaktionen, bei denen zwei Personen in unheilvoller Weise aus dem Eltern- oder Kind-Ich jeweils unbewusste individuelle Anteile so ausagieren, dass sich am Ende der Sequenz beide unwohl fühlen. Da dies mit starken Gefühlen einhergeht, werden Spiele trotz ihrer negativen Auswirkungen an die zweite Stelle der Intensitätsskala gesetzt. Manchmal dienen sie sogar als Ersatz für Intimität, wenn diese nicht möglich oder (un)bewusst nicht erwünscht ist.

Was dieses Modell der Zeitstruktur im Kern meint, wird deutlich, wenn man sieht, dass ein und dieselbe gemeinsame Tätigkeit in jeder dieser Formen denkbar ist. Ein Gespräch beispielsweise kann verweigert werden (Rückzug), es kann ein nichts sagender konventioneller Austausch von Floskeln sein (Ritual), eine nette Plauderei (Zeitvertreib), eine zweckorientierte Diskussion (Aktivität), ein ungünstiges Verwickelt-Sein in alte Muster (Spiel) oder aber eine echte, menschliche, ernst gemeinte Begegnung (Intimität). Mit jeder Stufe erhöht sich in dieser Abfolge das persönliche emotionale Involviert-Sein. Berne selbst nennt Aktivität vor Zeitvertreib[133], in heutigen Darstellungen wird die oben genannte Reihenfolge bevorzugt.

Diese Stufen unterscheiden sich aber nicht nur durch den Grad an Intensität und Vorhersehbarkeit, sondern auch durch das psychologische Risiko, das die jeweils grö-

---

133 Berne 1972/2007, S. 40.

ßere Nähe erzeugt: das Risiko verletzt oder abgelehnt zu werden. Stewart und Joines sind jedoch nicht der Ansicht, dass deshalb Intimität als intensivste Art der Beziehung mit dem höchsten Risiko verbunden sei. Echte Intimität werde immer bewusst und mit Verantwortung aus dem Erwachsenen-Ich angestrebt und bedeute auch ein hohes Ausmaß an Klarheit und Offenheit. „So paradox das auch klingen mag, in Wirklichkeit ist sie *am wenigsten* riskant."[134] Solange es Menschen tatsächlich gelingt, diese Idealform der Begegnung aus dem Erwachsenen-Ich aufrechtzuerhalten und zu genießen, mag diese von Stewart und Joines geäußerte Ansicht gelten. Doch nicht zufällig wird Intimität in der Nähe von Spielen angesiedelt, und es könnte auch denkbar sein, dass mit zunehmendem Tiefgang eines Kontaktes auch Persönlichkeitsanteile angesprochen werden, die sonst im Alltag verschüttet bleiben und die nicht diesem idealtypischen Bild des erwachsenen und bewussten Agierens entsprechen.

Auch Brown u.a. sind der Ansicht, dass Intimität zwar die intensivste, aber auch die emotional riskanteste Form der Zeitstrukturierung ist.[135]

Strokes

Menschen haben ein angeborenes Bedürfnis nach Zuwendung, Anerkennung und Wahrgenommen-Werden. Berne bezeichnet dies als „recognition hunger". In welcher Form sich Menschen nun gegenseitig und auch sich selbst diese Beachtung schenken und wie sich dieser Austausch strukturieren und fassbar machen lässt, wird in der TA mit Hilfe des „Stroke-Modells" dargestellt. Bewusst verzichtet man im Allgemeinen auf deutsche Übersetzungen wie „Streicheleinheiten" oder Ähnliches, da dies rein positive Inhalte nahe legt. „Stroke" hingegen ist ein vieldeutiger Ausdruck und umfasst die ganze Bandbreite an Möglichkeiten, den anderen zur Kenntnis zu nehmen, Kontakt aufzunehmen und auf ihn zu reagieren, von einem verbalen oder nonverbalen „Streicheln" bis zum tatsächlichen „Schlag".[136] Ein Ignorieren oder bewusstes Übersehen des anderen wäre das Gegenteil von „Stroken".

Man unterscheidet verbale und nonverbale Strokes, bedingte und unbedingte, sowie positive und negative, also solche, die als angenehm bzw. unangenehm erlebt werden. Dabei geht man von der bekannten Tatsache aus, dass vor allem für Kinder negative Strokes günstigere Auswirkungen haben als gänzlich fehlende Zuwendung.

Auch bei Erwachsenen können Kritik und Ärger, die einem entgegengebracht werden, sich zwar unangenehm anfühlen, aber dennoch ein Zeichen dafür sein, dass man für wichtig erachtet und geschätzt wird.

Gegenseitiges Grüßen wäre die einfachste Form des verbalen Strokens, Nicken oder Händeschütteln die des nonverbalen.

Als „bedingt" gilt ein Stroke dann, wenn er an ein bestimmtes Verhalten, eine Leistung oder Eigenschaft geknüpft wird („Dein Tipp war wirklich gut" o.ä.) – im Unterschied zum unbedingten Stroke, der sich auf die Person an sich, ihren Wert oder ihre bloße Existenz bezieht („Ich mag dich", „Schön, dass du da bist.").

---

134 Stewart u. Joines 2000, S. 147.
135 Brown u.a. 2006, S. 45.
136 siehe Stewart u. Joines 2000, S. 117.

Nicht alle Verhaltensweisen im Umgang mit Strokes erweisen sich als günstig. So kann es sein, dass man sich bei der Vergabe positiver Strokes („Wirklich gelungen, dieser Artikel!") eher sparsam verhält, negative Strokes aber häufig austauscht („Schon wieder zwei Minuten zu spät!"); oder man gönnt sich selbst nicht die nötige Aufmerksamkeit, während man andere in vielfacher Weise strokt.

Nach Steiner sind vor allem fünf einschränkende Botschaften wirksam, die bereits in der Kindheit in unterschiedlicher Intensität und Kombination oft von Eltern übernommen werden. Diese meist nonverbal und indirekt vermittelten Anweisungen lassen sich plakativ in folgender Weise ausdrücken:

> „Gib keine Strokes, auch wenn du gerne möchtest.
> Bitte nicht um Strokes, wenn du welche brauchst.
> Nimm keine Strokes an, wenn du welche willst.
> Lehne keine Strokes ab, wenn du sie nicht willst.
> Stroke dich nicht selbst."[137]

Diese Aussagen können für einen konstruktiveren Umgang mit Strokes positiv umformuliert werden, beispielsweise: Gib (positive) Strokes – du verlierst nichts dabei, es sind für alle genügend Strokes vorhanden; bitte um Strokes, wenn du welche brauchst; nimm Strokes an usw.

Anhand des folgenden, von Jim McKenna entwickelten Diagramms[138] lässt sich das eigene Stroke-Verhalten analysieren und gegebenenfalls verändern. (Abb. 12) Die mit Zahlenangaben versehene Tabelle ist spontan auszufüllen und ergibt in Form von senkrechten Säulen einen optischen Eindruck des persönlichen Stroke-Profils. Wesentlich ist das Verhältnis positiver und negativer Strokes, die man anderen oder sich selbst gibt, um die man bittet und die man annimmt oder ablehnt, wobei Geben und Nehmen, Bitten und Ablehnen nicht unbedingt in Form verbaler Aussagen vor sich gehen müssen. Auch durch bestimmte Verhaltensweisen oder Einstellungen lassen sich andere zur Vergabe positiver oder negativer Strokes animieren.

Der eigenen Entscheidung, Gestaltung und Veränderbarkeit von Gewohnheiten wird auch bei diesem TA-Modell große Bedeutung beigemessen. Die bekannte Redewendung „Eigenlob stinkt" beispielsweise muss nicht notwendigerweise beibehalten werden, ebenso die Überzeugung, dass Strokes um die man ersucht, weniger wert wären als jene, die man ohne Bitte erhält. (Es könnte ja sein, dass der andere sowieso gerne stroken möchte, aber seinerseits durch das elterliche Gebot, nicht zu freigebig zu sein, blockiert ist.)[139]

Aufgrund der eigenen Geschichte und Prägung filtert jeder Mensch alle Strokes, die ihm entgegengebracht werden, sodass manche ignoriert, andere hingegen sehr intensiv wahrgenommen werden. Mitunter fällt es schwer, Komplimente zu hören und anzunehmen, während man sich Kritik – vielleicht sogar unberechtigte – sehr zu Herzen nimmt.

---

137 Ebd. 2000, S. 124.
138 siehe ebd., S. 128; McKenna 1974.
139 siehe Stewart u. Joines 2000, S. 126.

Deshalb wird in der TA-Literatur die Bedeutung positiver (möglichst unbedingter) Strokes betont. Andererseits weisen Stewart und Joines darauf hin, dass auch negative Strokes als Informationsquellen wichtig sind, wenn sie Aspekte der Realität widerspiegeln.

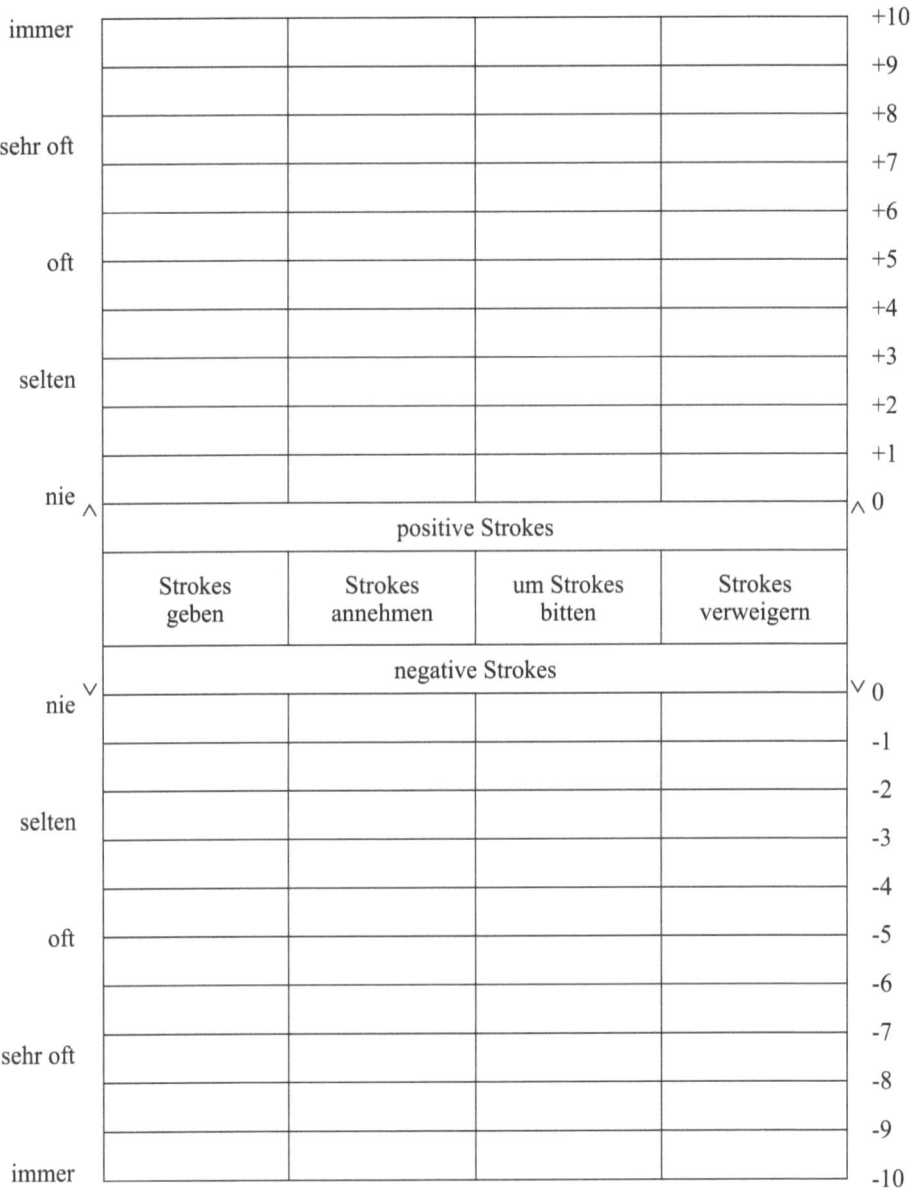

Abb. 12: Stroke-Profil nach McKenna – Häufigkeit des Stroke-Verhaltens

Zu unterscheiden sind diese aber von negativen Projektionen, verzerrten Bildern und herabsetzenden Bemerkungen. Auf welche Weise sich Kritik – und damit auch negative Strokes im Allgemeinen – konstruktiv einsetzen lassen, zeigen Gührs und Nowak sehr ausführlich in ihrer Publikation „Das konstruktive Gespräch".[140]

Grundpositionen

Wert und Würde des Menschen sind in der TA nicht nur Themen des philosophisch-theoretischen Hintergrundes, sondern auch persönliche und individuelle Aspekte des sehr praxisrelevanten Konzeptes der Grundpositionen oder Lebenspositionen. Hier geht es um das Verhältnis, in dem man den eigenen Wert und den anderer Menschen wahrnimmt, was eine bestimmte Lebenshaltung und existentielle Position mit sich bringt. Nach Berne entwickeln sich diese Einstellungen schon sehr früh, einerseits durch elterliche Einflüsse, die zu kindlichen Überzeugungen über sich und die Welt führen, andererseits durch „Entscheidungen", die das Kind aufgrund dieser Überzeugungen trifft.[141]

Diese Selbstannahme, sowie das Akzeptieren des anderen wird in der TA einfach durch das englische Wort „okay", bzw. „Okay-Sein" ausgedrückt. „Ich bin okay – du bist okay" bedeutet soviel wie „Ich bin in Ordnung und auch mit dir hat es seine Richtigkeit". Das prinzipielle Abwerten und Nicht-Akzeptieren der eigenen Person oder anderer Menschen – „Ich bin nicht okay – du bist nicht okay" – ist Ausdruck des Lebensgefühls „Mit mir stimmt etwas nicht und mit dir auch nicht." Hier geht es nicht primär um konkrete Eigenschaften oder Verhaltensweisen, sondern um den Wert eines Menschen an sich, um Respekt und Achtung, die man ihm und auch sich selbst entgegenbringt. Je nachdem wie man sich und den anderen sieht, ergeben sich vier Kombinationsmöglichkeiten als Grundhaltungen, die sich oft wie ein roter Faden durch das Leben eines Menschen ziehen und dieses prägen:

– ich bin okay – du bist okay
– ich bin okay – du bist nicht okay
– ich bin nicht okay – du bist okay
– ich bin nicht okay – du bist nicht okay

Mit der ersten Einstellung – auch „Plus-Plus-Haltung" – bewahren Menschen selbst unter äußerst widrigen Umständen Achtung vor sich selbst und vor anderen.[142] „Sie eignet sich am besten, ein anständiges und ordentliches Leben zu führen", meint Berne.[143] Menschen mit „okay-okay"-Gefühlen halten sich selbst für liebenswert und bringen anderen Respekt und Wertschätzung entgegen.

Die zweite Haltung „Ich bin in Ordnung, aber du nicht" wäre die „arrogante" oder „Plus-Minus-Position", in der Menschen sich des eigenen Wertes bewusst sind, auf andere aber im Allgemeinen herabblicken und diese ständig kritisieren, abwerten oder gar verfolgen.

---

140 siehe Gührs u. Nowak 2002, S. 249 ff.
141 siehe Berne 1972/2007, S. 106.
142 siehe ebd., S. 110.
143 Ebd., S. 108.

Die „depressive", zu anderen aufschauende Position – „Minus-Plus" – „Du bist in Ordnung, aber mit mir stimmt etwas nicht" – entsteht durch Selbsterniedrigung, die den Kindern von den Eltern vermittelt wird.[144] Sie kann sich im späteren Leben in Sätzen äußern wie „Ach wenn ich doch nur …" oder „Hätte ich doch…".[145]

Am ungünstigsten wirkt sich natürlich die vierte Position als Ausdruck eines allgemeinen Sinnlosigkeitsgefühls aus: „ich bin nichts wert und du auch nicht" – „Minus-Minus".

Ideal wäre im Sinn der TA die Plus-Plus-Haltung, in der der eigenen Person die selbe Wichtigkeit und Bedeutung zugeschrieben wird wie den Mitmenschen. Bei „Plus-Minus"- bzw. „Minus-Plus"-Einstellungen wird in irgendeiner Weise immer verglichen oder Konkurrenz aufgebaut. Berne drückt dies wiederum sehr plastisch aus, wenn er Menschen in der „okay-okay-Position" als echte „Helden und Prinzen"[146] bezeichnet, „Minus-Minus-Haltungen" hingegen als die Lebenseinstellung von „Fröschen". Auch die genannten Plus-Minus- sowie Minus-Plus-Einstellungen hätten mehr oder weniger etwas „Froschiges"[147] an sich. Auch „bedingte" Prinzen und Frösche gebe es, die ihr „Okay-Sein" oder das der anderen stets von einer zu erfüllenden Bedingung abhängig machten: „Ich bin nur okay, wenn …" oder „du bist nicht okay, wenn …".[148]

Welche Haltung eingenommen wird, entscheidet vielfach über den weiteren tatsächlichen Verlauf des Lebens, was Berne in seiner Spiel- sowie Skript-Theorie näher ausführt. Vor allem in der Bewältigung von Konflikt- und Krisensituationen zeige sich die persönliche Grundhaltung, ebenso in der Interpretation und Bewertung konkreter Probleme. Eine Frau, für die es wesentlich ist, sich im Vergleich zu anderen für arm zu halten, schreibt Berne, wird sich niemals reich fühlen, selbst wenn es ihr finanziell gut gehen sollte. Dies „macht sie nur zu einer armen Person, die zufällig ein paar Trümpfe in der Hand hält."[149] Im umgekehrten Fall wird eine Person, die sich im Vergleich zu anderen für reich hält und dem große Bedeutung beimisst, sich auch dann kaum arm fühlen, wenn sie ihren Besitz verliert: „Sie bleibt ihrer Ansicht nach reich, lediglich vorübergehend von einigen finanziellen Sorgen geplagt."[150] Im Hintergrund steht im ersten Fall eine Minus-Plus-, im zweiten Fall eine Plus-Minus-Haltung. Berne nennt dieses Beispiel, um die Zähigkeit der einmal „gewählten" Position zu erläutern: „Nur eine Katastrophe kann die immerwährenden Prinzen noch zu Fröschen machen, und nur ein Wunder kann die lebenslänglich zu ihrem Schicksal verurteilten Frösche noch in Prinzen verwandeln."[151]

Fanita English prägt den Begriff „Ich bin o.k. – du bist o.k. – realistisch", mit dem eine zu perfekt oder absolut verstandene Interpretation der Plus-Plus-Haltung relativiert sein soll.

---

144 siehe ebd., S. 108 f.
145 siehe ebd., S 109.
146 Ebd., S. 108.
147 Ebd.
148 siehe ebd., S. 105.
149 Ebd., S. 110.
150 Ebd.
151 Ebd., S. 105.

In der Weiterentwicklung der TA wird eher der häufige Wechsel der aktuellen Position in Abhängigkeit von sozialen Interaktionen und konkreten Situationen betont, wenngleich eine der vier Haltungen als „Lieblingsposition" stabil bleiben wird. Aber auch die grundsätzliche Veränderbarkeit dieser vorrangigen Grundhaltung wird thematisiert. Franklin Ernst entwickelte den so genannten „Okay-Corral" (oder das „Okay-Geviert"), eine graphische Darstellung der Grundpositionen als Diagramm.[152] Dieses erlaubt, die Häufigkeit des eigenen Verweilens in den jeweiligen Positionen einzuschätzen – als Basis für gezielte Veränderungen. Ernst verbindet die Grundeinstellungen mit typischen Verhaltensweisen, den „Operationen". Ziel wäre seiner Meinung nach die bewusste Steuerung der Reaktionen und das Handeln aus dem Erwachsenen-Ich.[153]

Im Allgemeinen wird jedoch nach wie vor betont, dass früh erworbene Grundeinstellungen sehr prägend und nicht einfach zu verändern sind. Dies geschehe „wahrscheinlich nur, wenn jemand Einsicht in sein Skript gewinnt, in Therapie geht oder ein übermächtiges äußeres Erlebnis hat."[154]

Lebensskript

Die Frage, warum sich das Leben vieler Menschen mühsam und tragisch gestaltet, während andere Leute – oft sogar unter ähnlichen Umständen – glücklich und erfolgreich werden, ist eine Frage, die sich im Alltag wohl jeder stellt und die auch Gegenstand theoretisch-wissenschaftlicher Betrachtungen ist. In der TA erkennt man die Bedeutung genetischer Faktoren, äußerer Einflüsse und persönlicher, autonomer Entscheidungen, die bewusst getroffen werden. Nach Berne läuft das Leben jedoch in weit höherem Ausmaß nach einem unbewussten Lebensplan ab, den das kleine Kind eher gefühlsmäßig und nonverbal als Ergebnis der Interaktion mit seiner Umwelt in den ersten Lebensjahren erstellt. Das englische Wort „script" bedeutet hier soviel wie „Drehbuch" eines Films oder Text eines Schauspiels, das – einmal entworfen – den weiteren Ablauf der Dinge bestimmt. Berne geht sogar so weit, dass er meint, auch das spezifische Lebensende eines Menschen wäre bereits in seinen Grundzügen vorgeprägt. „Jeder von uns trifft bereits in seiner frühen Kindheit eine Entscheidung darüber, wie er leben und sterben wird, und diesen Lebensplan, den er überall, wo er auch hinkommt, mit sich herumträgt, bezeichnet man als *Skript*."[155] (Ob diese extreme These bezüglich Tod und Sterben tatsächlich stimmen könnte, soll hier nicht weiter erörtert werden. Etwas verständlicher oder weniger hart könnte sie dann wirken, wenn man hypothetisch vermutet, dass der spezifische Ablauf der letzten Lebensphase – und damit des Sterbens – in irgendeiner Weise der persönlichen Gestaltung der vorangegangenen Lebensabschnitte gleicht.)

In jedem Fall ist zu betonen, dass der Begriff „Entscheidung" nicht als bewusster, rationaler Akt zu sehen ist, sondern vielmehr als Ergebnis unbewusster Überzeugungen und Gestimmtheiten, die sich unter elterlichem Einfluss in der frühen Kindheit bilden. Aufgrund von Schlüsselerlebnissen und wiederkehrenden Erfahrungen mit Be-

---

152 Ernst 1971.
153 siehe Stewart u. Joines 2000, 180 ff.
154 Ebd., S. 185.
155 Berne 1972/2007, S. 47.

zugspersonen macht sich das Kind etwa bis zum Schulalter ein bestimmtes Bild von sich selbst (z.B. „Ich bin nicht wichtig"), von den anderen (etwa: „Die anderen sind besser als ich") und der Welt (z.B. „Die Welt ist ein gefährlicher Ort"). Dennoch ist es möglich, dass zwei Kinder unter gleichen Bedingungen verschiedene Schlüsse ziehen. Stewart und Joines erwähnen die viel zitierte Geschichte zweier Brüder, die von ihrer Mutter wiederholt hörten, sie würden noch in einer Anstalt enden: Der eine wurde schließlich Patient in einer psychiatrischen Klinik, der andere Psychiater.[156]

Das persönliche Skript wäre demnach weniger ein von außen verhängtes Schicksal, als ein aktiv entworfener Lebensplan als persönliche Antwort auf Erfahrungen in den ersten Lebensjahren. Diese „Skriptentscheidungen" sind zunächst Überlebensstrategien eines kleinen Kindes, die es unbewusst anwendet, um Zuwendung zu erhalten. Ein Kind, das beispielsweise nur beachtet wird, wenn es traurig ist, wird sich andere Vorstellungen davon machen, wie man im Leben am besten zurechtkommt, als Kinder, die in jeder Verfassung von den Eltern geliebt und geschätzt werden. Diese durch kindliche Logik entstandenen Bilder und Überzeugungen werden als Teile des Skripts in das Erwachsenenleben übernommen und weiter aufrecht erhalten, selbst wenn diese sich ungünstig oder sogar destruktiv auswirken, wie „Ich werde nur beachtet, wenn es mir schlecht geht". Sämtliche Wahrnehmungen und Erfahrungen werden so interpretiert, dass sie die eigenen Vorstellungen bestätigen, sodass „Realitätsverkennungen die Folge sind"[157]. Mitunter werden Ereignisse unbewusst so arrangiert, dass sie dem Skript entsprechen, wodurch der Lebensplan erneut verstärkt wird.

Eine besondere Rolle bei der Entstehung des Skripts spielen die „Skriptbotschaften" der Eltern, von denen noch ausführlicher die Rede sein wird. Sie sind dem Erwachsenen nicht bewusst, es sei denn er kann sich aufgrund außergewöhnlicher Ereignisse oder gezielter Arbeit an seiner Persönlichkeit frühkindliche Überzeugungen (wie „Ich darf nicht genießen", „Ich werde nur geliebt, wenn ich mich anpasse", u.ä.) bewusst machen und sich davon trennen.

Skript bezeichnet also den groß angelegten, individuellen Lebensentwurf, der realisiert wird und einem bestimmten – positiv abgerundeten oder aber tragischen – Ende zustrebt. Daneben gibt es auch differenziertere Skriptbegriffe, die typische Ausprägungen benennen, die sich oftmals beobachten lassen:

Im Rahmen des „Wiederholungsskripts" ergeben sich im Lauf des Lebens immer wieder kurzzeitig dieselben Muster und Abläufe. Perfektionistische Menschen mit „Bis-" oder „Erst-wenn-Skripts" gestatten sich Genuss und Freude „erst wenn" bestimmte Arbeiten erledigt oder bestimmte Ziele erreicht sind, während „Danach-Skripts" mit paranoiden Tendenzen bewirken, dass man nach jedem Genuss ein anschließendes „dickes Ende" vermutet und geradezu erwartet. Menschen mit einem „Für-immer-Skript" leben so, als ob sie dazu verdammt wären, im Leben unaufhörlich das Gleiche zu tun, sei es ständig zwanghaft zu verändern oder unbeirrt bei einer einmal getroffenen Entscheidung zu bleiben, selbst wenn diese bei Lichte betrachtet zu überdenken wäre. „Niemals-Skripts" zeichnen sich durch depressive Stimmungen aus,

---

156 siehe Stewart u. Joines 2000, S. 153.
157 Schlegel 2007, S. 228.

da ersehnte Ziele völlig unerreichbar scheinen, während „Beinahe-Skripts" mit großer Anstrengung verbunden sind, aber ständig nur fast zur Erfüllung der Wünsche führen. Ein „Skript mit offenem Ende" hat zur Folge, dass jemand kaum Pläne für sein Leben schmiedet und oft nicht weiß, was er tun soll.

Wie Menschen nun zu ihrem Skript stehen und wie sie mit ihren Prägungen umgehen, ist sehr unterschiedlich. Im Bereich der TA-Therapie ist die Analyse des Skripts die zentrale Frage schlechthin.[158] Es herrscht die Überzeugung, dass schädliche Skriptentscheidungen sehr wohl in das Bewusstsein gehoben und – im Sinn der „Neuentscheidung" nach Bob und Mary Goulding – revidiert werden können.

Das Wort „Skript" wird meist in negativen Zusammenhängen verwendet. „Im Skript sein" oder „Skriptverhalten an den Tag legen", bedeutet, dass Muster, die früher nützlich und im Kontext der Herkunftsfamilie verständlich waren, das Leben eines Erwachsenen beeinträchtigen, da sein „kindliches" Denken und Verhalten nicht der aktuellen Realität entsprechen. Besonders Stresssituationen oder Gelegenheiten, die an die Kindheit erinnern, aktivieren skriptgebundenes Empfinden und Agieren.

Vom Inhalt her betrachtet muss das Skript jedoch nicht ausschließlich hinderlich sein. Berne unterscheidet drei Skript-Arten: das Gewinner-, Verlierer- und Nichtgewinner-Skript.[159] „Gewinner" erreichen ihre Ziele und verstehen es auch, mit Fehlschlägen umzugehen, „Verlierer" hingegen nicht: „Ein Gewinner weiß, was er zu tun hat, wenn er einmal verliert, aber er spricht nicht darüber. Ein Verlierer weiß nicht, was er tun soll, wenn er verliert, und er spricht darüber, was er tun wird, wenn er einmal gewinnt."[160] „Nichtgewinner" sind Menschen mit „banalen" Skripts, deren Leben unauffällig, ohne besondere Tiefen oder Höhen verläuft. Sie zeigen auch wenig Interesse an persönlicher Weiterentwicklung und sind mit dem zufrieden, was leicht zu erlangen ist. Gewinner hingegen nützen positive Skriptanteile und versuchen gleichzeitig, sich von negativen zu befreien. Auch wenn die Bezeichnungen „Gewinner" und „Verlierer" etwas drastisch klingen, liegt der Unterschied dennoch nicht einfach im Erreichen (oder Nicht-Erreichen) konkreter Ziele, sondern in der grundsätzlichen Einstellung und Lebenshaltung. Ein Verlierer fühlt sich auch bei positiven Ereignissen oder erfreulichen Leistungen, die er erbracht hat, unbehaglich. Ein Gewinner kann seinen Erfolg genießen, sieht auch bei Fehlschlägen Alternativen, verfolgt sinnvolle Zwecke und – von Robert Goulding hinzugefügt – „makes the world a better place as a result".[161]

2010 erschien ein von Erskine herausgegebener Sammelband mit dem Titel „Life Scripts", in dem namhafte Autoren zur Weiterentwicklung und Definition des Skript-Begriffs Stellung nehmen.

Skriptbotschaften

In den ersten Lebensjahren übermitteln Eltern ihren Kindern größtenteils emotional und körpersprachlich, wie sie zu ihrem Kind stehen, wie es ihnen selbst in der Beziehung zu ihrem Kind geht und welche – oft unbewussten – Wünsche oder Forderungen

---

158 siehe ebd., S. 224.
159 siehe Berne 1972/2007, S. 243.
160 Ebd., S. 245.
161 Stewart u. Joines, S. 163.

sie an dieses herantragen. In der TA haben sich verschiedene nonverbale Botschaften negativer Art herauskristallisiert, die Kinder in diesem Lebensabschnitt möglicherweise von ihren Eltern erhalten und die die Skriptbildung des Kindes wesentlich steuern und beeinflussen. Brown u.a.[162] betonen, dass jedes Kind zur vollen Entfaltung seiner Fähigkeiten bestimmte Erlaubnisse braucht, wie die Erlaubnis zu fühlen, zu denken und anderen Menschen nahe zu sein. Wird dies vorenthalten, vielleicht weil sich Eltern pflegeleichte Kinder wünschen, die nicht viel Mühe bereiten, entspricht dies destruktiven Grundbotschaften: „Fühle nicht!", „Denke nicht!", „Sei mir nicht nahe!" Die Formulierung in Worten ist vereinfachend und missverständlich, da es sich im Grunde genommen um Gestimmtheiten der Eltern handelt, die das Kind wiederum gefühlsmäßig wahrnimmt und verinnerlicht[163].

Je früher die (nonverbale) Botschaft erteilt wird, desto grundlegender und tiefgehender sind die Wirkungen. An erster Stelle braucht jedes Kind zunächst die Erlaubnis, in dieser Welt zu existieren, und das Gefühl, erwünscht und willkommen zu sein. Erhält es diese Erlaubnis nicht, weil es nur förmlich und distanziert versorgt wird oder die Eltern überfordert sind, ist dies gleichbedeutend mit der gefühlsmäßigen Botschaft „Sei nicht!" oder „Existiere nicht!".[164] Sind die Eltern mit dem Geschlecht oder Charakter des Kindes nicht einverstanden, erhält dieses indirekt die Botschaft „Sei nicht du selbst". Auch in Bezug auf das Alter oder den Entwicklungsstand des Kindes haben Eltern oft Wünsche, die nicht mit der Realität vereinbar sind. „Sei kein Kind" oder „Werde nicht erwachsen" sind die Ansprüche, die das Kind dann unbewusst aufnimmt. „Schaff's nicht!" oder „Lass das!" („Tu überhaupt nichts!") sind (nonverbale) Botschaften von Eltern, die ihren Kindern Erfolg missgönnen oder die allzu ängstlich besorgt ihre Kinder ständig um sich wissen möchten. Die (indirekte) Botschaft „Sei nicht wichtig" entspringt einem Ablehnungsimpuls der Eltern. Menschen, die emotional die Botschaft „Sei nicht zugehörig" erhalten haben, fühlen sich oft in Gruppen als Außenseiter oder entwickeln sich zu Einzelgängern. Manchmal wirken Eltern, die sich selbst in Gesellschaft nicht wohl fühlen, einfach durch ihr Vorbild oder sie betrachten ihre Kinder in abwertender Weise als „schwierig" oder „anders als andere Kinder".[165] „Sei nicht gesund" oder „Sei nicht normal" nimmt ein Kind von Eltern wahr, die beispielsweise ihre Identität zu sehr in der Fürsorge um andere finden oder die nur dann auf die Bedürfnisse des Kindes eingehen, wenn es sich „verrückt" benimmt.

Wie nun Kinder mit diesen Eindrücken umgehen, ist sehr unterschiedlich. Sie können diese zur Gänze verinnerlichen, aber auch kreativ umdeuten oder mitunter sogar ignorieren, vor allem wenn eine destruktive Botschaft gleichzeitig von der positiven Erlaubnis einer anderen Bezugsperson überdeckt und aufgehoben wird. Diese individuellen Reaktionen des kleinen Kindes führen zu persönlichen „Skriptbeschlüssen", bei denen in kindlicher Weise Erfahrungen mit Mutter oder Vater interpretiert und verallgemeinert werden, z.B. „Ich darf niemandem wirklich nahe sein".

---

162 Brown u.a. 2006, S. 66.
163 siehe Schlegel 2007, S. 226.
164 siehe Brown u.a., S. 66.
165 siehe Stewart u. Joines 2000, S. 207.

Diese zitierten präverbalen Botschaften sind schwerwiegend, weil sie das Kind in einem Alter erreichten, in dem es diese Vorgänge nicht bewusst erkennen, reflektieren und sich gegebenenfalls davon distanzieren konnte. Sie treffen somit eine tiefe Schicht der Persönlichkeit. Transaktionsanalytisch gesprochen richten sich diese Botschaften vom Kind-Ich der Eltern (als realitätsferne, unausgesprochene, teilweise unbewusste Inhalte) an das Kind-Ich des Kindes, also an den Ich-Zustand, in dem in Zusammenhang mit diesen elterlichen Einflüssen die kindliche Skriptbildung primär stattfindet. Diese grundlegenden Botschaften, die sich auf die Person des Kindes an sich beziehen, bezeichnet man in der TA als „Bann-Botschaften", „Einschärfungen" oder „Verfügungen". Man nimmt an, dass sie auch noch nach dem Spracherwerb des Kindes bis zum Alter von sechs oder acht Jahren wirksam sind.

Neben diesen nonverbalen Grundbotschaften richten Eltern aber auch eine Vielzahl verbaler Anweisungen an ihre Kinder, die im Vergleich zu den Bann-Botschaften rationaleren Charakter haben und sich auch weniger umfassend auf die Gesamtperson des Kindes, als auf einzelne Eigenschaften oder Verhaltensweisen beziehen. Diese Gebote (Verbote, Anordnungen, usw.) stammen aus dem normierenden Eltern-Ich der Eltern, richten sich an das Eltern-Ich des Kindes und werden in der Transaktionsanalyse „Weisungen", „Wegweiser" oder auch „Gegeneinschärfungen" genannt (wobei der Ausdruck „Gegeneinschärfung" nicht unbedingt das inhaltliche Gegenteil der Einschärfungen meint, sondern eher das verbale, rational begründete Gegenstück zu den nonverbalen, mehr emotionalen Botschaften).

Die bewussten rationalen Äußerungen wie „Mach immer alles schön ordentlich" oder „Man lügt nicht" u.ä. können positive Anregungen sein, die das Leben erleichtern, aber auch ungünstige Wirkungen haben. Sie finden ihren Niederschlag im Eltern-Ich der Kinder und überlagern damit die emotionalen Skriptbeschlüsse der Kinder (wie sie oben als Verarbeitung von Bann-Botschaften formuliert wurden). Frühe gefühlsmäßige Erfahrungen und spätere bewusste Gebote können in der kindlichen Psyche auch in folgender Weise miteinander kombiniert werden: „Ich bin zwar nicht besonders erwünscht hier" (Reaktion auf die Bann-Botschaft „sei nicht!"), „aber wenn ich mich immer anpasse, mögen sie mich" (Reaktion auf die Weisung „mach es mir recht!"). Diese rational wirkenden Schlussfolgerungen des Kindes bilden in dessen Eltern-Ich eine Subform oder Ergänzung der Skriptbeschlüsse seines Kind-Ichs. Wenn sie im Einklang mit diesen stehen, verstärken sie als vernünftige Begründungen und verbale Zusätze das (emotionale) Skript des Kindes. Sie können aber auch im Widerspruch zum primären Skript stehen. Dieser im Eltern-Ich des Kindes entstandene Teil des Skripts wird auch als „Subskript"[166] oder Gegenskript bezeichnet.

(Nicht zu verwechseln ist das „Gegenskript" mit dem Begriff „Antiskript", mit dem Verhaltensweisen gemeint sind, die genau das Gegenteil elterlicher Anweisungen darstellen.)

Weisungen sind Gebote, die besagen, was ein Kind tun soll. Als „Zuschreibungen", die auch eine Form elterlicher Botschaften an das Kind darstellen und somit Einfluss auf die Skriptbildung nehmen, bezeichnet man Aussagen über Eigenschaften

---

166 Brown u.a. 2006, S. 71.

oder die Persönlichkeit des Kindes, wie „Du warst schon immer schwach und kränklich". Besonders negativ wirken sich Zuschreibungen aus, die sich nicht direkt an das Kind richten, aber in dessen Anwesenheit im Gespräch mit anderen ausgesprochen werden: „Er wird wohl nie selbständig".

Fünf spezielle Gebote haben im Gegenskript (also in dem verbal beeinflussten, eher rationalen Teil des Skripts mit Sitz im Eltern-Ich des Kindes) besondere Bedeutung. Sie werden auch „Antreiber-Botschaften" oder einfach „Antreiber" genannt:

- Sei perfekt!
- Sei stark!
- Streng dich an!
- Sei (anderen) gefällig!
- Beeil dich!

Man kann davon ausgehen, dass fast alle Menschen mit einem oder mehreren dieser Befehle konfrontiert waren und diese auch nach wie vor in sich tragen. Problematisch werden diese Antreiber erst, wenn ein Mensch sich tatsächlich wie ein Getriebener verhält und meint, sich in fast zwanghafter Weise immer und überall beeilen oder anstrengen zu müssen.

Wird am Antreiber-Verhalten gearbeitet, ist es wichtig zu überprüfen, ob der betreffende Antreiber vielleicht die Funktion hat, eine tiefer liegende destruktive Grundbotschaft zu kompensieren („Ich darf nur dann dazugehören, wenn ich perfekt bin"). Die Grundbotschaft – in diesem Fall „Sei nicht zugehörig!" – muss zuerst entschärft werden, wenn die Beschäftigung mit dem Antreiber „Sei perfekt!" Erfolg haben soll. Geschieht dies nicht, besteht die Gefahr, dass durch die Milderung oder Auflösung eines Antreibers die möglicherweise darunter liegende wesentlich bedrohlichere Botschaft wirksam wird, oder der Antreiber einfach nicht verschwinden will.

Grundsätzlich besteht aber die Überzeugung, dass sich sämtliche destruktive Skriptbotschaften verändern lassen. So ist es im Sinn einer Neuentscheidung möglich, Antreiber durch bewusste Erlaubnisse zu ersetzen, die man sich selbst gibt oder die man von jemand anderem bewusst hört und aufnimmt. Zum Beispiel könnte man sich den Satz „Ich darf alles auch langsam und in Ruhe erledigen" vor Augen führen, wenn man sich – ausgelöst durch den Antreiber „Beeil dich!" – ständig gehetzt fühlt.

Jedem Antreiber entspricht eine Erlaubnis. „Sei du selbst!" oder „Du bist gut genug, so wie du bist!" könnte die Forderung „Sei perfekt!" ersetzen, „Drücke deine Wünsche offen aus!" den Antreiber „Sei stark!", der immer mit dem Verbergen oder Verdrängen von Gefühlen und Bedürfnissen zusammenhängt. Im Antreiber „Streng dich an!" schwingt hoher Energieverlust mit der gleichzeitigen Vergeblichkeit der Mühe mit. Eine konstruktive Erlaubnis wäre in diesem Fall „Führe die Dinge in Ruhe zu Ende!" oder „Tu es einfach!". „Sei anderen gefällig" meint nicht eine tatsächlich angebrachte Form der Hilfsbereitschaft, sondern das ständige Bemühen, es allen recht zu machen. Erlauber sollten hier dazu führen, sich nicht selbst zu vernachlässigen: „Pass auf dich auf und respektiere dich!" „Nimm dir Zeit!" könnte schließlich an die Stelle von „Beeil dich!" treten.

Neben den negativen Botschaften, die Eltern (oder Elternfiguren) verbal oder non-verbal an die nächste Generation weitergeben können, existieren natürlich ebenso viele günstige und hilfreiche Beeinflussungen, die möglicherweise stattfinden. Realitätsbe-zogene, positive Anleitungen, die einen vernünftigen, sachlichen Umgang mit Aufga-ben und Problemen des Lebens fördern, bezeichnet man als „Programme" oder „Ge-brauchsanweisungen", die sich vom Erwachsenen-Ich der Eltern an das Erwachsenen-Ich des Kindes richten. Haben auch diese Anweisungen einen destruktiven oder reali-tätsfernen Beigeschmack, stammen sie aus dem getrübten Erwachsenen-Ich der Eltern und treffen das getrübte Erwachsenen-Ich der Kinder.

Lieblingsgefühle und Rabattmarken

Schon in den ersten Lebensjahren begreifen Kinder sehr rasch, welche ihrer (negati-ven) Emotionen auf Resonanz bei den Eltern stoßen und welche abgelehnt, missbilligt oder ignoriert werden. So kann ein Kind in der einen Familie erleben, dass es uneinge-schränkte Zuwendung erfährt, wenn es traurig ist, dass aber Zorn und Wut nicht ge-duldet werden. Auf diese Weise entsteht für jeden Menschen während seiner Entwick-lung der Eindruck „erlaubter" und „unerlaubter" Gefühle, die seine Persönlichkeit und die Skriptbildung prägen. So ist es Kindern im Allgemeinen nicht in ausreichendem Maß möglich, alles Gespürte spontan auszudrücken. Zensurieren Eltern manche Emo-tionen sehr stark, kann es sogar sein, dass diese Gefühle vom Kind überhaupt nicht mehr bewusst erlebt werden. An ihre Stelle tritt das positiv bewertete Gefühl, das zwar nicht dem eigentlichen Impuls entspricht, aber dennoch Beachtung bringt. Im späteren Leben wird dieses Gefühl zu einem so genannten „Lieblingsgefühl", einer „Allzweck-Emotion", die man immer dann einsetzt, wenn Probleme auftauchen.[167] Diese „ver-traute Verstimmung"[168] kann auch einfach durch das Vorbild der Eltern entstehen und zu einer Art konditioniertem Reflex[169] werden. „Ein Patient", schreibt Berne, „dessen Lieblingsgefühl die Schuld ist, hätte sich wahrscheinlich für den Zorn entschieden, wenn er in einem anderen Haushalt aufgewachsen wäre."[170] Möglich ist auch ein Sor-timent von mehreren „schlechten" Gefühlen und vertrauten Emotionen,[171] die sich von „echten" Gefühlen dadurch unterscheiden, dass sie nicht der realen Situation entspre-chen, den primären unzensierten Gefühlsimpuls überdecken und nicht zur aktuellen Problemlösung beitragen (was nichts damit zu tun hat, dass auch die beschriebenen, erlernten „Allzweck-Emotionen" von den Betroffenen selbst als „echt" erlebt werden). In der Terminologie der Transaktionsanalyse bezeichnet der Begriff „echtes" Gefühl somit jeden ursprünglichen Impuls, der eine verständliche Reaktion auf Reales ist und letztendlich eine konstruktive Funktion hat.

Man geht in der TA von vier Grundkategorien aus, denen sich alle spezifischeren Emotionen zuordnen lassen: Wut, Trauer, Angst und Freude. Ob es sich um „echte" Gefühle handelt oder nicht, lässt sich auch an drei verschiedenen Zeitdimensionen

---

167 siehe Stewart u. Joines 2000, S. 299.
168 Schlegel 2007, S. 243.
169 siehe Berne 1972/2007, S. 170.
170 Ebd., S. 171.
171 siehe Stewart u. Joines 2000, S. 299.

messen, die diesen Gefühlen (abgesehen von der unproblematischen Freude) üblicherweise entsprechen, wenn sie „echt" sind: Wut hat nur dann eine Funktion (und könnte somit ein echtes Gefühl sein), wenn sie sich auf Ereignisse im Hier und Jetzt bezieht und zu einer angemessenen Reaktion verhilft. Wut über vergangene Dinge macht diese nicht ungeschehen, ist daher unproduktiv; wohl aber hat Trauer über Vergangenes Sinn, wenn sie hilft, schmerzliche Erfahrungen zu verarbeiten. Angst ist nur dann effektiv und eine „echte" Emotion, wenn sie sich auf Zukünftiges bezieht und zu entsprechenden Maßnahmen führt.

Fanita English hat Bernes Idee des Lieblingsgefühls aufgegriffen und ihr Modell der echten Gefühle und der „Ersatzgefühle"[172] ausgearbeitet, die im Erwachsenenleben stereotyp an die Stelle verdrängter Gefühle treten[173]. Die Bezeichnung dafür ist in der TA auch der Ausdruck „racketfeeling"; als Übersetzung hat sich „Maschengefühl" eingebürgert, obwohl der Begriff „racket" vieldeutig ist und von „Gedudel im Radio" über „Schwindel" bis „Gaunerei" und „Rummel" alles Mögliche bedeuten kann. Was hier gemeint ist, zeigt sich sehr gut bei Gührs und Nowak, die „racket" mit „Lärm, Getöse oder Spektakel" wiedergeben:[174] Es wird viel Aufregung und Aufruhr gefühlsmäßiger Art erzeugt, ohne zu einer sinnvollen Bewältigung der aktuellen Situation beizutragen. In jedem Fall sind Menschen, die gerade ein Maschengefühl erleben, in ihrem Skript und wiederholen – ausgelöst durch Stressfaktoren – gespeicherte Kindheitsstrategien. Das Verhalten, das aufgrund eines Racketgefühls entsteht, nennt man „Maschenverhalten".

Mitunter agieren Menschen ihr Maschengefühl nicht sofort aus – sie äußern zum Beispiel ihre „Maschenwut" nicht augenblicklich –, sammeln aber innerlich mehrere dieser Momente, um für sich eine Rechtfertigung zu konstruieren, die ihnen erlaubt, irgendwann einen extremen Wutanfall zu demonstrieren. Da sie Maschengefühle „ansparen", um schließlich in den Genuss einer größeren „Auszahlung" zu gelangen, spricht man auch von gesammelten „Gutscheinen",[175] vor allem aber von „Rabattmarken", die oft bei Menschen eingelöst werden, die mit den vorangegangenen und gehorteten negativen Gefühlen nichts zu tun haben.

„Im Skript sein", „Maschengefühle" haben oder „Maschenverhalten" an den Tag legen, bedeutet immer ein Verkennen oder Negieren der Realität und damit ein Ausschalten des Erwachsenen-Ichs.

Miniskript

Anfang der Siebziger Jahre machte der klinische Psychologe Kahler die Beobachtung, dass Grundzüge des individuellen Skripts eines Menschen (das ja nach Berne den jeweiligen Verlauf der ganzen Lebensspanne beeinflusst), auch in kurzen Verhaltenssequenzen erkennbar sind. Beobachtet man einen Menschen, der gerade skriptgebunden denkt, fühlt und handelt, so lassen sich schon nach einigen Sekunden oder wenigen Minuten Rückschlüsse auf Skriptinhalte und -überzeugungen ziehen. Diese typischen

---

172 English 2003.
173 siehe Schlegel 2007, S. 244.
174 siehe Gührs u. Nowak 2002, S. 176.
175 siehe Berne 1972/2007, S. 172 ff.

Abläufe bilden sozusagen in Mini-Form ab, was sich auch in größeren Zeiträumen oder komplizierteren Zusammenhängen im Leben eines Menschen abspielt, wenn er im Skript ist. Das von Kahler entworfene Modell zur Analyse dieser kleinen Einheiten nennt er „Miniskript" (Abb. 13).[176]

Am Beginn einer solchen Sequenz steht immer antreibergebundenes Verhalten, das sich in Gestik, Mimik, Körperhaltung und Sprechweise äußert. Gelingt es, den spezifischen Primärantreiber zu identifizieren, so erlaubt dies, bereits sehr viel über einen Menschen auszusagen. Da Antreiberverhalten auf einer bedingten Okay-Haltung basiert, weiß man, dass die betreffende Person über sich denkt: „Ich bin nur dann okay, wenn … (ich mich beeile, perfekt bin, immer stark bin usw.)". Vor allem erfährt man aber etwas über die Art des Skript-Prozesses, der im Leben realisiert wird, da bestimmte Antreiber mit bestimmten Skript-Formen korrelieren.

Perfekt-Antreiber lassen auf ein Erst-wenn-Skript schließen (Erst wenn etwas perfekt ist, darf man … sich freuen, Urlaub machen, den Satz beenden usw.). „Streng dich an!" und „Sei stark!" treten in Kombinationen mit Niemals- und Immer-Skripts auf. „Sei gefällig" hängt mit einem Danach-Skript zusammen: Jetzt muss man es noch allen recht machen, erst später kann man auch auf sich selbst achten. „Beinahe-Skripts" und Skripts mit offenem Ende lassen weniger eindeutige Rückschlüsse zu. Auch eine Kombination zweier oder mehrerer Antreiber ist denkbar. „Beeil dich" scheint universell einsetzbar zu sein und kann bei jedem Antreiber als Verstärkung fungieren.

Betrachtet man Miniskript-Abläufe von ihrer Struktur her, so zeigen sich im Rahmen dieser kleinen Einheiten vier Positionen, von denen eine oder mehrere in unterschiedlicher Art und Reihenfolge eingenommen werden. Das Ergebnis sind jeweils individuelle Prozesse. Meist werden nur wenige Sekunden in der ersten Position, dem Antreiberverhalten verbracht, ehe man in eine andere Position wechselt. Das ist dann der Fall, wenn die Energie aus irgendwelchen Gründen im Moment nicht ausreicht, das Gefühl des Okay-Seins durch Anstrengung oder Perfektion zu garantieren. Drei weitere Positionen stehen als Reaktion zur Verfügung, die die erlebte Spannung oder den innerpsychischen Konflikt ausweiten und auf eine tieferliegende, grundsätzlichere Ebene bringen. Ist man deprimiert über die eigene Unzulänglichkeit und wechselt man in eine Minus-Plus-Haltung („Mit mir stimmt etwas nicht, die anderen machen es besser"), so befindet man sich in der Position 2 des Miniskripts. Tieferliegende negative Maschengefühle werden freigesetzt, Bann-Botschaften dringen in das Bewusstsein, denen man durch antreibergemäßes Agieren Einhalt gebieten wollte. (Deshalb wird die zweite Position auch als „Einhalt" bezeichnet.) Die Alternative dazu wäre die Position 3, der „Tadel": Die Enttäuschung über eigene nicht erbrachte Leistungen im Sinn der Antreiber wird durch Kritik an anderen Menschen verarbeitet, was einer erlernten Plus-Minus-Haltung entspricht. Am negativsten ist die Position 4, die „Verzweiflung": Man hält sich nicht nur selbst, sondern auch die anderen für wertlos und unnütz; insgesamt scheint alles aussichts- und hoffnungslos. Zu dieser Minus-Minus-Haltung kann man auch auf dem Umweg über Position 3 gelangen. Ob diese negativste Position überhaupt erreicht

---

176 Kahler 1974.

wird, und welche individuelle Bewegungssequenz nach dem ersten Wechsel der Position stattfindet, ist charakteristisch für das persönliche Skriptmuster eines Menschen.

Wurden emotionale Skriptanteile und frühe ungünstige Beschlüsse bereits bearbeitet oder waren sie vielleicht kaum vorhanden, so wird jemand nach einem kurzen Verweilen im Antreiber-Verhalten wieder in skriptfreies Agieren überwechseln. Die schlechteste Möglichkeit wäre hingegen ein Ablauf, der typischerweise in der Position „Verzweiflung" endet. Dazwischen gibt es eine Vielzahl von Variationen und Bewegungen, die von einer Position in die andere wechseln lassen, vielleicht auch wieder zurück zum Antreiber und nochmals in eine der drei Positionen führen, bevor man wieder das Erwachsenen-Ich aktiviert und skriptfrei handelt.

Die Analyse dieses Miniskript-Prozesses erlaubt es, in Einzelsituationen und im Kleinen skriptgebundenes Verhalten zu erkennen, gezielt auszusteigen und damit das Skript insgesamt positiv zu verändern. Da es sich in den Positionen 2 bis 4 um das Erleben von Maschengefühlen aus der Kindheit handelt, wird mit der Überzeugung gearbeitet, dass in der gegenwärtigen Situation – also im Erwachsenenalter – kein anderer Mensch bewirken kann, dass man sich gut oder schlecht fühlt. Wenn auch manche Umstände bestimmte Emotionen nahe legen, so ist es doch das Individuum selbst, das sich für eine bestimmte Reaktion entscheidet und verantwortlich für sein Fühlen und Handeln ist.[177]

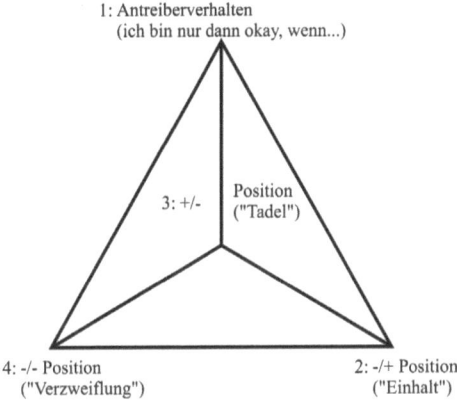

Abb. 13: Positionen des Miniskripts nach Kahler
(1: Ausgangsposition; 2,3,4: drei weitere, mögliche Positionen)

Redefinitionen, Discounts und das Maschensystem

Kleine Kinder treffen bestimmte Skriptentscheidungen, weil sie sich davon unbewusst das beste Auskommen mit den Eltern und die meiste Zuwendung erwarten. In gewissem Sinn wird die günstigste Variante aller möglichen Lebens- und Überlebensstrategien gewählt. Das ist auch der Grund, warum erwachsene Menschen alles tun, um einmal getroffene Ansichten über sich selbst, die anderen und die Welt nicht ändern zu müssen. Ihr Kind-Ich erlebt alles, was ihre Skriptbeschlüsse in Frage stellt als Bedrohung. Da es sich um frühere Überlebensstrategien handelt, die das eigene Wohl durch Anpassung an elterliche Wünsche garantierten, wird – in fast magischem Denken –

---

177 siehe Stewart u. Joines 2000, S. 246.

eine Abkehr davon innerlich immer noch als Bedrohung erlebt, so als könnte irgend-etwas Schreckliches passieren, wenn gewonnene Überzeugungen aufgegeben werden.

Im Kern ist dies auch der Grund dafür, dass alles Erlebte so gesehen und interpre-tiert wird, dass es das eigene Skript bestätigt und nichts verändert werden muss. Ereig-nisse, die dem Skript entsprechen, werden verstärkt wahrgenommen und als weitere Rechtfertigung für gewohnte Gefühle und Gedanken gespeichert. Neutrale Begeben-heiten oder solche, die dem Skript widersprechen, werden ausgeblendet, „übersehen", vergessen oder so umgedeutet, dass alles wieder im Lot scheint. Je nach „Filter", den man vor die Realität legt,[178] blendet man manches aus und nimmt anderes verstärkt wahr. Jemand mit der Skriptüberzeugung „Keiner mag mich" wird jede kleinste An-deutung einer Ablehnung extrem spüren und als bleibende Erinnerung in sich spei-chern. Menschen, die dieser Person neutral gegenüberstehen, werden weiters nicht auf-fallen. Drückt jemand sogar Sympathie oder Zuneigung aus, wird dies vermutlich kaum erkannt, nicht ernst genommen oder abwertend interpretiert: „Der erhofft sich von mir bloß einen Vorteil".

Dieses Umdeuten bezeichnet man in der TA als „Redefinieren". Es ist eine verzerrte Wahrnehmung der Realität und ein Verkennen von Tatsächlichem. Jeder Mensch ver-fügt über einen speziellen Bezugsrahmen, in den Erlebnisse eingeordnet werden. Das persönliche Skript ist ein wesentlicher Teil davon. Je mehr jemand seinem Skript ver-haftet ist und daran festhält, umso realitätsferner sind seine subjektiven Wahrnehmun-gen und die entsprechenden gefühlsmäßigen Reaktionen. „Discounts" sind interpretie-rende Wahrnehmungen, bei denen bestimmte Aspekte der Realität negiert oder abge-wertet, das heißt nicht in ausreichendem Maß anerkannt werden, wie Sympathie im obi-gen Beispiel. „Abwertung" meint hier nicht Missachtung oder Geringschätzung im qua-litativen Sinn, sondern ein Ausblenden oder Zuwenig-Wahrnehmen einer Gegebenheit. „Grandiosität" bedeutet das Gegenteil: Dem eigenen Schema entsprechend betont und beachtet man andere Aspekte in einer Weise, die übertrieben ist.

Erskine und Zalcman entwickelten ein eigenes Modell zur Analyse dieser Zusam-menhänge: das „racket system" oder Maschensystem (Abb. 14).[179] Es wird definiert als ein sich selbst verstärkendes System von Fühlen, Denken und Handeln, das von skriptgebundenen Personen aufrechterhalten wird. Besonders in Stresssituationen, die typischen Szenen der Kindheit ähneln, aktivieren Menschen Skriptüberzeugungen so-wie Skriptgefühle im Sinn von Ersatz- oder Lieblingsgefühlen, die weder dem eigenen unverfälschten Impuls noch der realen Situation entsprechen, die aber eben in der Kindheit vertraut waren. Man spricht in der TA von „Gummibändern", die vom aktu-ellem Geschehen in der Gegenwart zur Kindheit zurückführen und alte Gefühle erneut durchleben lassen. Da die Wirklichkeit verzerrt wahrgenommen wird, verhält man sich in der Folge auch dementsprechend skriptgebunden, fehlangepasst oder unangemes-sen. Man gibt sich gerne Erinnerungen an frühere Situationen hin, die ähnlich struktu-riert waren, um die aktuellen Gefühle und Schlussfolgerungen zu begründen (zum Beispiel: „Schon damals hat der XY mich abgelehnt"). Zusätzlich wird der ganze Ab-

---

178 siehe ebd., S. 273.
179 Erskine u. Zalcman 1979.

lauf selbst als Erinnerung gespeichert, die das eigene System ein weiteres Mal bestätigt. All das rechtfertigt erneut das Skript, sodass in der Zukunft das Zurückfallen in Skriptüberzeugungen und -gefühle noch wahrscheinlicher wird. Damit eröffnet sich ein weiterer in sich geschlossener Kreis von skriptgebundenem Erleben und Handeln, der zu weiteren negativen Eindrücken führt, die das Skript subjektiv zu bestätigen scheinen, wodurch ungünstige Skriptanteile auch tatsächlich verstärkt werden.

Das Maschensystem dient nicht nur der theoretischen Analyse, sondern auch der gezielten Veränderung von Skriptinhalten. Will man aus dem Teufelskreis von eingeschränkter Wahrnehmung, unangebrachten Emotionen, stereotyp sich wiederholendem Verhalten und dem skriptgebundenen Resümee („Ich hab's ja immer schon gesagt … wieder das Gleiche" u.ä.) aussteigen, so ist dies an jedem Punkt des Systems möglich, egal ob man bei der Realitätsprüfung, den Gefühlen oder der Erinnerung ansetzt. In der TA herrscht die Überzeugung, dass jedes Mal, wenn es zu bewussten Äußerungen kommt, die den eigenen Skriptinhalten widersprechen, das ganze System von Maschenverhalten und -gefühlen abgeschwächt wird. Mit jeder bewussten und skriptfreien Handlung wird eine positive Bewegung in Gang gesetzt, die weitere Schritte in Richtung Autonomie erleichtert.

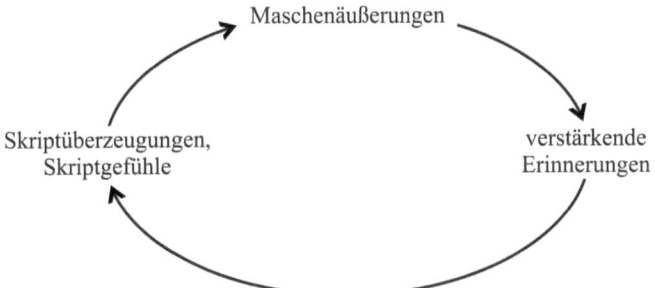

Abb. 14: Maschensystem nach Erskine und Zalcman[180]

Passivität

Der Begriff „Passivität" wurde von J. Schiff als Fachausdruck in die Transaktionsanalyse eingeführt und bezeichnet das Gegenteil von freiem, autonomem, aktivem und selbstbestimmtem Handeln in Bezug auf die Bewältigung des Alltags und die Lösung von Problemen.[181] In der TA wird ineffektives Verhalten vor allem in Zusammenhang mit dem Leugnen oder Ausblenden bestimmter Aspekte der Realität gebracht. Dieses (bewusste oder unbewusste) Negieren von Sachverhalten nennt man in der Transaktionsanalyse „Discounten" oder „Abwerten".

Mit der Aussage „Ich sehe ja das Problem, aber da kann man eben nichts machen" leugnet man beispielsweise generell die Möglichkeit, etwas an der betreffenden Sache zu verändern. Passive Verhaltensweisen dieser Art können auf der Trübung oder dem Ausschluss des Erwachsenen-Ichs beruhen, aber auch das Ergebnis von mangelnder oder fehlerhafter Information sein.

---

180 Darstellung in Anlehnung an Erskine und Zalcman
181 J. Schiff 1971.

In der TA wird nun das Thema „Passivität" in verschiedene Facetten unterteilt, sodass sich genau feststellen lässt, wo bei unproduktiven Haltungen oder unpassendem Vorgehen der Fehler zu suchen ist.

Zunächst unterscheidet man vier Grundformen passiver Verhaltensweisen: Nichts-Tun, Überanpassung, Agitation, sowie Selbstbeeinträchtigung oder Gewalt. Ihnen ist die Tendenz gemeinsam, kein sinnvolles Ziel anzustreben, aber dennoch Energie zu verbrauchen und – abgesehen vom Nichts-Tun – auf den Betrachter durchaus aktiv zu wirken.

Jemand, der ganz einfach nichts tut, verwendet seine Energie dazu, sein Handeln zu unterbinden, vielleicht weil er die eigenen Fähigkeiten nicht erkennt und daher auch nicht einsetzt. Überanpassung zeichnet sich dadurch aus, dass man jenen Impulsen folgt, die man im Kind-Ich für die Wünsche der Umgebung hält. Man discountet zur Verfügung stehende Alternativen, wie Nachfragen oder das Berücksichtigen eigener Interessen. Agitation ist ziellose Aktivität, ohne die Problembewältigung ernsthaft in Angriff zu nehmen. (Gührs und Nowak beschreiben einen Studenten, der eigentlich eine Arbeit schreiben sollte. Um sich von der Panik abzulenken, die ihn wegen des Zeitdrucks bereits befällt, räumt er erst einmal sein ganzes Zimmer auf, um Platz für die Unterlagen zu schaffen. Auch Lebensmittel sollte er zuvor einkaufen, und dabei fallen ihm noch weitere Dinge ein, die er erledigen müsste, ehe er mit der Arbeit wird beginnen können.[182]) Selbstbeeinträchtigung oder Gewalt, durch die man sich selbst oder andere handlungsunfähig macht, ist die aggressivste und schädlichste Form der Nicht-Lösung eines Problems.

Eine weitere Differenzierung betrifft die Bereiche, in denen Problemlösungen durch Discounts verhindert werden: die eigene Person, andere Menschen und die gesamte Situation.

Innerhalb dieser Bereiche unterscheidet man vier Ebenen, auf denen Ausblendungen üblicherweise stattfinden. Spricht man beispielsweise eine Person, die offensichtlich aufgrund beruflicher Überlastung an Erschöpfungszuständen leidet, auf die Problematik an oder weist auf mögliche gesundheitliche Gefahren hin, so kann es sein, dass man die Antwort „ich bin ja gar nicht erschöpft" erhält. Dies wäre ein Leugnen oder Ausblenden einer sinnlichen Wahrnehmung – in der TA die erste der vier Discount-Stufen. Wird die körperliche Überforderung zwar empfunden, aber in ihrer Bedeutung nicht ernst genommen, entspricht dies der zweiten Ebene des Ausblendens. Erkennt man zwar die Problematik einer Angelegenheit, fügt sich aber inaktiv in sein vermeintliches Schicksal, so wäre dies die dritte Ebene des Abwertens: Man hält die Sache für grundsätzlich unlösbar. „Ja, man könnte schon etwas verändern, aber ich bin dazu nicht in der Lage" stellt ein Discounten auf der vierten Stufe dar: Man leugnet die eigenen, für die Problemlösung notwendigen Potentiale.

Mit Hilfe dieser vier Stufen lässt sich rasch erkennen, welche Einstellungen effektives Handeln verhindern. Dabei ist es wichtig, auf der untersten Stufe anzusetzen, auf der Discounts festzustellen sind. Zum Beispiel wäre es sinnlos, über persönliche Fähigkeiten, Strategien und Alternativen zu diskutieren, wenn das Problem in seiner Be-

---

182 Gührs u. Nowak 2002, S. 187.

deutsamkeit nicht ausreichend bewusst ist. Andererseits wäre es überflüssig, Stufen anzusprechen, auf denen gar nicht discountet wird.

Die folgende von Mellor und Sigmund entwickelte Discount-Tabelle (Abb. 15)[183] dient der noch präziseren Analyse und Verortung von Discounts. Auch hier finden sich die gleichen vier Ebenen des Leugnens, Ausblendens oder Nicht-wahrhaben-Wollens:

– Leugnen einer sinnlichen Wahrnehmung (wie zum Beispiel Erschöpfung)
– Ausblenden der damit verbundenen Problematik („Das ist kein Problem.")
– Leugnen der Veränderbarkeit („Da kann man nichts machen.")
– Abwerten eigener Fähigkeiten zur Veränderung („Man könnte schon etwas ändern, aber ich kann es nicht.")
– Diese vier Ebenen werden mit drei Discount-Typen (Stimuli, Probleme und Alternativen) kombiniert, sodass sich insgesamt zwölf Varianten von Discounts ergeben, dargestellt durch zwölf Kästchen.

	Stimulus	Problem	Alternativen
Existenz	Ich nehme nichts wahr.	Das ist kein Problem.	Es gibt keine Alternativen.
Bedeutsamkeit	Das Wahrgenommene hat keine Bedeutung.	Das Problem hat keine Bedeutung.	Die Alternativen haben keine Bedeutung.
Veränderbarkeit	Das Wahrgenommene kann man nicht verändern.	Das Problem kann man nicht lösen.	Man kann die Alternativen nicht umsetzen.
persönliche Fähigkeit	Ich kann nicht anders reagieren (wahrnehmen).	Ich kann das Problem nicht lösen.	Ich kann die Alternativen nicht umsetzen.

Abb. 15: Discount-Tabelle nach Mellor und Sigmund[184]

Die mit diagonalen Pfeilen verbundenen Kästchen sind inhaltlich miteinander verknüpft. Wird zum Beispiel die Bedeutsamkeit der Stimuli, (wie Wahrnehmung, Empfindung o.ä.) geleugnet, bedeutet dies auch das Negieren der damit einhergehenden Problematik. Dieses Prinzip gilt für alle diagonal zusammenhängenden Felder. Wurde

---

183 Mellor u. Sigmund 1975, siehe Stewart u. Joines 2000, S. 265.
184 erklärende Texte in Anlehnung an Mellor und Sigmund

beispielsweise erkannt, dass die Ausblendung im Kästchen „Bedeutsamkeit von Problemen" angesiedelt ist, dann ergibt sich daraus eine Discount-Diagonale (in Form von diagonal aneinandergereihten Kästchen) zu „Veränderbarkeit der Stimuli" und „Alternativen"; das heißt: Die Veränderbarkeit von Gegebenheiten und sinnvolle Alternativen werden ebenfalls nicht erkannt. Ein weiterer logischer Analyse-Schritt folgt daraus: Alle Felder, die sich unterhalb und rechts von dieser Diagonale befinden, werden automatisch mit-discountet. Alle Kästchen links und oberhalb der Diagonale müssen nicht mehr thematisiert werden, da sie bereits in ihrer Wichtigkeit gesehen wurden. Wesentlich ist es, bei der Erforschung der Discount-Art immer links oben zu beginnen. Das Finden richtiger Strategien in schwierigen Situationen scheitert oft daran, dass man Diskussionen auf der falschen Ebene ansetzt.

Die Discount-Tabelle wurde ursprünglich für die Psychotherapie entwickelt, findet aber ebenso Anwendung in Organisationen und im Bildungswesen.[185]

Spiele

Das Modell der Psychologischen Spiele zählt zu den grundlegendsten Konzepten Eric Bernes. Er beschreibt damit Kommunikationsabläufe von Personen, die einander ihre Wünsche und Absichten nicht offen äußern und nicht aus dem Erwachsenen-Ich handeln, sodass letztlich für beide unangenehme Empfindungen oder sogar massive Nachteile entstehen.

Berne definiert Spiel als eine fortlaufende „Folge verdeckter Komplementär-Transaktionen, die zu einem ganz bestimmten, voraussagbaren Ergebnis führen"[186]. In dieser ziemlich weit gefassten Definition sind Spiele mit bewussten oder unbewussten versteckten Motiven, manipulativen Tricks und unehrlichen Schachzügen verbunden, die zumindest für eine Person Vorteile auf Kosten des anderen erwarten lassen. Sie implizieren aber nicht notwendigerweise Freude oder Vergnügen, sondern verlaufen oft dramatisch und können je nach Intensitätsgrad des Spiels sogar zu Gewalt oder Selbstschädigung führen. Auch harmlosere Formen des Spiels enden immer mit einem eigenartigen Gefühl der Beteiligten: Eine Situation, die nett begonnen hat, verändert sich plötzlich. Irgendetwas „kippt" und man weiß nicht so recht, was passiert ist.

In späteren Werken (wie „Spielarten und Spielregeln der Liebe"[187]) will Berne nur mehr jene Kommunikationsabläufe als Spiel gelten lassen, die der von ihm entwickelten „Spieleformel" entsprechen, die (in Form bestimmter Fachbegriffe) alle markanten Punkte dieses charakteristischen Interaktionsmusters abbildet. Der wesentliche Unterschied zur weiter gefassten Definition besteht in den ausschließlich unbewussten Absichten der Beteiligten und in dem Rollenwechsel, der im Moment der Verwirrung und Änderung auftritt. (Jemand lässt sich beispielsweise trösten, klagt aber scheinbar aus heiterem Himmel seinen „Helfer" zornig an, der seinerseits nun Trost benötigt.) Das Kritische an Spielen besteht darin, dass sich unerkannte Absichten oder unbewusste Gefühle der Beteiligten so unglücklich ineinander verzahnen, dass das negative Ende

---

185 Stewart u. Joines 2000, S. 270.
186 Berne 1964/2007, S. 67.
187 Berne 1970/2005.

vorhersagbar wäre, obwohl am Beginn eines Spiels durchaus der Eindruck von günstigem Zusammenpassen oder Zusammenwirken vorhanden sein kann.

Die Struktur der Spieleformel wird anhand des folgenden Beispiels ersichtlich: Ein Mann und eine Frau lernen einander kennen und beginnen, sich zu unterhalten. Sie wünscht sich (unbewusst) Nähe und Beziehung und hat gelernt, dass sie Zuwendung noch am ehesten dann erhält, wenn sie sich freundlich, angepasst und interessiert verhält. Er möchte (unbewusst) grenzenlose Bewunderung, vor allem was seine beruflichen Leistungen betrifft, da er in seiner Kindheit nicht genügend Anerkennung erhalten hat. Das Gespräch verläuft eine Weile harmonisch. Sie hört einfühlsam zu, erlebt ein gewisses Ausmaß an Nähe und bewundert sein Wissen, er steigert sich in die Darstellung seiner Kenntnisse immer mehr hinein. Zwei unerfüllte Bedürfnisse und unbewusste Absichten begegnen sich, die oberflächlich betrachtet gut zusammenpassen könnten. Doch gleichzeitig treffen zwei negative Skriptüberzeugungen aufeinander, die nach Bestätigung streben: „Niemand will mir nahe sein" beziehungsweise „Niemand schenkt mir Anerkennung."

Berne nennt den Beginn dieser ersten Sequenz das Treffen eines „Köders" (z.B. ihre Frage „Welches interessante Buch lesen Sie denn da?") auf einen wunden Punkt, eine schwache Stelle und damit eine „Spielanfälligkeit" des Gegenübers, das seinerseits auf das „Spiel" einsteigt und über die aktuelle Lektüre referiert. Nun folgt eine Reihe komplementärer Transaktionen zum besagten Thema, nämlich sein Wissen und Können, was in der Spieleformel als „Antwort" oder „Reaktion" (im Sinn von Ergebnis des Zusammenwirkens von Köder und Spielanfälligkeit) bezeichnet wird.

Plötzlich verabschiedet er sich, fühlt sich trotz allem nicht ausreichend gewürdigt und verlässt das Lokal. Beide sind enttäuscht, fühlen sich schlecht und können das Ganze nicht wirklich einordnen. Er denkt nun bei sich „Ich hab's ja gewusst, auch sie weiß meine Leistungen nicht wirklich zu schätzen!", während sie sich alleingelassen fühlt und denkt: „Jetzt habe ich mich so bemüht, aber auch er will mir einfach nicht nahe sein". Gingen diese Personen nicht auseinander, würde er bei der anschließenden Debatte vermutlich eine anklagende Position einnehmen, sie die Rolle der Getäuschten und Alleingelassenen.

In dieser letzten Phase des Spiels bricht das eigentliche (unbewusste) Anliegen der Partner durch, wenn auch in diesem Beispiel unausgesprochen. Es kommt zu einer Änderung der Beziehungsverhältnisse und schließlich zu einem Ergebnis, das zu vermuten gewesen wäre, hätte man die ganze Situation von Anfang an durchschaut.

Termini für diese weiteren drei Spielphasen sind „Wechsel" (der Rollen), „Verwirrung" (beider) und „Endergebnis". Dieses Ergebnis wird auch als „Nutzeffekt" bezeichnet, da es den negativen „Gewinn" bringt, das eigene Skript zu bestätigen. („Nie bekomme ich genug Anerkennung." und „Nie will mir jemand wirklich nahe sein".) Fast mathematisch präsentiert Berne seine Spieleformel:

Köder + Spielanfälligkeit = Antwort → Wechsel → Verwirrung → Nutzeffekt (Endergebnis)

Brown u.a. verweisen darauf, dass die letzten drei Schritte häufig gleichzeitig ablaufen.[188]

Berne widmet dem Thema „Spiele" die 1964 erstmals erschienene Publikation „Games People Play". Stewart und Joines halten den Titel der deutschen Übersetzung „Spiele der Erwachsenen" nicht für besonders glücklich, da ihrer Ansicht nach absolut spielfreie Beziehungen im Alltag kaum anzutreffen sind und eher einen theoretischen Idealfall darstellen; „Spiele, die Menschen eben spielen"[189] wäre in diesem Sinn treffender.

Auch Berne schätzt die Allgegenwart von unbewussten Spielen, bei denen ahnungslose Menschen in Duplex-Transaktionen verwickelt sind, ähnlich ein: „Diese Spiele stellen in der ganzen Welt den wesentlichen Aspekt allen gesellschaftlichen Lebens dar."[190] Dies ergebe sich aus dem Umstand, dass kleine Kinder sich oft bewusst mit bestimmten Verhaltensweisen in Szene setzen und dadurch entsprechende Antworten der Erwachsenen provozieren: „Hat sich erst eine feste Struktur von Reiz und Reaktion herausgebildet, dann verlieren sich ihre Ursprünge im Nebel der Zeit, und die verdeckte Natur der Spiele verdunkelt sich im Dunstkreis der Gesellschaft."[191] Dennoch können Spiele ernste und dauerhafte Schäden nach sich ziehen. „Das erbarmungsloseste aller Spiele ist natürlich: ‚Krieg'"[192], stellt Berne trocken fest.

Wie Spiele nun im Einzelfall zu bewerten sind, hängt hauptsächlich von deren Intensitätsgrad ab. Berne unterscheidet Spiele „ersten, zweiten und dritten Grades", die von harmlosem Geplänkel über schmerzhafte Erfahrungen bis zu Interaktionen mit tragischen Auswirkungen reichen.

In der TA-Literatur wird Bernes Idee, typische Spiele, die immer wieder zu beobachten sind, in Art eines Spiele-Breviers[193] aufzulisten und mit charakteristischen Titeln zu versehen, aufgegriffen, wobei jedes dieser Spiele in allen Intensitätsgraden denkbar ist. „Wenn du nicht wärst" ist die Überschrift eines häufigen „Ehespiels", bei dem die Ursache für eigenes Unvermögen dem Partner zugeschoben wird. „Holzbein" ist nach Berne ein beliebtes Spiel, bei dem ein kleines Problem oder Handicap als Entschuldigung und Ausrede für alles Mögliche verwendet wird: „Was erwarten Sie von einem Menschen, der …?". Die Spiele „Tritt mich!" und „Hab ich dich erwischt!" sind komplementär und ergänzen sich in negativer Weise: Eine Person verhält sich so, dass sie kritische Reaktionen zwangsläufig auslöst, die andere arrangiert die Dinge unbewusst so, dass es das Gegenüber fast nur „falsch" machen kann. Eine ausführliche Darstellung weiterer Spiele findet sich u.a. bei Gührs und Nowak.[194]

Abgesehen von erlerntem Spielverhalten in der Kindheit stellt sich die Frage, warum Menschen immer wieder Spiele inszenieren oder auf Spielangebote bereitwillig einsteigen, selbst wenn sie darunter leiden. In der TA werden verschiedene Gründe

---

188 Brown u.a. 2006, S. 57.
189 Stewart u. Joines 2000, S. 407.
190 Berne 1964/2007, S. 69.
191 Ebd., S. 86.
192 Ebd., S. 70.
193 siehe ebd., S. 97 ff.
194 siehe Gührs u. Nowak 2002, S. 145 ff.

angeführt: Spiele ermöglichen das Wiederholen alter Muster und damit das Schwelgen in Lieblingsgefühlen, das Bestätigen von Skriptüberzeugungen und das Erhalten gewohnter Strokes, auch wenn diese das eigentliche Bedürfnis nicht stillen. Spiele bieten daher in gewissem Sinn psychologischen, existentiellen und – wegen der Zuwendungskomponente – auch biologischen „Nutzen". Der wichtigste Grund scheint jedoch im sozialen „Nutzen" zu liegen: Spiele bieten ein hohes Maß an emotionalem Austausch bei gleichzeitiger Wahrung von Distanz, wenn Intimität (als umfassende und authentische Form der Begegnung) aus irgendwelchen (unbewussten) Gründen nicht stattfinden kann oder soll. Zu fragen wäre auch, welche Form des Kontaktes an die Stelle des Spiels treten könnte, würde es gelingen, dieses zu beenden. Nach der von Berne erstellten Skala der Zeitstrukturierung gibt es nur zwei Richtungen, in die sich die Situation entwickeln kann: entweder echte, spielfreie Intimität oder das Abgleiten in eine wesentlich weniger intensive und unverbindlichere Form der Beziehung, wenn nicht deren Abbruch.

Für das Vermeiden von Spielen ist die Bewusstheit in Bezug auf eigene Wünsche und unterdrückte Gefühle des freien Kind-Ichs[195] sowie das klare Ausdrücken von Bedürfnissen äußerst wichtig, ebenso das Erkennen und Zurückweisen von Spiel-Angeboten. Dieses bewusste Gegensteuern, Sich-Abgrenzen und Nicht-Einsteigen auf Spielangebote des Gegenübers wird natürlich in erster Linie durch den Erwachsenen-Ich-Zustand ermöglicht, den man einnimmt. Ist man sich eigener Wünsche und Bedürfnisse bewusst, ist die Gefahr geringer, ungewollt in „Spielfallen" zu tappen oder selbst ein Spiel zu beginnen; die Chance, einfach situationsangepasst, sachlich, spielfrei und in erwachsener Weise zu reagieren, erhöht sich dadurch. Unterdrückte Gefühle und unbewusste Wünsche stellen hingegen ein Risiko dar und erhöhen die Wahrscheinlichkeit von Spielen.

Ist man bereits in ein Spiel verstrickt und bemerkt es, kann man durch bewusstes Kreuzen der Transaktionen des Gegenübers aus dem Spiel aussteigen. Meist wird dieses Kreuzen wohl darin bestehen, eine ungünstige Interaktion zwischen Eltern- und Kind-Ich (die im Sinn des Spiels einem unangenehmen Ende zustrebt) zu unterbrechen und betont klar und sachlich aus dem Erwachsenen-Ich zu sprechen, um den anderen ebenfalls zu einem offenen, sachlichen Handeln zu animieren.

Wird erst im Nachhinein erkannt, dass ein Spiel im Gange war, muss man sich nicht zwangsläufig schlecht fühlen und Selbstvorwürfen hingeben, sondern soll sich über die Selbsterkenntnis freuen, die in Zukunft einen bewussteren Umgang mit ähnlichen Situationen erleichtern wird.[196]

Drama-Dreieck

Karpman entwickelte ein alternatives Modell, um die innere Struktur und Dynamik psychologischer Spiele zu verstehen: das Drama-Dreieck (Abb. 16).[197]

Es handelt sich um die Darstellung und Funktionsweise von drei verschiedenen Rollen, die im Verlauf eines Spiels eingenommen werden können: die Opfer-, Retter-

---

195 siehe Brown u.a. 2006, S. 60.
196 siehe Stewart u. Joines 2000, S. 364.
197 Karpman 1968.

und Verfolgerrolle. Bildhaft gesprochen sind sie wie die drei Eckpunkte eines imaginären Dreiecks, zwischen denen sich alle möglichen „Dramen" im Alltag abspielen. Dies bedeutet nicht, dass immer drei Personen beteiligt sein müssen. Vielmehr handelt es sich um drei unterschiedliche Positionen, die zur Verfügung stehen. Üblicherweise hat jeder eine bestimmte Lieblingsposition, die seinem Skript am ehesten entspricht. Je nach Dynamik des Spiels können die Rollen aber auch getauscht oder gewechselt werden, sodass sich neue Wendungen ergeben und man sich oft reihum von einer Position zur anderen bewegt.

Verfolger　　　　　　　　Retter

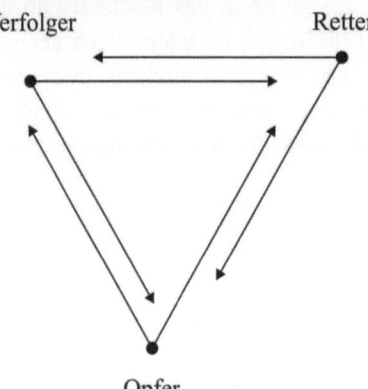

Opfer　　　　　　　　　Abb. 16: Drama-Dreieck nach Karpman

Der „Verfolger" agiert aus dem negativen kritischen Eltern-Ich (oder dem rebellischen Kind) und erhebt sich – anklagend oder kritisierend – aus einer Plus-Minus-Haltung über andere. „Retter" handeln ebenfalls aus einer Plus-Minus-Haltung, aber aus dem negativen fürsorglichen Eltern-Ich, geben ungefragt Ratschläge und übernehmen Aufgaben, deren Erfüllung sie ihren Mitmenschen grundsätzlich nicht zutrauen. „Opfer" hingegen fühlen sich wertlos, ungeliebt, benachteiligt und hilflos, was einer Minus-Plus-Einstellung des negativen angepassten Kind-Ichs entspricht. Typisch für alle drei Rollen ist, dass es sich nicht um echte Verfolger, Retter oder Opfer handelt, die tatsächliches Unrecht zielstrebig verfolgen, punktuell tatkräftige Unterstützung leisten, wenn diese wirklich gefragt ist, beziehungsweise reale Opfer besonders unglücklicher Umstände sind. Die Positionen des Drama-Dreiecks sind stattdessen immer erlernte, skriptgebundene und daher „unechte" Rollen im Sinn des Maschenverhaltens, die das Erwachsenen-Ich und den möglichst objektiven Realitätsbezug ausschließen. Menschen im Skript finden intuitiv die zu ihrem Spiel passenden Partner: Opfer ziehen sowohl Retter als auch Verfolger an, für Retter bieten sich Opfer oder Verfolger als komplementäre Rollen an, und Verfolger können sowohl mit Rettern als auch mit Opfern ein Spiel beginnen. Die Pfeile als Seiten des Dreiecks zeigen die möglichen Positionswechsel und Interaktionen, die zwischen diesen Rollen entstehen können.

Wenn ein Retter beispielsweise einem offensichtlichen Opfer allzu hilfsbereit zur Seite steht, dieses aber trotz allem nicht zufrieden scheint, so wird der Retter vermutlich seine Position wechseln und verärgert eine Verfolger-Rolle einnehmen, worauf das Opfer ebenfalls die Position wechseln oder sich abwenden und neue Retter suchen wird.

In jeder dieser Positionen finden Discounts statt, das heißt: gewisse Aspekte der Realität werden ausgeblendet. Opfer beachten ihre eigenen Fähigkeiten und Potentiale zu wenig, Retter die Eigenständigkeit anderer Menschen und Verfolger beziehen ihren Selbstwert ausschließlich aus der Dominanz über andere. Alle drei benötigen einander jedoch wechselseitig, um ihr Spiel spielen und ihr Skript bestätigen zu können.

Natürlich ist es auch möglich, dass wirklich drei Personen an einer Spiel-Situation beteiligt sind, die ebenfalls abwechselnd unterschiedliche Rollen einnehmen. Klassisches Beispiel wäre eine dreiköpfige Familie, deren Mitglieder sich bei einem Alltagskonflikt abwechselnd kritisieren und die Schuld zuschieben, dann wiederum den anderen in Schutz nehmen und verteidigen, sich im nächsten Moment aber wieder hilflos oder ungerecht behandelt fühlen.[198]

Spiele werden auch nach der charakteristischen Rolle kategorisiert, der sie entsprechen. So ist das Spiel „Warum muss das immer mir passieren?" ein typisches Opfer-Spiel, „Ich versuche ja nur, dir zu helfen" das Spiel eines Retters und „Wenn du nicht wärst" ein eindeutiges Verfolger-Spiel.[199]

Das Drama-Dreieck wurde ursprünglich zur Analyse von Spielen im engeren Sinn konzipiert. Es entwickelte sich aber auch im weiteren Sinn als Beschreibungs- und Erklärungsmodell für symbiotische Interaktionen, bei denen Menschen eigene Ich-Zustände ausschließen und daher als Ergänzung Personen brauchen, die ihrerseits andere Ich-Zustände vernachlässigen. Symbiose bedeutet als Fachbegriff im Rahmen der TA immer ein starres Verhaltensmuster, bei dem zwei Personen jeweils nur einen Ich-Zustand (oder eventuell auch zwei Ich-Zustände) aktivieren und in der einmal gewählten komplementären Beziehungssituation verharren. So kann zum Beispiel eine Kombination von angepasstem Kind und fürsorglichem Eltern-Ich zwar nach guter Ergänzung aussehen, im Grunde aber eine Situation sein, in der keiner der Beteiligten frei und autonom entscheidet und daher auch keine Flexibilität und Anpassung an neue Gegebenheiten möglich ist.

Brown u.a. verweisen darauf, dass auch innere Dialoge einzelner Menschen Züge des Drama-Dreiecks in sich tragen können, wenn man beispielsweise sich selbst gegenüber abwechselnd als Verfolger und Retter auftritt: Es wäre vorstellbar, dass man sich zum Beispiel selbst für irgendeine Handlung in Gedanken tadelt, sich anschließend aber selbst tröstet, um dann doch wieder mit sich unzufrieden zu sein usw. Hier werden immer wieder Strokes zwischen Retter- und Verfolgeranteilen der eigenen Person ausgetauscht.[200]

Gührs und Nowak verwenden die Positionen des Drama-Dreiecks auch dazu, die unterschiedlichen Haltungen (aus Eltern- oder Kind-Ich) zu skizzieren, die man im Verlauf eines Tages einnimmt: Vielleicht übernimmt jemand im Beruf in übertriebener Weise Verantwortung (Retter), schimpft zu Hause über die Unfähigkeit der Kollegen

---

198 siehe Gührs u. Nowak 2002, S. 133.
199 siehe Brown u.a. 2006, S. 59.
200 siehe ebd., S. 51.

(Verfolger), um abends im Bett darüber zu sinnieren, wie er doch von anderen ausgenützt wird (Opfer).[201]

Natürlich ist auch hier wieder sehr genau zu unterscheiden, ob es sich um skriptgebundenes und daher nicht der Realität entsprechendes Denken und Fühlen handelt, oder ob sich für den Betrachter zwar ein Bild des Drama-Dreiecks ergibt, in Wahrheit aber tatsächlich Unrecht geschieht und der geäußerte Ärger berechtigt ist.

Vertrag

Einer der zentralen Schlüsselbegriffe der Transaktionsanalyse ist der Terminus „Vertrag", der allerdings nicht in juristischem Sinn zu verstehen ist, sondern ganz allgemein eine klar definierte Vereinbarung zwischen Menschen im Hinblick auf gemeinsames Tun oder gemeinsame Ziele meint.

Ursprünglich hatte dieser Ausdruck seinen Sitz lediglich im Rahmen von Psychotherapie und Beratung. Wie bereits ausgeführt, basiert die transaktionsanalytische Therapie auf der Überzeugung, dass sowohl Klienten als auch Therapeuten gemeinsam Verantwortung für den Therapieprozess übernehmen und von Beginn an Ziel und Inhalt der Arbeit definiert sein müssen.

Steiner nennt vier Voraussetzungen für „gesunde" Verträge: beiderseitiges Einverständnis, angemessene Vergütung, entsprechende Kompetenz der Beteiligten und Definition persönlicher Ziele des Klienten, die nicht gesetzlichen oder ethischen Prinzipien widersprechen.[202] Dieses ergebnisorientierte Arbeiten hat auch die Funktion, Ressourcen zu mobilisieren und die Energie des Klienten auf ein bestimmtes Ziel hin auszurichten.

Im weiteren Sinn findet der Ausdruck „Vertrag" in jeder Situation des Alltags- und Berufslebens Anwendung, in der klar festgelegte Vereinbarungen das Kooperieren von Menschen bestimmen, sei es bei professioneller Gesprächsführung, der Lösung von Problemen, beim Leiten von Gruppen, der Arbeit im Team oder auch in freundschaftlich gestalteten Zusammenhängen des Alltags. Der Sinn liegt nicht in der reinen Freude am Definieren, sondern im Praktizieren einer offenen, bewussten, gleichberechtigten und realitätsbezogenen Kommunikation, die vom Erwachsenen-Ich gesteuert wird. Auf diese Weise können Unklarheiten, Missverständnisse oder diffuse Vorstellungen, die Verwirrung stiften, vermieden werden. Damit unterscheiden sich Verträge von verdeckten Absichten oder unausgesprochenen Regeln, die man auch als „heimliche Verträge"[203] bezeichnet.

Verträge müssen nicht unbedingt zur Voraussetzung haben, dass zwei gleichgestellte Partner agieren. Auch ein Vorgesetzter kann mit seinem Mitarbeiter einen Vertrag schließen, wenn tatsächlich beide gemeinsam das professionelle Vorgehen festlegen. Nicht zu verwechseln ist der kooperativ definierte Vertrag mit einer (dienstlichen) Anordnung.

Verträge beruhen auf der Freiwilligkeit der Mitwirkenden und helfen auch in nicht-therapeutischen Kontakten, Manipulationen vorzubeugen, Energien freizusetzen

---

201 siehe Gührs u. Nowak 2002, S.134.
202 siehe Stewart u. Joines 2000, S. 372.
203 Gührs u. Nowak 2002, S. 47.

und den roten Faden des Handelns im Blick zu behalten. In Alltagssituationen bedeutet die Frage „Was ist unser Vertrag miteinander?": Was will ich? Was will der andere? Und was erwarten wir voneinander?[204] Klar verbalisierte Verträge haben den Vorteil, unrealistische Phantasien aufzudecken und Unterschwelliges deutlich zu machen und anzusprechen. Sollten sich Gegebenheiten ändern, müssen Verträge unter Umständen neu formuliert werden.

Neben Verträgen zur Gestaltung therapeutischer Arbeit und der beruflichen oder persönlichen Kooperation ist in der TA auch die Rede von Verträgen, die man mit sich selbst schließen kann. Relevant ist dies, wenn man eine bestimmte Eigenschaft oder Verhaltensweise ändern und dabei ebenso strukturiert und zielorientiert vorgehen will. Dabei ist es wichtig, auch von sich selbst nichts Unmögliches zu erwarten, Ziele konkret und positiv zu formulieren sowie angemessene Zeiträume für erwünschte Veränderungen einzuplanen. Eventuell können auch vertraute Personen als Feedback-Partner und Begleiter unterstützend wirken.[205]

Somit entspricht auch der transaktionsanalytisch verstandene Vertrag der Grundlinie der beschriebenen TA-Modelle. Eine der wesentlichen Funktionen transaktionsanalytischer Konzepte besteht ja im Gewinnen von Klarheit und Bewusstheit über innerpsychische Vorgänge und Kommunikationsprozesse zwischen Menschen, sodass diese nicht nur erkennbar, sondern auch veränderbar werden.

1.2   Aaron Antonovsky (1923-1994) und das Konzept der Salutogenese

1.2.1 Biographische Daten zu Antonovsky

Der Medizinsoziologe Antonovsky wurde 1923 in Brooklyn (USA) geboren, war demnach 13 Jahre jünger als Eric Berne und begann zunächst ein Studium der Geschichte und Wirtschaft an der Yale-University. Nach seinem Dienst in der US-Armee während des Zweiten Weltkrieges entschloss er sich jedoch für das Studium der Soziologie, das er 1955 abschloss. In den folgenden Jahren war er u.a. Leiter des Anti-Diskriminierungs-Ausschusses des Staates New York, ehe er 1960 mit seiner Frau Helen nach Israel emigrierte und in Jerusalem am Institut für Angewandte Sozialforschung tätig war. Bereits in den 60er Jahren befasste er sich mit Stressforschung, psychosozialen Aspekten der Gesundheit und mit einer kritischen Betrachtung des Gesundheitswesens, was für die Entwicklung seiner eigenen Theorien von Bedeutung war. Antonovsky publizierte hauptsächlich in den 1970er und 1980er Jahren, also etwas später als Eric Berne. Eine der bekanntesten Schriften ist der 1979 erschienene Band „Health, Stress and Coping", in dem Antonovsky bereits sein salutogenetisches Modell, eine Theorie zur Entstehung von Gesundheit, darlegte. Einen gewissen Höhepunkt erreichte sein Schaffen 1987 mit der Publikation „Unraveling the Mystery of Health. How People Manage Stress and Stay Well", das erst 1997, drei Jahre nach Antonovskys Tod von Alexa Franke ins Deutsche übersetzt sowie kommentiert wurde

---

204 siehe ebd, S. 45 ff.
205 siehe ebd., S. 50.

und hier den Titel „Salutogenese. Zur Entmystifizierung der Gesundheit" trägt. Ab 1972 wirkte Antonovsky am Aufbau der medizinischen Fakultät der Ben-Gurion-Universität des Negev mit; Ende der 70er und Anfang der 80er Jahre übernahm er Gastprofessuren an der Abteilung für Public Health der Universität Berkeley. 1994 starb Antonovsky in Beer-Sheba, Israel.[206]

1.2.2 Zentrale Aussagen des Salutogenese-Modells

„Im Jahr 1970 geschah etwas, das zu einer absoluten Kehrtwendung in meiner Arbeit als Medizinsoziologe führte", schreibt Antonovsky.[207] In einer Untersuchung über die Adaptation von Frauen an die Menopause (die eher am Rande auch eine Ja-Nein-Frage zum Aufenthalt in einem Konzentrationslager während des Zweiten Weltkrieges enthielt) stellte sich als zufälliges Nebenprodukt der Studie die bemerkenswerte Tatsache heraus, dass immerhin 29% jener Frauen, die in jungen Jahren ein Konzentrationslager überlebt hatten und sich eine neue Existenz aufbauen mussten, in fortgeschrittenerem Alter dennoch psychisch und physisch einen guten Gesundheitszustand aufwiesen. Man solle nicht darauf fokussieren, meint Antonovsky, dass der Prozentsatz der gesunden Frauen der nicht inhaftierten Kontrollgruppe höher war und 51% betrug, sondern auf das erstaunliche Ergebnis von 29%: Frauen, die trotz schrecklicher Erlebnisse und Erfahrungen als gesund gelten konnten.[208] In diesem Sinn empfiehlt Antonovsky eine grundsätzlich neue Art der Analyse und Interpretation von medizinischen Untersuchungen, die größtenteils pathogenetisch orientiert sind und erheben, wie viele Personen aufgrund eines bestimmten ungünstigen Wirkfaktors biologischer, sozialer oder psychologischer Art erkranken. Niemand stelle jedoch die Frage, was es mit den Menschen auf sich haben könnte, die trotz dieser Einflüsse gesund bleiben. Antonovsky plädiert nun für eine radikal neue Blickrichtung: Nicht die Ursachen von Krankheit sollten im Mittelpunkt des Interesses stehen, sondern die Faktoren und Bedingungen, die die Gesundheit fördern und erhalten. Diese Sichtweise bezieht sich nicht nur auf die Interpretation medizinischer Daten, sondern drückt eine grundsätzliche Einstellung – sowohl auf individueller als auch auf sozialer und gesellschaftspolitischer Ebene – zu Gesundheit und Krankheit aus. Mit der bekannt gewordenen Flussmetapher übt Antonovsky Kritik an der Schulmedizin, die sich seiner Meinung nach zwar bemühe, Ertrinkende aus dem Fluss zu retten, dabei aber die Wichtigkeit übersehe, Menschen zu selbständigem und richtigem Schwimmen zu befähigen. Das Leben sei eben mit einem Strom vergleichbar, der immer wieder Gefahren in sich berge.[209] „Wie wird man", fragt Antonovsky, „wo immer man sich in dem Fluss befindet, dessen Natur von historischen, soziokulturellen und physikalischen Umweltbedingungen bestimmt wird, ein guter Schwimmer?"[210] Diese neue Perspektive wurde in der Literatur zu

---

206 Biographische Daten wurden der Darstellung von Alexa Franke – In: Antonovsky 1987/1997, S. 13 – entnommen.
207 Antonovsky 1987/1997, S.14.
208 siehe ebd., S.14.
209 siehe ebd., S. 92.
210 Ebd., S. 92.

Antonovsky teilweise so begeistert aufgenommen, dass immer wieder von einem Paradigmenwechsel die Rede war[211], obwohl Antonovsky selbst die Beziehung zwischen Pathogenese und Salutogenese als komplementär betrachtete.[212]

Die Vorstellung, jemand wäre entweder (eindeutig) gesund oder (völlig) krank, ersetzt Antonovsky durch die Idee des Gesundheits-Krankheits-Kontinuums: jeder Mensch nimmt – nach Antonovsky – wie auf einer gedachten Linie zwischen den Polen „Gesundheit" und „Krankheit" eine jeweils individuelle Position ein, die nicht als statische Größe, sondern eher als ständige Bewegung in die eine oder andere Richtung zu verstehen ist. In diesem Sinn ist niemand gesund oder krank, sondern jeder ist stets mehr oder weniger gesund, beziehungsweise mehr oder weniger krank, was Antonovsky als Teil der menschlichen Verfassung schlechthin betrachtet. In welchem Zustand auch immer sich jemand aktuell befinden mag – entscheidend ist, dass eine Bewegung in die Richtung des positiven Pols vor sich geht. Allerdings ist dieser Punkt der absoluten Gesundheit eine rein theoretische Größe und kann nie vollkommen erreicht werden, da der Mensch eben kein perfektes Wesen ist. Ebenso wäre der absolute Krankheitspol nur ein theoretisch existenter, da ein Mensch – solange er am Leben ist – immer auch gesunde und funktionierende Anteile aufweist.

Schiffer schlägt anstelle dieser linearen Darstellung zwei unabhängige Abbildungen gesunder und kranker Anteile eines Menschen vor, da dadurch die Möglichkeit der Kompensation kranker durch besonders gut ausgebildete gesunde Anteile besser zum Ausdruck komme.[213] Dies scheint auch deshalb günstig, da Menschen, die entweder viele "kranke" Anteile aufweisen, diese aber durch bedeutsame „gesunde" Anteile kompensieren, oder aber in nur geringem Ausmaß "krank" sind, dafür aber auch keine besonderen gesundheitlichen Stärken aufweisen, die gleiche Position auf der Linie des Gesundheits-Krankheits-Kontinuums einnehmen, de facto aber ganz konträre Persönlichkeiten mit unterschiedlichen Entwicklungsmöglichkeiten sein können. Was jedoch durch Antonovskys Idee des Kontinuums besser zum Ausdruck kommt, ist die Gleichzeitigkeit von Gesundheit und Krankheit (in jeweils unterschiedlicher Dosierung), die Überzeugung, dass nicht die Perfektion der Normalfall ist und eine ständige Bewegung in unterschiedliche Richtungen möglich ist und stattfindet, unabhängig von der jeweils individuellen Verfassung.

Nach Antonovsky spielt die Auseinandersetzung mit Stressoren mikrobiologischer bis soziokultureller Art, die im menschlichen Leben omnipräsent sind, bei dieser persönlichen Entwicklung eine wesentliche Rolle. Das objektive Eliminieren sämtlicher ungünstiger Einflüsse sei meist unmöglich und vor allem weniger entscheidend als die positive persönliche Verarbeitung der Stressbelastung.[214]

Antonovsky zitiert Versuche mit Ratten, die aus heutiger Sicht eher historisch anmuten, die aber dennoch die Anfänge seines Denkansatzes illustrieren, da sie zeigen – allerdings erst durch eine salutogenetisch orientierte Interpretation –, dass nicht jene

---

211 Vgl. Blättner 1997
212 siehe Antonovsky 1987/1997, S. 29 ff.
213 siehe Schiffer 2001, S.148.
214 siehe Antonovsky 1987/1997, S. 123 ff.

Ratten die geringste Immunsuppression hatten, die keinem Stressor ausgesetzt waren, sondern jene, die diese Form von Stress aktiv bewältigen konnten.[215]

An die Stelle eines statischen, möglichst immer gleich wenig belasteten Zustandes als Idealvorstellung setzt Antonovsky die Idee des „Gleichgewichts im Ungleichgewicht", der „Homöostase in der Heterostase", also des Balance-Haltens in einer ständig sich wandelnden Umwelt.

Ob es nun gelingt, den zahlreichen Stressoren des täglichen Lebens erfolgreich zu begegnen und dadurch gesund zu bleiben, hängt nach Antonovsky in erster Linie davon ab, ob Menschen in ihrer Kindheit, der Jugend und im frühen Erwachsenenalter die Möglichkeit hatten, ein entsprechendes Kohärenzgefühl auszubilden oder nicht. Der ursprünglich englische Terminus „Sense of Coherence" – abgekürzt SOC – wurde von Antonovsky selbst kreiert, beziehungsweise von dessen Frau Helen vorgeschlagen, wie er selbst bemerkt[216], und wird im Deutschen auch mit "Kohärenzsinn" oder „Kohärenzempfinden" übersetzt, da das englische Wort „sense" mehrdeutig ist.[217] Gemeint ist damit „eine globale Orientierung, die ausdrückt, in welchem Ausmaß man ein durchdringendes, andauerndes und dennoch dynamisches Gefühl des Vertrauens hat, daß 1. die Stimuli, die sich im Verlauf des Lebens aus der inneren und äußeren Umgebung ergeben, strukturiert, vorhersehbar und erklärbar sind; 2. einem die Ressourcen zur Verfügung stehen, um den Anforderungen, die diese Stimuli stellen, zu begegnen; 3. diese Anforderungen Herausforderungen sind, die Anstrengung und Engagement lohnen."[218]

Das auf diese Weise definierte Kohärenzgefühl besteht aus drei verschiedenen Komponenten: der Verstehbarkeit, der Handhabbarkeit und der Bedeutsamkeit.[219] Dies scheint unmittelbar einleuchtend, da Menschen im Allgemeinen das Bedürfnis haben, das, was um sie herum passiert, zu verstehen und zu deuten, es bis zu einem gewissen Grad einordnen und interpretieren zu können. Ebenso überzeugend ist die Annahme, dass es Menschen gut tut, wenn sie das Gefühl haben, den Anforderungen des täglichen Lebens gewachsen zu sein und auch mit unerwarteten Ereignissen positiv umgehen zu können, vor allem, wenn sie Sinn in ihrem Engagement sehen. Antonovsky berichtet von positiven Reaktionen seiner Kollegen, die ihn mit den Worten „Your sense of coherence theory makes sense"[220] bestärkten. Er hält den emotional besetzten Faktor der Bedeutsamkeit für den wichtigsten, denn dieser entscheidet, ob es für einen Menschen in einer bestimmten Situation sinnvoll erscheint, Stimuli als – vielleicht sogar willkommene – Herausforderung zu sehen (oder auch nicht). An zweiter Stelle steht die Verstehbarkeit als kognitive Komponente: Selbst wenn Ereignisse überraschend eintreten sollten, wird man (im positiven Fall bei gut ausgebildetem Kohärenzsinn) im Allgemeinen davon ausgehen, dass diese dennoch irgendwie strukturiert und eingeordnet werden können. Die Komponente Handhabbarkeit meint das Vertrauen

---

215 siehe ebd., S. 23.
216 siehe ebd., S. 20.
217 siehe ebd., S. 12.
218 Ebd. S. 36.
219 siehe ebd., S. 33ff.
220 Ebd., S. 33.

auf äußere oder innere Ressourcen zur konkreten Bewältigung des Alltags und ist ebenfalls wesentlich, da ohne ausreichende Ressourcen die persönlichen Coping-Bemühungen weniger erfolgreich sein werden.

Antonovsky ist der Überzeugung, dass letztlich das Kohärenzgefühl eines Menschen darüber entscheidet, welche Position dieser auf dem Gesundheits-Krankheits-Kontinuum einnimmt, da das SOC auch die Funktion hat, Spannungen zu mildern oder abzubauen, die unter dem Einfluss von Stressoren entstehen und zu Krankheit führen können. Wie gut dies gelingt, hängt u.a. von der individuellen Art des Kohärenzgefühls ab, da es sowohl schwach als auch stark ausgebildete Formen gibt, je nachdem in welcher Weise und Intensität Prägungen stattfanden. Starke SOCs wirken sich nach Antonovsky am günstigsten aus, da sie nicht auf eine bestimmte einseitige Coping-Strategie ausgerichtet sind (wie dies bei rigiden SOCs der Fall ist), sondern eine Vielzahl von Coping-Stilen bedingen und damit größtmögliche Flexibilität und Situationsangemessenheit garantieren.[221] Antonovsky hält das in den ersten zwei bis drei Lebensjahrzehnten entwickelte Kohärenzgefühl für eine dispositionelle Orientierung, die im weiteren Verlauf des Lebens relativ stabil bleibt und – abgesehen von temporärem Ansteigen durch erfreuliche punktuelle Begegnungen beispielsweise[222] – kaum Veränderungen zulässt.[223] Allerdings führt der Intensitätsgrad des SOC – auch wenn dieser selbst sich kaum wandelt – zu unterschiedlichen Entwicklungen im Leben und der Persönlichkeit eines Menschen. Die Wahrscheinlichkeit sei hoch, meint Antonovsky, dass Menschen mit starken SOCs dazu tendieren, günstige Entscheidungen zu treffen, sich angemessen zu verhalten und erfolgreich zu agieren, sodass insgesamt eine spiralenförmige Aufwärtsbewegung möglich wird. Selbst wenn Fehler unterlaufen oder unvorhergesehen unangenehme Ereignisse eintreten, wird der Mensch mit stark ausgeprägtem Kohärenzgefühl fähig sein, das Beste daraus zu machen und vielleicht sogar Nutzen aus schwierigen Situationen ziehen, während Personen, deren SOC nicht in ausreichendem Maß vorhanden ist, durch Krisenmomente zusätzlich geschwächt werden und sich mit der Zeit auf ein niedrigeres Niveau an Energie und Widerstandsfähigkeit zubewegen.[224]

In diesem Zusammenhang wird der Begriff „generalisierte Widerstandsressourcen" eingeführt, um all das zu bezeichnen, was den grundsätzlichen Umgang mit stresshaften Ereignissen jeder Art unterstützt und ermöglicht, von genetischen und konstitutionellen Bedingungen, sozialer Unterstützung, persönlicher Intelligenz, psychischer Verfassung bis zu Einflüssen des familiären und kulturellen Kontextes oder ganz konkreter präventiver gesundheitlicher Maßnahmen. „Generalisierte Widerstandsdefizite" sind nach Antonovsky hingegen die vielfältigen und allgegenwärtigen Stressoren selbst, die das Gleichgewicht des Menschen immer wieder herausfordern und sowohl psychosozialer als auch physischer oder biochemischer Natur sein können.

---

221 siehe ebd., S. 130.
222 siehe ebd., S. 119
223 siehe ebd., S. 91 ff.
224 siehe ebd., S. 114 ff.

Dass Antonovsky sein Konzept des Kohärenzgefühls für extrem wichtig und zentral hält, bedeutet nicht, dass sich das gesamte Modell der Salutogenese auf die Bedeutung allein des SOC reduzieren ließe, was in der Rezeption des Antonovsky-Modells immer wieder der Fall ist. Dies spricht einerseits für die Griffigkeit der SOC-These, zeigt andererseits aber auch, dass das salutogenetische Modell in seiner Ganzheit so komplex ist, dass dieses angesichts der zahlreichen und vielfältigen Einflüsse und Wechselwirkungen, die aufgezeigt werden, kaum zu überblicken, geschweige denn empirisch zu überprüfen ist. Antonovsky stellt sein „Salutogenetic Model of Health" anhand einer graphischen Darstellung erstmals 1979 vor. Diese Skizze wurde dann auch in die Übersetzung von „Unraveling the Mystery of Health" übernommen, aber niemals ins Deutsche übertragen.[225] Diese fast bildhafte Veranschaulichung enthält sämtliche Kategorien und Einflussgrößen, die sich positiv oder negativ auf die Gesundheit auswirken können: Widerstandsressourcen, potentielle endogene und exogene Stressoren, Lebenserfahrungen, Spannungszustände und Schwachstellen des Individuums, Identitäts-und Erziehungsfaktoren, Wertfragen, philosophische oder religiöse Hintergründe, historische und gesellschaftliche Aspekte, und nicht zuletzt den „Sense of Coherence". Zwischen all diesen Aspekten besteht ein kompliziertes Zusammenspiel, sodass das eindimensionale und lineare Ursache-Wirkung-Denken durch vielfältige Wechselwirkungen und auch durch Mehrdeutigkeiten ersetzt wird. So kann beispielsweise eine bestimmte familiäre oder gesellschaftliche Situation die notwendige Grundlage für das Entstehen persönlicher Widerstandsressourcen bilden, gleichzeitig aber auch Stressoren schaffen, die das Individuum angreifen.

Auch wenn das salutogenetische Modell in seiner Gesamtheit in der vorliegenden Arbeit nicht im Detail zur Sprache kommen soll, so scheint dieses dennoch als Hintergrund und Kontext wichtig, in den das Konzept des Kohärenzgefühls eingebettet ist.

Offen bleibt allerdings die Frage, was unter Gesundheit zu verstehen ist. „Alle Versuche, Gesundheit zu definieren", schreibt Franke, „werfen nach Antonovsky unweigerlich die Gefahr auf, eigene Werte bzw. die Werte der Mächtigen, die Werte derer, die die Definitionsmacht innehaben, als gesund auszugeben."[226] Damit werden Fragen thematisiert, die über rein medizinische und psychologische Aspekte weit hinausreichen. Antonovsky betont die Verantwortung der Gesellschaft und der Politik für die Gesundheit der Bevölkerung. Auch wenn primär das Individuum für sein eigenes Wohlergehen und das seines unmittelbaren Umfeldes zu sorgen hat, so liegt es dennoch in den Händen der politischen und gesellschaftlichen Entscheidungsträger, soziale Bedingungen zu schaffen, die es dem Individuum ermöglichen, sein Potential zu entfalten und ein entsprechendes Kohärenzgefühl zu bilden. Der Einzelne muss die Möglichkeit haben, in seinem Umfeld äußere Ressourcen vorzufinden, die der eigenen Gesundheit dienlich sind und die er zur Bewältigung des Alltags nützen kann.

Das Echo auf Antonovskys Modell war enorm. Es folgte eine Flut an Publikationen nicht nur wissenschaftlicher Art, in denen dieses interpretiert und von Anwendungen in der Praxis berichtet wurde. Auffallend ist, dass nur selten das Konzept der

---

225 siehe ebd., S. 200f.
226 In: Antonovsky 1987/1997, S. 188.

Salutogenese in seiner Ganzheit und Komplexität gesehen wurde. Vielmehr diskutierte man immer wieder Teilaspekte, wie die Orientierung an Ressourcen oder die Bedeutung präventiver Maßnahmen, und setzte sie mit dem Modell insgesamt gleich. Mitunter entsteht der Eindruck, dass der Begriff „Salutogenese" einfach als Schlagwort für manche Formen der Gesundheitsvorsorge, die ohnehin praktiziert wurden, nun aufgegriffen und als gut klingendes Etikett eingesetzt wurde, sodass eine fast inflationäre Verwendung des Begriffs die Folge war.

Insgesamt dürften sich jedoch – damals wie heute – Vertreter vieler Disziplinen und Professionen ernsthaft von Antonovskys Denkrichtung angesprochen fühlen. In zahlreichen Veröffentlichungen wird sein Konzept kommentiert und diskutiert. Ein möglicher Grund könnte darin liegen, dass sein Modell so komplex und andererseits so offen ist, dass sich tatsächlich sehr viel und von sehr vielen Blickwinkeln aus etwas dazu sagen lässt. Dass das Modell nicht widerspruchsfrei ist, wie oft kommentiert wurde, war Antonovsky sehr wohl bewusst. Doch seine Intention lag weniger darin, ein perfektes Konzept zu präsentieren, als ungewohnte Denkrichtungen anzuregen, gewagte, neue Ideen zu äußern und Impulse für zukünftige Entwicklungen zu setzen. Aus seinen Schriften spricht der Geist eines Pioniers, der neue Horizonte des Denkens und Handelns erschließen will, der überlegt und publiziert, „um in den Köpfen derjenigen", wie er schreibt, „die die Begeisterung über das Geheimnis der Gesundheit mit mir teilen, Ideen zu entzünden".[227]

Ein weiterer Grund für die Fülle an Reaktionen könnte darin bestehen, dass Antonovsky eine Frage berührt, die – so einfach sie vielleicht klingen mag – nicht nur in Wissenschaft und Medizin Bedeutung hat, sondern wohl jeden Menschen auch persönlich bewegt: Wieso werden manche krank, während andere (selbst unter ähnlichen Bedingungen) gesund bleiben? Vermutlich ist diese Frage für viele Menschen, ob sie nun zu Antonovsky publizieren oder nicht, nur ein Teilaspekt einer umfassenderen und ebenfalls emotional berührenden Thematik, nämlich der menschlichen Leidfrage, die auch in Philosophie und Theologie kaum abschließend beantwortet werden kann. Antonovsky kombiniert zusätzlich diese Themen implizit mit dem verständlichen, aber fast etwas kindhaft anmutenden Wunsch nach Gerechtigkeit im Leben. Er dürfte es als ungeklärt und störend betrachtet haben, dass auch „ungerechte" Menschen (er denkt an die Zeit des Nationalsozialismus) ein starkes Kohärenzgefühl und damit gute Chancen auf Gesundheit gehabt hätten. Antonovsky erweckt nach der Ausformulierung seiner Thesen den Eindruck, selbst etwas unzufrieden mit seinem eigenen Modell zu sein, da dieses gesundheitliche und soziale, nicht aber ausreichend ethische Aspekte abdeckt, und auch in seinem Konzept die Gesundheit des Individuums nicht unbedingt etwas mit dessen Ethik und Moral zu tun hat.

---

227 Antonovsky 1987/1997, S.19.

1.2.3 Empirische Studien zum Kohärenzgefühl

Der Zusammenhang von Kohärenzgefühl und Gesundheit wird von Antonovsky zwar überzeugend, aber zunächst als Hypothese formuliert (1987), auch wenn zahlreiche Studien deren Plausibilität schon früher belegten.[228] Zur empirischen Überprüfung entwirft Antonovsky den „Fragebogen zur Lebensorientierung"[229], der auf der Basis von Tiefeninterviews entwickelt wurde und sich auf verschiedene Aspekte des persönlichen Lebens bezieht[230], wie das Einschätzen schwieriger Situationen, Einstellungen zur täglichen Routine, Gefühle im Alltag, Sinnerlebnisse und Erwartungen an die Zukunft. Mittlerweile wurde dieser Fragebogen in 33 verschiedene Sprachen übersetzt und in 32 Ländern verwendet, wobei er in mindestens 15 Versionen existiert.[231] Im Original enthält er 29, in der hauptsächlich verwendeten Kurzversion 13 Items, die den Komponenten Verstehbarkeit, Handhabbarkeit und Bedeutsamkeit zugeordnet sind.[232] Antonovsky erwartet primär eine empirische Bestätigung des Zusammenhangs von SOC und körperlicher Gesundheit. Sehr vorsichtig dehnt er diese Annahme in späteren Jahren auf das allgemeine Wohlbefinden aus, auch wenn sein Interesse nach wie vor hauptsächlich medizinischen Aspekten der physischen Seite von Gesundheit gilt. „Ich habe damit meine ursprüngliche Position über die Beziehung zwischen SOC und Gesundheit erweitert. Ich habe versucht, dies vorsichtig zu tun. Mein eigenes Interesse gilt nach wie vor diesem Bereich. Sollten andere Forscher von Daten berichten, die Zusammenhänge des SOC mit anderen Aspekten des Wohlbefindens nachweisen, wäre ich natürlich geschmeichelt, aber ich werde von eher mäßigen Ergebnissen nicht enttäuscht sein."[233]

In den folgenden Jahren begann man in verschiedenen Ländern Europas, aber auch in den USA, in Kanada und Israel, die SOC-Hypothese empirisch anhand des Fragebogens zu überprüfen. Es sollen einige Untersuchungen exemplarisch aus der ersten Zeit der Forschung zur Salutogenese zitiert werden, da es aus heutiger Perspektive interessant scheint, welche Fragen man als Reaktion auf Antonovsky stellte und welche Art von Untersuchungen durchgeführt wurden. Der Hauptgrund liegt jedoch darin, dass bereits in dieser Phase Tendenzen erkennbar waren, die sich auch in der neueren Forschung nicht wirklich verändern sollten. Selbst die Ergebnisse dieser Studien unterscheiden sich in ihren wesentlichen Aussagen kaum von aktuellen Resultaten.

Deutlich ist, dass das Hauptaugenmerk der Forschung der Überprüfung der SOC-These galt und dadurch viele andere Faktoren des salutogenetischen Ansatzes vernachlässigt blieben, was jedoch kaum verwunderlich scheint, da die restlichen Aspekte weitaus schwieriger zu fassen sind. Zudem erklärte Antonovsky selbst das Kohärenzgefühl zu der entscheidenden Variable schlechthin und gab primär dafür ein Messinstrument in Form des erwähnten Fragebogens an die Hand.

---

228 siehe ebd., S. 18.
229 siehe ebd. S. 192 ff.
230 siehe ebd., S. 71 ff.
231 siehe Eriksson u. Lindström 2006, S. 378.
232 siehe Antonovsky 1987/1997, S. 192 ff.
233 Ebd., S. 163. Diese Aussage wurde im englischen Original 1987 getroffen.

Meist handelte es sich um quantitative Querschnittsuntersuchungen, die in Antonovskys Sinn den Zusammenhang zwischen Kohärenzgefühl und verschiedenen Maßen körperlicher Gesundheit zum Gegenstand hatten. Qualitative Studien und Längsschnittuntersuchungen waren eher die Ausnahme. Probanden für diese Arbeiten waren entweder zufällig ausgewählte Menschen oder spezielle Personengruppen (wie Rentner, Studenten, Hausfrauen, Angestellte im Sozialwesen, Drogenabhängige u.a.)[234] mit sehr unterschiedlichen punktuellen medizinischen Problemen, sodass eine Verallgemeinerung der Ergebnisse – in welcher Richtung auch immer – schwierig schien. Die Resultate waren zudem vielfältig, teilweise sogar widersprüchlich, sodass sie die Ausgangshypothese nicht in eindeutiger Weise bestätigen konnten. Es zeigte sich beispielsweise, dass Krebskranke und Rheumakranke die selben SOC-Werte wie Gesunde aufwiesen.[235] Andererseits bestand eine eindeutige Korrelation zwischen stark entwickeltem Kohärenzempfinden und dem Gesundheitsstatus bei Menschen im ersten Jahr des Ruhestandes.[236]

Neben diesen eher unklaren Befunden zur somatischen Gesundheit stellte sich jedoch heraus, dass gerade jener Aspekt, den Antonovsky nur sehr zögerlich angedacht hatte, wesentlich eindeutigere Ergebnisse lieferte, nämlich der Zusammenhang zwischen Kohärenzgefühl und psychischer Gesundheit, psychosomatischen Beschwerden sowie dem subjektiven Wohlbefinden.

An dieser Stelle müsste man natürlich kritisch einwenden, dass die gesamte Diktion, die streng zwischen physischer und psychischer Gesundheit unterscheidet, Ausdruck einer westlich orientierten, klassisch schulmedizinischen Betrachtungsweise ist, die letztlich auf dem Leib-Seele-Dualismus beruht, der in anderen medizinischen Systemen, wie zum Beispiel der Traditionellen Chinesischen Medizin, nicht existiert. Im Rahmen der westlichen Psychosomatik-Forschung wird zwar versucht, den Menschen wieder als Einheit von Körper und Geist zu betrachten, doch auch hier geht es im Grunde um das Erkennen des Zusammenwirkens körperlicher und seelischer Anteile, die nach wie vor als getrennte Entitäten gesehen werden. Allerdings entspricht das eindimensionale und lineare Ursache-Wirkung-Denken (ein psychisches Problem erzeugt ein physisches Leiden) nicht mehr dem neuesten Stand der Psychosomatik-Forschung. Dieses lineare Denken wurde weitgehend durch das biopsychosoziale Modell nach Uexküll (1996) beziehungsweise das bio-psycho-öko-soziale Modell[237] abgelöst. Man erkennt vielschichtige und komplizierte Wechselwirkungen verschiedener Faktoren, die nicht nur im Individuum selbst, sondern auch im Zusammenspiel mit der Umwelt wirksam sind, weswegen nun auch die Bezeichnung „psycho-somato-soziale Gesundheit" verwendet wird. Dies scheint in mehrfacher Hinsicht günstiger als das einfache Ursache-Wirkung-Denken, vor allem weil die Ursache einer (psychosomatischen) Krankheit als komplizierte Angelegenheit gesehen und nicht einfach der Psyche des Einzelnen zugeordnet wird, was mitunter das Missverständnis aufkommen

---

234 siehe Franke. In: Antonovsky 1987/1997, S. 175 ff.
235 Langius u.a. 1994
236 Antonovsky u. Sagy 1990
237 siehe Hafen 2007, S. 112.

ließ, die Verantwortung für die Entstehung einer Krankheit liege allein im betroffenen Individuum selbst. Auch wenn psychosomatische Modelle zunehmend mehr Einflussgrößen einbeziehen, so bleiben sie dennoch analytisch und basieren im Grunde nach wie vor auf dem Dualismus von Soma und Psyche. In diesem Zusammenhang wird allerdings von manchen Vertretern der Psychosomatikforschung und -praxis auch die Ansicht vertreten, dass die rein somatische Krankheit bloß ein theoretisches Konstrukt sei und de facto nicht existiere, da psychische Faktoren im Leben des Menschen ständig eine Rolle spielten und man diese daher nicht künstlich eliminieren könne.

In gewissem Sinn könnte man bemerken, dass selbst Antonovsky, der ja als Medizinsoziologe der gesamten Schulmedizin äußerst kritisch gegenübertritt, dennoch das Fokussieren auf die rein körperlichen Aspekte von Gesundheit just von dieser übernimmt.

Die Kategorisierung wissenschaftlicher Studien nach physischen, psychischen oder psychosomatischen Aspekten prägt auch die Arbeiten zum Kohärenzgefühl und wird daher in der folgenden Darstellung beibehalten, da weder die Fragestellungen noch die Ergebnisse der Untersuchungen in anderer Form zitiert und referiert werden können. Doch geschieht dies in dem Bewusstsein, dass diese Diktion nur eine von mehreren Möglichkeiten ist.

Die folgenden Untersuchungen geben – wie erwähnt – einen kurzen Einblick in die Vielfältigkeit der ersten Periode der Forschung zum Kohärenzgefühl[238]:

Sack u.a. (1997) zeigten, dass psychosomatische Patientinnen und Patienten niedrigere SOC-Werte hatten als Gesunde. Williams (1990) wies an Krankenschwestern von Intensivstationen eine hochsignifikante Korrelation zwischen niedrigem SOC und erlebtem Stress nach.

Die Korrelation hoher SOC-Werte mit Maßen seelischer Gesundheit wie Selbstwertgefühl, Optimismus und Kontrollüberzeugung wurden von Antonovsky selbst (1993), Broda u.a. (1996), Franke u.a. (1997) sowie von Sack u.a. (1997) nachgewiesen. Negative Korrelationen ergaben sich zwischen gut ausgeprägtem Kohärenzgefühl und Angst (Carmel und Bernstein 1989, Frenz u.a. 1993, Mc Sherry und Holm 1994, Nyamathi 1991), ebenso zwischen starkem SOC und Depression (Hart u.a. 1991); sehr niedrige SOC-Werte zeigten sich bei Heroinabhängigen (Klaffke 1997).

1994 zeigten Dangoor und Florian an 88 Frauen mit unterschiedlichen chronischen Erkrankungen, dass ein stark ausgeprägtes Kohärenzgefühl den Umgang mit der Krankheit verbessert und damit die Bewältigung des Alltags erleichtert. Im selben Jahr wiesen Gallagher u.a. nach, dass hohe SOC-Werte die persönliche Belastbarkeit in Stresssituationen verbessern und selbstschädigendes Verhalten wie übermäßiges Essen, Trinken oder Rauchen vermindern.

---

238 Da die zentralen Ergebnisse dieser ersten Forschungsperiode bereits in Forschungsberichten und Übersichtsdarstellungen recherchiert und referiert wurden, schien es sinnvoll, Informationen zu Studien der 1990er Jahre zum Teil folgenden Publikationen zu entnehmen: Franke, In: Antonovsky 1987/1997, S. 169 ff.; Bundeszentrale für gesundheitliche Aufklärung (Hg.) 2001, S. 39 ff.; Wydler u.a. (Hg.) 2006

Auch die Zahl der verwendeten positiven Bewältigungsstrategien bei Alleinsein sowie Ärger und Streit mit dem Partner wiesen Franke u.a. 1997 an 766 Frauen in Deutschland nach.

Straus und Höfer untersuchten Jugendliche im Alter von 12 bis 24 Jahren und kamen zu folgendem Ergebnis: Je stärker das Kohärenzgefühl, desto weniger psychosomatische Stresssymptome und psychische Belastungswerte zeigen sich; die geäußerte Lebenszufriedenheit und die berichtete Zufriedenheit mit der eigenen Gesundheit steigen mit der Höhe des SOC; genannte Krankheiten korrelieren nur schwach mit SOC-Werten.[239] Zu ähnlichen Ergebnissen kommen Udris und Rimann[240] in einer Untersuchung an 559 Männern und Frauen verschiedener Alters- und Berufsgruppen: Ein gut ausgeprägtes Kohärenzgefühl korreliert stark mit seelischer Gesundheit, der allgemeinen Leistungsfähigkeit, der Kontaktfähigkeit, dem Selbstwertgefühl und dem psychosozialen Wohlbefinden. Stark negative Korrelationen ergeben sich mit negativen Stimmungen, Tendenzen zur Resignation, körperlichen Schmerzen, Herzbeschwerden und psychovegetativen Beschwerden.

Der Zusammenhang zwischen Kohärenzgefühl und gesellschaftlicher Position wurde in der eben genannten Studie nachgewiesen und deckt sich mit den Ergebnissen von Kaplan (1995), Lundberg u.a. (1994), sowie Lundberg (1997): Das Kohärenzgefühl steigt mit dem Einkommen und dem sozialen Status.

Zwei qualitative Fallstudien, die im Rahmen der SOC-Forschung eher eine Ausnahme bilden, widerlegen Antonovskys These, dass das Kohärenzgefühl nach seiner Entstehung in der Kindheit, der Jugend und im jungen Erwachsenenalter kaum zu verändern ist. Es wird gezeigt, dass psychotherapeutische Interventionen das Kohärenzgefühl beeinflussen können (Schnyder 1998, Fäh 1999). Auch die stationäre Behandlung psychosomatisch Erkrankter beeinflusst das Kohärenzgefühl (Sack u.a. 1997).

In relativ kurzer Zeit wurden nicht nur zahlreiche, sondern auch sehr vielfältige Ergebnisse publiziert, sodass es bald notwendig schien, in eigenen Projekten, Tagungen und Sammelbänden die Publikationen zur Salutogenese-Forschung zu sichten und einen Überblick über den aktuellen Kenntnisstand zu veröffentlichen. Bereits Alexa Franke referierte 1997 in der erweiterten Übersetzung von „Unraveling the Mystery of Health" die bis zu diesem Zeitpunkt durchgeführten empirischen Studien. Bemerkenswert ist, dass sich der von Antonovsky im somatischen Bereich gesetzte Schwerpunkt verschoben haben dürfte. War in früheren Publikationen Antonovskys fast ausschließlich von körperlicher Gesundheit die Rede, so spricht Franke nun auch unabhängig von empirischen Daten wie selbstverständlich von „physischer und psychischer Gesundheit".[241]

Im deutschen Sprachraum gelten zwei Bände als Standardwerke für Interessierte: Der Bericht eines Forschungsprojekts der deutschen „Bundeszentrale für gesundheitliche Aufklärung" mit dem Titel „Was erhält Menschen gesund? Antonovskys Modell

---

239 Straus u. Höfer. In: Wydler u.a. (Hg.) 2006, S. 115ff.
240 Udris u. Rimann. In: Ebd., S. 129ff.
241 Franke, In: Antonovsky 1987/1997, S. 118.

der Salutogenese – Diskussionsstand und Stellenwert"[242], sowie der in der Schweiz verfasste Band „Salutogenese und Kohärenzgefühl. Grundlagen, Empirie und Praxis eines gesundheitswissenschaftlichen Konzepts".[243] Die Publikationen enthalten neben den aus deutsch- bzw. englischsprachigen empirischen Studien gezogenen Resümees auch Beiträge, die sich mit der praktischen Umsetzung oder der theoretischen Weiterentwicklung des Salutogenese-Modells befassen, was aber auf die von Antonovsky vertretene SOC-These und deren Bedeutung für die vorliegende Arbeit keinen wesentlichen Einfluss hat.

Im englischen Sprachraum bieten Eriksson und Lindström, die am „Folkhälsan Research Centre" in Helsinki tätig sind, wiederholt in Form wissenschaftlicher Artikel einen Überblick über den aktuellen Stand der SOC-Forschung. Diese „systematic reviews" befassen sich 2006 mit dem Zusammenhang von Kohärenzgefühl und Gesundheit[244], 2007 mit dem Zusammenhang von Kohärenzgefühl und Lebensqualität.[245] Diesen in wissenschaftlichen Fachzeitschriften veröffentlichten Artikeln kommt deshalb ein bedeutender Stellenwert zu, da hier in Form von Meta-Analysen über 500 Publikationen aus den Jahren 1992-2003 analysiert und gewonnene Erkenntnisse synthetisiert werden, sodass eine fundierte Darstellung der empirischen Forschung dieses Zeitraums gewährleistet ist. Studien in deutscher Sprache werden zwar ausgeschlossen; die Ergebnisse der hier zur Debatte stehenden Untersuchungen in englischer, dänischer, schwedischer, finnischer und norwegischer Sprache (und verlässliche Übersetzungen) decken sich aber weitgehend mit den in anderen Ländern erzielten Resultaten.[246]

Eriksson und Lindström[247] fassen ihre Erkenntnisse zur Verbindung von Kohärenzgefühl und Gesundheit in folgender Weise zusammen: Wenn auch der Begriff des SOC nicht einfach mit „Gesundheit" gleichzusetzen ist und diese auch nur zum Teil erklärt, so machen die empirischen Befunde dennoch evident, dass ein starker Zusammenhang zwischen Kohärenzgefühl und Gesundheit besteht, vor allem der selbst eingeschätzten und der psychischen Gesundheit, unabhängig von Alter, Geschlecht, Nationalität oder ethnischer Zugehörigkeit. Eriksson und Lindström betonen zwar den vorherrschenden Einfluss des SOC auf die seelische Gesundheit und das Wohlbefinden, sprechen aber an anderer Stelle von einer Wirkung auch auf die körperliche Gesundheit.[248] Der „Sense of Coherence" kann als wesentlicher Faktor in der Entwicklung und Aufrechterhaltung der Gesundheit gelten, ebenso als gesundheitsfördernde Ressource, da er durch seine moderierende und mediierende Funktion die Resilienz und Widerstandsfähigkeit des Menschen gegenüber schädlichen Einflüssen von Stressoren stärkt.

---

242 Bundeszentrale für gesundheitliche Aufklärung (Hg.), 2001.
243 Wydler u.a. 2006.
244 Eriksson u. Lindström 2006
245 Eriksson u. Lindström 2007
246 Vgl. Wydler u.a. (Hg.) 2006; Bundeszentrale für gesundheitliche Aufklärung (Hg.) 2001.
247 siehe Eriksson u. Lindström 2006
248 siehe ebd., S. 378.

2007 studierten Eriksson und Lindström ebenfalls über 500 Untersuchungen im Hinblick auf die Beziehung zwischen SOC und Lebensqualität. Dabei stießen sie auf das Problem, dass keine allgemeingültige Definition des Begriffs „Lebensqualität" existiert und sich bei näherer Betrachtung herausstellt, dass je nach wissenschaftlicher Perspektive sehr unterschiedliche Dimensionen des menschlichen Lebens assoziiert werden. Aus der Sicht der Philosophie bedeutet Lebensqualität (nach Eriksson und Lindström) „gutes Leben", aus der Sicht der Sozialwissenschaften Wohlfahrt und Wohlbefinden; für Wirtschaftswissenschaftler ist es der ökonomische Standard, für die Medizin besteht eine Verbindung zwischen Lebensqualität und Normalität.

Lebensqualität wurde in den analysierten Studien beschrieben als persönliches Wohlbefinden oder persönliche Zufriedenheit mit dem Leben, als physisches Wohlbefinden, das in Verbindung mit sozialen Aktivitäten, persönlichen Beziehungen, persönlicher Entwicklung und Erfüllung steht und nicht zuletzt als Aspekt physischer und geistiger Gesundheit. Als Teilaspekt von Lebensqualität wurde die „Health Related Quality of Life" (HRQoL) untersucht, die in Studien zum Kohärenzgefühl oft mit Lebensqualität schlechthin gleichgesetzt wird. Die Autoren verbinden ihre Ausführungen mit der WHO-Definition der gesundheitsbezogenen Lebensqualität, die nicht nur mentale und körperliche Gesundheit umfasst, sondern auch andere Kategorien miteinschließt: Coping-Strategien, Resilienz, Zufriedenheit und Autonomie. Diese Aussagen basieren auf der WHO-Definition für Gesundheit: „Gesundheit ist ein Zustand vollständigen physischen, geistigen und sozialen Wohlbefindens und nicht die bloße Abwesenheit von Krankheit oder Gebrechlichkeit. Der Genuss des höchsten erreichbaren Niveaus von Gesundheit ist eines der fundamentalen Rechte jedes Menschen ohne Unterschied von Rasse, Religion, politischer Überzeugung, ökonomischer und sozialer Stellung."

Folgende Daten kristallisierten sich im Rahmen der zitierten Meta-Analyse von Eriksson und Lindström heraus:

Das Kohärenzgefühl hat tatsächlich einen deutlichen Einfluss auf die Lebensqualität im Sinn der WHO-Definition: Je stärker der „Sense of Coherence", desto besser die Lebensqualität. Längsschnittstudien bestätigen die Vorhersagbarkeit einer guten Lebensqualität bei starkem SOC. Das Salutogenese-Konzept beeinflusst nicht nur die Lebensqualität, es stellt auch eine Gesundheitsressource dar.

In den Jahren 2004 bis 2010 änderten sich die Tendenzen und Ergebnisse der empirischen Forschung zum Kohärenzgefühl nicht wesentlich. Neu waren lediglich einige Themen, die erstmalig oder vermehrt in Zusammenhang mit dem „Sense of Coherence" aufgegriffen wurden: Zahngesundheit, Schizophrenie, Mobbing, Autismus, sexueller Missbrauch, Aids und Spiritualität. Viele Themen früherer Studien, wie das Gesundheitsverhalten, die selbsteingeschätzte Gesundheit, Wohlbefinden und Lebensqualität, Angst, Depression, chronische Erkrankungen, Stress und Coping-Strategien bleiben weiterhin aktuell.

1.2.4 Einige Gedanken zu Antonovskys Konzept

Zusammenfassend lässt sich feststellen, dass Antonovskys Wunsch, das „Geheimnis der Gesundheit" zu lüften, nicht vollständig gelungen ist. Sein Konzept verliert deshalb in der Fachwelt nicht an Beachtung oder Bedeutung, was sich in der nach wie vor auffallenden Menge an Veröffentlichungen äußert. Hafen befasste sich 2007 in einer theoretischen Arbeit mit der „Integration von Salutogenese und Pathogenese".[249] Lautete der englische Originaltitel von Antonovskys Hauptwerk 1987 „Unraveling the Mystery of Health" und der Untertitel dessen deutscher Übersetzung 1997 „Zur Entmystifizierung der Gesundheit", so klingt Hafens Titel 2007 etwas weniger euphorisch und lautet nun wieder „Mythologie der Gesundheit". Der Stein der Weisen zur völligen Kontrolle von Gesundheit und Krankheit wurde nicht entdeckt. Hier stößt der Mensch eben an die Grenze der Machbarkeit und seiner Möglichkeiten. Weder liegt es in seiner Macht, Krankheit in jedem Fall auszuschließen, noch Gesundheit zu erzwingen. Manche Publikationstitel, vor allem im Bereich der populärwissenschaftlichen Ratgeber-Literatur sind daher als irreführend anzusehen: „Gesundheit selber machen"[250] beispielsweise entspricht eher einem Wunschdenken als den realen Gegebenheiten.

Andererseits ist der Mensch sehr wohl imstande, bis zu einem gewissen Grad Einfluss auf sein Wohlbefinden und seinen Gesundheitszustand zu nehmen: durch Einstellungen, Entscheidungen, seine Gefühle, seine Denk- und Verhaltensweisen und natürlich durch angemessene medizinische Maßnahmen. In diesen Bereich des Veränderbaren fällt Antonovskys Konzept des Kohärenzgefühls. Zahlreiche empirische Befunde weisen darauf hin, dass speziell für den mentalen Aspekt der Gesundheit (der auch den richtigen Umgang mit einer Krankheit einschließt), für das Wohlbefinden, die emotionale Lebensqualität und die selbsteingeschätzte Gesundheit der „Sense of Coherence" tatsächlich eine wichtige Einflussgröße ist. Ebenso wirksam ist das Kohärenzgefühl bei der Auswahl geeigneter Coping-Strategien, um den Alltag zu bewältigen und den Stressoren nicht hilflos ausgeliefert zu sein. Es verbessert zudem die Chance, sich für gesundheitsfördernde Lebensweisen zu entscheiden, und korreliert mit verschiedenen Dimensionen psychischer Gesundheit.

Wenn auch nicht eindeutig feststeht, dass ein starkes Kohärenzgefühl in jedem Fall auch die körperliche Gesundheit herbeiführt, so zeigen doch einige Untersuchungen einen klaren Zusammenhang mit physiologischen Vorgängen, vor allem bei verschiedenen Ausprägungen von Stresssymptomen. Eine in dieser Hinsicht auffallende Studie soll an dieser Stelle gesondert hervorgehoben werden: 1999 wiesen Lutgendorf u.a. nach, dass die Stärke des Kohärenzgefühls die Aktivität natürlicher Killerzellen des menschlichen Organismus positiv beeinflusst, also jener Zellen des Körpers, die krankhaft veränderte Zellen (sei es aufgrund einer Infektion oder einer Krebserkrankung) erkennen und zerstören. Dadurch verbessert sich die Funktion des Immunsystems, was sich in der Folge bei Viruserkrankungen und auch bei Tumoren auswirken

---

249 Hafen 2007.
250 zitiert aus: Bundeszentrale für gesundheitliche Aufklärung (Hg.) 2001

soll: „Sense of Coherence Moderates the Relationship Between Life Stress and Natural Killer Cell Activity in Healthy Older Adults" lautet der Titel dieser Studie.

Neben der Beachtung dieser „hard facts" lässt sich natürlich die Frage stellen, was für den Menschen – abgesehen von lebensbedrohlichen Zuständen – wohl entscheidender sei, die selbst eingeschätzte und subjektiv empfundene Gesundheit oder die objektiv gemessene, die in Form medizinischer Befunde zum Ausdruck kommt. Bekannterweise existieren zahlreiche körperliche Phänomene und Empfindlichkeiten, wie zum Beispiel die Neigung zu Wetterfühligkeit, die sich subjektiv äußerst unangenehm anfühlen kann, in den Augen der Schulmedizin jedoch vermutlich keine Problematik mit Krankheitswert darstellt. Andererseits wäre es auch denkbar, dass man trotz ungünstiger medizinischer Befunde weitgehend beschwerdefrei lebt. Über diese Thematik, die hier bewusst nur angedeutet werden soll, ließe sich zweifelsohne sehr ausführlich diskutieren, wahrscheinlich ohne jemals zu abschließenden Ergebnissen zu gelangen, da Meinungsäußerungen dazu größtenteils im Bereich subjektiver Einschätzungen und Empfindensweisen liegen.

Fest steht, dass Gesundheit, Krankheit und Wohlbefinden Dimensionen sind, die sich einerseits der totalen Kontrolle durch den Menschen entziehen, andererseits aber auch kaum als absolutes Schicksal zu sehen sind, auf das man nicht einwirken könnte. In dieser Spannung bewegt sich die gesamte Diskussion um Antonovskys Konzept der Salutogenese und sämtliche Themen der menschlichen Gesundheit und Krankheit, die er anspricht. Wie empirische Studien belegen, stellt das Konstrukt des Kohärenzgefühls tatsächlich eine Möglichkeit dar, Verantwortung für sich selbst und andere wahrzunehmen und den möglichen Gestaltungsspielraum im Sinn der Gesundheitsförderung zu nützen.

2 Die empirische Untersuchung zur Wirksamkeit von TA-Ausbildungen

2.1 Der Weg zum konkreten Forschungsdesign

2.1.1 Die Entwicklung der Forschungsfrage

Motivation zu der vorliegenden Untersuchung war – wie in der Einleitung bereits erwähnt – das Interesse, die Effekte und Auswirkungen nicht-therapeutischer Ausbildungen in Transaktionsanalyse auf die Befindlichkeit und Lebenssituation der Ausbildungskandidaten zu erforschen. Viele ganz unterschiedliche Aspekte schienen relevant: Welche Erfahrungen machen Menschen, die sich drei Jahre lang einer Ausbildungsgruppe anschließen? Wie wird die Effizienz dieser Kurse eingeschätzt? Wird das erworbene Wissen auch praktisch genutzt? Lassen sich Veränderungen im beruflichen Verhalten beobachten? In welchem Ausmaß kann man auch von einer Entwicklung der Persönlichkeit sprechen? Vor allem aber bewegte folgende Idee: Wirken sich diese Ausbildungen, die ja primär für den beruflichen Bereich konzipiert sind, auch irgendwie auf den ganz persönlichen Alltag und das Privatleben aus? Nehmen die Teilnehmer von TA-Kursen eine Veränderung in ihrem Lebensgefühl wahr? Existiert vielleicht sogar ein Einfluss auf die Lebensqualität und könnte es sein, dass die Transaktionsanalyse – mit aller Vorsicht formuliert und angedacht – auch insgesamt „heilsame" Wirkungen aufweist (wie auch immer man diesen Begriff verstehen und interpretieren möchte)? All diese Themen und Fragen standen zunächst unstrukturiert und unbewertet als Ausdruck für die grundsätzliche Richtung des Forschungsinteresses im Raum. Der Begriff „heilsame Wirkung" war letztendlich ausschlaggebend, Antonovskys Konzept der Salutogenese in Erwägung zu ziehen, um zu sehen, ob dieses für das intendierte Projekt von Bedeutung sein könnte. Was anfänglich nichts weiter als eine spontane Idee war, erwies sich bei näherer Betrachtung jedoch als ausschlaggebend für das Präzisieren des Forschungsinteresses und die Formulierung der Forschungsfrage. Aus diesem Grund sollen einige Gedanken skizziert werden, die sich bei der Auseinandersetzung mit Berne und Antonovsky ergaben.

Transaktionsanalyse und Salutogenese bildeten zunächst einfach den theoretischen Hintergrund des empirischen Forschungsvorhabens und standen als zwei getrennte Systeme unvermittelt nebeneinander. Bei intensiverer Beschäftigung mit diesen entstand jedoch der Eindruck, dass erstaunliche Parallelen und Querverbindungen existieren und es lohnenswert sein könnte, diesen Zusammenhängen nachzugehen. Studien, in denen darüber bereits ausführlich nachgedacht und referiert wurde, konnten nicht gefunden werden. Lediglich in einzelnen Sätzen TA-bezogener Arbeiten wurde eher am Rande auf Antonovsky verwiesen[1].

Grundsätzlich handelt es sich bei der Transaktionsanalyse als psychotherapeutischer Richtung und Kommunikationstheorie einerseits, bei der Salutogenese als medi-

---

1   siehe Beck-Neumann u. Huschens 2007, S. 229.

zinsoziologische Theorie andererseits um zwei sehr unterschiedliche Ansätze. Antonovskys Ziel war es, gesellschaftliche, psychische und politische Faktoren ausfindig zu machen, die der körperlichen Gesundheit des Menschen – um die klassische, westlich orientierte Diktion zu bemühen – förderlich sein könnten, während Bernes Anliegen sich auf die menschliche Psyche konzentrierte. Dass dadurch deutlich divergierende gedankliche Schwerpunkte, Thesen und Publikationen entstanden, ist klar erkennbar und soll an dieser Stelle auch nur der Vollständigkeit halber erwähnt werden. Es konnte auch kein Hinweis darauf gefunden werden, dass Berne und Antonovsky sich persönlich gekannt oder gar zusammengearbeitet hätten. In diesem Sinn scheint es auch nicht angebracht, die von ihnen entwickelten Systeme voreilig zu harmonisieren und Übereinstimmungen zu sehen, wo keine vorhanden sind.

Dennoch zeigen sich – in vollem Bewusstsein der vorhandenen Unterschiede – einige Ähnlichkeiten und Parallelen. Das mag vielleicht daran liegen, dass beide zu ihrer Zeit und in ihrem wissenschaftlichen Umfeld als Pioniere, fast könnte man sagen als „enfants terribles" galten, die der orthodoxen Schulmedizin beziehungsweise der klassischen Psychoanalyse kritisch gegenüberstanden, diese zu reformieren suchten und dadurch ungewohnt neue und teils provozierende Ideen entwarfen. Dass ihre Konzepte sich nicht zu perfekten, in sich vollständig abgerundeten Systemen entwickelten, lag vermutlich einerseits an der enormen Kreativität beider Denker, andererseits aber einfach an dem Umstand, dass beide verstarben, ehe ihre Modelle ausgereift waren. Ob dieses Unfertige, teilweise Unklare nun als Nachteil und Schwäche oder gar als Stärke zu sehen ist, die der Nachwelt sehr viele Ansatzpunkte für verschiedene Arten der Interpretation, für gedankliche Fortführungen, weitere wissenschaftliche Aktivitäten oder sozialpolitische Entscheidungen bietet, sei dahingestellt. Eindeutig ist hingegen, dass beide als überzeugte Humanisten agierten, die jenseits von Ideologien den Wert des Menschen als Basis des Denkens und Agierens betrachteten. Gerade aus diesem Grund scheinen beide Systeme gut kompatibel. Wenn auch die Blickrichtungen nicht die gleichen waren und jeweils andere Probleme fokussiert wurden, so sind beide Werke dennoch von ähnlichem Geist getragen, und man wird schwer Aussagen finden, die einander widersprechen oder nicht vereinbar wären.

Inhaltlich fällt auf, dass beide – Berne und Antonovsky – für eine Abkehr von der ausschließlichen Konzentration auf das Negative plädierten – nämlich die körperliche Krankheit, beziehungsweise die seelische Störung – dafür aber positive Anteile und Ressourcen ansprachen, die in jedem Menschen vorhanden sind, egal in welchem Zustand er sich befindet. In diesem Sinn ist das Menschenbild Eric Bernes – auch wenn ihm Zynismus in seinen Darstellungen vorgeworfen wird – deutlich optimistischer als das Sigmund Freuds. Vor allem aber schätzt Berne die Möglichkeiten des Menschen, sein Leben aktiv und glücklich zu gestalten, deutlich höher ein als Freud, der beispielsweise in den „Studien zur Hysterie" meint, es sei schon viel damit gewonnen, wenn es gelingt, „hysterisches Elend in gemeines Unglück zu verwandeln"[2]. In „Das Unbehagen in der Kultur" findet man folgende Passage, die nicht nur auf Patienten Freuds bezogen ist, sondern allgemeine Bedeutung hat: „Man möchte sagen, die Ab-

---

2   Freud 1896a, GW I, S. 311 f.

sicht, dass der Mensch ‚glücklich‘ sei, ist im Plan der ‚Schöpfung‘ nicht enthalten."[3] Ein halbes Jahrhundert später sieht man im Rahmen neuerer, psychologischer Richtungen, wie etwa der humanistischen Schulen, die Entwicklungschancen des Menschen und seine prinzipielle Fähigkeit, das Leben glücklich und gelungen zu gestalten, deutlich optimistischer. Berne traut es dem Menschen grundsätzlich zu, aus eigener Kraft Entscheidungen zu treffen, die dem Leben eine neue und freudvollere Richtung geben, was teilweise auch Ausdruck des damaligen Zeitgeistes gewesen sein mag, aber dennoch im Widerspruch zur herrschenden psychoanalytischen Meinung stand. Zudem deckt sich Bernes Ansicht mit der Idee des Kontinuums von Antonovsky, der es ebenso für möglich hält, dass Bewegungen in eine positive Richtung stattfinden, an denen der Mensch selbst ursächlich beteiligt sein kann und soll. Damit weitet sich auch der Blickwinkel von der reinen Auseinandersetzung mit der Vergangenheit, der Entstehung der Krankheit oder jener der psychischen Problematik hin zu einer Wahrnehmung, die auch Zukunftsaspekte zulässt, wobei weder Berne noch Antonovsky jemals die Bedeutung des Negativen oder der Vergangenheit leugnete. Gleichzeitig betrachten beide jedoch die Entstehung menschlicher Probleme oder Krankheiten nicht als monokausale und individuelle Angelegenheit, sondern beziehen weitere Faktoren und Wechselwirkungen mit der Umwelt in ihre Überlegungen ein, was für heutige Verhältnisse ein bereits gewohntes Denkmuster darstellt, in den 50er und 60er Jahren des vergangenen Jahrhunderts aber keineswegs allgemein üblich gewesen sein dürfte. Gerade im Bereich der individuellen und sozialen Umwelt erkennt Antonovsky eine Fülle möglicher Stressoren, die es täglich zu bewältigen gilt und die das Gleichgewicht des Menschen gefährden. Seine Grundfrage bezieht sich ja nicht nur auf das Erhalten und Gewinnen von Gesundheit, sondern auch in umfassenderer Weise auf die zu bewahrende oder zu erreichende Stabilität des Individuums angesichts widersprüchlicher und fordernder Einflüsse. War nicht im Grunde die Stabilität von Individuen und die Tragfähigkeit menschlicher Kontakte insofern auch ein Anliegen Bernes, als seine Modelle ja theoretisch zu einer Ausgewogenheit und Situationsangepasstheit von Persönlichkeitsstrukturen und Kommunikationsmustern führen müssten? Die Frage, die sich nun stellte, war folgende: Könnte angesichts der von Antonovsky vielfach zitierten Omnipräsenz von Stressoren nicht eventuell der Transaktionsanalyse eine Rolle als strukturierendes Element zukommen, das der Orientierung dient, zumindest was die eigene Psyche und die zwischenmenschlichen Kontakte im Alltag betrifft? Diese Art von Fragen waren zunächst rein theoretische Überlegungen. Sollten sich die transaktionsanalytischen Modelle tatsächlich in dieser Hinsicht als sinnvoll erweisen – sei es in der Praxis oder im Verlauf dieser Studie – müsste das im Grunde Antonovskys Vorstellung von gelungenem Verkraften des täglichen Lebens entgegenkommen. Zudem ist im Rahmen der Salutogenese von der Nützlichkeit flexibler Verhaltensweisen und eines umfangreichen Repertoires an Coping-Stilen die Rede. Dies wiederum scheint dem Vorhandensein zahlreicher transaktionsanalytischer Modelle zu entsprechen, die es dem Einzelnen erlauben (zumindest was die Theorie anbelangt), jede Situation unter verschiedenen Gesichtspunkten zu betrachten, jeweils unterschiedliche Momente

---

3   Freud 1930a, GW XIV, S. 434.

verstärkt zu betonen und je nach Umstand sich auf die eine oder andere Art zu verhalten.

Die eigentliche Schnittstelle, die sich bei der Gegenüberstellung von Transaktionsanalyse und Salutogenese zeigte, schien jedoch im Konzept des Kohärenzgefühls zu liegen, das Antonovsky gegen Ende seines Schaffens in den Mittelpunkt des Interesses rückte. Was hier zum Bewahren und Erreichen von Gesundheit und Wohlbefinden gefordert wird, könnte einer der grundlegenden Intentionen Eric Bernes entsprechen. Seine Modelle dürften nicht primär der abstrakten Analyse von Problemen und Gegebenheiten dienen, sondern vielmehr der realen Verstehbarkeit, der Bedeutsamkeit, vor allem aber der Handhabbarkeit konkreter Situationen oder Schwierigkeiten und damit zu positivem Gestalten und Erleben beitragen. Könnte nicht die Zuversicht, die sich – verbunden mit einem starken Kohärenzgefühl – einstellen sollte, nicht eventuell auch durch die Beschäftigung mit Transaktionsanalyse gefördert werden? Da sämtliche TA-Modelle – zumindest der Theorie nach – darauf abzielen, Situationen, Begebenheiten sowie inneres Erleben zu analysieren und damit auch den weiteren Verlauf der Dinge besser zu kontrollieren, schien die Idee nicht unplausibel. Auf diese Weise entstand der Entschluss, das Konzept des Kohärenzgefühls in die vorliegende empirische Untersuchung miteinzubeziehen zumal die von Antonovsky beschriebene Zuversicht als „Sense of Coherence" einem wesentlichen Aspekt des ursprünglichen Forschungsinteresses sehr nahe kam, nämlich der Frage nach dem Lebensgefühl und der Lebensqualität von Absolventen der TA-Ausbildung. Somit hatte sich ein spezieller Fokus der Untersuchung herauskristallisiert: die mögliche Veränderung des Kohärenzgefühls durch Transaktionsanalyse.

Sollte sich dieser Gedanke als sinnvoll erweisen, wäre damit nicht nur eine klare Funktion der Kenntnis und Anwendung transaktionsanalytischer Theorie umrissen, sondern auch ein Beitrag zur praktischen Weiterentwicklung salutogenetischer Praxis geleistet, da hier immer wieder betont wird, dass die Beschäftigung mit dem „Sense of Coherence" nur dann Sinn mache, wenn es konkrete Möglichkeiten gäbe, das Kohärenzgefühl zu verbessern. Studien, die Antonovskys Ansicht, die Entwicklung des Kohärenzgefühls wäre im jungen Erwachsenenalter abgeschlossen, widerlegten, waren nicht besonders zahlreich, sodass Schneider es als „drängende Frage" betrachtet, „wie das Kohärenzgefühl zu stärken ist."[4] Nach wie vor blieb aber das Ziel der Untersuchung bestehen, möglichst umfassend die vielfältigen Wirkungen von TA-Ausbildungen zu erfassen.

Nachdem das Forschungsinteresse nun deutlicher umrissen war, bestand der nächste logische Schritt zur Planung der Untersuchung im Erheben des aktuellen Standes der Forschung, um auf bereits bestehenden Kenntnissen aufzubauen, Forschungslücken zu entdecken und daraus die endgültige Forschungsfrage abzuleiten. Es zeigte sich, dass Studien zur Evaluation der angesprochenen Kurse kaum durchgeführt wurden. Wirksamkeitsstudien, die sich im Bereich der Transaktionsanalyse auf psychotherapeutische Ausbildungen bezogen[5], wurden nicht als relevant betrachtet, da nicht-

---

4   Schneider. In: Wydler u.a. (Hg.) 2006, S. 21.
5   z.B. Yu-Szammer 2006.

therapeutische Ausbildungen einem anderen Curriculum folgen, organisatorisch auch völlig unabhängig ablaufen und Ausbildungskandidaten auf dem Weg zum Psychotherapeuten natürlich eine Lehrtherapie zu absolvieren haben, was im Bereich von Pädagogik und Organisation wegfällt.

Eine empirische Studie zur Wirksamkeit nicht-therapeutischer Ausbildungen wurde jedoch 2007 von Beck-Neumann und Huschens unter dem Titel „Wie Transaktionsanalyse wirkt" publiziert. Es handelt sich um eine quantitative Untersuchung aus dem Anwendungsfeld Pädagogik, in der 245 ehemalige oder aktuelle Ausbildungskandidaten im Alter zwischen 26 und 80 Jahren mittels Fragebögen und Bewertungsskalen eine Selbsteinschätzung der Veränderung ihres Kompetenzprofils vornahmen. Die Altersgruppe zwischen 43 und 57 Jahren war am stärksten vertreten.[6] Es wurde eine Erhöhung der Handlungskompetenz bestehend aus Selbstkompetenz, transaktionsanalytischer Fachkompetenz und Sozialkompetenz hypothetisch vermutet. Den Items zur Handlungskompetenz wurden AVEM-Fragen (Fragen nach arbeitsbezogenen Verhaltens- und Erlebensmustern) hinzugefügt. Das Schwergewicht der Studie lag eindeutig im beruflichen Bereich, wenngleich auch einige Punkte zur allgemeinen Lebenszufriedenheit[7] und zu privaten Bezügen enthalten waren. Die Autorinnen konnten zeigen, dass Transaktionsanalyse eine wirksame Hilfe zu Verhaltensänderung und persönlichem Wachstum darstellt[8], zu einer kongruenten Berufspraxis[9] führt und die pädagogische Professionalität sowie den professionellen Umgang mit Gruppen erhöht[10]. Die Klarheit in der Kommunikation, in den Zielvorstellungen und im Rollenverhalten[11] wird ebenso verbessert wie die Konfliktfähigkeit und die Fähigkeit zur Selbstreflexion[12]. Belastungen am Arbeitsplatz werden besser verkraftet, was als Burn-out-Prophylaxe interpretiert wird[13]. Bei mehr als der Hälfte der Befragten hatte sich die berufliche Position oder Tätigkeit verändert[14].

Bezogen auf das geplante Forschungsvorhaben ließ sich Folgendes resümieren: Die zitierte Studie betrifft hauptsächlich Lehrerinnen und Lehrer; primär geht es um erhöhte Fertigkeiten und Fähigkeiten im professionellen Handeln und Agieren; der methodische Ansatz ist quantitativ.

Daraus ergeben sich folgende eher unterbelichtete Bereiche beziehungsweise Forschungslücken: die möglichen Auswirkungen nicht-therapeutischer Kurse auf das Privatleben, das Einbeziehen von TA-Absolventen auch aus dem Wirtschaftsbereich sowie die mögliche Beeinflussung der individuellen gefühlsmäßigen Befindlichkeit und nicht zuletzt des Kohärenzgefühls, das in Zusammenhang mit Transaktionsanalyse weder im Rahmen der erwähnten Studie noch anderer Forschungsprojekte empirisch

---

6   siehe Beck-Neumann u. Huschens 2007, S. 222.
7   siehe ebd., S. 230, 240f.
8   siehe ebd., S. 225.
9   siehe ebd., S. 243.
10   siehe ebd., S. 245ff.
11   siehe ebd., S. 228.
12   siehe ebd., S. 245f.
13   siehe ebd., S. 226.
14   siehe ebd.

untersucht wurde. Thematische Schnittstelle der geplanten und der zitierten Untersuchung ist der Punkt „Selbstkompetenz", was in der erwähnten Studie „für sich selbst sorgen und sich selbst steuern", „realistische Wirksamkeitsüberzeugungen", „mit der eigenen Situation zufrieden sein" u.ä. bedeutet. Der Blick auf die Entwicklung der eigenen Persönlichkeit war bei den erwähnten Autorinnen aber dennoch ein Unterpunkt der „Handlungskompetenz" und stark mit den Konsequenzen für den beruflichen Erfolg verknüpft. Was somit noch ausstand, war die Erhebung der Effekte persönlicher Veränderungen primär auf die emotionale Lebensqualität sowie der Zusammenhang von individueller Entwicklung und privaten Beziehungen, also so gesehen die möglichen Nebeneffekte beruflicher Fortbildung. Beck-Neumann und Huschens hatten ihren eigenen Angaben zufolge gezeigt, „wie Transaktionsanalyse wirkt"[15]; streng genommen wäre der Titel „Was Transaktionsanalyse bewirkt" eher zutreffend gewesen. Noch fehlten nämlich Informationen über den Prozess der Veränderung und der Anwendung von TA-Kenntnissen. „Wie passiert denn eigentlich Veränderung? In welcher Weise vollzieht sich persönliche Entwicklung und die Anwendung theoretischer Kenntnisse?" waren einige der offenen Fragen. Vereinfacht ausgedrückt: Was tun Ausbildungskandidaten mit der TA-Theorie, wenn sie nach Hause kommen beziehungsweise nach dem Wochenendseminar in den beruflichen Alltag zurückkehren?

Somit hatte sich das ursprüngliche Forschungsinteresse – die konkrete Art der Anwendung von TA-Modellen, der Prozess der Veränderung und (wie bereits erwähnt) die mögliche Veränderung der emotionalen Lebensqualität und des „Sense of Coherence" – als sinnvoll erwiesen, da die angesprochenen Themen tatsächlich nicht (oder nicht ausreichend) erforscht waren und ein Mangel an entsprechenden Untersuchungen vorlag. Eine zusätzliche Bestätigung dieser Forschungsfrage ergab sich aus dem Umstand, dass innerhalb der Transaktionsanalyse die wissenschaftliche Beschäftigung mit TA – im Speziellen das Durchführen von Effektivitätskontrollen – gefordert wird, mit dem Hinweis, dass dies in zu geringem Ausmaß der Fall ist.[16]

2.1.2 Die Wahl der Methode

Der nächste logische Schritt bei der Planung der empirischen Studie bezog sich auf die Entscheidung für eine Forschungsmethode. Primär war an eine quantitative Studie gedacht, die einzelne Faktoren der Fragestellung isolieren und mittels Fragebögen bei einer namhaften Anzahl von Personen in Erfahrung bringen sollte.

Dies schien sich unmittelbar anzubieten, da Antonovsky ja für die Ermittlung des Kohärenzgefühls einen speziellen Fragebogen entworfen hatte. Andererseits bestand auch die Möglichkeit einer qualitativen Studie, bei der etwa ein Dutzend Leute in Form von längeren Interviews ihre Sicht der Dinge darstellen könnte. Der Methodenfrage wurde im Planungsstadium reichlich Zeit und Raum gewidmet; Stellungnahmen zum Für und Wider quantitativer beziehungsweise qualitativer Forschung wurden nicht nur in entsprechender Literatur recherchiert[17] – Cropley spricht von „Paradig-

---

15 Ebd., S. 219.
16 siehe Harsch. In: Hagehülsmann 2006, S. 10, S. 12.
17 siehe beispielsweise Cropley 2005, S. 11 ff; Lamnek 2005, S. 6 ff.

menschlachten"[18], Lamnek von Kritikpunkten an der traditionellen quantitativen Sozialforschung[19] –, sondern auch im Bekannten- und Kollegenkreis heftig diskutiert. Es zeigte sich, in welchem Ausmaß auch in den Sozialwissenschaften die Bezeichnung „wissenschaftlich" direkt oder implizit mit dem Begriff „naturwissenschaftlich" gleichgesetzt wird, woraus folgt, dass lediglich „objektiv" messbare Fakten und statistisch belegbare Daten Gewicht hätten. Vermutlich ist diese Auffassung in unserer Kultur so verbreitet, dass man sich ihrem Einfluss kaum entziehen kann. Eine selbstkritische Beobachtung ergab, dass die Vorstellung, „signifikante" Daten zu gewinnen, Fakten zu „beweisen" und „repräsentative" Ergebnisse zu erzielen, ihren Reiz hatte, obwohl das persönliche Interesse eindeutig anders gelagert war und sich vielmehr darauf bezog, einzelne Menschen in der Dynamik ihrer Eigenart zu verstehen, ihre Gedanken und Gefühle kennenzulernen und vor allem ihre persönlichen Erfahrungen mit dem Thema Transaktionsanalyse zu erforschen. All das motivierte weitaus mehr als statistische Daten in Form von Zahlen oder Prozentangaben, die vielleicht einen Einblick in die Häufigkeit gewisser Phänomene geben, aber niemals Einzelpersonen in ihrer Individualität erfassen können.

So wurden nochmals die theoretischen Vor- und Nachteile quantitativer und qualitativer Methoden in Erinnerung gerufen[20] und in Bezug zum Forschungsgegenstand gesetzt, wobei vor allem das Spezifische einer Fragebogen-Studie den Besonderheiten qualitativer Interviews gegenüberzustellen war.

Konzentriert man sich auf eine kompakte Darstellung der Grundprinzipien und des Prototypischen der beiden Forschungsmethoden, lassen sich diese etwa folgendermaßen charakterisieren:

Quantitative Methoden beruhen erkenntnistheoretisch auf einer positivistischen Haltung – es geht um Gegebenheiten, die fest umrissen sind und sich exakt im Sinn der Naturwissenschaften messen lassen. Die Ergebnisse der Datenerhebung lassen sich statistisch auswerten und führen zu einem meist numerisch ausgedrückten Resultat, wie etwa der prozentmäßigen Verbreitung einer bestimmten Meinung in einer definierten Bevölkerungsgruppe. Zwischen einzelnen untersuchten Faktoren werden Zusammenhänge – ebenfalls mathematischer Art – als Kausalitäten oder Korrelationen dargestellt (wie etwa Korrelationen zwischen Meinungen und dem Bildungsstand oder dem Geschlecht der Befragten). Am Beginn der Untersuchung steht eine Hypothese, die es zu beweisen oder zu widerlegen gilt. Die Denkform ist deduktiv. Ausgangspunkt ist eine bereits bestehende allgemeine Struktur oder umfassende Theorie als Basis der Hypothesenbildung; spezielle Teilaspekte eines zu untersuchenden Phänomens werden herausgegriffen und im Hinblick auf deren Häufigkeit oder Ausprägungsgrad bei einer hohen Anzahl von Personen untersucht; andere Einzelheiten werden methodisch außer Acht gelassen. So gesehen sind quantitative Methoden in gewisser Weise reduktionistisch, da es nur um bestimmte vorgegebene Details einer Sache geht, nicht aber um das Erfassen eines gesamten Phänomens, was bedeutet, dass nur jene Fakto-

---

18 Cropley 2005, S. 18.
19 siehe Lamnek 2005, S. 6 ff.
20 Vgl. Cropley 2005, S. 11 ff.

ren erforscht werden, die man vorab im Forschungsdesign definiert hatte und kaum Möglichkeiten bestehen, Dinge zu entdecken, an die man nicht bereits bei der Hypothesenbildung gedacht hatte. Das heisst, dass quantitative Daten einen Gegenstand weder in seiner Ganzheit noch in seiner Tiefe erfassen, dafür aber mit Genauigkeit punktuelle Informationen zu bestimmten Faktoren und deren Verteilungs- oder Ausprägungsgrad bei einer großen Personenanzahl (meist mehreren hundert Probanden pro Studie) liefern. Fast könnte man sagen, quantitative Studien hätten mehr „Breiten-" als Tiefenwirkung; als Form der nomothetischen[21] Forschung ist ihr Ziel das Erkennen oder Ableiten von Gesetzmäßigkeiten, die sich dann auf Individuen anwenden lassen, was angesichts der Vielfalt und Vielschichtigkeit sozialer und psychischer Phänomene nur durch Reduzieren der Forschungsfrage auf Details (oder auf Gegebenheiten, die sich eher an der Oberfläche der Dinge bewegen) möglich ist.

Im Gegensatz dazu sind qualitative Studien idiographisch[22]: anstelle statistischer, numerischer Daten bieten sie umfassende Bilder, Analysen und Beschreibungen eines Forschungsgegenstandes, der als komplexes Ganzes in seiner Tiefe und Differenziertheit zu erfassen ist. Im Bereich qualitativer (psychologischer und sozialwissenschaftlicher) Studien geht es nicht nur um pure „Fakten" im naturwissenschaftlichen Sinn, sondern auch um individuelles Erleben und Empfinden, vor allem um Sinn und Bedeutung, die Menschen ihren Erfahrungen zuschreiben, um das Erkennen von Mustern, die sich im Erleben, Deuten und Empfinden wiederholen, und um Facetten, die nur zu Tage treten, wenn man individuelle Lebenserfahrungen als solche ernst nimmt und ihren besonderen Charakter erforschen will. Gleichzeitig geht es aber auch um Erfahrungen, die in gewissem Sinn und mit Einschränkungen auch auf andere Menschen übertragbar sind – um das Allgemeine, das im Besonderen, Individuellen erkennbar wird. Der Zugang ist phänomenologisch; Ausgangspunkt ist das Konkrete, das sich zeigt, das real Existierende in seiner Einzigartigkeit. Man lässt sich auf ein Phänomen als solches, als Ganzheit ein, sucht es zu erfassen, zu analysieren, deutend zu beschreiben und in seiner Komplexität zu verstehen. Deshalb ist qualitative Forschung auch eng verknüpft mit Hermeneutik, der Lehre des Deutens, Verstehens und Interpretierens[23], deren Ursprünge in der griechischen Antike liegen; auch im Mittelalter bezog sich die Hermeneutik auf die Exegese von Texten, während sie sich in der Neuzeit zu einer Lehre der sachgerechten Interpretation, einer Philosophie des Verstehens, und einem wissenschaftstheoretischen Bereich entwickelte, der in den Geistes- und Sozialwissenschaften von Relevanz ist[24]. Gleichzeitig folgt qualitative Forschung logischen, systematischen Regeln, die in jeder Phase des Forschungsprozesses anzuwenden und zu befolgen sind. Validität und Reliabilität als Gütekriterien wissenschaftlichen Arbeitens sind ebenfalls zentrale Themen[25], werden aber in Entsprechung zur qualitativen Vorgehensweise differenzierter gesehen und etwas anders interpretiert.

---

21 von gr. νόμος (nomos; das Gesetz) und θέσις (thesis; das Setzen, Stellen)
22 von gr. ἴδιος (idios; eigen) und γράφειν (graphein; beschreiben)
23 von gr. ἑρμηνεύειν (hermeneuein; ausdrücken, interpretieren, übersetzen)
24 vgl. Kurt 2004
25 siehe Lamnek 2005, S. 138 ff.

Cropley bezieht sich auf den Validitätsbegriff von Kvale[26] und definiert folgende Merkmale einer reliablen und validen Untersuchung: die innere Konsistenz einer Studie, das heißt ihre interne Logik und Kohärenz sowie die praktische Nützlichkeit und Anwendbarkeit der Ergebnisse. Nach Cropley kann eine Studie dann im Sinn von Validität und Reliabilität als aussagekräftig, gültig und zuverlässig gelten, wenn ihre Argumentation schlüssig, logisch, zusammenhängend und nachvollziehbar ist und sich die Befunde leicht auf das reale Leben übertragen lassen.[27] Als weitere Gütekriterien werden an anderer Stelle „Akkuratheit", Wahrhaftigkeit, Glaubwürdigkeit und Transparenz genannt[28]. Wichtiger als vorgegebene starre Normen zu erfüllen, ist es für den qualitativen Forscher, genau und gewissenhaft zu arbeiten, ehrlich im Kontakt mit den Interviewpartnern zu sein, die Daten korrekt auszuwerten und den gesamten Ablauf der Untersuchung transparent zu machen oder zumindest theoretisch dazu in der Lage zu sein.

Wie auch in der quantitativen Forschung unterscheidet man bestimmte Phasen des Forschungsprozesses: das Erstellen eines Designs, die Erhebung von Daten (meist Tonbandaufnahmen von Interviews), die Transkription und damit schriftliche Fixierung dieser Daten, deren Auswertung, Analyse und Interpretation, welche wiederum nach speziellen Gesetzmäßigkeiten ablaufen, und letztendlich die Schlussfolgerungen für Theorie und Praxis. Der Ansatz ist induktiv: vom Individuellen, Besonderen schließt man auf Allgemeines. Am Beginn der Untersuchung steht zwar ein Forschungsinteresse, ein Thema, das man beleuchten möchte, aber keine dezidierte Hypothese. Der vielfach geforderte „tabula rasa"-Ansatz, demzufolge der Forscher völlig frei von Annahmen die Untersuchung beginnt und die Interviews durchführt, scheint eher ein theoretisches Ideal zu sein, da sich jeder Wissenschaftler Gedanken macht und gewisse Vermutungen hat, wenn er eine Studie plant[29]. Wichtig ist hingegen, dass er für weitere Themen und Erkenntnisse offen bleibt und seine Annahmen nicht in den Vordergrund rückt. Da qualitative Forschung ohne Hypothese im streng naturwissenschaftlichen Sinn beginnt, kann ihr Ergebnis folgerichtig auch nicht in einem „Beweis" (wofür auch immer) liegen, da dies nicht zur Debatte steht. Resultat ist das, was sich aus dem Erforschen, Studieren und Analysieren der Realität ergibt. Dieser Ertrag der Forschungstätigkeit soll auch zur Bildung, Erweiterung oder Spezifizierung von Theorien führen, die aus genannten Gründen keine „Beweise" sein sollen, wohl aber Hinweise auf wertvolle Ideen, die neue Perspektiven öffnen, da es sich bei Forschungsarbeiten um Wissens- und Erkenntnisbeiträge handelt, die in dieser Form noch nicht systematisch erfasst wurden. Als Ziel qualitativer Forschung wird häufig das „Generieren von Hypothesen" genannt, was jedoch wiederum ein Ausdruck ist, der aus der quantitativen Forschung stammt und somit qualitative Methoden durch Begriffe des quantitativen Ansatzes definiert.

---

26 siehe Cropley 2005, S. 34 ff.
27 siehe ebd.
28 siehe ebd., S. 119.
29 siehe ebd., S. 115.

Mit den Ergebnissen qualitativer Forschung wird bewusst keine zahlenmäßige Repräsentativität angestrebt; stattdessen ist die Rede von der Repräsentanz qualitativer Aussagen: Sie repräsentieren bestimmte Formen menschlichen Erlebens, Muster von Erfahrungen und Typisches, das sich aus dem Individuellen ablesen lässt.

Im deutschen Sprachraum gilt das über 800 Seiten umfassende Lehrbuch „Qualitative Sozialforschung" von Siegfried Lamnek als Standardwerk für Grundlagen und Methodologie qualitativer Forschung[30], Cropley bietet eine prägnante und praxisnahe Darstellung qualitativer Methoden[31].

Im Grunde kann sich die Entscheidung für den einen oder anderen methodischen Ansatz nicht um die Frage einer prinzipiellen Über- oder Unterlegenheit der Methoden drehen, sondern lediglich um die Perspektive, die man einnehmen möchte sowie um die Art der Forschungsfrage und die Überlegung, welcher Zugang unter diesen Aspekten der geeignetere sei. Im Fall einer quantitativen Studie würde man Teilaspekte der menschlichen Psyche oder des Sozialverhaltens mit den Augen eines Naturwissenschaftlers untersuchen und – nach dem Vorbild von Physik oder Chemie – bestrebt sein, Gesetzmäßigkeiten in der Natur des Menschen oder in seinem „Funktionieren" zu finden. Bei einer qualitativen Studie entscheidet man sich eher für den Blick des Geisteswissenschaftlers, der von konkreten Fällen gelebten Lebens ausgeht, diese nach bestimmten Gesichtspunkten erhebt, auswertet und dokumentiert, um Sinnzusammenhänge zu erschließen, Beobachtungen oder Lebenserfahrungen zu einer bestimmten Thematik deutend zu verstehen, systematisch zu analysieren, um Schlüsse von allgemeinerer Relevanz zu ziehen, wobei es – wie bereits erwähnt – nicht nur um die beobachtbare Wirklichkeit an sich geht, sondern auch um das Erheben interner Bilder, die Menschen von dieser Realität haben. So gesehen sind diese unterschiedlichen Perspektiven, die Lamnek als „partikularistisch versus holistisch"[32] bezeichnet, m.E. nicht anders als komplementär zu betrachten. Beide haben ihre eigene Bedeutung und Relevanz, je nachdem unter welchen Prämissen man einen Forschungsgegenstand betrachten will. Liegt die Stärke der quantitativen Methoden darin, Details zu erforschen und zahlenmäßig zu erfassen, so bietet die qualitative Forschung bessere Möglichkeiten, den gesamten Kontext zu begreifen, in den untersuchte Einzelaspekte eingebettet sind, Wechselwirkungen und Querverbindungen in ihrer Vielfältigkeit und auch Widersprüchlichkeit zu sehen und sich damit der Erkenntnis eines Phänomens als solchem in seiner Ganzheit zu nähern. Schmidt-Lauber spricht von der Dichte und Plastizität qualitativer Daten[33] im Unterschied zu den eher technisch-funktional wirkenden Ergebnissen quantitativer Forschung. Es scheint angebracht, die gegenseitige Ergänzung beider Ansätze und die jeweiligen Stärken mehr zu betonen als konkurrierende Vergleiche. So könnten numerische Resultate quantitativer Forschung einen Anreiz darstellen, das Ganze nochmals in seiner spezifischen Beschaffenheit – eben in seiner „Qualität" – zu untersuchen. Ebenso wäre es denkbar, dass die Ergebnisse qualitativer Forschung als

---

30   Lamnek 2005.
31   Cropley 2005.
32   Lamnek 2005, S. 265.
33   Schmidt-Lauber. In: Göttsch u. Lehmann (Hg.) 2007, S. 169 ff.

Ausgangspunkt für Studien dienen, die sich mit derselben Thematik unter der Perspektive von Messungen und Mengen befassen.

So könnte etwa ein Teilergebnis der zitierten quantitativen Studie zur Transaktionsanalyse, nämlich die Änderung der beruflichen Tätigkeit oder Position bei etwas mehr als der Hälfte der befragten Personen, Anlass zu einer weiteren qualitativen Studie sein, was nicht unmittelbar Fokus der vorliegenden Arbeit ist, aber die unterschiedlichen Schwerpunkte und Resultate der beiden Forschungsrichtungen illustriert. Die statistische Tatsache, dass bei 56,3 % der TA-Absolventen berufliche Änderungen stattfanden[34], war nur durch eine quantitative Studie zu erheben. (Was weiters nicht beachtet wurde, war der Umstand, dass bei der knappen Hälfte der Befragten keine Veränderungen vorlagen und 6,3% der Befragten auch den Arbeitsplatz verloren hatten, was an Antonovskys Kritik an der manchmal einseitigen Interpretation von Untersuchungen erinnert.) Was implizit anklingt, aber keineswegs der Fall sein muss, ist die Annahme, dass der Wechsel in eine höhere Position oder eine neue Form der Tätigkeit von den Betroffenen rein positiv erlebt wird. Hier hätte man mit qualitativen Methoden effiziente Möglichkeiten, Fragen nach der Befindlichkeit zu stellen, nach der Einschätzung, in welchem Zusammenhang dies nun zur Transaktionsanalyse stehe, ob überhaupt eine Wechselwirkung mit TA vorhanden wäre und welche Vor- und Nachteile sich konkret aus der geänderten Situation ergeben hätten. Damit könnte man zwar keine Statistik erstellen, aber das Bild, das entstehen würde und aus dem sich Schlussfolgerungen ableiten ließen, wäre weitaus persönlicher und komplexer. Man könnte sich auch danach erkundigen, ob es noch weitere Faktoren gegeben hätte, die zur beruflichen Veränderung beigetragen hatten, und Einsichten gewinnen, die durch unflexible Vorgaben eines Fragebogens nicht aktuell waren.

Trotz der vielfältigen Möglichkeiten, die qualitative Forschung bietet, wird diese nicht immer in ihrem Eigenwert und in ihrer Eigenständigkeit erkannt und teilweise lediglich als „Vorstufe quantitativer Forschung" beurteilt, was im Vergleich zu einer Sichtweise, die die Methoden als gleichwertig und sich komplementär ergänzend betrachtet, nicht nachvollziehbar scheint. Der Umstand, dass qualitative Methodik im Zuge der Dominanz des technisch-naturwissenschaftlichen Denkens häufig von der quantitativen Perspektive aus bewertet wird, führte wiederum dazu, dass qualitativ arbeitende Wissenschaftler ihren „Gegnern" „Scheinobjektivität"[35] und „Messfetischismus"[36] vorwarfen. In diesem Methodenstreit, der nicht gänzlich abgehandelt sein dürfte, spielt man häufig die Begriffe „Objektivität" und „Subjektivität" gegeneinander aus. Abgesehen von der Meinung, objektive Realität gäbe es de facto nicht, da diese immer schon perzipierte und damit subjektive Realität wäre[37], erweckt die Darstellung quantitativer Methoden mitunter den Eindruck, Objektivität für überlegener zu halten und allein für sich zu beanspruchen, während man Subjektivität als minderwertige Eigenschaft der qualitativen Forschung zuschreibt. Es geht also einerseits um die

34   siehe Beck-Neumann u. Huschens 2007, S. 223.
35   siehe Lamnek 2005, S. 15.
36   siehe ebd., S. 12.
37   siehe ebd., S. 255.

Bewertung der Begriffe an sich, andererseits um deren polarisierte Zuordnung zu den beiden Forschungstendenzen. Beides ist insofern differenzierter zu sehen, als qualitative Forschung keineswegs ausschließlich subjektiv abläuft, sondern sich sogar primär an „objektiv" Gegebenem orientiert und besonders in der Phase der Datenauswertung und -interpretation die Übersetzung des Gesagten in Wissenschaftsterminologie, die Strukturierung der transkribierten Texte in Bedeutungseinheiten und deren Zuordnung zu bereits bestehenden wissenschaftlichen Kategorien und Konzepten in einer Weise abläuft, die logisch, strukturiert, systematisch, verständlich und nachvollziehbar zu sein hat und damit genau die Kriterien erfüllt, die als Gütekriterien sachlichen, wissenschaftlichen Arbeitens gelten. Dass qualitative Forschung durch ihren Charakter des Geisteswissenschaftlichen und Kommunikativen mehr Raum für Subjektivität lässt, wird jedoch als Stärke dieses Ansatzes betont und ist qualitativ arbeitenden Wissenschaftlern sehr wohl bewusst. Zum einen kommen interviewte Personen in ihrer Individualität und damit in ihrer subjektiven Sicht der Dinge mehr zur Geltung als in quantitativen Studien, zum anderen bringen sich Wissenschaftler in der Gestaltung und im Prozess der Interviews mehr mit ihrer Person ein als in quantitativ geprägten Fragebogenuntersuchungen, was zu einer lebensnahen Form der Datenerhebung beiträgt und sich in positiver Weise auch vom Labor-Experiment oder dem puren Ausfüllen von Bewertungsskalen unterscheidet. Sieht man nämlich diese Form der persönlichen Interaktion, des Sich-Einfühlens in die Welt der interviewten Personen bewusst als Chance, die der Forscher nützen soll, die aber auch einen verantwortungsvollen Umgang erfordert, bieten qualitative Methoden Möglichkeiten, zu Daten zu gelangen, die in quantitativen Ansätzen unerforscht geblieben wären. Lamnek spricht von der Elastizität und Flexibilität qualitativer Verfahren[38], da das Instrumentarium an spezielle Themen und Gegebenheiten anpassungsfähig ist. Ausschlaggebend ist natürlich auch die Person des Forschers selbst, der imstande sein muss, zum geeigneten Zeitpunkt Abstand von der eigenen Subjektivität zu halten, indem er sich auf den Bericht des Interviewten konzentriert, auf das, was tatsächlich gesagt wurde, und eigene Vorstellungen oder Annahmen weitgehend ausklammert.

Andererseits stimmt die oben genannte Polarisierung auch deshalb nicht, weil quantitative Methoden, die man gerne ausschließlich mit Objektivität in Verbindung bringt, sehr wohl auch subjektive Anteile aufweisen, die oft unbeachtet bleiben. Schon in der Wahl der Forschungsfrage quantitativer Studien spielt die Subjektivität des Forschenden eine enorme Rolle, da ja bereits die Wahl der Fragestellung die Art des Ergebnisses beeinflusst und wenig bis keinen Spielraum für Weiteres lässt. Auch vorgefertigte Fragebögen, die der Forscher wiederum selbst auswählt oder entwirft, schränken die Antwortenden ein, da nur bestimmte Kategorien zur Debatte stehen, denen sie sich und ihre Antworten zwangsläufig zuordnen müssen. Das heißt, es handelt sich bei den Ergebnissen um die Konzepte des Forschers und nicht die der Probanden, während sich qualitative Forschung bei der Bildung von Strukturen und Kategorien zur Darstellung der Ergebnisse an dem orientiert, was sich aus den Berichten der Befragten ergibt. Zudem sind vorformulierte Antwortmöglichkeiten in Fragebögen oft nicht präzi-

---

38   siehe ebd., S. 26.

se benannt, was zu unklaren, undifferenzierten Ergebnissen der quantitativen Forschung führt. Lamnek nennt als Beispiel dafür die mehrdeutige Rubrik „weiß nicht", die bei Befragungen oft als Alternative zur Verfügung steht. Kreuzt jemand dieses Feld an, wird der Forscher nie erfahren, ob der Betreffende die Frage nicht verstanden hat, die Antwort nicht weiß, schlicht und einfach keine Lust hat zu antworten oder der Proband seine „Unwilligkeit hinter angeblichem und sozial akzeptiertem Nichtwissen verbergen"[39] möchte.

Ein weiterer Aspekt der Subjektivität in quantitativen Studien tritt bei Fragebogenuntersuchungen auf, die auf einer Selbsteinschätzung der befragten Personen beruhen. In der erwähnten Studie zur Transaktionsanalyse beispielsweise stellen die Autorinnen sehr richtig fest, dass es sich hier um ein Evaluationsprojekt handelt, in dem sie die „Selbstbilder der transaktionsanalytisch Gebildeten"[40] – Selbsteinschätzungen[41] und subjektive Bewertungen[42] – erfasst hatten, was den Wert der Studie in keiner Weise mindert. Wichtig ist, dass diese Zusammenhänge bewusst sind und man die Erhebung subjektiver Einschätzungen nicht mit der Präsentation von „Fakten" verwechselt. Dass auch innere Bilder im Sinn der „Self-fulfilling-Prophecy" Reales bewirken können, erwähnen die beiden Autorinnen[43]. Abgesehen davon müssen Selbstbilder natürlich nicht notwendigerweise von Tatsächlichem abweichen. Worum es an dieser Stelle geht, ist die Betonung des subjektiven Charakters quantitativer Studien, die auf Selbstevaluierung basieren, auch wenn dies deklariert wird.

Am deutlichsten kommt der Anteil an Subjektivität quantitativer Methoden – genauer definiert der Subjektivität des Forschers – im Rahmen der Interpretation numerischer Ergebnisse zum Tragen, selbst wenn es sich um Zahlen handelt, an denen nicht zu zweifeln ist. Lamnek bemängelt, dass meist nicht klar ist, nach welchen Regeln und Gesichtspunkten die Interpretation quantitativer Daten erfolgt[44]: „Der Forscher greift bei der Interpretation seiner Beobachtungen […] auf sein alltagsweltliches Vorverständnis zurück, ohne allerdings diesen Rückgriff auf den Common Sense deutlich zu machen."[45] Vermutlich wären meist mehrere Interpretationsweisen möglich. Da es sich eben um die Interpretation numerischer Daten (und nicht um die Darstellung der Daten an sich) handelt, spielen Einstellungen, Erfahrungshintergrund, Fachwissen und Persönlichkeit des Forschers auch in der quantitativen Richtung eine Rolle.

Schwerwiegend ist dies deshalb, weil die Endverbraucher, die Nutzen aus den Ergebnissen für ihren Alltag oder ihre berufliche Tätigkeit ziehen, oft nur die Interpretation der Daten in Form eines Abstracts oder Resümees erfahren und vermutlich wenig Zeit und Möglichkeit haben, die Untersuchung selbst zu studieren. Meist wären auch umfassende Fachkenntnisse in Statistik notwendig, um beurteilen zu können, ob eine

---

39   siehe ebd., S. 7.
40   Beck-Neumann u. Huschens 2007, S. 246.
41   siehe ebd., S. 219.
42   siehe ebd., S. 223.
43   siehe ebd., S. 246.
44   siehe Lamnek 2005, S. 12.
45   Cicourel 1970, zitiert nach Lamnek 2005, S. 12.

Untersuchung korrekt durchgeführt wurde und die Interpretation der Daten schlüssig ist.

Als Beispiel dafür könnte der Bericht einer quantitativen Studie auf der Website des ORF (des Österreichischen Rundfunks und Fernsehens) dienen, der nicht einmal das wörtliche Abstract enthält, sondern dieses nur nacherzählt.[46] In einer amerikanischen Langzeitstudie wurde demnach gezeigt, dass die höchste Rate an Alzheimer oder anderen Demenzerkrankungen bei älteren Personen auftritt, die zuvor einen ebenfalls an Demenz erkrankten Ehepartner gepflegt hatten; von 1221 Paaren betraf dies 255 pflegende Angehörige. Ob es auch eine Kontrollgruppe gab, geht aus dem Bericht nicht eindeutig hervor. Jedenfalls referiert der Website-Artikel größtenteils die schlussfolgernden Vermutungen, die die Forscher aus diesen Zahlen ableiten: „Der chronische und oft starke Stress, der mit der Pflege einhergeht, könnte ein substantielles Risiko für die Entwicklung von Demenz beim Pflegenden sein." Das heißt, die Zahlen wurden im Sinn einer Ursache-Wirkung-Relation interpretiert. Keine Rede ist von Zusammenhängen mit sozialer Unterstützung oder genetischen Faktoren, und man wird nie erfahren, ob diese 255 Personen nicht auch erkrankt wären, ohne einen Ehepartner zu pflegen. Vor allem aber geht es immer nur um lineare Zusammenhänge und nicht um Gesamtbilder, die möglichst alle Lebensumstände und körperlichen Dispositionen der untersuchten Individuen berücksichtigen. Im Sinn Antonovsky wurde auch nicht danach geforscht, was es mit der weitaus größeren Gruppe der Nicht-Erkrankten auf sich hatte. Was aber am meisten auffällt, ist die Tatsache, dass das tatsächlich „objektive" Ergebnis der Studie einfach aus Zahlen besteht, die man im Grunde in unterschiedlichster Weise interpretieren könnte. Der ORF-Bericht tendiert jedoch dazu, Interpretationen als Fakten auszugeben und plakativ auszudrücken: „höheres Risiko bei Männern", „stressig und einfach ungesund" und Ähnliches. Dies ist jene Form der „Information", zu der die meisten Betroffenen, wie pflegende Angehörige, Menschen in helfenden Berufen usw., am leichtesten Zugang haben, während den Forschern selbst bewusst ist, dass weitere Studien zur Ursachenforschung notwendig sind. Doch auch weitere quantitative Ergebnisse könnten vermutlich wiederum nur Mengen darstellen, zwischen denen eine Relation hergestellt wird, ohne definitive Aussagen über Ursachen machen zu können.

Diese kurz skizzierten Gedanken sollen freilich nicht als weiterer Beitrag zur erwähnten Paradigmenschlacht fungieren, sondern lediglich darauf hinweisen, dass die Trennlinie zwischen Subjektivität und Objektivität keine eindeutige ist, deren ausschließlich positive oder negative Bewertung unpassend wirkt und die einseitige Zuordnung zu qualitativen beziehungsweise quantitativen Methoden nicht logisch erscheint.

An dieser Stelle ist ein kurzer Hinweis auf Erkenntnisse der Quantenphysik von Nutzen, die zeigen, dass quantenphysikalische Teilchen manche Eigenschaften nicht von sich aus besitzen, sondern diese erst durch spezielle Interaktionen mit dem Beobachter entwickeln.[47] Somit geriet der Begriff der Objektivität in den Naturwissenschaf-

---

46   siehe: http://news.orf.at/100524-51553/index.html; 25-05-2010, 10.00.
47   Eine Einführung in diese Thematik für Nicht-Physiker bieten die beiden CDs von Zeilinger 2005.

ten ins Wanken, während andere Disziplinen – just unter Berufung auf naturwissenschaftliche Sichtweisen – Objektivität für eine absolute und eindeutige Größe halten.[48] Das folgende, von Niels Bohr stammende Zitat ist in diesem Zusammenhang aufschlussreich: „Es ist falsch zu denken, es wäre Aufgabe der Physik herauszufinden, wie die Natur beschaffen ist. Aufgabe der Physik ist vielmehr herauszufinden, was wir über die Natur sagen können."[49] Bohr betrachtet somit die Rolle der Naturgesetze, die in der Alltagsdiskussion[50] oft für den Inbegriff an Objektivität gehalten werden, in deutlich anderer Weise.

Auf dem Hintergrund dieser Gedankengänge wurde nun nochmals das Essentielle der Forschungsfrage in Verbindung zu den beiden methodischen Grundrichtungen gebracht, da sich letztendlich die Wahl der Methode an dem Gegenstand der Forschung zu orientieren hat (und nicht umgekehrt das erforscht werden soll, was die Methode imstande ist zu bieten). Abgesehen von speziellen Interessen war das Prinzip der Offenheit und Unvoreingenommenheit im Umgang mit der Thematik sehr wichtig; es bestand großes Interesse, zu möglichst umfassenden Einsichten und Erkenntnissen über einen konkreten Veränderungsprozess zu gelangen und ein Stück Lebenserfahrung TA-kundiger Menschen zu verstehen und zu dokumentieren. Aus diesen Gründen war nun klar geworden, dass qualitative Interviews, die ausreichend Spielraum für Individuelles lassen, unverzichtbar sind. Da aber andererseits die Idee einer quantitativen Studie immer noch im Raum stand, wurde eine methodische Konzeption ins Auge gefasst, die alle Forschungswünsche zu erfüllen schien: ein Mixed-Methods-Design[51], bei dem die Kombination einer quantitativen Fragebogenstudie mit qualitativen Elementen insofern möglich ist, als eine kleine Anzahl von Personen, die bei der Auswertung der Fragebögen die jeweils höchsten beziehungsweise niedrigsten Werte hatten (zum Beispiel das größte und kleinste Ausmaß an Veränderung durch TA), zusätzlich in qualitativen Interviews Auskunft geben könnten. Also begann die Suche nach konkreten Fragebögen, die (zusätzlich zu Antonovskys Fragebogen) geeignet wären, das Thema „Lebensqualität, Lebensgefühl" u.ä. zu erforschen. Dabei fand nun das eigentliche Schlüsselerlebnis statt, das zur endgültigen Entscheidung für eine rein qualitativ angelegte Untersuchung führte: Es zeigte sich nämlich, dass für die Thematik, die am meisten interessierte – nämlich die mögliche Veränderung der inneren, emotionalen Befindlichkeit der Menschen, was am ehesten mit „emotionaler Lebensqualität" zu umschreiben, de facto aber nur schwer in Worte zu fassen ist – gar keine Fragebögen existieren, die genau das messen können, was intendiert war. Der „Fragebogen zur Lebenszufriedenheit" schien zwar auf den ersten Blick nicht uninteressant zu sein, enthält aber nur Angaben zu äußeren Faktoren, die in Verbindung zur Lebenszufriedenheit stehen, wie dem Einkommen, der Wohnsituation, der Anzahl der Kinder und Ähnlichem. Wenngleich kaum zu bezweifeln ist, dass eine günstige berufliche Situation, das Vorhandensein einer Familie und angenehme Wohnverhältnisse dem persönlichen

---

48 siehe Rieken 2010, S. 21.
49 Dieses Zitat wurde der zitierten CD von Zeilinger (2005) entnommen.
50 siehe Rieken 2010, S. 21.
51 siehe Gelo u.a. 2008.

Glück wohl nicht grundsätzlich im Wege stehen, so steigt Lebenszufriedenheit nicht automatisch mit der Größe der Wohnung oder den erreichten Stufen der Karriereleiter. Dieser Fragebogen betrifft primär Äußerlichkeiten, die sich gut definieren und messen lassen, nicht aber die innere Zufriedenheit, an die bei der Studie gedacht war. Auch wurde in diesem Fragebogen implizit vorausgesetzt, dass die genannten äußeren Bedingungen tatsächlich zur „Lebenszufriedenheit" führen beziehungsweise Lebenszufriedenheit sich aus den genannten Größen zusammensetzt, was aber nicht der Fall sein muss.

Ein weiterer Fragebogen der WHO zur Lebensqualität (WHOQOL, World Health Organization Quality of Life), der in drei unterschiedlich langen Versionen existiert, wurde aus einem anderen Grund ausgeschlossen: Im Kommentar zum Gütekriterium der Validität war zu lesen, dass der Fragebogen „sehr gut zwischen Personen mit gesundheitlichen Beeinträchtigungen und gesunden Personen sowie zwischen Personen mit physischen und Personen mit psychischen Erkrankungen" diskriminiere. Dies widersprach nun augenscheinlich der gewählten salutogenetischen Perspektive, die genau diese Unterscheidungen ablehnt und durch die Idee des Kontinuums ersetzt.

Was sich hier in der Beurteilung der Eignung von Fragebögen abzeichnete, war gleichzeitig ein nochmaliges Evidenzerlebnis im Hinblick auf die Methodenfrage. Wann immer man sich an der Erforschung von persönlichen Gefühlen, innerem Empfinden und der detaillierten Darstellung von individuell Erlebtem interessiert fühlt und damit offen wird für eine tiefere Sicht der Dinge, die vielschichtige Zusammenhänge entdecken will, ist die quantitative Forschung ungeeignet, da sich hier nur gut Abgrenzbares und Sichtbares messen lässt. Was bei der Planung der Studie beschäftigte, waren jedoch Themen, die sich nicht wirklich quantifizieren lassen und sich daher der Messung durch Fragebögen entziehen.

Vielleicht war dies auch der Grund des diffusen Unbehagens, das selbst angesichts des „Fragebogens zur Lebensorientierung" von Antonovsky empfunden wurde. Obwohl dieser Fragebogen als validiert gilt[52] und auch sehr häufig zum Einsatz kommt, berichten Schmidt-Rathjens u.a. von „zwiespältigen Erfahrungen mit Fragebögen zum Kohärenzsinn sensu Antonovsky"[53]. So sehr das Konzept des Kohärenzgefühls als solches etwas Ansprechendes, unmittelbar Einleuchtendes an sich hat und als Konstrukt auch tatsächlich validiert ist[54], so wenig schlüssig und befriedigend wirken bei genauer Durchsicht des Fragebogens einzelne Items, wie zum Beispiel Frage Nr.1, die lautet: „Wenn Sie mit anderen Leuten sprechen, haben Sie das Gefühl, daß diese Sie nicht verstehen?" In Antonovskys Erklärungen zur SOC-Komponente „Verstehbarkeit" geht es stets um das aktive Verstehen, nicht aber um das Verstanden-Werden. Da die Fähigkeit, andere Menschen zu verstehen, nicht unbedingt dazu führt, auch selbst von diesen verstanden zu werden, wirkt diese Frage zur Messung des SOC einer Person nicht schlüssig. Ähnlich verhält es sich mit Item Nr. 5: „Waren Sie schon überrascht vom Verhalten von Menschen, die Sie gut zu kennen glaubten?" oder Item Nr.

52   Eriksson u. Lindström 2005.
53   Schmidt-Rathjens u.a. 1997.
54   siehe Udris u. Rimann. In: Wydler u.a. (Hg.) 2006, S. 129 ff.

6: „Haben Menschen, auf die Sie gezählt haben, Sie enttäuscht?". Selbst wenn diese Fragen auf der Skala von 1 bis 7 mit dem höchsten Wert beantwortet werden („das kommt immer wieder vor"), lässt dies m.E. nicht unbedingt auf ein schwaches Kohärenzgefühl und eine schlechte Einschätzungsgabe der befragten Person schließen, sondern kann auch mit sprunghaften, tatsächlich nicht absehbaren Veränderungen anderer Personen zu tun haben.

Es mag sein, dass diese Beobachtungen einfach mit Antonovskys lockerer Art, Formales zu handhaben, zusammenhängen. (Die Antonovsky-Übersetzerin Franke meint beispielsweise, der Autor wäre im Umgang mit Literaturzitaten „eher kreativ als pingelig"[55] gewesen.) Es kann aber genauso gut sein, dass bereits Antonovsky vor dem Problem stand, etwas quantifizieren und operationalisieren zu wollen – nämlich den „Sense of Coherence" – für den es im Deutschen nicht einmal eine eindeutige Übersetzung gibt.

Antonovsky selbst hatte zwar den besagten „Fragebogen zur Lebensorientierung" entworfen, aber gleichzeitig deutlich gemacht, dass er diesen lediglich für ein Instrument unter anderen halte und weitere Verfahren zur Erhebung des SOC gut, notwendig und möglich seien. Zum Kohärenzgefühl wurde in der Folge zwar viel geforscht, aber die Entwicklung neuer Messinstrumente blieb weitgehend aus. Dies scheint irgendwie verwunderlich, denn im Grunde würde eine qualitative Interview-Technik zur gesamten Grundidee von Antonovskys Konzept deutlich besser passen als quantitative Ansätze, vor allem aber zur geistigen und menschlichen Grundhaltung, die sein Werk prägt. Antonovsky selbst war ja nicht unbedingt ein Vertreter des klassischen „Mainstreams"; ihm ging es nicht um quantitative Mehrheiten – weder bei der Interpretation medizinischer Daten noch bei der Einstellung zur Entwicklungsfähigkeit von Menschen. Die Idee des Kontinuums sagt ja nichts über bestimmte (allgemein verbindliche und vorgegebene) Ziele aus, die zu erreichen sind, sondern betont die Wichtigkeit des jeweils individuellen Weiterkommens auf der persönlichen Linie des Kontinuums an sich, unabhängig davon, wo man sich auf dieser Linie befindet, und auch unabhängig davon, wo andere sich befinden. Das heißt, es handelt sich hier um eine Sichtweise, die auf die spezifische Entwicklung Einzelner fokussiert und den Wert des jeweils persönlichen Fortschritts erkennt.

Diese Einstellung entspricht auch exakt der Auffassung von Veränderungsprozessen in Zusammenhang mit TA-Ausbildungen, mit der das geplante Projekt begonnen wurde. Die Auffassung, dass diese Ergebnisse lediglich Informationen über einige wenige Menschen liefern würden (wie von Kritikern qualitativer Methoden manchmal eingeworfen wurde), konnte nicht geteilt werden. Dass individuelle Erlebnisse und deren Deutung auch immer Spiegel eines Allgemeineren sind, wurde ja schon ausgeführt. Selbst wenn es sich wider Erwarten um singuläre oder außergewöhnliche Berichte handeln sollte, ließe sich die berechtigte Frage stellen, ob Einzelne, die Relevantes zu sagen haben, nicht mehr Zukunftsweisendes für die Allgemeinheit zum Ausdruck bringen als durchschnittliche Berichte der quantitativen Mehrheit. Abgesehen davon kann man auch prinzipiell nicht davon ausgehen, dass Meinungen deshalb als

---

55   Franke. In: Antonovsky 1997, S. 12.

„richtig" oder bedeutsam zu gelten haben, weil eine große Anzahl an Personen diese Einstellung vertritt. Im Grunde entstand ja auch Eric Bernes Werk in kritischem Pioniergeist, der sich von Orthodoxem abhob und sich nicht ausschließlich an Auffassungen orientierte, die von der Mehrheit der Analytiker seiner Zeit vertreten wurden. Somit entsprach die Wahl der Methode auch dem Geist der zugrunde liegenden Theorien und dem deutlichen Interesse an der Entwicklung einzelner Menschen, die darin zum Ausdruck kommt.

Ein Aspekt soll abschließend nicht unerwähnt bleiben, der zusätzlich zur Entscheidung für qualitative Interviews motivierte: die Frage, mit welcher Methode man wohl am ehesten zu authentischen Daten kommen könnte. Mit anderen Worten: wie schafft man es, Menschen zu ehrlich gemeinten Aussagen zu animieren, sodass die Datenerhebung doch auch etwas zu tun hat mit dem „Ausgraben von Wahrheiten"[56], seien diese nun subjektiv oder faktisch nachprüfbar? An dieser Stelle geht es nicht um eine fundierte Auseinandersetzung mit den Begriffen „Wahrheit" und „Authentizität"[57], sondern lediglich um den Faktor „Ehrlichkeit" und den Wunsch, zu Aussagen zu gelangen, die in diesem Sinn ernst gemeint und daher ernst zu nehmen sind. Natürlich kann man nie vollständig sicher sein, dass interviewte Personen (subjektiv) wahrheitsgemäß berichten. Führt man sich jedoch die Situation von Menschen bildhaft vor Augen, die einerseits anonym lange Fragebögen auszufüllen haben, oder aber ein Gespräch in Form eines persönlichen Interviews führen, so spricht m.E. doch sehr viel für das Interview. Man mag vielleicht einwenden, dass gerade die Anonymität zum ehrlichen Beantworten schriftlicher Fragen führt; man weiß es letztendlich nicht. Vermutlich wird es aber doch vorkommen, dass Leute nicht ungefällig sein wollen, gleichzeitig aber nicht so recht Lust haben, Fragebögen auszufüllen, und in diesem Dilemma einfach beliebig irgendwelche Antworten ankreuzen. Es könnte auch sein, dass die Probanden der Anonymität der Fragebögen nicht so recht trauen und aus diesem Grund die Realität etwas beschönigen. All das sind natürlich reine Spekulationen; man wird wohl nie erfahren, wie authentisch die Antworten sind, auf denen dann die Statistiken beruhen. Verglichen damit kann man freilich auch bei persönlichen Interviews den Echtheitsgrad der Aussagen nicht mit Sicherheit feststellen. Bedenkt man aber die Lage von Personen, die sich zu Interviews bereit erklären, ergibt sich folgendes Bild: Diese Leute nehmen einen beträchtlichen Aufwand an Zeit und Energie auf sich; sie tun dies vermutlich nur, wenn eine entsprechende Motivation vorliegt; sie haben auch wenig persönlichen Nutzen oder Gewinn, sprechen aber dennoch ein bis zwei Stunden lang ihre Erfahrungen und Eindrücke auf Band. So gesehen wirkt es nicht sehr wahrscheinlich, dass jemand diese Anstrengungen freiwillig akzeptiert, um dann im Rahmen des Interviews unbedacht einfach Beliebiges zu berichten oder während des gesamten Interviews bewusst zu täuschen. Auf das Thema „Authentizität" der Interviewpartner wird im Punkt 2.2.3 noch näher eingegangen. An dieser Stelle geht es einfach

---

56 siehe Cropley 2005.

57 Es ist bewusst, dass diese Begriffe keine eindeutigen sind und (vor allem aus konstruktivistischer Sicht) Anlass zu umfassenden Abhandlungen bieten; an dieser Stelle würde es zu weit führen, näher darauf einzugehen.

um die Annahme, dass persönliche Interviews bessere Chancen bieten, zu authentischen Daten zu gelangen als anonyme, schriftliche Befragungen.

Letztendlich bieten qualitative Interviews auch im Hinblick auf den möglichen Nutzen, den Leser aus den gewonnenen Daten ziehen können, gewisse Vorteile. Angenommen jemand interessiert sich für Transaktionsanalyse und benötigt Informationen zur Entscheidungsfindung für oder gegen eine Ausbildung – um nur ein Beispiel zu nennen. Quantitative Daten bieten Aussagen über die Häufigkeit und die Art von Erfolgen (wie etwa folgende Angabe: 63,1% der Absolventen verbesserten ihre Fähigkeit, sich selbst zu steuern)[58]; der Interessent hat darüber hinaus aber keinen Anhaltspunkt abzuschätzen, ob er wohl zu diesen 63,1% zählen wird oder nicht. Vermutlich würden in diesem Fall qualitative Ergebnisse in Form lebensnaher Bilder eher die Möglichkeit bieten, sich selbst einzuordnen und fundiert zu entscheiden.

Diese beiden letztgenannten Gedankengänge bewegen sich eher im Bereich von Vermutungen und plausiblen Annahmen. Das wesentliche Grundprinzip der Methodenwahl hingegen, nämlich die Orientierung an der Thematik der geplanten Studie, schien in jedem Fall ausreichend erfüllt und durchdacht.

2.1.3 Die Definition des Untersuchungsdesigns

Nachdem die Entscheidung für qualitative Interviews gefallen war, bestand der nächste Schritt im Festlegen aller weiteren Details zur Durchführung der Studie. Die endgültige Version des Designs stellte sich wie folgt dar:

Etwa zwölf Personen sollten jeweils ein bis zwei Stunden lang befragt werden; eine eventuelle zweite Nachbefragung wurde ins Auge gefasst; die Datenerhebung sollte in Form einer Tonbandaufnahme festgehalten und anschließend wörtlich transkribiert werden; diese Transkriptionen sollten die Basis nicht nur für die Analyse und Interpretation der Daten bilden[59], sondern auch für theoretische und praktische Schlussfolgerungen. Als Interviewpartner kamen in Österreich lebende Personen in Frage, die im Rahmen des transaktionsanalytischen Ausbildungssystems mindestens eine dreijährige nicht-therapeutische Grundausbildung – sei es im Pädagogik- oder im Wirtschaftsbereich – absolviert hatten.

Die geographische Begrenzung auf Österreich war nicht primär inhaltlich begründet (und somit in keiner Weise Ausdruck eines speziellen Lokalpatriotismus), sondern hatte sich einfach aus pragmatischen Überlegungen ergeben, da es ja um die Analyse von Einzelfällen ging und kein triftiger Grund vorlag, die Untersuchung auf den gesamten deutschsprachigen Raum auszudehnen. Wie sich aber später herausstellte – um schon ein wenig vorzugreifen – hatten einige der interviewten Personen auch Teile der Ausbildung in Deutschland absolviert oder Seminare bei Schweizer Trainern besucht. Insofern handelt es sich nur begrenzt um eine Analyse rein österreichischer Daten, da im Rahmen der Ausbildungen Kooperationen bestehen und die Aussagen der Inter-

---

58   siehe Beck-Neumann u. Huschens 2007, S. 228.
59   zur Interview-Technik siehe Punkt 2.2.2, zur Methode der Datenauswertung Punkt 2.3.

viewten daher implizit auch Einflüsse Bundesdeutscher und Schweizer Transaktionsanalytiker enthalten.

Diese beiden Kriterien bildeten jedoch die einzigen Vorgaben zur Wahl der Interviewpartner; ansonsten sollte die Gruppe der Befragten – wie dies im Rahmen der qualitativen Forschung erwünscht und üblich ist – möglichst heterogen sein[60], um die
Chance auf eine interessante Datenvielfalt zu erhöhen. Zwei Ausschlusskriterien wurden dennoch definiert: erstens das Bestehen einer persönlichen Freundschaft oder näheren Bekanntschaft (in Form beruflicher Zusammenarbeit oder regelmäßiger Kontakte) zwischen Interviewerin und Interviewten zum Zeitpunkt der Befragung; zweitens
ein TA-Wissen, das nur auf dem Besuch einzelner Veranstaltungen oder dem Lesen
von Büchern beruhte, nicht aber auf der besagten standardisierten Ausbildung. All jene
Personen auszuschließen, die bereits vor Beginn der Untersuchung (namentlich) bekannt waren, schien nicht sinnvoll und erwies sich überdies als nicht praktikabel, da
die Anzahl der TA-Gebildeten in Österreich überschaubar ist und man sich häufig,
zumindest dem Namen nach, kennt.

Da die Untersuchung einerseits inhaltlich offen für alles sein sollte, was die Interviewpartner zur Wirksamkeit von TA-Ausbildungen zu berichten hätten, andererseits
einige definierte Aspekte besonders interessierten, bot sich die Form des halbstrukturierten Interviews an: Man stellt zwar einige Fragen, um ein Gespräch in Gang zu
bringen und zu eigenen Erzählungen anzuregen, lässt aber einen Großteil der Zeit die
Interviewten selbst über den thematischen Verlauf des Gesprächs bestimmen ohne diese irgendwie einzuschränken, was den Vorteil hat, dass Inhalte zur Sprache kommen,
die ausschließlich von den Gesprächspartnern stammen (und nicht vom Interviewer).
Um aber auch Stellungnahmen zu den intendierten Themenkreisen zu erhalten, ist ein
Interview-Leitfaden zu entwerfen.[61] Die Kunst besteht also darin, genügend Fragen
vorzugeben, sodass die Gesprächspartner thematische Anhaltspunkte haben, gleichzeitig aber ausreichend Freiraum für Spontanes bleibt. Im vorliegenden Fall umfasste dieser Leitfaden die Frage nach der Motivation zur TA-Ausbildung und nach der gesamten Dauer der Beschäftigung mit TA; weiters die Frage, was sich vor allem im privaten
Bereich verändert habe (und was nicht), welche Funktion und persönliche Bedeutung
die Transaktionsanalyse habe und ob die TA einen Einfluss auf Befindlichkeit und Lebensgefühl gehabt hatte; letztendlich sollte in Erfahrung gebracht werden, ob es ein
TA-Lieblingsmodell gebe und in welcher Weise damit gearbeitet werde. Die Interviewpartner sollten sich zum Erzählen konkreter Geschichten und Ereignisse zu all
diesen Themen animiert wissen.

Spezielles Interesse bestand nun darin zu erfahren, ob sich das Kohärenzgefühl der
befragten Personen in Zusammenhang mit Transaktionsanalyse verändert hatte. Direkt
danach zu fragen, schien in mehrfacher Hinsicht unpassend. Zum einen konnte man
Antonovskys Konzept des „Sense of Coherence" nicht unbedingt als allgemein bekannt voraussetzen, zum anderen war alles zu vermeiden, was auch nur irgendwie
suggestiv oder manipulativ wirken könnte. Ziel war es also, im Verlauf des Gesprächs

---

60 siehe Lamnek 2005, S. 232, S. 234.
61 Vgl. ebd., S. 363.

möglichst präzise Informationen zu einer Sache zu erkennen, ohne diese direkt anzusprechen. Auch in Bezug auf die Auswertung der Daten waren genaue Angaben notwendig, sollte man spezifische Schlüsse in Bezug auf das Kohärenzgefühl ziehen wollen, da ja die Analyse eine konkrete, datenbezogene sein sollte und keineswegs eine diffuse Interpretation.

Aus diesen Überlegungen kristallisierte sich eine Vorgehensweise heraus, die sowohl der Anforderung punktuell konkreter Daten gerecht wird, als auch die Beeinflussung der Interviewpartner in eine bestimmte Richtung vermeidet: Während des Gesprächs sollte der Interviewerin das Wesentliche der SOC-Definition bewusst und präsent sein, sodass eine Hellhörigkeit auf bestimmte Themen gegeben und ein eventuelles Nachfragen möglich sein würde. Da nicht damit zu rechnen war, dass die Interviewpartner exakt die Worte „Verstehbarkeit, Handhabbarkeit und Bedeutsamkeit" verwenden würden, aber doch klar sein sollte, worauf zu achten war, wurde zur Vorbereitung der Interviews nicht nur Antonovskys Definition des Kohärenzgefühls herangezogen, sondern auch dessen „Fragebogen zur Lebensorientierung" analysiert, um die Quintessenz des zu Erhebenden vor Augen zu haben. Das Wesentliche der SOC-Definition bestand ja – wie erwähnt – in folgenden Aussagen: Was einem widerfährt, wird (bis zu einem gewissen Grad) als verstehbar, erklärbar und strukturiert erlebt; Dinge „handhaben" zu können betrifft das Vorhandensein von Ressourcen, um den täglichen Anforderungen zu begegnen; die „Bedeutsamkeit" bezieht sich auf Sinnerleben und den Einsatz von Energie, der als lohnenswert empfunden wird. Der Grundgedanke des „Sense of Coherence" ist ein „dynamisches Gefühl des Vertrauens", das selbst angesichts von Stressoren erhalten bleibt.[62] Zusätzlich zu dieser Definition auch Antonovskys Fragebogen[63] zu analysieren, schien deshalb günstig, weil hier wesentliche Momente und praktische Auswirkungen des Kohärenzgefühls, die der Autor selbst für wichtig gehalten hatte, kurz und eindeutig ersichtlich waren (trotz mancher Ungenauigkeiten in der Formulierung). Im Rahmen der Kodifizierung der Items hatte Antonovsky jede der 29 Fragen einer der drei genannten SOC-Komponenten zugeordnet. Die entsprechenden Items wurden nun nach diesen Gesichtspunkten gruppiert, inhaltlich analysiert, paraphrasiert und sinngemäß zusammengefasst, sodass der Kern jeder SOC-Komponente als Frage oder thematischer Aspekt (nicht in unterschiedlichen Ausprägungsgraden) erkennbar wurde. Auf diese Weise ergaben sich schlagwortartige, prägnante Beschreibungen. „Klar zu sehen", „Leute, Situationen, Bedeutungen und Gefühle" zu „kennen", zu „wissen", zu „verstehen" und „richtig einzuschätzen" war die Quintessenz des Faktors „Verstehbarkeit". „Gefühle" im Allgemeinen für „kontrollierbar" zu halten, „gute Gefühle" für „stabil" und „schwierige Dinge" für „lösbar", war charakteristisch für den Aspekt der „Handhabbarkeit"; dazu zählten auch die Meinung, man könne „lernen mit Unabänderlichem zu leben", das Vertrauen darauf, dass in Notsituationen „immer jemand für mich da sein wird", sowie der Umstand, frei handeln, entscheiden und Verantwortung übernehmen zu können. „Bedeutsamkeit" ließ sich durch folgende Haltung beschreiben: das „Leben", das „tägliche

---

62   siehe Antonovsky 1987/1997, S. 36.
63   siehe ebd., S. 191 ff.

Tun" und die „Zukunft" „interessant, schön und spannend" zu finden, „Sinn, Ziel und Zweck" zu sehen, sodass sich „Freude" und „Zufriedenheit" einstellen.

Der dritte Anhaltspunkt für das Erkennen SOC-relevanter Themen während der Interviews oder der anschließenden Analyse bezog sich auf vier definierte Lebensbereiche, die – Antonovsky zufolge – für jeden Menschen und dessen Kohärenzgefühl von Bedeutung sind, egal wie unterschiedlich Lebenssituationen, Einstellungen und Meinungen sich auch gestalten mögen: „die eigenen Gefühle, die unmittelbaren, interpersonellen Beziehungen, seine wichtigste eigene Tätigkeit und existentielle Fragen (Tod, unvermeidbares Scheitern, persönliche Fehler, Konflikte und Isolation). Zu viel von unseren Energien und ein zu großer Teil unseres Selbst sind so unausweichlich mit diesen Bereichen verbunden, daß sich ihre Signifikanz nicht leugnen läßt", schreibt Antonovsky[64]. Kombiniert man nun diese vier Lebensbereiche – Gefühle, Beziehungen, Tätigkeiten und existentielle Fragen – mit den Faktoren Verstehbarkeit, Handhabbarkeit und Bedeutsamkeit, so entsteht ein zweidimensionales Raster, das für die vorliegende Untersuchung entworfen wurde, hier erstmalig zur Anwendung kam und das punktgenaue Identifizieren SOC-bezogener Aussagen erlaubt (siehe Abb. 17).

Gefühle			
Beziehungen			
Tätigkeiten			
existentielle Fragen			
	Verstehbarkeit (V)	Handhabbarkeit (H)	Bedeutsamkeit (B)

Abb. 17: Tabelle zur Identifizierung der SOC-Komponenten

Die Beschäftigung mit der eigenen Person, deren Entwicklung oder das Verstehen innerpsychischer Vorgänge nennt Antonovsky nicht explizit als eigenständiges Thema; implizit schwingt dieser Aspekt aber sehr stark mit, da sowohl das Verstehen eigener Gefühle, die Beziehung zu anderen Menschen als auch das Ausführen beruflicher Tätigkeiten und in noch stärkerem Ausmaß das Betroffensein von existentiellen Fragen untrennbar mit der eigenen Persönlichkeit verbunden sind und sich zudem das gesamte Konzept des Kohärenzgefühls primär auf Individuen bezieht.

Formuliert man in diesem Sinn das oben dargestellte Raster unter Einbeziehung des Faktors „eigene Person" aus, so ergeben sich folgende Themenkreise für die genannten Lebensbereiche:

---

64 Ebd., S. 39.

- V, H, B bezogen auf die eigene Person und eigene Gefühle:
  sich selbst und eigene Gefühle verstehen; mit sich selbst und eigenen Gefühlen umgehen können; Sinn erkennen, sich damit zu befassen,
- V, H, B bezogen auf andere Menschen und (private) Beziehungen:
  andere Menschen verstehen; Interaktionen in Beziehungen verstehen; mit anderen Menschen und Beziehungssituationen umgehen können; Sinn erkennen, sich damit zu befassen,
- V, H, B bezogen auf den Beruf und die wichtigsten Tätigkeiten:
  Abläufe im Beruf verstehen; mit beruflichen Situationen und Kontakten umgehen können; Sinn und Bedeutsamkeit von Tätigkeiten erkennen,
- V, H, B bezogen auf existentielle Fragen:
  Verstehen und Handhaben von Problemen; Sinn erkennen, sich damit zu befassen; Beschäftigung mit Wertfragen, weltanschaulichen oder philosophischen Themen.

Der Bereich der „existentiellen Fragen" war etwas schwieriger zu definieren, da Antonovsky unter diesen Punkt sehr Unterschiedliches subsumiert[65]. Der Oberbegriff dieser Kategorien beziehungsweise das aus diesen Faktoren resultierende Lebensgefühl ist die „Zuversicht"[66].

Was hier durchgeführt wurde, war im Grunde die Umwandlung von Antonovskys Fragebogen in einen Leitfaden für qualitative Interviews, der nicht auf gefühlsmäßigem Verstehen seines Konzepts beruhte, sondern auf der genauen Analyse seiner Definitionen und der von ihm entworfenen Items. Wie bereits ausgeführt, sollten diese Aspekte bei den geplanten Interviews insofern eine Sonderstellung einnehmen, als dezidierte Fragen der Interviewerin nicht primär in diese Richtung gehen würden. Vielmehr sollten die Formulierungen zu den Lebensbereichen und den SOC-Komponenten (sowie das entsprechende Raster) der Identifikation relevanter Aussagen zum Kohärenzgefühl dienen, die Interviewpartner im Verlauf ihrer Erzählungen eventuell von sich aus machen würden und die man gegebenenfalls durch zusätzliche Fragen vertiefen könnte.

Der eigentliche explizite Leitfaden bestand in den erwähnten Fragen zur Ausbildungsmotivation und der persönlichen Veränderung durch Transaktionsanalyse.

Grundsätzlich angelegt war diese Studie als Querschnittuntersuchung mit ein- oder zweimaliger Befragung, die – ähnlich dem „Change Interview" nach Elliott[67] – rückblickend Veränderung erheben sollte.

Von Antonovskys Modell der Salutogenese war im Zuge der eben dargestellten Überlegungen und der konkreten Planung der Studie lediglich das Konzept des Kohärenzgefühls als Teil des Forschungsinteresses erhalten geblieben. Die Problematik, die die Autorin beschäftigte, lautete: Lässt sich das Kohärenzgefühl durch Transaktionsanalyse – genauer gesagt durch den Besuch einer TA-Ausbildung – verbessern? Andere Aspekte waren in den Hintergrund getreten; das Thema „Gesundheit" wurde aus-

---

65 Bei der Darstellung der Analyse der Interviews wird noch näher darauf eingegangen.
66 siehe ebd., S. 36.
67 www.experiential-researchers.org/instruments/elliott/changei.html, 30-11-2010

drücklich nicht in den Interview-Leitfaden aufgenommen, vor allem weil die empirischen Befunde in dieser Hinsicht nicht klar genug schienen. Auch der Aspekt der vermuteten „heilsamen Wirkungen" von TA-Ausbildungen, der zu Beginn der Untersuchung eine entscheidende Rolle gespielt hatte, wurde wieder verworfen. Dieser Begriff wirkte einerseits zu undefiniert, um konkret danach fragen zu können, andererseits schien die Annahme, eine berufliche Fortbildung könne in umfassendem Sinn heilsam sein, nun doch etwas zu hoch gegriffen.

Exkurs: Zum Begriff der Normalität

Da sich die vorliegende empirische Studie mit der Wirksamkeit berufsorientierter Ausbildung und ausdrücklich nicht mit psychotherapeutischen Gruppen befasst, könnte unter Umständen die Meinung auftreten, es handle sich um die Befragung psychisch „normaler" Menschen – im Unterschied zu den „weniger normalen" oder „nicht normalen", die eine Psychotherapie aufsuchen. Daher scheint es angebracht zu deklarieren, welche Auffassung von Normalität dieser Arbeit zugrunde liegt. Kurz zusammengefasst lässt sich diese etwa folgendermaßen auf den Punkt bringen: Basis der Untersuchung ist keine – wie auch immer formulierte – Definition von Normalität, sondern ein kritisches Hinterfragen des Begriffs der Normalität an sich. In diesem Sinn findet auch nirgends eine Beurteilung der Befragten mit den Ausdrücken „normal" oder „nicht normal" statt; auch werden Psychotherapie-Klienten nicht automatisch für „nicht normal" gehalten. Zuschreibungen dieser Art werden bewusst vermieden, sowohl verbal als auch die prinzipielle Einstellung betreffend. An die Stelle dieser Klassifizierung und Unterscheidung tritt eine kritische Betrachtung von Urteilsbildungen, die sich in den Worten „normal" oder "anormal" ausdrücken; denn die meisten Menschen haben bewusst oder unbewusst eine Vorstellung von dem, was sie als „normal" empfinden ohne die Entstehung dieser Meinung und die zugrunde liegenden Standards zu reflektieren.

Das Wort „Normalität" ist eng verknüpft mit „Norm" und „Normieren", das heißt mit dem Festlegen von Kriterien für das „Normale". Die Frage stellt sich, wer nun definiert und wem es zusteht, allgemein verbindliche Definitionen von Normalität aufzustellen. Im psychologischen Kontext ist „normal" häufig ein Synonym für „gesund", und bereits Antonovsky hatte darauf verwiesen, dass die Definition des Normalen und Gesunden nicht nur sachlich-inhaltliche Begründungen hat, sondern letztendlich eine Machtfrage ist[68], da die Werte und Ansichten der jeweils Mächtigen eines Systems in die Normierungen einfließen.[69] Dies birgt die Gefahr in sich, dass Menschen, die nicht diesen Vorstellungen entsprechen, häufig als „nicht normal" gelten.[70] Dass somit Gesundheits- und Normalitätsbegriffe keine absolute Gültigkeit haben, sondern zeit- und gesellschaftsabhängig sind, führt Antonovsky sehr eindrücklich anhand folgender Frage aus: Wie gehen wir mit Menschen um, die nicht heterosexuell sind, mit Frauen,

---

68   siehe Franke. In: Antonovsky 1987/1997, S. 188.
69   siehe Bundeszentrale für gesundheitliche Aufklärung (Hg.) 2001, S. 100.
70   siehe Antonovsky 1995; siehe Franke. In: Antonovsky 1987/1997, S. 188.

die keine Kinder wollen, und mit Männern, die nicht aggressiv sind?[71] Dieser Passage, die aus den 1990er Jahren stammt und europäische sowie israelische Leser ansprechen sollte, fügte Antonovsky eine andere, „kalifornische Version"[72] bei: „Was denken wir von der mentalen Gesundheit derer, die nicht bisexuell sind, von Frauen, die lieber Kinder als Karriere wollen, von Männern, die nicht empathisch sind?"[73] Wie rasch sich das Empfinden für „Normalität" verändert, wird deutlich, wenn man bedenkt, dass nur gut zehn Jahre, nachdem Antonovsky diese Aussagen getroffen hatte, sich auch in Europa Einstellungen verändert haben und beispielsweise die weibliche Bevorzugung eines karrierebewussten Lebens zugunsten der Mutterrolle weitaus weniger auf Ablehnung stößt.

Bei diesen Themen zeigt sich aber auch bereits der zweite Bedeutungsaspekt des Begriffs „Normalität": das Gewohnte, Übliche, Durchschnittliche, was sich in Redeweisen des Alltags wie „Das ist ganz normal", „Das ist ja nicht mehr normal" und Ähnlichem niederschlägt, Wendungen, die man meist spontan gebraucht ohne darüber nachzudenken, was dies nun eigentlich bedeutet und worin diese Stellungnahmen begründet sind. Was in einer bestimmten Gesellschaft als „normal" gilt, wird auch von der Mehrheit ihrer Mitglieder bestimmt, die durch ihre Denk- und Verhaltensmuster das „Übliche" abbilden und damit einen gewissen Druck erzeugen, sich diesem Gewohnten anzuschließen, so man „dazugehören" und „normal" sein will. Dies kann unter Umständen so weit gehen, dass selbst Lebensphasen, die oft als schwierig empfunden werden – wie die Zeitspanne der Pubertät oder der Wechseljahre – in ihrer Problemhaftigkeit dermaßen normiert und festgelegt werden, dass in der Alltagskommunikation der Eindruck entsteht, hier wäre nicht von natürlichen Phasen des Lebens die Rede, sondern von Krankheiten, die schicksalshaft ausbrechen. Dass Phasen persönlicher Veränderung oder hormoneller Umstellung durchaus mit krisenhaften Momenten verbunden sein mögen, die wohl nur in seltenen Fällen völlig problemfrei ablaufen, soll hier nicht bestritten werden; dennoch müssen diese Lebensabschnitte nicht notwendigerweise subjektiv als schrecklich erlebt werden. Diese normierten Vorstellungen erzeugen aber Erwartungshaltungen, die einerseits tatsächlich zu ausgeprägt negativem Erleben führen können, andererseits Unsicherheit erzeugen, wenn die erwartete „Katastrophe" ausbleibt. Im Fall der Pubertät mag es vorkommen, dass Eltern sich ernsthaft fragen, ob hier wohl alles seine Richtigkeit habe könne, wenn Kinder nicht durch extrem unerträgliches Benehmen auffallen. Eine andere, nicht weniger logische Folge kann darin liegen, dass inakzeptables Verhalten Jugendlicher in übertriebener Weise toleriert und sogar unterstützt wird, da dieses als Zeichen einer „normalen" Entwicklung eingestuft wird.

Sophie Freud, eine Enkelin Sigmund Freuds und Tochter seines ältesten Sohnes Martin, setzte sich auf dem ersten Weltkongress für Psychotherapie in Wien kritisch mit dem Thema „Normalität" auseinander[74], wobei sie – eigenen Angaben zufolge –

---

71   siehe Franke. In: Ebd.
72   Franke. In: Ebd.
73   Ebd.
74   Ein Originalmitschnitt ihres Vortrags findet sich auf folgender MC: Sophie Freud 1996.

weniger Antworten geben als viele Fragen stellen wollte. Einige Punkte ihrer Ausführungen sollen an dieser Stelle nicht nur wegen des geradezu historischen Moments und der Tatsache, dass just eine Freud-Enkelin in Wien zum Thema „Normalität" spricht, referiert werden; der Hauptgrund liegt darin, dass ihre Aussagen – verglichen mit der heutigen Diskussion des Normalitätsbegriffs – nicht an Aktualität verloren haben. Der englische Titel ihres Vortrags lautete „The Social Construction of Normality", womit sie bereits auf die Relativität und Zeitgebundenheit sämtlicher Konzepte zur Normalität hinweist, die sie als gesellschaftliche Konstrukte betrachtet. Die Tatsache, dass innerhalb eines Jahrhunderts die Vorstellung von Normalität – beispielsweise im Bereich von Moral und Sexualität – drastische Wandlungen erfahren hat, illustriert sie anhand einer Episode, die sie vor kurzem selbst erlebt hatte: Ein besorgter Vater kam in ihre Sprechstunde und stellte die Frage, ob es „normal" sei, dass seine 20-jährige Tochter noch keinen Sexualpartner habe. In diesem Moment – so berichtete Sophie Freud – habe sie sich an eine Freundin erinnert, die etwa 50 Jahre zuvor ein amerikanisches College verlassen musste, weil sie mit ihrem Verlobten, einem beurlaubten Soldaten, in einem Hotel gesehen worden war. Insofern „Normalität" ein von der jeweiligen Gesellschaft definierter Begriff ist, bedeutet „nicht normal" – so Sophie Freud – oft nichts anderes als ein Nicht-Erfüllen gesellschaftlicher Erwartungen. „Abnormal" wäre man demnach jeweils im Hinblick auf eine bestimmte soziale, gesellschaftliche Situation, wobei zu fragen wäre, wie es um die „Normalität" der Referenzgruppe bestellt ist.

Diese kritische Sicht der Dinge und die Meinung, dass das Gewohnte und allgemein Übliche nicht immer deckungsgleich mit besonders Sinnvollem und logisch Begründbarem ist, könnte man im Bereich der Transaktionsanalyse in Verbindung zu einer Übung bringen, die in TA-Kursen häufig durchgeführt wird: das sogenannte „marsische" Denken. Der Ausdruck geht auf Berne selbst zurück, war ursprünglich auf das Einschätzen von Kommunikationssituationen bezogen und meint heute folgende Imaginationsübung: Man stelle sich vor, als Wesen vom Mars auf die Erde zu kommen und dort das tägliche Leben der Menschen unvoreingenommen und ohne Vorinformationen zu beobachten. Vermutlich würden viele Tätigkeiten und Verrichtungen, die routinemäßig, gewohnt und unreflektiert stattfinden, äußerst seltsam anmuten. Der Zweck dieser kleinen Übung liegt natürlich nicht in ihrem möglichen Unterhaltungswert, sondern darin, dass gewohntes, alltägliches – eben „normales" – Verhalten unter die Lupe genommen wird und man die Sinnhaftigkeit oder angebliche Notwendigkeit vieler Dinge aus einer Metaperspektive möglichst vorurteilsfrei bedenkt.

Sophie Freud sieht neben den beiden Interpretationen von Normalität im Sinn des allgemein Üblichen beziehungsweise der von Autoritäten vorgegebenen Normen noch eine dritte Bedeutung: Normalität als Ideal, im Bereich der Psychologie als Gesundheitsideal. Verwirrung stiften diese unterschiedlichen Inhalte dann, wenn das theoretische Ideal mit dem tatsächlichen statistischen Durchschnitt gleichgesetzt wird und in der psychologischen Literatur die „ideale Normalität" den Menschen als Standard vorgespielt wird. Als Beispiel nennt Sophie Freud das Bild der Kernfamilie, das über viele Jahrzehnte in Schulbüchern und den Medien so begeistert beschrieben wurde, dass alle sich „nur für die eigene pathologische Familie schämen konnten". Ähnliches gelte für das Konzept der Lebensphasen von Erik Erikson[75], dessen Beschreibungen zu normierenden Ver-schreibungen gemacht wurden.

Der Begriff „normal" bedarf also einer Bezugsgröße; bedenkt man die Häufigkeit verschiedener weit verbreiteter psychischer Probleme, wären diese bezogen auf den statistischen Durchschnitt „normal", angesichts des Ideals aber „abnormal". Dass die Richtigkeit und Angemessenheit einer Sache jedoch nicht unbedingt am statistischen Durchschnitt zu messen ist, wird deutlich in Zeiten humanitärer oder politischer Krisen, in denen es oft einzelne „abnormale" Menschen sind, die anders denken und Werte bewahren. Sophie Freud, die in den 1940er Jahren nach Amerika ausgewandert war, denkt nicht nur an den Zweiten Weltkrieg, sondern auch an das aktuelle Profit- und Konsumstreben und meint: „Vielleicht sehen abnormale Menschen unser Unheil besser als wir selbst." In diesem Sinn hält Sophie Freud, die das Thema „Normalität" vor allem in Zusammenhang mit Psychotherapie aufgreift, ethische Werte zur Orientierung als unabdingbar notwendig und möchte ihren postmodernen Zugang zur Thematik nicht mit Beliebigkeit verwechselt wissen; denn gerade im Bereich der Psychologie und des Gesundheitswesens gebe es verschiedene Kräfte, die unterschiedliche Interessen an der Definition von Krankheitsbildern hätten, was wiederum die allgemeine Auffassung von Normalität beeinflusst. So wären beispielsweise Krankenkassen weniger interessiert an der Diagnose von Pathologien als behandelnde Ärzte oder andere Berufsgruppen, die finanziellen Gewinn aus der Behandlung von Krankheiten ziehen.

Zu ähnlichen Schlüssen gelangen Horwitz und Wakefield[76], die in Zusammenhang mit der immer häufiger werdenden Diagnose der Depression auch ökonomische Interessen der Pharma-Industrie vermuten, da eine große Anzahl depressiver Patienten den Absatz antidepressiver Medikamente steigern könnte. Dies entspricht auch der Auffassung von Conrad[77] und dessen Publikation: „The medicalization of society"; im Untertitel klingt jedoch etwas an, was das Fokussieren auf wirtschaftliche Interessen übersteigt: „On the transformation of human conditions into treatable disorders". Hier geht es vor allem um die grundsätzliche Einstellung zum Mensch-Sein an sich, zur „conditio humana", die sich laut Conrad nicht im „pursuit of happiness" erschöpfen kann, sondern notwendigerweise auch Leid als integrierenden und unausweichlichen Bestandteil immer mit einschließen wird. Im Rahmen von Medizin und Psychologie entsteht jedoch vielfach der Eindruck oder die Illusion, man könne durch geeignete Medikamente und Therapien menschliches Leid gänzlich auflösen. Dies äußert sich unter anderem darin, dass jede negative Stimmung, die früher als „normale" Traurigkeit empfunden und in Verbindung zu aktuellen Lebensproblemen gebracht wurde, nun – vielfach unpassenderweise – pathologisiert und als Depression diagnostiziert wird. „The Loss of Sadness" lautet der Titel der Publikation von Horwitz und Wakefield: „How Psychiatry Transformed Normal Sorrow into Depressive Disorder".[78]

---

75   Erikson 2007.
76   Horwitz u. Wakefield 2007.
77   Conrad 2007.
78   siehe Cornell 2007; vgl. Rieken 2010, S. 121-128 (Kap. Melancholie).

Das Thema „Diagnose" soll hier bewusst nur am Rande zur Sprache kommen; es ist aber insofern von eminenter Bedeutung, als es indirekt die Vorstellung von „Normalität" prägt; denn alles, was im Sinn einer Diagnose eine Bezeichnung erhält, ist pathologisch, also „nicht normal". Der Ausdruck, der bei Horwitz und Wakefield ins Auge springt, ist „normal sorrow": nicht alles, was stört und traurig macht, lässt sich „wegtherapieren"; ein gewisser Anteil an Mühsal wird wohl in jedem Leben – auch bei noch so gelungener Psychotherapie – bleiben.

Wildfeuer[79] diskutiert den Normalitätsbegriff in Zusammenhang mit der Definition von Behinderung und kritisiert dessen Unschärfe, Undifferenziertheit, Vordergründigkeit sowie Oberflächlichkeit. Der Autor stellt die Thematik in einen größeren, ideengeschichtlichen Zusammenhang und erklärt die Bedeutung, die die Rede von der Normalität in der modernen Welt hat, mit dem Verlust des mittelalterlichen Ordo-Denkens, denn im Hintergrund von Normen gebe es immer Leitvorstellungen, kollektive Deutungen der Welt und des Menschen. Bis zum Beginn des Spätmittelalters habe man in der Welt eine gottgewollte Ordnung, die Schöpfung einer absoluten Vernunft gesehen, in der alles seinen von Gott bestimmten Platz einnehme. Das Individuum sei nicht von Interesse gewesen, sondern der übergeordnete Zusammenhang, in dem sich alles zu einem Ganzen füge, das Allgemeine, das sich in der Welt abbilde – „universalia sunt in rebus"; das Wesen der Dinge sei nur im Lichte des Gesamten verstehbar.

Mit dem Verlust der Vorstellung dieser allgemein verbindlichen göttlichen Ordnung am Ende des Mittelalters wird die subjektive Vernunft des Menschen selbst zum Ordnung setzenden Prinzip. Die Wertvorstellungen pluralisieren sich, die gesellschaftliche Ordnung entsteht durch menschliche Übereinkunft, in der Natur sieht man nicht mehr die Ordnung eines Schöpfers, sondern nur die Ordnung der Natur selbst, die wissenschaftlich zu erforschen ist. Der einzelne Mensch, der nun als Individuum Bedeutung hat, gewinnt mehr Freiheit und Entscheidungsspielraum, verliert aber auch das allgemein anerkannte Prinzip, das der Standortbestimmung diente. Da nichts mehr absolute Gültigkeit zu haben scheint, sucht der Mensch neue Orientierungsmöglichkeiten, was Wildfeuer dadurch erklärt, dass die menschliche Vernunft so beschaffen sei, dass sie die Idee eines Allgemeinen geradezu brauche, um Dinge einschätzen zu können und Singuläres im Licht des Allgemeinen zu beurteilen. Dies sei der Hintergrund für die Entwicklung des Normalitätsbegriffs, der erstmals im 19. und 20. Jahrhundert eine Rolle spiele und nichts anderes sei als eine Ersatzstrategie – neben Ideologisierung und Verwissenschaftlichung – auf der Suche nach Orientierung. Wildfeuer spricht von einem statistischen, deskriptiv-präskriptiven Normalitätskonzept: Das am häufigsten Auftretende wird beschrieben und zur geltenden Norm erhoben. Somit wird Normalität „evident", das Maß des Normalen ist das Mittelmaß, das nicht nur zur Norm, sondern auch zum Ideal wird, was von Wildfeuer heftig kritisiert wird, indem er die mangelnde logische Konsistenz und die Gefahr der Diskriminierung aufzeigt, die in diesen Ansichten liegen; die Folge davon seien nämlich Konzepte, die – ebenso unlogisch – Abweichungen vom „Normalen" definieren und abwerten. An Stelle der

---

79 Wildfeuer. In: Feischen (Hg.) 2001, s. 41 ff.

absoluten Vernunft Gottes walte nun die beschreibbare Ordnung des „Normalen", so Wildfeuer: „In normativen Normalitätsvorstellungen kommen die klassisch mittelalterlichen Ordnungsvorstellungen, freilich beraubt um einen absoluten Autor der Ordnung, gleichsam durch die Hintertür wieder herein"[80] – allerdings mit einem beachtlichen Unterschied: Aus der mittelalterlichen Ordnung konnte niemand herausfallen, da die Ordnung allumfassend war. Das moderne Normalitätskonzept wirkt ausgrenzend.

Ob diese allumfassende Ordnung des Mittelalters, von der Wildfeuer spricht, auch tatsächlich so empfunden wurde oder ob diese mehr eine theoretisch-philosophische war, sei dahingestellt; sicher ist hingegen, dass heutige Normalitätsbegriffe Ausgrenzung und Diskriminierung fördern, da Definitionen zwar einerseits Sicherheit bieten und jene stabilisieren, die den gesetzten Normen entsprechen, andererseits aber die Menschen gefährden, die sich hier nicht einordnen lassen. Betrachtet man „Normalität" in diesem Sinn als zu erfüllende Regel, stößt man bei Antonovsky, der selbst das Wort „normal" stets nur unter Anführungszeichen verwendet, auf einen weiteren Aspekt zur Thematik. Entgegen der pathogenetischen Orientierung, für die Gesundheit das „Normale" und Krankheit den Sonderfall darstellt, bei dem homöostatische Prozesse hin und wieder entreguliert werden, stellt Antonovsky trocken fest, dass „Krankheit, wie auch immer sie definiert sein mag, keineswegs ein unübliches Ereignis ist."[81] Deshalb betrachtet er im Sinn des Gesundheits-Krankheits-Kontinuums gerade die Unregelmäßigkeit als Zeichen von Lebendigkeit, was ihn zu der These veranlasst, das „Normale" liege in der Abweichung[82] (und nicht in der Regel).

Überträgt man diese These Antonovskys sinngemäß auf psychologische oder soziale Phänomene, führt dies zu einer Sichtweise, die ein Nebeneinander von Gewohntem und Ungewohntem, von häufigen oder seltenen Abweichungen von Normiertem zulässt und schlussendlich in die Frage mündet, worin denn überhaupt die Nützlichkeit des Definierens von (Nicht-)Normalem liege.

Zweifellos bieten Begriffe und Definitionen im Sinn von Bewertungen oder Diagnosen prinzipiell zahlreiche Vorteile, die nichts mit demonstrativem Machtgehabe oder der Anpassung an den Durchschnitt zu tun haben. Sinnvoll erscheinen Benennungen in Zusammenhang mit Leidenszuständen oder unangenehmen Ereignissen dann, wenn Begriffe dazu beitragen, Probleme zu begreifen, in den Griff zu bekommen und dadurch zu einer Lösung zu finden. Macht spielt hier wohl auch eine Rolle, jedoch in durchaus positivem Sinn der Ermächtigung, Negatives in gelungener Weise zu handhaben. Dingen einen Namen zu geben hat dann nicht nur symbolischen Charakter (des Kontrollierens und Beherrschens), sondern trägt wesentlich dazu bei, die eigene Ohnmacht tatsächlich zu überwinden, Probleme und Anforderungen zu bewältigen, sei es auf theoretischer Ebene oder im Bereich des praktischen Handelns.

Die Frage bleibt allerdings bestehen, ob sich die Ausdrücke „normal" und „nicht normal" für diese Aufgabenstellungen eignen. Im Sprachgebrauch des Alltags fällt eher die missbräuchliche und abwertende Verwendung dieser Worte auf. Vermutlich

---

80 Ebd., S. 50.
81 Antonovsky 1987/1997, S. 22.
82 Ebd.

wäre die Aussage „Das ist nicht normal" im Jargon von Kommunikationstrainings eine Art „Killerphrase", die nicht als sachlich gemeinte, informative Äußerung zu verstehen ist, sondern lediglich den Zweck hat, Kontrahenten persönlich zu treffen und Argumente ohne inhaltliche Begründung und Präzisierung zu entkräften.

Wie Wildfeuer jedoch ausführt, benötigt der Mensch im Allgemeinen Richtlinien zur Orientierung, und auch Sophie Freud hat gerade angesichts konstruktivistischer Sichtweisen auf die Wichtigkeit ethischer Werte hingewiesen. Da der Normalitätsbegriff aus genannten Gründen in dieser Hinsicht nicht wirklich hilfreich wirkt, wäre zu fragen, ob es denn überhaupt sinnvoll sei, den Normalitätsbegriff – in welcher Form auch immer – als Mittel zur Orientierung beizubehalten; zukunftsträchtiger dürfte es sein, die Perspektive zu verändern und den Blick weg von der Thematik der Normalität auf einen anderen Aspekt zu richten. Der Schlüssel zur Bewertung einer Situation, einer Verhaltensweise oder Eigenschaft einer Person könnte in folgenden Frage liegen: Leidet jemand unter diesen Umständen (oder nicht)? Wird hier jemandem durch Eigenschaften oder Verhaltensweisen Schaden zugefügt (oder nicht)? Werden diese Fragen bejaht, sollten in jedem Fall geeignete Maßnahmen ergriffen und Grenzen gesetzt werden, um Änderungen herbeizuführen oder zu fordern, unabhängig davon, ob das Ganze als „normal" gilt oder nicht. Leidet aber niemand unter den zur Debatte stehenden Umständen und sind auch keine schädlichen Auswirkungen zu erkennen, wäre hingegen Toleranz angesagt und jede Form der Ausgrenzung oder abwertenden Beurteilung zu vermeiden.

Bezogen auf die vorliegende Arbeit gilt – wie eingangs erwähnt – die eben beschriebene kritische Einstellung zu Normalitätskonzepten verbunden mit der Idee, den Normalitätsbegriff durch andere, konkretere Kriterien zu ersetzen, die in Theorie und Praxis der Orientierung und Entscheidung dienlicher sind.[83]

2.2 Die Datenerhebung: qualitative Interviews

2.2.1 Die Rekrutierung der Interviewpartner

Der erste Schritt zur Durchführung der Interviews bestand darin, geeignete Personen ausfindig zu machen, die bereit sind, über ihre persönlichen Erfahrungen mit der Transaktionsanalyse zu berichten. Da eine abgeschlossene TA-Grundausbildung zunächst das einzige Auswahlkriterium darstellte, dienten Mitgliederlisten von TA-Vereinen sowie Teilnehmerlisten früherer Kurse als Ausgangsbasis. Abgesehen von

---

83 Während der Auseinandersetzung mit den eben beschrieben Normalitätskonzepten fiel der Blick auf das wissenschaftliche „Journal of Abnormal Psychology", und es interessierte, welche Definition des „Normalen" und „Nicht-Normalen" dieser Zeitschrift wohl zugrunde liegen würde. Da die Website dieses Journals keinerlei Aufschluss darüber lieferte, wurde im Frühjahr 2010 eine schriftliche Anfrage gestellt, in der auch eingangs erklärt wurde, dass es sich um ein Thema im Rahmen einer Dissertation handelte: „For my thesis I am currently working on the concept of normality and I would like to ask you if the ‚Journal of Abnormal Psychology' has established a standard definition of ‚normality' and of ‚abnormal behaviour'." Die Antwort ist zur Zeit noch ausständig.

dem Wunsch, die zahlenmäßige Verteilung interviewter Männer und Frauen sowie von Vertretern des Wirtschafts- und Pädagogikbereichs ausgewogen zu halten, wurden keine weiteren Vorentscheidungen im Hinblick auf andere Merkmale oder Eigenschaften getroffen; Ziel war allerdings – wie im Rahmen qualitativer Untersuchungen üblich – eine möglichst heterogene Gruppe von Menschen, die die Vielfalt unterschiedlicher Erlebensweisen abbilden würden.[84] Was bei thematisch anders gelagerten Studien in dieser Hinsicht nützlich ist, nämlich von Anfang an jene Fälle gezielt und bewusst auszuwählen, die extreme (positive oder negative) Standpunkte repräsentieren oder die sehr konträre Erfahrungen gemacht haben[85], war hier nicht möglich, da man ja von niemandem wirklich wusste, in welcher Weise er (oder sie) die Transaktionsanalyse erlebt hatte, ob sich viel oder wenig verändert hatte und in welchem Ausmaß der Kurs somit als erfolgreich gelten konnte (oder auch nicht), zumal es ja vor allem um persönliche Befindlichkeiten und das Privatleben ging. Somit wurde einfach begonnen, die auf den Listen aufscheinenden Vereinsmitglieder oder Kursbesucher telefonisch zu kontaktieren, wobei zwar mit den namentlich Bekannten angefangen wurde, die Anfragen aber keineswegs auf diese reduziert werden sollten. Bei diesen Anrufen stellte sich jedoch bald heraus, dass es – vermutlich aufgrund der aktuelleren Daten – deutlich einfacher war, die in TA-Kreisen aktiveren Personen zu erreichen, von denen eher eine positive Grundhaltung der Transaktionsanalyse gegenüber anzunehmen war als von den weniger aktiven. Deshalb wurde im Sinn der angestrebten Heterogenität versucht, ehemalige Ausbildungskandidaten vermehrt anzusprechen, die beispielsweise bei TA-Veranstaltungen kaum präsent waren und von denen nur Name und Adresse bekannt waren.

Eine weitere Quelle zur Auswahl der Interviewpartner waren persönliche Empfehlungen, die angesprochene Personen während der Telefonate abgaben. Der Grund für diese Namensnennungen lag in der Annahme, dass diese Leute vermutlich gerne zu einem Gespräch bereit sein würden und Interessantes zu sagen hätten, beides Dinge, die für den Fortgang der Forschung nicht unwesentlich wirkten. So war die Idee, auch geprüfte und lehrende Transaktionsanalytiker in die Befragung miteinzubeziehen, der Anregung einer zukünftigen Interviewpartnerin zu verdanken. Dies war primär nicht geplant gewesen, stellte sich aber in mehrfacher Hinsicht als äußerst relevant heraus.

Entsprechend dem aus der Pädagogik kommenden Slogan „A good start makes a good end" schien es wichtig, die telefonischen Erstkontakte knapp, freundlich, sachlich und vor allem informativ zu halten. Das Forschungsvorhaben wurde etwa mit folgenden Worten vorgestellt: Es gehe um eine wissenschaftliche Untersuchung im Rahmen einer universitären Abschlussarbeit; Thema seien die Auswirkungen der Transaktionsanalyse auf das persönliche Leben; interessieren würden in erster Linie Veränderungen in Bezug auf die eigene Person und private Beziehungen; somit seien persönliche Erfahrungen und Erlebnisse wichtiger als die (technische) Anwendung der Transaktionsanalyse im Beruf. Die Frage, ob die telefonischen Gesprächspartner sich ein Interview vorstellen könnten, wurde eng verknüpft mit einer klaren Vorgabe der Rah-

---

84   siehe Lamnek 2005, S. 232.
85   siehe ebd., S. 234.

menbedingungen: Das Interview würde etwa eine (bis eineinhalb) Stunde(n) dauern, sodass unter der Einberechnung einer kurzen Begrüßungs- oder Ausklangsphase maximal zwei Stunden zu reservieren wären; die Interviews sollten zwar auf Band aufgenommen, in der Auswertung und Darstellung der Ergebnisse jedoch anonymisiert werden; der Ort sei frei wählbar – die Wohnung der Interviewerin stehe zur Verfügung, diese komme aber auch gerne zu Adressen, die die Interviewten selbst bestimmen könnten; öffentliche Plätze wie Kaffeehäuser oder Restaurants wurden aufgrund des üblichen Lärmpegels, der notwendigen Tonbandaufnahmen und der mangelnden Vertraulichkeit der Situation ausgeschlossen. Um authentische und ehrliche Aussagen zu erhalten, schien die Freiwilligkeit der Interviewpartner von besonderer Bedeutung; niemand sollte sich zu einem Interview gedrängt oder gar überredet fühlen.

Sämtliche Telefonate verliefen sehr positiv; die Gesprächspartner zeigten sich interessiert, offen, kooperativ und waren allesamt ohne Zögern zu einem Interview bereit. Selbst die Vereinbarung eines konkreten Termins in näherer Zukunft stellte kein ernsthaftes Problem dar, obwohl alle vielbeschäftigt und beruflich sehr engagiert waren. Nur bei einem einzigen Telefonat war bei den Worten „wissenschaftliche Studie" und „Interview" eine leise Unsicherheit zu spüren, die in Form eines scherzenden Kommentars („Ich soll also Versuchskaninchen sein") auch verbalisiert wurde. Diese Befürchtung konnte aber rasch aus dem Weg geräumt werden, da es ja tatsächlich nicht darum gehen sollte, Aussagen von einer überlegenen Position aus zu bewerten, sondern ganz im Gegenteil großes Interesse bestand, wertvolle Informationen und Berichte persönlicher Erlebnisse zu erhalten, die in dieser Weise noch nicht dokumentiert waren. Vielleicht war dies auch der Grund, dass alle Gesprächspartner zur Mitwirkung bereit waren und niemand ablehnte. Abgesehen von der Motivation zu „helfen", die später während eines Interviews geäußert wurde, wäre es schon denkbar, dass man die Bitte um ein Interview auch als Wertschätzung empfindet und es positiv erlebt wird, wenn das eigene Erarbeitete nicht nur isoliertes Wissen bleibt, sondern auch anderen nützt und zugute kommt.

Eine einzige Anfrage gestaltete sich eher mühsam. Da in qualitativen Studien Interaktionen zwischen Forscher und Teilnehmer sowie gefühlsmäßige Reaktionen der Interviewer Daten darstellen, die in die Untersuchung einzubeziehen sind, soll davon kurz berichtet werden: Mehrfach wurde versucht, einen Berater mittleren Alters aus dem Wirtschaftsbereich, der von einer Interviewpartnerin empfohlen worden war, telefonisch zu kontaktieren. Am Apparat war jedoch ausschließlich dessen Frau, die andeutete, wie schwierig es sei, ihn persönlich zu sprechen oder gar für ein Interview zu gewinnen, und es ihre Aufgabe sei, ihm „den Rücken frei zu halten". Was zunächst bis zu einem gewissen Grad nachvollziehbar war, löste allmählich seitens der Interviewerin negative Gefühle aus, als immer wieder neue Telefon-Termine in Aussicht gestellt wurden, die betreffende Person zu diesen aber wiederum nicht zu sprechen war. Als es endlich doch zu einem persönlichen Telefonat kam, waren bereits mehrere Wochen vergangen (und die emotionale Gestimmtheit der Interviewerin keineswegs mehr neutral). Dennoch wurden die geplante Studie und das Interview in der erwähnten Weise präsentiert. Der „Zeitdruck" des Gesprächspartners erhöhte sich in noch massiverer

Weise, als er erfuhr, dass es um persönliche Lebensgeschichten gehen sollte. An diesem Punkt wurde stillschweigend beschlossen, nicht weiter zu insistieren, da die eindeutige Bereitschaft der Interviewpartner wesentlich war, in diesem Fall jedoch nicht gegeben schien. Vor allem aber wurden der Interviewerin eigene Grenzen bewusst, da ihre Unvoreingenommenheit und wohlwollende Neutralität, die während der Interviews den Gesprächspartnern gegenüber notwendig sind, hier angesichts des übermäßig demonstrierten Zeitmangels und der unklaren Art der Kommunikation nicht ausreichend vorhanden wären. Als der Berater einwarf, er selbst würde im Moment fast mehr systemisch und weniger TA-orientiert arbeiten, einigte man sich darauf, dass sein „Hintergrund daher weniger geeignet" für ein Interview sei. Vielleicht wäre eine Befragung gerade dieser Person aufschlussreich gewesen. Die von Lamnek beschriebenen Formen „weicher" und „harter" Interviews[86], bei denen der Forscher unwillige Informanten mit (sanftem) Druck zur Mitarbeit bewegt, kamen jedoch dezidiert nicht zur Anwendung. Die mangelnde Offenheit des anderen zu akzeptieren sowie eigene Grenzen zu erkennen und anzunehmen, schien günstiger als trotz allem zu einem Interview zu animieren und damit das Risiko einzugehen, dessen Verlauf durch Unausgesprochenes zu irritieren. Dieser Fall blieb aber eine absolute Ausnahme und hob sich somit deutlich von sämtlichen anderen Telefonaten mit potentiellen Interviewpartnern ab, die Interesse signalisierten und ihre Mitwirkung zusagten.

Die einzelnen Phasen des qualitativen Forschungsprozesses sind weniger strikt voneinander getrennt, als es in quantitativen Studien üblich ist. Dies bedeutete beispielsweise, dass die ersten Interviews durchgeführt wurden, noch ehe alle zwölf Interviewpartner feststanden, was den Vorteil ergab, dass sich gegen Ende der Interview-Serie die Suche nochmals auf Personen konzentrieren konnte, die im Sinn der Heterogenität von Merkmalen weniger repräsentiert waren. Neben dem Geschlecht der Personen betraf dies in erster Linie jüngere Leute – gemeint ist die Gruppe der unter 30-Jährigen – sowie die erwähnten weniger Aktiven, die nach wie vor schwer zu finden waren. Auch hier galt der Grundsatz der Freiwilligkeit. Wer sich nach wiederholten Bitten um einen Rückruf (bei denen manchmal auch schon die Thematik anklang) nicht meldete, wurde ausgeschlossen. So könnte man einwenden, dass auf diese Weise eine natürliche Auslese der bereitwilligen und TA-interessierten Personen stattfand, was zum Teil und in gewisser Weise wohl auch so gewesen sein mag. Dass jedoch die Bereitschaft sich interviewen zu lassen, nicht immer Ausdruck einer positiven Haltung der Transaktionsanalyse gegenüber war, zeigte sich gleich beim zweiten Interview sehr deutlich. Trotz aller Schwierigkeiten gelang es auch, eine Person zu treffen, die sich kaum an TA-Modelle erinnern konnte, auch den Namen des TA-Begründers nicht mehr wusste, aber dennoch Relevantes zur Transaktionsanalyse zu sagen hatte.

Die Wahl des Ortes wurde deshalb den Interviewpartnern überlassen, da vor allem diese sich während des Gesprächs wohlfühlen sollten, nicht zuletzt um das Erzählen von Persönlichem zu fördern. Aus der Sicht der Interviewerin war die eigene Wohnung freilich die bequemere Lösung; Arbeitsräume oder Wohnungen der Interviewten würden hingegen den Vorteil bieten, die Umgebung der Gesprächspartner, die Einrich-

---

86 siehe ebd, S. 343 f.

tung und das ganze Ambiente als zusätzlichen Hintergrund und Informationsquelle kennenzulernen. Fünf von zwölf Personen besuchten die Interviewerin zu Hause, vier Personen luden sie in ihre Wohnung ein, die restlichen baten, in ihr Büro zu kommen, das in manchen Fällen mit der Wohnung verbunden war. Die Tendenz, eher an die Arbeitsstelle zu bitten, je höher die TA-Ausbildung war, ließ sich beobachten. Leute mit kleineren Kindern bevorzugten die Wohnung der Interviewerin, ebenso wie Personen aus den Bundesländern, die sowieso in Wien zu tun hatten und auf diese Weise der Interviewerin entgegenkamen.

Wenngleich es in qualitativen Studien nicht um Statistiken geht, sollen dennoch im Folgenden einige Eckdaten zu den Interviewpartnern erwähnt werden, einfach um eine erste Vorstellung jener Leute zu bieten, die sich zur Verfügung stellten. Ein Drittel der Befragten waren Männer, zwei Drittel Frauen, was angesichts der Überzahl der Frauen in psychosozialen Ausbildungen kein schlechter Schnitt ist; Vertreter des Wirtschafts- und des Pädagogikbereichs hielten sich genau die Waage. Sieben von zwölf Interviewten lebten in einer Großstadt, eine Person in einer Kleinstadt; vier kamen aus dem ländlichen Raum, hatten aber insofern einen Bezug zur Großstadt, als sie dort ihrer Arbeit nachgingen. Die Berufe waren vielfältig und ergaben eine Palette von Horterzieherinnen, Lehrern, Kindergärtnerinnen, Gymnasialprofessorinnen, Erwachsenenbildnern, Pensionisten, Selbständigen im Wirtschaftsbereich mit beratenden oder lehrenden Tätigkeiten und Managern in großen Unternehmen. Sechs Befragte hatten einen universitären Abschluss, die anderen Matura und (oft mehrere) weiterführende nicht-universitäre Ausbildungen.

Die jüngste Person war zum Zeitpunkt des Interviews 38, die älteste 65 Jahre alt. Die Hälfte der Teilnehmer war Anfang, Mitte oder auch Ende 40 und bildete somit die am stärksten vertretene Altersgruppe, fünf der Befragten waren Ende 50 oder Anfang 60. Ein Alter unter 40 war somit die Ausnahme; es schien bedauerlich, dass jüngere TA-Absolventen nicht zu finden beziehungsweise zu animieren waren, was aber andererseits wiederum nicht verwunderte, da auch die Kurse selbst im Allgemeinen eher von Menschen in der Lebensmitte besucht werden. Vielleicht besteht hier ein Zusammenhang mit der doch relativ aufwändigen Form der TA-Ausbildung, für die Menschen zwischen 20 und 30, die oft mit Studien, ersten Arbeitsstellen, Partnerschaften oder Familiengründungen beschäftigt sind, nicht ausreichend Zeit und Interesse aufbringen. Bei etwa der Hälfte der Befragten lag die TA-Basisausbildung 12 bis 20 Jahre zurück; eine andere Gruppe hatte diesen Kurs vor vier bis acht Jahren abgeschlossen. Diejenigen Teilnehmer, die den Kurs schon vor mehr als zehn Jahren besucht hatten, waren – bis auf eine Ausnahme – seither ständig in Kontakt mit der TA-Theorie und ihrer Anwendung geblieben, wenn auch nicht immer in der Form weiterer formaler Ausbildungsschritte. Höheres Alter der Interviewten bedeutete nicht automatisch, dass die Ausbildung schon vor langer Zeit absolviert wurde; es ergaben sich vielfältige Kombinationen von aktuellem Lebensalter und der Zeit, die seit dem Beginn oder dem Ende des Kurses vergangen waren.

Acht Interviewte waren verheiratet (teilweise wiederverheiratet nach einer Scheidung), drei waren geschieden; von einer Person fehlt die Angabe, da nicht explizit nach dem Familienstand gefragt wurde und dieser sich bei den anderen einfach aus dem Interviewtext ergab. Die meisten hatten Kinder unterschiedlichen Alters, mit denen sie größtenteils auch in einem gemeinsamen Haushalt lebten; einige Söhne und Töchter waren bereits erwachsen.

Was den formalen Abschluss transaktionsanalytischer Ausbildungsstufen betrifft, so wiesen die meisten die dreijährige Grundausbildung auf, wobei die Einstellung zu weiteren Ausbildungsschritten äußerst unterschiedlich war, ebenso wie die Art und Intensität der Anwendung von TA-Kenntnissen. Von einem Viertel waren höhere Ausbildungsstufen erreicht worden. Männer hatten tendenziell einen höheren formalen TA-Abschluss als Frauen oder zeigten mehr Ehrgeiz in dieser Richtung.

Auf die Tatsache, dass theoretisches Wissen, praktisches Können, persönliches Interesse, Identifikation mit der Theorie und formale Abschlüsse Ereignisse sind, die es voneinander zu unterscheiden gilt und die nicht notwendigerweise in dieser Kombination gleichzeitig eintreten müssen, wird weiter unten ausführlicher eingegangen.

2.2.2 Die Durchführung der Interviews

Der Interview-Leitfaden war erstellt, die ersten Termine fixiert – so stand dem konkreten Beginn der Interview-Serie nichts mehr im Wege. Die ersten zehn Interviews (plus einer Nachbefragung) fanden zwischen 30. April und 17. Juni 2008 statt, die beiden letzten (und eine zweite Nachbefragung) zwischen 29. September und 31. Oktober 2008.

In etwa zwei Drittel der Fälle war das Interview der erste persönliche Kontakt mit den Gesprächspartnern, sodass dieses meist mit einer nochmaligen Vorstellung der Interviewerin und des Forschungsprojektes begann, verbunden mit der Frage, ob es noch etwas gebe, was man aus der Sicht der Teilnehmer vorab zusätzlich wissen oder klären sollte. Einige Interviewpartner wollten nochmals genau erfahren, was mit den erhobenen Daten geschehe. Es folgte eine Erklärung zur Tonbandaufnahme, der Transkription des Gesagten und der Auswertung der Texte. Andere erkundigten sich nach dem Zweck der Untersuchung und der Art des Studiums. Bei der Antwort „Psychotherapiewissenschaft" reagierten manche zurückhaltend bis verunsichert, entspannten sich aber wieder, als erklärt wurde, dass es um Themen gehe, die auch aus therapeutischer Sicht relevant seien, Psychotherapie an sich aber nicht das Hauptthema der Studie sei. Dem Grund für diese kurzfristige Irritation wurde nicht weiter nachgegangen; dass hier Befürchtungen aufkamen, als Art „Versuchsperson" zu fungieren (wie bei einem der Telefonate) oder gar die „Normalität" der Befragten auf dem Prüfstand war, kann man nur vermuten.

Nochmals wurden Vertraulichkeit und Anonymität zugesichert: Sämtliche Angaben zur Person und natürlich die Namen der Interviewten seien in der Studie so zu verändern, dass Rückschlüsse auf konkrete Personen nicht möglich wären. Überraschenderweise antworteten manche Interviewpartner – allen voran lehrende Transaktionsanalytiker und Leute mit höherer TA-Ausbildung –, dass sie nichts zu verbergen und in keiner Weise etwas dagegen hätten, namentlich genannt zu werden. Die Frage, wie mit diesem Angebot umzugehen war, beschäftigte die Autorin bis zur Niederschrift der Arbeit eine ganze Weile. Einerseits gab es ja tatsächlich keinen triftigen Grund zu anonymisieren, wenn Interviewpartner dies nicht wünschten oder nicht für notwendig hielten. Auch der hochinteressante Inhalt der Aussagen bot keinen Anhaltspunkt, die dahinterstehende Person nicht zu deklarieren. Andererseits würde letztgenanntes Argument eigentlich für alle Interviews gelten, da jeder Einzelne wertvolle Dinge berichtete und damit zum Erkenntnisgewinn der Leser einen Beitrag leistete. Auch wenn der Eindruck entstand, dass sich einzelne Gesprächspartner über eine Namensnennung in der Untersuchung zurecht gefreut hätten, fiel die Entscheidung doch auf das Anonymisieren sämtlicher Interview-Texte. Wenn auch die Würdigung persönlicher Leistungen auf dem Gebiet der Transaktionsanalyse oder biographische Skizzen zum Werdegang von Transaktionsanalytikern ein lohnendes Unterfangen wäre, ist dies eindeutig weder Thema noch Ziel der vorliegenden Studie. Nur einen Teil der Befragten namentlich zu erwähnen, hätte zudem eine Art Zwei-Klassen-Gesellschaft erzeugt, was inhaltlich nicht fundiert gewesen wäre. Vor allem aber sollte ja die Analyse und Interpretation der Interviews nach klar deklarierten, objektiven Regeln vor sich gehen, die für alle gleichermaßen zu gelten hätten. Die Annahme, dass die Auswertung nicht-anonymer Texte unbewusste Blockaden beim Interpretieren auslösen könnte, war nicht ganz von der Hand zu weisen. Die Erlaubnis, bestimmte Personen nennen zu dürfen, wurde nur insofern genützt, als nun ohne Probleme manchen Aussagen die Information hinzugefügt werden konnte, dass es sich hier beispielsweise um das Statement eines Lehrenden handle, wenn dies im Kontext wesentlich schien. Sollte man also bei manchen Interview-Passagen bekannte Transaktionsanalytiker oder -analytikerinnen vermuten, dann nur deshalb, weil diese auf das Unkenntlichmachen ihrer Person keinen Wert legten. Für alle anderen Gesprächspartner gilt die beim Interview zugesagte Vereinbarung der Anonymität. Etliche Interviewpartner äußerten Interesse an den Ergebnissen der Studie und ersuchten um ein Exemplar der fertigen Arbeit.

Was die formale und inhaltliche Gestaltung der Interviews betrifft, so kommen diese in erster Linie dem in der Literatur vielfach beschriebenen narrativen Interview[87] am nächsten, bei denen der Interviewer wohl Themen grob vorgibt und auch Fragen in dieser Richtung stellt, das eigentliche Ereignis aber nicht in kurzen und prägnanten Antworten besteht, sondern in persönlichen Erzählungen, Gefühlen, Stellungnahmen und Assoziationen, die die Interviewpartner mitteilen. Begonnen wird das Interview mit gewissen Startfragen oder Impulsfragen – ein Zeitpunkt, zu dem mit Einverständnis der Mitwirkenden meist das Tonband eingeschaltet wird. Im vorliegenden Fall war dies häufig die Frage nach dem Beginn der Beschäftigung mit Transaktionsanalyse: Wie es denn kam, dass man sich dafür interessierte, worin die Motivation für eine Ausbildung bestand oder wie lange das Ganze zurückliege. Diese Fragen dienten – neben dem Informationsgewinn – als „Gesprächsanreger"[88]; sie stimmten auf die Thematik ein, setzten ein Gespräch in Gang, brachten in Kontakt mit Erinnerungen

---

87 siehe ebd., S. 357 ff.; siehe Nohl 2006, S. 19 ff.
88 siehe Cropley 2005, S. 100.

und wirkten somit „erzählgenerierend"[89]. Dass hier der Begriff des Interviews durch das Wort „Gespräch" ersetzt wird, ist kein Zufall; tatsächlich sollten die Interviews mehr den Charakter einer natürlich gestalteten Alltagskommunikation haben[90], bei der sich zwei Menschen unterhalten, berichten, zuhören, sich einfühlen und nachfragen, wenn etwas besonders wissenswert erscheint oder näher zu präzisieren ist. Eine fließende Interaktion zwischen Forschendem und Interviewtem entsteht, bei der man Themen aufgreift und weiterführt, Fragen stellt oder beantwortet, Probleme sieht, Gedanken mitteilt, Kritik äußert und zum Nachdenken anregt. Der wesentliche Unterschied zu einer alltäglichen Situation besteht jedoch unter anderem darin, dass die Rollen des Erzählens beziehungsweise des Fragens eindeutiger verteilt sind und die Form der Kommunikation daher asymmetrisch ist[91] (was allerdings nicht bedeuten soll, dass jede Alltagskommunikation symmetrisch ist). Für den Forschenden gilt das Prinzip der Zurückhaltung[92]: Es geht um die Weltsicht der Interviewten, um ihre Erfahrungen und Erlebnisse und nicht um die Meinung des Interviewers. Seine Aufgabe ist das aktive oder stimulierende Zuhören[93], das Einfühlen in die Berichtenden, das Signalisieren von Interesse, das Paraphrasieren des Gesagten als Zeichen des Verstehens und schließlich das Nachfragen an geeigneter Stelle. Im Sinn der Natürlichkeit der Situation schien es jedoch angebracht, manchmal auch Fragen, die die Interviewten stellten, kurz zu beantworten und bei Erzählungen nicht nur zu nicken, sondern auch den einen oder anderen kleinen Kommentar einzubringen. In jedem Fall waren manipulative Äußerungen oder tendenziöse Fragen zu vermeiden. Das Prinzip der Offenheit der Kommunikation[94] betraf nicht nur inhaltlich-thematische Aspekte der Antworten, sondern natürlich auch persönliche Einschätzungen und Bewertungen. So wurde die Frage einer Interviewpartnerin, ob es denn auch erlaubt sei, Kritisches zur Transaktionsanalyse anzumerken, selbstverständlich nicht nur bejaht, sondern als willkommene Gelegenheit genützt, diese zu ermuntern, sich absolut frei zu fühlen und zu sagen, was immer sie möchte.

Das Hauptthema der Untersuchung – persönliche Veränderungen durch Transaktionsanalyse – war allen Beteiligten bekannt. Zunächst wurde diese Frage nochmals in den Raum gestellt und abgewartet, in welcher Weise sich das Gespräch thematisch entwickeln würde. Der erstellte Interview-Leitfaden[95] hatte dabei weniger die Funktion eines Fragenkatalogs als einer Gedächtnisstütze[96], um sicherzustellen, dass diese speziellen Punkte des Forschungsinteresses nicht unbeachtet bleiben. In Stichworten ausgedrückt umfasste der Leitfaden folgende Themen: Veränderungen in Bezug auf das eigene Lebensgefühl und die Lebensqualität, konkretere Änderungen der beruflichen oder privaten Lebenssituation, die Bedeutung der Transaktionsanalyse in diesem

---

89   siehe Nohl 2006, S. 21 ff.
90   siehe ebd., S. 7; siehe Lamnek 2005, S. 340, S. 353, S. 371.
91   siehe Lamnek, S. 334 f.
92   siehe ebd., S. 351.
93   siehe ebd., S. 374.
94   siehe Nohl 2006, S. 19.; siehe Lamnek 2005, S. 349.
95   siehe Punkt 2.1.3
96   siehe Nohl 2006, S. 21.

Zusammenhang, die Frage, ob es ein TA-Lieblingsmodell gebe, ob und in welcher Weise TA-Kenntnisse zur Anwendung kämen und natürlich eine eventuelle Veränderung des „Sense of Coherence"; wie bereits ausgeführt ging es hier primär um eine Hellhörigkeit auf die drei Komponenten des Kohärenzgefühls (Verstehbarkeit, Handhabbarkeit und Bedeutsamkeit) bezogen auf vier wichtige von Antonovsky definierte Lebensbereiche (eigene Person, Beziehungen, Tätigkeiten und existentielle Fragen).

In den meisten Fällen war es nicht notwendig, explizit nach diesen Aspekten zu fragen, da die Interviewten selbst darauf zu sprechen kamen und es ausreichte, die eingebrachten Themen durch weiterführende Fragen zu vertiefen[97]. Inhaltlich nachgefragt oder um Präzisierung gebeten wurde aber nicht nur bei den Punkten des Leitfadens, sondern auch bei allen anderen Erzählungen, bei denen die Gesprächspartner neue, noch nicht reflektierte Sachverhalte einbrachten. So war es einerseits wichtig, sich auf die Berichte der Interviewten zu konzentrieren, neue Themen zuzulassen und dort einzuhaken, wo man Betroffenheit oder emotionale Bewegtheit der Interviewten spürte, gleichzeitig aber die Struktur der eigenen Forschungsfrage nicht aus den Augen zu verlieren und das noch nicht Behandelte auch anzusprechen.

Die Form des semistrukturierten Interviews erlaubte es, die eigenen Fragen der Situation angepasst einfließen zu lassen[98] und gleichzeitig offen zu sein für alles, was berichtet wurde, denn in erster Linie sollten sich die Interviewpartner zum Mitteilen konkreter Geschichten angeregt wissen. Auf diese Weise entstanden lebendige Gesprächssituationen und dynamische Prozesse; die Themen waren breit gefächert und je nach Interesse entwickelten sich an manchen markanten Stellen tiefergehende Auseinandersetzungen. So könnte man sagen, dass die narrativ angelegten Befragungen phasenweise auch Aspekte des problemzentrierten oder des Tiefeninterviews[99] aufwiesen.

Einige Themen, die vor allem während der ersten Termine von den Teilnehmern selbst kamen, fanden in den folgenden Interviews Eingang in den erstellten Leitfaden, was ebenfalls dem prozesshaften Charakter qualitativer Forschung entspricht. Die erste Gesprächspartnerin stellte beispielsweise einen Zusammenhang zwischen dem Erfolg ihrer TA-Ausbildung und ihrem Lebensalter zum Zeitpunkt des Kurses her, ein Gedanke, der plausibel wirkte und neugierig machte, wie wohl andere darüber denken. Dass letztendlich die Fragen des Leitfadens nur einen Teil des auszuwertenden Materials darstellten, zeigt die spontane und offene Art, in der die Interviews verliefen. Welche Themen im Detail auf die Initiative von befragten Personen zurückgingen, wird im Rahmen der Analyse und Interpretation der Daten genau vermerkt.

Spätestens nach eineinhalb Stunden kamen die Gespräche zu einem Ende, allerdings nicht deshalb, weil man nichts mehr zu sagen hatte, sondern um den angekündigten Zeitrahmen einzuhalten und auf die Gesprächspartner und deren weitere Tagesgestaltung Rücksicht zu nehmen. Trotz der intensiven Auseinandersetzung verabschiedete man sich oft mit dem Gefühl, dass man eigentlich noch sehr lange hätte wei-

---

97 siehe ebd., S. 22.
98 vgl. Schmidt-Lauber 2007.
99 siehe Cropley 2005, S. 109.

tersprechen können. Um sicherzugehen, dass dadurch keine wesentlichen Informationen vorenthalten blieben, wurde vor dem Abschalten des Tonbandes die Frage gestellt, ob es denn noch irgendetwas Wichtiges gebe, was die Interviewpartner in jedem Fall noch sagen oder hinzufügen wollten. Diese Gelegenheit nützten die Interviewpartner selten, um inhaltlich Neues anzusprechen; eher ging es um nochmalige Resümees ihrer Kernaussagen und deren Betonung.

Ein einziger Gesprächspartner äußerte an dieser Stelle einen Wunsch beziehungsweise eine Bedingung für die Veröffentlichung seiner Daten: Er wollte – noch vor der Auswertung und Interpretation seines Interviews – eine Zusammenfassung seiner Statements erhalten, einfach um zu sehen, ob er richtig verstanden worden war. Dies ist im Grunde sehr verständlich, wenn man sich in die Situation interviewter Menschen einfühlt, die Persönliches preisgeben und häufig nicht erfahren, in welcher Weise ihre Erzählungen gebraucht oder gedeutet werden. Durch ein Feedback dieser Art ist jedoch eine Fehlinterpretation des Gesagten schon im Kern vermeidbar, sodass die Idee gerne aufgegriffen wurde und die Interviewerin ihrerseits um ein Feedback ersuchte, ob die per Mail zugesandte Zusammenfassung der Vorstellung des Interviewpartners entsprach. Die Antwort lautete: „Liebe Rosa, Du hast mich in allem voll und ganz richtig verstanden. Ich wünsche dir viel Erfolg bei Deiner Arbeit." Diese wechselseitigen Bestätigungen erforderten nur einen geringen zeitlichen Mehraufwand, schafften aber für beide Beteiligten Vertrauen und die Sicherheit, Missverständnisse ausschließen zu können.

Manchmal unterhielt man sich nach dem Ausschalten des Bandes noch weiter, und so kam es, dass einzelne Gesprächspartner gerade zu diesem Zeitpunkt Wesentliches mitteilten. In diesen Fällen wurden die Interviewpartner um die Erlaubnis gebeten, auch diese Aussagen analysieren und verwenden zu dürfen.

2.2.3 Feldnotizen, erste Eindrücke und Gedanken

Die Bedeutung von Feldnotizen

Der Begriff „Feldnotizen" stammt – wie der Name schon sagt – aus der Feldforschung und meint sämtliche Beobachtungen, Empfindungen und Wahrnehmungen, die der Forscher im Zuge seiner Erhebungen im natürlichen Kontext der Befragten notiert. Diese Daten, die ebenfalls Eingang in die Untersuchung finden, können sich auf das konkrete Wohnumfeld der Interviewten beziehen, auf die dort herrschende Atmosphäre oder auf die aktuelle Verfassung der Beteiligten (wie Ruhe, Gelassenheit, Nervosität, Beflissenheit oder Ähnliches); handelt es sich um Interviews, sind auch die wahrgenommene Stimmung, die mögliche Anwesenheit Dritter und Störungen welcher Art auch immer, die Einfluss auf den Verlauf des Gesprächs nahmen, festzuhalten. Praktisch gesehen bedeutete dies im vorliegenden Fall, dass unmittelbar nach dem Ende des Interviews (meist noch während des Rückweges von den Wohnorten der Interviewpartner) all das niedergeschrieben wurde, solange die Erinnerungen frisch waren. Darüber hinaus wurden zu diesem Zeitpunkt bereits auch erste inhaltliche Eindrücke notiert, wie hervorstechende Bemerkungen, auffallende Stellungnahmen oder sonstige Äußerungen, die besonderes Gewicht hatten oder speziell betont wurden. Streng genommen wäre der von Lamnek verwendete Ausdruck des „Postskriptums"[100] passender, da einige Interviews ja nicht im natürlichen Umfeld der Befragten stattgefunden hatten und unter diesen Begriff alles fällt, was nach dem Ende des Interviews notiert wurde und Daten beinhaltet, die nicht aus dem transkribierten Interview-Text hervorgehen: Eindrücke von Verhaltensweisen und Einschätzungen zu möglichen Eigenschaften der Gesprächspartner, wahrgenommene Gefühle, Interaktionen der Beteiligten und Beobachtungen zu Mimik oder Gestik.[101]

Vorsicht ist m.E. allerdings bei der Interpretation dieser Daten geboten, da die meisten Interviewpartner nur ein einziges Mal kontaktiert wurden und man im Allgemeinen Menschen über einen längeren Zeitraum hinweg kennenlernen sollte, ehe man Eindrücke definitiv bewertet. Die bekannte Unterscheidung zwischen der Wahrnehmung an sich und der Interpretation derselben scheint hier – auch bei unscharfer Trennlinie – günstig. Nonverbale Daten wurden daher nicht direkt verwendet, um Aussagen zu relativieren oder zu bestätigen, wie oft vorgeschlagen wird[102]; eher werden sie als zusätzliche Informationen gesehen, die das Bild abrunden und plastischer erscheinen lassen, aus denen aber keine voreiligen Schlüsse zu ziehen sind. So kann zum Beispiel die eher gedrückte Stimmung, die während eines Gesprächs spürbar war, einfach auf die aktuelle Müdigkeit der Beteiligten oder ein unangenehmes Ereignis der vergangenen Stunden zurückzuführen sein und muss nicht notwendigerweise als Hinweis auf die – möglicherweise – depressive Disposition einer Person gesehen werden.

Behutsamkeit bei der Interpretation von Feldnotizen ist auch deshalb angebracht, weil nicht alle Beobachtungen tiefliegende Gründe haben müssen und manches auch auf ganz simplen Gegebenheiten beruhen kann. So wurde beispielsweise registriert, dass Interviews, die in hohen Altbauräumen ohne Vorhänge und Teppiche stattfanden, von der Atmosphäre her etwas unpersönlicher abliefen, als jene in Neubauwohnungen oder kompletter möblierten Altbauten. Dies mag reiner Zufall gewesen sein oder doch mit subjektiven Eigenarten der Befragten zusammenhängen. Es scheint aber genauso gut möglich, dass nur die andere Akustik oder die etwas kargere Einrichtung für die distanziertere Stimmung verantwortlich war.

Wohnorte und Verhaltensweisen
Betrachtet man auch insgesamt die Wohnorte oder Arbeitsräume der Interviewpartner unter diesem Aspekt der Vorsicht und der Relativierung von Deutungen, so bleibt trotz allem eine Beobachtung erhalten, die fast banal klingt, in der Realität aber dann doch immer wieder überraschte: dass Menschen, die alle dasselbe Interesse teilen, manchmal vergleichbare Berufe haben und ähnliche Lebenseinstellungen aufweisen, unterschiedlicher in der Wahl und Ausgestaltung ihrer Lebensräume kaum sein können. Obwohl nur sieben von zwölf Personen besucht wurden, entstand der Eindruck, nun eine Vielzahl möglicher Wohnformen repräsentiert zu sehen: helle, einfach und funktional eingerichtete Neubauwohnungen, aufwändige Villen am Stadtrand, originell bestückte Altbauwohnungen (die sehr unaufgeräumt, aber dennoch gemütlich wirkten),

---

100 siehe Lamnek 2005, S. 391 f.
101 Seitenangaben in den Fußnoten mit vorangestelltem „II" beziehen sich auf die Feldnotizen.
102 siehe ebd., S. 392.

131

Einfamilienhäuser im Grünen (auf das Leben mit Kindern zugeschnitten), persönliche Büro- und Arbeitsräume in privaten Häusern oder Wohnungen, Gärten, begrünte Innenhöfe und schließlich beeindruckend gestaltete Büros von Führungskräften.

Ähnlicher waren die Befragten in ihren Verhaltensweisen während der Interviews; sie zeigten sich sehr offen, interessiert und gesprächsbereit, hatten viel zu berichten, wussten mit den gestellten Fragen sofort in geeigneter Weise umzugehen und verhielten sich insgesamt engagiert und der Interviewerin gegenüber freundlich und wertschätzend. (Das häufige Du-Wort in den Interviews passte wohl zu der gesamten Art der Situation, war aber nicht Ausdruck persönlicher Freundschaft oder gepflegter Bekanntschaft, sondern entsprach dem in TA-Kreisen vielfach üblichen „kollegialen Du".) Es war offenbar gelungen, eine natürliche Gesprächsatmosphäre herzustellen, die durch angebotenen Tee oder Kaffee unterstrichen wurde und in der sich praktisch keine Pausen oder unangenehm empfundene Langatmigkeiten entwickelten.

Ein einziges Interview hob sich davon in seiner Art deutlich ab: Es handelte sich um das Gespräch mit einer Frau mittleren Alters aus dem Wirtschaftsbereich, die die Ausbildung in Transaktionsanalyse vor langer Zeit absolviert und damals Erfahrungen mit einem Kursleiter gemacht hatte, die sie als sehr unangenehm beschrieb.[103] Diese Erlebnisse waren anscheinend noch deutlich vor Augen, Enttäuschung und Frustration immer noch präsent, sodass das Interview äußerst zäh und stockend verlief und die ausschließlich negativen Aussagen knapp und bündig ausfielen. Auch in diesem Gespräch konkrete Erzählungen und Präzisierungen zu erhalten, stellte keine leicht lösbare Aufgabe dar. Was zunächst als schwierig oder gar störend empfunden wurde, erwies sich aber im Nachhinein als Quelle extrem wertvoller Informationen, da hier tatsächlich Gründe vorlagen, die eine kritische oder ablehnende Haltung verständlich machten. Dass eine klare Unterscheidung zwischen unerfreulichen persönlichen Erfahrungen mit einzelnen Ausbildnern und der Theorie der Transaktionsanalyse an sich fehlte, wird im Rahmen der Datenanalyse noch näher ausgeführt. Trotzdem – oder vielleicht gerade deshalb – wird dieses Interview ein Licht auf Wesentliches werfen, das im Bereich der TA, aber auch anderer Theorien oder Ausbildungen, grundlegend ist.

Alle Interviewpartner waren vielseitig interessiert, beschäftigt und gebildet, beruflich und in ihrer Freizeit aktiv und ließen insgesamt den Eindruck sehr bemühter, kommunikativer Menschen entstehen, die ihr Leben bewusst führen und Freude daran haben, ihr Wissen auch anderen zu vermitteln. Tatsächlich berichteten einige von ehrenamtlichen Engagements oder Multiplikatorentätigkeiten verschiedenster Art. Dass TA-Lehrende auch Transaktionsanalyse unterrichten, ist weiters nicht verwunderlich; auffallend war aber, dass fast alle Teilnehmer schon während der Basis-Ausbildung oder spätestens nach deren Abschluss begonnen hatten, TA-Modelle im beruflichen Umfeld weiterzugeben, sei es in Form interner Fortbildungsveranstaltungen für Kolleginnen, wie im Fall einer Horterzieherin oder durch das Initiieren von Gesprächsgruppen, die sich zum persönlichen Austausch in Bildungseinrichtungen organisierten.

---

103 siehe II, S. 1.

Vielleicht war dieses Gewöhnt-Sein an öffentliches Sprechen bei vielen Befragten mit ein Grund, dass sie während der Interviews locker und natürlich wirkten und tendenziell eher wenig oder kaum beeinträchtigt durch das Aufnahmegerät schienen; vielleicht lag es aber auch an der spezifischen Situation und Atmosphäre. Wie auch immer es gewesen sein mag – am deutlichsten traf dies bei einer Informantin zu, die das Tonband weiters nicht beachtete, völlig ungeniert über ihren Ex-Mann schimpfte, immer wieder amüsante Begebenheiten erzählte, die mit dem Thema eigentlich gar nichts mehr zu tun hatten, und die fremde Wohnküche, in der das Interview stattfand, kommentierte.[104]

Das andere Extrem wurde mit einer Interviewpartnerin erfahrbar, die sicherlich nicht auf das laufende Band vergessen hatte, in ihrer Sprechweise sehr kontrolliert war und dadurch wirkte, als wollte sie permanent für die Öffentlichkeit formulieren.[105] Diese Einschätzung entstand nicht nur durch Wendungen und Satzkonstruktionen, die für mündliche Mitteilungen eher ungewöhnlich formell klangen, sondern vor allem durch das ständige Aussprechen des Wortes „Transaktionsanalyse" bei gleichzeitigem Vermeiden der Abkürzung „TA", was für Transaktionsanalytiker in dieser ausgeprägten Form unüblich ist. Dennoch war das Ganze weit davon entfernt, unecht oder gar unehrlich zu wirken; „kontrolliert" scheint tatsächlich der passendste Ausdruck zu sein. Dass hier auch inhaltlich sehr viel zurückgehalten und nicht ausgesprochen wurde, muss nicht unbedingt der Fall gewesen sein. Da es sich um eine Lehrperson handelte, könnte sich die Achtsamkeit auch lediglich auf die Ausdrucksweise und die vermutete Wirkung auf ein Publikum bezogen haben. Auch der eingangs in Zusammenhang mit der Anonymisierung der Daten geäußerte Satz „Ich sage nichts, was man nicht auch öffentlich sagen könnte" ist vieldeutig. Zum einen könnte er auf die selbstbewusste Haltung einer Person hinweisen, die zum dem steht, was sie sagt, denkt und lebt; zum anderen könnte er eine gewisse Zurückhaltung vermuten lassen und die Absicht, nur das zu sagen, was alle hören und wissen können.

Es ist nicht unwahrscheinlich, dass diese Gesprächspartnerin sowohl die Worte als auch die Inhalte ihrer Darstellungen sehr bewusst ausgewählt hat, ohne aber unaufrichtig zu sein in dem, was sie sagte. Dieses Ausbalancieren von Offenheit und Verschlossenheit in Gesprächen (was im Grunde das Abstimmen von Nähe und Distanz in zwischenmenschlichen Beziehungen überhaupt widerspiegelt) ist nach Ruth Cohn, der Begründerin der Themenzentrierten Interaktion, keineswegs negativ zu sehen, sondern im Gegenteil notwendige Basis gelungener Begegnungen. Ausdruck dafür ist der von ihr geprägte Begriff der „selektiven Authentizität": nicht das Maximum an Mitteilung und Selbstoffenbarung ist stets die beste Wahl, sondern das der jeweiligen Situation angepasste Maß, das Optimum. So formuliert sie folgende Regel: „Sei authentisch und selektiv in deinen Kommunikationen. Mache dir bewußt, was du denkst und fühlst, und wähle, was du sagst und tust."[106] Wenn auch Lügen und Manipulationen abzulehnen seien, weil sie Annäherung und Kooperation verhindern, so könne völlig ungefil-

---

104 siehe II, S. 6.
105 siehe II, S. 6f.
106 Cohn 2009, S. 125.

tertes Sprechen den anderen in seiner Verständnisfähigkeit überfordern und unter Umständen auch nicht der gemeinsamen Vertrauensbasis entsprechen.[107] Ein gewisses Filtern sei auch im Sinn von Autonomie und Selbstbestimmung angezeigt; allerdings fügt Ruth Cohn hinzu: „Je weniger solches Filtern nötig geworden ist, desto einfacher, produktiver und froher ist die Kooperation der Teilnehmer."[108]

Unter diesem Blickwinkel wäre die an manchen Stellen eher förmliche Art der Interviewpartnerin nicht nur nachvollziehbar, sondern tatsächlich der Situation entsprechend – als eine von möglichen Varianten, sich bei einem Erstkontakt zu verhalten.

Diese beiden genannten Gesprächspartnerinnen repräsentieren zwei sehr unterschiedliche Verhaltensweisen und markieren sozusagen die Eckpunkte, zwischen denen sich alle anderen Teilnehmer bewegen. Mehr oder weniger fielen jedoch alle durch hohe Informationsbereitschaft auf und wirkten ziemlich ungezwungen – eher wie bei einem persönlichen Gespräch und weniger wie bei einem Interview, sodass letztendlich der positive Redefluss und das quantitative und qualitative Ausmaß an Mitteilungen alle Erwartungen übertraf.

Dennoch konnten vermutlich auch diese Personen nicht lückenlos und ausnahmslos sämtliche Erfahrungen mit Transaktionsanalyse berichten (was realistisch betrachtet sowieso unmöglich wäre), und es stellte sich die Frage, wie authentisch wohl die Befragten in ihren Antworten und Erzählungen waren.

Die Authentizität der Interviewpartner

Bei näherer Betrachtung stellt sich heraus, dass der Begriff „Authentizität", der in der Psychologie meist eine rein positive Bewertung erfährt, nicht unumstritten und im Grunde nicht so eindeutig ist, wie man vielleicht annehmen möchte.[109] In der Alltagssprache ist damit üblicherweise der gesamte Bereich der „Schein- und Sein–Thematik" gemeint, der die berechtigte Frage aufwirft, wie mit Sicherheit das tatsächliche „Sein" eines Menschen festzustellen und von dessen „Schein" zu unterscheiden wäre. In psychologischen Nachschlagewerken[110] wird „Authentizität" nicht definiert, sondern lediglich auf „Echtheit" verwiesen, auf den Eindruck von Stimmigkeit, der bei der Begegnung mit einem Menschen entsteht. Dies weist darauf hin, dass Authentizität nicht direkt erkennbar oder gar beweisbar ist, sondern sich nur indirekt durch Hinweise (wie die Übereinstimmung von Verbalem und Nonverbalem) erschließen lässt. Zudem scheint es zielführender, Authentizität durch Abgrenzung gegen Negatives zu beschreiben und durch das zu definieren, was sie nicht ist: kein bewusstes Täuschen, kein Lügen, kein Spielen einer Rolle, kein explizites Tragen einer „Maske".

Wenn nun von der Authentizität der Interviewpartner die Rede ist, geht es in diesem Sinn um Hinweise auf authentische Aussagen sowie um Eindrücke, die in der konkreten Interviewsituation entstanden sind.

---

107 siehe ebd.
108 Ebd.
109 vgl. Danner 2001
110 siehe Michel u. Novak 2007; Brockhaus Psychologie 2009.

Auch bei aller Vorsicht und genauer Beobachtung ließ sich tatsächlich bei keinem der Befragten ein Hinweis auf bewusstes Täuschen, durchgängiges Lügen oder Berichten massiver Unwahrheiten erkennen. Alle Interviewpartner wirkten in ihrer Art offen und natürlich; die Körpersprache war niemals auffallend im Widerspruch zum Gesagten; auch die erzählten Inhalte waren in sich konsistent und schlüssig. Beobachtungen eigener Befindlichkeiten während der Befragung ergaben – im Sinne Bernes – ebenfalls keinen Grund, Unaufrichtigkeiten in größerem Ausmaß anzunehmen. Bei fast allen Teilnehmern änderte sich die Art des Auftretens oder die Sprechweise auch kaum mit dem Abschalten des Tonbandes (obwohl das gemeinsame Gespräch manchmal noch andauerte), was ebenfalls eher auf eine grundsätzliche Natürlichkeit hinwies. Bei einer Interviewpartnerin stellte sich die Körpersprache als dermaßen ausdrucksstark dar, dass immer wieder die fehlende Video-Aufnahme bedauert wurde. Sie unterstrich das Gesagte nicht nur mit ihrer Mimik, sondern vor allem mit eindrucksvollen Arm- und Handbewegungen, die – zumindest für Transaktionsanalytiker – fast auch ohne Worte verständlich gewesen wären. Hier ließ sich – in Kombination mit der emotional empfundenen Echtheit, die sie ausstrahlte – mit Sicherheit jede Form von Täuschung oder gekünsteltem Auftreten ausschließen. Wie erwähnt erweckten auch alle anderen keineswegs den Eindruck, permanent etwas „vorspielen" zu wollen. Bereits in Zusammenhang mit der Wahl der Untersuchungsmethode wurde bemerkt, dass diese Annahme auch theoretisch weder logisch noch nahe liegend scheint.

Was jedoch vermutlich für alle Gesprächspartner gilt, ist die zitierte „selektive Authentizität" Ruth Cohns, wobei das Auswählen der mitgeteilten Inhalte m.E. nicht in jedem Fall bewusst vor sich gehen muss. Dass man im Rahmen der Wahrnehmung ständig filtert, manches übersieht, während anderes zu sehr ins Auge springt und Vieles zwar gesehen, aber nicht weiter beachtet wird, ist ein bekannter Umstand. Wahrscheinlich findet ein ähnlicher Vorgang beim Erzählen statt: Manches hätte man vielleicht erwähnen können, hat im Moment aber nicht daran gedacht; andere Berichte nehmen dagegen plötzlich mehr Raum ein, als man ursprünglich wollte. Auch hier stellt sich natürlich die Frage, ob sich bei diesen „unabsichtlichen" Verschiebungen das „Eigentliche" zeigt oder eher verstellt wird. Für die erstere Variante würde im Rahmen der Interviews die Tatsache sprechen, dass manche Personen bemerkten, eine Idee oder Einsicht wäre ihnen soeben während des Sprechens oder aufgrund einer Frage gekommen[111], was mit Sätzen wie „Jetzt, wo wir darüber reden, wird es auch deutlicher für mich"[112] kommentiert wurde.

Auch das vermutete bewusste Selektieren persönlicher Aussagen wäre im Sinne Ruth Cohns nicht als Unehrlichkeit zu werten und würde der grundsätzlichen Aufrichtigkeit der Interviewpartner keinen Abbruch tun. Die gestellten Fragen waren teilweise sehr persönlich, betrafen private Beziehungen und emotionale Befindlichkeiten; so ist es durchaus zu verstehen, dass bei einem Interview, das oftmals den ersten und einzigen Kontakt darstellte und zudem auf Band festgehalten wurde, die Teilnehmer nicht alle Details in völliger Ausführlichkeit berichten wollten. Dennoch war selbst bei die-

---

111 siehe I, S. 27, S. 112, S. 197 f.
112 I, S. 167.

sen Themen ein gewisses – mitunter auch sehr hohes – Ausmaß an Offenheit zu spüren.

Wenn man zusätzlich bedenkt, dass es – abgesehen vom bewussten Aussparen von Informationen – auch tatsächlich nicht machbar ist, in eineinhalb Stunden eine vollständige Selbstoffenbarung zu welchem Thema auch immer zu bieten, ist es wahrhaft erstaunlich, welche Fülle an Daten und auszuwertendem Material zustande kam. Die Erzählungen bestanden fast ausschließlich aus dichtesten Informationen sowie persönlichen und sachlichen Berichten, die so inhaltsreich waren, dass es (im Rahmen der später folgenden Auseinandersetzung mit den Transkriptionen) eine gewisse Herausforderung war, diese Menge an Daten analysierend und interpretierend zu bewältigen. So gesehen könnte man zurecht annehmen, dass die Gesprächspartner sich vielleicht nicht allzu selektiv verhielten und das Optimum an Mitteilung möglicherweise sogar dem Maximum nahekam, das in der spezifischen Interview-Situation in einem begrenzten Zeitrahmen realisierbar war. Vielleicht könnte man in Anlehnung an die Idee des Kontinuums die Frage nach der Authentizität nicht ausschließlich mit selektiven Verhaltensweisen beantworten, sondern auch mit der Vorstellung des „mehr oder weniger". Die Begriffsklärung zur Authentizität hat ja deutlich gezeigt, dass es sich hier um ein Phänomen mit vielen Facetten handelt. So könnte man annehmen, dass man im Grunde ständig „mehr oder weniger" authentisch ist, je nach Stimmung, Situation und Gegenüber. Auch in dieser Hinsicht erweckten die Interviewpartner den Eindruck, dass sie bezogen auf die Erhebungssituation und die Art der Fragen sehr authentisch waren.

Das Thema der möglichen Informationsauswahl und der (selektiven) Authentizität wurde in spezieller Weise bei der Frage nach der Bedeutung der Transaktionsanalyse in privaten Beziehungen, in Partnerschaft und Familie aktuell. Wie viel die Interview-Partner dazu berichteten, war äußerst unterschiedlich. Manche sprachen spontan und ohne Umschweife gleich über sehr persönliche Dinge, wie den Verlauf ihrer Scheidung, die Kommunikation mit dem Ehemann oder den Umgang mit ihren Kindern; andere verhielten sich verschlossener und beließen es bei einigen Andeutungen. Obwohl es aus der Perspektive des Forschenden erstrebenswert ist, möglichst umfassende und in die Tiefe gehende Daten zu erhalten, war klar, dass gleichzeitig Respekt vor der Privatsphäre der einzelnen Teilnehmer zu wahren ist. So erforderten diese Themen nicht nur konkrete Fragen und signalisiertes Interesse, sondern auch Fingerspitzengefühl im Ablauf der Dialoge und Achtung vor persönlichen Grenzen. Die Fragen wurden bei allen Teilnehmern in vergleichbarer Weise formuliert. Fiel die Antwort nur sehr kurz oder wenig inhaltsreich aus, wurde zu späteren Zeitpunkten erneut versucht, das Gespräch in diese Richtung zu lenken. Wollten sich die Interviewten aber auch dann nicht ausführlicher äußern, sollte natürlich nicht weiter insistiert und die Zurückhaltung akzeptiert werden. Die meisten hatten jedoch anscheinend keine Probleme, auch aus ihrem privaten Alltag zu berichten.

Eine Tendenz zeichnete sich sehr deutlich ab: Je höher der formale Grad der TA-Ausbildung war, desto unpersönlicher fielen die Statements aus. Einerseits war dies verständlich, da diese Menschen sich in verstärktem Ausmaß als Repräsentanten der

Transaktionsanalyse in Österreich fühlten und daher während der Interviews vermutlich auch vermehrt die Vorstellung aufkam, öffentlich zu sprechen. Andererseits war es verwunderlich, dass sie Privates eher aussparten, denn gerade von psychologisch sehr gebildeten Personen hätte man eventuell ein etwas selbstbewussteres Auftreten erwartet, eine Haltung, in der man sich selbst und das eigene Leben so akzeptiert und darstellt, wie es ist. Positiver gedacht könnte man diese Zurückhaltung aber auch als Fähigkeit interpretieren, Grenzen zu setzen und nichts zu sagen, was man für sich behalten möchte – aus welchen Gründen auch immer. Aus der Sicht der Forschung und Wissensvermehrung war es allerdings bedauerlich, nicht ausführlicher erfahren zu können, wie Transaktionsanalytiker mit jahrelangem Training ihr Privatleben bewältigen. Sollte dieses durch die Anwendung der TA durchwegs glücklich und positiv verlaufen, wären hier wesentliche Erfahrungen unausgesprochen und für die Allgemeinheit unzugänglich geblieben. Selbst im umgekehrten Fall könnte man aus ihren Berichten lernen und hilfreiche Schlüsse ziehen: zum Beispiel jenen, dass selbst Karriere und Spezial-Ausbildungen nicht vor Widrigkeiten des Alltags schützen und psychologische Theorien – so gekonnt auch die Anwendung sein mag – nicht als Allheilmittel zu sehen sind.

So stammen die meisten Berichte zur Anwendung der Transaktionsanalyse in persönlichen Beziehungen, in Partnerschaft und Familie, von Interviewpartnern mit abgeschlossener TA-Basisausbildung. Aber auch hier bestätigt die berühmte Ausnahme die Regel: Ein Interviewpartner mit sehr hoher beruflicher Position und fortgeschrittener TA-Ausbildung war einer von jenen, die in auffallend persönlicher Weise aus ihrem Leben berichteten, selbst Begebenheiten aus der Kindheit erzählten, Schwierigkeiten nicht verschwiegen und insgesamt bescheiden, aber sehr selbstbewusst wirkten.

Allgemein gesprochen kann auch in Zusammenhang mit privaten Themen und persönlichen Fragen die Einschätzung der Interviewpartner als grundsätzlich sehr authentisch in oben dargestelltem Sinn gelten; vermutlich verhielten sich alle mehr oder weniger „selektiv authentisch", hielten manche Informationen zurück, berichteten aber dennoch Vieles sehr lebensnah, umfassend und detailliert.

Störungen während der Interviews

Das Thema „Privatleben" und die Präsenz von Ehepartnern spielte auch auf andere Weise im Verlauf der Interviews eine Rolle. Ein Gespräch musste beispielsweise nach etwa 50 Minuten in einen anderen Raum verlegt werden, weil der Partner früher als erwartet nach Hause kam. Das Interview verlief nach wie vor in positiver Atmosphäre und weitgehend ungestört; dennoch fiel auf, dass die Stimme der Interviewten deutlich leiser wurde und sie die Befragung auch nach kurzer Zeit beenden wollte – mit der Begründung, sie müsse sich nun um ihren Mann kümmern. Allerdings erklärte sie sich gleichzeitig zu einem weiteren Interview-Termin bereit, um das Begonnene fortzusetzen und abzuschließen, sodass diese Unterbrechung im Grunde genommen eine nützliche Funktion hatte, da ein zweiter Gesprächstermin sonst möglicherweise nicht zustande gekommen wäre.

Kurzfristig störender war das Verhalten der Partnerin eines Interviewten, die ebenfalls während des Gesprächs nach Hause gekommen war, jedoch ziemlich laut in der

Küche zu arbeiten begann und demonstrativ am Handy telefonierte, wodurch nicht nur die Tonbandaufnahme, sondern auch die gesamte Interview-Situation etwas beeinträchtigt war.[113] Der Zeitpunkt war insofern ungünstig, weil der Informant, der eben begonnen hatte, in seinen Ausführungen persönlicher zu werden, nun das Thema wechselte und aufhörte, über Privates zu sprechen.

Abgesehen von diesen beiden Momenten waren tatsächlich keine Störungen der Interview-Situationen zu verzeichnen, weder durch Familienmitglieder noch durch andere Ereignisse. Als Gegenstück zu der eben erwähnten Episode, bei der die Partnerin den Anschein hatte, nicht übermäßig erfreut über die Befragung zu sein (was natürlich eine reine Vermutung ist), sei eine Kollegin erwähnt, die ihren Mann ausdrücklich für ein Interview empfohlen hatte, das wahrscheinlich ohne diese vorangegangene Intervention nicht stattgefunden hätte.[114]

Weniger als Störung denn als unvorhergesehenes Ereignis könnte man anmerken, dass eine Interviewpartnerin, die in ihrer Wohnung besucht werden sollte, den Termin vergessen hatte. Da sie zu der vereinbarten Zeit zufällig zu Hause war, willigte sie dennoch in die Befragung ein, und es entstand der Eindruck, dass dieser spontane Beginn den Einstieg in ein natürliches Gespräch eher erleichterte als behinderte.[115]

Ob das Thema „Zeitdruck", das in einzelnen Interviews eine Rolle spielte, als Störung zu werten ist oder nicht, sei dahingestellt. Zu beobachten war jedenfalls, dass einzelne Personen aus dem Management- und Wirtschaftsbereich, die an ihre Arbeitsstelle gebeten hatten, den Zeitrahmen für das Interview sehr knapp kalkulierten und somit weder eine Phase des Kennenlernens noch des Ausklingens möglich war.[116] Dadurch war auch beidseits ein stärkerer Druck spürbar, in kurzer Zeit ein Maximum an Informationen zu geben beziehungsweise zu erhalten. Eine entspanntere Atmosphäre wäre vielleicht angenehmer gewesen; für den Fortgang der Datenerhebung könnte sich dieses Bewusstsein begrenzter Zeit auch produktiv ausgewirkt und schneller dazu geführt haben, ohne lange Einleitung Wesentliches zu fragen und mitzuteilen.

Interaktionen

Im Sinn der TA ließen sich auch die Transaktionsformen beobachten, die zwischen den Befragten und der Interviewerin stattfanden, womit – wie bereits ausgeführt – nicht die Rollenverteilung oder primär das Verbale gemeint ist, sondern die Art des unterschwelligen Aufeinander-bezogen-Seins und Kommunizierens[117].

Zu erwähnen wäre allerdings in diesem Zusammenhang, dass nach persönlichen Erlebnissen und Erfahrungen gefragt wurde, sehr Viele aber auch der Darstellung der TA-Theorie großen Stellenwert einräumten und – mehr als dies notwendig gewesen wäre – über TA-Modelle referierten. Im Falle von Personen mit sehr fundierten Kenntnissen und praktischen Erfahrungen in der Vermittlung von Transaktionsanalyse ergab sich allerdings dadurch der wertvolle Effekt, sehr spezielle Informationen zu

---

113 siehe II, S. 5.
114 siehe II, S. 1.
115 siehe II, S. 2.
116 siehe II, S. 6.
117 siehe Punkt 1.1.3

gewinnen, wie persönlich eingeschätzte Querverbindungen zu anderen Theorien, Erinnerungen an Gründergestalten der TA und Ähnliches.

Worum es in diesem Punkt jedoch gehen soll, ist weniger das Verbale als das unausgesprochene Beziehungsgeschehen. Transaktionsanalytisch gesprochen war das intendierte Ziel eindeutig eine Kommunikation auf der Erwachsenen-Ebene, bei der zwei Menschen sich als gleichberechtigt begegnen und respektieren, ohne sich in unangenehmer Weise überlegen oder unterlegen zu fühlen. Wie schwierig es in der Praxis jedoch ist, diese partnerschaftliche Ebene herzustellen und aufrechtzuerhalten, war auch bei manchen Interview-Phasen zu erleben. Offenbar unter dem Eindruck der telefonisch geäußerten Befürchtung, „Versuchskaninchen" zu sein, ging zunächst jede Bemühung der Interviewerin in die Richtung, dieses Missverständnis und damit die schiefe Ebene der Beziehungssituation zu vermeiden. Es wurde das Interesse am speziellen Wissen und dem besonderen Erfahrungshintergrund der Interviewten (anscheinend zu stark) betont, sodass nun teilweise umgekehrt die Befragten die Rolle der (extrem) Belehrenden und Überlegenen einnahmen, was in der Sprache der Transaktionsanalyse dem Gefälle vom Eltern- zum Kind-Ich entspricht. Eine Person hatte beispielsweise ein Buch gelesen, das die Interviewerin noch nicht in allen Einzelheiten studiert hatte, worauf die Interviewte blankes Entsetzen ausdrückte und in der Folge umso mehr Fachausdrücke und englische Schlagworte einwarf.[118] Das Gespräch – im Sinn der TA – auf eine erwachsene Ebene zu bringen, ohne wiederum in eine Transaktion vom Eltern- zum Kind-Ich mit vertauschten Rollen abzuleiten, war nicht immer ganz einfach.

Wie erwähnt war in zahlreichen Interviews festzustellen, dass die Gesprächspartner persönliche Geschichten in sehr starkem Ausmaß mit Darstellungen der TA-Theorie verwoben. Einfach auch sachliche Inhalte einfließen zu lassen, wenn es um die Anwendung einer Theorie geht, schien bis zu einem gewissen Grad legitim und nicht unpassend. In dem praktizierten Ausmaß stellte sich allerdings die Frage nach der Funktion dieser Ausführungen, da ja im Grunde nicht nach Theorie, sondern nach konkreten Erlebnissen gefragt wurde. Vielleicht waren diese Statements einfach Ausdruck von berechtigtem Stolz und persönlicher Freude über erworbene Kenntnisse; vielleicht war es einfach Gewohnheit, Theoretisches über Transaktionsanalyse zu erklären, ehe man Persönliches erzählt, da man TA-Wissen nicht als allgemein verbreitet voraussetzt. Was auch immer der Hintergrund der Sprechenden gewesen sein mag – einige Interview-Passagen könnten auch den Charakter einer Art Selbstpräsentation gehabt haben, mit der man zeigt, was man kann, weiß und gelernt hat; vermutlich war die unausgesprochene Erwartung Lob, Anerkennung und Bewunderung, sodass die Situation somit als Transaktion vom Kind-Ich der Interviewten zum Eltern-Ich der Interviewerin interpretiert werden könnte. Deutet man hingegen diese Passagen als Selbstpräsentation im Sinn der Demonstration von Überlegenheit, hätte hier eher eine Transaktion vom Eltern-Ich der Befragten zum Kind-Ich der Interviewerin stattgefunden.

---

118 siehe II, S. 2.

An anderen Stellen war die Transaktion vom Kind-Ich der Interviewten zum Eltern-Ich der Interviewerin eindeutiger. So formulierte ein Interviewpartner zur eigenen Anwendung von TA-Modellen in bestimmten Lebensbereichen den entschuldigend klingenden Satz „Da bin ich noch nicht so weit"[119]. Seine Stimme wurde dabei leiser, der Blick gesenkt; er beteuerte fast selbstanklagend das noch Fehlende in seiner Entwicklung, obwohl eine Beurteilung durch die Interviewerin niemals zur Debatte stand.[120]

Diese Szenen waren isolierte Beispiele, aber dennoch von ihrer Struktur her typische Interaktionsmuster, die sich in verschiedenen Variationen wiederholten. Über weite Strecken der Interview-Serie schienen sich die Gespräche im Allgemeinen jedoch gut auf der Erwachsenen-Ebene einzupendeln: Es ging um Fragen, Themen, Mitteilungen, Erzählungen – ohne sich selbst oder den anderen abzuwerten. Auch die Entscheidung in der Vorbereitungsphase, niemanden zu einem Interview zu überreden und auf die Freiwilligkeit der Teilnehmer zu setzen, hatte bereits auf eine Kooperation dieser Art abgezielt.

Die Sprache der Interviewten

In der qualitativen Sozialforschung unterscheidet man verschiedene Interview-Formen, von denen wohl das bereits beschriebene narrative Interview und die Expertenbefragung die gegensätzlichsten sind.[121] Während Letzteres einfach sachlich fundierte Meinungen und Statements von Experten zu einer bestimmten Frage erhebt ohne weitschweifig auch persönliche Gefühle und Erlebnisse zu thematisieren, ist gerade das Erzählen lebensweltlicher Ereignisse Gegenstand narrativer Interviews. Dementsprechend geht man davon aus, dass sich die Befragten hier auch in ihrer gewohnten Alltagssprache unmittelbar ausdrücken und von Erfahrungen einfach spontan berichten ohne auf ein theoretisches Vorverständnis zurückzugreifen. Es ist die Aufgabe des Forschers, diese Geschichten und Deutungen mit wissenschaftlichen Konzepten und Kategorien in Verbindung zu bringen, wissenschaftlich zu interpretieren[122] und dazu das Gesagte auf ein abstrakteres Sprachniveau zu bringen, was einem Übersetzungsvorgang gleichkommt, bei dem alltagsweltliche Sprache in wissenschaftliche Terminologie übergeht.

So gesehen nehmen die Interviews mit transaktionsanalytisch gebildeten Menschen eine Sonderstellung ein. Klarerweise geht es hier nicht um „naiv" erzählte Alltagsgeschichten ohne jeden Theoriebezug, andererseits auch nicht um reine Sachfragen. Auch wenn das Berichten subjektiver Erlebnisse im Mittelpunkt stand, handelte es sich um persönliche Erfahrungen, Gedanken und Gefühle sachkundiger Personen in Zusammenhang mit einer Theorie – anders ausgedrückt: um alltagsweltliche Geschichten aus der Perspektive von Experten, wobei der Begriff „Experte" in den Interviews nicht bloße Worthülse sein sollte, um zum Erzählen zu animieren, sondern tat-

---

119 I, S. 89 f.
120 siehe II, S. 3.
121 siehe Lamnek 2005, S. 356 ff.
122 siehe ebd., S. 510.

sächlich auf der Erkenntnis beruht, dass praktisch alle Interviewpartner (und nicht nur lehrende Transaktionsanalytiker) über sehr fundiertes Fachwissen verfügten.

Aus diesem Grund war die Sprache der Interviewpartner keine reine Alltags- oder Umgangssprache, sondern bereits vermischt mit Fachterminologie. Die Teilnehmer bedienten sich jedoch in ihren Berichten nicht nur spezieller Ausdrücke der Transaktionsanalyse, sondern bevorzugten eine Erzählweise, die an sich schon ein gewisses Abstraktions- und Reflexionsniveau aufwies; teilweise betrachteten und beurteilten sie sich selbst bei der eigenen Anwendung der TA wie von einer Meta-Position aus. Fast könnte man sagen, dass passagenweise die Gesprächspartner nicht in konkreter Alltagssprache formulierten, die sie durch Fachausdrücke anreicherten, sondern in TA-Sprache, die – vor allem für Nicht-TA-Kundige – der Konkretisierung und Erklärung bedarf. In der Interview-Situation selbst stellte dies zwar kein Problem dar (da diese Ausdrucksweise auch der Interviewerin vertraut war), sondern erleichterte im Gegenteil die Kontaktaufnahme und führte sehr rasch zu einer vertrauten und produktiven Kommunikationsbasis. Dass eine Fachsprache zielgerichtete Bedeutung hat und die Kommunikation unter Spezialisten sehr effektiv fördern kann, betont auch Cropley[123]: Eine geschickte Wortwahl ruft Assoziationen hervor, die die Inhalte anreichern und relevante Wissensbestände aktivieren.

Wenn also in den Interviews die Rede davon war, dass gewisse Personen ständig zu gekreuzten Transaktionen neigen, ihren Antreiber nicht loswerden oder das freie Kind toben lassen, dann wussten beide Beteiligten sofort, was gemeint war, und der Dialog entfaltete sich weiter. Da die Zitate und Berichte der Interviews jedoch auch für Nicht-TA-Kundige verständlich sein sollten und der Fokus zudem auf konkreten Erzählungen lag, war es notwendig, immer wieder vom eigenen Verständnis zu abstrahieren, sich vorzustellen, wie das Ganze für Nicht-Transaktionsanalytiker wohl klingen würde und nach plastischeren Darstellungen und konkreteren Beispielen zu fragen. Dabei wurde klar, dass diese in TA-Sprache formulierten Begebenheiten für die Befragten bereits als lebensnahe Geschichten empfunden wurden, was sicherlich mit der Bildhaftigkeit der Begriffe zusammenhängt. Es schien so, als hätten die Interviewten schon früher ihre Erlebnisse reflektiert, Erfahrungen verdichtet und drückten nun den Kern des Erlebten in der Terminologie der Transaktionsanalyse aus. Dies war bei allen Teilnehmern sämtlicher Ausbildungslevels zu beobachten. Auch aus diesem Grund stellten sich alle Teilnehmer tatsächlich als Experten heraus, die nicht nur über theoretisches Wissen verfügten, sondern auch praktische Erfahrungen im beruflichen und privaten Alltag gesammelt und durchdacht hatten.

Gleichzeitig war diese teilweise theoriespezifische und abstraktere Sprechweise mit natürlicher, ungezwungener Alltagssprache verbunden. Die Leute schienen gewohnt an gutes Formulieren zu sein, artikulierten sich flüssig und drückten sich gekonnt aus, auch wenn die Erzählungen umgangssprachlichen Charakter hatten. Aus der Sicht des Forschers kommt freilich gerade bei salopper formulierten Abschnitten Freude auf, da diese meist Zeichen von besonders spontanen, unkontrollierteren und daher besonders authentischen Aussagen sind.

---

123 siehe Cropley 2005, S. 162.

Vielleicht war diese allgemein spürbare Tendenz zu einem angenehmen Redefluss auch durch den Umstand mit beeinflusst, dass zu Beginn der Gespräche sämtliche Teilnehmer auf die Möglichkeit hingewiesen wurden, auch im Nachhinein telefonisch ihre Aussagen ergänzen oder korrigieren zu können, sollte in der Zwischenzeit ein neuer Gedankengang aufgetaucht sein. Dieses Angebot wurde von niemandem genützt, hatte aber vermutlich die Funktion gehabt, beim freien Sprechen zu unterstützen.

2.3   Die Datenauswertung

In der Literatur zur qualitativen Sozialforschung wird immer wieder auf deren dynamischen, prozesshaften Charakter verwiesen[124], was zum Beispiel bedeutet, dass die einzelnen Phasen des Forschungsprozesses nicht eindeutig voneinander getrennt sind oder sich wiederholt neue Wendungen und überraschende Situationen im Verlauf der Studie ergeben.

In der vorliegenden Untersuchung war zwar eine gewisse Dynamik dieser Art innerhalb der einzelnen Abschnitte zu registrieren; im Prinzip waren die Phasen jedoch sehr klar strukturierte Prozesse, die auch in hohem Ausmaß auseinanderzuhalten waren.

Ziemlich bald nach der Durchführung der Befragungen wurden die einzelnen Bänder gehört und der Inhalt dabei exzerpiert, sodass der thematische Verlauf des jeweiligen Interviews ein erstes Mal in kompakter Form ersichtlich und niedergeschrieben wurde. Dieser Schritt, der theoretisch nicht unbedingt notwendig ist, hatte dennoch wichtige Funktionen. Neben einem ersten Überblick, den man sich auf diese Weise über die angesprochenen Problemkreise verschaffte, wurde die gesamte Interviewsituation nochmals erinnert; die Dialoge waren wieder lebendig vor Augen (beziehungsweise im Ohr), sodass man dem Gesagten nachspüren und die Worte nochmals auf sich wirken lassen konnte. Einige Passagen wurden mehrfach gehört; eventuell konnte man auch nach Belieben pausieren und über manche Aussagen nachdenken, sodass das Ganze auch tiefere Schichten im Forschenden selbst erreichte, erste gedankliche Querverbindungen entstanden und sich Zusammenhänge zeigten. Diese Phase hatte eine gewisse Nähe zu dem, was Cropley mit dem Ausdruck „sich in die Daten versenken" umschreibt.[125] Der akustische Eindruck sollte präsent bleiben und bildete so den Hintergrund für die folgende Auswertung der schriftlichen Daten.

Die anschließende Transkription der Interviews erfolgte nach den Richtlinien von Walter Morgenthaler[126]. Die Grundidee besteht darin, die gesamte Befragung vollständig und wörtlich in schriftlicher Form festzuhalten. Das heißt, es darf nichts weggelassen werden, was nebensächlich wirkt; es soll nichts Verbales geglättet oder verändert werden, auch wenn es sich um Versprecher, unvollständige Sätze, einzelne unzusammenhängende Worte, grammatikalische Fehler, Mundartausdrücke oder Ähnliches

---

124 siehe Cropley 2005, S. 79.
125 siehe ebd., S. 117.
126 www. textkritik.de/personen/morgenthaler.htm

handelt. Als Basis der Datenauswertung, das heißt der Analyse und Interpretation der Interviews, dient dieses schriftliche Dokument. Deshalb geht es bei der Transkription der Interviews zusätzlich auch darum, den Text mit bestimmten Symbolen oder eigenen Anmerkungen zu versehen, die Betonung, Stimmlage, Sprechtempo, vor allem aber momentane Änderungen der Sprechweise anzeigen. (Die Betonung eines einzelnen Wortes wird beispielsweise durch ein Ausrufzeichen markiert, eine Pause – je nach Länge – durch ein, zwei oder drei Bindestriche.) Jeweils in Klammer sind Wechsel der Tonhöhen oder der Sprechgeschwindigkeit zu setzen („spricht leiser, schneller, zögerlicher, lauter" o.ä.). Vor allem diese Veränderungen und Sprechpausen sind zu kennzeichnen, da die Überzeugung besteht, dass beides inhaltliche Bedeutung haben kann und der nach einer Pause artikulierte Gedanke besonderes Gewicht hat oder in irgendeiner Form speziell relevant ist. Wichtig sind auch alle geäußerten Interjektionen wie „äh", „hm", „ah" und „mhm", da auch diese etwas ausdrücken und das Verbalisierte fragend, verwundernd oder zögernd untermalen.

Im Prinzip sollte der transkribierte Text auf den geschulten Leser wie ein Tondokument wirken und in allen Facetten schriftlich fixiert sein. Es zeigte sich aber, dass selbst ein akribisch kommentierter Text niemals ein Tondokument ersetzen kann und das Erlebte und akustisch Gehörte klarerweise etwas anderes ist als dessen Niederschrift. Einerseits hat die Transkription den Vorteil, sämtliche Einzelheiten wiederzugeben, auch jene, die in der realen Situation oder beim Abspielen des Bandes vielleicht nicht aufgefallen wären. Auch ist es nicht möglich, Dinge zu „überhören" oder nicht zu beachten. Andererseits entstand der Eindruck, dass die Transkription auf andere Weise das Gesagte auch wieder verfälscht. Mit Verwunderung wurde beim Lesen beispielsweise festgestellt, wie häufig Sätze abgebrochen und nicht vollständig zu Ende geführt wurden. Was im persönlichen Kontakt oder beim Hören des Bandes als flüssige, gewandte Rede empfunden wurde, wirkte beim Lesen eher wie hingeworfene oder gar gestammelte Satzteile. De facto wirkte dies keineswegs so in der Interviewsituation selbst; offenbar wird im gelebten Dialog ein „Stottern" oder unnötiges Wiederholen von Worten und Silben ausgeblendet, wenn insgesamt der Redefluss passt, der Kontakt hergestellt ist und inhaltsreiche Aussagen ankommen. Bei manchen Passagen schienen diese unvollständigen Sätze und mehrfach ausgesprochenen Worte auch mit dem Inhalt in Verbindung zu stehen und etwas zu bedeuten. Ähnlich wie im Fall der Pausen könnten sie mitunter Zeichen von emotionaler Bewegtheit sein oder auf die subjektive Wichtigkeit von Themen hinweisen. Im Allgemeinen dürfte dies aber eher mit dem Umstand in Verbindung stehen, dass die Gespräche sehr intensiv und konzentriert abliefen, vermutlich viele Gedanken beim Verbalisieren durch den Kopf gingen und man bemüht war, die begrenzte Zeitspanne zu nützen. In allen Interviews war ausnahmslos zu beobachten, dass falsch ausgesprochene Worte, unkorrekte Satzkonstruktionen und unfertige Sätze nach etwa 40 bis 50 Minuten deutlich zunahmen. Da dies ein durchgängiges Muster war, das sich bei allen Personen auch unabhängig von Themen wiederholte, darf mit Sicherheit angenommen werden, dass andeutungsweises „Stottern" oder Ähnliches gegen Ende der Interviews einfach Ausdruck der nachlassenden Konzentration war und nichts mit referierten Inhalten zu tun hatte.

Die vollständige Transkription sämtlicher Interviews umfasste 327 Seiten und sollte nun nach logischen und systematischen Regeln ausgewertet werden. In der Literatur werden etliche Techniken vorgestellt, die sämtliche Schritte der Auswertung im Detail festlegen, wie die „Qualitative Inhaltsanalyse" nach Mayring[127], die „Grounded Theory" nach Glaser und Strauss[128] oder die „Objektive Hermeneutik" nach Oevermann[129].

Zwei Grundtendenzen scheinen sich in der prinzipiellen Einstellung zum Umgang mit qualitativen Daten abzuzeichnen: einerseits eine hermeneutisch gefärbte Herangehensweise, die die Einmaligkeit der Interaktion eines individuellen Forschers mit Daten spezieller Einzelfälle betont und darin auch die Stärke qualitativer Forschung sieht, andererseits Haltungen, die eher dem naturwissenschaftlichen Paradigma nahekommen und mit fast mathematischer Genauigkeit Daten analysieren, Begriffe zählen und zu Widerspruchsfreiheit gelangen wollen. Selbst im Rahmen der Analyse qualitativer Daten scheint also nach wie vor die Spannung zwischen geistes- und naturwissenschaftlicher Perspektive aktuell zu sein. Cropley zitiert extreme Formen des zweitgenannten Ansatzes und berichtet von Methoden, bei denen beispielsweise zur Analyse von Zeitungsartikeln erforscht wurde, wie oft bestimmte Begriffe auf einer gegebenen Anzahl von Quadratzentimetern gedruckt wurden. Mit dem Ziel, die Auswertung von Dokumenten möglichst effizient und objektiv zu gestalten, wurden auch Computer-Programme entworfen, die eine rein elektronische Auswertung sicherstellen sollten, wie das SPSS-Paket[130] oder die Software „NUD.IST" (Non-numerical Unstructured Data. Indexing, Searching and Theorizing). Es stellte sich jedoch heraus, dass diese Programme zwar gewisse Verwaltungs- und Organisationstätigkeiten im Umgang mit Daten übernehmen konnten, jedoch nicht imstande waren, Einsichten zu gewinnen, Sinnzusammenhänge zu erfassen und das Verstandene entsprechend zu formulieren.[131]

Die rein automatisierte (und damit „objektivierte") Analyse von Texten ist somit nicht als erfolgreich einzustufen. Andererseits sollen aber reine Willkür der Interpretationen und allzu persönlich gefärbte Deutungen vermieden werden. Daher scheint es nicht machbar, die exakte, systematische und logische Analyse des Textes auszuschließen und sich allein auf den subjektiv verstandenen Sinn zu beschränken; ebenso wenig wirkt aber auch die bloß quantitative Analyse von Worten und Sätzen aufschlussreich, da hier wesentliche Momente des Begreifens verloren gehen. Qualitative Daten benötigen also beides, um richtig erkannt und eingeordnet zu werden: eine solide Analyse-Technik zur sachlichen Feststellung vorliegender Ergebnisse ebenso wie das deutende Verstehen dieser Daten und das Erkennen von Sinnzusammenhängen.

Oberstes Prinzip war es im vorliegenden Fall, die Analyse der Daten von der Interpretation derselben streng zu trennen und dies auch in der Darstellung der Ergebnisse deutlich zu machen. Paraphrasierenden Wiedergaben von Textpassagen bildeten

---

127 Mayring 2010.
128 Glaser u. Strauss 1967, 1998.
129 Oevermann 1983; Wernet 2009.
130 Bryman u. Cramer 2001.
131 siehe Cropley 2005, S. 120.

dabei eventuell einen Übergangsbereich, über den man diskutieren könnte, ob er noch Teil der Analyse oder bereits beginnende Interpretation wäre. Unter „Interpretation" wird ansonsten alles verstanden, was nicht direkt aus dem Text eindeutig hervorgeht: Erklärungen, Ergänzungen, Kommentare, Vermutungen oder eben Deutungen.

Bei außerordentlich vielen Passagen ist es zum Verständnis kaum notwendig, das Gesagte zu erklären oder erst lange zu studieren, ehe sich der Gehalt der Aussage zeigt. Dies ist sicher darauf zurückzuführen, dass sich die Interviewten im Allgemeinen sehr klar und strukturiert ausdrückten. So sprechen die Texte für sich und erlaubten es, die Analyse der Inhalte direkt vorzunehmen, weitgehend ohne Gefahr, etwas „herauszulesen" oder „hineinzuinterpretieren", was nicht schwarz auf weiß geschrieben stand. Es war meist nicht schwierig, die Analyse der Texte von deren Interpretation zu trennen. Bei der Darstellung der Ergebnisse werden die Informanten selbst betont oft zu Wort kommen; das heißt, die Präsentation der Resultate der Auswertung wird so häufig wie möglich mit wörtlichen Zitaten verknüpft sein.

Zahlenmäßige Verteilungen bestimmter Aussagen waren nicht von primärem Interesse. Es sollte ja nicht um Statistik gehen, sondern um die Aussagen an sich, um den Kern individueller Erlebensweisen, um die innere Logik und Beschaffenheit von Lebenserfahrungen – eben um deren Qualität und Eigenart. So war es einerseits nicht wesentlich, ob zwei, fünf oder sieben Personen bestimmte Einschätzungen teilten; andererseits ergibt es aber doch auch ein Bild, wenn zum Beispiel zehn von zwölf Personen einer heterogen zusammengesetzten Gruppe sehr Ähnliches referierten (was nicht als statistische Angabe relevant ist, sondern eher als Gesamteindruck, über den man nachdenken kann).

Die Datenauswertung erfolgte nach den Richtlinien der „Qualitativen Inhaltsanalyse"[132], wobei manche Details (wie in der qualitativen Forschung üblich) den Besonderheiten des Textes angepasst waren. Das Prinzip dieser Textanalyse besteht darin, Kernaussagen zu definieren und diese inhaltlich verschiedenen logischen, übergeordneten Kategorien zuzuordnen, ein Prozess, bei dem Inhalte nüchtern festgestellt werden und der geradezu kontra-intuitiv abläuft. Man identifiziert Themen, die in persönlichen Erzählungen zu Tage treten und etikettiert diese mit Hilfe von allgemeineren, abstrakteren Begriffen oder Fachausdrücken, die sich dann in einem weiteren Schritt in bereits bestehende wissenschaftliche Konzepte einfügen lassen. Ziel ist es, existierendes Fachwissen durch neue Erkenntnisse sinnvoll weiterzuentwickeln, zu spezifizieren oder anzureichern.

Die erste Anforderung bestand darin, fast 330 Seiten umfassende Interviewprotokolle so zu organisieren, dass sie handhabbar wurden. In der Literatur wird empfohlen, die Datenmenge auf „sinntragende Inhaltseinheiten" zu reduzieren, jene Passagen zu streichen, die irrelevant scheinen und den Rest paraphrasierend in gekürzter Form zusammenzufassen. Dieser erste selektive Schritt erwies sich im vorliegenden Fall als nicht ganz praktikabel. Die Suche nach Textabschnitten, die getrost wegfallen konnten, weil sie uninteressant wirkten oder nichts mit dem Thema zu tun hatten, blieb weitgehend ergebnislos. Da die Erzählungen der Interviewpartner vielfach sehr leben-

---

132 siehe Cropley 2005, S 117 ff; siehe Lamnek 2005, S. 224, S. 699, S. 711, S. 723.

dig und in sich abgerundet waren, schien es auch nicht besonders passend, die Über-
schaubarkeit der Datenmenge durch die Reduktion facettenreicher Passagen auf wenige Sätze zu erreichen. Der Kern der Aussagen und der thematische Gehalt zeigten sich
auch bei voller Länge der Textteile. Daher wurden die Interviews zur Auswertung
nicht gekürzt und alle Statements im Original-Wortlaut analysiert.

Folgendes Vorgehen erwies sich jedoch im Umgang mit dem Material als günstig:
jedes Interview wurde zunächst als Einheit für sich betrachtet und gesondert ausgewertet. Dadurch ergaben sich einzelne Texte von durchschnittlich 20 bis 25 Seiten, die in
dieser Länge jeweils gut bewältigbar waren. Die Grundidee bestand darin, zuerst zwölf
Analysen von Einzelfällen zu gewinnen und diese Ergebnisse dann in einem nächsten
Schritt miteinander in Verbindung zu setzen, sodass Gemeinsamkeiten, Unterschiede
und Tendenzen deutlich werden konnten. Intendiert war eine themenorientierte, ver-
gleichende Darstellung, die mehr sein sollte als die Summe individueller Resultate. Da
es jedoch schade wäre, die konkreten Personen, die wertvolle Beiträge geleistet haben,
zugunsten einer Zusammenschau gänzlich verschwinden zu lassen, werden alle Interviewpartner auch einzeln vorgestellt – natürlich mit anderen Namen – und zwar in
Verbindung mit der jeweiligen Motivation, eine Ausbildung in Transaktionsanalyse zu
absolvieren. Am Ende werden nochmals alle als Einzelpersonen zu Wort kommen,
diesmal in Zusammenhang mit der Einschätzung, ob sich ihre Erwartungen an die TA-
Ausbildung erfüllt haben.

Üblicherweise unterscheidet man die theoriegeleitete Kategorisierung, bei der die
Begriffe, nach denen sortiert wird, von Beginn an feststehen, von einer offenen Analyse, bei der sich Themen erst bei der Lektüre des Textes zeigen; Cropley nennt diesen
Fall „spontan hervortretende Sachverhalte"[133]. Bei der vorliegenden Studie entsprach
das Auswertungsschema der Form des halbstrukturierten Interviews. Jene Begriffe, die
das spezielle Forschungsinteresse bildeten (wie die Komponenten des „Sense of
Coherence") wurden als Termini auch bei der Auswertung beibehalten.

Für Themen hingegen, die Interviewpartner überraschenderweise einbrachten, waren natürlich auch neue Begriffe zu finden. Wichtig war es also, die Auswertung nicht
auf vorab Definiertes zu reduzieren, sondern offen zu sein für neue Inhalte und Perspektiven.

Das Ergebnis dieser Analyse-Phase war – praktisch dargestellt – einerseits eine
Sammlung zahlreicher Begriffe, die die Inhalte der Interviews charakterisierten, wie
„Lebenseinstellung", „Art der Anwendung von TA-Modellen", „Lebensbereiche der
Anwendung", „Bedeutung sozialer Netze", „Ausbildungsgruppe", „Erstkontakt mit
TA", „Verantwortung", „Weltanschauung", „Wohlbefinden", „Authentizität", „Genie-
ßen", „Ethik", „Selbstbewusstsein", „Zuversicht", „Selbsterfahrung" und Vieles mehr.
Andererseits entstanden bunte Markierungen in den Interviewprotokollen, die alle
Textstellen anzeigten, die sich jeweils auf diese Begriffe bezogen. Auf diese Weise
war es möglich, in sehr spezifischer Weise themenorientiert zu arbeiten und die Aussagen verschiedener Interviewpartner, die sich alle dem selben Begriff zuordnen ließen, in eine Art Gesamtschau münden zu lassen, bei der sich gewisse Muster des Erle-

---

133 Cropley 2005, S. 123.

bens oder Verhaltens herauskristallisierten. In der Literatur ist die Rede von „typisie-
render Generalisierung"[134], bei der es jedoch nicht nur um Ähnlichkeiten und Gemeinsamkeiten, sondern auch um Differenzierungen und Unterschiede geht. Wenn auch das
Erkennen von Mustern und Tendenzen im Vordergrund steht, soll dennoch keine arti-
fizielle Homogenität erzeugt werden, sondern ein realistisches Bild vielfältiger Sicht-
und Erlebensweisen entstehen. In dieser Phase der Auswertung werden also bereits
analysierte Interviewpassagen nach einer bestimmten thematischen Struktur zusammengeführt und einander gegenübergestellt.

Die Kunst besteht dabei darin, die logische Feinanalyse aus Erkenntnisgründen so
weit voranzutreiben wie es nur irgendwie möglich scheint, andererseits zusammen-
hängende Aussagen und Textteile nicht so stark zu zergliedern, dass ihr Sinn verloren
geht. Bliebe dieses „geistige Band" nämlich nicht erhalten, wären die Aussagen lediglich aneinandergereihte Einzelheiten. Deshalb wurde in dieser Untersuchung ein aus-
gewogenes Verhältnis von Analyse und Synthese angestrebt. Dass sich dabei zahlreiche thematische Überschneidungen und Querverbindungen ergaben, zeigt, wie
komplex und verwoben manche Sachverhalte sind. Bei der Präsentation der Ergebnisse, die primär nach logischen Gesichtspunkten strukturiert ist, wird auf diese Überla-
gerungen immer wieder verwiesen. Auch die gewählte Reihenfolge, in der die einzelnen Themen dargestellt werden, richtet sich nicht nur nach der logischen Sortierung
der Begriffe, sondern auch nach erkannten Zusammenhängen, die im Text evident
sind.

Was die Interpretation dieser gewonnenen Daten betrifft, so wird in der qualitativen Sozialforschung eine klare Deklaration gefordert, welche Theorie dieser Interpretation zugrunde liegt. Lamnek sieht darin eine eindeutige Stärke quantitativen Methoden gegenüber, da hier die Interpretation numerischer oder statistischer Daten lediglich
auf dem „common sense" beruhe, wie er bemängelt.[135] In der vorliegenden Studie
werden die analysierten Daten unter der Perspektive des Konzepts der Salutogenese
betrachtet. Dies bezieht sich nicht nur auf mögliche Aussagen zum Kohärenzgefühl,
sondern prägt insgesamt die Auseinandersetzung mit den Ergebnissen. So ist beispielsweise die Überzeugung präsent, dass bei persönlichen Veränderungsprozessen
das Wesentliche im persönlichen, individuellen Entwicklungsschritt liegt, der stattfindet (und nicht in von außen beurteilten „objektiven" Punkten, die erreicht werden). Da
die Interviewten von der Anwendung der Transaktionsanalyse berichten, kann diese
Theorie lediglich als Erklärung oder Ergänzung des Gesagten dienen, nicht aber als
Basis der Interpretation. Mitunter entstanden bei der Auswertung auch gedankliche
Querverbindungen zu anderen Konzepten, wie etwa der erwähnten „Selektiven Authentizität" Ruth Cohns. Da sowohl Transaktionsanalyse als auch Salutogenese keine
nach außen hin hermetisch abgeschlossenen Systeme sind, schien es legitim, an einzelnen Stellen auch Bezüge zu anderen Theorien und Ideen herzustellen.

Die Wahl einer Theorie zur Interpretation von Daten ist die Entscheidung für eine
bestimmte Blickrichtung – im Bewusstsein, dass andere Perspektiven auch zu anders

---

134 siehe Lamnek 2005, S. 404.
135 siehe Punkt 2.1.2.

akzentuierten Resultaten gelangen würden. Interpretationen können daher immer nur in Bezug auf eine spezifische Denkrichtung schlüssig sein (oder auch nicht), niemals aber an sich „richtig" oder „falsch". Ein Psychoanalytiker beispielsweise würde wohl zu anderen Textinterpretationen gelangen und sich dabei auch einer anderen Fachterminologie bedienen als ein Soziologe oder Religionswissenschaftler. Dieser Umstand findet durchaus bekannte Parallelen in der Alltagserfahrung. Auch hier ist es nicht gleichgültig, ob man als Botaniker, als Gärtner oder als Blumenliebhaber über eine Pflanze spricht. Dass die gewählte Perspektive zur Interpretation eines Textes transparent zu machen ist, entspricht nicht nur der Redlichkeit wissenschaftlichen Arbeitens, sondern ermöglicht auch die Nachvollziehbarkeit von Ergebnissen und des Denkprozesses selbst, der zu diesen Resultaten geführt hat.

Die letzte Phase einer Forschung besteht darin, geeignete Schlüsse aus den gewonnenen Ergebnissen zu ziehen und nach möglichen Konsequenzen zu fragen, die sich für Theorie, Forschung und Praxis ergeben könnten. Diese Ausführungen sind im Allgemeinen mehr von der Person des Forschenden geprägt als die früheren Schritte der Datenerhebung und -auswertung. Hier könnte das Bild konzentrischer Kreise passend sein: sieht man den innersten Kreis als Symbol für das rohe Datenmaterial, wäre der nächste Kreis die Analyse, welche die größte Nähe zum Text aufweist; die Interpretation wäre bereits etwas weiter vom Wortlaut der Daten entfernt (bezieht sich aber immer noch intensiv darauf), während sich die abschließenden Schlussfolgerungen am stärksten von den Transkriptionen abheben. Der Wissenschaftler spricht nun deutlich als Person, vertritt eigene Meinungen und entwirft kreative Ideen für die Zukunft, die in den Ergebnissen seiner Forschung begründet sind.

Das Zusammenwirken von logischem Denken und Gesamtschau ist auch hier gefragt. Die logische Verbindung mit den Daten und den Ergebnissen der Auswertung muss gegeben sein; freie Assoziationen zu definierten Themen wären nicht ausreichend. Logische, linear gezogene Schlüsse allein wären hingegen auch wieder einseitig und zu eindimensional. Es gilt, den gesamten Kontext zu beachten, für den neue Ideen zu entwerfen sind, da ansonsten Konzepte entstehen, die nicht umsetzbar und daher unrealistisch sind. Je mehr nun auch der Forschende sich selbst mit seinen Kenntnissen und Gedanken einbringt, umso fruchtbringender wird dieser Prozess sein.

2.4   Die Ergebnisse der Auswertung

Vorbemerkung

Im Folgenden sollen nun die Inhalte, die sich bei der Analyse und Interpretation der Interviews herauskristallisierten, dargestellt werden. Die Unterteilung in verschiedene Kapitel und Unterpunkte bedeutet nicht, dass die in den Überschriften genannten Themen ausschließlich in diesen Abschnitten behandelt werden; vielmehr sind es jene Aspekte, auf die in den einzelnen Punkten fokussiert wird. Ist eine Passage beispielsweise mit dem Begriff „Gefühle" überschrieben, heißt dies, dass im Folgenden die Funktion der Transaktionsanalyse im Hinblick auf Gefühle das zentrale Thema sein wird, nicht aber, dass an keiner anderen Stelle von Gefühlen die Rede ist – auch nicht, dass in diesem Kapitel nur das Thema „Gefühl" zur Sprache kommen wird. Die jeweiligen Überschriften dienen somit gleichsam als thematische Perspektive, unter der Aussagen betrachtet werden. Diese Vorgehensweise schien einerseits dem analytischen Denken, andererseits auch einer „ganzheitlicheren" Sichtweise zu entsprechen, die Querverbindungen erkennt und Zusammenhänge erfasst.

2.4.1 Erstkontakte mit Transaktionsanalyse und Motivationen zu einer Ausbildung

Die erste Interviewpartnerin ist Christine[136]: eine Horterzieherin Mitte 50, verheiratet, drei erwachsene Töchter, ein Sohn. Ihr allererster Kontakt mit TA liegt etwa 15 Jahre zurück; ein Kollege hatte damals das Buch von Harris „Ich bin okay – Du bist okay" gelesen und war so begeistert, dass er den Autor anschrieb und um Adressen für TA-Ausbildungen anfragte. Über diesen Kollegen lernte sie dann auch TA-Lehrer kennen, besuchte Kongresse und fühlte sich von der Theorie so angesprochen, dass sie auch selbst eine Ausbildung machen wollte.

Was der hauptsächliche Grund für die Motivation zu einer Ausbildung gewesen sei, erklärt sie mit einem Schlüsselerlebnis, das sie auf einem Kongress hatte: Bereits früher war Christine interessiert an reformpädagogischen Ansätzen, wie der Montessori-Pädagogik. Die Fragen „Warum machen wir das? Was ist das Ziel?" konnten Vertreter dieser Richtungen allerdings nicht befriedigend beantworten; „wischiwaschi"[137] seien die Erklärungen gewesen. Erst auf einem TA-Kongress habe sie die Begründung gefunden: Ziel ist es, die Kinder zur Autonomie zu führen. „Mein lieblingspädagogischer Satz von Freinet ‚Den Kindern das Wort geben' hat in dem Moment für mich eine Festigung, ein Fundament gekriegt."[138], sagt sie. Um Autonomie zu erlangen, brauchten Kinder die Kraft zu sprechen, die Erlaubnis zu sprechen, aber auch das Wort in Form der Schrift, und den Sinn.[139] Durch die Formulierung der Zielvorstellung „Autonomie" sei ihr die Bedeutung des eigenen pädagogischen Handelns bewusst geworden. „Na ja, ich finde", sagt sie, „die Reformpädagogik ist die Pädagogik, die Praxis; das Tiefere ist diese transaktionsanalytische Psychologie."[140]

Die zweite Interviewpartnerin, Ute, Anfang 40, verhielt sich während des Gesprächs freundlich, aber etwas wortkarg und deutlich verschlossener als Christine. Ihr Verhältnis zur Transaktionsanalyse ist derzeit kein ungetrübtes – davon war bereits die Rede –, obwohl ihre grundsätzliche Motivation zu einer Ausbildung vor gut 15 Jahren eine klare Begründung hatte. Nach dem Abschluss eines Wirtschaftsstudiums wollte sie sich mit einer beratenden Tätigkeit selbständig machen und suchte nach einer geeigneten Methode. „Ich brauchte eben irgendwie ein Grundgerüst, weil an der Uni

---

136 Die Namen sämtlicher Interviewpartner wurden verändert.
137 unklar, nicht eindeutig; I, S. 3.
    Die den Fußnoten vorangestellte Zahl „I" bedeutet, dass es sich um den Text der Interviewtranskriptionen handelt; „S. ..." bezieht sich auf die Seitenangabe.
138 I, S. 3.
139 siehe I, S. 4.
140 I, S. 3.

lernt man dazu ja nichts [...], und dann bin ich eben über die Transaktionsanalyse gestolpert".[141]

Vielleicht war es doch kein reiner Zufall, dass ihre Wahl gerade auf diese Methode fiel, denn ihr erster Kontakt mit TA zwei Jahre zuvor war ein ausgesprochen erfreulicher gewesen. Im Rahmen einer universitären Lehrveranstaltung erstellten die Studenten Egogramme, „aber da hab ich noch nicht gewusst, dass es die TA ist"[142], sagt sie. Die Erkenntnis, dass ihr „freies Kind" sehr ausgeprägt ist, hat eine starke positive Wirkung auf sie ausgeübt: „Das hat für mich damals schon eine ziemliche Katalysator-Wirkung gehabt – ich hab mich in dem einfach wiedergefunden, und ich bin damals eigentlich ziemlich stark ermutigt worden, das auch auszuleben."[143] Dass ihr „freies Kind" bei diesem Egogramm so „voll durchgeschlagen hat"[144], war offenbar ein prägendes Ereignis: „Also das war für mich irgendwie – das hat damals schon einen ziemlichen Kick gehabt!"[145]

Ganz anders stellt sich die TA-Anfangsgeschichte von Klara dar, einer sehr kommunikativ und Theorie-kompetent wirkenden Beraterin im Managementbereich, Ende 30, die seit etwa acht Jahren TA praktiziert. Nach ihrem Informatik-Studium erhielt sie eine Anstellung in einem Unternehmen, das ausdrücklich die Transaktionsanalyse zur Firmenphilosophie erklärt hatte: „TA war sozusagen die Basis der Werte und des gemeinsamen Verständnisses, und so hat es geheißen, alle machen die TA, okay (lacht) – und daher hab ich auch die TA gemacht."[146] Wie es denn wäre, wenn die TA-Ausbildung als Pflicht deklariert ist, und wie man das erlebt, war darauf die Frage. „Na ja, ich meine, ich bin ein sehr wissbegieriger Mensch", antwortet Klara, „und bin auch neugierig, und so war das für mich sehr interessant; und ich bin auf der anderen Seite neugierig, was mich selber betrifft, mich selbst anders zu sehen, anders zu entdecken, anders zu reflektieren mit unterschiedlichsten Zugängen, Modellen, und so hab ich das ohnehin ganz spannend gefunden, ja."[147]

Offenbar ist es Klara gelungen, in der TA-Ausbildung nicht nur eine berufliche Verpflichtung zu sehen, sondern eine Gelegenheit zur Weiterentwicklung, die sie für sich selbst gut annehmen kann. Ganz neu war die Transaktionsanalyse zu diesem Zeitpunkt jedoch nicht, da Klara im Rahmen einer beruflichen Fortbildung schon früher den einführenden „one-o-one-Kurs" besucht hatte.

Der vierte Interviewpartner ist Fridolin (verheiratet, drei Kinder zwischen acht und achtzehn), ein Hochschullehrer mittleren Alters, der auch in einer Berufsschule unterrichtet. Seiner Entscheidung für eine TA-Ausbildung vor knapp zehn Jahren gingen einige Kontakte mit Transaktionsanalyse in unterschiedlicher Form voraus. Bereits seine Montessori-Ausbildung enthielt diesbezügliche Hinweise, die er aber nicht weiter verfolgte; wirkungsvoller war für ihn die Lektüre von Eric Bernes „Spiele der Er-

---

141 I, S. 32.
142 I, S. 31.
143 I, S. 42.
144 I, S. 31.
145 I, S. 42.
146 I, S. 51.
147 I, S. 51.

wachsenen". Der hauptsächliche Impuls, sich näher mit TA zu befassen, entstand jedoch aus der Initiative der Kindergärtnerin seines Sohnes, die – selbst in TA-Ausbildung – Abende für interessierte Eltern veranstaltete, an denen sie TA-Modelle vorstellte.[148] Zu diesem Zeitpunkt, erinnert sich Fridolin, befand er sich eher in einer kritischen Lebensphase, unzufrieden mit sich selbst und seiner privaten Situation. Deshalb habe er zwar berufliches Interesse für TA an den Elternabenden signalisiert und auch dementsprechende Fragen gestellt, dabei aber seine persönlichen Belange ständig mit bedacht. Ähnlich sei es dann auch bei der Entscheidung für eine Ausbildungsgruppe gewesen: Die beruflichen Beweggründe bildeten die Motivation an der Oberfläche; das persönliche, private Interesse lag unausgesprochen darunter. Wesentlich sei dabei die Einsicht gewesen, dass man im Leben nicht auf irgendeine „gute Fee" warten könne, die alles zum Guten wende; die eigene Verantwortlichkeit wahrzunehmen, sei der erste Schritt: „Ich bin für mein Leben wichtig", drückt Fridolin diese Erkenntnis aus, „ich fälle meine Entscheidungen selbst." So war der Beginn seiner TA-Ausbildung verbunden mit dem Entschluss, sich anders zu verhalten als bisher und Probleme aktiver zu lösen.

Dass private Motive eine Rolle bei der Wahl einer Transaktionsanalyse-Ausbildung spielen, ist in noch ausgeprägterer Weise der Fall bei Tina, einer 40-jährigen Kunsterzieherin, die in einem Gymnasium unterrichtet, verheiratet ist und zwei Töchter im Schulalter hat. Sie erwähnt überhaupt keine beruflichen, sondern ausschließlich persönliche Gründe: „Ich habe die Ausbildung begonnen, um mich mit meinem Mann besser verständigen zu können", sagt sie. Ihre eigene Stärke liege im emotionalen Bereich; für die Kommunikation mit dem Partner würde sie aber gerne analytische Fähigkeiten trainieren: „Weil ich mir gedacht hab, ich war so eine Bauchtypin [...] und ich will mehr analysieren und so weiter."[149] Erst im Laufe des TA-Kurses sollte ihr bewusst werden, dass diese Selbsteinschätzung nicht ganz zutreffend gewesen war. Es wird sich zeigen, wie sich die Transaktionsanalyse auf die Situation mit ihrem Partner auswirkt.[150]

Der sechste Interviewpartner ist Thomas, dessen Erstkontakt mit Transaktionsanalyse in die 1970er Jahre zurückreicht. Er erinnert sich, dass während seines Studiums an der damaligen Hochschule für Welthandel ein Professor das Thema „Unternehmensführung" von einer psychologischen Warte aus betrachtet und dabei die Ansicht vertreten habe, dass die meisten Entscheidungen, die Manager treffen, „aus dem Bauch heraus kommen"[151] und bloß im Nachhinein gerechtfertigt und rationalisiert werden. In diesem Zusammenhang habe Thomas bereits das erste Mal von Ich-Zuständen und Transaktionen erfahren.

Eine Ausbildung begann Thomas erst zu Beginn der 1990er Jahre, mit dem Ziel, sich beruflich fortzubilden, obwohl er zu diesem Zeitpunkt als Manager eines großen Unternehmens sehr erfolgreich war. Auch seine Schulungen, die er zu halten hatte,

---

148 siehe I, S. 79.
149 I, S. 95.
150 siehe Punkt 2.4.3.
151 I, S. 120.

kamen bestens an. Er selbst war jedoch mit der Routine, die sich eingestellt hat, unzufrieden, als er bemerkte, dass über seine Scherze nicht das gesamte Publikum lachte und ihm klar wurde, dass manche seiner Witze auf Kosten einzelner Anwesender gingen. Offenbar war diese Erkenntnis ein zentraler Punkt seiner Motivation zu Veränderung und beruflicher Weiterentwicklung.[152] Das Spezielle an der nun folgenden Ausbildungsgeschichte ist, dass Thomas sehr bald von den positiven Aspekten der neuen Methode überzeugt war, selbst aktiv wurde und das Erlernte in Form von Vorträgen und Abendeinheiten an Interessierte weitergab. Aus dieser Initiative ging in der Folge eine Ausbildungsgruppe hervor.

Verena heißt die nächste Interviewpartnerin, eine in der Erwachsenenbildung tätige, sehr offene und kommunikative Trainerin um die 40, verheiratet, drei kleinere Kinder. Vor etwa 15 Jahren war sie in ihrer damaligen TA-Ausbildungsgruppe eine sehr junge Teilnehmerin. Auf die Frage nach der Motivation und dem persönlichen Hintergrund erzählt sie einerseits von einer viel zu frühen beruflichen Führungsrolle, die man ihr Mitte 20 übertragen hatte, andererseits von ihrer persönlichen Geschichte und der familiären Situation.[153] Sie fühlte sich damals mit sich selbst nicht ganz im Reinen, litt unter einer Depression (die sie als eine von ihrer Mutter „übertragene Depression"[154] einstufte) und befand sich deshalb auch in neurologischer Behandlung.

Welche Motivation nun im Vordergrund stand, war die Frage der Interviewerin. „Eindeutig eine persönliche", antwortet Verena, „weil ich damals auch noch so jung war und mich einfach weiterentwickeln wollte." Im Mittelpunkt stand also der Wunsch nach persönlichem Wachstum. Verena erzählt, dass ihr Neurologe die Entscheidung, eine Ausbildung zu absolvieren, sehr begrüßt und für günstig gehalten habe. Bei Verena ging es somit nicht nur um berufliche Kompetenz, sondern primär um die Beschäftigung mit der eigenen Person, das Aufarbeiten ihrer Geschichte und die gesamte aktuelle Situation.

Weniger umfassend war die Motivationslage von Hubert, einem Selbständigen im Wirtschaftsbereich, der gezielt ein psychologisches Konzept für den Umgang mit Menschen in Organisationen suchte: „Weil mit reinen betriebswirtschaftlichen Konzepten komm ich nicht weiter, nicht?"[155] Es war Ende der 1970er Jahre. „Und dann bin ich auf die Suche gegangen", erinnert er sich. „Das erste, über das ich gestolpert bin, war damals Gruppendynamik – da ist der *** gerade von Amerika zurückgekommen und alle Welt hat Gruppendynamik gemacht – Supersache. Zwei Dinge haben mich gestört – das eine ist: wenn's so richtig gebrodelt hat – und es musste unbedingt brodeln – dann hat irgendeiner von den großen Gruppendynamikern gesagt: ‚Können wir das so stehen lassen?' […] Ich hab mir gedacht: ‚Na was mach ich jetzt?' Also, das war nichts Rechtes, aber so als Lernphase ganz gut."[156] Der Ansatz der themenzentrierten Interaktion von Ruth Cohn habe ihm deutlich besser gefallen, allerdings hätten ihm hier Aussagen über den Menschen an sich gefehlt. Und dann sei er auf einen

---

152 siehe I, S. 119 ff.
153 siehe I, S. 139 ff.
154 I, S. 144.
155 I, S. 202.
156 Ebd.

Transaktionsanalytiker gestoßen, der von seinem Interesse an psychologischen Methoden wusste. „Und dann kommt ein Kollege – übrigens ein Psychologe – malt mir drei Kreise auf die Wand und benennt die und sagt, das wäre TA."[157] In drei Minuten habe dieser nun erklären können, was das bedeute. „Ich hab das faszinierend gefunden, weil es meinen Kopf angesprochen hat und mir gesagt hat: ‚Genau das ist es!'"[158] Die Faszination an Transaktionsanalyse sei bei Hubert tatsächlich über das Ich-Zustandsmodell entstanden. „Und zu dem Zeitpunkt hab ich dann beschlossen, ich werde das professionell angehen, was damals noch nicht so leicht war, weil so Ausbildungen wie heute wurden noch nicht in allen Orten angeboten."

Ähnlich war die Ausgangssituation von Emil, einem Berater im Management- und Organisationsbereich, Ende 50. Auch seine Verbindung zur Transaktionsanalyse war das Ergebnis einer aktiven Suche nach einer geeigneten Methode für seine selbständige Tätigkeit. Er informierte sich eingehend über verschiedenste psychologische Richtungen, ehe die Wahl auf die Transaktionsanalyse fiel. Da vor 25 Jahren die Ausbildungsmöglichkeiten in Österreich begrenzt waren, absolvierte Emil in den 1980er Jahren seine Ausbildung in Deutschland und ist seither auf vielfältigste Weise im Bereich der Transaktionsanalyse aktiv.

Ganz anders stellt sich die Geschichte von Anna, einer pensionierten Kindergärtnerin (mit einem erwachsenen Sohn und einer Tochter) dar. Ihre Motivation hatte nichts mit dem Beruf zu tun, sondern lag allein im persönlichen und privaten Bereich. Sie berichtet, dass ihre Situation vor etwa zehn Jahren sehr schwierig gewesen sei. Ihr Mann habe sie nach einer langen Ehe mit den Worten verlassen, sie sei ohnehin „nie sein Typ" gewesen und sie habe „alles falsch gemacht".[159] Daraufhin sei er ausgezogen „und da hat die Katastrophe begonnen."[160] Anna bezieht diese Aussage auf ihre stark ausgeprägte depressive Stimmung.

Es ging also einerseits um die Scheidung als solche, andererseits um abwertende und kränkende Botschaften; beides hatte traumatische Wirkungen auf Anna, und sie suchte nach Möglichkeiten, diese Lebenskrise zu bewältigen. Auch Psychotherapie habe sie in Betracht gezogen, aber aus Kostengründen wieder verworfen.

Zufällig traf sie bei einem TA-Informationstag eine frühere Kollegin, Sybille, was sie zusätzlich zu der angebotenen Ausbildung motivierte. „Da waren schon zwei Faktoren, die mich bestärkten, da mitzugehen: erstens mein persönliches Trauma, die Scheidung – wie bewältige ich das? Soviel Psychotherapiestunden kann ich gar nicht nehmen, das kann ich mir überhaupt nicht leisten, und hier lern ich was dazu, und Sybille. Ja, und dann war ich schon gleich dabei, ja, spontan entschlossen."[161] Für Anna ging es primär nicht um den Erwerb von Theoriewissen, sondern um Lebensbewältigung – als Alternative zu einer Psychotherapie. Dass sie mit einer Bekannten gemeinsam den Kurs besuchen konnte, war nicht unwesentlich; aber auch einfach die Absicht, etwas „dazuzulernen" spielte eine Rolle, wenn auch eine untergeordnete.

---

157 Ebd.
158 Ebd.
159 I, S. 253.
160 I, S. 272.
161 I, S. 254.

Die beruflich sehr engagierte Volksschullehrerin Astrid (Anfang 40, drei Kinder, verheiratet) erwähnt ebenfalls ausschließlich private Gründe, die sie zu einer TA-Ausbildung bewegten. Sie durchlebte in dieser Zeit ebenfalls eine schwierige und traurige Phase, da sie den Tod ihres Vaters zu bewältigen hatte.[162] „Ich wollte einfach für mich etwas tun,"[163] sagt sie. Im Vorfeld hatte sie sich mit vielen anderen Konzepten auseinandergesetzt, Informationen eingeholt, auch kurz einen NLP-Kurs besucht, sich aber dann bewusst für die Transaktionsanalyse entschieden. Diese Richtung habe sie eindeutig am meisten angesprochen. Astrid führt dies auch auf ihre Teilnahme an einer transaktionsanalytisch orientierten Gesprächsgruppe zurück, die ein Ausbildungskandidat als Eigeninitiative ins Leben gerufen hatte und in der ein erstes Kennenlernen der TA-Modelle möglich war. „Im Prinzip hab ich den Kurs, diese Basisausbildung, einmal nur für mich gemacht", betont sie immer wieder. „Ich hab mich mit den Konzepten angefreundet, ich hab sie für gut empfunden." „Also der Grund war nicht mein Beruf."[164] Diese Motivation spricht für sich und muss nicht weiter kommentiert werden. Man wird sehen, ob (und falls ja, in welcher Weise) die Transaktionsanalyse für Astrid nützlich ist.

Im Vergleich zu dieser eindeutigen Motivation ist die Vorgeschichte der TA-Ausbildung von Lisa, einer Lebens- und Sozialberaterin (geschieden, Mitte 40, zwei Kinder im Schulalter) komplexer. Sie hatte etwa zehn Jahre zuvor auf mehrfache Weise Kontakt mit der Transaktionsanalyse. In einem Bildungshaus besuchte sie damals regelmäßig TA-Seminare, die sie so interessant fand, dass sie bei der Leiterin dieser Veranstaltungen, die auch Psychotherapeutin war, eine Einzeltherapie (etwa ein Jahr lang) machen wollte. Als sie später von Bekannten erfuhr, dass es auch Ausbildungsmöglichkeiten für Nicht-Therapeuten gebe, hatte sie die Transaktionsanalyse bereits auf praktische Weise kennengelernt. An einem TA-Informationstag traf sie dann eine weitere Bekannte, die sich spontan zu einer Ausbildung entschloss und auch sie motivierte. Lisa überlegte zwar eine Spur länger, aber irgendwie war aufgrund der vorangegangenen Erfahrungen klar, dass auch ihr nächster Ausbildungsschritt wohl die Transaktionsanalyse sein werde. „Also das wäre nicht anders gegangen, ich hätte nicht nein sagen können, ja – weil ich bin dann einfach irgendwie voll drinnen gewesen, und dann hab ich mir gedacht, ich brauch mir jetzt nicht groß den Kopf zerbrechen […] – das soll so sein!"[165]

Lisa hat die TA zuerst „total von der praktischen Seite gekannt"[166] und wollte sich nun auch in die Theorie vertiefen. Das Treffen mit bekannten Menschen, mit denen sie gemeinsam den Ausbildungsweg gehen konnte, animierte sie zusätzlich. Ohne lange nachdenken zu müssen, ergab sich für Lisa das sichere Gefühl, dass die TA-Ausbildung das Passende sei.

Was Lisa hier erlebte, ist keine Seltenheit. Die meisten Interviewten können einen speziellen Moment nennen, in dem sie eine Art Evidenzerlebnis hatten, eine eindeutige

---

162 siehe I, S. 272.
163 I, S. 285.
164 I, S. 277.
165 I, S. 313.
166 Ebd.

Empfindung, dass die Transaktionsanalyse (und in der Folge dann die Ausbildung) genau das Richtige für sie sei. Bei manchen stellte sich diese Gewissheit über einen Aspekt der Theorie ein, der sie besonders ansprach; Christine erwähnt ein „Schlüsselerlebnis", Hubert eine Faszination, die er – ausgehend vom Ich-Zustandsmodell – spontan empfand. Bei anderen waren es Erfahrungen in Gesprächsgruppen oder persönliche Begegnungen mit Menschen, die TA bereits praktizierten. „Ja, genau – das ist es!"[167] scheint für Viele die passende Kurzformel gewesen zu sein.

Was die Erstkontakte mit Transaktionsanalyse betrifft, so haben manche der Befragten zuvor eher zufällig von dieser Methode erfahren. „Die TA ist auf uns zugerollt", sagt ein Interviewpartner, der über eine andere Ausbildung und die Kindergärtnerin seines Sohnes auf transaktionsanalytische Konzepte aufmerksam wurde. Einige suchten hingegen gezielt nach einer geeigneten Methode für eine konkrete berufliche Anwendung. Für das erste Bekanntwerden mit TA waren vor allem Lehrveranstaltungen an Universitäten wesentlich, in denen (vorwiegend in den 1970er und 1980er Jahren) theoretische Aspekte der Transaktionsanalyse auch in nicht-psychologische Studienrichtungen Eingang fanden und offenbar in manchen Fächern integrierender Bestandteil des Lehrstoffs waren. Diese primären Informationen, Veranstaltungen oder Begegnungen waren oft nur punktuelle Ereignisse, die aber anscheinend doch sehr einprägsam waren und bei einem erneuten Kontakt mit Transaktionsanalyse eine Rolle spielten. Die Lektüre von Büchern wird von den Interviewten ebenfalls als Form des Kennenlernens der TA erwähnt, jedoch nicht als Erstinformation.

Die eigentliche Entscheidung für eine TA-Ausbildung war für alle Personen ein bewusster Schritt, dem oft ein umfassender Informationsprozess vorangegangen war. (Klara, die zu einer Ausbildung verpflichtet war, bildet eine Ausnahme, konnte aber diese berufliche Vorgabe gut akzeptieren.) Nicht unwichtig war für Einzelne auch der Umstand, dass sie mit Kolleginnen oder Bekannten gemeinsam die Ausbildung absolvieren konnten. Meist hatten mehrere Faktoren – in unterschiedlicher Gewichtung – eine Bedeutung.

Oft liegen der Erstkontakt mit TA und der Beginn der Ausbildung viele Jahre auseinander. Für die Entscheidung, sich intensiver mit TA zu befassen, dürften individuelle Initiativen von Personen nicht zu unterschätzen sein, die Gesprächsabende für Interessierte organisierten, aus denen sich in der Folge neue Ausbildungsgruppen entwickelten. Dass diese Vortragenden sich erst seit ein oder zwei Jahren mit TA beschäftigten und die eigene Ausbildung noch nicht abgeschlossen hatten, scheint weniger bedeutsam gewesen zu sein, als die offensichtliche Fähigkeit, das Erlernte praktisch anzuwenden und weiterzugeben. Das Engagement Einzelner war daher für etliche Interviewpartner bei der Wahl eines TA-Trainings wesentlich.

Am auffallendsten ist wohl die Tatsache, dass ein Drittel der Befragten ausschließlich private Motive nennt, die zu der Ausbildung führten: Anna wollte ihr Scheidungstrauma bewältigen; Verena hatte den Wunsch nach persönlicher Entwicklung, der auch in Zusammenhang mit Depressionsproblemen in der Familie stand; Astrid befand sich in einer Trauerphase nach dem Tod ihres Vaters, und Tina strebte eine verbesserte

---

167 I, S. 202.

Kommunikation mit ihrem Mann an. Bei einigen Personen war die Motivationslage komplexer, und sie nennen sowohl persönliche als auch berufliche Beweggründe. Fridolin spricht sehr deutlich über die berufliche Motivation „an der Oberfläche" und die persönliche, private „darunter". Nur fünf der zwölf Interviewpartner geben Gründe an, die rein mit ihrer beruflichen Situation zu tun haben. Vielleicht darf man annehmen, dass auch bei manchen dieser fünf Personen unausgesprochene persönliche Hintergründe eine Rolle spielen, die sie nicht so offen deklarieren wie Fridolin, was man natürlich nur vermuten, aber nicht wissen kann. In jedem Fall ist die Motivation bei mehr als der Hälfte der angesprochenen Personen keine eindeutig berufliche, bei einem Drittel sogar eine rein private Sache.

Dieses Ergebnis ist deshalb bemerkenswert, weil der berufliche Kontext und das „Professionelle" an der Ausbildung von offizieller Seite sehr stark betont werden. Natürlich kann es bei der Transaktionsanalyse nicht nur um das Anwenden einer bloßen Technik gehen; auch ist mitunter die Rede von beruflicher und persönlicher Weiterentwicklung, der die Beschäftigung mit Transaktionsanalyse dient. De facto hat aber kaum jemand Zugang zu einer TA-Ausbildung, der nicht einer bestimmten Berufsgruppe angehört. Die Ausbildungsgruppen sind streng nach pädagogischen und wirtschaftlichen Bereichen getrennt; auch die Supervisionen und Fallbeispiele entsprechen vorwiegend diesen Anwendungsfeldern. Der Ausdruck „professionell" scheint somit ein wesentliches Schlagwort zu sein und findet sich auch in Zusammenhang mit dem Abschlusszertifikat der Basisausbildung wieder, für das eine „professionelle Selbstdarstellung" gefordert wird. Auf etwa 20 Seiten müssen Ausbildungskandidaten darlegen, in welcher Weise die Transaktionsanalyse ihr berufliches Handeln beeinflusst und verändert hat.

Noch intensiver ist die berufliche Anbindung der erlernten Theorie in den weiteren Ausbildungsstufen. Prüfungskandidaten sind angewiesen, Tonbänder vorzulegen, auf denen sie ihre Umsetzung der TA im beruflichen Kontext präsentieren, sei es im Rahmen einer Schulstunde, einer Beratungseinheit oder eines Elterngesprächs. Das bedeutet, dass weitere Ausbildungsschritte nur auf der Basis demonstrierter professioneller Anwendung möglich sind und an rein persönliche Motivationen weder theoretisch noch praktisch gedacht ist.

Unabhängig davon, ob die tatsächlichen Beweggründe nun eher im privaten oder mehr im beruflichen Bereich angesiedelt waren, kann man sehen, dass alle Interviewpartner von klaren und bewussten Motiven berichten. Alle hatten somit auch eine ebenso klare Vorstellung von den Zielen, die sie erreichen wollten und den Zwecken, die sie verfolgten. Es wird sich zeigen, ob sich ihre Erwartungen erfüllen können.

2.4.2 Bewusstheit und die Komponenten des „Sense of Coherence"

Bewusstheit
„Was hat sich für dich und dein Leben durch die Beschäftigung mit Transaktionsanalyse verändert?" Auf diese Standardfrage, die in allen Interviews gestellt wurde, ant-

wortet Fridolin[168] als erstes: „Ich hab einfach einen Quantensprung an Bewusstheit erlebt." „Bewusstheit worüber?" war die Frage. „Na, was gerade läuft, in mir und um mich herum und zwischen den anderen, weil diese Modelle ein interessantes und nützliches Werkzeug sind um zu reflektieren, auch parallel zum Prozess." „Quantensprung ist eine schlechte Formulierung", schränkt er ein, „weil es geht kontinuierlich." Fridolin erzählt, dass er sehr viel beobachte; was ihn von Anfang an besonders angesprochen habe, seien die Miniskript-Abläufe und das Maschensystem: „Wenn so etwas abzulaufen beginnt, ist es für mich eben sehr spannend, da zu schauen, einzugreifen und es nicht ablaufen zu lassen bis zum bitteren Ende – also zu bemerken, dass ich da Entscheidungen treffen kann." Besonders Situationen, die nicht klaglos verlaufen, seien im Hinblick auf ungünstige Selbstbilder und hinderliche „Lieblingsgedanken" aufschlussreich, meint Fridolin und bringt auch gleich ein praktisches Beispiel.

Er liebe Latein; für ihn gebe es kaum etwas Schöneres, als mit dem Stowasser[169] ein altes Buch zu lesen. Deshalb freue er sich immer, wenn seine Tochter mit ihm Latein lernen will. „Wir sitzen dann – wie's das Familienleben so macht – um halb zwölf in der Nacht hier und wir übersetzen. Sie weiß viele Vokabeln nicht und ich weiß sie, und ich weiß dann nicht, ob ich's ihr jetzt sagen soll oder ob sie selber nachschlagen soll – weil immerhin muss sie ja dann selber nachschlagen bei der Prüfung. Und dann sag' ich so Sätze wie: ‚Na ja, also zu unserer Zeit war das alles ganz anders' [er lacht dabei, Anm. d. Verf.] und: ‚ich glaub' du solltest das nachschlagen, weil dann hast du das im kleinen Finger', oder so. Und irgendwann verliert sie dann die Freude, zuckt aus, und dann ergibt ein Wort das andere und plötzlich sitzen wir im Scherbenhaufen." Fridolin habe daraufhin überlegt, was in ihm vorgegangen sei: Da ihm Sequenzen dieser Art nicht unbekannt seien, suche er nach dem Prinzip dieser wiederholten Abläufe und bemerke, dass er sich immer wieder auf etwas freue, es aber dann nicht wirklich genießen könne. „Ich liebe Latein, ich freue mich darauf, und am Schluss kommt Scheiße heraus." „Ich bin offensichtlich einer, der das, was er gerne täte, nicht genießt", meint er und erkennt seinen Anteil: „Ich gestalte das Ganze so, dass am Schluss ein Palawatsch herauskommt." Das Formulieren dieser „wenig schmeichelhaften Sache" scheint Fridolin aber nicht zu belasten, sondern im Gegenteil zu erleichtern. Einerseits sei ihm nun ein Licht bezüglich verschiedenster Situationen aufgegangen, andererseits habe er nun einen Ansatzpunkt für gezielte Veränderungen. „Und das zu wissen und dann nachher zu schauen ‚Wie kann ich kleine Schritte in eine andere Richtung gehen?', das hat es mir ur-gebracht und der Tochter auch und unserem Latein auch." Konkret habe er sich einfach angewöhnt, mit seiner Tochter eine gemeinsam verantwortete Entscheidung herbeizuführen: „Also einen Vertrag eigentlich: ‚Wer schaut jetzt nach?' und aus! Und wenn wir dann fertig geworden sind, waren wir fertig, und wenn wir einmal nicht fertig geworden sind, waren wir nicht fertig, aber ich hab's genossen."[170] Natürlich habe das Ganze ein bisschen gedauert, bis es funktioniert habe; der erste Schritt der Veränderung sei jedoch die Erkenntnis gewesen, das

168 I, S. 73.
169 Wörterbuch Latein-Deutsch
170 I, S. 76.

„Verstehen mit dem Modell, ein bisschen einen Durchblick kriegen – was ist da gelaufen? Wie könnte man das sagen? Wo könnte ich was verändern?"[171]

Die Erfahrung, dass Transaktionsanalyse die Bewusstheit über innerpsychische und zwischenmenschliche Vorgänge erhöht, haben auch andere Interviewpartner gemacht. „Dieses Lernen von konstruktiver Kommunikation einfach, dieses ‚Was tu ich denn da?' Ich geh schon wieder in die ‚Ich-bin-nicht-okay-Position' [.....]. Oder wir sind vielleicht doch eine Symbiose [...]. Alle diese Modelle haben immer von einer anderen Seite meinen Bezugsrahmen erweitert"[172], sagt Verena.

Thomas[173] berichtet, dass vor allem die Modelle der Ich-Zustände und der Transaktionen sehr geholfen hätten, die Kommunikation besser zu lenken. Nach dem Erstellen eines Egogramms sei ihm bewusst geworden, dass seine Vorliebe im fürsorglichen Eltern-Ich liege. „Ja, ich hab mir dann schon überlegt, was das für positive und negative Auswirkungen auf meine Umwelt hat. [...] Und da bin ich schon draufgekommen, dass eine gewisse Überfürsorglichkeit, ein gewisses Erdrücken sozusagen des anderen nicht gut ist", „so nach dem Motto ‚Bleib ruhig sitzen, ich mach dir das schon'; ‚Du brauchst dich gar nicht anstrengen'; [...] ‚Ich weiß, was für dich gut ist'. [...] Und da habe ich begonnen, daran zu arbeiten, dass ich das abbau, ja." Die Erkenntnis, dass diese Haltung im Grunde auch Ausdruck einer Plus-Minus-Position sei, sei der erste Impuls zur Veränderung gewesen: „Also wo werte ich eigentlich den anderen ab – in der Form, dass ich ihm die Möglichkeit, es selbst zu tun, nicht gebe?" Dass es aber nicht darum gehe, die Fürsorglichkeit aufzugeben, sondern nur in die richtigen Bahnen zu lenken, sei tröstlich gewesen, meint Thomas.

Für Lisa steht Bewusstheit durch TA auch in Zusammenhang mit ihrer Zeitgestaltung und dem diesbezüglichen Konzept Eric Bernes. Was sie wirklich interessiert, sind gute Gespräche und echte Freundschaften. „Also für Zeitvertreib hab ich keine Zeit! Da schau ich dann schon, dass ich das Gespräch in die richtige Richtung lenke, wo es für mich interessant ist, und wenn ich merke, das ist nicht möglich, dann werden die Kontakte seltener. [...] Also ich kann mir die Zeit auch selber gut vertreiben."[174]

Deutlicher zu sehen, was sie wirklich tun wolle, sei auch für Klara[175] das Ergebnis des TA-Kurses, und zwar einer Visionsarbeit, die dort gemacht wurde. Seither sei ihr vermehrt bewusst, dass sie dieses Autonom-Werden – das Freiwerden von Blockierendem – zum Ziel ihrer Beratungstätigkeit machen möchte. „Also wenn ich jetzt achtzig bin und zurückschau und mir denke, ich hab da zuweilen bei Menschen etwas beitragen können, dann sag ich ‚Danke, okay, das war ein guter Auftrag.'"

In seiner Partnerschaft sei es für Fridolin[176] am wichtigsten, eigene Opferrollen aufzugeben. Da seine Frau ein stärkeres Bedürfnis nach sozialen Kontakten habe, als er selbst, habe sich angewöhnt, „mit einem schlechten Gefühl einfach mitzuschwimmen", wenn sie öfters ausgehen oder Leute einladen wollte – "damit sie ‚Ruhe

---

171 Ebd.
172 I, S. 141.
173 I, S. 122 f.
174 I, S. 315.
175 I, S. 67 f.
176 I, S. 93 f.

gibt' sozusagen"; anschließend habe er aber daraus unbewusst Rechtfertigungen für unangemessenes Verhalten „gebastelt". Diese Erkenntnis habe ihm nun die Freiheit gegeben, sich diesem Thema anders zu nähern, einerseits mit seiner Frau einen guten Kompromiss auszuhandeln, was das Ausmaß der sozialen Aktivitäten betrifft, andererseits die neu verbleibende Zeit für Dinge zu nützen, die er wirklich tun will, zum Beispiel Holz zu hacken. Letzteres spare Energie und sei „eine gute Möglichkeit, das rebellische Kind auszuagieren", sagt er lachend.

Selbst Ute, die „mit der TA nicht so viel am Hut" hat, gibt an, dass die Transaktionsanalyse ihr Bewusstsein für klare Vereinbarungen geschärft habe[177] und sie auch mit den Problemlösungsstufen des Passivitätsmodells arbeite.[178] Nun könne sie genau lokalisieren, woran eine Konfliktlösung scheitert: „Ist es, weil man das Problem nicht wahrnehmen möchte; ist es, weil man dem Problem nicht die Bedeutung beimisst; ist es, weil man sich selbst die Lösungskompetenz nicht zutraut?" Gesprächspartner zu dieser Einsicht zu bewegen, hält Ute auch für ein Resultat der eigenen Kommunikationsfähigkeit: „Das ist dann immer die Frage, wie man es dem anderen kommuniziert", sagt sie.

All diesen Aussagen der Interviewpartner ist die Erfahrung gemeinsam, dass die Transaktionsanalyse das Bewusstsein für eigene innerpsychische Vorgänge sowie Beziehungs- und Kommunikationssituationen erhöht. Eine aufmerksame Beobachtung und ein Sensibel-Werden für das, was sich zwischen Menschen ereignet, führt zu einem Erkennen von tieferliegenden Mustern und Strukturen. Positive Veränderungen sind jedoch nicht das automatische Ergebnis dieses Erkenntnisprozesses, sondern erfordern eine bewusste Entscheidung. Der Beschluss, sich in Zukunft anders zu verhalten, dient als Impuls für eine tatsächliche Veränderung. Diese erfolgt zunächst in Form einzelner, kleiner Schritte in die gewünschte Richtung. Aufgrund bewusster Überlegungen setzen diese neuen Denk- und Verhaltensweisen jedoch an markanten Punkten an und scheinen daher offensichtlich positive Wirkungen zu haben. Somit unterscheidet sich die genannte Art der Veränderung von einem „Trial-and-Error"-Verhalten, bei dem Vieles dem Zufall überlassen wird und man einfach irgendetwas Neues versucht, um irgendeine Änderung herbeizuführen. „Nur durch Bewusstheit ist Veränderung sinnvoll möglich", sagt ein lehrender Transaktionsanalytiker.[179] Durch TA-Konzepte gebe es viele Möglichkeiten, diese Bewusstheit gut zu erreichen und das Gewohnte durch eine neue Brille zu betrachten.

Verstehbarkeit und Handhabbarkeit

Diese neue Perspektive führt nicht nur dazu, dass Einzelheiten bewusst werden, sondern dass auch Zusammenhänge von aktuellem oder vergangenem Geschehen verstanden werden. Anna[180] berichtet, dass ihr der TA-Kurs sehr geholfen habe, ihre Scheidung zu bewältigen. Anhand der Modelle habe sie über Vieles nachgedacht und Tagebuch geschrieben. So konnte sie so manche Begebenheit analysieren und verstehen.

---

177 siehe I, S. 42.
178 siehe I, S. 48.
179 I, S. 237.
180 I, S. 260, 261, 263.

„Ich hab zum Beispiel jedes Mal nach unseren Treffen das niedergeschrieben – und eben sehr fleißig mitgeschrieben – und da geschaut, welchen Bezug hat das zu meinem Leben." Anna versteht auf diese Weise, „was da gelaufen ist", und nennt das Nachdenken und Verstehen in einem Atemzug mit der letztendlichen Bewältigung ihrer schwierigen Situation. Allerdings waren dafür auch noch andere Momente ausschlaggebend, wie hilfreiche Pausengespräche mit dem Kursleiter und vor allem die Unterstützung von Kolleginnen, die sie als äußerst wertvoll empfand. Auf die vorsichtige Frage, ob Anna vielleicht Näheres sagen möchte, was sie nun genau verstanden habe, gibt sie leider keine konkrete Antwort. „Im Speziellen weiß ich nichts mehr – das ist schon zu lange her – ich hab das schon irgendwie abgehakt." Es schien, als wäre ihr die Beantwortung dieser Frage zu persönlich; vielleicht konnte sie sich aber auch tatsächlich nicht mehr erinnern.

Christine[181], die sehr bewusst mit dem Stroke-Modell arbeitet, erzählt eine Geschichte aus dem Hortalltag: Ein Schulmädchen, das sie spontan als anstrengend und lästig erlebt, sucht aus dem Stoß der bereits von ihr kontrollierten Aufgabenhefte das eigene Heft heimlich heraus, um es der Erzieherin nochmals zeigen zu können. „Zuerst hab ich mir gedacht ‚Was soll das denn jetzt wieder?'", meint Christine, „eigentlich hat es mich genervt." Und plötzlich wird ihr bewusst, dass das Kind im Grunde nur Zuwendung will und sagt zu dem Mädchen: „Ich hab jetzt Zeit, ich setze mich zu dir." „Und das Kind hat so! gestrahlt," berichtet sie, „ und wir sind in unserer Beziehung ein irres Stück weiter gekommen." Auch den unausgesprochenen Hintergrund der Geschichte erkennt Christine. Das Mädchen hat offenbar intuitiv gespürt, dass sie nicht genügend akzeptiert wird. Christine durchblickt nicht im Detail, was eigentlich hinter ihrer Ablehnung stand und vermutet irgendeine Übertragungsgeschichte. Was ihr aber bewusst wird, ist die Bedeutung der Zuwendung, die dann ihre Beziehung zu diesem Kind enorm verbessert hat. „Das war so eine Strokesache, die sicher wichtig war."

Astrid fasst ihre Erfahrungen mit TA folgendermaßen zusammen: „Transaktionsanalyse ist eine Methode für mich geworden, mit mir selbst umzugehen, mit dem anderen – einfach zu schauen, einen Weg miteinander zu finden oder einfach auch um Konflikte zu analysieren."[182] Als Lehrerin hat Astrid oft mit verhaltensauffälligen Kindern zu tun. Die TA habe ihr geholfen, Aggressionen nicht persönlich zu nehmen, sondern nach den Problemen des Kindes zu fragen. Durch das Verstehen dessen, was das Kind bewegt, könne sie auch besser mit der ganzen Situation umgehen. Bei Schwierigkeiten mit Erwachsenen sei für sie die Transparenz, das offene Ansprechen von Problemen, sehr wichtig. Der andere solle aber gleichzeitig merken, dass er für sie als Mensch in Ordnung ist, auch wenn Konflikte diskutiert werden.[183] Astrid hält die Transaktionsanalyse für ein Konzept, das hilft, sich selbst und andere besser zu verstehen.[184]

---

181 I, S. 7 ff.
182 I, S. 276.
183 siehe I, S. 280.
184 siehe I, S. 295.

Statements dieser Art finden sich auch bei sämtlichen anderen Interviewpartnern. „Immer dann, wenn ich Modelle an der Hand hab, die komplizierte Dinge strukturieren, dann tu ich mir leichter", betont Lisa.[185] „Die TA ist in vielen Dingen auch eine Hilfe, dass Beziehungen oder Gespräche oder auch Konflikte klarer werden – dass einfach klarer wird ‚Wie kam's dazu? Wie würde ich es eigentlich gern haben? Und was muss ich tun, damit es in die richtige Richtung geht?'" Sie erlebt es jetzt viel seltener, dass Gespräche keinen roten Faden haben, keinen Anfang und kein Ende, und man zum Schluss das Gefühl hat: ‚Was war das jetzt?' „Es ist einfach gut, wenn ich erkennen kann, dass ich mich da mit dieser Person quasi in einem Labyrinth befinde und Methoden – Möglichkeiten – habe, da herauszukommen." Vor allem das Konzept der tangentialen und blockierenden Transaktionen habe ihr viele „Aha-Erlebnisse" beschert. „In unserer Gesellschaft ist das gang und gäbe, eigentlich *keine* Antwort zu geben", meint sie und führt ein Beispiel aus ihrem beruflichen Alltag an. Ein Team-Mitglied fragt den Kollegen: „Wann wird das fertig?", und dieser sagt „Na heute nicht". „Ja, das ist eine tangentiale Transaktion," erklärt Lisa, „weil das ist keine Antwort."[186] Spricht nun der Chef das Team-Mitglied an und möchte wissen, wann der Kollege fertig ist, kann dieser wiederum keine Antwort geben, da er selbst keine erhalten hat. „Und das ist dann die Basis für Missverständnisse, Konflikte oder Terminschwierigkeiten."

Selbst Ute [187] resümiert: „Die TA trägt dazu bei, dass man Alltagsgeschichten oder schwierige Situationen im Alltag einfach analysieren kann, vielleicht besser verstehen kann – wenn man das alles in diese Einzelelemente zerlegt – dass man dann einfach gezielter Maßnahmen setzen kann." Ihr fällt auf, dass eine Wechselwirkung besteht zwischen der Motivation, Alltagsereignisse zu analysieren und der TA-bedingten Möglichkeit dazu: „In der Zeit, in der ich TA gemacht habe, hab' ich sicher eine stärkere Motivation gehabt, Dinge zu durchschauen oder zu durchleuchten."

Fridolin[188] verwendet das Modell der Ich-Zustände im Unterricht, zum Beispiel wenn er mit seinen Schülern das Halten von „Protestreden" einübt. Anstelle des unproduktiven, sinnlosen Rebellierens, das meist ebenso stereotype, ablehnende Antworten hervorruft – einer Dauer-Transaktion zwischen rebellischem Kind und kritischem Eltern-Ich – soll folgender Dreischritt treten: „Ich sage, was mir stinkt, ich sage, wovon ich träume, und ich mache konkrete Vorschläge". Dies entspreche dem Weg vom rebellischen Kind, das protestiert, über das freie Kind, das träumt, zum Erwachsenen-Ich, das beide Tendenzen in konstruktive, praktikable Ideen münden lässt. Wenn artikulierter Protest nicht zum Erfolg führt, kann es daran liegen, dass man im bloßen Rebellieren oder im Träumen stecken geblieben ist, erklärt Fridolin.

Manche Interviewpartner betonen auch, sie würden mit der Zeit immer schneller erkennen, was im Augenblick gerade (unterschwellig) abläuft. „Ich würde sagen, ich rette weniger, ich erkenne früher, wenn ich in so einem Drama bin oder in so einem

---

185 I, S. 318.
186 I, S. 314 f.
187 I, S. 49.
188 I, S. 91 ff.

Spiel. Und dadurch, dass ich es früher erkenne, kann ich es früher ändern", sagt Tina. „Aber ich würde nicht sagen, dass ich so ein Spiel nie eingehe, [...] – ich bin sehr sensibilisiert darauf einfach."[189] Das Erkennen von ungünstigen Haltungen oder Abläufen ist für Tina nicht nur eine Sache des intellektuellen Verstehens, sondern hat sehr viel mit Gefühlen zu tun. „Diese Sensibilisierung – ja, ich erkenne es durch meine Gefühle, die ich bekomme, wenn so etwas [ein Spiel, Anm. d. Verf.] losgeht, und dann analysiere ich es. Und dann überlege ich mir, warum ich zum Beispiel wieder drinnen bin."[190]

Ähnliches berichtet Verena. Aufgrund des Antreiber-Modells (und eines schriftlichen Antreiber-Tests, den sie immer wieder gemacht hat) ist ihr bewusst, dass sie viel zu oft anderen gefällig ist und sich selbst zu wenig erlaubt, auf eigene Bedürfnisse zu achten. Sie nimmt sich vor, in Zukunft ihren eigenen Wünschen mehr Raum zu geben. Besteht nun in einer konkreten Situation die Gefahr, sich wieder zu sehr an andere anzupassen, dann stellt sich auch bei ihr zunächst eine gefühlsmäßige Wahrnehmung ein. „Und dann denk ich mir ‚Was ist denn jetzt? Irgendetwas stimmt jetzt nicht – in der Situation. Irgendetwas passt mir jetzt gar nicht'."[191] Verena spricht nicht nur von Gefühlen, sondern sogar von körperlichen Empfindungen, die ihr umso früher auffallen, je mehr sie auf die Thematik sensibilisiert ist: „Weil dann spürst du auch gleich [...] irgendwo ein Symptom, entweder da [sie legt die Hand auf ihren Bauch, Anm.d.Verf.] oder [...] die Augen fangen zum Flackern an [...] oder was auch immer da passieren kann." Verena hat gelernt, auf dieses körperliche und gefühlsmäßige Unwohlsein hinzuhören und sich anschließend zu fragen, woran das liegen könnte. Zuerst, sagt sie „da weiß ich es noch nicht, da ist es noch diffus, und dann in der Analyse helfen mir bestimmte TA-Modelle schon."[192] Das Analysieren und Verstehen führe dazu, dass sie nun besser mit der Situation umgehen könne und nennt auch ein konkretes Beispiel aus dem Familienalltag. Es stand zur Debatte, dass Bekannte noch spät am Abend zu Besuch kommen könnten. Verena war nahe daran zuzusagen, als ihr gefühlsmäßig bewusst wurde, dass diese Abendgestaltung im Grunde überhaupt nicht in ihr Konzept passte und sie im Begriff war, wieder in die gewohnte Anpassung und Gefälligkeit zu gehen. In dieser Situation ist es ihr jedoch gelungen, ihre Bedürfnisse auszusprechen und – in geeigneter Weise – zu ihrem Mann etwa Folgendes zu sagen: „Du, ich hätte jetzt eigentlich lieber, dass wir zwei uns auf ein Glas Wein wohin setzen", oder „Ich hab jetzt keinen Bock, dass die noch vorbeikommen – schauen wir, wie wir das lösen."[193] Wichtig sei es, die richtigen Worte zu finden. Der Mut aber, das Ganze anzusprechen, komme aus der Überzeugung, dass auch ihre Wünsche wichtig, „okay" sind und nicht zuletzt aus dem Gefühl „Ich bin okay", wichtig, in Ordnung.

Diese von Verena beschriebene Struktur findet sich in vielen Erzählungen der Interviewpartner: Eine körperliche Wahrnehmung oder ein Gefühl dient als Indikator für die unausgesprochene Problematik einer aktuellen, alltäglichen Situation. TA-

---

189 I, S. 95 f.
190 I, S. 96.
191 I, S. 163.
192 I, S. 164.
193 Ebd.

Modelle helfen nun einerseits, das Problem näher zu fassen, zu analysieren und zu verstehen; andererseits bereiten sie als Wissen, das man sich angeeignet hat, den Boden, auf dem ein Sensibilisiert-Sein für bestimmte Sachverhalte erst möglich ist. Das Analysieren und Verstehen geht nun Hand in Hand mit einem verbesserten Verhalten, zu dem man sich allerdings zuvor schon theoretisch entschieden hat. Der Umgang mit konkreten Situationen wird einfacher, weil man die hinter dem Augenscheinlichen liegende Struktur verstanden hat und eigene Entwicklungsziele kennt. Theoretisches Wissen, gefühlsmäßiges Erkennen, Verstehen und Handhaben von alltäglichen Ereignissen bilden somit eine Einheit. Basis des Gelingens ist aber nicht nur das analytische Verstehen von Situationen und das technische Anwenden von Konzepten, sondern das Wissen um den eigenen Wert und die berechtigte Bedeutung eigener Wünsche, die nicht prinzipiell geringer einzustufen sind als die Bedürfnisse der Mitmenschen. Grundlegend ist außerdem der Wille zur Bewusstheit, das Interessiert-Sein an bewusstem Wahrnehmen, Erkennen und Verändern, ebenso wie der Wunsch, Muster zu entdecken, die unter der Oberfläche von Begebenheiten des Alltags liegen.

Ausnahmslos alle Interviewpartner stimmen darin überein, dass sie die Transaktionsanalyse für ein äußerst nützliches und effektives Instrument halten, das den konstruktiven Umgang mit schwierigeren Situationen ermöglicht oder zumindest erleichtert. Vieles wird erkennbar, ansprechbar, verstehbar und dadurch handhabbar. „Ich freu mich schon", sagt Fridolin, „dass ich weiß in so einem Augenblick, dass ich jetzt ein Werkzeug habe, das ich in die Hand nehmen kann."[194] Eigentlich ist die TA ein „Werkzeugkoffer", sagt Thomas, „wo dann diese Werkzeuge drinnen sind, die man auspacken kann. Und wenn man sie regelmäßig verwendet, weiß man auch, wie es geht."[195] „Ich hab die Modelle im Kopf", erklärt eine Beraterin, die Gesprächsgruppen von Frauen leitet, „ich geh einfach auf die Situationen ein, so wie sie sind, und dann schau ich, was am besten passen könnte." Die Konzepte seien ein Angebot – ob man sie tatsächlich verwendet, eine freie Entscheidung.[196]

Ob man die Modelle nun als „Werkzeug" oder eher als „operative tools" bezeichnet (wie es Vertreter des Wirtschaftsbereichs eher tun) oder als „Schema", das man umlegt[197] – TA-Modelle sind zunächst ein „Denkzeug".[198] Christine spricht von „klugen, handfesten, überlegten und praktikablen Modellen, die natürlich sehr, sehr tief gehen."[199] Viele empfinden die Konzepte der Transaktionsanalyse als Orientierungshilfe und Leitfaden, an dem man sich „anhalten"[200] kann. Lisa schätzt die Theorie der TA, die sie als sehr bereichernd empfindet, aber auch deren Anwendbarkeit. „Ich finde die TA-Modelle unglaublich lebenspraktisch, ja – und ich mag nichts lernen, was ich dann ohnehin wieder vergesse oder was ich nicht anwenden kann und was dermaßen abgehoben ist, dass man dann nur in Fachkreisen darüber reden kann. Das interessiert

---

194 I, S. 88.
195 I, S. 132.
196 I, S. 110.
197 siehe I, S. 274.
198 I, S. 189.
199 I, S. 23.
200 I, S. 24.

mich überhaupt nicht. Entweder ich kann es praktisch nutzen und ich kann es praktisch umsetzen oder ich brauch' es nicht, ja."[201]

In all den genannten Aussagen und Erzählungen der Interviewpartner ist eindeutig die Rede von einem Erkennen, Verstehen und Durchschauen dessen, was sich in der eigenen Psyche, in zwischenmenschlichen Beziehungen und in konkreten Situationen des Alltags abspielt. Dieses Begreifen ist die Basis einer verbesserten Handlungsfähigkeit; mit Dingen, die man versteht, kann man auch gezielter, konstruktiver und sinnvoller umgehen. Es fällt nicht schwer, hier die Parallele zu Antonovskys zentralen Faktoren des Kohärenzgefühls zu entdecken: der „Verstehbarkeit" und der „Handhabbarkeit".

Interessant ist, dass Antonovsky angibt, sein Konzept des Kohärenzgefühls sei ursprünglich im Wesentlichen kognitiv konzipiert und von der Informationstheorie beeinflusst gewesen. „Ich schrieb über eine ‚Art, die Welt [...] als vorhersehbar und verstehbar wahrzunehmen', über ‚Form und Struktur', über ‚Gesetzmäßigkeit'."[202] In diesem Sinn unterscheidet er ‚Information' von ‚Rauschen', womit diffuse Wahrnehmungen gemeint sind, die sich nicht einordnen und deuten lassen. Berne bezieht sich in seinem Aufsatz „Über das Wesen der Kommunikation" ebenfalls auf die Informationstheorie und verwendet auch die Begriffe „Information" und „Lärm" oder „Rauschlärm".[203] (Mit „Lärm" meint Berne jedoch die latente Kommunikation, also die nonverbalen, meist unbeabsichtigten Mitteilungen über den eigenen Zustand, die der andere sehr wohl auch verstehen und deuten könnte.)

An dieser Stelle soll es jedoch nur darum gehen, dass Antonovsky auch nach der Erweiterung seines Konzepts des „Sense of Coherence" um emotionale und sinnbezogene Anteile die Verstehbarkeit als wesentlichen Faktor betont. „Verstehbarkeit ist in der Tat der gut definierte, explizite Kern der ursprünglichen Definition", schreibt er. „Sie bezieht sich auf das Ausmaß, in welchem man interne und externe Stimuli als kognitiv sinnhaft wahrnimmt, als geordnete, konsistente, strukturierte und klare Information und nicht als Rauschen – chaotisch, ungeordnet, willkürlich, zufällig und unerklärlich."[204] Es kann wohl kein Zufall sein, dass ausnahmslos alle Interviewpartner davon berichten, dass die Beschäftigung mit Transaktionsanalyse Klarheit, Bewusstheit und Struktur in Erkenntnisprozesse und Kommunikationsabläufe gebracht habe. Diese Aussagen, die sich im Hinblick auf Antonovskys „Sense of Coherence" deuten lassen, finden sich nicht nur sinngemäß oder indirekt in den Interviewtexten, sondern größtenteils wörtlich und direkt ausgesprochen. „Strukturiert", „klar", „geordnet", „bewusst" sind Ausdrücke, die als Ergebnis der Anwendung von Transaktionsanalyse immer wieder aufscheinen, ebenso wie die Verben „verstehen", „erkennen", „analysieren" und „durchschauen". Es geht aber weniger um isolierte Einzelheiten, die bewusst werden, sondern um Sinnzusammenhänge, die – ausgehend von einzelnen „springenden Punkten" – erfasst werden. Sämtliche Interviewpartner, die die Modelle der

---

201 I, S. 314.
202 Antonovsky 1987/1997, S. 34.
203 Berne 1953. In: Hagehülsmann 2005, S. 83 ff.
204 Antonovsky 1987/1997, S. 34.

Transaktionsanalyse in ihrem Alltag verwenden, erleben – eigenen Angaben zufolge – ein höheres Ausmaß an „Verstehen". Es scheint somit evident, dass sich diese Erfahrungen als eine Verbesserung der SOC-Komponente „Verstehbarkeit" interpretieren lassen.

Der Ausdruck „Verstehen" soll nicht unbedingt bedeuten, dass es um „objektive Wahrheiten" geht oder um das einzig „richtige" Erklärungsmodell. Vielmehr handelt es sich auch hier – wie bei der Interpretation der gesamten Interviews – um eine bestimmte Perspektive, eine Theorie, nämlich die Transaktionsanalyse, unter der man das Erlebte betrachtet. Den Angaben der Befragten zufolge scheint diese Theorie jedoch nicht nur den TA-Absolventen individuell zu nützen, die sich nun aufgrund subjektiver Deutungen wohler fühlen. Die Effekte des Anwendens von TA-Modellen wurden von den Interviewpartnern so eingängig erläutert, dass der Eindruck entsteht, hier wurden tatsächlich Aspekte der Realität erfasst, Kardinalpunkte zwischenmenschlicher Kontakte und innerpsychischer Ereignisse. Somit wäre dieses „Verstehen" deutlich mehr als eine beliebige private Deutung. Diese könnte zwar für den Einzelnen hilfreich sein, würde sich aber vermutlich nicht so gut für Kommunikationssituationen eignen. Das Verhältnis von subjektiver Deutung und Realität in Zusammenhang mit Transaktionsanalyse wird weiter unten nochmals zur Sprache kommen.

Alle Interviewpartner stimmen auch darin überein, dass die Beschäftigung mit Transaktionsanalyse ihre Fähigkeit, Anforderungen des Alltags zu bewältigen, deutlich verstärkt habe. Diese Statements kann man kaum anders auffassen als im Sinn einer Verbesserung des SOC-Faktors „Handhabbarkeit". Hier wird allerdings der Ausdruck „handhabbar" kaum gebraucht. Meist ist die Rede von Dingen, mit denen man nun besser „umgehen" kann; auch die Worte „bewältigen", „verändern", „verbessern", „verhalten" und „reagieren" waren oft zu hören. Das mag daran liegen, dass das englische Verb „to manage" und die SOC-Komponente „manageability" vermutlich üblichere Begriffe sind als das etwas holprig klingende deutsche Wort „Handhabbarkeit". Immer handelt es sich jedoch in diesen Interviewpassagen um ein aktives Tun der Befragten, ein Agieren und bewusstes Verhalten.

Auffallend ist, dass in den Interviews weder die Aussagen zur „Verstehbarkeit" noch zur „Handhabbarkeit" isoliert auftreten. Praktisch immer sprechen die Interviewpartner von beiden Aspekten gleichzeitig. Die Kombination von „etwas verstehen" und „dann besser damit umgehen" scheint fast eine stehende Redewendung zu sein, die einem in den Texten immer wieder begegnet. Das Kognitive geht somit dem Handeln voran; eine Erkenntnis über sich selbst oder die anderen führt zu einem neuen, günstigeren Verhalten. Diese Verknüpfung mag vielleicht selbstverständlich wirken. Doch weder in der Alltagserfahrung noch in psychologischen Theorien sind die beiden Aspekte stets in dieser Weise verbunden. Die Einsicht, die nicht zum Handeln führt, findet sich ebenso wie ein Tun, dem die rationale Basis fehlt. Ein lehrender Transaktionsanalytiker hat ja darauf hingewiesen, dass TA eben nicht „trial-and-error" sei. Die unausgesprochene Voraussetzung für durchdachte Veränderung ist allerdings die persönliche Entscheidung, etwas verstehen und verbessern zu *wollen*. In den Interviews könnte man zum Beispiel die Erklärungen zu der Motivation, einen TA-Kurs zu besuchen, im Sinn dieser bewussten Absicht verstehen. Veränderung widerfährt daher den TA-Absolventen nicht automatisch aufgrund der bloßen Teilnahme an Veranstaltungen.

„Wer ein hohes Ausmaß an Handhabbarkeit erlebt," schreibt Antonovsky, „wird sich nicht durch Ereignisse in die Opferrolle gedrängt oder vom Leben ungerecht behandelt fühlen. Bedauerliche Dinge geschehen nun einmal im Leben, aber wenn sie dann auftreten, wird man mit ihnen umgehen können."[205] Die Parallelen zu Ideen Bernes, den Positionen des Dramadreiecks und vor allem zum Begriff der „Opferrolle", der auch in den Interviews aktuell war, sind augenscheinlich. Handhabbarkeit hat somit immer mit dem Überwinden der eigenen Hilflosigkeit zu tun. Das Gegenteil ist der sprichwörtliche „Pechvogel", „der, dem die Suppe über den Frack gegossen wird": „Die Dinge sind einem zugestoßen, ausnahmslos unglückselige Dinge, und so wird es im Leben weitergehen." Dieser Satz könnte von Eric Berne sein, stammt aber von Antonovsky.[206] Noch deutlicher treten parallele Ansichten der beiden Autoren in Zusammenhang mit dem Phänomen der selektiven Wahrnehmung zutage. Eine Person mit starkem SOC, meint Antonovsky, werde jene Aspekte der Realität herausfinden und gewichten, die Sinn machen." Die Person mit schwachem SOC, die davon ausgeht, dass alles chaotisch ist, wird die Elemente gar nicht bemerken, die Sinn machen könnten."[207] Ein starkes SOC bewirke die Zuversicht, dass auch bei Schwierigkeiten Ordnung geschaffen werden könne, was in der Regel ein dementsprechend sinnvolles Verhalten nach sich zieht.[208] An dieser Stelle wird man eindeutig an Ausführungen Bernes zum „Gewinner-" und „Verliererskript" erinnert, zusätzlich an den Begriff des „Discountens", vor allem aber an konkrete Erzählungen der Interviewpartner. Für sie ist es aufgrund von TA-Konzepten möglich geworden, Ereignisse vermehrt so zu bewerten, zu strukturieren und zu deuten, dass sie sich nicht hilflos einem namenlosen Schicksal ausgeliefert fühlen, sondern die Macht des eigenen Einflusses erkennen und nützen.

Bei den Gesprächspartnern scheint die Einstellung, dass man selbst sehr wohl etwas zum Bewältigen des Alltags beitragen kann, große Bedeutung zu haben. Einerseits dürfte diese Überzeugung schon vor Kursbeginn in irgendeiner Weise vorhanden gewesen sein; ansonsten wäre es fraglich, woher die Motivation zu einer längeren Ausbildung dieser Art kommen sollte. Auch wirken die Befragten in ihrer gesamten Persönlichkeit keineswegs passiv. Andererseits geben alle an, dass es die Transaktionsanalyse sei, die ihren Handlungsspielraum erweitert habe. Die TA-Modelle seien das Instrument, das nicht nur das ordnende und strukturierende Verstehen, sondern auch die praktische Handlungsfähigkeit vergrößert habe.

Wenn Interviewpartner über Veränderungen in ihrem Leben sprechen, sind damit nicht unbedingt spektakuläre Ereignisse gemeint, sondern eher bewusste kleine Schrit-

---

205 Ebd., S. 35.
206 Ebd.
207 Ebd., S. 166.
208 siehe ebd.

te in eine neue Richtung. Diese sehen auf den ersten Blick vielleicht nicht gravierend aus, zeigen aber dennoch wesentliche Wirkungen.

Bedeutsamkeit

Nach dem Identifizieren von Aussagen zur „Verstehbarkeit" und zur „Handhabbarkeit" war nun zu prüfen, ob sich die Befragten auch zum Faktor der „Bedeutsamkeit" geäußert hatten. Dies war insofern etwas schwieriger, da diese Komponente auch in Antonovskys Definition weniger scharf umrissen und punktuell erklärt ist, als die eindeutigeren Dimensionen des Verstehens und Handelns.

Bedeutsamkeit meint nach Antonovsky „das Ausmaß, in dem man das Leben emotional als sinnvoll empfindet: daß wenigstens einige der vom Leben gestellten Probleme und Anforderungen es wert sind, daß man Energie in sie investiert, daß man sich für sie einsetzt und sich ihnen verpflichtet, daß sie eher willkommene Herausforderungen sind als Lasten, die man gerne los wäre."[209] Es geht somit bei diesem Aspekt weniger um Rationales, sondern mehr um das emotionale Sinn-Empfinden, das subjektive Motiviert-Sein, das Bedeutung-Beimessen, das Wichtig-Erachten von Dingen, was in der Folge zu bewusstem Engagement und zum Einsatz von Energie führt.

Ein lehrender Transaktionsanalytiker[210], der auf die Themen „Sinn", „Bedeutung" und „Wertigkeit" angesprochen wurde, hält die TA nicht primär für eine Methode zur Sinnfindung, sollte man darunter das Suchen nach einem tieferen, global gemeinten Lebenssinn verstehen: „Da würde ich sagen, da müssen wir die Kirche im Dorf lassen", meint er. Als menschliche Orientierung habe die TA aufgrund ihres Menschenbildes und ihrer Grundmaximen jedoch sehr wohl etwas zur Gestaltung sinnvoller Beziehungen oder zur sinnvollen Entwicklung der eigenen Persönlichkeit beizutragen; die einzelnen Modelle seien Mittel, um konkret daran zu arbeiten.

Auch ein anderer Lehrender[211] unterscheidet die philosophische Sinnfrage vom konkreten Sinn einzelner Handlungen: „Ich denke sehr wohl, dass natürlich Transaktionsanalyse hilft, immer wieder zu klären ‚Was macht für mich Sinn?' und auch dann vielleicht die entscheidende Frage ‚Welchen Sinn hat mein Leben?'" Vor allem die Arbeit mit schädigenden Anteilen eigener Prägungen könne helfen, von skriptgebundenem Unsinn zu befreien und sei auch „Arbeit am Sinn".

Verena erwähnt in diesem Kontext ihre berufliche Situation. „Diese Ausbildung zu haben", sagt Verena[212], „hat etwas verändert in mir. Also auch der Zugang zur Arbeit." Sie berichtet von der Änderung ihrer Tätigkeit und der Übernahme einer Multiplikatorenfunktion. „Zu entdecken, dass du nicht unbedingt nur durch deine Produktivität mithelfen kannst, das Ganze zu verbessern, sondern wenn du so eine Multiplikatorstelle hast und viele Leute beeinflussen kannst, dass das dann *noch* fruchtbringender ist. Also einfach der Wunsch, den größeren Zusammenhang zu sehen und verschiedene Dinge und nicht immer nur das Gleiche zu tun, obwohl mir das auch Spaß gemacht hat." Und sie fasst zusammen: „Dieser Wunsch, über den Tellerrand hinauszuschauen

---

209 Ebd., S. 35 f.
210 I, S. 238.
211 I, S. 196.
212 I, S. 175.

– das kam sicher auch durch die TA, durch die Ausbildung […]. Indem sich das Bewusstsein für Zusammenhänge verändert hat, war das Bedürfnis da, diese Zusammenhänge auch im größeren Sinn zu sehen oder zu erleben oder dafür zu arbeiten."

Für Tina bedeutet Sinn, sich selbst und die eigenen Talente zu erkennen, um das Leben zu führen, das einem liegt. „Mein Leben leben! Ja? Also nicht Dinge für andere tun – *schon*, wenn man darum gebeten wird, keine Frage – aber nicht mehr Dinge zu tun, um gut dazustehen. Sondern einfach aus sich selbst heraus die Dinge machen, die für einen sinnvoll sind, die für einen einfach gut sind – und das macht dann Sinn!" Dass Tina dies immer mehr gelingt, führt sie auf die Beschäftigung mit den Okay-Positionen der TA zurück, auf das Gefühl „Ja, so wie ich bin, bin ich okay!"

Christine[213] berichtet, dass ihr durch die Transaktionsanalyse erst bewusst und verständlich wurde, warum sie sich immer wieder ehrenamtlich engagiert und auch in ihrer Freizeit mit Schulkindern arbeitet. „Ich überlege mir das jetzt schon viel mehr als früher", sagt sie. „Na, ich mache es erstens, weil ich es kann, weil ich sag, das ist mein Potential […], und weil ich weiß, dass es für die Kinder gut ist." Dass ihr auch die erhaltene Anerkennung nicht unangenehm ist, wurde ihr bewusst; sie sieht aber deshalb keinen Grund, sich nicht für gute Zwecke zu engagieren. „Das Schöne ist", meint Christine, „dass ich das an meine Kinder [die eigenen Kinder, Anm. d. Verf.] weitergegeben habe – die arbeiten auch so. Sie verdienen alle nicht sehr viel momentan, studieren endlos, aber sie haben auch ununterbrochen Projekte, ob das in Südamerika oder in Wien ist oder bei den Sandlern oder bei der Musik – ja, also auch dieser Einsatz – es tun, ja. […] Und ich finde, das ist das, was auf dieser Welt fehlt, und ich finde es toll, dass das unsere Kinder weiterführen." Christine erkennt mit Hilfe der TA ihre Beweggründe zu ehrenamtlicher Tätigkeit, den Wert ihres Engagements und fühlt sich bestärkt. Nur einen Sinn, den man sieht, könne man weitergeben, sagt sie.[214]

Häufig wurde in den Interviews das neue Setzen von Prioritäten in Zusammenhang mit Wert- und Sinnfragen gebracht und als Ergebnis der Beschäftigung mit TA-Modellen gesehen. Das Konzept der Zeitstrukturierung war dabei vorherrschend. Offene und ehrliche Begegnungen zieht man nun vermehrt oberflächlichen Kontakten vor. Rituale und Partygespräche werden immer weniger, erzählt Thomas[215]. Selbst auf einer Party versuche er dann doch, mit jemandem in ein Gespräch zu kommen, das gehaltvoller sei. Interessanterweise finde er auch immer wieder Leute, die dazu bereit sind.

Thomas hat insgesamt die Transaktionsanalyse für sich selbst als so hilfreich empfunden, dass er diese Konzepte in Zukunft auch als Lehrender weitergeben möchte. „Das, was mir passiert ist mit der TA – diese Horizonterweiterung, dieses Öffnen, dieses Über-den-Tellerrand-Schauen, das Sensibilisieren, das Richtig-zuhören-, Richtig-argumentieren-, Richtig-kommunizieren-Können, das möchte ich wirklich weitergeben." In seinem Beruf macht er die Erfahrung, dass auch sehr kompetente und nette Mitarbeiter negative Vorurteile aufbauen „und ganz fürchterliche gegenseitige Abwer-

---

213 I, S. 13 f.
214 I, S. 4.
215 I, S. 136 f.

tungen machen, die sehr weh tun und zu nichts führen", sagt er. „Und der eine ist ein lieber Kerl und die andere ist ein lieber Kerl, aber die kommen nie zusammen, weil sie so viele Missverständnisse aufbauen in der Kommunikation. Und da vielleicht zumindest ein bisschen beizutragen, das besser zu machen – das ist für mich das Erstrebenswerte."

Diese Beispiele aus den Interviews stehen exemplarisch für etliche Textstellen, an denen die interviewten Personen über das Erkennen von Sinn und Sinnzusammenhängen, über die Verschiebung von Wertigkeiten, der neuen Zuschreibung von Bedeutungen und der persönlichen Sinngebung berichten, die sie auf die Ausbildung in Transaktionsanalyse zurückführen. Man hält etwas für bedeutend, engagiert sich, setzt sich dann – mit Hilfe der Transaktionsanalyse – auch theoretisch damit auseinander, versteht nun noch besser, worum es geht und ist in der Folge umso motivierter für weitere Aktivitäten. Es scheint kein Zweifel zu bestehen, dass alle Aussagen, die etwas mit Motivation, Engagement und Sinn zu tun haben, inhaltlich der SOC-Komponente „Bedeutsamkeit" entsprechen. Fast scheint es so, als würden sich die Faktoren „Verstehbarkeit" und „Bedeutsamkeit" mitunter verzahnen: Je mehr man an einer Sache (emotional) interessiert ist, umso eher möchte man sie auch rational verstehen, was wiederum insgesamt das Engagement verstärkt und fördert.

Meist wird auch deutlich, dass die Interviewpartner bereits vor dem Absolvieren des Kurses grundsätzlich aktive und bemühte Personen waren. Ebenso klar ist jedoch herauszulesen, dass die Beschäftigung mit Transaktionsanalyse diese Tendenz unterstützt und erweitert. Somit lassen sich diese Berichte eindeutig als eine positive Veränderung der SOC-Komponente „Bedeutsamkeit" werten. Vielleicht könnte man hier auch die Ansicht Antonovskys einbringen, derzufolge ein Mensch mit einem bereits gut ausgebildeten Kohärenzgefühl sich so verhalten wird, dass positive Anteile verstärkt werden und sich eine spiralenförmige Aufwärtsbewegung ergibt. Es wäre an dieser Stelle vermutlich zu früh, bereits Bemerkungen über das gesamte Lebensgefühl der Interviewten zu machen. Antonovsky setzt ja die Summe der drei SOC-Komponenten mit dem globalen Lebensgefühl des Vertrauens und der Zuversicht gleich. Es ist noch zu prüfen, ob die Interviews diese Einschätzung bestätigen. Fest steht allerdings, dass sich die einzelnen Komponenten in den Interviews sehr gut identifizieren lassen und die Befragten durch die TA-Ausbildung eine klare Verbesserung des Verstehens und Handelns feststellen; auch das stärkere Erleben von Sinn und das bewusste Setzen neuer Prioritäten zählt – als positive Veränderung des Faktors „Bedeutsamkeit" – zu den Ergebnissen des Kurses.

2.4.3 Die Lebensbereiche der Anwendung transaktionsanalytischer Kenntnisse

Vorbemerkung
War im vergangenen Kapitel von verschiedenen Arten der Veränderung die Rede, die TA-Absolventen beobachten, soll im Folgenden das Hauptaugenmerk auf den konkreten Kontexten und Lebensbereichen liegen, in denen sie das erworbene theoretische Wissen in der Praxis nützen und zur Anwendung bringen.

Auch hier ist natürlich klar, dass das Thema „Kinder" mit dem Begriff der „Familie" zusammenhängt, aber nicht identisch ist, wobei „Familie" einerseits die aktuelle Kernfamilie, andererseits die Herkunftsfamilie meint. Ebenso stehen Fragen der Paarbeziehung oft in Verbindung mit Aussagen zum sozialen Umfeld, den Kindern oder der beruflichen Situation. Dennoch lassen sich die genannten Bereiche auch wieder voneinander abgrenzen – im Bewusstsein dieser Überschneidungen.

Kinder, Familie und Umfeld

Alle Interviewpartner geben ausnahmslos an, dass die Transaktionsanalyse nicht nur ihre berufliche Kompetenz verändert, sondern auch Eingang in ihr Privatleben gefunden habe. Im Grunde gebe es keinen Bereich, meint Tina, der von TA unberührt geblieben sei: „Ich hab das in der Erziehung meiner Kinder angewandt, ich hab das in meinem beruflichen Umfeld angewandt. Also eigentlich *überall* wende ich es an, in jedem Umfeld."[216] Auch in den folgenden Beispielen lassen sich die Komponenten des Kohärenzgefühls – vor allem das Verstehen und Handhaben – erkennen. Es geht aber auch ganz allgemein um die durch die Ausbildung veränderte Situation und die Reaktion von Freunden oder Familienmitgliedern.

Lisa berichtet, dass die Kommunikation mit ihrem Sohn, der sehr redegewandt und durchsetzungsfähig sei, klarer und bewusster geworden sei. Das gegenseitige Geben und Nehmen sowie das wechselseitige Akzeptieren von Standpunkten sei nun ausgeglichener.[217]

Astrid[218] beobachtet ihre Ich-Zustände, wenn sie mit Familienmitgliedern beschäftigt ist und kann nun bewusster agieren und sich gegebenenfalls abgrenzen. So sehr sie gerne im „freien Kind" sei und Spaß habe, so notwendig sei es in anderen Situationen, aus dem Erwachsenen-Ich zu handeln oder sich fürsorglich zu verhalten. Sie erzählt von ihrem betagten Vater, der „hier und da ein bisschen bemuttert gehört"; da er alleine lebe, sei es einfach eine Notwendigkeit, ihn zu unterstützen. „Ich sag immer, ich hab dann teilweise ein viertes Kind. [...] Aber manchmal muss ich schon sagen ‚Du Papa, es reicht jetzt', und da ziehe ich auch meine Grenzen; oder es kommt *dann* zur Bemutterung, wenn ich sag, es geht ihm nicht gut und er braucht jetzt Hilfe." Astrid erkennt hier die Erfordernisse einer konkreten Situation und verhält sich der Realität angepasst, also im Erwachsenen-Ich. Ihren Aussagen zufolge war das Modell der Ich-Zustände nützlich, um ihre eigenen Seins- und Verhaltensweisen bewusst zu steuern. Offenbar ist es ihr dadurch gelungen, zu helfen, wenn es notwendig war, sich im richtigen Moment aber auch zu distanzieren und das Abgleiten in die „Opferrolle" zu vermeiden.

TA zu praktizieren bedeutet für Astrid auch, eigene hinderliche Verhaltensmuster zu erkennen. Im Beruf sei das weitaus einfacher als in der Familie, meint sie: „Je persönlicher die Beziehung ist, umso schwieriger ist es sicher auch zu analysieren, weil du [...] in Emotionen fällst, die einfach da sind und die du erst im Nachhinein reflek-

---

216 I, S. 306.
217 siehe I, S. 315.
218 I, S. 291 f.

tierst."[219] Am schwierigsten sei das Vermeiden alter Muster in der Beziehung zu ihrem Mann – einfacher im Kontakt mit ihren Kindern. „Da fällt es mir leichter, auch wieder herauszukommen", erklärt sie, „und zu sagen ‚Tut mir leid, das habe ich jetzt eigentlich nicht so gewollt, können wir noch einmal über die Situation reden?'" Dass alte Strategien nicht immer vollständig verschwinden, scheint nicht verwunderlich. Der wesentliche Unterschied zu unreflektiertem Verhalten besteht bei Astrid jedoch darin, dass sie diese Momente erkennt, sie anspricht und in positiver Auseinandersetzung mit ihren Kindern bleibt.

Tina hat mit ihren Töchtern keine theoretischen Diskussionen über Transaktionsanalyse geführt, aber sehr wohl das Prinzip der „Okay-Positionen" vermittelt: Der Mensch an sich sei „okay", auch wenn seine Handlungen „nicht okay" seien. Die Kinder wissen das, berichtet Tina: „Und dadurch tun sie sich auch in der Schule leichter. Weil: Wenn ein Lehrer irgendein blödes Lehrerspiel spielt, dann sehen sie, dass es so ist, weil – ich weiß nicht – der Lehrer überfordert ist oder weil der Lehrer nicht gut drauf ist und dass es eigentlich Seines ist, ja. Und sie sehen: Das Verhalten ist nicht okay, aber der Lehrer – an und für sich – ist okay."[220] Weder das verwendete Wort „Lehrerspiel" noch der Ausdruck „okay" scheint einer Erklärung zu bedürfen. Wesentlich ist, dass Tinas Kinder aufgrund der Okay-Positionen den Unterschied von Person und Verhalten begriffen haben und nun differenzierter wahrnehmen – ohne sich selbst oder den Lehrer als Person abzuwerten.

Verena konnte ihre Persönlichkeit mit Hilfe der Transaktionsanalyse sehr gut weiterentwickeln, sich ihren Eltern gegenüber besser abgrenzen und hatte – wie erwähnt – die Fähigkeit verbessert, im Privatleben zu eigenen Wünschen und Bedürfnissen zu stehen. Auch beruflich ist sie mit der Anwendung von TA-Modellen erfolgreich. Besonders betont sie die Wichtigkeit, Dialoge und Beziehungssituationen zu verstehen und strukturiert damit umzugehen. „Mit meinen Kindern", sagt sie lachend und spricht etwas schneller, „funktioniert das irgendwie nicht so, aber – ja – das ist wieder eine eigene Geschichte."[221] Mehr äußert Verena sich nicht zu diesem Thema. Dass das persönliche Involviert-Sein die Anwendung theoretischer Modelle – wie bei Astrid – nicht unbedingt erleichtert, kann man nur vermuten. Vielleicht mag es aber auch daran liegen, dass Verenas Kinder einfach noch sehr jung sind.

Anders verhält es sich mit der privaten Anwendung der TA in den Familien von Christine und Fridolin. Allerdings – und das scheint ein wesentlicher Umstand zu sein – interessieren sich hier beide Elternteile für Transaktionsanalyse. Diese ist in den Familien (indirekt) präsent, gewisse Ausdrücke fallen immer wieder und auch schriftliche Unterlagen sind in der Wohnung zu finden.

Dass die Kinder von Christine auf diese Weise sehr viel über Transaktionsanalyse erfahren und davon profitieren, wird ihr selbst erst so richtig auf einem TA-Kongress klar. Sie bat ihren Sohn (in jugendlichem Alter), an ihrem Workshop teilzunehmen und ihr anschließend ein ehrliches Feedback zu ihrer Veranstaltung zu geben. „Er hat

---

219 I, S. 281.
220 I, S. 301.
221 I, S. 165.

sofort toll mitgemacht, schon in der Vorstellungsrunde," erzählt sie, „und er hat sehr genau gesagt, dass er diese ganze Transaktionsanalyse kennt, dass die in unserer Familie einfach da ist – ja, was ich noch nie so formuliert gehört hab – ja, und dass er damit aufgewachsen ist."[222] In dieser Familie hat man anscheinend nicht ausdrücklich mit den Kindern über TA-Modelle gesprochen, „aber sie haben es wahrgenommen", sagt Christine, „eigentlich positiv wahrgenommen, und das finde ich auch wieder sehr interessant, dass das schon sehr da war, ja."

Anscheinend spricht die Transaktionsanalyse auch Kinder und Jugendliche an.[223] Berne soll ja die Ansicht vertreten haben, dass die TA als gelungene Theorie so klar und einfach zu sein hat, dass selbst ein achtjähriges Kind sie verstehen kann. Zufällig war eine von Christines Töchtern acht Jahre alt, als die Transaktionsanalyse in der Familie aktuell wurde, während der oben erwähnte Sohn noch ein Kleinkind war. Offenbar ist er der TA gegenüber nun positiv gestimmt und aufgeschlossen, auch wenn er dies als Jugendlicher mitunter nicht wirklich zugeben kann. Christine berichtet von einer Begebenheit in seiner Schulklasse. Eine Lehrerin hielt einen Rhetorik-Kurs ab und erklärte den Schülern, dass sie nach einer ganz speziellen Methode arbeite, nämlich der sogenannten Transaktionsanalyse. Christines Sohn ließ sich nichts anmerken, erzählte aber nach dem Unterricht das Ganze seiner Mutter und meinte: „Am liebsten hätte ich darauf gesagt: ‚Ist das dieser Ich-bin-okay – Du-bist-okay-Scheiß‘?"[224]

Ähnlich salopp äußern sich die teilweise jugendlichen Kinder Fridolins. Sprechen die Eltern über Transaktionsanalyse, fallen abschätzige Kommentare, wie „Jetzt sind sie wieder auf der Psychoschiene!" oder Ähnliches. „Wobei sie das eine Zeitlang so gemacht haben," berichtet Fridolin, „aber dann mit der Zeit haben sie alle schon gemerkt, dass das einen hohen Wert hat, also die Großen. […] Die haben sich zum Beispiel schon gerne bewusst auch ein paar Modelle angeschaut und angeeignet, Drama-Dreieck oder Maschensystem."[225] Auf die Frage, in welcher Form das vor sich gegangen sei, berichtet Fridolin, dass er nicht nur von TA-Konzepten erzählt habe, sondern dass er tatsächlich mit seinen Kindern gemeinsam im Stewart/Joines geblättert und immer wieder darin gelesen habe. „Das waren Sternstunden!"[226] sagt er leise und nachdenklich, lächelt dabei und scheint fast bewegt von der Erinnerung zu sein.

Bedenkt man, wie ablehnend Jugendliche sich häufig angesichts elterlicher Theorien oder Überzeugungen verhalten, so scheint diese Episode aus Fridolins Familienleben ziemlich ungewöhnlich. Man kann nur annehmen, dass insgesamt die Atmosphäre dieser Familie von einer offenen und wertschätzenden Gesprächskultur geprägt ist, die den Boden für „Sternstunden" dieser Art bereitet. „TA kommt einfach in unserem Leben vor", sagt Fridolin, „nicht sehr aufdringlich, aber konstant."[227]

---

222 I, S. 27.
223 Vgl. Tudor 2008.
224 I, S. 27.
225 I, S. 76.
226 Ebd.
227 Ebd.

Was dieses „konstante Vorkommen" unter anderem konkret bedeutet, illustriert er durch folgendes praktisches Beispiel. Am WC der Familie hängt ein A4-Blatt mit den Okay-Positionen, sodass jeder, der diesen Ort benützt, daran erinnert wird. Allerdings handelt es sich nicht nur um die üblichen Grundpositionen (Plus-Plus, Plus-Minus, Minus-Plus, Minus-Minus), sondern um das von Mountain und Davidson entwickelte Modell der dreidimensionalen „OKness"[228]. Die ursprünglichen zweidimensionalen Haltungen erweitern die Autoren (wie auch teilweise bereits Berne) um eine weitere Dimension, die eine dritte Person, eine andere Gruppe oder Ähnliches symbolisiert, auf die man sich bezieht. „Wenn wir zwei uns okay finden, aber nur deshalb, weil wir die anderen für blöd halten, dann ist das Plus-Plus-Minus in diesem Modell", erläutert Fridolin, „und hat keinen sehr hohen Wert, weil in dem Augenblick, wo einer von uns irgendwo anders einmal Wert erlebt, dann wird's mit unserem Plus-Plus wahrscheinlich ziemlich schnell vorbei sein."[229] Bezogen auf die Familie könnte eine Dreier-Konstellation beispielsweise aus zwei Elternteilen und einem Kind oder aus zwei Kindern und einem Elternteil bestehen. Durch dieses Modell werden nicht nur Einschätzungen und Haltungen erkennbar, sondern auch (indirekte) Koalitionen. „Da kann man gut nachdenken: ‚Mit wem hau ich mich g'rad auf wessen Kosten auf ein Packl? – oder eben nicht'"[230], erklärt Fridolin.

Manche Interviewpartner sprechen auch über das Aufarbeiten ihrer Kindheitsgeschichte, das sie in Zusammenhang mit TA-Konzepten und der TA-Ausbildung sehen. Da es dabei eher um Fragen der individuellen Entwicklung, um frühe Prägungen, der persönlichen Neuorientierung (und weniger um aktuelle Interaktionen in der Familie) geht, wird dieses Thema an anderen Stellen Platz finden, wenngleich die gedankliche Auseinandersetzung mit Eltern oder Geschwistern auch ein Aspekt des Lebensbereichs „Familie" wäre.

Exemplarisch sei hier Klaras Geschichte[231] vorweggenommen; sie arbeitete zwar auch mit einer Energetikerin, wurde letztendlich aber durch TA-Modelle auf wesentliche Momente aufmerksam, die ihre „Einschränkungsgeschichte", wie sie es nennt, charakterisieren. Sie erzählt von ihrem Vater, den sie als groß und mächtig erlebt hat und der es nach wie vor sehr gut versteht, sich mit seinen Leistungen in den Vordergrund zu rücken. Obwohl bereits in Pension, fährt er mit dem Rad auf den Großglockner, singt, organisiert Liederabende und ist stolz, dass in regionalen Zeitungen über ihn berichtet wird. „Er inszeniert sich", sagt Klara und bringt einen bildhaften Vergleich: „Wir haben einen bestimmten Raum – okay – und einer bläst sich immer auf – wo kann ich mich noch aufblasen?" Zusätzlich sei Klaras Schwester in ihrer Kindheit sehr krank gewesen, sodass auch von ihrer Mutter die nonverbale Botschaft kam, nicht zu stören und nicht bemerkt zu werden. Zwei TA-Begriffe spielten eine Rolle in der Bewältigung dieser Problematik: erstens die Erkenntnis, dass ihre Prägung mit dem Gebot „Nimm mich nicht wahr!" auf den Punkt zu bringen ist; Klaras Thema war es

---

228 Mountain u. Davidson 2005.
229 I, S. 77.
230 Ebd.; „sich auf ein Packl hauen": Wienerischer Ausdruck für „sich verbünden".
231 I, S. 63 ff.

daher, sich selbst mehr Raum zu nehmen, aus der Demut und Bescheidenheit herauszugehen, nach dem Motto: „Tue Gutes und sprich darüber." Zweitens fiel Klara auf, dass sie Zeit ihres Lebens alles Mögliche versucht hatte, um doch aufzufallen und es ihrem Vater gleich zu tun – durch Leistungen, Aktivitäten oder ständiges Beschäftigt-Sein, was auf die Dauer belastend war und im Grunde nicht zum erwünschten Ergebnis geführt hat. Klara erkannte ihren „Streng-dich-an" – Antreiber und versuchte, ihn zu reduzieren. „Ich habe es mir dann erlaubt, auch einmal wirklich am Sofa zu liegen und nicht immer irgendwie in Aktion zu sein." Auch machte sie sich bewusst, dass sie ohnehin mit ihrer Effektivität und ihrem Tun sehr zufrieden sein konnte und aus dem konkurrierenden Vergleich mit ihrem Vater aussteigen müsste. „Und da einfach zu stoppen und zu sagen: ‚Okay, das ist seine Welt und er soll das machen; und ich mach das, und jetzt darf ich einmal auftrumpfen'." (Auf diesem Hintergrund wurde nun auch Klaras Bestreben nachvollziehbar, während des Interviews ihre TA-Theorie-Kompetenz hervorzuheben. Dass auch ein anderer Entwicklungsschritt möglich wäre – nämlich sich gut zu fühlen und mit den eigenen Leistungen zufrieden zu sein – ohne „aufzutrumpfen" – soll hier nicht zur Debatte stehen.)

In Zusammenhang mit ihrer positiven Weiterentwicklung erwähnt Klara auch die Bedeutung der Ausbildungsgruppe und die „Energiearbeit" (die sie nicht detailliert beschreibt, die aber im Vergleich zur TA stärker emotions- und körperorientiert gewesen sein dürfte). Die eigentliche Erkenntnis aber und das Ansetzen am thematisch richtigen Punkt führt sie jedoch auf die Beschäftigung mit Transaktionsanalyse zurück.

Denkt Verena nicht nur an ihre Familie, sondern an das soziale Umfeld im weiteren Sinn, so hat sie den Eindruck (vor allem während ihrer TA-Trainingszeit), die Leute seien im Allgemeinen etwas vorsichtiger im Umgang mit ihr geworden. Angst oder Unwissenheit könnte der Grund sein, meint sie; nicht immer wurde nämlich nachgefragt, was es mit ihrer Ausbildung auf sich habe. Andererseits hätte sie aufgrund ihrer TA-Kurse beruflich einen anderen Status erworben, von dem noch später die Rede sein wird.[232]

Von Verenas erfolgreicher Anwendung der Transaktionsanalyse und ihrer Fähigkeit, Kommunikationssituationen mit Hilfe von TA-Modellen konstruktiv zu gestalten, war bereits die Rede. Was Freunde und Bekannte anbelangt, so betont sie den bewussteren Umgang mit den Mitmenschen, der – neben den zweifellos positiven Wirkungen – aber auch eine Gefahr in sich berge: „Also gerade wo ich so intensiv in der Ausbildung gesteckt bin – oder so kurz danach – diese intensive Zeit, wo du so höllisch aufpassen musst, dass du nicht dein ganzes Umfeld plötzlich analysierst."[233] Mit „analysieren" meinte Verena offenbar „verbal analysieren", indem das Beobachtete auch gleich angesprochen wird, denn sie fährt fort: „Du hast natürlich ständig Übungsfelder – stumme Übungsfelder – [...], wo du dir deinen Teil dazu denkst." Sie habe gelernt, anders zu reagieren. „Ich bin nicht mehr so frontal im Konfrontieren, sondern mach'

---

232 siehe I, S. 174.
233 I, S. 169.

dann einen Scherz oder übergehe das oder sage: ‚Ja, so oder so könnte man das auch sehen', oder ich frag' dann nach.'[234]

Ihre Kenntnisse einzubringen, ohne auf andere lehrmeisterhaft zu wirken, ist offenbar eine Gratwanderung und mit widersprüchlichen Erfahrungen verbunden. Einerseits wird Verena um Feedback gebeten, andererseits soll sie auch wieder nicht zu viel kommentieren. Man schätzt ihr Wissen und will es nützen, befürchtet aber gleichzeitig, von ihr „therapiert" zu werden, obwohl keine Rede von einer Therapieausbildung war.[235] Noch schwieriger scheint es zu sein, Freunde und Bekannte nicht wegen ihrer Kommunikationsmuster abzuwerten: „Sie haben ja nicht den Bewusstheitsgrad, wenn sie nicht eine adäquate Ausbildung gemacht haben."[236] Was jedoch im Allgemeinen jeder Mensch (mehr oder weniger) hat, sei ein Spielraum, ein gewisser Freiraum, selbstverantwortete Entscheidungen zu treffen.[237] (Insofern sind die Bekannten schon auch verantwortlich für mangelnde Bewusstheit, könnte man Verenas Ausführungen ergänzen.) Einerseits kann man daher – um Verenas Gedanken fortzuführen – diese Mitmenschen und ihr Kommunikationsverhalten nicht wirklich verurteilen, da sie ja nicht über entsprechendes Wissen verfügen; andererseits hätten sie genauso die Möglichkeit, sich zu informieren und sich in ihrem Gesprächsverhalten weiterzuentwickeln. Über diese Problematik könnte man vermutlich sehr lange nachdenken und referieren; eine gewisse Spannung wird in dieser Sache wohl immer erhalten bleiben.

Diese ungeklärten oder als schwierig empfundenen Situationen bilden jedoch keineswegs die Hauptaussage in Verenas Interview. Im Vordergrund steht der positive Fortgang ihrer Entwicklung, der zu erhöhter Erkenntnisfähigkeit und effizienterer Handlungsweise beiträgt. Allerdings bringt jeder Entwicklungsschritt offensichtlich auch Schattenseiten mit sich – „unerwünschte Nebenwirkungen" sozusagen –, mit denen man wiederum lernen muss umzugehen. Dass das gemeinsame Verständnis einer Theorie keine ungünstige Basis für ein gelingendes Miteinander ist, könnte man den Berichten von Christine und Fridolin entnehmen. Dass der umgekehrte Fall manchmal schwierig sein kann, ist ebenfalls verständlich.

Betrachtet man nun andere Interviews unter der Perspektive des Privatlebens, so springt die Betonung klarer Vereinbarungen ins Auge. Nicht nur beruflich, auch in persönlichen Beziehungen misst man fairen und eindeutigen Absprachen große Bedeutung bei. Das Einhalten dieser „Verträge" wird von anderen erwartet; man ist aber auch selbst dazu bereit – für Emil stellt dies einen wesentlichen Aspekt des Authentisch-Seins dar.[238] Im beruflichen Kontext seien Vereinbarungen eine Selbstverständlichkeit, meint Emil, im privaten hätten manche Menschen immer noch das Gefühl, man müsse nichts vereinbaren. Er sei „so genau", bekomme er zu hören oder: „Das ist ja nicht so tragisch – das können wir ja so normal reden", womit offenbar Undefiniertes oder Nicht-Ausformuliertes gemeint ist. Emil ist da anderer Meinung: auch

---

234 I, S. 170.
235 siehe I, S. 171.
236 I, S. 170.
237 siehe ebd.
238 siehe I, S. 233.

im Privaten seien klare Vereinbarungen enorm wichtig. „Nicht pingelig, aber exakt"[239], ist seine Devise.

Diese Ansicht teilt auch Ute. „Vertragsarbeit" (im Sinn der TA) sei im Beruflichen das Gleiche wie im Privaten. „Auch dort will man wissen, wie man d'ran ist", sagt sie.[240] Wesentlich ist, „dass man klare Vereinbarungen hat, dass man erwachsene Zusagen vom anderen kriegt oder erwachsene Vereinbarungen trifft."[241] In diesem Moment klingelte während des Interviews das Telefon. Das Gespräch musste kurz unterbrochen werden, und Ute führte – ziemlich verärgert – ein unerfreuliches Gespräch mit einer Firma, die Zusagen nicht eingehalten und ihre Folder falsch gedruckt hatte. „Wir sind also mitten im Thema", kommentierte Ute nach der Beendigung des Telefonats. Dass die prinzipiell wertschätzende Haltung anderen Menschen gegenüber, die ja Grundlage der Transaktionsanalyse ist, nicht bedeutet, dass man Menschen nicht konfrontiert, wenn Fehler unterlaufen oder Absprachen nicht eingehalten werden, wurde hier eindrücklich demonstriert.

Im privaten Bereich hält Ute es für sehr wichtig, klar zu sagen, was man mit einer bestimmten Vereinbarung meint. Der Dialog „Okay, machen wir am Freitag etwas zusammen." – „Ja, telefonieren wir am Freitag noch", kann für den einen eine fixe Zusage sein (bei der nur noch Zeit und Ort zu fixieren sind), für den anderen einfach eine Idee, die man so in den Raum stellt. Oft seien es Banalitäten, an denen die Verständigung scheitert.[242]

Im Allgemeinen war Ute während des Interviews eher zurückhaltend mit Erzählungen aus dem Privatleben. Über die Bedeutung klarer Verträge spricht sie hauptsächlich in beruflichen Zusammenhängen und ist dort mittlerweile sehr vorsichtig geworden im Umgang mit Menschen, die sich gern in einem diffusen Graubereich bewegen. „Klare Vereinbarungen sind für mich einfach die Grundvoraussetzung, um professionell miteinander arbeiten zu können."[243] Wie sie denn in persönlichen Beziehungen mit Menschen umgehe, die das weniger Klare und weniger Definierte bevorzugen, war darauf die Frage. Manchmal, meint sie, seien diese Menschen ihrer Erfahrung nach sogar dankbar für klare Strukturen. Sie selbst werde sowieso nicht gerne „zum Narren gehalten". Andererseits, überlegt sie, würden im privaten Bereich „noch andere Faktoren" mitspielen. „Da ist es einfach wichtig – und hat man das Gefühl, dass man Respekt und Wertschätzung vom anderen hat".[244] Diese Gedanken formulierte Ute nicht weiter aus – es waren eher nebensächlich klingende Satzteile. Dennoch scheint sie damit etwas Wesentliches anzusprechen, nämlich den Umstand, dass der rein auf Logik aufbauende Umgang mit den Mitmenschen – so sehr dieser prinzipiell erstrebenswert ist – mitunter nicht ausreicht und auch andere Komponenten zum Tragen kommen. Wie sie nun unter dieser Perspektive im Privatleben auf diffus wirkende und unklar agierende Personen reagiere, war die nächste Frage. „Einmal reagiert man emp-

---

239 I, S. 232.
240 I, S. 216.
241 I, S. 217.
242 siehe I, S. 217 f.
243 I, S. 221.
244 Ebd.

findlicher [...], ein anderes Mal hat man eine höhere Toleranzgrenze."– „Daumen mal Pi", resümiert sie.[245]

Auch Lisa, die durch ihre strukturierte Linie im Kontakt mit anderen sowie ihre Vorliebe für tiefergehende Gespräche auffällt, gibt überraschenderweise an, dass sie im Umgang mit ihrer Mutter „viel weniger streng oder rigoros" sei. Sicher würden die Besuche und Treffen mit ihr unter „Zeitvertreib" fallen, aber persönliche Gespräche habe sie mit ihrer Mutter sowieso nie geführt und sie könne das weiterhin akzeptieren. „Ich glaube nicht, dass sie [ihre Mutter, Anm. d. Verf.] großartig etwas mit der TA anfangen könnte. [...] Das bleibt einfach, wie es ist – das passt schon."[246] Es scheint bemerkenswert, dass Lisa einerseits extrem klare Verhaltensweisen und intensive Gespräche bevorzugt, andererseits aber doch in diesem Einzelfall auch eine ganz andere Form der Begegnung zulässt. Leider führt sie nicht näher aus, auf welche Weise ihr dies gelingt.

Offenbar ist das rein logisch strukturierte Vorgehen mit nahestehenden Personen nicht immer zweckmäßig. In diesem Sinn ist auch der Vorschlag von Gührs und Nowak, den Kontakt mit unklar oder doppelbödig kommunizierenden Menschen, die ihr Verhalten nicht ändern, einfach aufzugeben und sich bessere Gesprächspartner zu suchen,[247] umso leichter realisierbar, je weniger tief und persönlich der Kontakt ist. Interessanterweise finden sich auf der Website eines Schweizer Transaktionsanalytikers zwei verschiedene Sprüche als Leitgedanken: „Klare Abmachungen schaffen klare Verhältnisse" und „Nimm die Menschen wie sie sind – andere gibt es nicht."[248] Diese beiden Tendenzen zu verbinden, scheint eine Kunst zu sein.

Paarbeziehung

Fokussiert man nun auf das Thema „Partnerschaft", zeigt sich, dass auch dieser Lebensbereich nicht unberührt von der individuellen Beschäftigung mit Transaktionsanalyse bleibt, egal ob jemand verheiratet ist, aktuell in einer Beziehung lebt, eine Scheidung zu bewältigen hat oder eine Trennung ansteht. Unterschiedlich sind die Einschätzungen, ob es leichter sei, die Transaktionsanalyse im Beruf oder im Privatleben anzuwenden – ebenso unterschiedlich wie der selbsteingeschätzte Erfolg und die Einstellung der jeweiligen Partner zur TA-Theorie.

Was sich bereits beim Thema „Familie" abzeichnet, gilt in noch höherem Ausmaß für das Paar: dass ein gemeinsames Interesse für die Transaktionsanalyse günstig ist, da man sich auf eine gemeinsame geistige Welt, eine ähnliche Sicht der Dinge und auch auf eine gemeinsame Sprache[249] beziehen kann, was allerdings nur sehr selten in ausgeprägter Weise der Fall ist. Dass beide Partner die dreijährige Ausbildung absolviert haben, ist aber auch hier die Ausnahme; öfter kommt es vor, dass der jeweilige Partner der TA gegenüber aufgeschlossen ist, gewisse Kenntnisse besitzt und eventuell auch einzelne Veranstaltungen besucht hat. Deshalb ist selbst bei Paaren, bei denen

245 I, S. 222.
246 I, S. 316.
247 siehe Gührs u. Nowak 2002, S. 131.
248 www.taat.ch; 08-06-2010
249 siehe I, S. 59.

beide einen Bezug zur TA haben, weder das theoretische Wissen noch die emotionale Begeisterung dafür in gleichem Ausmaß vorhanden.

Egal, ob beide Partner Interesse an der Transaktionsanalyse zeigen oder nur ein Teil informiert ist – in jedem Fall dürfte es eine heikle Sache sein, neu erlernte psychologische Theorien nach Hause zu bringen und zu offenbaren, in der Vorstellung, der Partner hätte nichts sehnlicher erwartet und würde all diese neuen und wertvollen Informationen dankbar aufnehmen. Dazu kam, dass in Familien mit kleineren Kindern die Ausbildung eines Elternteils damit verbunden war, dass der andere viele Wochenenden alleine mit dem Nachwuchs verbringen musste, was ein gewisses Ausmaß an Toleranz und Verständnis erforderte.[250] Mitunter reagierten Partner empfindlich auf Mitteilungen über die Theorie der Transaktionsanalyse und neigten dazu, sich leicht belehrt zu fühlen.

Die Tatsache, dass Fridolins Frau ihm bei der Ausbildung „den Vortritt gelassen" habe, implizierte die Gefahr eines „Retter-Spiels", erklärt Fridolin. „Ich hab' dieses Risiko sehr schnell geschnallt", sagt er, „und dann gemerkt, dass es keinen Sinn hat, ihr gegenüber den Experten hervorzukehren, was überhaupt bei ihr auf keine sehr positive Resonanz stößt." Die Überlegung, dass die Reaktion seiner Frau verständlich sei, weil wahrscheinlich Frauen im Allgemeinen ein derartiges Verhalten nicht lieben, ergänzt Fridolin lachend: „Offensichtlich – den besserwisserischen Alten schätzen sie vielleicht nicht so. Aber umgekehrt ist es ja genauso."[251] Er habe sich angewöhnt, seiner Frau einfach zu erzählen, wenn ihm TA in einer konkreten Situation genützt habe. Es sei dann ihre Entscheidung, „welche Konsequenzen sie daraus zieht, ob sie etwas Kognitives lernen will, ob sie etwas selber ausprobieren möchte oder wie auch immer – das soll ihres bleiben – weil da immer die Gefahr ist, dass man irgendwie bevormundend wird oder wirkt."[252]

Auch Astrid (die die Anwendung der TA im Beruf und mit den Kindern einfacher fand als in ihrer Ehe) hat die Erfahrung gemacht, dass ihr Mann auf theoretische Ausführungen über Transaktionsanalyse nicht positiv reagiert und sich ebenfalls belehrt fühlt. Obwohl Astrid eine gute Beziehung zu ihrem Partner hat und berichtet, sie beide hätten einen guten Weg miteinander gefunden, vermeidet sie es, mit ihm über TA-Konzepte zu sprechen und diese auf ihre Beziehung anzuwenden. Als Techniker lebe ihr Mann einfach in einer anderen Welt mit einer anderen Ideologie; ihm nun transaktionsanalytische Modelle aufzudrängen, hält sie nicht für angebracht, da er sich nie aus eigener Initiative dafür interessiert habe. „Ich glaube nicht, dass das für uns beide gut gegangen wäre", meint Astrid.[253] „Du und die Transaktionsanalyse!" würde ihr Mann manchmal sagen. „Das höre ich auch", berichtet Astrid, „aber mit dem kann ich sehr gut leben, mich stört das nicht wirklich – sag ich: ‚Ja, wenn du was wissen willst, da haben wir ein paar Bücher, ist überhaupt kein Problem'."[254]

---

250 siehe I, S. 26.
251 I, S. 80.
252 I, S. 81.
253 I, S. 296.
254 Ebd.

Astrid kann ihren Partner nicht motivieren, sich mit Transaktionsanalyse zu befassen. Dennoch sind TA-Modelle in ihrer Beziehung wirksam – auf indirekte Weise. Sie analysiert Einiges für sich selbst, denkt über das Eltern-Ich ihres Mannes nach (womit an dieser Stelle Prägungen durch ihre Schwiegereltern gemeint sind) und versteht nun das Verhalten ihres Mannes besser. „Für mich habe ich eine Erklärung gefunden und versuche damit, für mich einen Weg im gemeinsamen Leben zu finden und es nicht mehr so extrem zu sehen; oder ich kann jetzt besser damit umgehen als in jungen Jahren."[255] Was Astrid nun nicht mehr „so extrem" sieht, erläutert sie nicht im Detail; vermutlich handelt es sich um Eigenschaften oder Verhaltensweisen ihres Mannes, die ihr Schwierigkeiten bereiten. Offensichtlich wäre für sie eine aktivere Beteiligung ihres Mannes wünschenswert, aber sie erkennt auch, dass dies zur Zeit nicht realistisch ist und kann es akzeptieren. Sie selbst hat jedoch durch die Beschäftigung mit Transaktionsanalyse auch für das Leben mit ihrem Mann gewonnen; sie spricht von „Erklärungen", die sie gefunden habe und die ihr den Umgang mit ihm erleichtern. An dieser Stelle lassen sich die Dimensionen des „Sense of Coherence" – Verstehbarkeit und Handhabbarkeit – gut identifizieren: Astrid kann das Verhalten ihres Mannes nun einordnen und hat somit einen Ansatzpunkt für ihren persönlichen „Weg im gemeinsamen Leben".

Verena[256] hält die private Anwendung der TA ebenfalls für schwieriger als die berufliche. Ihr Mann ist psychologischen Theorien zwar aufgeschlossener als Astrids Partner – er liest auch selbst manche Bücher und besucht sogar Seminare; aber auch in dieser Paarbeziehung kommt es nicht zu einem gemeinsamen und durchdachten Praktizieren der TA, zeitweise auch nicht zu tiefgehenden Gesprächen. Verenas Mann schätzt ihre Beschäftigung mit TA: „Er mag, dass ich das tue, was ich tue", erzählt sie, „aber" fährt sie fort, „er mag, dass *ich* es tue."[257] Man könnte diese Aussage Verenas in der Weise deuten, dass ihr Partner zwar möchte, dass in seiner Familie psychologisches Gedankengut präsent ist, aber die Aktivität in dieser Sache an seine Frau delegiert. Verena hofft, indirekt so Manches in den Alltag und ihre Beziehung einbringen zu können, findet dies aber nicht besonders einfach und spricht selbstkritisch (und lachend) vom „privaten Chaos" und dem „Schuster, der die schlechtesten Schuhe anhat".[258] Verena wirkt in ihrer Persönlichkeit, ihrer offenen und authentischen Art, ihrer gekonnten Sprechweise und den fundierten Aussagen so positiv überzeugend, dass es tatsächlich einiger Phantasie bedarf, sich vorzustellen, dass sie in der privaten Umsetzung der TA tatsächlich so wenig erfolgreich ist, wie sie vorgibt. Allein die bereits zitierte Passage, in der sie vom klaren Ausdrücken ihrer Wünsche und Bedürfnisse berichtet (zum Beispiel als sie sich mit ihrem Mann gemütlich auf ein Glas Wein zusammensetzen wollte), zeigt, dass sie sehr wohl die Klarheit ihrer privaten Kommunikation fördert. Vielleicht entsprechen ihre Aussagen doch der Realität; wahrscheinlicher scheint es aber, dass Verena nicht nur besonders ehrlich, sondern auch sehr

---

255 I, S 281.
256 siehe I, S. 170-173.
257 I, S. 172.
258 Ebd.

selbstkritisch ist und eigene Erfolge möglicherweise zu wenig sieht. (Das Gegenteil sind Interviewpartner, die zum Beispiel berichten, TA wäre für ihre Ehe „dermaßen hilfreich", dann aber kein konkretes Beispiel nennen können oder wollen. Da man nur raten könnte, was sich hinter Aussagen dieser Art wohl verbergen mag, wurden solche Statements nicht in die Auswertung einbezogen.)

Verena berichtet auch davon, dass ihr Mann manchmal ihr Gesprächsverhalten kritisiere und sie beispielsweise darauf hinweise, wenn sie jemandem ins Wort falle: „Wenn du das im Beruf auch machst", sagt er dann. Auch hier fällt es auf, dass Verena dieser Kritik nicht widerspricht, sondern ihrem Partner antwortet, dass sie dieses „unprofessionelle Verhalten zu Hause"[259] einfach auch zum Ausgleich hin und wieder brauche. Umgekehrt ist Verena sich dessen bewusst, dass sie ihrem Mann gegenüber mit Analysen zurückhaltend sein will und ihn nicht „therapieren"[260] kann.

All diese Passagen gemeinsam betrachtet lassen (auch angesichts des persönlichen Auftretens Verenas) den Eindruck entstehen, dass hier doch sehr viel Bewusstheit und Feinfühligkeit in der Anwendung ihrer Kenntnisse im Spiel ist und ihre Partnerschaft vielleicht doch stärker beeinflusst als sie es darstellt.

Die Tatsache als solche aber, dass Verena frei wurde, sich vor vielen Jahren aus einer unpassenden Beziehung zu lösen und diesen Mann zu heiraten, mit dem sie nun glücklich ist und drei gemeinsame Kinder hat, steht für sie in engem Zusammenhang mit ihrer Persönlichkeitsentwicklung im Rahmen der TA-Ausbildung. Auf die Eingangsfrage des Interviews, was sich für sie durch die Beschäftigung mit Transaktionsanalyse verändert habe, antwortet sie spontan: „Ich habe zu mir gefunden. Ich bin selbstbewusster geworden. Ich habe mich von meinem Ex-Freund getrennt. Ja – also, das sind einfach so Dinge, die hätte ich wahrscheinlich ohne die Ausbildung nicht *so* oder nicht so konstruktiv gelöst."[261] Wie dies alles mit TA zusammenhänge, fragte die Interviewerin. Als Basis dieser Entwicklungen und Ereignisse nennt sie das „Lernen von konstruktiver Kommunikation", die Selbstbeobachtung, das Erweitern ihres Bezugsrahmens und „sehr viel Bewusstheit".[262] In ihrer Ausbildung habe sie auch die Beziehung zu ihren eigenen Eltern reflektiert, viel aus ihrer Kindheit aufgearbeitet und Dialoge mit ihrem Ex-Freund durchdacht. Die Entfaltung der eigenen Persönlichkeit ist auch bei Verena mit einem Erkennen, Strukturieren, Erinnern und Begreifen verbunden, das zu günstigem und zukunftsorientiertem Verhalten führt. Sie erzählt, dass der Hochzeitstermin mit dem früheren Freund bereits fixiert gewesen sei;[263] dennoch sei es ihr gelungen, sich von ihm zu trennen und bewusst den jetzigen Partner zu wählen. Eindeutiger lassen sich die SOC-Komponenten des Verstehens und Handhabens wohl kaum illustrieren.

Verena erzählt, dass die Arbeit an der eigenen Entwicklung in Verbindung mit TA-Modellen sehr anstrengend gewesen sei und teilweise – im Rahmen der Selbsterfahrungseinheiten – auch mit energie- und körperorientierten Elementen verbunden

---

259 I, S. 173.
260 I, S. 170.
261 I, S. 141.
262 Ebd.
263 siehe I, S. 149.

war. Wesentlich für ihre Veränderung war jedoch die Auseinandersetzung mit den Okay-Positionen und das Ziel, sich selbst anzunehmen, wie sie ist. Ein TA-Trainer, der Verena zu Beginn der Ausbildung gesehen hatte und ihr erst nach drei Jahren wieder im Kurs begegnete, hätte sie fast nicht wiedererkannt. Erst als ein anderer Teilnehmer zu diesem Trainer – er war Amerikaner – sagte: „Can't you remember, this is Verena!"[264] und ihre Geschichte anklingen ließ, erinnerte er sich und war sprachlos.

Diese Erzählung mag vielleicht übertrieben oder unwahrscheinlich wirken. Auf dem Hintergrund von Verenas glaubwürdiger und auch selbstkritischer Art scheint es keineswegs naheliegend, ihre Darstellung anzuzweifeln.

Anna, deren Ehe weniger glücklich verlaufen ist, befindet sich in einer ganz anderen Lebensphase. Von ihr war bereits mehrfach die Rede; wie berichtet ist es ihr ja, mit Hilfe der Transaktionsanalyse, des Kurses und der Ausbildungsgruppe gelungen, ihre Scheidung positiv zu bewältigen. Auch bei ihr spielte dabei die Beschäftigung mit den Okay-Positionen, ihr wiedergefundenes Selbstvertrauen und Selbstbewusstsein eine zentrale Rolle.

Zu erwähnen wäre in diesem Zusammenhang auch Tina: ihre eigentliche Motivation, ein TA-Training zu besuchen, war es ja, die Kommunikation mit ihrem Mann zu verbessern. Dafür habe ihr die Beschäftigung mit TA „jetzt noch nicht so viel gebracht", stellt Tina fest, „aber mir persönlich hat es viel gebracht."[265] Auch sie spricht – wie andere Befragte – gleich zu Beginn des Interviews von Selbsterkenntnis, den Positionen des Drama-Dreiecks, den Grundpositionen und der daraus entstehenden verbesserten Handlungsfähigkeit.[266]

Beim zweiten Interview-Termin war Tinas Situation verändert. Sie hatte sich von ihrem Partner getrennt, eine eigene Wohnung bezogen und eingerichtet, da eine Scheidung nicht zu verhindern war und sich als beste Lösung darstellte. „Wir haben uns zwar getrennt", sagt Tina, „aber diese Trennung ist *sehr* gut verlaufen."[267] Insofern habe die TA sehr wohl etwas zur Verständigung mit ihrem Mann beigetragen.[268] Sie berichtet, dass beide sich sehr überlegt und vernünftig verhielten, das Ganze in Ruhe diskutierten, Schuldzuweisungen vermieden und daher auch nicht im Streit auseinandergingen. Sie verstehen, warum ihre Ehe letztendlich nicht gelingen konnte, obwohl sie viele Jahre gemeinsam verbracht haben. „Ja – und dann kann es auch nicht zu einem Streit kommen, denn wenn niemand Schuld hat, was willst du da streiten?"[269] Dass auch Tinas Partner dieser Argumentationslinie folgt, ist bemerkenswert, da er als Jurist beruflich ständig mit Schuldsprüchen zu tun hat. Die Einsicht in die Dynamik ihrer Beziehung gelingt vor allem anhand der TA-Grundpositionen. Beim Kennenlernen sei ihre Lebenseinstellung eine Minus-Plus-Haltung gewesen, analysiert Tina, womit sie einen Mann mit einer Plus-Minus-Einstellung angezogen habe. Allerdings, meint sie, stünde hinter jeder Plus-Minus-Haltung – so auch der ihres Mannes – im

---

264 I, S. 144.
265 I, S. 95.
266 siehe I, S. 95 ff.
267 I, S. 299.
268 siehe ebd.
269 I, S. 300.

Grunde auch deren Gegenteil: Denn „wenn man sich selbst nicht klein fühlt, dann muss man nicht jemand anderen kleiner machen, damit es einem wieder besser geht."[270] Genau das habe sich aber zwischen ihr und ihrem Mann abgespielt; seine unkonstruktive und abwertende Art, sie oft zu kritisieren und ungebeten Ratschläge zu erteilen, sei dann auch einer der wichtigsten Scheidungsgründe gewesen.[271] Sie denkt, dass sie indirekt durch ihre sich selbst geringschätzende Haltung Kritik aber auch geradezu herausgefordert habe. Je mehr sie nun ihre Selbstachtung bewusst entwickelt habe, umso weniger sei sie (unbewusst) auf Kritiker angewiesen, die ihre Weltsicht bestätigten. "Das heißt, ich hab das ja früher gebraucht, ja – jetzt bin ich viel öfter in dieser Plus-Plus-Einstellung und sehe, dass ich keinen Kritiker mehr *brauche* eigentlich, ja."[272]

Die Kraft, sich den Schritt der Trennung zuzutrauen und Ängste zu überwinden, sei ihrer neuen positiveren Lebenseinstellung sich selbst und anderen gegenüber entsprungen. „Dieses Plus-Plus hilft ja auch, Abhängigkeiten zu vermeiden", sagt Tina.[273] Auffallend ist in ihren Erzählungen das Fehlen von Bewertungen, das Bestreben, die Dinge einfach zu nehmen, wie sie sind, und entsprechend zu handeln, was transaktionsanalytisch formuliert auch Ausdruck des Erwachsenen-Ichs ist. „Dieses Retten-Wollen, die Beziehung retten wollen […] ist so nicht gegangen; das ist aber nichts Böses […] – man sieht dann einfach: ,Okay, es ist etwas zu tun, es ist etwas zu verändern, also mach' ich es eben; das kann ich auch wiederum nur mit einer Plus-Plus-Einstellung – mit einer Minus-Plus-Einstellung würde ich mich das nie trauen."[274] Im Grunde, meint Tina, möchten ja auch die Kinder, dass die Eltern glücklich sind; so gesehen sei die Trennung für sie verständlich.[275]

Vielleicht sollte an dieser Stelle nochmals ausdrücklich darauf hingewiesen werden, dass die Statements der Interviewpartner diesen niemals suggeriert oder in den Mund gelegt wurden und auch der von Tina (in einem anderen Zusammenhang) geäußerte Satz „Die TA hat mich stark gemacht"[276] allein ihrer Initiative entstammt.

Grundsätzlich wäre vielleicht eine gewisse Skepsis angesichts allzu harmonischer Trennungsberichte und Betonungen des freundschaftlichen Kontaktes zu früheren Partnern nicht von der Hand zu weisen. In diesem Fall wurde jedoch Manches beobachtet, was Tinas Erzählungen zu bestätigen schien und das Bild abrundete. Als die Interviewerin beispielsweise an Tinas Wohnung klingeln wollte, stand die Tür bereits offen; Tina war in ein intensives Telefonat mit ihrem Ex-Mann vertieft und besprach mit ihm eine berufliche Entscheidungssituation. Auch wenn – methodisch gesehen – diese kleine Episode kein „Beweis" (wofür auch immer) sein kann, so lässt sich zumindest daraus schließen, dass trotz Trennung gegenseitige Unterstützung vorhanden ist. Natürlich war noch nicht abzuschätzen, wie Tinas Weg sich langfristig weiterent-

---

270 I, S. 299.
271 siehe I, S. 299 f.
272 I, S. 300.
273 I, S. 303.
274 Ebd.
275 siehe I, S. 301.
276 Ebd.

wickeln würde; den Schritt der Trennung und den Beginn eines neuen Lebensabschnittes hatte sie offenbar sehr gut gemeistert.

Dass man aufgrund der Beschäftigung mit TA manche Umstände schneller erfasst und dadurch auch früher auf sie reagiert, kam auch in Zusammenhang mit der Trennungsthematik zur Sprache. Lisa, die mit ihren beiden Kindern alleine lebt, berichtet von einer Beziehung zu einem Mann, den sie sehr ansprechend fand, der aber noch an eine andere Frau gebunden war, was sie allerdings erst später erfuhr. Als Lisa nach mehreren Monaten erkannte, dass dieser Mann – trotz gegenteiliger Versprechungen – sich wohl nie ganz für sie entscheiden würde, zog sie innerlich einen Schlussstrich und war froh, dass die Beziehung ein Ende fand. Auch das Trauern um ihn war wohl vorhanden, dauerte aber nicht extrem lange.

Der von Lisa hergestellte TA-Bezug war das Agieren aus dem Erwachsenen-Ich, das Denken und Handeln im Hier und Jetzt, das zu einem raschen Verstehen der Situation und einer angemessenen Reaktion führte. Auch Gefühle des Traurig-Seins hatten ihren Platz, behinderten sie aber nicht in übersteigerter Weise, was an das Modell der „echten" Gefühle (im Gegensatz zu den „Lieblingsgefühlen") erinnert.

Lisas Geschichte wirkt in dieser Form vielleicht nicht außergewöhnlich oder spektakulär. Bedenkt man aber, wie unangenehm und zeitraubend es sein kann, wenn Menschen nicht imstande sind, sich im richtigen Moment aus unglückseligen Bindungen zu lösen, ist Lisas Erzählung – ihr Wahrnehmen, Empfinden und Agieren – doch sehr bedeutsam.

Was die Funktion der Transaktionsanalyse im Bereich von Paarbeziehungen betrifft, lassen sich aufgrund der genannten Berichte somit zwei Gruppen unterscheiden: einerseits jene TA-Absolventen, deren Partner psychologischen Theorien gegenüber (mehr oder weniger) reserviert sind, die aber dennoch persönlichen Nutzen aus ihrer eigenen (indirekten) Anwendung transaktionsanalytischer Konzepte ziehen; andererseits Interviewpartner, die TA-Modelle für den adäquaten Umgang mit einer Trennungsproblematik hilfreich fanden.

Daneben fällt aber noch eine dritte Gruppe besonders auf, nämlich jene Personen, die davon berichten, dass auch die jeweiligen Ehemänner (oder -frauen) gute TA-Kenntnisse hätten und ebenfalls TA-Modelle verwenden, um die eigene Entwicklung und die ihrer Partnerschaft zu fördern. Dass dieses gemeinsame Bemühen auch Erfolg zeigt, scheint nicht weiters verwunderlich. Erstaunlicher ist hingegen das beschriebene Ausmaß an erlebter Verbesserung.

Würde man die Qualität seiner Partnerschaft und deren positive Veränderung durch die TA auf einer zehnteiligen Skala darstellen, sei der Anfangsstand etwa bei „sechs" gewesen (meint ein Interviewpartner) und habe sich auf „acht" oder „neun" erhöht – allerdings erst nach einem Absacken auf „eins bis zwei", was man eventuell im Sinn einer „Erstverschlimmerung" deuten könnte. Fast euphorisch wirkt diese Darstellung der positiven Aufwärtsbewegung, die zwar nicht linear, aber doch deutlich steigend verlief und „nach oben offen" sei. Zusätzlich fällt dieses Interview insofern aus dem Rahmen, als hier betont wird, die Beschäftigung mit Transaktionsanalyse habe die größte und beeindruckendste Wirkung im Privatleben; berufliche Effekte seien erst in zweiter Linie interessant.

Dieser Interviewpartner beschäftigt sich nicht nur punktuell mit einzelnen Themen seiner Ehe, sondern sieht einen größeren Zusammenhang und bedenkt auch die Anfänge der Beziehung zu seiner Frau. Wie die meisten Partnerschaften sei auch seine Ehe auf einer symbiotischen Grundlage entstanden, wodurch „die freie Entscheidung ‚aus reiflicher Überlegung und freiem Entschluss' – wie das bei der Trauung abgefragt wird – im Rückblick durchaus hinterfragenswert ist und irgendwann eingeholt werden will."[277] Ihm ist klar, dass eine erwachsene Form der Gemeinsamkeit nur dann gelingen kann, wenn zwei Menschen sich auch als Individuen voneinander abgrenzen können. „Eine vom Anfang her hochgradig symbiotische Beziehung haben wir beide zunehmend ‚entsymbiotisiert' und arbeiten weiter daran. Wir waren ziemlich ‚vermanscht' und haben uns im Laufe der Jahre zunehmend individualisiert."

Auch ein praktisches Beispiel für diese Abgrenzung nennt der Gesprächspartner: Früher habe er sich sehr leicht in einen Konflikt, den seine Frau mit einem Kind hatte, hineinziehen lassen und sich schlecht gefühlt, einfach weil seine Frau sich schlecht gefühlt habe. Ausgelöst durch Bemerkungen seiner Partnerin sei bei ihm das Gefühl entstanden, nur dann ein „guter Ehemann" zu sein, wenn er ihr in jedem Fall aktiv beistehe. Konfliktsituationen dieser Art habe er dann mit TA-Modellen analysiert: Seine „Retter"-Position sei leicht erkennbar gewesen; die Aufforderungen seiner Frau seien aus dem kritischen Eltern-Ich gekommen, worauf er aus dem angepassten Kind-Ich geantwortet habe. (Eine Ebene darunter sei aber im Grunde ihr unterstützungsbedürftiges Kind-Ich gewesen, das bei ihm das fürsorgliche Eltern-Ich angesprochen habe.) Zu lernen, sich in Abgrenzung vom anderen wahrzunehmen, bedeutet für diesen Interviewpartner, bei Konflikten der beschriebenen Art wach und wohlwollend anwesend zu sein, ohne sich gedrängt zu fühlen, für eine der beiden Personen Partei zu ergreifen.

Betrachtet man nur die verbale Formulierung dieses Berichts, könnten unter Umständen Zweifel aufkommen, ob das Verhalten des Erzählers tatsächlich zu begrüßen ist und nicht doch auch Ausdruck mangelnder Solidarität sein könnte. Da jedoch nur von ausschließlich positiven Wirkungen der „Entsymbiotisierung" dieses Paares die Rede ist und das Beispiel familiärer Konfliktsituationen gewählt wurde, um eindeutige Verbesserungen zu illustrieren, kann man wohl davon ausgehen, dass das erwähnte Distanz-Halten nicht negativ aufgefasst wurde, in der konkreten Situation angebracht war oder sich zumindest längerfristig als die passendere Einstellung erwies. Auf dem Hintergrund der erkannten symbiotischen Tendenzen scheint dies verständlich und notwendig. Wenn auch theoretisch ein zu starkes Fokussieren auf die eigene Individualität die Gefahr egozentrischer Lebenshaltungen nicht ausschließt, so dürfte dies in der Familie des Interviewpartners nicht der Fall sein. Worum es geht, ist offenbar auch weniger das Thema der Individualität als das Wahrnehmen der eigenen Identität im Unterschied zur Identität der Partnerin: nicht automatisch Gefühle zu übernehmen und die erwünschte Reaktion zu zeigen, sondern das eigene Erleben und die Wünsche oder Emotionen der Partnerin auseinanderzuhalten. Diese Entflechtung sowie die Abgren-

---

277 I, S. 81.

zung von der Partnerin als Ideal ist bei diesem Interviewpartner nicht das einzige Entwicklungsziel, sondern die Basis, auf der echte, erwachsene Gemeinsamkeit entstehen kann – und offenbar auch entstanden ist. Hier scheint etwas verwirklicht worden zu sein, was theoretisch-logisch zwar leicht nachvollziehbar, in der Praxis aber sicher nicht einfach zu realisieren ist: sich vom anderen abzugrenzen, die eigene Identität zu entwickeln und gleichzeitig fähig zum Miteinander und zur Gemeinschaft zu sein. Oder besser formuliert: die eigene Identität zu entwickeln, um gerade dadurch beziehungsfähig zu werden. („Nur wenn jemand auch ‚nein‘ sagen kann, glaub ich ihm, wenn er ‚ja‘ sagt."[278] Dieser Satz, der sich ebenfalls auf der Website eines Transaktionsanalytikers findet, illustriert dies.) Eine Partnerschaft, die zunehmend auf „offenen Verträgen" beruht, ist das Ergebnis der beschriebenen „Entsymbiotisierung" sowie steigendes Wohlbefinden und wachsendes Glück.

Ein anderes Beispiel, das in derselben Befragung erwähnt wird, betrifft Ängste und Emotionen, die aus der Kindheit stammen, in der Paarbeziehung aktualisiert werden, aber mit Hilfe bestimmter TA-Konzepte und praktischer Übungen ebenfalls in eine günstige Richtung gelenkt werden können. Die Frau des Interviewpartners, die dazu neigt, sich leicht im Stich gelassen zu fühlen, gibt auch der Empfindung Raum, nahe stehende Menschen – so auch ihr Mann – würden sich gegen sie verbünden, was bei diesem wiederum Gefühle des Nicht-Genügens auslöste und das innerlich empfundene Gebot „Sei anders" wachrief. Auffallend ist, dass sich die beschriebene Problematik zum Positiven wendete, obwohl die erwähnte Partnerin nicht zu einem gemeinsamen Analysieren und auch nicht zu einer Paartherapie bereit war. Sie kennt jedoch transaktionsanalytische Modelle von einigen Fortbildungsveranstaltungen, besitzt ein hohes Maß an Bewusstheit und hat die Absicht, an der Sache zu arbeiten. So beschloss ihr Partner, sich ebenfalls alleine mit seinem Anteil zu befassen, und bemühte sich, auf Spielangebote der beschriebenen Art weniger oft einzusteigen. Hilfreich fand er dabei die Publikation von Samuels und Lukan „Im Einklang mit dem inneren Kind", ein Übungsbuch, in dem transaktionsanalytisches Gedankengut mit buddhistisch geprägter Meditationspraxis kombiniert wird, und das ihn darin unterstützte, Bindungen an alte Emotionen aufzugeben. Anscheinend ist es hier gelungen, die freie Entscheidung zur Ehe tatsächlich „einzuholen".

In gewisser Weise damit vergleichbar ist die Stellungnahme von Thomas. Diese bezieht sich zwar nicht auf die Entscheidung an sich, aber auf Einschätzungen und Gewohnheiten, die sich in jungen Jahren in seiner Ehe ergeben haben und die es später zu verbessern und zu revidieren galt. „Also wie wir geheiratet haben, da hab ich so die Grundeinstellung gehabt: ‚Meine Frau ist lieb und nett, und Probleme gibt's eigentlich keine, weil das wird man alles locker regeln können.'"[279] Nicht bedacht habe er, dass für seine Frau Manches schon ein Problem darstellte: „Das hab ich so weggewischt – ‚da ist nichts – ja, das passt schon – wir machen es so, wie du willst – mir ist alles recht'."[280] Seine Frau sei aber immer unzufriedener und ärgerlicher geworden, bis die

---

278 www.taat.ch; 14-06-2010
279 I, S. 134.
280 Ebd.

ganze Situation eskalierte. „Sie ist immer extremer geworden, bis ich dann einmal zerplatzt bin sozusagen. Das war aber dann sehr befreiend – dann haben wir durchaus Gefühle sehr gut austauschen können, auch Ärger und Zorn."[281] Ihm wurde bewusst, wie wichtig es ist, auch negative Gefühle wahrzunehmen und zuzulassen, sie ernst zu nehmen und nicht darüber hinwegzugehen, sie im Sinn der TA als „gegeben" zu betrachten. In Anlehnung an den Stroke-Gedanken erkennt er, dass seine Frau im Grunde nicht einfach Zustimmung wollte, sondern Anerkennung und Wahrgenommen-Sein.[282]

Christine berichtet Ähnliches. Auch in ihrer Ehe sei das Ausdrücken von Gefühlen früher etwas unterbelichtet gewesen. Die Beschäftigung mit Transaktionsanalyse, für die sich auch ihr Mann interessiere, habe ihrer Beziehung sehr gut getan. Sie beide hätten gelernt, auch emotionsbetonte Auseinandersetzungen zuzulassen statt Konflikte zu scheuen und sich bei Problemen zurückzuziehen. „Wenn wir uns beide jetzt anschreien", sagt sie, „dann haben wir gelernt, dass das sein darf."[283] Dieses neue Erlebnis dürfte ihren Aussagen zufolge eine sehr schöne und bereichernde Erfahrung gewesen sein. „Und wahrscheinlich aus dieser unserer Kraft heraus hat sich das so entwickeln können."[284] Sie spricht davon, dass beide wirklich „dahinter" gewesen seien, aktiv bemüht und von neuen Gedanken und Ideen „erfüllt", die sie in Zusammenhang mit TA bringt.

Beruf und Arbeitswelt

Da die Anwendung der Transaktionsanalyse in beruflichen Zusammenhängen nicht primär Gegenstand der Untersuchung ist, wurden in den Interviews auch kaum Fragen in diese Richtung gestellt. Dennoch erwähnten die Gesprächspartner immer wieder auch TA-relevante Aspekte ihrer beruflichen Erfahrung. Den Gründen dafür wurde nicht näher nachgegangen; wahrscheinlich hatte es einfach damit zu tun, dass dieser Lebensbereich als das Anwendungsfeld schlechthin der Transaktionsanalyse gilt und die Interviewpartner daran gewöhnt waren, über Arbeitssituationen nachzudenken und zu referieren. Vermutlich empfanden sie es im Vergleich zu persönlicheren Themen auch leichter, sich zu beruflichen Problemen zu äußern.

Da die gesamte TA-Literatur sich zum überwiegenden Teil auf die professionelle Anwendung der Transaktionsanalyse bezieht und ebenso die zitierte Studie von Beck-Neumann und Huschens darauf fokussiert, scheint es nicht besonders sinnvoll, dieser Thematik auch in der vorliegenden Arbeit sehr viel Raum zu geben. Dennoch sollen im Folgenden einige Punkte aufgegriffen werden, über die manche Interviewpartner berichten, um das Bild abzurunden und nicht den Eindruck entstehen zu lassen, die befragten Personen würden transaktionsanalytische Konzepte ausschließlich im Privatleben nützen.

Vorherrschend sind auch im beruflichen Bereich Aussagen zur klaren Linie des Kommunizierens und Verhaltens, die sich durch die Anwendung der TA verbessert hat. Dazu zählen auch das offene Ansprechen von Problemen und der sachliche Um-

---

281 I, S. 135.
282 siehe ebd.
283 I, S. 26.
284 Ebd.

gang mit Konflikten. Das erhöhte Bewusstsein für die Wichtigkeit eindeutiger Absprachen wird betont, ebenso die verstärkte Fähigkeit, anderen Menschen im beruflichen Kontext Grenzen zu setzen, wenn man es für notwendig erachtet. Was im Vergleich zum privaten Gebrauch der TA auffällt, ist das Hervorheben des Antreiber-Begriffs und des gezielten Gegensteuerns durch „Erlauber". Offenbar eignet sich der arbeitsbezogene Zusammenhang besonders für das Aktivieren von Antreiber-Gefühlen und eines dementsprechenden Agierens. Personen in Führungspositionen beziehen sich außerdem immer wieder auf das bewusste „Stroken" von Mitarbeitern, was allerdings nicht mit kindischem Loben zu verwechseln sei, erklären sie. Nicht zuletzt haben auch die Okay-Positionen einen großen Stellenwert.

Dass Fridolin das Praktizieren der Transaktionsanalyse im persönlichen Bereich nützlicher und erfolgreicher findet als im Beruf, wurde bereits erwähnt. Aber auch Astrid hat den TA-Kurs primär für sich selbst und ihre Entwicklung belegt; erst sekundär – erzählt sie – habe sie ihr Wissen auch mit dem Beruf vernetzt[285], und letztendlich sei aus der TA „viel mehr"[286] geworden als sie zunächst gedacht hätte.

Die wenigen Personen, die die Anwendung der TA im beruflichen Umfeld deutlich schwieriger finden als im familiären, stammen ausnahmslos aus dem Schulbetrieb und haben auch eher mit älteren Schülern zu tun. In diesem Zusammenhang stellt eine Interviewpartnerin zudem fest, dass ihr der transaktionsanalytisch orientierte Umgang mit Kindern wesentlich leichter falle als mit Lehrerkollegen.[287]

Was allerdings diese Personen besonders in den Vordergrund rücken, ist die Bedeutung der Okay-Positionen, der respektvolle Umgang miteinander auch in problematischen oder schwierigen Arbeitssituationen. Beobachtet man zum Beispiel während einer Konferenz, dass viele Lehrer eine Plus-Minus-Haltung einnehmen, sagt Fridolin, müsse man anders agieren als bei konstruktiver Stimmung.[288] Seinen Schülern stehe er sehr positiv gegenüber; die TA habe ihn darin unterstützt, auch mit jenen Schülern gut kooperieren zu können, die ihm „nicht von vornherein zu Gesicht stehen"[289]. Ähnliches beobachtet Tina: Ihr falle auf, dass sie nun weniger Kolleginnen treffe, die ihr unsympathisch seien.[290]

Man könnte nun zahlreiche weitere Beispiele konkreter Situationen anführen, in denen TA-Konzepte ausdrücklich zum Einsatz kommen und wirksam sind. Möglichst viele Erzählungen vollständig wiederzugeben und detailliert zu analysieren, würde aus besagten Gründen an dieser Stelle zu weit führen. Deshalb sollen im Folgenden nur einzelne Momente herausgegriffen werden, die besonders illustrativ erscheinen beziehungsweise in den anderen Lebensbereichen bis jetzt weniger zur Sprache kamen.

Ungewöhnlich und daher besonders erwähnenswert ist zum Beispiel die berufliche Erfahrung von Klara, die – wie berichtet – in einem Unternehmen tätig war, zu dessen Firmenphilosophie die Transaktionsanalyse gehörte. Die geschilderten Eindrücke wa-

---

285 siehe I, S. 277.
286 I, S. 285.
287 siehe I, S. 115 f.
288 siehe I, S. 78.
289 I, S. 90.
290 siehe I, S. 115; Näheres zu den okay-Positionen siehe Punkt 2.4.5

ren durchwegs positiv, und Klara erlebte ein effizienteres und produktiveres gemeinsames Arbeiten, dessen Basis die gemeinsame Sprache und Denkweise war.[291] Aber auch der Umgang der Kollegen untereinander sei fair und offen gewesen.[292]

Ute, die generell sehr viel von gut definierten Absprachen hält und in diesem Sinn die TA-Vertragsarbeit anspricht, lenkt in ihren Aussagen das Augenmerk auf Personen, mit denen man einerseits beruflich zusammenarbeitet, andererseits aber auch privat befreundet ist. Gerade hier sei es enorm wichtig, meint sie, zu differenzieren und das Persönliche nicht in unpassender Weise mit dem Professionellen zu vermischen.[293]

Als ein Beispiel für den konstruktiven Umgang mit Antreibern im beruflichen Kontext sei Thomas genannt. Als Führungskraft werden an ihn viele Ansprüche gestellt: Sitzungen, die zu leiten und Jourfixes, die vorzubereiten sind. „Da komme ich dann leicht in eine gewisse Nervosität hinein, in eine Hektik, wo ich mir dann schon bewusst überlege: ‚Woher kommt das? Ist das der Perfekt-Antreiber? Ist das der Sei-stark-Antreiber? Ist es der Beeil-dich-Antreiber?‘ Und ich kenne ja meine Lieblingsantreiber […] – ‚es allen recht machen‘, verbunden mit ‚sei stark‘ – und ich weiß, dass mich das so in eine Zange bringt. Ich möchte, dass alles bestens läuft, und auf der anderen Seite möchte ich mir keine Blößen geben.“[294] Wie Thomas nun mit diesen Antreibern umgehe, war die Frage. Antreiber würden dadurch geschwächt, meint Thomas, dass man ihnen bewusst entsprechende Erlaubnisse entgegensetze, das heißt sich selbst dezidiert das Gegenteil erlaube. „Jetzt überlege ich mir: Na gut – was passiert, wenn ich einmal bei einem Punkt sage: ‚okay, den vertagen wir – da müssen wir noch näher darauf eingehen – das hab ich jetzt noch nicht‘?“[295] Thomas analysiert also im Vorhinein und erlaubt sich zunächst theoretisch, in der kommenden Sitzung den noch nicht bearbeiteten Punkt auf den nächsten Termin zu verschieben: „Du kannst dir auch erlauben, nicht alles auf den Tisch legen zu müssen, was die jetzt da alle erwarten“,[296] sagt er sich und stellt fest, dass das für ihn sehr angenehm ist. Wichtig sei es, konkrete, auf eine spezifische Situation zugeschnittene Erlauber zu formulieren.

Fühle man sich beispielsweise ständig gehetzt und erkenne den ‚Beeil dich‘- Antreiber, sei es sinnlos, einfach global zu formulieren: ‚Ich darf mir Zeit lassen‘. „Das ist nichts – das ist kein Inhalt – das ist wie die Faust auf's Aug“, sagt Thomas.[297] Wirkungsvoller seien hingegen konkrete, situationsbezogene Sätze. Wenn er beispielsweise unterwegs zu einer Besprechung sei und sich gehetzt oder hektisch fühle, sage er zu sich selbst: „Geh ein bisschen langsamer. Wenn ich da jetzt fünf Minuten später komme – was ist denn dann? Ich stelle mir das vor [die Situation der Besprechung, Anm. d. Verf.]“, und er stellt fest: „Na gut, die müssen ohnehin warten, bis ich komme, und fünf Minuten ist nicht die Welt.“[298] Wenn auch die Hektik im Berufsleben eine Gege-

---

291 siehe I, S. 52.
292 siehe I, S. 71.
293 siehe I, S. 220 f.
294 I, S. 132.
295 I, S. 132 f.
296 I, S. 133.
297 Ebd.
298 Ebd.

benheit sei, der man sich nicht vollkommen entziehen könne, so bestehe trotzdem in einzelnen Situationen die Möglichkeit, sich etwas zurückzunehmen. Ganz könne er wohl die besagten Gefühle nicht ausschließen, aber „es wird immer besser", meint Thomas.[299]

Man könnte an dieser Stelle vielleicht einwenden, dass nicht alle berufstätigen Menschen in der glücklichen Position sind, dass Sitzungen nicht ohne sie beginnen. Andererseits stehen gerade Führungskräfte – wie auch Lehrende oder Vortragende – besonders im Zentrum der Aufmerksamkeit, was vermutlich bei Vielen nicht nur Stolz und Freude auslöst, sondern auch eine spezielle Form von Druck und Belastung bedeutet. Auffallend ist bei Thomas, dass er Antreiber-Gefühle nicht leugnet und diese nicht nur auf die Notwendigkeit realer Situationen zurückführt, sondern seinen Anteil erkennt und stückweise positiv bewältigt, obwohl in seiner Lage das ausschließliche Verweisen auf das gesellschaftlich immer rasanter werdende Tempo, das ja ein Faktum ist, dem sich der Einzelne kaum entziehen kann[300], sicher den weitaus häufigeren Fall darstellt. Zudem ist auch bei Personen in höheren Positionen zu bedenken, dass auch diese wiederum Vorgesetzten unterstellt sind, denen sie Rechenschaft schulden.

Was zusätzlich den Druck von Thomas' beruflichem Alltag verringert, ist das Versachlichen von Problemen und Gesprächssituationen. Wurden früher sehr viele Wünsche an ihn herangetragen, habe er nichts zurückgewiesen und sich gedacht: „Um Gottes Willen – das muss ich alles machen!" Jetzt werde zunächst nach Prioritäten geordnet und klar gemacht, dass nicht alle Wünsche erfüllt werden könnten. „Okay, das sind eure Wünsche", sagt Thomas dann zu seinen Mitarbeitern, „und jetzt schauen wir: wie bringen wir das – in welcher Zeit und in welchem Umfang und mit welchen Leuten – über die Bühne?"[301]

Auch hier ist das logische, sachliche Strukturieren von Problemen und Situationen der Beginn des optimierten Vorgehens. Bedingung dafür ist aber wiederum die persönliche Entscheidung, Energie in das durchdachte und verbesserte Handhaben von Anforderungen fließen zu lassen.

Bei mehreren Interviewpartnern fällt auf, dass sie aus allen TA-Modellen jene bevorzugt auswählen und praktizieren, die ihnen aufgrund ihrer Vorgeschichte oder bestimmter Erfahrungen sehr nahe liegen. (Im privaten Zusammenhang ist dies beispielsweise für Fridolin das dreidimensionale OK-Konzept gewesen.) Thomas hat nun eine besondere Affinität zur Stroke-Theorie, da er – wie er berichtet – in seiner Kindheit nicht mit Strokes verwöhnt wurde. Aus diesem Grund fokussiere er vor allem auf das Wahrnehmen und Anerkennen seiner Mitarbeiter und deren Leistungen – aber nicht „überdrüber" oder „Honig um's Maul schmieren"[302], sagt er. Positive, zielgerichtete Kritik sei etwas anderes: leiste jemand gute Arbeit, so sei dies keine Selbstverständlichkeit und verdiene Anerkennung. Aber auch im umgekehrten Fall sei ein dementsprechendes Feedback eine Form des Wahrnehmens und Strokens. „Meine Rolle

299 I, S. 134.
300 Vgl. Borscheid 2004.
301 I, S. 134.
302 I, S. 123.

als Vorgesetzter ist es nun einmal zu beurteilen",[303] meint er. Mitarbeiter, die mangelhafte Arbeitsweisen nicht ändern, ernsthaft zu konfrontieren, gelinge ihm nur mit einer klaren Linie, die zwischen der (nicht) erbrachten Leistung und der Person an sich unterscheidet. Ohne den Menschen als solchen abzuwerten, müsse man manchmal feststellen, dass jemand für einen bestimmten Job nicht geeignet sei. Im Grunde sei diese Mitteilung oft auch für den betreffenden Angestellten gut, denn sehr erfüllend könne die Arbeitssituation wohl auch für ihn nicht sein.[304] Thomas betont nochmals, dass er damit keineswegs geringschätzende Einstellungen ausdrücken wolle wie etwa: „Der ist nichts, der wird nichts oder der kann überhaupt nichts".[305] Hilfreich für diese Differenzierung findet Thomas die Plus-Plus-Haltung der Okay-Positionen.

Bemerkenswert ist, dass Thomas schwierige Kindheitserfahrungen nützt, um daraus – unter Bezugnahme auf das Stroke-Modell – positive Richtlinien für eine aufmerksame Beziehungsgestaltung im Berufsleben abzuleiten. Dies klingt logisch, ist aber nicht selbstverständlich. Ebenso gut wäre es möglich gewesen, unerfreuliche Kindheitserinnerungen als Vorwand für unangebrachte Verhaltensweisen im Erwachsenenalter zu verwenden, was wohl unter die Rubrik des Spiels „Holzbein" nach Berne fallen würde („Was erwarten Sie von einem Menschen mit einer so schwierigen Kindheit?"). Damit soll nicht der starke Einfluss von Kindheitserfahrungen geleugnet, sondern lediglich auf mögliche Unterschiede im Umgang mit Prägungen hingewiesen werden.

In Zusammenhang mit dem Thema „Arbeitswelt" sei natürlich ausdrücklich betont, dass damit nicht nur bezahlte Tätigkeiten, sondern auch ehrenamtliche Engagements gemeint sind, über die manche Interviewpartner berichten. Von Christine war in diesem Sinn bereits die Rede; auch Thomas ist sozial engagiert und kann auf Erfahrungen in der Gemeinwesenarbeit zurückgreifen.[306] Strukturell unterscheidet sich die Anwendung der TA-Konzepte hier nicht wesentlich von der familiären oder beruflichen Praxis. Primär geht es darum, Struktur, Klarheit und Ordnung in den „Irrgarten der Kommunikation"[307] zu bringen, Konflikte gezielt und sachlich zu lösen, die eigene Person einzubringen und den Wert der eigenen Tätigkeit zu sehen, gleichzeitig aber andere in derselben Weise gelten zu lassen und zu schätzen, jedoch nicht im Sinn einer bloßen Anpassung und der Meinung, es wäre freundlich, jeder geäußerten Meinung zuzustimmen. Selbstbewusst und nicht ohne Stolz berichtet Christine, dass sie durch ihre ehrenamtlichen Initiativen und sozialen Engagements Unordnung in manche Systeme bringe und (beispielsweise im kirchlichen oder dörflichen Kontext) althergebrachte Ordnungen störe.[308]

Dass unbezahlte Tätigkeiten im Haushalt einer Familie ebenso Formen anerkennenswerter Arbeit darstellen und das Befassen mit Kindern oder Eltern auch eine anstrengende Aktivität sein kann, soll nur der Vollständigkeit wegen erwähnt sein. In

---

303 Ebd.
304 siehe I, S. 132.
305 Ebd.
306 siehe I, S. 124 ff.
307 I, S. 314.
308 siehe I, S. 16, S. 28.

vereinzelten Fällen, in denen Interviewpartner auf diese Themen zu sprechen kommen, berichten sie davon jedoch nicht unter dem Arbeits- sondern unter dem Beziehungsaspekt.

Beck-Neumann und Huschens erhoben in ihrer Studie einen relativ hohen Prozentsatz von TA-Absolventen, die während oder nach ihrer Ausbildung die Arbeitsstelle oder ihren beruflichen Status verändert hatten. Wenngleich nicht unbedingt damit zu rechnen war, dass sich Vertreter dieser Gruppe auch unter den zwölf Interviewpartnern finden, hätte man sich doch irgendwie ein anderes Bild oder zumindest die eine oder andere dramatischere Erzählung in dieser Hinsicht erwartet.

Nur eine einzige Person – Lisa – berichtet von einem Praktikumsplatz, den sie aufgrund ihres TA-Kurses erhalten hat und aus dem sich dann sehr bald eine dauerhafte, honorierte Tätigkeit entwickelte.[309] Verena hatte – wie erwähnt – nicht nur selbst das Bedürfnis, in eine Multiplikatorenfunktion zu wechseln, sondern wurde durch ihre Ausbildung auch vermehrt als Expertin betrachtet, die man nun um Rat fragte oder zum Führen entscheidender Gespräche heranzog. Anna hatte nicht nur eine Scheidung zu verkraften, sondern auch den Schock ihrer Pensionierung zu bewältigen.[310] Am Ende des TA-Grundkurses ist es ihr gelungen, eine neue Perspektive zu entwickeln, und sie beschloss, regelmäßig Zeiten im Ausland zu verbringen, um dort Deutsch zu unterrichten. Ob diese Entscheidung, die ihr offensichtlich Mut und Freude zurückbrachte, ursächlich mit der Ausbildung zu tun hatte oder eher zufällig zeitlich zusammenfiel, wurde im Rahmen des Interviews nicht diskutiert.

Alle anderen Informanten können keine „realen", äußeren beruflichen Veränderungen nennen, die sich in der Phase der TA-Ausbildung oder in der Zeit danach ergeben hätten. Viel häufiger ist davon die Rede, dass sich nichts Grundlegendes oder äußerlich Sichtbares geändert habe; was sich jedoch deutlich gewandelt habe, sei das subjektive Erleben, das Sinn-Empfinden und das durchdachte Handeln.[311] Ähnlich wie Klara, die ja im Rahmen einer TA-Veranstaltung ihre berufliche „Vision" entdeckt, findet auch Christine durch die TA-Selbsterfahrung Grundideen, die ihre Arbeit mit Hortkindern prägen sollten und in denen Begriffe wie „Vertrauen, Natur, Entspanntheit" eine Rolle spielen.

So ließe sich anmerken, dass berichtete Veränderungen im beruflichen Bereich, die Interviewpartner auf die Beschäftigung mit Transaktionsanalyse zurückführen, kaum im Aufzählen „harter Fakten" (wie dem Aufsteigen in eine günstigere Gehaltsklasse oder dem Wechsel in eine höhere Position) bestehen, sondern im Beschreiben einer neuen, besseren Qualität des Empfindens, Denkens und Tuns. Die Wahl der Forschungsmethode scheint somit nicht nur dem vorab definierten Gegenstand der Untersuchung zu entsprechen, sondern auch zu Art und Inhalt der Aussagen der Interviewpartner zu passen.

---

309 siehe I, S. 308.
310 siehe I, S. 261.
311 siehe I, S. 18.

Bemerkungen zu den Lebensbereichen der TA-Anwendung

Ganz bewusst kamen bis jetzt in diesem Punkt fast ausschließlich die Interviewpartner selbst zu Wort. Der Originalwortlaut der Zitate schien am besten geeignet, Aussagen zu wichtigen Lebensthemen so authentisch wie möglich wiederzugeben. Mit Interpretationen, die sich vom Kern der Berichte deutlich entfernen, sollte zurückhaltend umgegangen werden. Vielfach scheinen sich diese, insofern sie über zusammenfassende Analysen hinausgehen, fast zu erübrigen, da die Texte weitgehend für sich sprechen.

Der wesentliche Schluss, der sich aus den gegebenen Informationen ziehen lässt, besteht im Festhalten der tatsächlichen Anwendungsbereiche der Transaktionsanalyse. Wenn sich auch die TA-Ausbildungen an Berufsgruppen orientieren und die professionelle Anwendung der Theorie im Vordergrund steht, so haben die Interviews eindeutig gezeigt, dass de facto die Umsetzung transaktionsanalytischer Konzepte weit über den beruflichen Kontext hinausreicht. Für einige der Befragten ist sogar von Beginn an die private Nutzung des Erlernten von primärer Wichtigkeit; die Bedeutung der TA für die Arbeitssituation steht dagegen im Hintergrund. Viele nannten ja auch persönliche und private Motive, die zur Entscheidung für eine Ausbildung bewegten. Was das Ergebnis der TA-Anwendung betrifft, so geben einige Interviewpartner an, sie fänden das Praktizieren der TA in familiären Situationen sogar einfacher als in beruflichen; auch der Erfolg damit sei im Privatleben sehr gut und deutlich besser als in arbeitsbezogenen Zusammenhängen.

Andere Interviewpartner äußern sich nicht darüber, in welchem Kontext sie das Verwenden der TA einfacher finden; eine weitere Gruppe betont eher die Schwierigkeit, TA als Theorie in Familien- und Paarbeziehungen einzubringen. Dementsprechend fühlen sie sich damit auch in ihrem Beruf erfolgreicher.

Kein einziger Interviewpartner spricht jedoch von der ausschließlich berufsbezogenen Anwendung der TA; ausnahmslos alle können von Erfahrungen mit TA im Familien- oder Freundeskreis berichten.

Betrachtet man die Informationen zu erlebter Veränderung durch TA-Kenntnisse in den genannten Lebensbereichen, so lassen sich viele Aussagen in ihrer Struktur wiederum den Komponenten des „Sense of Coherence" zuordnen. Egal ob es sich um die Dynamik einer Paarbeziehung, den Umgang mit Mitarbeitern oder das Lösen von Familienproblemen handelt – fast immer geht es um ein verbessertes Verstehen, Handhaben und Bedeutung-Finden im Sinn der drei SOC-Faktoren. Mit Hilfe von TA-Modellen erkennt man die Struktur von Problemen im Alltag, man kann sich orientieren, ist sensibilisiert auf entscheidende Momente menschlichen Miteinanders, fokussiert auf diese zentralen Punkte und findet dadurch Ansätze für verbesserte Verhaltensweisen, die nicht nur den TA-Absolventen selbst nützen, sondern sich auch positiv auf die Umgebung auswirken. Dies führt wiederum zu einem stärkeren Erleben von Sinn und der Bereitschaft, Energie zu investieren, um die Zusammenarbeit oder die Gestaltung des gemeinsamen Lebens zu optimieren. Alle analysierenden Statements, die sich im vorangegangenen Kapitel über Bewusstheit und die Verbesserung von Verstehbarkeit, Handhabbarkeit und Bedeutsamkeit finden, lassen sich sinngemäß auf die genannten Erzählungen zur Auswirkung der Transaktionsanalyse in den verschiedenen Lebensbereichen übertragen.

Auffallend ist, dass die Struktur der drei Komponenten des „Sense of Coherence", denen sich im Prinzip fast alle Formen der Veränderung zuordnen lassen, in allen Anwendungsbereichen die gleiche ist. Sie tritt im familiären Umfeld ebenso zutage wie im Bekanntenkreis, mit Kindern und Freunden in derselben Weise wie im Konfliktgespräch mit Kollegen. Dass der Umgang mit nahestehenden Personen eine andere Qualität besitzt als das Agieren in der Arbeitswelt, bedarf keiner näheren Erklärung. An dieser Stelle soll einfach die der Verbesserung innewohnende Struktur betont sein, die unabhängig von der Art des Lebensbereichs zu erkennen ist. Dass sich die persönliche Veränderung der befragten Personen auch auf Beziehungen auswirkt, in denen die Theorie der TA nicht explizit diskutiert werden kann, lässt darauf schließen, dass hier Erkenntnisse wirksam werden, die über individuelle, subjektivistische Deutungen hinausgehen. Die Ansicht, dass TA-Konzepte mehr sind als private Interpretationen, die dem Individuum nützen, wurde bereits geäußert.

Antonovsky legt dar, dass ein starkes SOC nicht notwendigerweise mit dem Gefühl einhergehen müsse, das gesamte Leben sei verstehbar, handhabbar und bedeutsam. Entscheidend seien diese Faktoren jedoch für Lebensbereiche, die man als wesentlich empfindet. In diesem Sinn definiert er – wie erwähnt – vier Bereiche, die wohl jeden Menschen bewegen: die eigenen Gefühle, die unmittelbaren interpersonellen Beziehungen, die wichtigsten Tätigkeiten und existentielle Fragen.[312] Vergleicht man dies mit den Lebensbereichen der Interviewten, in denen sie transaktionsanalytische Konzepte einsetzen und die Situation verbessern, ist klar ersichtlich, dass die eigene Familie, Freunde, Kinder und Partner sich mit dem Begriff der „unmittelbaren, interpersonellen Beziehungen" decken; ebenso zählen Arbeiten, die beruflich, ehrenamtlich, in der Familie oder als Freizeitgestaltung verrichtet werden, zu den „wichtigsten Tätigkeiten" der Befragten. Somit lässt sich nicht nur die Struktur der berichteten Veränderungen inhaltlich den SOC-Komponenten zuordnen; auch die Lebensbereiche, in denen sich Dinge wandeln, decken sich mit zwei der von Antonovsky genannten zentralen Bereiche. (Der Vollständigkeit wegen sei noch angeführt, dass natürlich auch weitere Lebensbereiche für Menschen relevant sein können; hier geht es lediglich um jene von grundlegender Bedeutung. Auch hat das bewusste oder unbewusste Ausklammern von Lebensbereichen nicht zur Folge, dass man von diesen unberührt bleiben wird. Selbst die „unpolitischste Person der Welt kann eingezogen, in den Krieg geschickt und getötet werden", schreibt Antonovsky.[313]) Der subjektive Stellenwert von Beziehungen und Tätigkeiten wird jedenfalls in den Interviews von niemandem geleugnet. Es wäre zu früh, aus den bis jetzt zitierten Passagen auch Schlüsse zu den Themen „Gefühle" und „existentielle Fragen" abzuleiten.

Erwähnen könnte man allerdings Antonovskys Überlegungen zum „Gruppen-SOC": unter dem Aspekt offener Forschungsthemen denkt er darüber nach, ob der „Sense of Coherence" nicht auch eine Gruppeneigenschaft sein könnte und in welcher

---

312 siehe Antonovsky 1987/1997, S. 39.
313 Ebd., S. 39.

Weise diese mit dem individuellen Kohärenzgefühl der jeweiligen Mitglieder in Verbindung stehe.[314] Er hält es für sinnvoll, vom SOC als einer Gruppeneigenschaft zu sprechen, wenn es um die Familie, die kleine lokale Gemeinde, den Arbeits- und Freundeskreis geht, also um Primärgruppen, die über einen längeren Zeitraum hinweg stabil bleiben. Dies bedeutet, dass die Gruppe als Gemeinschaft die Welt in einem gewissen Sinn als verstehbar, handhabbar und bedeutsam betrachtet, was sich auf die Modifizierung des SOC der Einzelnen auswirken wird. Umgekehrt beeinflussen die einzelnen Gruppenmitglieder die Bildung des Kohärenzgefühls der Gemeinschaft, der sie angehören.

Diese Gedanken, die bei Antonovsky nur angedeutet sind und die auch in der empirischen Forschung zum „Sense of Coherence" kaum Beachtung finden, könnte man aufgreifen und auf die Aussagen jener Interviewpartner anwenden, die von einer Gruppe berichten, in der die Transaktionsanalyse präsent ist und zu verbessertem Verstehen und Handhaben geführt hat. Zunächst wäre an Familien zu denken, in denen TA-Konzepte bekannt sind und allgemein praktiziert werden, aber auch an jenes Arbeitsteam, das sich auf die Transaktionsanalyse als gemeinsame theoretische Basis bezieht und nicht zuletzt an jene Paare, die sich bewusst aufgrund transaktionsanalytischer Erkenntnisse weiterentwickelt haben. Die genaue Wechselwirkung von individuellem und allgemeinem Kohärenz-Erleben kann auch in dieser Untersuchung nicht im Detail festgestellt werden, da die erhobenen Daten dafür nicht ausreichen. Es scheint jedoch nicht unwahrscheinlich, dass die gemeinsame Sicht der Dinge ein Klima erzeugt, das das Kohärenzgefühl des Einzelnen stärkt, und umgekehrt das einzelne Gruppenmitglied, das sich mit einem verbesserten SOC einbringt, den allgemeinen „Sense of Coherence" der Gruppe hebt und positiv beeinflusst. Mit „positiv" ist hier natürlich das starke (und nicht das rigide) SOC gemeint, jenes, das auf Anforderungen flexibel reagiert und offen für Veränderungen ist.

Assoziieren könnte man auch eine ganzheitliche Sichtweise, derzufolge das Ganze immer mehr ist als die Summe seiner Teile. Bringen beispielsweise beide Partner verbesserte Denk- und Handlungsweisen in die Beziehung ein, so entsteht etwas Neues, das mehr darstellt als die Aneinanderreihung zweier einzelner Bemühungen. Eine einzelne Person hingegen kann im Sinn eines gemeinschaftlichen Anliegens nur begrenzt wirksam sein, wenn der Partner sich nicht ebenso aktiv an der Sache beteiligt. Der eigene Einfluss ist somit limitiert und hängt in Paarbeziehungen auch von der Einstellung und dem Verhalten des anderen ab. Verschiedene Berichte in den Interviews über die Anwendung der TA in Partnerschaften illustrieren beide Fälle.

Dass gemeinsame Ansichten, Einstellungen und Sprechweisen eine günstige Basis für Partnerschaften darstellen, lässt sich wohl kaum bezweifeln. Auffallend ist, dass sich im Bereich der Transaktionsanalyse immer wieder Paarbeziehungen beobachten lassen, in denen beide Partner auf der Basis der TA beruflich aktiv sind, gemeinsam (oder jeweils alleine) publizieren und sich für die Verbreitung der TA engagieren.

Was weiter oben über die Begrenzung des eigenen Einflusses durch andere gesagt wurde, gilt auch für das (berufliche) Wirken in größeren Systemen. Meist ist es dem

---

314 siehe ebd., S. 154 ff.

Einzelnen zwar möglich, manche Veränderungen zu bewirken, doch nur in dem Ausmaß, in dem es das System zulässt. „Die Systemmerkmale als Dimensionen der Gemeinschaft entscheiden über die Bandbreite, die der Einzelne von seinen Möglichkeiten in einer Organisation realisieren kann", schreibt Mohr.[315] Vielleicht ist es kein Zufall, dass die Befragten, die mit ihrer Umsetzung transaktionsanalytischer Modelle im Arbeitskontext noch nicht zufrieden sind, aus dem Schuldienst kommen und dort Jugendliche zu unterrichten haben. Man könnte hypothetisch auf die verringerte Kooperationsbereitschaft dieser Altersstufe schließen, aber sich ebenso gut auf die Theorie des „Organisationsskripts" beziehen, welche besagt, dass nicht nur Individuen, sondern auch Organisationen ein Skript haben, also bestimmte (schädliche) Muster, die innerhalb des Systems relativ diffus und ungreifbar wirken, sich ständig wiederholen und den Einzelnen in seinem positiven Tun behindern.

Veränderungen innerhalb eines Systems oder für eine Gemeinschaft sind daher nicht etwas, was ein Einzelner von sich aus erzeugen kann. Wenn auch die Macht des eigenen Tuns und Denkens beachtlich sein mag, so ist sie doch begrenzt durch Gegebenheiten der Situation und die Absichten anderer Menschen.

Fäh weist darauf hin, dass ein starker „Sense of Coherence" nicht bedeute, alles kontrollieren zu können und auch nicht identisch mit dem Gefühl sei, alles kontrollieren zu müssen.[316] Kennzeichen eines gut ausgebildeten Kohärenzempfindens ist Flexibilität sowie die Fähigkeit, Unabänderliches zu akzeptieren.

Betrachtet man unter dieser Perspektive die Berichte jener Informanten, deren Ehemänner oder -frauen nicht zu animieren sind, sich in der gleichen Weise um bewusste Veränderung zu bemühen, so lässt sich bei diesen Interviewpartnern ein situationsangepasstes Verhalten feststellen, das wohl Ausdruck der verbesserten Fähigkeit ist, Ereignisse realistisch einzuschätzen und nichts Unmögliches zu versuchen.

Aber auch die Berichte beeindruckender Verbesserungen in Partnerschaften mit gemeinsamem Interesse an Transaktionsanalyse sind nicht in dem Sinn misszuverstehen, dass der Erfolg immer garantiert wäre, wenn die Beteiligten einfach „wollen" und sich eifrig bemühen. In den Erzählungen werden zwar nicht im Detail sämtliche Probleme der Paare aufgerollt, aber die jeweiligen Partner wirken beweglich genug, um beispielsweise Symbiosen aufgeben ohne in das andere Extrem der völligen Unabhängigkeit abzugleiten. Im Fall starrerer Persönlichkeitsstrukturen oder schwerwiegenderer psychischer Beeinträchtigungen wäre die Situation vermutlich eine andere.

Manche Interviewpassagen zeigen wiederum, dass der erfolgreiche Einsatz transaktionsanalytischer Kenntnisse zwar primär die logische Struktur von Konzepten zur Orientierung heranzieht, im geeigneten Moment aber auch das Bewusstsein aktiviert, dass theoretische Logik alleine nicht ausreicht, um der Vielfältigkeit menschlichen Miteinanders zu begegnen. Offensichtlich wird hier auch die übliche Unterscheidung von „map" und „territory"[317] (beziehungsweise „Landkarte" und „Land") zur Kenntnis genommen. Modelle sind Orientierungshilfen, aber nicht die Realität; auch stellen sie

---

315 Mohr 2010, S. 167.
316 siehe Fäh. In: Wydler 2006, S. 154.
317 Bateson 1972.

diese nicht vollständig dar. Dies erinnert an das bekannte Bild des belgischen Surrealisten Margritte, welches eine naturgetreue Abbildung einer Pfeife bietet, aber mit den Worten „Ceci n'est pas une pipe" (oder „This is not a pipe") unterschrieben ist. Natürlich sei das keine Pfeife, soll Magritte gesagt haben, man solle einfach versuchen, sie mit Tabak zu füllen.

Was die Bereiche der Veränderung anbelangt, so wurde das verbesserte Verstehen der eigenen Person im Vorfeld der Untersuchung für möglich gehalten und als spezieller Punkt zur Identifizierung der SOC-Komponenten definiert. Im Rahmen der Auswertung waren also Texte ausfindig zu machen, in denen ausschließlich und punktuell von Selbsterkenntnis die Rede war. Dabei stellte sich heraus, dass Passagen dieser Art nicht existieren. Einsichten und Erkenntnisse zur Struktur der eigenen Persönlichkeit sind immer mit Erzählungen auch über andere Menschen verwoben. Die erinnerte Beziehung zu früheren oder aktuellen Bezugspersonen macht eigene Prägungen sichtbar. Im Lichte dieser Personen und der Beziehung zu ihnen wird das Eigene erkannt. Der Prozess der Innenschau vollzieht sich also nicht losgelöst von anderen, im luftleeren Raum sozusagen, sondern im erinnerten (oder tatsächlichen) Kontakt. Zudem ereignet sich dieser Erkenntnisprozess selbst oft in Zusammenhang mit Ausbildungskollegen oder durch Gespräche mit dem Gruppenleiter. Einerseits geht es also um Persönliches und Individuelles, andererseits gleichzeitig immer auch um Beziehung und Begegnung. Der Mensch braucht offenbar ein Du, um sich selbst zu erkennen; erst in der Beziehung zum anderen kann sich sein „Ich" konstituieren.

Wahrscheinlich denkt man hier an das philosophische Werk Martin Bubers, in dem das Verwiesen-Sein des Menschen auf ein Du von zentraler Bedeutung ist und der Dialog als existentielles, anthropologisches Prinzip gesehen wird.[318] Vielleicht könnte man auch das personaldialogische Denken Fridolin Wiplingers[319] damit in Verbindung bringen, der ebenso eine „monologische Denkweise der Ich-Reflexion in ein dialogisches Denken"[320] verwandelt.[321]

In den Interviews ist also Selbsterkenntnis immer in irgendeiner Form mit Beziehungssituationen verknüpft. Selbst jener Gesprächspartner, der mit Hilfe meditativer Praxis an seiner Entwicklung arbeitet, entnimmt diese Anregung und die entsprechenden Übungen einer Publikation. Auch hier handelt es sich im Grunde um einen Dialog – mit dem Buch selbst beziehungsweise den Gedanken von Menschen, die sich darin ausdrücken und mitteilen.

Was eingangs theoretisch zu Grundlegendem der Transaktionsanalyse ausgeführt wurde, zeigt sich in den Interviews in praktischer Weise sehr deutlich. Persönliche, individuelle Probleme werden nicht zugunsten rein systemischer Sichtweisen negiert, die mitunter dazu tendieren, jede Problematik auf das zu reduzieren, was sich zwischen den Menschen abspielt. In transaktionsanalytischem Denken geht es aber auch

---

318 Buber 1923.
319 Vgl. Baier. In: Vetter (Hg.) 1999.
320 Vorlaufer 1998.
321 Wiplinger 1970.

nicht ausschließlich um das Fokussieren auf das Individuum und seine Prägung, sondern gleichzeitig immer um das zwischenmenschliche Beziehungsgeschehen.

Im deutschsprachigen Raum weist vor allem Matthias Sell in zahlreichen Vorträgen und Artikeln auf die Bedeutung und Wichtigkeit von Beziehung als zentralem Element der Transaktionsanalyse hin.[322] Der Martin Buber zugeschriebene Satz „Alles wirkliche Leben ist Begegnung" wird dadurch unterstrichen.

2.4.4 Zur Art der Anwendung transaktionsanalytischer Modelle

Vorbemerkung

In den vergangenen Punkten war von der berichteten Verbesserung der Komponenten des Kohärenzgefühls als Ergebnis der Ausbildung in Transaktionsanalyse die Rede, ebenso von verschiedenen Lebensbereichen, in denen sich die neuerworbenen Kenntnisse spürbar auswirken.

Im Folgenden soll nun das Hauptaugenmerk auf der Methode der Anwendung von TA-Modellen liegen. Auf welche Weise vollzieht sich dieses Umsetzen der Theorie in die Praxis, welche Bedeutung hat der Begriff der „Anwendung" für die Interviewpartner und welche Einstellungen zur TA-Theorie und -Praxis werden ausgedrückt?

Zunächst fällt auf, dass die erhöhte Verstehbarkeit, Handhabbarkeit und Bedeutsamkeit einerseits als Ergebnis der Beschäftigung mit Transaktionsanalyse gesehen wird, andererseits aber alle Formen des Verstehens, Verhaltens und Sinnerlebens auch den konkreten Weg bezeichnen, auf dem dieses Resultat zustande gekommen ist. Durch den Vorgang des Verstehens erscheinen die Dinge verstehbarer, und durch das verbesserte Handhaben wirken konkrete Umstände in der Folge auch handhabbarer. Theoretische Modelle stehen als „Handwerkszeug" zur Verfügung und kommen zum Einsatz; dadurch stellen sich Ereignisse des Alltags als verstehbarer heraus, was zur Folge hat, dass man mit diesen Begebenheiten auch sinnvoller umgehen kann. Ein TA-Modell praktisch umzusetzen, meint (wie an vielen Beispielen dargestellt), das real Erlebte auf dem Hintergrund einer Theorie zu deuten und herauszufinden, was diese Theorie konkret in einer ganz bestimmten Situation zu sagen hat. Man orientiert sich anhand eines theoretischen Vorverständnisses, bezeichnet verschiedene Dinge und Umstände mit Begriffen, erhält Ansatzpunkte für günstigeres Verhalten und handelt tatsächlich in veränderter Weise.

Im Punkt 2.4.2 kam diese Bewegung und das damit einhergehende emotionale Empfinden von Sinn bereits ausführlich zur Sprache. Daher geht es an dieser Stelle lediglich um die Betonung der zweifachen Bedeutung des Verstehens und Handhabens: als Ergebnis der Auseinandersetzung mit Transaktionsanalyse und als methodischer Weg der Theorie-Anwendung gleichzeitig.

Darüber hinaus stellt sich die Frage, welche TA-Modelle bevorzugt werden und in welchem Verhältnis die Transaktionsanalyse aus der Sicht der Gesprächspartner zu anderen Methoden steht. Die Gegenüberstellung von Denken, Gefühl und Verhalten in Zusammenhang mit der Praxis der Transaktionsanalyse war in den Interviews ein

---

322 DGTA (Hg.) 2010; Sell 2009.

Thema, das häufig angesprochen wurde und das ebenfalls im Folgenden behandelt wird. Nicht zuletzt wird es in diesem Abschnitt auch um das Spezielle an der TA-Sprache und -Begrifflichkeit gehen, die durch die Befragten eine besondere Bewertung erfuhr.

Da sich ein Großteil der TA-Literatur um Fragen der Anwendung sowie um die Interpretation und Weiterentwicklung von Konzepten dreht, scheint es gänzlich unmöglich, die gesamte Thematik in diesem Kapitel ausführlich zu behandeln und auf jedes Modell, das in den Interviews erwähnt wird, im Detail einzugehen. Vielmehr soll der Versuch unternommen werden, einen Überblick über Konzepte und Methoden zu geben, die Gesprächspartner für wichtig halten und die ihr Tun prägen. Dass dabei auf einzelne Aspekte eher nur punktuell verwiesen werden kann, liegt bei diesen breit gestreuten Inhalten auf der Hand.

Im Unterschied zu den beiden vorangegangenen Punkten steht auch die Interpretation des Gesagten aus salutogenetischer Perspektive hier weniger im Vordergrund. Ziel ist es vor allem, ein Bild der berichteten Anwendungstechniken zu bieten und Themen darzustellen, die Interviewpartner in diesem Zusammenhang aufgreifen.

Beliebte TA-Modelle und -Konzepte
Wie im Teil 1.1 der vorliegenden Studie dargelegt, besteht die Theorie der Transaktionsanalyse aus einer Vielzahl an Modellen und Schlüsselbegriffen. Die Aussagen der Interviewpartner wurden auch dahingehend analysiert, wie mit diesem vielfältigen Angebot umgegangen wird und welche Konzepte besondere Beachtung finden. Niemand spricht von der Anwendung sämtlicher Modelle, allerdings auch niemand von der Beschränkung auf ein einziges Konzept. Es scheint allgemein üblich, aus der breiten theoretischen Palette jene Konzepte auszuwählen und in der Praxis zu verwenden, von denen man sich angesprochen fühlt. So haben alle offenbar gewisse „Lieblingswerkzeuge", die sie als gut und nützlich empfinden. Dabei zeichnen sich zwei unterschiedliche Tendenzen ab: meist kombinieren die Befragten verschiedene Modelle, wenn eine konkrete Problemsituation zu bewältigen ist. Ein Beispiel dafür wäre die Beobachtung der Opferrolle als Aspekt des Drama-Dreiecks, die aber auch Ausdruck von Ich-Zuständen ist und zu bestimmten Transaktionen führt. So besteht die Möglichkeit, eine Alltagssituation unter verschiedenen Perspektiven zu beleuchten, die sich gegenseitig ergänzen.[323] Nur wenige Informanten äußern sich gegen das Verbinden von Modellen; Hubert hält es für besser, jewels ein Konzept in seiner Gesamtheit zu erfassen und zur Interpretation einer Begebenheit heranzuziehen.[324] Es würde an dieser Stelle zu weit führen, im Detail zu untersuchen, ob diese gegensätzlich dargestellten Standpunkte tatsächlich in jedem Fall einen Widerspruch bilden, da zum Beispiel viele TA-Modelle implizit das Verständnis von Ich-Zuständen und Transaktionen voraussetzen.

Was die Beliebtheit einzelner Modelle betrifft, so decken sich die praktizierten Konzepte weitgehend mit den sogenannten „core concepts", die die „International

---

323 siehe I, S. 93.
324 siehe I, S. 185 f.

Transactional Analysis Association" 1999 definiert hat[325]: u.a. sind dies Ich-Zustände, Transaktionen, Strokes, Spiele, Grundpositionen, Zeitstruktur, Drama-Dreieck, Entscheidungen, Skript, Maschengefühle und Verträge. Obwohl es – wie erwähnt – in einer qualitativen Studie nicht um Zahlenangaben und Statistiken geht, fällt auf, dass manche Modelle sehr häufig, andere hingegen deutlich seltener genannt werden. Acht von zwölf Interviewpartnern berichten zum Beispiel von einer intensiven Beschäftigung mit Antreibern und verinnerlichten Überzeugungen. Dabei halten sich diese in ihren Berichten nicht immer streng an die etablierte Terminologie und an die Unterscheidung von Antreibern, Einschärfungen, Verfügungen oder Ähnlichem. Im Grunde scheint dies aber die erfolgreiche Nutzung des Konzeptes nicht zu beeinträchtigen. Die Grundidee bleibt erhalten, nämlich die Bewusstmachung und Veränderung verinnerlichter, aus der Kindheit stammender, hinderlicher Sätze und Gebote. Obwohl sich niemand auf die erwähnten „core concepts" bezieht (und man eher nicht annehmen kann, dass diese allen bekannt waren), werden auch dort sämtliche Formen verinnerlichter Zuschreibungen und Anordnungen einfach unter den Begriff „voices in the head" subsumiert, was das Gemeinte auf den Punkt bringt und keiner weiteren Erklärung bedarf. Über die Arbeit der Befragten mit Antreibern wird weiter unten noch genauer referiert. Auch das Thema „Gefühle" wird gesondert zur Sprache kommen.

Das Konzept des Drama-Dreiecks und der Spiele, sowie die Vertragsarbeit halten jeweils vier Interviewpartner für besonders bedeutend; Strokes und Ich-Zustände betonen jeweils drei Personen als Modelle, an denen sie besonderes Interesse hatten; die Strukturierung der Zeit und das Modell der Passivität werden in zwei Interviews hervorgehoben, dort aber mit großem Nachdruck (wobei zu erwähnen wäre, dass das Passivitätsmodell in den „core concepts" nicht aufscheint). Selbstverständlich handelt es sich hier nicht um die jeweils einzigen genützten Konzepte und auch nicht um deren vollständige Auflistung, sondern um Antworten auf die Frage nach den Lieblingsmodellen und nach jenen Ideen und Begriffen, die gern und sehr häufig Verwendung finden. Auffallend ist, dass eher später entwickelte und komplizierter wirkende Modelle seltener genannt werden als grundlegende, „klassische" Konzepte. Offenbar ist hier der Kern der Sache gut zu erfassen und in einfacherer Weise in die Praxis umzusetzen.

Abgesehen von der Anwendung des „Miniskripts", die ein Interviewpartner – wie erwähnt – schätzt, berichtet niemand von einer eingehenden Beschäftigung mit dem gesamten, persönlichen Skript. Vermutlich eignet sich diese umfassende Arbeit weniger für den Kontext nicht-therapeutischer Gruppen, beziehungsweise nähert man sich der Veränderung des individuellen Skripts schrittweise durch die Befassung mit einzelnen Elementen, die den Lebensentwurf prägen.

Eindeutig an erster Stelle der Beliebtheitsskala stehen jedoch die Grundpositionen mit den verschiedenen Okay- und Nicht-okay-Haltungen. Auch hier variieren die Bezeichnungen von „Modell" über „Konzept" bis „Grundannahme", was aber wiederum nichts zur Sache tut. Entscheidend ist der Umstand, dass den Befragten die Bedeutung von Lebenshaltungen und Grundeinstellungen sich selbst und anderen Menschen

---

325 siehe www.itaa-net.org , 18-05-2010; siehe Transactional Analysis Journal 2003 (2).

gegenüber bewusst wurde. Da dies in den Interviews ein sehr wichtiges und deutlich vorherrschendes Thema ist, wird diesem Punkt ein eigener Abschnitt gewidmet.

Die genannten Modelle kommen bei der Darstellung der Ergebnisse laufend zur Sprache. Sie wurden ja bereits in Zusammenhang mit der Identifizierung der SOC-Faktoren immer wieder erwähnt, ebenso in Verbindung mit den Lebensbereichen der TA-Anwendung. Im Folgenden sollen zwei Modelle in ihrer Verwendung etwas näher betrachtet werden: die der Antreiber und der Ich-Zustände. Das Thema „Antreiber" wurde deshalb gewählt, weil es für viele Interviewpartner – abgesehen von den Grundpositionen – zentrale Bedeutung hat. Das Konzept der Ich-Zustände gilt einerseits als das Kern-Modell der Transaktionsanalyse schlechthin, zählt aber andererseits zu den am meisten diskutierten und nicht unumstrittenen Konzepten. Deshalb soll im Folgenden von einer einfachen und geglückten Interpretation dieses Modells berichtet werden.

Ich-Zustände

Während eines Vortrags in Wien im Jahr 1968 soll Eric Berne gefragt worden sein, was *nicht* Transaktionsanalyse sei, und er antwortete: „Wenn Sie etwas nicht auf Ich-Zustände zurückführen können, ist es nicht Transaktionale Analyse."[326]

Der Status eines Ur-Modells blieb den Ich-Zuständen erhalten, auch wenn in der weiterführenden Literatur bis zum heutigen Tag die Weiterentwicklung und exakte Definition des Modells ein kontroversielles Thema ist. Theoretische Inkonsistenzen werden aufgezeigt[327], dem ursprünglichen Modell der drei Ich-Zustände wird das Konzept eines integrierten Erwachsenen-Ichs entgegengesetzt[328]; man versucht, das Modell dadurch besser zu erfassen, indem man dessen Verhältnis zu Freuds Begriffen des Bewussten, Unbewussten und Vorbewussten analysiert[329]. Temple entwickelte eine alternative Form der Darstellung und Sichtweise im „Functional Fluency Model"[330] und beschreibt dessen Einsatz im Bereich der Pädagogik[331]. In den letzten Jahren wird die Verbindung des Ich-Zustandsmodells zu neurowissenschaftlichen Erkenntnissen hergestellt[332]; Oller-Vallejo meint, in bestimmten cerebralen Netzwerken ein neurologisches Substrat zu erkennen, das den psychischen Organen Bernes entspricht und die ursprüngliche Theorie der Ich-Zustände untermauert.[333] Demgegenüber geht Stewart von einer Theorie der Modellbildung im Allgemeinen aus und vertritt die Ansicht, ein Modell an sich könne niemals „falsch" oder „richtig" sein; entscheidend sei hingegen dessen Nützlichkeit.[334]

In Anbetracht all dieser theoretischen Debatten und Uneinigkeiten scheint es nicht verwunderlich, wenn eine Interviewpartnerin lachend sagt: „Was ich sicher nicht ma-

---

326 Berne 1968. In: Transactional Analysis Journal 1968; zitiert nach Schlegel 2007, S. 229.
327 Wadsworth u. DiVincenti 2003.
328 Oller-Vallejo 2001, 2003; Drego 2000.
329 Oller-Vallejo 2006; Woods 2001.
330 Temple 2002.
331 Temple 2004.
332 Hine 2005.
333 Oller-Vallejo 2005.
334 Stewart 2001.

che, ist dieses Eltern-Ich, Kind-Ich [...]. Mit dem hab i net können."[335] Diese Aussage stammt von Ute, die ja andererseits von einem „Kick" berichtet[336], den sie in Zusammenhang mit dem Egogramm und ihrem freien Kind erfahren hat. Dass Hubert vom Ich-Zustandsmodell fasziniert war, wurde bereits erwähnt[337], ebenso die Beobachtung von Ich-Zuständen und Transaktionen durch Thomas[338] und Fridolin[339]. Ansonsten ist die explizite Anwendung dieses Modells in den Interviewtexten nur spärlich zu finden, was in einem gewissen Widerspruch zu dessen theoretischer Beachtung in der Literatur steht.

Ein Beispiel einer persönlichen Interpretation und Umsetzung, das in seiner Einfachheit und gleichzeitigen Eindrücklichkeit auffällt, sei im Folgenden dargestellt. Wenn Verena berufliche Planungsarbeiten, wie die Gestaltung einer Veranstaltung oder den Entwurf eines Folders zu leisten hat, bietet das Ich-Zustandsmodell eine Struktur, an der sie sich orientieren kann. Sie erkennt, dass bereits früher Menschen erfolgreich Programme erstellt haben; insofern bestehe keine Notwendigkeit, das Rad vollkommen neu zu erfinden. Was sich bewährt hat, könne sie übernehmen, aber nicht aus einer prinzipiell angepassten Haltung, sagt sie, „sondern ich denke mir ‚hey, das hat vielleicht gut funktioniert'"[340], sieht die erprobten Elemente und meint damit die Dimension des Eltern-Ichs. Andererseits soll das Ganze auch etwas Neues, Eigenständiges, Kreatives werden, das sie persönlich schafft. „Worauf habe *ich* Lust?" fragt sie sich, „was wäre meine Adaption dessen?" und bezieht sich somit auf Aspekte des Kind-Ichs. Diese beiden Tendenzen zu kombinieren und ins Hier und Jetzt zu bringen, gelinge ihr durch ein bewusstes, realitätsbezogenes Agieren aus dem Erwachsenen-Ich.[341]

Vor Entscheidungssituationen, berichtet Verena, seien in ihr oft viele widersprüchliche Gedanken, Vorstellungen, Wünsche und Gefühle. Sie sei daran gewöhnt, „diese ganzen Dinge, die dir dann im Kopf herumspuken, mit dem Ich-Zustandsmodell zu analysieren."[342] Sie könne dann die einzelnen Sätze ihrer inneren Dialoge in ihrer Art begreifen, indem sie diese ihren verschiedenen Ich-Zuständen zuordne. Wichtig sei es dabei, kritische Warnungen des Eltern-Ichs nicht einfach wegzuschieben, sondern deren konstruktiven Anteil zu würdigen: „Ja, ich weiß, das ist wichtig; ich werde es berücksichtigen"[343]. Ansonsten würden diese warnenden Stimmen immer wieder kommen, meint sie. So werde sie freier, sich eigenen Wünschen und Bedürfnissen ihres Kind-Ichs zuzuwenden. Sie strukturiert und analysiert Gedanken und Emotionen, „bevor man sich närrisch macht mit dem Ganzen"[344], sagt sie. Ziel ist es, passend zu der

335 I, S. 48.
336 siehe Punkt 2.4.1
337 siehe I, S. 202 f.
338 siehe I, S. 122.
339 siehe I, S. 73.
340 I, S. 165.
341 siehe I, S. 165 ff.
342 I, S. 168.
343 I, S. 169.
344 Ebd.

Situation einen Entschluss zu fassen und eine realitätsbezogene Entscheidung zu treffen, also aus dem Erwachsenen-Ich zu handeln.[345]

Im Grunde entspricht die Struktur dieses Vorgehens und der Ich-Zustände auch der Linie wissenschaftlichen Arbeitens. Man baut auf Bekanntem, Bewährtem auf, möchte aber auch Neues erforschen, Persönliches kreieren und benötigt dabei ausreichend Realitätssinn, um diese beiden Tendenzen in Einklang zu bringen. Verena erwähnt in diesem Zusammenhang auch die unterschiedlichen Zeitdimensionen, die ihr bewusst sind. In der Gegenwart bemühe sie sich, die in die Zukunft gerichtete Planung mit positiven Erfahrungen aus der Vergangenheit zu verbinden.

Vielleicht wäre diese kritisch-würdigende Einstellung den Erzählungen anderer Menschen gegenüber auch eine mögliche Weise, die Berichte der Interviewten zu studieren: nicht alles unkritisch zu akzeptieren und zu übernehmen, aber Aussagen auch nicht prinzipiell abzulehnen, sondern nachzudenken, ob die Erfahrungen anderer Menschen für das eigene Leben und die Gestaltung der Zukunft nützlich sein könnten.

Die Ansicht, dass das Modell der Ich-Zustände theoretisch nicht ganz widerspruchsfrei scheint, wurde auch in Teil 1.1 dieser Arbeit vertreten. Wenn Interviewpartner von einer erfolgreichen Anwendung berichten, dann basiert diese weniger auf einer detaillierten Theorie als auf dem Erfassen der Kernaussage (wie bei Verena) oder auf dem Sensibilisert-Sein auf einen bestimmten Aspekt (wie bei Thomas, der ja auf sein zu stark ausgeprägtes fürsorgliches Eltern-Ich achtet). Daraus könnte man schließen, dass das Modell der Ich-Zustände (oder ein Aspekt daran) unmittelbar einleuchtend und wirkungsvoll ist, wenn man – sozusagen in einem Moment und mit einem Blick – das Wesentliche begreift und das Zentrale erkennt. Das erinnert daran, dass dieses Konzept Eric Bernes primär kein theoretisches Konstrukt war, sondern aus der praktischen Erfahrung mit Menschen entstanden ist, und Intuition dabei die entscheidende Rolle spielte.

Wenngleich die einheitliche Definition von Begriffen wünschenswert ist, könnte dennoch ein anderer Zugang zum Verständnis der Ich-Zustände geeigneter sein. Vielleicht ist das intuitive Erfassen und Erspüren dessen, was Ich-Zustände im Grunde meinen, der passendere Umgang mit dem Modell als die präzise Definition und detaillierte Analyse aller theoretischen Einzelheiten.

Antreiber und andere „voices in the head"
Sehr viele Interviewpartner halten das Antreiber-Modell für äußerst wichtig und berichten ausführlich über persönliche Erfahrungen, die sie damit gemacht haben. Vielleicht liegt der Grund dafür darin, dass die Befragten nicht nur sehr bemüht und aktiv wirken, sondern teilweise auch von einer leistungsorientierten Erziehung berichten, die sie als Kinder erlebt haben[346]. Nicht nur in der Schule wurde viel bekrittelt, auch Eltern hatten die Angewohnheit, alles mit „gut" oder „schlecht" zu bewerten[347], was Druck erzeugte, diesen Forderungen zu entsprechen. Klara begründet damit ihr Interesse an der Antreiber-Thematik: „Ja, weil ich sehr leistungsorientiert aufgewach-

---

345 siehe ebd.
346 siehe I, S. 52.
347 siehe I, S. 10.

sen bin und dann einfach einmal verstanden habe ‚was treibt mich da? und wo kommt das her? und wie kann ich denn damit umgehen?'"[348] Es geht um die Macht von El-ternworten,[349] das Getrieben-Sein durch verinnerlichte Gebote im Erwachsenen-Alter und Möglichkeiten, sich zumindest teilweise davon zu befreien.

Im Bewusstsein, dass man der Interpretation einschlägiger Erzählungen in den Interviews auch wesentlich längere Abhandlungen widmen könnte, soll der Versuch unternommen werden, markante Daten herauszufiltern, einzelne Beispiele exempla-risch anzuführen und einen Überblick über angesprochene Inhalte zu bieten.

Die Weise, in der die Gesprächspartner an ihrem Antreiber-Verhalten arbeiten, zeigt sich bereits in den Episoden, die Thomas aus seinem beruflichen Alltag als Füh-rungskraft berichtet: Er erkennt bestimmte Antreiber (wie „Sei stark", „Beeil dich", „Mach es allen recht" usw.), beschließt, diesen Geboten konkrete „Erlauber" ent-gegenzusetzen und strebt in kleinen, konstruktiven Schritten eine befreitere, günstigere Verhaltensweise an.

Wie erwähnt werden die persönlichen Antreiber nicht nur durch einen schriftlichen Antreiber-Test[350] identifiziert (wie bei Verena), sondern primär durch die Bereitschaft zu Selbsterkenntnis, das eigene Nachdenken, Beobachten und Besprechen mit ande-ren. Wichtig scheint in diesem Zusammenhang die Unterscheidung von „unconscious" und „lack of awareness", die in der fachlichen Diskussion Verwendung findet. Nicht alles, was man noch nicht sieht und klar erkennen kann, ist tatsächlich unbewusst und damit dem eigenen Denken verborgen. Es gibt auch einen Bereich, der einfach noch nicht beachtet wurde (vielleicht weil man keine Veranlassung dazu hatte oder nicht angeregt wurde), der aber dem bewussten Erkennen und Entscheiden sehr wohl zu-gänglich ist.

Neue Verhaltensweisen empfinden die Praktizierenden selbst manchmal eigen-artig, da sie nicht den vertrauten Mustern entsprechen. Fridolin erhielt im Rahmen einer Supervision bei seinem Kursleiter folgende Empfehlung: „Hab' den Mut, eine Laborsituation (unter Anführungszeichen) auszuhalten – dass du mit jemandem auch einmal so redest, dass es im ersten Augenblick unnatürlich wirkt – damit sich eine neue Gewohnheit einschleifen kann."[351]

Eine besondere Rolle spielen dabei die zitierten Erlaubnisse, die man formuliert und sich selbst gibt (wie „Tu's und habe Erfolg" statt „Streng dich an"). Sie haben die Funktion von Affirmationen, die man sich einprägt – vielleicht an den Badezimmer-Spiegel klebt[352] – „eine Art Einstiegshilfe oder Türöffner"[353], die auf konkrete Situa-tionen innerlich einstimmt und vorbereitet, sodass die bewussten „Erlauber" präsent, abrufbar werden und in einer realen Alltagssituation neue Weisen des Agierens unter-stützen. Einigkeit herrscht darüber, dass allgemein ausgedrückte Affirmationen alleine zu wenig seien; man müsse sie konkretisieren und vor allem in die Tat umsetzen, also

---

348 I, S. 52.
349 siehe Berne 2007, S. 138.
350 Kreyenberg 2003; Mohr 2010, S. 79.
351 I, S. 75.
352 siehe I, S. 89.
353 I, S. 243.

zum Beispiel genau überlegen, *was* man tun möchte, *womit* man Erfolg haben will und welches die nächsten Schritte in die richtige Richtung seien. Man prägt sich auch theoretisch konzipierte Verhaltensoptionen im Vorhinein ein und kann dann in der Praxis schneller und bewusster reagieren, wenn es erforderlich ist.[354]

Klara ist es auf diese Weise gelungen, mit innerem Druck und ihrem „Streng-dich-an-Antreiber" besser umzugehen. Sie habe gelernt, dass sie „nicht permanent auf allen beruflichen und privaten Kirtägen" gleichzeitig tanzen müsse.[355] „Ich darf's mir auch einmal leicht machen", sagt sie, „es kann auch leicht sein; ich muss nicht immer schwitzen, dass etwas was wert wird; es kann sich auch ergeben, ja, und ich muss nicht immer alles super planen und kontrollieren, ja, es kann auch einmal fließend kommen."[356]

Astrid hat die Erfahrung gemacht, dass die bewusste Erlaubnis, die sie sich selbst gibt, ein wichtiger Schritt in ihrem Veränderungsprozess war. In ihrem beruflichen Alltag fühlte sie sich immer wieder von einer Kollegin ausgenützt, die sie ständig um Hilfe bat. Dieser Mitarbeiterin dann tatsächlich manchmal zu sagen „vielleicht finden Sie einen anderen Weg oder jemand anderen, der Ihnen dabei hilft" schaffte sie nur, indem sie sich bewusst erlaubte, „Nein" zu sagen. Astrid bezeichnet diesen Entschluss sogar als „Vertrag" mit sich selbst, der sie in der Realisierung eines Grenzen setzenden Verhaltens unterstützte, das ihr schwer fiel.

Tina weiß, dass hinter ihrem Antreiber, es allen recht zu machen, ihr Bedürfnis, geliebt und anerkannt zu werden, steht. Und wenn man es allen recht machen möchte, könne dies sogar dazu führen, dass man den anderen aus einer Art Retterposition keine Verantwortung überlässt, meint sie.[357] Auch vorauseilender Gehorsam sei damit verbunden. An diesem Beispiel zeigen sich nicht nur Überlegungen zu persönlichen Hintergründen, sondern auch mögliche Verknüpfungen von Modellen und Begriffen.

Der meistgenannte Antreiber ist jedoch „sei perfekt". Da die Personen, die davon betroffen sind, sich alle in ähnlichem Lebensalter befinden und somit auch zu ähnlichen Zeiten erzogen wurden, kann man wohl zurecht vermuten, dass es sich hier nicht nur um ein individuelles oder familiäres Problem handelt, sondern auch um ein zeitbedingtes Phänomen, da die Kindererziehung auch noch der 50er- und 60er-Jahre des vorigen Jahrhunderts im Allgemeinen durch ein hohes Ausmaß an Drill und der Forderung nach Fleiß, Gehorsam, Genauigkeit und Pünktlichkeit geprägt war. Aber auch die aktuelle berufliche Situation mit ihrem Zeit- und Leistungsdruck könnte eine Rolle spielen, da Antreiber-Themen eher im arbeitsbezogenen Kontext von Bedeutung sind. Borscheid erwähnt allerdings, dass der Trend in der heutigen Arbeitswelt vermehrt in die Richtung „besser schnell als perfekt" gehe[358] und somit eher den „Beeil-dich-Antreiber" fördern würde. In einem weiteren Sinn könnte man das Streben nach Perfektion aber auch als Ausdruck des Leidens an der Endlichkeit und Unvollkommenheit

---

354 siehe I, S. 242.
355 siehe I, S. 53.
356 Ebd.
357 siehe I, S. 109 f.
358 siehe Borscheid 2004, S. 346.

des Menschen und der Welt interpretieren – als den Versuch, in dieser unheilen Welt doch etwas Vollkommenes zu schaffen.

Welche Beweggründe und Umstände für die Befragten tatsächlich relevant waren, geht aus den Texten nicht eindeutig hervor. Sicher ist hingegen, dass sehr viele mit dieser Form des Getrieben-Seins zu kämpfen haben und sich um Veränderung bemühen. Der Weg führt dabei zunächst wieder über ein theoretisches Bewusstwerden. „Was mir schon viel gebracht hat“, sagt Lisa, „das ist eben diese Sache mit den Antreibern. Also dass ich mir schon bewusst geworden bin, dass der absolut zutreffend ist für mich, dieser Antreiber ‚sei perfekt‘. Ja, und dass ich mir jetzt schon immer wieder gestatte, *nicht* perfekt zu sein. [...] Ja, und dann hab’ ich so Sprüche wie ‚Gut genug ist auch genug‘. [...] Ich schaue jetzt einfach schon immer wieder darauf, dass ich mir die Latte nicht extra hoch lege und mit mir selber einfach ein bisschen gelassener bin, weil ich einfach merke, dass es mir gut tut. Und außerdem: Ich glaube, es will sowieso niemand mit perfekten Menschen zusammen sein, das ist eigentlich mühsam. Ich will das nicht mehr, ich bin dabei, so ein paar Dinge abzulegen.“[359] Auf die Frage, was das konkret sei, erzählt sie ein einfaches Beispiel. Früher habe sie schriftliche Unterlagen immer mehrfach kontrolliert, um jeden Fehler auszuschließen. „Jetzt denke ich mir ‚ich *hab’* das schon kontrolliert, ich muss das nicht *fünf* Mal kontrollieren. Ich hab’ das *gemacht,* ich hab’ das *erledigt* und es *passt! Ende!‘* Ja.“[360]

Zusätzlich sauge sie förmlich alle Informationen aus Artikeln oder Zeitschriften auf, die sie in ihrer Entwicklung bestätigen, wie zum Beispiel die Ergebnisse einer amerikanischen Studie, derzufolge perfektionistische Mitarbeiter bei Führungskräften nicht uneingeschränkt positive Bewertung erfahren, weil dies oft Menschen sind, die sich keine neuen Aufgaben zutrauen und sich somit auf den Arbeitsfortschritt kontraproduktiv auswirken. „Das hab’ ich sehr spannend gefunden und sehr befreiend. Solche Sachen merk’ ich mir dann“, sagt Lisa und fügt lachend hinzu: „Die sammle ich für mich – auf meiner ‚Festplatte‘.“[361] Diese scherzhafte Formulierung wurde im Interview aufgegriffen und als Gelegenheit genützt nachzufragen, ob es denn überhaupt so einfach ginge, etwas auf der eigenen „Festplatte“ neu zu installieren, da ja im Allgemeinen dort recht festsitzende Vorstellungen und Einstellungen gespeichert seien. „Ich denk’ mir, ich bin noch jung“, erklärt Lisa, „ich muss nicht immer alles so machen, wie ich es immer gemacht hab’. Und ich kann mir auch Fehler gestatten und ich kann sagen ‚das nehm’ ich jetzt locker oder das nehm’ ich jetzt nicht so tragisch‘. Oja, das geht!“ Auffallend ist, dass Lisa – wie auch an anderer Stelle Verena – sich erfreulicherweise sehr jung fühlt, obwohl sie Anfang 40 ist, ein Alter, in dem andere eine krisenhafte Phase durchleben und beginnen, sich alt zu fühlen. Dass hier persönliche Einstellungen von großer Bedeutung sind und auch den Erfolg im Umgang mit Antreibern beeinflussen, scheint eindeutig. Martens zitiert in seiner Publikation „Einstellungen erkennen, beeinflussen und nachhaltig verändern“[362] Albert Einstein, der

---

359 I, S. 320.
360 Ebd.
361 I, S. 321.
362 Martens 2009.

gesagt haben soll: „Es ist schwieriger eine vorgefasste Meinung zu zertrümmern, als ein Atom."[363] Anscheinend ist dies dennoch manchen Interviewpartnern teilweise gelungen, allerdings nicht durch direktes Bekämpfen der Antreiber, sondern durch positive, zielorientierte Formulierungen, die den negativen verinnerlichten Sätzen entgegengestellt wurden. Sich mit aller Kraft zu bemühen, *nicht* perfekt zu sein, wäre ein Widerspruch in sich. Lisa formuliert nicht nur, sie visualisiert auch, was sie anstelle des Perfekt-Antreibers erreichen möchte: „Ich will lebendiger sein [...], flexibler, spontaner, [...] gelassener. [...] Dann wird das mit der Perfektion sowieso automatisch weniger."[364]

Veränderung ist den Aussagen der Interviewpartner zufolge möglich, wenngleich es kein leichtes Unterfangen sein dürfte, sich von alten Denkmustern und Gewohnheiten zu befreien. Von Leonhard Schlegel, einem bedeutenden Transaktionsanalytiker, der sehr offen über seinen Perfekt-Antreiber gesprochen hat, wird folgende Begebenheit erzählt: Als ihm jemand wünschte, er möge sich im Urlaub gut erholen und entspannen, antwortete er: „Ich werde mich sehr bemühen."

Vogelauer entwickelte ein eigenes Zusatzmodell für die aktive Bewältigung des Antreiberverhaltens: das Modell der „konstruktiven Kerne".[365] Er geht davon aus, dass jeder Antreiber die Übertreibung einer positiven Tendenz darstellt. Im Falle des Perfekt-Antreibers sei dies die Fähigkeit, punktgenau arbeiten zu können. Das Problem des Perfektionisten bestehe nun darin, dass er mit seinen Leistungen nie zufrieden sein könne und unter Umständen auch begonnene Arbeiten (wie das Schreiben von Berichten) nicht zu Ende führe, da sie ihm niemals gut genug erscheinen und er ständig meine, Verbesserungen anbringen zu müssen. Ein Erlauber könne beispielsweise lauten: „Ich darf Dinge konkret abschließen." Dieser Spruch alleine sei aber zu wenig, sondern solle mit klar definierten Vorstellungen einhergehen, welche Arbeit man in welcher Weise und in welchem Zeitraum gut abschließen möchte, um nicht unnötig Energie zu verbrauchen, wie es bei allen Antreiberformen geschehe. Energie solle man konstruktiv einsetzen, um realistisch zu planen, zielgenau zu arbeiten und um schließlich mit dem Erreichten zufrieden zu sein.

Verena sieht in ihrem Perfekt-Antreiber, den sie als „Lieblingsantreiber"[366] bezeichnet, den Versuch, Gefühle des persönlichen Nicht-Genügens zu kompensieren. „Ich muss ja perfekt sein, weil ich muss ja damit zum Beispiel mein nicht absolviertes Studium kompensieren – oder weil ich halt eine Frau bin, oder weil ich halt so jung bin, oder was auch immer. Das war für mich die perfekte kognitive Ausrede, mich da hineinzuhauen in diesen Antreiber."[367] (Dass Verena den Perfekt-Antreiber „perfekt" auslebte, klingt fast wie ein Wortspiel, war aber durchaus ernst gemeint.)

Somit geht es bei der Bewältigung des Antreibers „sei perfekt" einerseits um die Definition konkreter Ziele und ein Bild von sich selbst, das man für die Zukunft entwirft, andererseits um das Verstehen von größeren Sinnzusammenhängen und der

---

363 Ebd., S. 123.
364 I, S. 321 f.
365 siehe Vogelauer 2005, S. 47 ff.
366 I, S. 160.
367 Ebd.

Herkunftsgeschichte des eigenen Getrieben-Seins. Beides sind primär kognitive und verhaltensorientierte Ansätze, bei denen natürlich auch Emotionen eine große Rolle spielen.

Man könnte diese Thematik aber auch unter einer stärker emotionalen und existentiellen Perspektive betrachten, indem man auf die „conditio humana" verweist, auf die grundsätzliche Unmöglichkeit, als Mensch jemals perfekt zu sein. Alle Versuche, Perfektes zu leisten, müssen zwangsläufig fehlschlagen. Oft erwarten Perfektionisten dieses Vollkommene nicht nur von sich selbst, sondern auch von anderen. Es geht also um das Abfinden mit endlichen, unvollkommenen Erfahrungen und um die Einsicht, dass das Dasein des Menschen in der Welt kein perfektes ist. Möchte man das Ganze auch von einer spirituell-religiösen Warte aus beleuchten, so kann man darin auch das Verwiesen-Sein des Menschen auf etwas Größeres, das Endliches übersteigt, erkennen. Die menschliche Erfahrung, dass das Realisierbare meist hinter Wünschen und Sehnsüchten zurückbleibt, wäre somit nicht nur Ausdruck von menschlichem Versagen, Pech oder Unvermögen, sondern auch Zeichen der endlichen Begrenztheit des Menschen. „Vom vergeblichen Versuch, den Himmel auf Erden zu finden", überschreibt Zulehner ein diesbezügliches Kapitel seiner Publikation „Christenmut".[368]

Dass der Versuch, Perfektes darzustellen und zu leisten, nicht nur individuelles Thema einzelner TA-Absolventen ist, sondern in einem größeren Zusammenhang steht, weit verbreitet und auch gesellschaftlich relevant ist, zeigt die folgende künstlerische Illustration der Thematik. Blickt man zur Zeit vom Hauptturm des Wiener Stephansdoms auf die Innenstadt, sieht man auf dem Dach des Hauses Wollzeile 1 in goldenen Lettern den 30 Meter langen Schriftzug „Ich fergebe dir", ein Projekt des in Wien lebenden bulgarischen Künstlers Michailov. „Das falsch geschriebene Wort passt nicht in den perfekten 1. Bezirk. Das ‚Fehler-F' impliziert das Nicht-Perfekt-Sein, das Nicht-hinein-Passen und das Nicht-ganz-dazu-Gehören. Es steht für die soziokulturellen Unterschiede und stellt eine nach Perfektion strebende Gesellschaft in Frage", wird erklärt.[369] Diese Worte sollen dem Kirchturmbesucher sein Menschsein bewusst machen und ihn vom Betrachter in seine unmittelbare Befindlichkeit holen. Die unzähligen Steine, die man einem Menschen, der aus der Norm fällt, in den Weg legt, werden in Erinnerung gerufen und vergeben.[370] Offenbar soll man sich auch gegenseitig einfach das Nicht-Perfekt-Sein vergeben. Im Grunde geht es bei dieser Initiative nicht nur um Perfektion, sondern auch um die Probleme der „Normalität" und des Dazu-Gehörens.

All diese Themen ließen sich noch sehr lange und ausführlich diskutieren und in Verbindung zu weiteren Passagen der Interviews setzen. An dieser Stelle mögen jedoch diese wenigen Bemerkungen genügen. Erwähnen könnte man allerdings noch die Stellungnahme eines Gesprächspartners, der von seinem Umgang mit Gefühlen des Nicht-Dazugehörens berichtet. Selbst in diesem Fall überlegt er, welche konkreten Aktionen seinerseits möglich wären, um das Gefühl des Dazugehörens zu erleben. „Dass

---

368 Zulehner 2010, S. 31.
369 www.michailmichailov.com; 17-07-2010.
370 siehe ebd.

ich in einer Gemeinschaft wo ich immer irgendwie daneben steh' und mich nicht ganz hingehen trau' – dass ich einmal überlege ‚wie kann ich das machen, dass ich hingehe und mir meinen Platz nehme'?"[371] Das Erkennen ist wiederum verbunden mit Aktivität, was natürlich auch hier den SOC-Faktoren entspricht.

Zuletzt soll Ute nochmals kurz zu Wort kommen. Ihrer Erfahrung nach müsse nicht immer eine theoretische Formulierung am Beginn der Veränderung stehen. Auch ein äußeres Tun könne Bewegungen im Inneren bewirken. Sie nennt ein Beispiel, das nicht TA-spezifisch ist, aber das Gesagte doch abrundet: Einfach den Schreibtisch abzuräumen und Unnötiges „auszumisten" setze bei ihr so viel Energie frei, dass sie sich allein durch diese Handlung deutlich besser fühle. Dieses Aufräumen sei befreiend; mit dem leeren Schreibtisch habe sie auch innerlich Platz für Neues geschaffen.[372]

Ute verwendet nicht immer die Terminologie der TA und spricht nicht von Antreibern, sondern von „Glaubenssätzen". Beruflich hat sie oft mit Situationen zu tun, in denen sie etwas verkaufen möchte. Sie hat erkannt, dass ihr gerade hier innere Überzeugungen zu schaffen machen: „Na, wer will denn das schon? Wer braucht denn das?"[373] seien Sätze, die sie blockieren und ihren Erfolg behindern. Im Grunde sei das Ausdruck einer Abwertung nicht nur ihres eigenen Produkts, sondern auch ihrer Person und Leistung, was dem inneren Gefühl entspricht: „Was du machst, ist nicht gut genug."[374] Wenn sie sich dann vor Augen halte, dass eigentlich die Kunden über den Kauf ihrer Ware entscheiden sollten (und nicht sie selbst schon im Vorfeld) und sie sich daraufhin entschließe, einfach anzurufen und zu fragen, ob Interesse bestehe, sei sie oft sehr erstaunt über das positive Feedback der Geschäftspartner.[375]

„‚Kopfbewohner' oder: Wer bestimmt dein Denken?" lautet der Titel der wohl bekanntesten TA-Publikation von Mary Goulding zu dieser Thematik: „Wie du die Feindschaft gegen dich selbst mit Spaß und Leichtigkeit in Freundschaft verwandelst".[376] Auf humorvolle Weise, durch Phantasieübungen und zahlreiche Illustrationen werden Leser angeleitet, „Bösewichter", „Monster" und „Unholde" zu identifizieren, die im Inneren herumspuken und den Alltag erschweren, mit dem Ziel sie – ebenfalls durch Übungen – unschädlich zu machen. Heinrich Hagehülsmann, der Herausgeber der deutschen Übersetzung, schreibt in seinem Vorwort, dass er selbst zunächst skeptisch reagiert habe und seine eigenen „Kopfbewohner" diesen Ansatz als „lächerlich", „läppisch", „banal" und „typisch amerikanisch" abtun wollten.[377] Als er später Gouldings Methode an sich selbst und seinen Klienten ausprobierte, machte er die Erfahrung, dass die Übungen nicht nur funktionierten, sondern Veränderungen „mit Spaß und Leichtigkeit" tatsächlich schneller und gründlicher vor sich gehen als durch harte und anstrengende Arbeit.[378]

---

371 I, S. 89.
372 siehe I, S. 215.
373 I, S. 214.
374 Ebd.
375 siehe ebd.
376 Goulding 2005.
377 siehe Hagehülsmann. In: Goulding 2005, S. 9.
378 siehe ebd., S. 8 f.

Vor allem aus tiefenpsychologischer Sicht müsste man nicht nur diesen Ansatz, sondern auch die entsprechenden Erzählungen der Interviewpartner misstrauisch betrachten und bezweifeln, dass die in der Kindheit entstandenen Einstellungen, Gefühle und Gebote tatsächlich auf relativ einfache Weise (und sogar ohne psychotherapeutische Unterstützung) bewusst gemacht und positiv verändert werden können. Zusätzlich könnte man auch die Ehrlichkeit der Berichtenden in Frage stellen. Was allerdings weiter oben zur Authentizität der Befragten im Allgemeinen vermerkt wurde, gilt auch für dieses Thema. Es bestand weder in der Interviewsituation selbst noch in der anschließenden Analyse der Texte eine Veranlassung, bewusste Täuschungen und explizite Unehrlichkeiten anzunehmen. In welche Schichten des Bewussten oder Unbewussten die genannten Prägungen reichten und wie tiefgehend die berichteten Veränderungen sind, lässt sich an dieser Stelle nicht wirklich klären. Auch abstrakte Überlegungen, ob diese Art von Entwicklungsschritten theoretisch möglich seien (oder nicht), scheinen hier nicht besonders zielführend, würden den Rahmen der vorliegenden Arbeit sprengen und zudem von der jeweils gewählten Perspektive abhängen.

Tatsache ist, dass die Informanten eine Veränderung erleben, weniger inneren Druck verspüren und sich – im wahrsten Sinn des Wortes – weniger getrieben fühlen. Da die Antreiber theoretische Konstrukte sind, eben Modelle, um innere Befindlichkeiten zu verstehen, entsprechend zu handeln und sich dadurch besser zu fühlen, kann es in diesem Fall immer nur um subjektive Empfindungen gehen. Die Emotionen, Einstellungen und Gefühle der Interviewten scheinen sich tatsächlich durch die gezielte Arbeit in eine positive Richtung entwickelt zu haben.

Vieles spricht dafür, dass sich der Prozess des Erkennens und Veränderns in einem Bereich abspielt, der dem Bewusstsein zugänglich ist. Dass die innere Bereitschaft und Offenheit der TA-Absolventen dafür eine Voraussetzung ist, wurde schon erwähnt. Auch könnte man vermuten, dass der dem bewussten Verändern zugängliche Bereich mitunter größer ist, als man gemeinhin annehmen möchte.

Im Rahmen der TA-Theorie wird – wie erwähnt – darauf hingewiesen, dass die Beschäftigung mit Antreibern nur dann sinnvoll und durchführbar ist, wenn die (möglicherweise) tieferliegenden Grundbotschaften (wie „sei nicht", „sei nicht du selbst" und Ähnliches) entschärft wurden. Aus diesem Grund wurde in den Interviews immer wieder nachgefragt, ob denn bei der Arbeit mit Antreibern nicht innere Widerstände oder unangenehme Gefühle aufgetreten wären. Die meisten konnten mit dieser Frage nicht wirklich etwas anfangen oder hatten dazu nichts zu berichten. So kann man nur schlussfolgern, dass tieferliegende Grundbotschaften in diesen Fällen nicht vorhanden sind oder sich nicht störend auswirken.

In diesem Zusammenhang sei kurz angemerkt, dass die Bedeutung des Unbewussten in der heutigen Transaktionsanalyse ein viel diskutiertes und aktuelles Thema ist. Hintergrund ist das Faktum, dass Berne sich nicht nur inhaltlich, sondern auch sprachlich von der Psychoanalyse entfernt hat, sodass sich der in der TA gebräuchliche Begriff des Unbewussten nicht mehr mit jenem der Psychoanalyse deckt.[379] Publikations-

---

379 Müller 2002; Müller 1997.

titel wie „The Many Faces of The Unconscious"[380] oder „What Do You Say If You Don't Say ‚Unconscious'?"[381] weisen darauf hin, dass eine lebendige Diskussion stattfindet, die noch nicht abgeschlossen scheint. Innerhalb der Transaktionsanalyse fordert man eine neue Begriffsbestimmung und inhaltliche Definition des Unbewussten, vorwiegend für den Bereich der Psychotherapie.[382] Einig scheint man sich jedoch darin zu sein, dass trotz der Bedeutung des Unbewussten, die nicht geleugnet wird, der Blick auf das Bewusste und das darin liegende Veränderungspotential nicht fehlen darf. „Many conscious experiences and memories fill our consulting rooms", schreibt Cornell, „our own lives, and the lives of our clients with suffering, anxiety, hope, pleasure, love, and fury – all the passions and meanings of life. But all passion and meaning is not conscious."[383]

Aus all dem Gesagten ergibt sich, dass eindeutige Aussagen über die Rolle des Unbewussten in Zusammenhang mit der Antreiber-Thematik und den Aussagen der Interviewpartner hier nicht möglich sind. Feststeht, dass die Befragten von positiven Erfahrungen und erlebten Fortschritten berichten, die in ihrer Struktur wiederum den Komponenten des „Sense of Coherence" entsprechen.

Methodische Elemente der Anwendung

Bereits die TA-Ausbildung ist so konzipiert, dass Theoretisches nie ohne Praxisbezug unterrichtet wird und die Kursbesucher angehalten sind, das Erlernte zwischen den Veranstaltungen im Alltag zu erproben.[384] Lernen und Anwenden gehen somit Hand in Hand; persönliche Erfahrungen mit der Umsetzung von Modellen können in der Gruppe zur Sprache gebracht und reflektiert werden, sodass eine neuerliche, verbesserte Praxis die Folge ist.

Am Beginn dieses hermeneutischen Zirkels und der spiralenförmigen (Aufwärts-) Bewegung, die immer wieder von der Theorie in die Praxis, wieder zurück in die Theorie, neuerlich in die Praxis usw. führt, steht jedoch bei den Interviewpartnern ein hohes Ausmaß an Interesse und Engagement, das zusätzlich durch die Betonung von Selbständigkeit, Verantwortung und Autonomie als transaktionsanalytischer Grundprinzipien verstärkt wird. Die Bedeutung der Eigeninitiative drückt Verena von allen Gesprächspartnern am klarsten aus: „Es liegt an mir, etwas zu tun, und ich brauche nicht zu warten, dass die Welt mich rettet, sondern ich muss aufstehen. Ich glaube, das war etwas Entscheidendes, das zu erkennen."[385] Man wartet also nicht auf wundersame Ereignisse, die alles zum Guten wenden, sondern erkennt die eigenen Möglichkeiten, aktiv zu werden und einen Beitrag zu leisten.

Hilfreich in diesem Prozess des Lernens und Entwickelns neuer Sichtweisen und Handlungsoptionen finden viele die Diskussionen und Supervisionen in der Ausbil-

---

380 Tosi 2008.
381 Cornell 2008.
382 2008 wurde dieser Thematik eine Ausgabe des „Transactional Analysis Journal" gewidmet: TAJ 38 (2).
383 Cornell 2008, S. 98 f.
384 siehe Teil 1.1.2
385 I, S. 145.

dungsgruppe.[386] Besonders Supervisionen haben innerhalb der TA einen hohen Stellenwert; es wird relativ viel zu diesem Thema publiziert[387], und im Rahmen der Ausbildung ist eine bestimmte Stundenanzahl davon vorgeschrieben. Diese Supervisionen mit dem Ausbildungsleiter finden nicht in Zweiergesprächen statt, sondern innerhalb der Gruppe. Jeder bringt konkrete Fälle aus der Praxis ein – meist berufliche Problemsituationen – und reflektiert diese mit Hilfe von Fragen und Rückmeldungen des Supervisors auf dem Hintergrund konkreter TA-Konzepte, die man bereits kennengelernt hat. Auf diese Weise erhält man nicht nur Anregungen zur Problemlösung, sondern gleichzeitig auch Feedback und Unterstützung zur richtigen Anwendung der Modelle.

Im Allgemeinen geben die Befragten an, in diesen Supervisionen viel gelernt zu haben.[388] Nicht nur die Beispiele, die sie selbst einbringen, tragen dazu bei, sondern auch die besprochenen Anliegen der Kollegen. Verena nennt dies ein permanentes „Trittbrettfahren"[389]. Man hört zwar die Geschichte einer anderen Person, bedenkt aber dabei auch eigene Anteile, die Parallelen erkennen lassen. Durch das Mitverfolgen einer fremden Supervision werden gleichzeitig in der eigenen Psyche Prozesse des Nachdenkens, Empfindens und Erinnerns ausgelöst. Im Grunde, meint Verena, arbeite sie an ihrem eigenen Problem, wenn sie die Supervision eines anderen miterlebe[390], ein Vorgang, der durchaus für alle Beteiligten intensiv sein kann, eine gewisse Vertrauensbasis erfordert[391] und mitunter auch alte Erinnerungen oder schmerzhafte Gefühle wachrufen kann.

Vielleicht ist dies auch der Grund dafür, dass einzelne TA-Absolventen von teilweise wenig geglückten Supervisionen berichten.[392] Im Sinne des Modells der Strukturierung der Zeit würde Supervision – wenn sie ehrlich, offen und engagiert vor sich geht – in die Kategorie der „Intimität" fallen, die die meisten TA-Autoren für die riskanteste Form der Zeitgestaltung halten. Es könnte sein, dass diese sehr dichte und persönliche Form der Mitteilung und Selbstoffenbarung manchmal die Supervisionsgruppe, einzelne Teilnehmer oder auch den Supervisor selbst überfordert. Von unangenehmen Erlebnissen dieser Art berichten nur zwei der Befragten; wie diese Kursbesucher in der Folge mit Frustration und Enttäuschung umgehen, wird weiter unten noch näher ausgeführt.

Die meisten beurteilen die Supervision jedoch durchwegs positiv. Manche haben sie so zu schätzen gelernt, dass sie auch nach dem Ende der Ausbildung Supervision in Anspruch nehmen – regelmäßig, etwa zwei Mal im Monat, oder auch in längeren Intervallen, wenn beispielsweise berufliche Entscheidungen anstehen.[393]

---

386 siehe I, S. 15, S. 87, S. 255, S. 286.
387 Vgl. Transactional Analysis Journal 37 (2) 2007, eine Ausgabe die speziell dem Thema „Supervision" gewidmet ist.
388 siehe z.B. I, S. 87.
389 I, S. 154.
390 siehe ebd.
391 siehe I, S. 284.
392 siehe I, S. 100 ff.
393 siehe I, S. 286, S. 230.

Das Anwenden von TA-Modellen bedeutet somit keine reine Technik, auch wenn immer wieder von „Werkzeugen" die Rede ist. Was hier praktiziert wird, entspricht der humanistischen Überzeugung, die Grundlage der gesamten TA-Theorie ist; die Anwendung von TA-Modellen im Alltag macht nur dann Sinn, wenn diese mit der Person des Anwenders eng verknüpft ist, die Methode im Einklang mit dem Menschen steht, der sie gebraucht und das Ziel nicht nur pragmatisch verstandene Effektivität ist, sondern der Mensch als solcher im Mittelpunkt steht. Die TA-Ausbildung ist daher nicht zu trennen von Selbsterfahrung und der Entwicklung der eigenen Person. Eine Interviewpartnerin sieht die Beschäftigung mit Transaktionsanalyse sogar primär als Form der Selbsterfahrung.[394] Damit meint sie nicht nur die formal verpflichtenden, speziellen Selbsterfahrungseinheiten, sondern die gesamte Ausbildung, da im Prinzip bei jedem neuerlernten Modell der Bezug zum eigenen Leben hergestellt wird. Konzepte werden in Verbindung zu Alltagssituationen gebracht, zu dem, was sich zwischen Menschen ereignet, aber auch zu eigenen Persönlichkeitsanteilen, Eigenschaften und Verhaltensweisen. Dies entspricht einem Grundgedanken Bernes, der – wie erwähnt – Kommunikation nicht nur als Austausch von Informationen betrachtet, sondern auch als Ausdruck der sprechenden oder agierenden Person selbst. Ein interviewter Lehrender sieht darin – und in der Folge auch in der Beziehungsorientiertheit der TA – den wesentlichen Unterschied zu manchen Interpretationen systemischer Ansätze. In der Transaktionsanalyse gehe es nicht nur um Wechselwirkungen und Zusammenhänge innerhalb eines Systems, sondern um Beziehung und Begegnung, womit auch die Personen als solche deutlich mehr involviert und gemeint sind. Transaktionsanalyse sei „beziehungsorientiert und systemisch".[395] Was er damit genau meine, ist im Interview die Frage. „Na ja", antwortet er, „systemisch ist ja nicht unbedingt beziehungsorientiert. [...] Die Arbeit des Systemikers besteht ja darin, das System zu verstören und darauf zu bauen – was eine durchaus gute Annahme ist – dass es sich in einen besseren Zustand wieder einschwingt. Wo ist da Beziehung drin? Das ist im Grunde genommen eher beziehungslos! [...] Die andere Sache ist, Beziehungen aufzubauen und zu sehen, dass mir gegenüber [...] Menschen sind, die in einem systemischen Zusammenhang agieren, den ich sehr wohl sehen sollte, dass ich aber auch zu schauen habe und zu sagen ‚Was aber Menschen wollen, ist nicht systemisch agieren, sondern Beziehungen wollen Menschen'."[396] Die TA sei in der Lage, beides anzubieten.[397] Was hier gesagt wird, bezieht sich auf bestimmte Auslegungen der systemischen Theorie, nicht auf persönliche Eigenschaften sämtlicher Vertreter dieses Ansatzes. In diesem Sinn erinnert sich der zitierte Lehrende an einen bekannten Systemiker, der den Worten des Interviewten zufolge „ein dermaßen warmherziger Mensch" sei, dass „bei dem die Beziehung sowas von selbstverständlich ist, dass er gar nicht drüber reden braucht."[398] Und er führt weiter aus: „Nun, nachdem das nicht für jeden selbstverständlich ist, ist TA aus dem Grund nützlich, weil es beide Seiten beleuchten kann und

---

394 siehe I, S. 24.
395 I, S. 187.
396 Ebd.
397 siehe ebd.
398 I, S. 188.

weil wir auch Beschreibungsparameter für beide Seiten haben. [...] Wir haben zum Beispiel Dinge wie Skript – was ist skriptbedingt? was ist zum Beispiel möglicherweise bezogen auf bestimmte Beziehungsmuster das Skript eines Menschen? – und wir haben auf der anderen Seite systemisch orientierte Sichtweisen," die einfach darauf abzielen, „dass man sagt ‚wie wirken Dinge aufeinander?'"[399] Was in diesen Statements enthalten ist, aber nicht explizit angesprochen wird, ist zusätzlich die individuelle, teils tiefenpsychologische Dimension der Transaktionsanalyse, die den persönlichkeitsbedingten Anteil von Problemen ebenso erkennt wie den Kontext einer konkreten Beziehungssituation. Da die TA ein auf Kommunikationsanalyse gerichteter Theorieansatz sei, erklärt der Interviewte, sei sie bestens geeignet, um im systemischen Kontext zu arbeiten. „Das übersehen manche und sagen ‚Arbeiten Sie auch systemisch?' – ‚Na ja', sag ich, ‚wie denn sonst?'"[400] Den Aussagen dieses Lehrenden zufolge besteht der wesentliche Unterschied zu systemischen Ansätzen somit darin, dass die TA die Analyse von Situationen nicht auf systembedingte Wechselwirkungen reduziert, sondern mehrere Dimensionen und auch tiefere Schichten und Prägungen des Menschen im Blick hat.

Die Methode der TA-Anwendung ist daher eine persönliche Angelegenheit, die auch die handelnden Subjekte als Individuen in den Blick nimmt. Wohl gibt es einen theoretisch definierten, logischen Kern der Konzepte, der als Analyse-Instrument der Orientierungshilfe dient und reflektiertes Handeln unterstützt; welche Entscheidungen dann aber getroffen werden und wie sich der weitere Verlauf einer Situation darstellt, ist in den Konzepten selbst nicht enthalten, abgesehen von einer ethischen Grundhaltung als Basis. TA-Modelle anzuwenden bedeutet somit, das Erlebte auf dem Hintergrund der TA-Theorie zu interpretieren und jeweils individuelle Schritte zu setzen, die den Fortgang der analysierten Situation mitbestimmen. Somit sind TA-Modelle keine schablonenartigen Vorgaben konkreten Handelns, die Erfolg und Effektivität des Agierens automatisch herbeiführen. Technische Aspekte und methodische Elemente bilden den Grundstock der Anwendung; der Rest bleibt der Verantwortung und Kreativität der Personen selbst überlassen. Somit ist die Anwendung der TA-Theorie – ähnlich wie die Methodik qualitativer Forschung – Technik und Kunst gleichzeitig.

Diese grundlegenden Gedankengänge sind auf indirekte Weise in den zitierten Aussagen der Interviewten enthalten und stimmen auch mit der zugrunde liegenden Theorie überein. Dass die Befragten nicht deutlicher und expliziter darauf zu sprechen kamen, mag daran liegen, dass dieses Basiswissen für sie entweder so selbstverständlich ist, dass sie eine Erwähnung nicht für notwendig hielten, oder daran, dass die Interviewten selbst ihre persönliche Anwendung der Theorie nicht im Detail analysiert haben. So sind die oben genannten Informationen einfach als zusätzliche Erklärungen aufzufassen.

In Zusammenhang mit der Antreiber-Thematik haben sich bereits etliche methodische Faktoren der Anwendung gezeigt. Im Folgenden seien einige weitere technische Aspekte genannt, die für die Interviewpartner von Bedeutung sind. Zu wiederholen

---

399 Ebd.
400 I, S. 188.

wäre an dieser Stelle das Schreiben von Tagebüchern, in denen der Bezug von TA-Modellen zum eigenen Leben hergestellt wird[401] sowie das Visualisieren des gewünschten Zustandes. Einige der Befragten visualisieren nicht nur Ziele, sondern auch „Beschützer" (ein kleines Männchen, einen Schutzengel, was auch immer[402]), der sie bei der Einübung neuer Verhaltensweisen unterstützt. Verena beispielsweise stellt sich selbst in einer positiven Rolle als selbstbewusstes kleines Kind vor und erzählt, dass sie als Kind tatsächlich so selbstbewusst gewesen sei. Diese „kleine Verena" sitzt in ihrer Vorstellung auf ihren Schultern und hilft ihr, auf eigene Wünsche und Bedürfnisse zu achten, indem sie beispielsweise sagt: „Hey, pfeif' d'rauf! Mach' doch lieber ein Picknick!"[403] Diese Methode, die auch Goulding in der zitierten Publikation empfiehlt, mag vielleicht etwas kindlich scheinen, dürfte aber in diesem Fall Positives bewirken.

Eine Interviewpartnerin berichtet vom Einsatz kreativer Methoden, um den TA-Modellen künstlerische Gestalt und persönlichen Ausdruck zu verleihen. Sie komponiert Lieder mit TA-relevanten Texten[404] und malt abstrakte Bilder[405], die – in unterschiedlichen Farben gehalten – zum Beispiel Ich-Zustände symbolisieren. Auch ein TA-Lehrender lässt seine Absolventen theoretische Inhalte, wie die vier Grundgefühle, in Farben darstellen, um einen Zugang zu persönlichen Assoziationen und tieferliegenden Emotionen zu schaffen.

Tina stellt fest, dass sie durch das Weitergeben transaktionsanalytischer Modelle (unter anderem in Gesprächsgruppen für Frauen) auch selbst Fortschritte in der TA-Anwendung gemacht hat. Dies klingt zunächst eher ungewöhnlich, ist aber im Grunde nicht unlogisch. Etwas anderen erklären zu können, setzt voraus, dass man selbst sehr genau verstanden hat, worum es geht. Zudem wurden ihr anhand der von ihr referierten Theorie eigene Mängel in der praktischen Umsetzung bewusst, meint sie[406] und fasst zusammen: „Dadurch, dass ich TA lehre, lehre ich mich selbst"[407].

Klara berichtet von täglichen Protokollen, die sie früher schrieb, um festzuhalten, wie es ihr mit der Anwendung eines bestimmten Modells ging, die sie sich vorgenommen hatte.[408]

All diese technischen Aspekte lassen sich zwar gesondert erkennen, sind aber nicht zu trennen von der vielfach erwähnten Selbsterfahrung und der Arbeit an der eigenen Person.[409] Im Grunde ließen sich sämtliche Interviewtexte auch speziell unter dieser Perspektive interpretieren. Zahlreiche Passagen sind im Grunde Berichte von Einsichten und Erlebnissen, die sich um die Themen „Selbsterfahrung", „Selbsterkenntnis" und „Persönlichkeitsentwicklung" drehen.

---

401 siehe I, S. 260, S. 318.
402 siehe I, S. 162.
403 Ebd.
404 siehe I, S. 111.
405 siehe I, S. 103 ff.
406 siehe I, S. 113.
407 Ebd.
408 siehe I, S. 70.
409 siehe I, S., 57, S. 70, S. 140 ff., S. 156, S. 247 u.a.

Intuition und Integration

Aus dem eben Gesagten ergibt sich, dass das Anwenden von TA-Konzepten nicht etwas ist, das einmal erlernt und dann vollkommen beherrscht wird. Auch handelt es sich nicht um ein punktuelles Ereignis des Lernens und Umsetzens, sondern um einen kontinuierlichen und persönlichen Prozess der Entwicklung.[410] Das Kennenlernen der Modelle sei nicht alles, meint Fridolin; die Konzepte hingegen in das eigene Leben „reinzuholen"[411] benötige viel Zeit.[412] In Zusammenhang mit Transaktionsanalyse hält Emil die persönliche Auseinandersetzung und die Integration der Modelle in das eigene Leben für das Zentrale schlechthin.[413] Besonders wenn man TA in Kursen weitergebe, sei permanente Reflexion notwendig, um das Auseinanderdriften von Theorie und Praxis, von Beruf und Persönlichem zu vermeiden.[414] Es gehe darum, das Anwenden der Modelle auch nach dem Abschluss der Ausbildung bewusst weiter zu pflegen, die Konzepte allmählich zu verinnerlichen und das Ganze immer mehr in den Alltag zu integrieren.[415] Dieses Betonen der „Integration in das Leben" ist ein Thema, das die Befragten von sich aus, spontan in den Interviews einbringen und das fast alle für entscheidend halten.

In diesem Sinn sprechen Viele von ihrem persönlichen „Weg", den sie gehen müssten[416], vom Fortschreiten und Weiterführen des begonnenen Entwicklungsprozesses. Zur beruflichen Anwendung der TA meint Fridolin: „Da bin ich sehr am Weg, noch nicht so weit. [...] Da hab' ich noch einen weiten Weg vor mir."[417] Dass Fridolin vermutlich eigene Leistungen und Erfolge zu gering einschätzt, soll hier nicht zur Debatte stehen. Wesentlich ist an dieser Stelle das Bewusstsein, dass permanente Entwicklung notwendig und möglich ist. In Zusammenhang mit positiven Formulierungen (wie „Ich bin auch dann okay, wenn ...") erklärt der Interviewte, dass diese Sätze nicht sofort und automatisch Wirkung zeigen, aber eine Bewegung in die richtige Richtung in Gang setzen. Fridolin ist sich dessen bewusst, dass er „okay" sei, auch wenn nicht alles perfekt ist, und erklärt: „Dann mache ich mich auf den Weg, dass das einsickern kann."[418]

Manche Umsetzungen der Theorie gelingen immer besser[419] oder „immer öfter"[420] sagt Tina, die einem ihrer Lieder den Titel „Der Weg" gibt.

Die Einschätzung, dass man sich Vieles „erarbeiten" müsse und man trotz aller persönlichen Entwicklung wohl nie vollkommen mit sich selbst „im Reinen"[421] sein werde, verbindet Verena mit dem starken Anspruch, nicht stehen zu bleiben und ihre

---

410 siehe I, S. 242.
411 I, S. 80.
412 siehe I, S. 79 f.
413 I, S. 248.
414 siehe I, S. 230.
415 siehe I, S. 236.
416 siehe I, S. 160.
417 I, S. 89.
418 I, S. 88.
419 siehe I, S. 96.
420 I, S. 299.
421 I, S. 143.

nächsten Schritte zu überlegen.[422] Dabei gehe es immer wieder darum, Positives einzu-leiten und „Negativspiralen" zu verhindern.[423]

Viele Gesprächspartner berichten, dass durch dieses ständige und wiederholte, be-wusste Anwenden von Ideen und Konzepten Manches allmählich selbstverständlich wird[424]. Vieles sei nun „im Hinterkopf präsent"[425]und führe unreflektiert zu einer fast automatisierten, nicht bewussten Anwendung.[426]

Auffallend ist, dass in diesem Kontext das Thema „Intuition" einen großen Stel-lenwert einnimmt, ein Aspekt der den Befragten sehr wichtig scheint und der ebenfalls nicht Teil des Interviewleitfadens war. Die eingeübte Nutzung transaktionsanalytischer Modelle wurde im Laufe der Zeit so gewohnt, dass vielfach von einer „unbewussten" und „intuitiven" Anwendung die Rede ist. „Ich bin ein analytischer Mensch", sagt Emil, „ich schau' mir eine Situation an und ich kann [...] heute relativ schnell für mich Schlussfolgerungen ziehen und Optionen anschauen. Aber ich überlege heute nicht mehr ‚welcher Ich-Zustand war das?' [...]. Ich denke, das hat so etwas wie einen intui-tiven Charakter gekriegt."[427] In heiklen Situationen allerdings, bei Abwertungen oder Spielen, nehme er sich dennoch eine „kurze Verschnaufpause"[428] und überlege für sich, was da wohl unterschwellig gelaufen ist, um sich „einen Reim daraus zu machen, welche Möglichkeiten existieren, so eine Art Hypothesenbildung".[429] (Ähnliches ge-schehe auch in der Supervision, meint er.[430]) Für durchschnittliche Alltagssituationen betont Emil jedoch – wie viele Andere auch – den nicht explizit bedachten, fast auto-matisch gewordenen Umgang mit TA-Modellen.

Dass das Thema „Intuition" in den Interviews viel Raum einnimmt, ist auch inso-fern interessant, als Berne bei der Konzeption seiner Modelle ja ursprünglich vom Phänomen der Intuition ausging, dieser Aspekt aber in den TA-Ausbildungen keine wesentliche Rolle mehr spielt und nun in der längerfristigen Anwendung der Theorie auf andere Weise wieder in den Vordergrund rückt.

Intuition war für Manche auch bereits am Beginn der Auseinandersetzung mit TA von Bedeutung. Nicht alles, was im Rahmen der TA unterrichtet wird, ist für TA-Absolventen völlig neuer Inhalt, mit dem sie noch keinerlei Erfahrungen im Leben gemacht hätten. Der wesentliche Unterschied bestehe jedoch darin, meint Christine, dass das, was man früher diffus wahrgenommen und irgendwie verspürt hatte, nun strukturiert und benennbar wird. Man bezeichnet nun das Erlebte mit bestimmten Be-griffen und kann es dadurch besser einordnen und zuordnen. Das Gespürte hat jetzt einen Namen, meint Christine[431] und umschreibt diesen Prozess mit den Worten „von

---

422 siehe I, S. 152.
423 siehe I, S. 157.
424 siehe I, S. 36, S. 297.
425 I, S. 48.
426 siehe ebd., S. 297.
427 I, S. 229.
428 I, S. 230.
429 Ebd.
430 siehe ebd.
431 siehe I, S. 16.

der Intuition mehr ins Hirn"[432]. „So besteht auch Ausbildung in TA zu einem wesentlichen Teil darin", erklärt Bernd Schmid, „unser intuitives Wissen bei Bedarf auch in entsprechender Fachsprache zu symbolisieren, was fachliche Kommunikation in diesem Bezugsrahmen möglich macht."[433]

Den Berichten der Interviewten zufolge trat dieses Intuitive in der Phase des Kennenlernens der Modelle allerdings meist in den Hintergrund; es ging primär um Logik, Struktur, Begriffe, Definitionen und die zunächst fast ausschließlich technische Seite der Anwendung. Erst wenn die Nutzung transaktionsanalytischer Kenntnisse zur selbstverständlichen Gewohnheit geworden ist und die TA somit einen immer größeren Stellenwert im Leben der Absolventen einnimmt[434], kann die methodisch reflektierte Anwendung zu einem intuitiven Vorgang werden. Intuition bei der Umsetzung bedeutet daher keineswegs, dass Transaktionsanalytiker grundsätzlich gefühlsmäßig handeln, sondern dass sie – im Gegenteil – die Technik der Umsetzung so lange und ernsthaft trainieren, bis die Technik zur Nicht-Technik wird.

Intuition ist für einen lehrenden Transaktionsanalytiker auch keine Eigenschaft, die dem Kind-Ich zuzuschreiben wäre (wie man vielleicht annehmen würde), sondern dem Erwachsenen-Ich, das ganz bei sich und präsent im Hier und Jetzt ist. Erst dies ermögliche Intuition: „Denn ohne Präsenz im Hier und Jetzt – wie willst du dann intuitiv sein? Das geht überhaupt nicht", kommentiert er.[435] Dieses Anwesend-Sein bringt er in Verbindung mit der „wachen Bewusstheit" als ein Kennzeichen der zu erreichenden Autonomie des Menschen. Das Gegenteil wäre offenbar das Verstrickt-Sein in alte Muster, das Beschäftigt-Sein mit überholten Verboten oder das Konzentriert-Sein auf kindhafte Gefühle, die nicht zur tatsächlich erlebten Realität passen.

Dieses Muster des Lernens und Übens, das von der unstrukturierten Wahrnehmung zur technischen Methode und dann zur intuitiven, nicht-technischen Anwendung führt, findet sich auch bei anderen Ansätzen, nicht zuletzt bei asiatischen Meditationstechniken oder Kampfkünsten. Dieser Vergleich mag zwar etwas weit hergeholt wirken und hat tatsächlich keinen direkten Zusammenhang mit der Theorie der Transaktionsanalyse. In keinem anderen System scheint jedoch dieser sich wiederholende Vorgang des Übens, Reflektierens und neuerlichen Übens, der solange anhält, bis das technische Gerüst fast überflüssig geworden und die Technik zum selbstverständlichen Teil des Lebens geworden ist, so gut ausgedrückt zu sein wie in asiatisch-östlichen Traditionen. Dürckheim, der sich um die Integration zen-buddhistischer Meditationstechniken in westlich orientierte Systeme bemüht, widmet diesem Gedanken in seinen Publikationen große Aufmerksamkeit. Die Konzentration auf den Atem, das Präsent- und Anwesend-Sein sei nichts, was auf kurze Phasen expliziter Meditation beschränkt sein sollte, sondern während des ganzen Tages auch bei einfachen, routinemäßigen Tätigkeiten geübt werden könne. „Der Alltag als Übung"[436] ist in diesem Sinn bei

---

432 Ebd.
433 Schmid 2008, S. 183.
434 siehe I, S. 295.
435 I, S. 193.
436 Dürckheim 1961.

Dürckheim ein wiederkehrendes Schlagwort, das man – mit anderem Inhalt – auch auf das Praktizieren transaktionsanalytischer Modelle übertragen könnte.

Im Bereich transaktionsanalytischer Literatur befasst sich Bernd Schmid sehr ausführlich mit der Bedeutung der Intuition in professionellen Zusammenhängen.[437]

Transaktionsanalyse und andere Methoden

Wie berichtet war die Entscheidung der Befragten für eine Ausbildung in Transaktionsanalyse eine bewusste und wohlüberlegte Sache. Viele hatten sich im Vorfeld eingehend informiert und bereits Erfahrungen mit anderen Methoden, wie beispielsweise der Gruppendynamik, gemacht.

Bei der Analyse der Interviews stellte sich heraus, dass sich fast alle Gesprächspartner auch für andere Richtungen interessieren und manche sogar an entsprechenden Seminaren teilgenommen haben. Offenbar handelt es sich bei diesen Personen tatsächlich um sehr engagierte Menschen, die sich nicht mit einer einzigen Fortbildung zufrieden geben. Dass in einer anderen psychologischen Theorie Kurse absolviert wurden, die in Dauer und Intensität der TA-Ausbildung nahe kamen, war jedoch kaum der Fall. In der praktischen Anwendung konzentrieren sich die meisten trotz umfangreicher Bildung auf die Transaktionsanalyse; manche haben auch nur den TA-Kurs besucht.

Auffallend ist der Prozentsatz derjenigen Pädagogen, die Weiterbildungen in Montessori-Pädagogik oder anderen reformpädagogischen Ansätzen[438] belegt haben. (Der Hinweis auf die Kombination transaktionsanalytischen Wissens mit kreativem Gestalten[439] soll hier der Vollständigkeit wegen nochmals kurz erwähnt sein, ebenso wie das Interesse an energetischen und körperorientierten Techniken[440], die den Prozess der persönlichen Entwicklung zusätzlich unterstützten.) Manche haben auch NLP[441] kennengelernt, Familienaufstellungen[442] gemacht, Schauspielunterricht genommen oder haben Erfahrung mit Meditation[443]. Natürlich soll hier der Versuch, auf all diese Methoden im einzelnen einzugehen, erst gar nicht unternommen werden. Bemerkenswert scheint vor allem die Tatsache, dass die Beschäftigung mit Transaktionsanalyse in einem größeren Zusammenhang steht, der auf ein hohes Ausmaß an Motivation und Wissbegierde schließen lässt. Dies lässt sich eindeutig im Sinne des SOC-Faktors „Bedeutsamkeit" interpretieren und fördert sicherlich auch den erfolgreichen Umgang mit TA-Konzepten.

Klara bezeichnet sich selbst als „Fan von Kombinationen"[444] und als „vernetzte Denkerin"[445]; dadurch habe sie noch mehr Möglichkeiten, ein Problem durch unter-

---

437 Schmid 1986; Schmid u. Gérard 2008.
438 siehe I, S. 3, S. 79, S. 323.
439 siehe I, S. 56, S. 103 ff, S. 111, S. 116.
440 siehe I, S. 43, S. 56, S. 62.
441 siehe I, S. 59.
442 siehe I, S. 57.
443 siehe I, S. 59.
444 I, S. 66.
445 I, S. 54.

schiedlichste Brillen zu betrachten[446]. Was sie praktiziere, sei ein „Multiding"[447], sowohl bei privaten Anliegen als auch in beruflichen Situationen.

Offensichtlich ist diese Kombination von Methoden erfolgreich, sodass man gewisse Synergie-Effekte annehmen kann. Klaras Aussagen zufolge unterstützen sich verschiedene Ansätze gegenseitig, sodass ein reichhaltiges Ergebnis zustande kommt. In den Interviews wurde daher vermehrt nach den Wirkungen gefragt, die ausschließlich oder primär der Transaktionsanalyse zugeschrieben werden. Meist gelingt es auch, jene Effekte zu identifizieren, die nach Ansicht der Interviewpartner eindeutig auf die TA-Ausbildung zurückzuführen sind. Dies sind jene Wirkungen, die in dieser Arbeit durchgehend dokumentiert und beschrieben werden.

Weitere methodische Elemente, wie Energie- und Körperarbeit, werden vor allem in Zusammenhang mit Selbsterfahrung und dem „Ausheilen"[448] persönlicher Wunden genannt, während kreative Techniken mehr dem persönlichen Ausdruck des Erlernten dienen. Nicht immer lassen sich positive Effekte im Nachhinein klar zuordnen; wenn parallel zur Transaktionsanalyse auch andere Fortbildungen stattfanden – was aber nur bei einer Interviewpartnerin der Fall war – hat der persönlich erlebte Erfolg sicherlich mehrere Ursachen[449]. Dass Ereignisse und Erfolge im Leben selten einen einzigen ausschließlichen Grund haben und üblicherweise grundsätzlich Wechselwirkungen und gegenseitige Beeinflussungen verschiedenster Faktoren bestehen, soll im Sinn einer ganzheitlichen Sichtweise hier als Anmerkung nur kurz wiederholt sein. Klarerweise hängen Effekte im Rahmen psychologischer Theorien nicht nur von der Technik an sich ab, sondern stehen in engem Zusammenhang mit den Menschen, die sie anwenden. Hier handelt es sich eben um aktive und vielseitig interessierte Personen.

Vielleicht könnte man die Beobachtung von Synergie-Effekten auch mit der Aufführung eines Orchesterwerks vergleichen. Nicht immer ist es möglich, jedes einzelne Instrument herauszuhören, aber fest steht, dass das Musikstück nicht das wäre, was es ist, wenn auch nur ein Instrument fehlen würde. In diesem Sinn wird die wesentliche Rolle der Transaktionsanalyse von allen (außer von Ute[450]) bestätigt. Für die meisten scheint sie eindeutig die wichtigste Richtung[451] unter allen praktizierten oder bekannten Methoden zu sein.

Die Interviewten sind also nicht Menschen, die uninformiert eine einzige Theorie kennenlernen, diese absolut setzen und für das einzig Richtige halten. Gerade durch die Kenntnis auch anderer Systeme gelingt es ihnen offenbar, das Erlernte einzuordnen, den Wert des Neuen zu erkennen und ihm den rechten Stellenwert zu geben.

Ein interviewter Lehrender sieht eine Stärke der Transaktionsanalyse gerade darin, dass sie mit anderen Theorien nicht im Widerspruch stehe und „voll kompatibel"[452] mit anderen Konzepten sei. „Ich habe eine Kollegin", erzählt er, „die hat so ziemlich

---

446 siehe I, S. 66.
447 I, S. 56.
448 siehe I, S. 65.
449 siehe I, S. 56.
450 siehe I, S. 227.
451 siehe I, S. 54.
452 I, S. 186.

am Beginn ihrer beruflichen Laufbahn [...] bei mir Transaktionsanalyse-Ausbildung gemacht und danach – das ist wahrscheinlich die bestausgebildetste Kollegin, die ich kenne. Also, was die alles gemacht hat: das fängt bei NLP an und geht über einen Gut-Teil der Energetischen Psychologie und Ernährungsausbildung und Aufstellung und systemische Ausbildung und weiß der Teufel was noch alles. Und sie hat mir [...] schon einige Male gesagt: ‚Ich bin dermaßen dankbar, dass die Transaktionsanalyse bei mir die Basis ist, denn sie hilft mir, auch mit den anderen Konzepten gut zu arbei-ten‘.“[453] Dieser Lehrende erkennt natürlich die speziellen Vorzüge der Transaktions-analyse (und hat sich ja auch selbst beruflich für diese Theorie entschieden), betrachtet aber die TA nicht in Konkurrenz zu anderen Methoden, sondern sieht den Vorteil viel-fältiger Kombinationsmöglichkeiten. Er vertritt die Ansicht, Transaktionsanalyse kön-ne auch als eine Art Meta-Theorie verstanden werden; sie bestehe aus „Meta-Modellen“[454], die Dinge erklären und darstellen und damit keiner anderen Theorie wi-dersprechen. Seinen Trainees sage er immer: „Nützt alles, was ihr jemals in eurem Le-ben gelernt habt!“[455] Wenn ihn aber jemand um Rat frage, der eine Ausbildung ma-chen möchte und noch unentschlossen sei, antworte er: „Also meine Empfehlung ist: Mach’ zuerst TA, denn dann hast du ein derartig professionelles Handwerkszeug, um Dinge anzuschauen – und mach’ dann alles andere!“[456]

Diese ausgeprägte Verknüpfungsmöglichkeit bezieht der Interviewte auf die ein-zelnen Modelle als solche. Die gesamte Theorie der Transaktionsanalyse sei jedoch aufgrund ihrer philosophischen Basis nur mit humanistisch orientierten Richtungen vereinbar, schränkt ein anderer Lehrender ein, allenfalls mit weltanschaulich neutralen Methoden, sicherlich aber nicht mit faschistoiden Anschauungen.[457] Im Grunde ist die in den Interviews aufscheinende Tendenz, TA auch mit anderen Methoden zu verbin-den, nicht verwunderlich, da die Theorie der Transaktionsanalyse ja aufgrund ihrer Entstehungsgeschichte nach mehreren Seiten hin offen ist und bereits in sich Charakte-ristika unterschiedlicher Richtungen vereint, von tiefenpsychologischen Inhalten ange-fangen, über Gestalt- und verhaltenstherapeutische Elemente bis hin zur Integration systemischer Aspekte.

Für Verena, die die Ausbildung in jungen Jahren absolvierte, hat die Transaktions-analyse eine besondere Bedeutung. „Wie soll ich denn sagen?“, überlegt sie, „Irgendwie war die TA für mich die Einstiegsdroge in eine Welt, die sich mit anderen Dingen beschäftigt oder die den Dingen auf den Grund geht.“ Die TA hatte hier offen-sichtlich eine starke Wirkung und initiierende Funktion, den Effekt einer „Einstiegs-droge“ eben, die – im positiven Sinn – den Anstoß zu etwas Neuem gibt, das anschei-nend nicht mehr loslässt.

Klara, die vielleicht am meisten von allen das vernetzte Denken betont, sieht in der Transaktionsanalyse das Fundament, das sie nicht missen möchte. „Ich habe eine Ba-

---

453 I, S. 186 f.
454 I, S. 186.
455 Ebd.
456 Ebd.
457 siehe I, S. 248.

sis, das ist jetzt die TA – ja, also vom Grundverständnis her. Und ich finde das gut, dass man eine Basis hat, und auf diese Basis setze ich alles Mögliche d'rauf."[458]

Sich zuerst mit der „Basis" zu befassen und erst später weitere Theorien kennenzulernen, wie ein Interviewter empfiehlt, ist eine Variante. Es wäre aber genauso denkbar, sich mit Transaktionsanalyse zu beschäftigen, nachdem man sich bereits mit anderen Systemen auseinandergesetzt hat. Die Funktion einer Meta-Theorie bliebe auch so erhalten; in diesem Fall würde sie andere Schwerpunkte setzen, das Erlernte ergänzen, neu beleuchten und Vieles zusammenführen.

Die aufgezeigten Möglichkeiten, Transaktionsanalyse mit anderen Methoden oder Techniken zu kombinieren, soll natürlich nicht bedeuten, dass TA erst in der Verbindung mit diesen sinnvoll ist. Worauf hier fokussiert werden soll, sind vielmehr die interviewten Personen, die auffallend motiviert und interessiert wirken. Bezogen auf die Theorie ist hervorzuheben, dass die Transaktionsanalyse sich zur Kombination mit Ideen anderer Systeme sehr gut eignen dürfte. Von einigen kritischen Bemerkungen zum ausschließlich systemischen Ansatz abgesehen, bauen die Interviewpartner in ihren Aussagen keine Konkurrenzsituation zu anderen Richtungen auf, sondern sprechen von gegenseitiger Bereicherung und Ergänzung.

Ob „Meta-Theorie" oder „Einstiegsdroge" – vorherrschend war trotz aller Offenheit anderen Richtungen gegenüber die Ansicht, dass die Transaktionsanalyse das Fundament und die theoretische Basis des Entscheidens und Handelns darstellt und somit den stärksten Einfluss auf die Bewältigung des Alltags hat.

Sprache, Denken, Gefühl und Verhalten

Natürlich sind diese Themenbereiche und ihr Bezug zur Transaktionsanalyse so umfassend, dass hier klarerweise nur punktuell einzelne Aspekte aufgezeigt werden können, die den Interviewpartnern wichtig scheinen. Die Bedeutung der TA-Sprache und -Begrifflichkeit ist ein Thema, das ausschließlich auf die Initiative der Befragten zurückgeht; das Nachdenken über den Stellenwert von Denken, Gefühl und Verhalten im Rahmen der TA ergibt sich aufgrund einer Aussage von Ute, der zweiten Gesprächspartnerin.

Diese äußert sich ja insgesamt ziemlich negativ über die Transaktionsanalyse. Einer ihrer Kritikpunkte bezieht sich auf die „Kopflastigkeit" der TA, wie sie es nennt; die vielen Konstrukte und vorgegebenen Strukturen empfindet sie als direktiv[459]. „Also für mich ist das eine sehr verkopfte Angelegenheit", sagt sie, „ja, verkopft und strukturiert"[460]. Ob sie denn Struktur an sich nicht so möge, war im Interview die Frage. Sie habe nichts gegen Struktur, antwortet sie, aber jene der TA wäre eine „Schubladenstruktur"[461]; die ganze Methode wäre nur etwas für kopflastige Menschen[462]. Für

458 I, S. 54.
459 siehe I, S. 32.
460 I, S. 34.
461 I, S. 35.
462 siehe I, S. 34.

sie sei die TA nicht das Richtige; sie fühle sich eher durch bewegungs- oder körper-orientierte Methoden angesprochen.[463]

Aufgrund dieses von Ute spontan eingebrachten Themas wurden die anderen Gesprächspartner gefragt, wie sie in dieser Hinsicht die Transaktionsanalyse beurteilen und ob diese auch für sie nur eine Angelegenheit des Denkens sei. Niemand teilt Utes Ansicht in dieser extremen Form; alle geben an, dass sehr wohl auch Gefühle in der Theorie und Praxis der TA eine große Rolle spielten. Allerdings räumen einige ein, dass die Stärke der TA ihrer Ansicht nach der analytische Ansatz sei und wohl eher im Kognitiven liege. „Sie heißt nicht umsonst Transaktions-Analyse", meint Hubert.[464]

Demgegenüber betont ein Lehrender, die TA sehe zwar sehr analytisch und kognitiv aus; ohne Gefühle komme man aber in keinem der Modelle aus. Berne habe ja Ich-Zustände als kohärente Systeme von Denken, Gefühl und Verhalten definiert. Zu sagen, TA hätte nichts mit Gefühlen zu tun, sei eher eine Abwertung durch Leute, die TA nicht mögen oder die die emotionalen Anteile der TA nicht erkennen. Der Mensch sei ein ganzheitliches Wesen; jeder Satz, den man sage, habe im Grunde immer etwas Gefühlsmäßiges an sich.[465]

Fridolin beobachtet in dieser Hinsicht Transaktionsanalytiker-Kollegen. „Wenn ich bei einem TA-Kongress bin", erzählt er, „dann merke ich schon, dass das Denker sind. Ja? Aber wenn du auf den zweiten Blick hinschaust, auf ihre Augen und so, dann merkst du, dass das sehr gefühlvolle Denker sind. Und klar sind diese Modelle so etwas für Kopftiere, und es ist anders, wenn du mit irgendwelchen Figuren spielst."[466] (Vermutlich ist hier das in der systemischen Familientherapie gebräuchliche Brett gemeint, auf dem Holzfiguren Familienmitglieder symbolisieren.) Die TA zeichne sich durch strukturierteres Reflektieren und Agieren aus, meint Fridolin. „Und dieses Verhalten, das Erleben und das daraus folgende Reflektieren ist natürlich etwas stark Emotionales", betont er.[467]

Astrid empfindet die TA als „gute Mischung für alle drei Bereiche"[468] und ein Lehrender ist der Meinung, die TA biete einen wesentlich breiteren Zugang, um mit der Gefühlswelt zu arbeiten als andere Ansätze. Es gebe nicht nur die Möglichkeit, jemanden einzuladen, in ein Gefühl „hineinzugehen" oder unter Bezugnahme auf das Eltern-Ich die Entstehungsgeschichte von Empfindungen zu beleuchten[469]; TA biete auch konkrete Modelle, um über Emotionen nachzudenken und zu sagen: „Überleg' dir einmal deine Gefühle, schau' sie dir an, ob sie zeitgemäß sind, ob sie herpassen".[470] „Niemand hat so geniale Überlegungen zum Thema ‚Gefühle‘, ‚Ersatzgefühle‘ gehabt wie Fanita English"[471], ist er überzeugt.

---

463 siehe ebd.
464 I, S. 186.
465 siehe I, S. 244.
466 I, S. 82.
467 Ebd.
468 I, S. 286.
469 siehe I, S. 190.
470 Ebd.
471 Ebd.

Für Tina sind Gefühle in Zusammenhang mit dem Praktizieren der TA kein eigenes Thema, sondern überall, in jedem Konzept vorhanden. Wie erwähnt sind es gerade Emotionen, die oft als Indikatoren für Unklarheiten oder andere Störungen in einer Kommunikationssituation dienen. Auch beim Verstehen von Zusammenhängen handelt es sich um ein rationales und gefühlsmäßiges Erkennen; auch Fridolin hat ja auf das Vorhandensein von Gefühlen in jeder Phase des Erlebens, Reflektierens und Verhaltens hingewiesen.

Dass das Konzept der Ersatzgefühle für den Umgang mit Emotionen auch in der täglichen Praxis einen zentralen Stellenwert einnimmt, wird von den Interviewpartnern bestätigt. Gerade dadurch, dass man ein Modell zur Hand habe, um allmählich zwischen „echten" und „unechten" Gefühlen zu unterscheiden, könne man mit Gefühlen im Allgemeinen besser und gelassener umgehen.[472] Nicht nur Ereignisse, auch Gefühle können nun besser verstanden und eingeordnet werden, sodass ein positiveres Handhaben von Empfindungen möglich ist.

Christine wird sich im Rahmen der TA-Ausbildung zum Beispiel dessen bewusst, dass sie das Gefühl der Trauer nie zulassen durfte (oder wollte); sie arbeitet daran, Gefühle des Traurig-Seins zu akzeptieren und nicht auszublenden, indem sie diesen Gefühlen bewusst Raum gibt. „Ich darf jetzt traurig sein",[473] sagt sie sich, was im Sinn der erwähnten Erlaubnisse zu verstehen ist und zu einer Änderung in der gewünschten Richtung führt.

Auch Gefühle wie Aggression oder Wut in seiner Ehe zuzulassen und ernst zu nehmen, ist für Thomas das Ergebnis der Beschäftigung mit TA. Er habe nicht nur verstanden, was seine Frau so wütend gemacht hatte, sondern auch gelernt, Gefühle in der richtigen Art und Weise zu zeigen statt sie zu unterdrücken.[474]

Das Ausleben von Gefühlen sei nicht seine Stärke, meint Fridolin, bemerkt aber Folgendes: „Also ich habe beobachtet, dass die TA die Qualität hat, das Zulassen und das wirklich konstruktive Ausleben von Gefühlen zu fördern. [...] Wobei ich mir jetzt manchmal auch richtig erlaube, mich zu ärgern und das auch zu sagen – das lerne ich."[475] Wohl ist es für Fridolin wichtig, Gefühle auszudrücken und auszuleben, aber in einer Weise, die nicht destruktiv ist. Das gelingt ihm immer besser, indem er auch in Streit- oder Konfliktsituationen eine bewusste Plus-Plus-Haltung einnimmt, sein Gegenüber nicht als gesamte Person abwertet, sondern zwischen der positiven Grundhaltung und dem aktuellen Anlass des Ärgers unterscheidet. „Und sich in einer Plus-Plus-Haltung in Ruhe zu ärgern, ist etwas Schönes", stellt er fest.[476] Was hier widersprüchlich klingt, ist im Grunde gut nachvollziehbar. Fridolin erlaubt sich, ärgerlich zu sein; offenbar hält sein Ärger einer realistischen Prüfung stand (sonst würde er sich vermutlich nicht die Erlaubnis dazu geben). Zudem weiß er, dass er sich selbst und dem anderen gegenüber trotz eines aktuellen Konflikts eine positive Haltung ein-

---

472 siehe I, S. 84.
473 I, S. 22.
474 siehe I, S. 134 f.
475 I, S. 84 f.
476 I, S. 85.

nimmt. Beide Faktoren gemeinsam ergeben offensichtlich das „Ärgern in Ruhe", was sicher nicht in einem verharmlosenden Sinn gemeint ist.

Das bewusste Streiten und Ausleben negativer Gefühle wird von Christine auch deshalb positiv beurteilt, weil sie es als Ausdruck intensiven persönlichen Austausches sieht, was einerseits der Präsenz und „wachen Bewusstheit" entspricht, andererseits der Kategorie der „Intimität" im Rahmen des Modells der Strukturierung der Zeit. „Wenn mir wirklich an einer Sache etwas liegt", sagt sie, „dann bin ich mit meiner Emotion drin und will das auch vom anderen haben. [...] Ich streite gern, und ich denke mir, wenn man streitet, dann ist man irrsinnig da!"[477]

Astrid berichtet von ihrem beruflichen Alltag im Hort. Mit Gefühlen der Kolleginnen bewusst umzugehen und eigene Gefühle auszudrücken, sei eine Voraussetzung für den positiven Umgang mit den Gefühlen der Kinder. Manche Gefühle, wie beispielsweise „Angst" seien in vielen Familien nach wie vor nicht erlaubt. Sie möchte die Kinder unterstützen, ursprüngliche Gefühle in passender Weise zu artikulieren statt sie zu überspielen, meint Astrid und bezieht sich auf den Begriff der Maschengefühle.[478]

Von Ute abgesehen halten alle Interviewpartner das Thema „Gefühle" für wesentlich in Zusammenhang mit dem Praktizieren der Transaktionsanalyse, auch wenn kognitive Elemente eine große Rolle spielen. Allerdings werden Gefühle auch nie für das Zentrale schlechthin gehalten und absolut gesetzt, so als ob man über Emotionen nicht nachdenken könnte und Gefühle stets das letzte Wort hätten. Dadurch dass man Gefühle versteht und einordnen kann – sei es durch Reflektieren der persönlichen Geschichte oder der aktuellen Situation – wird es möglich, Empfindungen zuzulassen und konstruktiv mit ihnen umzugehen statt sie entweder zu unterdrücken oder völlig unkontrolliert auszuleben. Man nimmt nicht nur differenzierter wahr, sondern unterscheidet auch das übertriebene Ausagieren von Gefühlen von einer situationsangemessenen Weise des Ausdrückens. An dieser Stelle könnte man natürlich kritisch fragen, wo denn genau die Grenze zwischen negativem „Ausagieren" und positivem „Ausdrücken" von Gefühlen verlaufe oder befürchten, bewusste Gefühle wären nicht mehr ursprünglich und „echt". Vermutlich ist die angesprochene Grenze tatsächlich eine fließende, sodass nur in der realen Situation die Beteiligten selbst beurteilen können, ob sich bestimmte Verhaltensweisen destruktiv oder konstruktiv auswirken. Zum zweiten Einwand ließe sich Antonovsky zitieren, der sich in Zusammenhang mit Stressbewältigung und Krankheit auf eine Studie bezieht, die Hinweise darauf enthält, dass stärker positive affektive Zustände mit primär kognitiven Strategien assoziiert sind (zum Beispiel mit der Integration relevanter Informationen oder der Veränderung der Art der Kognition), während Coping-Strategien des Wunschdenkens, emotionalen Ausagierens und der Selbstbeschuldigung insgesamt nicht positiv seien.[479] Wenn auch die Gefahr, Gefühle durch Reflexion zu stark zu kontrollieren, nicht ganz von der Hand zu weisen ist, so scheint für die Befragten das Positive im Vordergrund zu stehen, nämlich sich Gefühlen nicht hilflos ausgeliefert zu fühlen und passend handeln zu können.

---

477 I, S. 23.
478 siehe I, S. 289.
479 siehe Antonovsky 1987/1997, S. 133.

Dass die von Antonovsky genannten weniger günstigen Strategien im Grunde das bezeichnen, was Berne mit realitätsverkennenden Eltern- oder Kind-Ich-Zuständen meint, während die positiven Optionen dem Erwachsenen-Ich entsprechen, soll hier betont, aber nicht näher ausgeführt werden.

Das Verstehen von Gefühlen führt jedenfalls bei den Interviewpartnern nicht nur zu einem bewussten und besseren Umgang mit den Emotionen selbst, sondern auch zum Setzen geeigneter Aktionen, wenn Gefühle in Zusammenhang mit aktuellen Ereignissen stehen.[480] Für manche hatte das Ausleben auch negativer Gefühle schon vor der Beschäftigung mit TA eine große Bedeutung; andere lernen erst durch die Ausbildung, auch Gefühle wie Zorn oder Trauer zuzulassen. Das heißt, dass sich durch die Beschäftigung mit TA auch die Bedeutung und Beurteilung von Emotionen verändert. Einerseits geht es darum, unterdrückte Gefühle als solche zu erkennen und zu lernen, sie zu leben und mitzuteilen; andererseits ist es Ziel, starke, unangenehme Emotionen zu hinterfragen und auf die Möglichkeit eines Maschengefühls hin zu überprüfen.

Man könnte annehmen, dass der Umgang mit Emotionen dadurch insgesamt eine ausgewogenere und abgerundetere Sache wird. „Unerlaubte" Gefühle sollen bewusst gelebt und integriert werden; störenden, negativen Gefühlen nimmt man unter Umständen die Spitze, wenn man den skriptbedingten Anteil erkennt, der nichts mit der aktuellen Situation zu tun hat. Vieles kann somit entwirrt, strukturiert und verstanden werden und zu einem verbesserten Handhaben führen. Hier zeigen sich nicht nur die Komponenten des „Sense of Coherence", Verstehbarkeit und Handhabbarkeit, sehr deutlich; durch die veränderte Bewertung von Gefühlen wandelt sich auch der Faktor „Bedeutsamkeit".

Sämtliche Passagen, in denen Interviewpartner vom verbesserten Umgang mit Emotionen berichten, machen deutlich, dass die Veränderung der SOC-Komponenten durch die Ausbildung in Transaktionsanalyse einen weiteren Lebensbereich betrifft, den Antonovsky für wesentlich hält: den der Gefühle. Der zitierte TA-Lehrende stimmt mit Antonovsky vollkommen überein, wenn er den Menschen für ein Wesen hält, das in jedem Moment Empfindungen hat. Selbst ein theoretisch arbeitender Wissenschaftler, der analysiert und nachdenkt, wird dabei etwas empfinden – vielleicht, dass seine Tätigkeit eine lohnende und interessante Sache ist. (In diesem Sinn formulierte ein lehrender Transaktionsanalytiker während der Feedbackrunde eines Forschungssymposiums lachend den Satz „Good thinking feels good".) Gefühle sind niemals auszuschalten und ständig präsent – manchmal mehr, manchmal weniger. Umso wichtiger scheint das Ernstnehmen und bewusste Artikulieren von Gefühlen. Bis auf eine Ausnahme zeigen die genannten Texte, dass die Gesprächspartner auch im Hinblick auf Emotionen die Komponenten des „Sense of Coherence" stärken können. Dass die Bedeutung von Emotionen in der aktuellen Diskussion der TA eine große Rolle spielt, zeigt die Tatsache, dass der jährliche Kongress der „Deutschen Gesellschaft für Transaktionsanalyse" 2009 den Titel „Gefühle und andere Kostbarkeiten" trug.

---

480 siehe I, S. 91 f.

Abgesehen vom Thema „Gefühl", das Antonovsky in Zusammenhang mit dem SOC für zentral hält, wurden ja bereits zwei Lebensbereiche beschrieben, in denen sich ebenfalls eine Verbesserung der SOC-Faktoren herausgestellt hat, und die in jedem Fall für das Kohärenzgefühl wesentlich sind: das Privat- und Berufsleben der Gesprächspartner (was bei Antonovsky „Beziehungen" und „wichtigste Tätigkeiten" heißt). Egal ob es sich nun um den Umgang mit Gefühlen, um Probleme in der Familie oder Verhaltensweisen am Arbeitsplatz handelt, einen Aspekt betonen viele der Interviewten: die Bedeutung der TA-Sprache und ihrer Begriffe für den gelungenen Einsatz transaktionsanalytischen Wissens.

Vieles sei ja im Leben so unaussprechlich, meint Verena, „so dumpfe, vage Gefühle, Emotionen". „Und ich glaube schon, dass die TA dazu beitragen kann, Dialoge und Emotionen zu strukturieren", sagt sie. Das, was in ihr „so ein Kuddelmuddel im Unreinen" sei, könne sich lösen, weil sie Erklärungsmodelle zur Verfügung habe. Diese Modelle und Begriffe seien letztendlich „eine Hilfe für das Unaussprechliche", fasst sie zusammen. Verena bezieht sich hier nicht nur auf die Sprache der TA, sondern allgemeiner auf TA-„Erklärungsmodelle", die sich in bestimmten sprachlichen Begriffen ausdrücken. Diese Begriffe scheinen tatsächlich dazu zu verhelfen, etwas „in den Griff" zu bekommen. Es wird benannt, erhält eine Bezeichnung und hört damit auf, vage und diffus zu sein. Andererseits erkennt Verena sehr genau, dass die Realität nicht nur bunter und vielfältiger ist als alle Konzepte, sondern dass sie niemals vollständig erfasst und durch Sprache beschrieben werden kann. Sie bleibt letztendlich „unaussprechlich". Dennoch sind Worte und Modelle nützlich, da sie das „Kuddelmuddel" strukturieren und helfen, „deine Energie ins Reine zu bringen", betont sie.[481]

Die Möglichkeit, Dinge durch transaktionsanalytische Begriffe benennen und beschreiben zu können, schätzt auch Lisa. „Es ist einfach schön, wenn man für manche Dinge eben dann die richtigen Wörter hat. Ja, ja – das befreit einfach, weil ‚Sprache schafft Wirklichkeit', sag' ich immer, und was ich nicht beschreiben kann mit meinen Worten, das ist irgendwie diffus", meint sie.[482] Die Wirklichkeit, die die Transaktionsanalyse schaffe, sei eine, die man aktiv gestalten und verändern könne. Früher habe sie gerne Tagebuch geschrieben. „Wenn ich was aufs Blatt Papier bringe", sagt sie, „ dann tue ich mir leichter zu sagen ‚wo stehe ich jetzt, wo will ich gern hin und was muss ich tun?' [...] Ja, also das Ganze wird dann einfach griffiger."[483] Ähnliches erlebe sie jetzt sprachlich mit der TA, ohne es in Tagebuchform niederzuschreiben. Die Konzepte seien eine Hilfe, dass Vieles in Gesprächen, Beziehungen oder Konflikten klarer werde und sie auch konkrete Handlungsmöglichkeiten erkennen könne. Diese strukturierende Funktion der TA-Sprache und -Begriffe sei für sie sehr wichtig, da ihr viele Dinge des Alltags kompliziert erscheinen. Im Gegensatz zu Ute erlebt sie – wie auch die anderen Interviewpartner – die TA nicht als „Schubladenstruktur", sondern als Unterstützung zur Bewältigung der täglichen Anforderungen. Das Gespürte habe nun einen Namen, hat Christine ja weiter oben schon betont und damit auf die verbesserte Verstehbarkeit

---

481 I, S. 154.
482 I, S. 317.
483 I, S. 318.

und Handlungsfähigkeit hingewiesen.[484] Eine „gemeinsame Sprache" zu sprechen war für Klara ein enormer Vorteil für das Zusammenleben mit ihrem Partner; aber auch die Arbeit im Team basiere auf der Sprache der TA. Beides wurde ebenfalls schon erwähnt.[485]

Dass eine gemeinsame Terminologie auch die Gefahr von Missverständnissen in sich birgt (da jeder genau zu wissen meint, was der jeweils andere unter einem bestimmten Begriff versteht, diese Vorstellungen aber keineswegs deckungsgleich sein müssen), ist nicht unwahrscheinlich. In den Interviews ist von Problemen dieser Art jedoch nicht die Rede. Es werden die Vorteile der gemeinsamen Ausdrucksweise betont und bedauert, wenn es nicht möglich ist, auf eine solche zurückzugreifen.

Die Sprache und Begrifflichkeit der Transaktionsanalyse haben also für die Interviewten beim Anwenden der Konzepte eine große und stark positive Bedeutung. Es scheint, dass die spezielle Art der Modelle, die sich in konkreten Begriffen wie „Kind", „Verfolger" oder „Spiel" ausdrückt, ein spezieller Wirkfaktor beim Erlernen und Praktizieren der TA ist. Worin die spezielle Wirkung dieser Begriffe liegen könnte, soll im nächsten Punkt näher bedacht und beleuchtet werden.

Logik, Fuzzy-Logic und Bilder
Ein wesentlicher Aspekt, in dem sich die Transaktionsanalyse von anderen Methoden unterscheidet, besteht in der von Berne getroffenen Wahl der Fachbegriffe. Wie erwähnt wollte er nicht nur Konzepte schaffen, die so einfach und einleuchtend sind, dass ein achtjähriges Kind sie begreifen kann, sondern auch eine Sprache sprechen, die für jeden verständlich ist. Bedenkt man die äußerst gewandte Rhetorik und den phantasievollen Stil seiner Originalwerke, besteht kein Zweifel, dass es für Berne mit Sicherheit keine Schwierigkeit gewesen wäre, abstrakte, lateinische oder griechische Ausdrücke oder gelehrsam klingende, neue Wortschöpfungen zu verwenden. Stattdessen wählt er konkrete Worte der Alltagssprache wie „Eltern", „Retter", „Erwachsener", „frei", „rebellisch" und Ähnliches, die natürlich im Rahmen seiner Theorie teilweise neue Bedeutungen erhalten. Das Entscheidende daran ist – und hier scheint ein wesentlicher Wirkfaktor der Transaktionsanalyse zu liegen – dass sich Menschen von diesen Begriffen unmittelbar und spontan angesprochen fühlen, was auch immer sie mit diesen Worten im Detail verbinden mögen. Es sind Begriffe von so zentralen Inhalten, dass jeder sie nicht nur kennt und sofort versteht, sondern sicher auch schon selbst im eigenen Leben Erfahrungen damit sammeln konnte. Aus diesem Grund lösen diese Worte unmittelbar im Menschen etwas aus: Vorstellungen, Erinnerungen, Ideen und Gefühle. Diese spontan hervorgerufenen Assoziationen sind wohl kaum rein rationale Gedanken, sondern stark verbunden mit Emotionen. Jeder war selbst einmal ein Kind, und jeder hatte Eltern, egal ob er mit ihnen aufgewachsen ist oder nicht. Somit sprechen Ausdrücke dieser Art den Menschen direkt an, und zwar als ganzen Menschen in vielen Dimensionen, nicht nur in seinem rationalen Denken.

---

484 siehe I, S. 16.
485 siehe I, S. 52, S. 60.

Der Systemiker und Transaktionsanalytiker Jellouschek kritisierte in einem Vortrag am Kongress der „Deutschen Gesellschaft für Transaktionsanalyse" (22.-24. Mai 2009, Lübeck) die Sprache der TA. „Spiel" beispielsweise wäre ein abwertender Begriff, meinte er, und ließe auf eine zynische Haltung schließen. Er befürchte bei der TA eine psychoanalytisch gefärbte Fixierung auf das Negative und die Vergangenheit; daher plädiere er für ressourcen- und entwicklungsorientierte Benennungen. Statt „Skript" und „racket" empfehle er die Ausdrücke „Reinszenierung (des Familiendramas)" oder „Lebensthemen"; „Spiel" solle ersetzt werden durch „Interaktionsmuster".

Dass die interviewten Personen in keiner Weise fixiert auf das Negative und die Vergangenheit wirken, sei hier deutlich angemerkt, soll aber nicht weiter zur Debatte stehen. Der Terminus „Spiel" ist sicherlich jener, den man von allen Begriffen Bernes am ehesten in Frage stellen könnte. Bei manchen, vor allem bei Betroffenen, wird er vielleicht Ärger oder Widerspruch wecken. Der Ausdruck „Interaktionsmuster" hingegen hat tatsächlich keinen negativen Beigeschmack – es gibt wohl kaum einen neutraleren Begriff. Damit fehlt diesem Begriff aber auch das Plastische, Anschauliche, das Ansprechende, das zum Handeln und Reagieren anregt. Er löst nichts aus, nicht einmal einen Widerspruch. Spiele dagegen kann man spielen oder auch nicht, beenden, beginnen, genießen, gestalten und Vieles mehr; in jedem Fall bleibt niemand angesichts dieses Begriffs neutral und unberührt.

Auch das Wort „Lebensthema" hat etwas Statisches oder Schweres an sich und setzt wohl kaum Energie frei, die zu Aktion und Bewegung führt; anders verhält es sich in dieser Hinsicht mit dem Ausdruck „Skriptentscheidung". Ebenso klingt der von Jellouschek für den therapeutischen Kontext vorgeschlagene Begriff „positiv-affektive Rahmung" im Vergleich zur „Okay-Haltung" äußerst trocken. Im Grunde verlässt Jellouschek in seiner Terminologie den Bereich konkreter Begriffe und begibt sich wieder auf eine abstraktere Ebene, die wohl neutraler ist, aber auch die Kraft des unmittelbar Ansprechenden verloren hat. Berne geht es aber primär um Effektivität, um das Initiieren von Bewegungen und das zügige Vorantreiben positiver Veränderungen.

Die von ihm genützten Worte der Alltagssprache lösen vermutlich bei den meisten Hörern in Sekunden-Bruchteilen so viel aus, dass sie wie Impulse wirken, die Bilder im Menschen entstehen lassen, lebendige Bilder, die bewegen und anregen. Auch ein interviewter Lehrender verweist auf das Bildhafte der Transaktionsanalyse.[486] Die Aussage, jemand benehme sich wie ein angepasstes Kind (und nicht wie ein Erwachsener), wird zum Beispiel sofort die Vorstellung eines „braven" Buben oder Mädchens hervorrufen. Selbst Menschen, die weniger dazu tendieren, Bilder vor ihrem geistigen Auge zu sehen, werden plastische Assoziationen und emotional gefärbte Gedankengänge haben, die über das rein Rationale hinausgehen.

Gleichzeitig aber erkennt Berne mit unglaublichem Scharfblick und großer Genauigkeit den logischen Kern einer Sache, sei es ein Persönlichkeitsmerkmal, eine Verhaltensweise oder ein Beziehungsthema. In seinen Modellen fasst er dieses Wesentliche zusammen und bringt es auf den Punkt – in einfachen Formeln und konkreten Begriffen. Er schafft überblickbare, logische Strukturen, um komplexe Sachverhalte verste-

---

486 siehe I, S. 185.

hen und verändern zu können. Dieses logische Durchleuchten vielschichtiger Zusammenhänge führt bei Berne eben nicht zu einer komplizierten Theorie, sondern zu Modellen, die die zentralen Momente einer Angelegenheit erfassen, punktgenau benennen und diese als Art „Minimalkonzept" – fast in Form eines Bildes – darstellen. Diese bildhaften Begriffe geben somit den logischen Kern der Sache sehr klar wieder, lassen aber andererseits genügend Freiraum für individuelle Interpretationen und Anwendungen. Es wäre wohl machbar gewesen, die logischen Strukturen detaillierter auszuführen oder auf die gesamte Komplexität von Kommunikations- und Beziehungssituationen auszudehnen. Berne beschränkt sich jedoch auf die Logik der Quintessenz; diese definiert er durch konkrete, anschauliche Begriffe, die das bildhafte Denken fördern. In gewissem Sinn könnte man sagen, dass es Berne auf diese Weise gelungen ist, in seiner Theorie eine Kombination zweier Denkweisen zu realisieren, die nicht selbstverständlich ist: die Verbindung von begrifflich-logischem und bildhaftem Denken.

Die Kombination dieser logischen Quintessenz mit genügend Spielraum für persönliche Auslegungen könnte man auch mit dem Prinzip der Fuzzy-Logic vergleichen, einer Theorie, die in verschiedenen technischen und naturwissenschaftlichen Bereichen Anwendung findet. Es zeigt sich nämlich, dass für komplexe Sachverhalte und die Lösung vielschichtiger Probleme, bei denen nicht alle Details bekannt sind, unscharfe Theorien besser geeignet sind als allzu differenzierte Modelle. Allerdings erfordern Fuzzy-Logic-Konzepte die punktgenaue Identifizierung eines logischen Kerns sowie Überlegungen, die in sich logisch und schlüssig sind. Geeignet ist Fuzzy-Logic für Bereiche, in denen keine null-eins- (beziehungsweise ja-nein- oder entweder-oder) Angaben vorliegen (wie beispielsweise Aussagen zu angenehm empfundener Temperatur), sondern fließende Grenzen und kontinuierliche Übergänge im Sinn des „Mehr-oder-Weniger".[487]

Im Grunde entspricht dies der menschlichen Ausgangssituation bei jeder Form der Problemlösung. Selten sind alle Details bekannt; fast nie lassen sich Umstände, die es zu bewältigen gilt, eindeutig im Sinn des „Entweder-Oder" darstellen. Das Leben scheint zu vielfältig, um alle Einzelheiten innerhalb einer psychologischen Theorie erfassen zu können; anderseits ist auch die menschliche Erkenntnisfähigkeit an sich begrenzt, sodass man immer Entscheidungen treffen muss, obwohl im Grunde niemand seine gesamte Lebenssituation durchblicken wird. Möchte man das logische Erkennen im psychischen Bereich immer weiter treiben, stößt man zwangsläufig an Grenzen. Ab einem gewissen Punkt scheinen die Dinge umso mehr zu entschwinden, je mehr man sie vollkommen fassen und erkennen möchte. In dieser Situation scheint es günstig, wenn das rein logische Durchdringen der menschlichen Psyche ergänzt wird durch zusätzliche Elemente der Intuition und Kreativität. „Phantasie ist wichtiger als Wissen, denn Wissen ist begrenzt", soll Albert Einstein gesagt haben.

Berne verbindet seine Begriffe und Konzepte, die einen äußerst logischen Kern aufweisen, mit genügend Offenheit und leerem Raum, sodass sie mit verschiedensten Inhalten gefüllt werden können und für unterschiedlichste Menschen wie Kontexte

---

487 siehe Drösser 1996, Mayer u.a. 1993; zur Einführung in die Thematik siehe: www.iicm.tu-graz.ac.at/greif/node9.html, 15-10-2010.

passen. Einerseits bieten sie Struktur und Logik, andererseits Lebendigkeit und die Chance, sie mit individuellem Leben zu füllen, was nicht möglich wäre, wenn sie aus wesentlich dichteren und rein logischen Strukturen und Bezeichnungen bestehen würden. Die Begriffe selbst sind eben keine abstrakten Termini, sondern konkrete Benennungen – eher intuitiv zu erfassende Bilder.

Möglicherweise liegt hier ein Grund der hohen Effizienz transaktionsanalytischer Modelle. Sie treffen mit logischem Blick Kardinalpunkte menschlichen Seins und Handelns, sprechen aber den Menschen nicht nur intellektuell an, sondern erreichen auch tiefere Schichten, Emotionen und intuitive Fähigkeiten.

Berne selbst verwendet in seinem Aufsatz „Über das Wesen der Kommunikation" den Begriff „heuristisch"[488], wenn er den psychologischen Standpunkt im Unterschied zum mathematischen darlegt. Auch Wartenberg spricht in Zusammenhang mit der Entstehung von Bernes Konzepten von „Heuristik"[489], die definiert wird als „Lehre bzw. Theorie der Verfahren zum Finden von Neuem"[490] oder als „Lehre von den Verfahren Probleme zu lösen"[491]. Heuristische Methoden sind demnach Hilfsmittel, die dem Auffinden neuer Erkenntnisse dienen[492], nicht aber der Beweisführung oder der Begründung dieser Erkenntnisse[493]: „Die Heuristik arbeitet unter anderem mit Vermutungen, Analogien, Generalisierungen, Arbeitshypothesen, Gedankenexperimenten, auch Modellen von Zusammenhängen, in die sich die zu untersuchenden Sachverhalte einfügen lassen, ohne einen anderen Anspruch an die dabei verwendeten heuristischen Prinzipien zu stellen, als den zum Erfolg zu führen."[494] Auch die Vereinfachung von Annahmen, die zu einer rascheren Problemlösung führt, wird in Zusammenhang mit Heuristik genannt[495], ebenso wie der effiziente Umgang mit vagem Wissen[496]. Ähnliches drückt der Titel eines aktuellen Artikels des „Transactional Analysis Journal" aus: „On Being Competent Even If We Don't Know Everything".[497] Bernes Verbindung von Begriffen und Bildern, von Struktur und Lebendigkeit, von Logik und Intuition dient jedoch nicht nur effizientem Vorgehen, sondern entspricht insgesamt einer ganzheitlichen Sichtweise des Menschen und seines Handelns in der Welt.

TA-Modelle als ganzheitliche Coping-Strategien

Die meisten Interviewten unterstreichen die ganzheitliche Orientierung des transaktionsanalytischen Ansatzes, wenn sie davon berichten, dass ihrer Erfahrung nach ständig Denken, Gefühl und Verhalten eine Rolle beim Anwenden der TA-Theorie spielen, auch wenn das kognitive Element am augenscheinlichsten wirkt. Vergleicht man nun diese Kombination von Rationalem, Handlungsorientiertem und Emotionalem mit

---

488 Berne 1953. In: Hagehülsmann (Hg.) 2005, S. 97.
489 Wartenberg. In: Hagehülsmann (Hg.) 2005, S. 16.
490 Metzler Lexikon Philosophie 2008, S. 240.
491 Enzyklopädie Philosophie und Wissenschaftstheorie 2004. Bd. 2, S. 99.
492 siehe Metzler Lexikon Philosophie, S. 240.
493 siehe Enzyklopädie Philosophie und Wissenschaftstheorie 2004, S. 99 f.
494 Ebd., S. 100.
495 siehe Dorsch Psychologisches Wörterbuch, S. 400.
496 siehe Metzler Lexikon Philosophie, S. 240.
497 Small 2002.

den Komponenten des „Sense of Coherence", dann fällt auf, dass diese drei Faktoren genau jene Dimensionen widerspiegeln, die in der TA präsent sind. Verstehbarkeit lässt sich primär dem Denken zuordnen, Handhabbarkeit dem Verhalten und Bedeutsamkeit den Emotionen und dem Empfinden von Sinn. Der Umstand, dass die Transaktionsanalyse nicht auf einen einzelnen dieser drei Bereiche beschränkt ist, legt nahe, dass sich die TA auch von der Theorie her gut zur Stärkung der SOC-Komponenten eignet.

Zu dem Zeitpunkt, da die Auswertung der vorliegenden Interviews bereits abgeschlossen war, erschien in einer transaktionsanalytischen Zeitschrift ein praxisorientierter Artikel, der ebenfalls einen Zusammenhang zwischen Kohärenzempfinden und Transaktionsanalyse herstellte, allerdings nur punktuell zwischen dem Modell der Passivität und dem Faktor der Handhabbarkeit (und der Bedeutsamkeit, was aber nicht näher ausgeführt wurde). Empirisch untersucht wurde dieser Zusammenhang hier jedoch nicht.[498]

Um den positiven, „starken" „Sense of Coherence" vom „rigiden" zu unterscheiden, bezieht sich Antonovsky (am Beispiel von Glaubensgemeinschaften) auf ein Kennzeichen funktionierender Systeme: der Kombination fester Regeln und Prinzipien mit flexiblen, individuellen Strategien bei der Anwendung, sodass sich eine Balance zwischen Konstantem und Neuem, zwischen Offenheit und Geschlossenheit des Systems ergibt. Genau diese Balance werde eine Person mit starkem SOC bemüht sein zu finden, meint Antonovsky, während Menschen mit rigidem SOC stets nur an fundamentalen Prinzipien festhalten werden.[499] Diese erwünschte Balance entspricht im Grunde der Struktur transaktionsanalytischer Modelle: ein konstanter, logischer Kern lässt sich auf vielfältige Weise flexibel anwenden und bietet genügend Raum für persönliches Gestalten.

Bei der Bewältigung von Alltagsproblemen und dem Umgang mit Stressoren hebt Antonovsky immer wieder hervor, dass das starke SOC nicht mit einem bestimmten Coping-Stil gleichzusetzen ist. Entscheidend sei vielmehr das Vorhandensein eines umfangreichen Repertoires an Coping-Strategien, sodass in jeder Situation die Möglichkeit besteht, jene auszuwählen, die am geeignetsten scheinen.[500] Eine Person mit starkem SOC habe viele alternative Coping-Strategien zur Verfügung, prüfe die Art des zu lösenden Problems und die Realität, in der es auftritt und verwende die jeweils besten Coping-Strategien in angemessener Weise.[501] Realitätsprüfung, Angemessenheit und Flexibilität sind somit drei Schlüsselbegriffe, die Antonovsky wiederholt in Zusammenhang mit erfolgreichem Agieren setzt.

Realitätsbezug und angemessenes Verhalten werden auch in der Transaktionsanalyse als grundlegende Ziele und Charakteristika des Erwachsenen-Ichs genannt. Die Vielzahl an möglichen TA-Modellen, die sich jeweils flexibel einsetzen lassen, entspricht durchaus der Vielfalt an Coping-Strategien und der variablen Anwendung, für

---

498 siehe Behme-Matthiessen u. Pletsch 2009, S. 241, S. 245.
499 siehe Antonovsky 1987/1997, S. 42 f.
500 siehe ebd., S. 130, S. 132.
501 siehe ebd., S. 135.

die Antonovsky plädiert. Dass dies keine reine Theorie ist, sondern auch in der Praxis so empfunden und gelebt wird, zeigen die zitierten Texte der Interviews, in denen von der persönlichen Auswahl geeigneter Modelle zur Bewältigung einer bestimmten Situation die Rede ist. Auch die individuelle, praktische Interpretation von Konzepten sowie die je persönliche Art der Umsetzung wird deutlich.

Dass Antonovsky unter Stressoren nicht nur umweltbedingte Ereignisse versteht, die mit anderen Menschen oder sozialen Problemen zu tun haben, sondern diese sehr wohl auch Gegebenheiten der eigenen Psyche sein können, betont er ausdrücklich. Als Soziologe sei er erfreut über die Aufmerksamkeit, die in der Stressliteratur dem sozialen Umfeld im Hinblick auf Stressoren und Coping-Ressourcen zuteil werde. „Dennoch hat es mich in den letzten Jahren erstaunt," schreibt er, „daß viele vergessen zu haben scheinen, daß ein Mann namens Freud je gelebt hat und daß interne Stimuli und Konflikte omnipräsent sind."[502] In Zusammenhang mit innerpsychischen Konflikten nennt er beispielsweise die Emotionsregulierung als notwendige Basis realitätsbezogenen Verhaltens. Verstandene, gerichtete Emotion führe mit hoher Wahrscheinlichkeit zu geeigneten Coping-Maßnahmen, während diffuse Emotionen unbewusste Abwehrmechanismen zur Folge hätten.[503] Dies entspricht nicht nur der TA-Theorie, sondern auch den Erfahrungen der Interviewten.

Dass es bei der Anwendung der TA zunächst um Selbsterfahrung und die Auseinandersetzung mit eigenen inneren Anteilen einer Problematik geht, wird von den Interviewpartnern ebenfalls so erlebt und dargestellt, was nicht bedeutet, dass der Blick auf schwierige Situationen mit Menschen und Umständen fehlt oder Probleme überhaupt nicht wahrgenommen werden. „Die Person mit einem starken SOC sieht die gleichen Probleme [wie eine Person mit schwachem SOC, Anm. d. Verf.]," meint Antonovsky, „aber mit größerer Klarheit, größerer Spezifität und präziserer Differenzierung."[504] Besser könnte man die Aussagen der Interviewpartner zum erkenntnisorientierten Anteil der Wirksamkeit transaktionsanalytischer Konzepte kaum zusammenfassen.

Weiter oben wurde ausführlich dargelegt, dass die Befragten die Nutzung der TA-Theorie so gekonnt und kontinuierlich betreiben, dass diese allmählich etwas Intuitives und Selbstverständliches an sich hat und die bewusste Reflexion in den Hintergrund tritt. Beobachtet man die Titel neuerer Publikationen oder transaktionsanalytischer Workshops auf Kongressen, fällt auf, dass auch hier das Thema „Intuition" (in unterschiedlichen Bedeutungen) wieder etwas mehr in den Vordergrund rückt und die rein logische Auseinandersetzung mit Konzepten ergänzt.[505]

Nicht zuletzt bliebe jedoch zu erwähnen, dass die von den Gesprächspartnern beschriebene Entwicklung, die Entfaltung ihrer Persönlichkeit und das Fortschreiten auf einem gewählten Weg genau der Idee des Kontinuums entspricht, die Antonovsky beschreibt und für wesentlich hält. Es geht nicht um den Vergleich mit anderen, auch

---

502 Ebd., S. 34.
503 siehe ebd., S. 129.
504 Ebd.
505 Sell u. Kreuzburg. In: Lohkamp (Hg.) 2010, S. 75 ff.

nicht um ein starres Ziel, sondern um einen andauernden Prozess der Verbesserung und Veränderung.

2.4.5 Die Grundpositionen

Der Umgang der Interviewten mit der „Okay-Haltung"
Bei der Analyse der Interviews stellte sich heraus, dass die Befragten sehr gekonnt und flexibel verschiedenste TA-Modelle in ihrem Alltag nützen, dabei aber einen Grundgedanken in besonderer Weise schätzen und für die Basis schlechthin der gesamten Transaktionsanalyse halten: die Grundpositionen oder Lebenspositionen, welche die prinzipiellen Tendenzen bezeichnen, sich selbst und anderen Menschen gegenüber Achtung und Respekt entgegenzubringen, den eigenen Wert und den der Mitmenschen zu erkennen (oder auch nicht). Dass dies in fast allen Interviews ein zentrales Thema darstellt, ist umso bemerkenswerter, als kaum explizit danach gefragt wurde und die Gesprächspartner von sich aus auf die fundamentale Bedeutung dieser Einstellungen hinweisen.

„Ich bin okay – Du bist okay" als anzustrebendes Ziel und Ausdruck der Plus-Plus-Haltung mag vielleicht oberflächlich oder vereinfachend klingen, enthält aber eine ernste und tiefgreifende Aussage. Es geht um „eine Art existentieller Zustimmung"[506], um die Überzeugung, dass es mit dem So-Sein des Menschen seine Richtigkeit hat[507], um Selbstannahme und die Akzeptanz des anderen. Diese Einstellung hat zunächst nichts mit Sympathie, der Anerkennung konkreter Leistungen oder der Zustimmung zu Meinungsäußerungen zu tun. Vielmehr handelt es sich um den Wert des Menschen an sich, den man anerkennt, sowie um die grundlegende, bedingungslose Akzeptanz, die nicht an Eigenschaften oder Verhaltensweisen geknüpft ist (wenngleich die Plus-Plus-Haltung im Falle gemeinsamer Überzeugungen oder ähnlicher Lebensweisen wohl leichter zu realisieren ist).

Diese theoretischen Überlegungen scheinen den Interviewpartnern sehr präsent zu sein. Dass sie nicht reine Theorie bleiben, sondern sich konkret anwenden und mit Leben füllen lassen, zeigen zahlreiche Textpassagen. Für Fridolin zum Beispiel ist die Selbstannahme etwas sehr Zentrales. „In meiner Familie und in meinem Beruf ist es wichtig, anderen zu sagen, dass sie in Ordnung sind", meint er, „denn verunsichert werden sie sowieso ständig und Bedingungen werden ihnen auch ständig gestellt – unter denen sie sich vielleicht doch einmal ein bisschen okay fühlen dürfen. Und es ist alles ziemlich eng, in der Schule überhaupt und in vielen Familien auch."[508] In Kursen und der Arbeit mit Gruppen verwendet er folgende Übung: reihum spricht man sich laut mit dem Namen an und sagt zu seinem Nachbarn oder der Nachbarin (beispielsweise): „Susi, du bist okay, so wie du bist". Diese antwortet: „Ja, ich bin okay, so wie ich bin" und spricht nun ihrerseits den nächsten an: „Michael, du bist okay, so wie du bist", bis alle Teilnehmer an der Reihe waren. „Das klingt so formal", sagt Fridolin, „und wenn man sich aber dann die Versprecher ansieht, die da ständig passieren, das

---

506 Stewart u. Joines 2000, S. 177.
507 siehe ebd. S. 28.
508 I, S. 86.

abwehrende Gekuder, dieses Galgenlachen und alle diese Sachen – es ist unheimlich, wie schwer es uns fällt zu glauben, dass wir okay sind so wie wir sind."[509]

Üblicherweise machen Menschen das „okay", das sie sich selbst (und anderen) geben, von Bedingungen abhängig, was in der TA zum Begriff der „bedingten Okay-Haltung" geführt hat: „Ich bin nur dann okay, wenn …". Wie erwähnt führt dies oft zu ausgeprägtem Antreiber-Verhalten, wie etwa dem Drang, ständig stark oder perfekt sein zu müssen. Anders ausgedrückt, suchen und finden die meisten Menschen konkrete Gründe, sich nicht okay fühlen zu dürfen. Für Verena war dies die Tatsache, nicht studiert zu haben, obwohl sie eine Spezialausbildung vorweisen konnte und Kurse abhielt. „Im Hinterkopf immer sitzend ‚du hast nicht studiert und du hast keinen Magister' – das habe ich auch heute noch manchmal, wenn ich in Seminare gehe, und dann sitzen da zehn Hofräte und alle A-Posten und Doktor, Magister, weiß ich nicht, was alles", erzählt sie leise, fährt aber mit lautererer und bestimmter Stimme fort, während sie tief durchatmet und sich aufrichtet: „Ja, aber ich bin jetzt da, und die kommen zu mir, weil sie über dieses Thema, wo ich Bescheid weiß, etwas lernen wollen! Gut! Aber das muss ich mir dann auch immer vorsagen. Wenn ich die Teilnehmerlisten sehe, und das sind so studierte Leute, dann kommt dann schon so etwas wie ein kleiner Minderwertigkeitskomplex, und dann muss ich mich wieder zurück in diese Plus-Position holen. Ich bin okay! Und die sind auch okay – ich muss mich deswegen nicht lustig machen über diese Leute – die sind auch okay. Wir haben diese Situation, und ich bin hier, um etwas Konstruktives beizutragen."[510] Auch wenn sich die Okay-Haltung auf eine grundsätzliche Einstellung und nicht auf konkrete Details bezieht, scheint es also günstig, sich das eigene Okay-Sein gerade angesichts vermeintlicher Mängel bewusst zu machen, da diese – zumindest in der subjektiven Wahrnehmung – das prinzipielle Zufriedensein mit der eigenen Person verhindern. Die meisten von uns, meint Fridolin, hätten – wie er selbst auch – gelernt, sich für kleine (tatsächliche) Fehler und Unvollkommenheiten als ganze Person zu verurteilen. Der passende Satz zur Weiterentwicklung könnte lauten: „Ich bin auch dann in Ordnung, wenn…".[511] Er erzählt von einer kleinen Begebenheit in der Familie. In der Hektik des Alltags wurde vergessen, den Herd abzudrehen; obwohl glücklicherweise kein Schaden entstand, war hier tatsächlich ein Fehler unterlaufen. Die praktizierte Okay-Haltung führte dazu, dass man diesen Fehler als solchen erkannte, sich bemühte, ihn in Zukunft zu vermeiden, ohne sich aber in globalen Selbstbeschuldigungen zu ergehen oder das gesamte Selbstwertgefühl darunter leiden zu lassen.

Natürlich könnte man an dieser Stelle einwenden, ob es denn überhaupt richtig wäre, sich wohl und „okay" zu fühlen, auch wenn man einen realen Fehler begangen hat, der mit etwas Pech auch Schlimmes hätte anrichten können. Zweifellos hat dieser Gedanke etwas für sich, und das Konzept der Okay-Positionen sollte sicher nicht dazu führen, dass man gewissenlos oder blind für eigenes oder fremdes Vergehen wird. In der zitierten Interviewpassage geht es jedoch lediglich darum, den Fehler als solchen

---

509 Ebd.
510 I, S. 159.
511 I, S. 87.

zu thematisieren, die geeigneten Schlüsse zu ziehen und dem ganzen Ereignis jene punktuelle Bedeutung beizumessen, die angebracht schien. Übertrieben wäre es gewesen, sich in seinem ganzen Sein verunsichern und deprimieren zu lassen.

Aber auch aus einem prinzipiellen Grund scheint es vernünftig und realitätsangemessen, sich selbst angesichts von Fehlern und Mängeln „okay" zu fühlen: der Mensch ist eben ein unvollkommenes Wesen, was bedeutet, dass Mängel und Unvollkommenheiten mit dem Mensch-Sein untrennbar verbunden sind. Es liegt in der Natur der Sache, dass jedes Bemühen, perfekt zu sein, notwendigerweise scheitern wird. Die Unmöglichkeit, im Leben Fehler gänzlich auszuschließen und etwas vollständig Ganzes, Abgerundetes darzustellen oder zu realisieren, hat sich bereits in Zusammenhang mit der Thematik des Perfekt-Antreibers, aber auch mit dem Problem der „Normalität" gezeigt. „Sich anzunehmen, wie man ist" hat auch die Facette, sich in seiner Unvollkommenheit anzunehmen, das eigene und fremde Mensch-Sein zu akzeptieren und zu bejahen, auch wenn Störendes und Fehlerhaftes damit verknüpft ist. Diese grundsätzliche Akzeptanz schließt andererseits natürlich nicht aus, dass man Entfaltungsmöglichkeiten sieht und nützt.

Es mag paradox klingen, aber etliche der Interviewten empfinden gerade diese bedingungslose Selbstannahme als Basis der eigenen Entwicklung. „Ich bin auch dann in Ordnung, wenn ..." – erst wenn dieser Satz zur Überzeugung geworden sei, könne man sinnvoll an Veränderungen arbeiten. „Erst dann gewinne ich die Kraft, Dinge zu verändern", erklärt Fridolin, „aus einer Okay-Position mir selbst gegenüber kann ich im Verhalten wirklich etwas verändern und mir Zeit nehmen, etwas neu zu erleben und neue Dinge tun."[512]

Sich „okay" zu fühlen bedeutet somit nicht, alles beim Alten zu lassen und zu bleiben wie man ist. Verena hat bereits davon berichtet, dass sie den Mut, auf eigene Wünsche zu achten und Beziehungssituationen aktiv zu verbessern, aus der tiefen Überzeugung des Okay-Seins schöpfe.[513] Lisa fasst zusammen: „Ich bin okay – Du bist okay. Nur wenn man in *der* Position ist, kann man konstruktiv Veränderungen schaffen. In den anderen drei [...] Positionen [Gemeint sind die Plus-Minus-, Minus-Plus- und Minus-Minus-Positionen, Anm. d. Verf.] geht eigentlich nichts weiter."[514] Was Lisa hier kurz und bündig feststellt, wirkt nicht unlogisch; in allen Haltungen, in denen man sich nicht des eigenen Wertes bewusst ist, geht Energie verloren, weil man ständig bemüht ist, sich zu bestätigen und zu verteidigen, statt sich gezielt und selbstbewusst um Veränderungen zu kümmern. Auch das prinzipielle Abwerten anderer wird kaum zu gewünschten, spezifischen Ergebnissen in konkreten Fragen führen.

Die Okay-Positionen sind für die Interviewten eben nicht gleichbedeutend mit dem Ausblenden des Negativen, dem diffusen Hinwegsehen über jeden Fehler oder dem Akzeptieren des Inakzeptablen. Was sie hervorheben, ist die Unterscheidung des Menschen als Person – der an sich „okay" ist – und konkreter Verhaltensweisen oder Eigenschaften, mit denen man nicht notwendigerweise in jedem Fall einverstanden

---

512 I, S. 87.
513 siehe I, S. 163.
514 I, S. 319.

sein muss. Dies gilt für die Entwicklung der eigenen Person ebenso wie für den mit-
menschlichen Kontakt und die Beurteilung anderer. Das wertschätzende Akzeptieren
des Gegenübers (als Person) einerseits und das Äußern von konkreten Kritikpunkten
andererseits werden somit nicht als Gegensätze betrachtet. Fast scheint es so, als wären die Interviewten in dem Ausmaß imstande, Schwierigkeiten direkt und konstruktiv
zu thematisieren, in dem sie eine respektvolle Grundhaltung sich selbst und anderen
gegenüber einnehmen.

Dass Thomas im Kontakt mit seinen Mitarbeitern eine klare, dezidierte Linie verfolgt und sich gleichzeitig um eine Plus-Plus-Haltung bemüht, wurde schon erwähnt.[515] Ähnliches berichtet Astrid; in beruflichen Situationen sei es immer wieder
notwendig, Konflikte zu lösen. Dass es ihr gelingt, Probleme offen anzusprechen und
sachlich auf der Erwachsenen-Ebene zu agieren, hänge mit ihrer grundlegenden Einstellung zusammen: „Der Mensch ist für mich in Ordnung, aber es gibt einfach Situationen und Verhalten, die ich […] ansprechen muss", sagt sie.[516] Auch das bereits beschriebene Setzen von Grenzen im Hort-Alltag sei in diesem Sinn nicht Ausdruck von
Willkür oder Ablehnung.[517] Zentral für die Befragten ist somit die Kombination einer
respektvollen Grundeinstellung mit dem sachlichen und punktuellen Aufzeigen anste-
hender Konflikt-Themen.

Hubert, der christliches Gedankengut sehr schätzt, assoziiert in diesem Zusammenhang jene Bibelstelle, in der von der Reaktion auf zugefügtes Leid die Rede ist
(„Dem, der dich auf die eine Wange schlägt, halt auch die andere hin"[518]). „Jetzt muss
ich ein bisschen vorsichtig sein", betont Hubert zurückhaltend, „aber ich weiss nicht,
ob das so die Praxis wirklich ist."[519] Lebensnäher und praktischer formuliert wäre es
seiner Ansicht nach, zu sagen: „Auch wenn er dich schlägt, er ist dennoch okay, aber
du kannst ihm sagen ‚Weißt du was, lass' die Finger von mir'."[520] Es soll hier nicht
zur Debatte stehen, in welcher Weise neuere Exegesen dieses Bibelzitat interpretieren
würden. Klar ist, dass für Hubert selbst in Extremfällen das Konfrontieren des Gegenübers und das notwendige Grenzen-Setzen nicht im Widerspruch zum Praktizieren der
Okay-Haltung stehen. Im Grunde trifft er hier einen wesentlichen Punkt (der auch für
Kernaussagen des Christentums gilt): Es wäre verkehrt, grundsätzlich menschen-
freundliche Lebenseinstellungen in allzu sanfter und verniedlichender Weise zu deuten, die Kraft der Aussage nicht zu erkennen und im Sinn einer diffusen und undefi-
nierten Toleranz misszuverstehen.

Immer wieder beschäftigen sich die Interviewten mit der Frage, in welchem Verhältnis die Selbstannahme zum Akzeptieren der Mitmenschen steht. Die meisten halten die Selbstakzeptanz für das Grundlegende. „Diese einfache Aussage ‚Ich bin okay
– Du bist okay' finde ich genial", kommentiert Thomas, „aber zuerst steht eben ‚Ich
bin okay', denn wenn ich mich selbst nicht okay finde, tue ich mir schwer, den ande-

---

515 siehe I, S. 132.
516 I, S. 279.
517 siehe I, S. 282 f.
518 Lk 6, 29.
519 I, S. 199.
520 Ebd.

ren okay zu finden. Diese Reihenfolge ist schon bewusst. Zuerst muss ich mit mir selbst ins Reine kommen, und wenn ich das bin, dann kann ich auch den anderen voll akzeptieren."[521] „Wenn ich den anderen im Minus sehe", sagt Tina, „dann bin ich ja gefühlsmäßig eigentlich auch im Minus; weil ich es brauche, jemand anderen herabzusetzen, damit ich mich selbst besser fühle."[522] Selbst im Minus zu sein, mache sie auch verletzlicher, betont Tina an anderer Stelle, als sie von einer früheren, aggressiv gefärbten Auseinandersetzung im Kollegenkreis berichtet. Wäre sie damals im Plus-Plus geblieben, hätten sie Bemerkungen und ungerechtfertigte Vermutungen der anderen nicht verletzen können.[523]

Dass es von grundlegender Wichtigkeit ist, sich selbst zu mögen und zu akzeptieren, sodass sich diese Selbstannahme auch positiv auf Beziehungen auswirken kann, ist wohl kaum zu bezweifeln. Allerdings scheint es ziemlich schwierig (wenn auch nicht unmöglich), eine positive Einstellung zu sich selbst aufrecht zu erhalten, wenn das anerkennende Feedback von außen fehlt. Greift man auf Grundgedanken der Philosophie Martin Bubers zurück, so ist jeder Mensch auf ein Du angewiesen; er konstituiert sich im Dialog mit anderen. So ist es kaum vorstellbar, dass es einem Menschen gelingt, sich selbst voll und ganz zu akzeptieren, wenn er zuvor nicht von anderen Menschen (zumindest irgendwann in seinem Leben) anerkannt und angenommen wurde. Man wird, was man ist, nicht nur durch eigene Anstrengung, sondern auch durch den Kontakt mit anderen. Die von Thomas zitierte Reihenfolge hat wohl ihre Richtigkeit und Bedeutung; allerdings scheint die Bewegung nicht ganz so linear zu verlaufen, wie Thomas es darstellt. Eher dürfte es sich um ein zirkuläres Geschehen handeln: Je mehr Zuspruch man von anderen erhält, umso leichter fällt es, sich selbst zu akzeptieren; je mehr man sich selbst annimmt, desto besser kann man auch andere schätzen, was diese wieder befähigen wird, Anerkennung zurückzugeben. Im Grunde scheinen diese Bewegungen so verzahnt, dass sie sich zwar theoretisch und auch praktisch voneinander unterscheiden lassen, aber doch so stark miteinander verbunden sind, dass jeweils das Eine das Andere mitbedingt. Was der analytische Ansatz der Transaktionsanalyse jedoch enthält, ist die Einsicht, dass jedes Individuum Verantwortung für eigene Einstellungen trägt, diese auch beeinflussen kann und nicht ausschließlich von der Reaktion anderer Menschen abhängt. Im Rahmen der Skripttheorie wird zudem die Auffassung vertreten, dass man nicht nur bewusst entscheidet, sondern auch unbewusst die Wahrnehmung filtert, sodass Erfahrungen, die der vorherrschenden Grundeinstellung widersprechen, nicht ausreichend zur Kenntnis genommen werden, was – wie ausgeführt – eine Reihe von gefühls- und verhaltensmäßigen Reaktionen auslöst, die das Skript bestätigen. Was den Kontakt mit der Umwelt betrifft, so handelt diese natürlich auch bis zu einem gewissen Grad skriptgeleitet, verfügt zudem aber ebenso über freie Entscheidungsmöglichkeiten. Daraus folgt, dass eigene Haltungen zwar bestimmte Antworten der Mitmenschen nahelegen, aber nicht automatisch auslösen. Selbst wenn man in sehr hohem Ausmaß eine Plus-Plus-Haltung pflegt, muss dies

---

521 I, S. 128.
522 I, S. 96 f.
523 siehe I, S. 101.

nicht notwendigerweise ausschließlich positive Reaktionen hervorrufen. An dieser Stelle zeigen sich die auf das Individuum zentrierten sowie die beziehungsorientierten Anteile der TA wiederum sehr deutlich. Soziales Geschehen und persönliche Entwicklung werden nicht auf jeweils individuelle Gegebenheiten reduziert, erschöpfen sich aber auch nicht in reinen Wechselwirkungen.

Die Ansicht Tinas, im Plus wäre sie nicht verletzbar gewesen, wird wohl nicht hundertprozentig, sondern nur annäherungsweise stimmen, da Menschen wohl immer irgendwie verletzlich bleiben. Womit sie allerdings recht hat, ist die Erkenntnis, dass ein stabiler Kern der Selbstannahme wünschenswert ist, der sich nicht durch Kleinigkeiten erschüttern lässt. Je sicherer man sich seiner selbst ist, umso weniger angreifbar und verletzlich wird man angesichts negativer Einflüsse. Dass dies eine flexible Stabilität sein soll, die offen bleibt für berechtigte Anregungen und günstige Weiterentwicklungen, wurde schon bemerkt.

Die Begriffe „Selbstannahme" und „Selbstakzeptanz" wurden bis jetzt in der Darstellung bewusst gewählt, da sie das Bedingungslose, fast Neutrale der Okay-Haltung und das richtige Ausmaß der Selbstbezogenheit am besten wiederzugeben scheinen. Sich selbst überhaupt nicht für wichtig und anerkennenswert zu halten oder aber in narzisstischer Weise nur um die Bedeutung der eigenen Person zu kreisen, wären zwei unerwünschte Extreme, die hier nicht gemeint sind. Die Interviewpartner verwenden jedoch auch andere Ausdrücke und setzen das „Ich bin okay" zusätzlich in Verbindung zu Selbstvertrauen, Selbstbewusstsein, Selbstwert und Selbstsicherheit[524], Begriffe, die alle Ähnliches bezeichnen, aber nicht identisch sind und an konkretere Inhalte denken lassen. „Selbstliebe"[525] wird ebenfalls genannt, was im Verhältnis zur „Selbstakzeptanz" eine tiefere und umfassendere Bedeutung hat und – richtig verstanden – nichts mit Egoismus zu tun hat, sondern tatsächlich eine notwendige Voraussetzung ist, sich dem anderen in partnerschaftlicher Weise zuwenden zu können.

Vielleicht sind sämtliche Termini eher als behelfsmäßige Ausdrücke für etwas aufzufassen, was sich nicht wirklich prägnant durch ein einziges Wort bezeichnen lässt. „Mit sich im Reinen zu sein" – wie Thomas es formuliert – hat vermutlich jeder, zumindest ansatzweise, schon erlebt; was es aber im Detail genau bedeutet, lässt sich eher beschreiben oder erfühlen als durch einen isolierten Fachausdruck präzise festlegen. Hier zeigt sich ein Sachverhalt, der in ähnlicher Weise bereits bei anderen Begriffen, wie jenem der Authentizität, auftrat. Wahrscheinlich ist es kein Zufall, dass Tina gerade in diesem Zusammenhang von den Bildern erzählt, die sie malt.[526] „Ich habe zu mir gefunden"[527] war ebenfalls ein Ausdruck, den die Befragten mit der Kurzformel „ich bin okay" (und in der Folge die gesamte Plus-Plus-Haltung) in Verbindung bringen. Darunter verstehen sie kein punktuelles Ereignis, sondern das Fortschreiten auf dem eigenen Entwicklungsweg, das Erlangen von Autonomie[528], das Finden ihrer persönlichen Identität, aber auch das Hervorbringen des eigenen Wesens, das Kommen

---

524 siehe I, S. 10.
525 I, S. 105.
526 siehe ebd.
527 I, S. 141; siehe I, S. 277.
528 siehe ebd.

zur „Essenz"[529]. Im Grunde sind auch diese Begriffe vieldeutig und eher als Symbole denn als Definitionen aufzufassen. Es würde an dieser Stelle zu weit führen, auch auf die theoretisch unterschiedlichen Möglichkeiten, das „Selbst" zu definieren, einzugehen. In den Interviews bewegen sich die Auffassungen einerseits im Bereich der Ich-Identität, haben andererseits aber an manchen Stellen auch eine weiter reichende Bedeutung und fast spirituelle Note. In jedem Fall scheint dieses „Finden" des Eigenen nicht nur für die Interviewten, sondern in der gegenwärtigen, westlichen Gesellschaft ganz allgemein eine echte Herausforderung darzustellen, da hier das „Selbst" individueller (und weniger kollektiv) definiert wird, als dies zu anderen Zeiten der Fall war (beziehungsweise in anderen Kulturen immer noch ist), sodass jeder die Aufgabe der „Selbstfindung" größtenteils alleine zu lösen hat.

In diesem Sinn berichten die Interviewten davon, dass die erworbene Okay-Haltung sehr viel Selbsterfahrung und Selbsterkenntnis voraussetzt und das Ergebnis ihrer Auseinandersetzung mit der eigenen Geschichte ist.[530] „Dieses erste Plus mir zu erarbeiten", sagt Verena, „ – ich bin okay, und es ist okay so wie ich bin […] – das hat mich ein Stück Arbeit gekostet, ja, das war schmerzhaft, das war schön, das zu erleben – mich dann auch anders zu erleben."[531] Dass hier von einem schmerzhaften Prozess, von „Mühe" und „Kleinarbeit"[532] die Rede ist, mag auf den ersten Blick verwundern, da ja mit den positiven Grundeinstellungen im Allgemeinen nur Angenehmes assoziiert wird. Das Erreichen dieses Zustandes scheint jedoch nicht selbstverständlich, da teilweise hinderliche Prägungen im Wege standen, die aufzulösen waren.

Christine, deren „Lieblingsmodell" die Okay-Positionen sind, erzählt von Verletzungen, Einschärfungen und der schwierigen Situation, in die sie hineingeboren wurde. Ihre Mutter sei mit allem überfordert gewesen, die Großmutter schwerkrank, und sie selbst sei sehr schwach und dünn gewesen; in den Erzählungen der Familie war ihr Zustand sowie die gesamte Lage „furchtbar". Nun ist Christine stolz, dass sie sich trotz dieses „komischen Beginns"[533], wie sie sagt, und der negativen Bewertungen, die sie erfuhr („so schwach – wird nicht durchkommen"[534] u.ä.), selbst Wertschätzung geben kann. Sie habe sich das so „zusammengereimt", dass sie gerade auf diesem Hintergrund ein gewisses „Jetzt-erst-recht" entwickelt habe: eine „lebensfrohe, aber ziemlich brutale Art, mich in den Vordergrund zu stellen und da zu sein"[535], sagt sie, unter dem Motto „schaut alle her, was aus mir geworden ist!"[536]. Das „okay", das sie sich selbst gibt, versteht sie damit als eine Form des Zu-sich-Stehens, und auch des Stehens zu ihren Eigenarten.[537] Dieses grundsätzliche „okay", das sie in ihren Alltag integriert habe und natürlich auch ihren eigenen Kindern entgegenbringe, relativiere so manchen

529 I, S. 52.
530 siehe I, S. 11 ff.
531 I, S. 143.
532 I, S. 146.
533 I, S. 13.
534 I, S. 12.
535 Ebd.
536 siehe I, S. 13.
537 siehe ebd.

„Blödsinn", der passiere, und entschärfe „sogenannte Katastrophen", meint sie, weil eine gewisse Grundsicherheit im Umgang miteinander vorhanden ist und momentane Aufregungen nicht auf die gesamte Person bezogen werden.[538]

Was über das Lernen und Anwenden von TA-Modellen in vorangegangenen Punkten zur Sprache kam, gilt in besonderer Weise für die Grundpositionen. Das Ideal der Plus-Plus-Haltung ist keine Theorie, die man einmal erlernt und dann „kann", sondern eine Einstellung, die man sich erarbeiten muss, die permanent einzuüben und in das tägliche Tun zu integrieren ist. Noch mehr als alle anderen TA-Konzepte ist die Okay-Position untrennbar mit der Person des Anwenders verknüpft und ohne Selbstreflexion und -entwicklung nicht denkbar. Der technische Aspekt der TA-Anwendung scheint hier vollkommen in den Hintergrund zu treten; es geht um eine Lebenshaltung, von der man überzeugt ist und die man praktiziert. Natürlich bedeutet dies nicht, dass sich alle TA-Absolventen ununterbrochen in der Plus-Plus-Position befinden, aber es gibt ein Ziel, das vor Augen steht und auf das man sich in schwierigen Momenten besinnen kann. „Nicht dass es mir gelingt, permanent in diesem hochedlen, fast paradiesischen Zustand herumzuschweben", sagt Hubert, „aber was mir immer mehr gelingt, ist: im entscheidenden Augenblick auf diese Position zurückzugehen und mir klar zu machen, dass mein Gegenüber, das ich im Augenblick gerade anfange zu hassen – hm – dass dieses Gegenüber okay ist, und dass es eine gute Idee wäre, anders d'ranzugehen."[539] Mittlerweile gelinge ihm dieses Revidieren seiner Haltung und das Zurückschwingen in die Okay-Position relativ rasch.[540]

Für Thomas ist die Okay-Haltung ein Grundsatz, der – seinen Angaben zufolge – nicht leicht ist, wenn man ihn wirklich konsequent durchzieht. Die Plus-Plus-Position wirklich zu leben, sei sehr schwer, betont er; manchmal werde sogar seine positive Einstellung als mangelnde Kritikfähigkeit missverstanden.[541] Dennoch ist Thomas davon überzeugt, dass ohne Okay-Haltung „überhaupt nix geht"[542] und jedem Tun die Basis fehlen würde. Beim Lernen dieser zweifachen Okay-Einstellung geht es bei ihm vor allem darum, die Balance zwischen sich selbst und den anderen zu finden, in sich zu ruhen und sich nicht auf Kosten eines anderen zu erhöhen. Früher habe er seine Selbstsicherheit durch den Vergleich mit anderen und sein eigenes „Besser-Sein" bezogen. Jetzt gelinge es ihm immer mehr, ohne Konkurrenzdenken gemeinsam mit anderen zu agieren und dennoch in sich ruhend und selbstsicher zu bleiben.[543]

Für die meisten war das „Okay-Lernen", wie sie es nennen, zunächst eine Arbeit mit dem Satz „Ich bin (nicht) okay", da sich Viele des eigenen Wertes nicht ausreichend bewusst waren und daher beispielsweise nicht genügend auf ihre Bedürfnisse achteten. Beim Prozess des Lernens sei es wichtig, erklärt Verena, im passenden Dialog mit den anderen zu bleiben. Als eine Art „Erstverschlimmerung" könne es nämlich durchaus sein, dass man in einem ersten Impuls das unterdrückte Selbstbewusstsein in

---

538 siehe I, S. 6.
539 I, S. 180.
540 siehe I, S. 182.
541 siehe I, S. 124 f.
542 I, S. 131.
543 siehe ebd.

übertriebener Weise hervorkehrt und damit den anderen unter Umständen in eine Minus-Position drängt. Der Lernvorgang, der in einer Minus-Plus-Position begonnen hat, könnte in eine Plus-Minus-Position kippen, wodurch das Ungleichgewicht mit veränderten Rollen erhalten bliebe.[544] „Und dann muss sich das erst wieder einpendeln", sagt Verena, „Aktion – Reaktion." Diese Ausführungen unterstreicht Verena durch eindrückliche Gesten mit ihren Händen und Unterarmen, die – beide jeweils in unterschiedlicher Höhe vor ihrem Körper bewegt – sehr klar anzeigen, dass es sich bei den Minus- und Plus-Positionen in der Interaktion mit anderen Menschen im Grunde um Überlegenheits- und Unterlegenheitsgefühle oder -Haltungen handelt. Die Bewegungen werden immer kleiner, bis sich Verenas Arme auf der gleichen Höhe einpendeln: der Plus-Plus-Haltung, in der sich zwei Personen (unabhängig von ihren Rollen) menschlich auf der gleichen Ebene begegnen.

Der Prozess des Übens und Praktizierens der Plus-Plus-Haltung ist kein Vorgang, der irgendwann vollständig abgeschlossen wäre. „Dieses Okay-Bleiben", findet Verena, „das ist so wie an einer Beziehung arbeiten oder das Gewicht halten oder diese Dinge. Ich glaube, dass das auch so ein Punkt ist, an dem weiter gearbeitet werden muss, weil du ja ständig unter verschiedenen äußeren Einflüssen leidest."[545] Der Titel der bekannten Publikation von Harris und Harris „Einmal okay – immer okay" ist weniger als Aussage über einen Zustand, sondern eher als Anforderung und Aufgabe zu sehen.

Ein Interviewpartner, der sich sehr lange und intensiv mit Transaktionsanalyse auseinandergesetzt hat, berichtet jedoch davon, dass seine Plus-Plus-Position eine im Kern unerschütterliche Grundhaltung geworden sei, auch wenn enttäuschende Erlebnisse diese immer wieder kurzfristig „gebeutelt" und in Frage gestellt hätten.[546] Vielleicht sei er vorsichtiger geworden, meint er, „aber mir deswegen meine Grundeinstellung, die ich systematisch über lange Jahre aufgebaut habe, wegnehmen zu lassen – nein, das geht nicht."[547] Plus-Plus sei für ihn auch nicht die heile Welt, kommentiert er und bezieht sich damit auf den von Fanita English geprägten Begriff des „okay-okay-realistisch"[548], der den hohen Anspruch relativieren soll. Plus-Plus sei für ihn die Auseinandersetzung mit der eben *nicht* heilen Welt: „im Sinn von – ich gehe auf das zu, was ist und versuche, das Beste daraus zu machen"[549] – mit Wertschätzung. „Okay-okay *ist* realistisch", betont er. Beruflich äußere sich diese Grundhaltung zum Beispiel darin, dass er als Berater seinen Klienten auf einer partnerschaftlichen Ebene und nicht aus einer Position der Überlegenheit begegne.[550]

Eine Interviewpartnerin, die sich – im Gegensatz zu anderen – kaum mit der Theorie der TA befasst hat, weiß zwar nicht mehr, dass der Begründer der TA Eric Berne heißt, kann sich aber sehr gut an die diversen Plus- und Minus-Positionen erinnern,

---

544 siehe I, S. 177 f.
545 I, S. 152.
546 siehe I, S. 231.
547 Ebd.
548 siehe English 2003, S. 78 ff.
549 I, S. 230.
550 siehe I, S. 237.

obwohl ihr Kontakt mit TA lange zurückliegt. Im Grunde ist dies das Einzige, das ihr von allen Kursinhalten noch im Detail präsent ist; die Kurzformel „ich bin okay – du bist okay" hat dafür aber in ihrem Leben eine so große Bedeutung gewonnen, dass sie tatsächlich ihr Lebensmotto geworden sei, erzählt sie, als Ausdruck einer Grundhaltung, die sie bewusst pflege.[551] Dieses „okay" zieht sich nun wie ein roter Faden durch ihr Leben und äußert sich einerseits in prinzipiellen Einstellungen (wie Offenheit und Vorurteilsfreiheit im Kontakt mit anderen Kulturen), andererseits aber auch in ganz banalen Situationen des Alltags, wenn sie beispielsweise mit ihrer Schwiegertochter gemeinsam wohnt und die Küche teilt.[552]

Das Einüben und Beibehalten der Plus-Plus-Haltung ist für viele der Interviewten das zentrale Ereignis der gesamten TA-Anwendung. Dass sie es als Fundament der Transaktionsanalyse betrachten, mag weniger an theoretischen Überlegungen als an persönlichen Erfahrungen liegen, die sie in Zusammenhang mit dem Praktizieren der TA gemacht haben. In vielen Fällen scheinen nämlich die Okay-Haltungen tatsächlich den Kern der Sache zu treffen, egal ob es sich um die eigene Entwicklung, ein persönliches Problem oder eine Beziehungsfrage handelt.

Klara – beispielsweise – kann im Rahmen der Beratungen, die sie beruflich anbietet, beobachten, dass in dem Satz „ich bin nichts wert" (oder „ich bin nicht okay") unglaublich viel negative Energie stecke, die positiv zu kanalisieren und freizusetzen sei. „Und das ist ganz sensationell, was da passiert", berichtet sie.[553] Gerade wenn Situationen zu komplex werden, meint Verena, ist es gut, zur Basis zurückzukehren, zu reduzieren und zu fragen: „Was ist denn die Grundposition, in der wir uns befinden?" In den Kursen, die sie hält, zeichne sie dann die verschiedenen Kombinationen der Minus- und Plus-Haltungen auf und beobachte „immer noch große Augen im Seminarraum – so: Oh! – ja! – mmh – stimmt!"[554] So einfach das Ganze vielleicht wirken mag – fehlt die positive Grundhaltung, passt das Fundament alles Weiteren nicht, ist sie überzeugt.[555]

Der Schlüsselsatz, der Anna in der Bewältigung ihrer Scheidung geholfen hat, war ebenfalls dieses „Ich bin okay – du bist okay"[556], wie sie erzählt. Vor allem das Wiederempfinden des eigenen Wertes dürfte für Anna das Entscheidende gewesen sein; es scheint, als wären manchmal nicht nur die Ereignisse an sich schlimm, sondern vor allem deren negative Wirkungen auf den Selbstwert. Wie berichtet, erfuhr Anna bei diesem Prozess Unterstützung durch die Ausbildungsgruppe und den Kursleiter.

Ute hingegen berichtet davon, dass sie dieses „okay" gerade von ihrem TA-Kursleiter nicht bekommen habe, der – vor allem in Supervisionen – ihre persönlichen Grenzen nicht respektiert und durch geringschätzende oder entmutigende Bemerkun-

---

551 siehe I, S. 265.

552 siehe I, S. 265 f.

553 I, S. 61. Zur Arbeit mit Blockaden und Glaubenssätzen verwendet sie den Ansatz der „Logosynthese" des Transaktionsanalytikers und Energiepsychologen Willem Lammers (Lammers 2007).

554 , S. 146.

555 siehe I, S. 147.

556 siehe I, S. 253.

gen ihren Selbstwert abgebaut habe.[557] Gepaart mit der Beobachtung, dass der Kursleiter theoretisch eine Okay-Haltung predigte, sich selbst in der Praxis aber ganz anders verhielt, führte dies dazu, dass Ute bis auf den heutigen Tag die gesamte Theorie der Transaktionsanalyse ablehnt. Viele Interviewtexte, in denen Ute bereits zitiert wurde, zeigen, dass sie zwar etliche TA-Modelle (wie die verschiedenen Problemlösungsstufen des Passivitätsmodells) für nützlich hält und in ihren Alltag integriert hat; theoretisch hat sich in ihrem Inneren jedoch eine Feindseligkeit der TA-Theorie gegenüber entwickelt, die auch nicht dadurch zu kompensieren war, dass sie später einen TA-Trainer kennenlernte, der sehr wohl auf ihre Grenzen achtete und das „okay" der Transaktionsanalyse tatsächlich lebte.[558] Von der Bedeutung der Authentizität des TA-Lehrers wird weiter unten nochmals die Rede sein. Das Thema Selbstwert und das Gefühl des „Okay-Seins" spielen hier jedenfalls in negativer Weise eine zentrale Rolle.

Es könnte sein, dass auch in privaten Beziehungen das „okay", das man sich gegenseitig (und auch sich selbst) gibt, eine fundamentale Bedeutung hat und wesentlich wichtiger ist als die perfekte Lösung einzelner Streitpunkte. Sowohl Tina als auch Anna und Verena analysieren rückblickend nach ihrer Trennung, dass sie dieses „okay" eben nicht von ihren Partnern bekommen hätten, was ein wesentlicher Grund für das Scheitern der Beziehung gewesen sei. Alle drei erkennen aber ebenso, dass bereits zuvor ihr eigenes Selbstbewusstsein nicht besonders gut gewesen war, was zusätzlich negative Entwicklungen begünstigte.[559] Die anderen Interviewten stellen diesen Gedanken in ihren Erzählungen über die Familie und Partnerschaften eher selten in den Mittelpunkt. Implizit schwingt dieses Thema jedoch in fast allen Berichten mit. Thomas beispielsweise setzt die Erkenntnis, dass seine Frau nicht die Erfüllung aller Wünsche, sondern eigentlich nur Anerkennung will, in Zusammenhang mit dem Stroke-Modell. Im Grunde sind aber auch alle Formen des Wahrnehmens und Ernstnehmens des Partners nichts anderes als das Erkennen seines Wertes und das grundsätzliche Für-wichtig-Halten seiner persönlichen Äußerungen, egal ob man diesen zustimmt oder nicht.

Wesentlich sei es, meint Christine, dieses Wohlwollende in privaten wie in beruflichen Kontexten auch verbal auszudrücken und bewusst mitzuteilen, wenn man etwas gut und wertvoll findet.[560] Bezogen auf Arbeitssituationen betont Thomas, dass es allerdings keinen Sinn mache, Anerkennung nur verbal zu geben und lobende Worte zu sprechen, die sich nicht wirklich mit der Einstellung decken.[561] Offenbar ist die Plus-Plus-Haltung etwas primär Nonverbales, das zum Ausdruck kommt und gespürt wird, auch wenn man nichts dazu erklärt, was für das erste wie das zweite Plus in gleicher Weise gilt. Möglicherweise handelt es sich bei dieser grundlegenden Fremd- und Selbsteinschätzung in Kontaktsituationen um subtile Dinge, die man voneinander wahrnimmt, und es könnte sein, dass sich die eigene Selbstachtung auch auf den Respekt auswirkt, den man von seinem Gegenüber erfährt (oder eben nicht). „Think high

---

557 siehe I, S. 45.
558 siehe I, S. 47.
559 siehe I, S. 299, S. 305, S. 146, S. 268.
560 siehe I, S. 19.
561 siehe I, S. 127.

of yourself", empfahl dazu Nossrat Peseschkian in humorvoller Weise in seinen Vorträgen, „because the world takes you on your own estimate."

Wie auch immer man über Wechselwirkungen und gegenseitige Beeinflussungen
des „ich bin okay" und „du bist okay" denken möchte – Eines zeigen die Interviews
sehr deutlich: Das „Plus-Plus" wird nicht nur als punktuell verwendbares Konzept gesehen, sondern als Lebenshaltung empfunden, die man sich immer mehr zu eigen
macht und die allmählich den gesamten Alltag prägt. Diese Einstellung ist aber auch
mehr als eine theoretische Überzeugung, die das Erleben und Verhalten verändert; in
besonderer Weise wirkt sie sich nämlich ebenso auf die emotionale Befindlichkeit der
Befragten aus. Manche sprechen in diesem Zusammenhang von größerer Lebensfreude und erhöhter Lebensqualität, die sie durch das Praktizieren der Okay-Haltung erreicht haben: „Das ist sicher die Basis für ein – wie soll ich sagen? – entspanntes Leben eigentlich. [...] Also ich glaube, diese Grundposition ‚ich bin okay – du bist okay'
ist die Basis für ein glückliches Leben – ja, das glaube ich", sagt Lisa. [562] Dieses positive Lebensgefühl sich selbst und anderen gegenüber interpretiert Lisa als jene Verfassung, die für den eigenen Energiehaushalt die zuträglichste sei. In allen anderen Positionen könne viel leichter Energie verloren gehen, weil man sich zu sehr anpasse oder
unnötige Konflikte heraufbeschwöre. [563] Natürlich könne man ein Muster, wie die Mi-
nus-Plus- oder Plus-Minus-Haltung, das sich vielleicht schon mehrere Jahrzehnte ver-
festigt hat, nicht von einem Tag auf den anderen komplett verändern, aber in kleinen
Schritten sei es möglich und vor allem – von Beginn an spürbar, betont Tina aus eigener Erfahrung. [564]

Dass die „Okay-Haltung" der Transaktionsanalyse dem zugrunde liegenden humanistischen Menschenbild entspricht, ist allen Interviewpartnern präsent. Viele teilen
darüber hinaus auch die Ansicht, dass die umfassende Plus-Plus-Einstellung im Grunde nichts anderes sei als eine Form der Selbst- und Nächstenliebe. Tina beispielsweise
drückt dies folgendermaßen aus: „Dieses Plus-Plus hat für mich sehr viel mit Liebe zu
tun – allein diese Einstellung zu anderen – da schwingt etwas mit, das wird sofort verstanden – da braucht man nicht zu reden – das spüren die Menschen, wenn ich in der
Plus-Plus-Haltung bin – das spüren sie, und es fließt und das ist fruchtbar." [565] Dieses
Plus-Plus erzeuge für sie ein Gefühl des inneren Friedens, „Himmel auf Erden" [566], ein
Gefühl inneren Reichtums: „Das ist wie im Schlaraffenland – da ist immer etwas da –
Liebe ist für mich immer da – da kann es nie zu wenig geben. Wenn du wirklich liebst,
kannst du aus dem Vollen schöpfen." [567] Und Tina fährt fort: „Wenn man lernt, sich
anzunehmen wie man ist, mit all seinen Fehlern, dann ist das Frieden! Das ist der
Himmel! Und sich selbst einfach auch die Erlaubnis zu geben: Ja, so wie ich bin, bin
ich okay – [...] das macht sehr stark." Durch dieses Gefühl der inneren Sicherheit habe
sie es nicht nötig, auf andere herabzublicken, sagt sie: „Und wenn ich mich nicht hin-

---

562 I, S. 322.
563 siehe ebd.
564 siehe I, S. 304.
565 Ebd.
566 I, S. 301.
567 I, S. 304.

stellen muss und beobachten ,was kann der nicht und was ist mit dem los?' – das macht auch Frieden, ja."[568] Sich selbst zu nehmen wie man ist, bedeutet für Tina nicht, sich für perfekt zu halten, sondern zu sagen: „Ich kann das und das – und das ist gut. Und ich kann das und das nicht – und das ist auch gut."[569] An anderer Stelle hat Tina bereits dieses „ich bin okay" in Verbindung zu der Überzeugung gesetzt, dass es gut sei, das zu tun, was einem liege, was einem leicht falle und man für sinnvoll halte.[570] Wenn man auf sich selbst achte, eigene Fähigkeiten zur Entfaltung bringe und einsetze, habe das nichts mit Egoismus zu tun; auch die Umwelt profitiere davon am besten, meint sie: „Das, was ich in mir habe und was ich einfach mache, um es für mich zu machen, mache ich für alle anderen dadurch auch."[571] Selbst ihre Scheidung betrachtet Tina – wie erwähnt – unter diesen Vorzeichen.

Das Gefühl „Ich bin okay, so wie ich bin", also das Bewusstsein des eigenen Wertes, ist für viele Gesprächspartner ein wesentlicher Faktor, der zu ihrer eigenen positiven Befindlichkeit, emotionalen Stabilität und Lebensqualität beiträgt. Erst ein gewisses Ausmaß an Selbstannahme ermöglicht es ihrer Ansicht nach, auch den Mitmenschen Respekt und Achtung entgegenzubringen.

Fridolin bestätigt ganz klar, dass die TA seine Lebensqualität verbessert habe. An erster Stelle assoziiert er dazu seinen Umgang mit den Grundpositionen und betont vor allem die Selbstannahme, die er für zentral hält. In Zusammenhang mit der methodischen Anwendung der TA war bereits die Rede von einer Publikation, die Fridolin als Anregung und Übungshandbuch gebrauchte, um in Form von Meditationen und Atemübungen dem Kind, das er einmal war, innerlich zu begegnen und auf diese Weise Veränderungen in sich zu bewirken. Zuallererst ging es dabei um die bedingungslose Akzeptanz, mit der er sich diesem Kind in seiner Vorstellung zuwandte.[572] Erst wenn ein gewisses Ausmaß an Selbstliebe vorhanden ist, könne man auch einem anderen Menschen ein echtes „okay" entgegenbringen, ist Fridolin überzeugt. „Ich kann einem Menschen nur sagen, dass er in Ordnung ist, wenn ich es von mir selber ganz bis in die letzte Haarspitze weiß", betont er. „Sonst schwingt mein ,ich glaube es von mir selber nicht' immer mit, wenn ich es dem anderen sage."[573] Damit sei unterschwelligen, negativen oder einschränkenden Botschaften Tür und Tor geöffnet[574]; oder man agiert grundsätzlich aus einer unterlegenen, aufschauenden Position, könnte man ergänzen. Die Aussage Fridolins über den Zustand der vollkommenen Sicherheit des eigenen „Okay-Seins" stellt klarerweise den Idealfall dar; in der Praxis wird es sich wohl eher um eine positive Tendenz und ein schrittweises Erreichen dieses Zieles handeln.

Alle, die Querverbindungen zu christlichen Aussagen herstellen, bezweifeln nicht, dass die Plus-Plus-Haltung im Kern das meint, was durch das Gebot „Liebe deinen

---

568 I, S. 301.
569 I, S. 304.
570 siehe I, S. 302.
571 I, S. 304.
572 siehe I, S. 86.
573 Ebd.
574 siehe ebd.

Nächsten wie dich selbst" ausgedrückt wird. Auch die beiden Teile dieses Zitates fasst Tina in einer bestimmten Reihenfolge auf. „Das heisst für mich zuerst einmal: liebe dich selbst – […] und dann: liebe deinen Nächsten."[575] Auch für die anderen sei es nicht hilfreich, wenn man sich des eigenen Wertes nicht bewusst wird. „Es bringt nichts, sich kleiner zu machen, als man ist", meint sie.[576] Aber auch der Wert des anderen solle vor Augen stehen; ihm beispielsweise nichts oder zu wenig zuzutrauen, sei auch eine (subtilere) Form der Abwertung.[577]

Das Selbstbewusstsein der „Ich-bin-okay-Haltung" wird somit als Fundament der vielfach verwobenen Bewegung der Selbst- und Nächstenliebe betrachtet. Für die Befragten steigert die Plus-Plus-Position die emotionale Lebensqualität in hohem Ausmaß. Veränderungen des Lebensgefühls durch Transaktionsanalyse werden auch im nächsten Abschnitt behandelt; an dieser Stelle geht es um die Hervorhebung der Grundeinstellung und deren positiven Einfluss auf die Befindlichkeit.

Dass Menschen eine erworbene Okay-Einstellung als hilfreich und angenehm empfinden, ist sehr gut denkbar. Dass aber der Wert dieses Konzepts so hoch eingeschätzt wird, dass sogar von „heilsamen" Wirkungen die Rede ist, überraschte dann doch. Die Annahme, berufliche Weiterbildungen könnten sich auch insgesamt auf den Menschen heilsam auswirken, stand zwar zu Beginn der Studie im Raum, wurde dann aber bei der endgültigen Konzeption der Forschungsarbeit wieder verworfen und dezidiert nicht in den Fragenkatalog aufgenommen, da diese Vermutung doch zu hochgegriffen und unpassend schien. Aus diesem Grund wurden auch die Gespräche mit den Informanten bewusst nicht in diese thematische Richtung gelenkt. Umso mehr erstaunte es, dass Interviewpartner aus eigener Initiative auf heilsame Wirkungen der Transaktionsanalyse-Ausbildung zu sprechen kamen: „Diese Grundpositionen, die sind einfach so heilsam!"[578] Dieser Satz stammt von Verena, die ihn auf dem Hintergrund ihrer eigenen Entwicklungsgeschichte formuliert, welche von einer anfänglich depressiven Stimmung gekennzeichnet war und zu einem neuen Selbstverständnis führte: „Hey! Ich bin total okay!"[579] Dieses neue Bewusstsein und Lebensgefühl beeinflusste in der Folge auch ihr Tun. „Aus einem Selbstverständnis heraus, dass du okay bist, agierst du einfach ganz anders"[580], erklärt sie.

Die neu gewonnene Selbstachtung beeinflusst Verenas Lebenssituation somit in mehrfacher Hinsicht; sie erzeugt ein Gefühl der Sicherheit, das sich auch in der Art ihres Tuns widerspiegelt. Dass hier Verena nicht von kurzfristigen Effekten, sondern von heilsamen Wirkungen spricht, zeigt, dass hier etwas Tieferliegendes und Umfassendes gemeint ist, das sich zunächst auf ihr eigenes Befinden auswirkt, aber auch ihre Mitmenschen betrifft, die auf ihr verändertes Verhalten positiv reagieren.

Ein Aspekt der Heilsamkeit lässt sich wohl darauf zurückführen, dass bei Menschen, die gelernt haben, sich selbst zu schätzen, ein wesentlicher Stressfaktor weg-

---

575 I, S. 305.
576 I, S. 307.
577 siehe I, S. 306.
578 I, S. 146.
579 Ebd.
580 Ebd.

fällt, nämlich der „Kampf mit sich selbst" oder das permanente Unzufriedensein mit der eigenen Person. Dass für Verena diese Okay-Haltung sich selbst gegenüber auch der entscheidende Faktor in der Bewältigung ihrer depressiven Verfassung war, geht aus den Interviewtexten nicht eindeutig hervor. Es wäre jedoch nicht von der Hand zu weisen, hier einen ziemlich direkten Zusammenhang zu vermuten. Im Rahmen der TA-Theorie fällt auf, dass die Minus-Plus-Haltung (also jene die von der Grundstimmung „mit mir stimmt etwas nicht, aber du bist in Ordnung") getragen ist, als depressive Position bezeichnet wird. Becker, der sich – in ähnlicher Weise wie Antonovsky – mit der Entstehung und Aufrechterhaltung von Gesundheit befasst, nennt die „selbst- und fremdbezogene Wertschätzung" als Komponente seelischer Gesundheit.[581]

Krupnick u.a. konnten 1996 nachweisen, dass die therapeutische Allianz ein wesentlicher Wirkfaktor in der Behandlung depressiver Patienten sowie der größte Prädikator des Behandlungsergebnisses ist. „I feel the therapist appreciates me" (als Item des „Working Alliance Inventory") ist ein Empfinden des Klienten, das sich in hohem Maße positiv auf den Erfolg der Therapie auswirkt, und zwar unabhängig davon, ob verschiedene psychotherapeutische Methoden, Psychopharmaka oder Placebo-Präparate eingesetzt werden.

Dieses Ergebnis könnte man nicht nur im Hinblick auf Psychotherapie im engeren Sinn deuten, sondern als Hinweis darauf, dass es schlicht und einfach gut tut, wenn man das „okay" von anderen Menschen erhält, vor allem in Momenten, in denen man es sich (noch) nicht selbst geben kann.

Somit verwundert es nicht, dass auch Verena die Beschäftigung mit den Grundpositionen als heilsam – im wahrsten Sinn des Wortes – empfindet. Es würde zu weit führen, hier ausführlicher auf die heilsame Bedeutung menschlicher Liebe im Allgemeinen einzugehen, die in ihrer ungetrübtesten und wirksamsten Form wohl immer eine Kombination aus Selbst- und Nächstenliebe sein wird; wie erwähnt sind sich ja viele Interviewpartner einig, dass die Plus-Plus-Position im Kern nichts anderes meine.

Dass es sich bei den existentiellen Haltungen um innere und fundamentale Gegebenheiten handelt, drückt Eric Berne sehr deutlich aus: „Diese vier Grundpositionen lassen sich also nur sehr selten allein durch rein äußere Umstände ändern. Haltbare Veränderungen müssen von innen her erfolgen, entweder ganz spontan oder aber unter irgendeinem ‚therapeutischen‘ Einfluß, d.h. durch eine professionelle Behandlung oder" – und nun folgt das entscheidende Zitat – „durch die Liebe, die eine Art natürlicher Psychotherapie darstellt."[582]

Selbst- und Nächstenliebe sind somit nicht nur als Gebote oder zu erfüllende Normen aufzufassen, sondern als Kern dessen, was dem Menschen wohl tut, was als heilsam empfunden wird und zu seinem „Heilwerden" im umfassenden Sinn des Wortes beiträgt. Freilich handelt es sich hier nicht um eine neue Erkenntnis, sondern um eine Grundweisheit, die seit Menschengedenken bekannt ist. In gewissem Sinn hat Ute

---

581 Becker 1992.
582 Berne 1972/2007, S. 110 f.

recht, wenn sie etwas sarkastisch formuliert: „Dieses [...] ‚ich bin okay – du bist okay‘ find’ ich sehr gut, aber dafür brauch’ i die TA ned.“[583]

Bemerkungen zu den Okay-Positionen

Sich selbst und andere zu akzeptieren und zu lieben, ist natürlich kein Thema, das Eric Berne erfunden oder als erster angesprochen hätte. Was in seiner Theorie aber sehr wohl neu ist und seinen Ansatz auszeichnet, ist die sprachliche Form, mit der er ein so schwieriges und tiefliegendes Thema aufgreift. Mit dem Begriff „okay“ bringt er etwas auf den Punkt, was schwer zu definieren und kaum in allen Facetten zu erfassen ist. Auch wenn der Inhalt der Aussage nicht neu ist – so griffig und plakativ wird der Kern des Gemeinten sonst kaum ausgedrückt. Das bestätigt sogar Ute.[584] In der deutschen Ausgabe des TA-Standardwerks von Stewart und Joines findet sich eine Anmerkung des Übersetzers; er berichtet, dass er zunächst den englischen Ausdruck „okay“ gänzlich vermeiden wollte, um oberflächliche Missdeutungen auszuschließen. Die entsprechenden deutschen Begriffe, wie „Akzeptanz“, „existentielle Zustimmung“, „seine Richtigkeit haben“ u.ä. erschienen ihm aber dann so umständlich und schwerfällig, dass er doch wieder zum einfachen „okay“ zurückkehrte.[585] Was im vorigen Abschnitt über die Sprache der TA gesagt wurde, gilt für das „okay“ in besonderer Weise: es spricht an, bewegt und ist unmittelbar verständlich.

Eine tiefe Weisheit, die gleichsam als „Goldene Regel“ gelten kann, wird in einen Begriff gekleidet, der nicht nur prägnant ist, sondern auch ziemlich salopp klingt. Dadurch tritt das Unerreichbare, Schwere oder Ernste, das den Begriffen der Selbst- und Nächstenliebe (oder der Selbstakzeptanz und ähnlichen Ausdrücken) anhaftet, in den Hintergrund, sodass das Ganze praktikabel, lebendig und motivierend wirkt. Zumindest scheint dies für die Interviewpartner so zu sein; keine anderen Ausdrücke verwenden sie so oft und gerne wie die verschiedenen Versionen des „Okay-Seins“. Dass sie nicht nur von „Grundannahmen“ oder „Grundpositionen“ sprechen (wie dies in der TA-Theorie und -Literatur der Fall ist), sondern auch von dem „Okay-Modell“ oder „Okay-Konzept“, tut der gelungenen Anwendung keinen Abbruch. Auch ohne ständig die korrekte Bezeichnung zur Hand zu haben, versteht jeder TA-Absolvent, dass es um positive Grundeinstellungen und das Gegenteil von Abwertungen gehen soll. Mit den Okay-Kurzformeln dürfte Berne etwas kreiert haben, das unmittelbar beeindruckt und sich tatsächlich positiv und heilsam auswirkt. Ein bekannter Vers Joseph von Eichendorffs lässt sich dazu assoziieren:

> „Schläft ein Lied in allen Dingen,
> die da träumen fort und fort,
> und die Welt hebt an zu singen,
> triffst du nur das Zauberwort.“[586]

---

583 I, S. 35.
584 siehe I, S. 206.
585 siehe Stewart u. Joines 2000, S. 177.
586 Eichendorff, S. 77.

Das „okay" der Transaktionsanalyse könnte man tatsächlich als kleines Zauberwort sehen, das ins Schwarze trifft, wesentliche Bewegungen in Gang setzt und Manches aus den Angeln hebt.

Ein kleiner Stein der Weisen wird wohl in der Idee der Grundpositionen und vor allem in der Darstellung der Plus-Plus-Haltung liegen. Die Spannung, die andererseits spürbar ist, liegt nicht nur zwischen den einfach klingenden Okay-Formeln als Begriffen und deren tiefem Gehalt; sie betrifft eigentlich die gesamte Thematik, um die es geht. Ob man nun von Akzeptanz, Annahme oder Liebe spricht – nichts scheint bedeutsamer für das menschliche Leben zu sein als eindeutige, vorbehaltlose Zuwendung; gleichzeitig scheinen das umfassende Akzeptieren und die bedingungslose Liebe eher ein anzustrebendes Ideal als die durchschnittliche Realität abzubilden. Eine ähnliche Spannung zeigte sich ja bereits für Werte wie „Gesundheit" oder „Authentizität".

Zudem sind Liebe und Akzeptanz nicht wirklich messbar, auch nicht herstellbar und quantifizierbar, was ebenfalls in einer gewissen Spannung zu deren fundamentaler Wichtigkeit steht. Eher lassen sie sich in ihrer Qualität beschreiben, erleben und erklären. So erwies sich die Entscheidung für eine qualitative Forschungsmethode besonders in Zusammenhang mit den Okay-Positionen als die geeignetste.

In der TA-Literatur wird verglichen mit anderen relevanten Ideen und Konzepten relativ wenig zu den Okay-Positionen publiziert.[587] Zumeist handelt es sich um Arbeiten aus dem psychotherapeutischen Bereich. Auch Stewart und Joines widmen dieser Thematik in ihrem Werk nur etwa zehn von gut 400 Seiten im Rahmen der Skripttheorie, und in der TA-Basisausbildung stellen die Okay-Haltungen nur ein kurzes Kapitel unter vielen anderen dar. Die Ergebnisse der Befragung zeigen allerdings sehr klar, in welch hohem Ausmaß gerade diese grundlegenden Einstellungen als hilfreich und extrem wichtig betrachtet werden. Was die geringe Anzahl an spezifischen Veröffentlichungen betrifft, so könnte eine mögliche Erklärung darin liegen, dass der gesamte Themenkomplex – hat man erst einmal begonnen, sich in die Materie zu vertiefen – tatsächlich fast uferlos scheint und der Kern der Sache andererseits wiederum nicht vieler Worte bedarf. Zudem überlagert sich hier das Struktur- und Modellhafte mit der Werthaltung stärker als bei anderen TA-Themen.

Abgesehen von diesen Fragen lässt sich die Bedeutung der (unbedingten) Okay-Haltung – ganz allgemein gesehen – auch deshalb schwer fassen und beschreiben, weil sich in der Praxis das grundsätzliche „Ja" zu einem Menschen mit dem Erkennen und Schätzen seiner positiven Merkmale überschneiden oder sogar decken wird. (Für den negativen Fall wird wohl Ähnliches gelten.) Auch sich selbst „anzunehmen wie man ist", wie Interviewpartner oft formulieren, fällt vermutlich leichter, wenn man beispielsweise mit eigenen Leistungen, dem Aussehen oder ähnlichen Gegebenheiten zufrieden ist. Außerdem möchte man meist auch als konkrete Person mit bestimmten Eigenschaften – und nicht nur als „Mensch an sich" – beachtet werden. Erstaunlicherweise zeigen die Texte jedoch deutlich, dass diese schwer fassbare Unterscheidung dennoch in ziemlich konkreter Weise möglich ist; gerade weil es sich hier um eine diffizile Angelegenheit handelt, sind die einfachen Okay-Formeln hilfreich und effizient,

---

587 White 1994, 1995.

da sie punktgenau die Tendenz anzeigen, die bewusst sein soll (egal ob es sich um die ideale Position als Ziel oder das Erkennen ungünstiger Haltungen handelt).

Ein weiterer Grund für den erfolgreichen Umgang der Interviewpartner mit der Okay-Thematik könnte darin liegen, dass auch die Grundpositionen den Menschen in mehrfacher Hinsicht ansprechen: sowohl auf der kognitiven und emotionalen Ebene als auch in seiner Verhaltens- und Sinnorientierung. Den Menschen (und damit auch sich selbst) als „okay" zu betrachten, ist somit zunächst eine theoretische, philosophische Überzeugung, die das konkrete Tun beeinflusst, zur generellen Lebenshaltung wird, mit einem bestimmten Lebensgefühl einhergeht und die Lebensqualität verändert, wodurch es sinnvoll erscheint, diese Einstellung weiter zu pflegen. Am Beginn dieser Sequenz, die sich ständig wiederholt, steht wiederum die bewusste Entscheidung für eine Überzeugung, zu allererst aber der Wille zur Auseinandersetzung mit der spezifischen Problematik und die Offenheit für persönliche Entwicklungsschritte. Nicht zu vernachlässigen ist die innerlich empfundene Erlaubnis, sich selbst „okay" fühlen zu *dürfen*. Auch die Komponenten des „Sense of Coherence" sind in Entsprechung zu den genannten Dimensionen des Denkens, Fühlens und Verhaltens klar ersichtlich.

Interessanterweise scheint in Antonovskys Konzept des Kohärenzgefühls die Bedeutung der Selbst- und Nächstenliebe (beziehungsweise -Akzeptanz) als dezidierter Faktor nicht auf. Wohl geht es um Gefühle, Beziehungen, Tätigkeiten usw. einer Person, nicht aber um das Bewusstsein ihres Wertes. Selbst empirische Studien, die den Einfluss der Selbstachtung auf das Kohärenzempfinden untersuchen, sind kaum zu finden. Dies erstaunt vor allem angesichts der Bedeutung des Begriffs „Kohärenz", denn „kohärent" bedeutet ja nichts anderes als „zusammenhängend" – das Gegenteil wäre das Unzusammenhängende, Sinnlose, das in Einzelteile Zerfallende.

Betrachtet man die Ausdrücke, mit denen die Interviewten ihre Befindlichkeit, ihren Zustand des „Okay-Seins" beschreiben, so handelt es sich immer um das Gefühl, mit sich selbst im Einklang zu sein, zu sich zu stehen und zu finden, mit sich im Reinen zu sein – nicht zerrissen, sondern abgerundet und zusammenhängend – mit einem Wort: kohärent. „Was hält den Menschen zusammen?" Diese Frage bewegte bereits Sigmund Freud, wie Pritz ausführte.[588]

Aus den Interviewtexten geht deutlich hervor, dass die Befragten dieses beschriebene Gefühl des Einklangs (mit sich und der Umwelt), des Sinnvollen und Zusammenhängenden – der Kohärenz – größtenteils dadurch beziehen, dass sie ihren eigenen Wert erkennen, sich selbst Achtung schenken und in gutem und respektvollem Austausch mit ihrer Umwelt stehen: sie finden sich selbst „okay" und treten aus dieser Haltung heraus in Kontakt mit anderen. Das „hält sie zusammen" und lässt sie in sich ruhen, auch wenn Schwierigkeiten auftreten und nicht alles so verläuft, wie sie möchten. Somit deckt sich die eigentliche Bedeutung des Wortes „Kohärenzgefühl" im Grunde inhaltlich mit den Beschreibungen des „Okay-Gefühls" der Interviewpartner.

Sich selbst zu mögen und dadurch in sich zu ruhen – wie die Befragten es formulieren – kann auch im Sinn eines psychischen Stabil-Bleibens verstanden werden. Mit

---

588 Vortrag „Freud und die Positive Psychologie – ein Widerspruch?", 24-06-2010, (CD Pritz, 2010).

sich selbst im Reinen zu sein, erzeugt ein inneres Gleichgewicht, das im Optimalfall auch dann erhalten bleibt, wenn so Manches in der Umwelt turbulent und bedrohlich scheint. Dieses „Okay-Gefühl" kann somit auch als eine mögliche Antwort gesehen werden auf die Frage „Was erzeugt persönliche Stabilität in einer instabilen Umwelt?" Genau diese Frage war ja ein zentrales Anliegen Antonovskys. Es mag sehr einfach klingen, aber zu den elementarsten Ereignissen, die zu innerer Ruhe und psychischem Gleichgewicht führen, zählen wohl die Selbst- und Nächstenliebe, die Selbstannahme und das Akzeptieren anderer, auch wenn es sich hier um Größen handelt, die nur schwer greifbar, nicht wirklich messbar sind und die daher im naturwissenschaftlichen Paradigma als solche keinen rechten Platz finden. Bekannterweise sind diese Dimensionen viel öfter Themen von Kunst, Religion und Literatur.

„Es kann die Ehre dieser Welt dir keine Ehre geben", so lautet der Beginn eines Gedichtes von Theodor Fontane, „was dich in Wahrheit hebt und hält, muß in dir selber leben."[589] Noch deutlicher auf den Punkt gebracht ist diese Thematik im „Hohenlied der Liebe": „Und wenn ich prophetisch reden könnte und alle Geheimnisse wüßte und alle Erkenntnis hätte; wenn ich alle Glaubenskraft besäße und Berge damit versetzen könnte, hätte aber die Liebe nicht, wäre ich nichts."[590] Übersetzt in die Sprache der TA könnte dies etwa Folgendes heißen: ohne Plus-Plus-Haltung fehlt meinem Tun und auch mir selbst das Fundament, das Sinn stiftet, alles Einzelne zu einem Ganzen fügt und mich selbst stützt und trägt.

In den Interviews ist jedenfalls die Plus-Plus-Haltung jener Faktor, der am stärksten zu Lebensfreude und emotionaler Stabilität beiträgt. Die Texte belegen eindeutig, dass Empfindungen des „Ganz-Seins" und „Eins-Seins" sehr eng mit dem Einüben und Praktizieren dieser Lebenseinstellung verknüpft sind. In diesem Sinn scheint es grundsätzlich nicht gut denkbar, Gefühle der Kohärenz zu erleben und aufrechtzuerhalten ohne den Bezug zur richtig verstandenen Selbst- und Nächstenliebe herzustellen, die im Rahmen der TA in der Kurzformel „ich bin okay – du bist okay" enthalten sind. Diese Einstellung ist zunächst ein Ziel sowie ein Ideal, dem man sehr nahe kommen kann, das in seiner absoluten Form aber wohl nie vollständig realisiert wird. Jeder beschreitet somit seinen eigenen Weg des „Okay-Seins" und „-Werdens". Dieser je persönliche Weg der Entwicklung erinnert an das Kontinuum Antonovskys: Wo auch immer man steht – man kann sich auf dieser Linie in die Richtung des positiven Pols weiterbewegen, ohne diesen jemals wirklich zu erreichen. Den Aussagen der Interviewpartner zufolge sind Veränderungen jedoch von Beginn an spürbar und wirken sich ebenfalls von Anfang an auf mitmenschliche Beziehungen deutlich aus.

Eine Verbindung der Okay-Positionen zu den Antreibern, aber auch zu allen sinnvolleren Bemühungen, den Alltag gut zu bewältigen, drängt sich in diesem Zusammenhang auf: Im Kontakt mit anderen Menschen ist es zwar nützlich und wünschenswert, sich im Detail um passendes und korrektes Verhalten zu bemühen; doch erst die Plus-Plus-Haltung als Basis verleiht dem Ganzen Sinn und Bedeutung.

---

589 Fontane 1979, S. 324.
590 1 Kor, 13, 2.

2.4.6 Lebensgefühl und Wohlbefinden

Stellungnahmen der Befragten

Im letzten Abschnitt war von den Grundpositionen und den Auswirkungen der Plus-Plus-Haltung auf die emotionale Befindlichkeit die Rede, ein Thema, das viele Interviewpartner spontan in die Diskussion eingebracht haben. Im Folgenden soll es im allgemeineren Sinn um den Zusammenhang von emotionaler Lebensqualität und dem Praktizieren der Transaktionsanalyse gehen. Ausgewertet wurden dafür einerseits Antworten auf die explizit gestellte Frage nach eventuellen Veränderungen des Lebensgefühls durch die TA-Ausbildung, andererseits Erzählungen, die (implizite) Aussagen zur persönlichen Stimmung enthielten. Es ist bewusst, dass der Terminus „Lebensgefühl" ähnlich vielschichtig ist wie jener der „Lebensqualität"; im Kontext dieser Arbeit wird er im Sinn von „emotionaler Lebensqualität" und vorherrschender Grundstimmung verwendet.

Bis auf eine Ausnahme können alle TA-Absolventen eine positive Veränderung ihrer Gestimmtheit feststellen; unterschiedlich sind hingegen Art und Ausmaß der Verbesserung, die Aspekte, die sie betonen sowie die Worte, mit denen sie diese Tendenzen beschreiben. Bei niemandem bleibt somit die TA-Ausbildung im Hinblick auf die persönliche Befindlichkeit wirkungslos; eine Interviewpartnerin – Ute – berichtet von negativen Effekten.

Auffallend häufig nennen die Befragten die verbesserte Stressbewältigung oder die größere Stressfreiheit, die sie beobachtet haben. Mit innerem Druck und fordernden Situationen können sie deshalb leichter umgehen, weil ein Analyse-Instrument in Form von TA-Konzepten zur Verfügung steht, das Klarheit, Verständnis und das Erkennen neuer Optionen verschafft.[591] Diese Form der TA-Anwendung, die ja schon ausführlich dargelegt wurde, wirkt sich somit stressmindernd aus. Gefühle der Unsicherheit oder der Hilflosigkeit verschwinden weitgehend, da man um Möglichkeiten weiß, Ereignisse zu analysieren und gezielte Schritte zu setzen.[592] „Wenn Probleme da sind, dann gibt es natürlich schon so Intensivthemen, wo man durchgerüttelt wird", erzählt ein Interviewpartner, „aber so der Alltagsstress, die Alltagskonflikte [...] – da sind Ohnmachtsgefühle zunehmend abgebaut."[593] Früher habe er dagegen eher diffuse und unangenehme Empfindungen wahrgenommen, wenn er nicht wusste, wie er Situationen einschätzen und reagieren sollte.[594]

Ein Faktor, der besonders bei Konflikten zur Reduktion von Stress beiträgt, ist das erwähnte Trennen des Sachthemas von der Bewertung der gesamten Person, ein Prinzip, das bereits in Verbindung mit der Okay-Haltung aufgetreten ist. Problemen die passende Bedeutung zuzuweisen, wirkt sich nicht nur auf die Selbstachtung und die Qualität zwischenmenschlicher Kontakte aus, sondern zeigt auch positive Effekte auf die Stressverarbeitung.[595] „Es ist nicht alles eine Katastrophe", sagt Christine, obwohl

---

591 siehe I, S. 16 f, S. 54, S. 229.
592 siehe I, S. 229.
593 Ebd.
594 siehe ebd.
595 siehe I, S. 16.

sie über nicht bestandene Prüfungen ihrer Tochter nicht erfreut ist. „Mehr Klarheit und […] weniger Stress", so bringt sie die empfundene Veränderung auf den Punkt.[596]

Stressabbau gelingt den Interviewten nicht nur durch den verbesserten Umgang mit äußeren Einflüssen, sondern auch durch das Erkennen und Handhaben ihrer inneren Antreiber.[597] Davon wurde bereits ausführlich berichtet, ebenso von der Möglichkeit, sich mit Hilfe entsprechender Erlauber auf anstrengende Situationen vorzubereiten.[598] Eine Interviewpartnerin hält dies für so wichtig, dass sie in Stressmanagement-Seminaren, die sie hält, die Arbeit mit Antreibern immer einbaut. Dass innerer Stress geringer wird, wenn man weniger Drang verspürt, sich ständig zu beeilen oder immer stark und perfekt zu sein, ist gut vorstellbar.[599]

In einer Textpassage wird eine gedankliche Verbindung von Stress und Opferrolle hergestellt, die auf den ersten Blick überrascht, die aber doch etwas für sich hat. Einschränkende Verhaltensmuster rauben Energie und erzeugen Stress, meint eine Interviewpartnerin; diese abzubauen sei ein Zugewinn an Energie und gleichzeitig eine Form des Stressabbaus. „Power für Frauen durch TA" betitelt sie daher ihre diesbezüglichen Seminarangebote.[600]

Fridolin hingegen will im Kontext positiver Entwicklungen den Ausdruck „Stress" vermeiden, da dieser seiner Meinung nach ein rein negatives Wort aus dem Antreiber-Geschehen sei. Statt „Stressfreiheit" sei es besser, „Gelassenheit in den Turbulenzen des Alltags" zu sagen[601], eine Eigenschaft, die durch das Anwenden der TA immer besser werde. An dieser Stelle erwähnt Fridolin die Gelassenheit in Zusammenhang mit der Okay-Haltung und dem konstruktiven Umgang mit Emotionen. Das Wissen um „echte" und „unechte" Gefühle ermögliche ihm, „gelassen" negative, echte Gefühle zuzulassen.

Auch andere Interviewpartner berichten davon, dass sie durch die Anwendung transaktionsanalytischer Kenntnisse nun in vielen Alltagssituationen wesentlich gelassener seien[602]. Dies beziehen sie einerseits auf die Möglichkeit, Erlebnisse im Nachhinein verstehen und einordnen zu können, andererseits auf das ständige Bewusstsein, dass auch bei zukünftigen Schwierigkeiten geeignete Instrumente zur Hand sein würden. Besonders das Zurückgreifen auf die Okay-Haltung empfindet Hubert als hilfreich: „Es lässt mich in vielen Situationen viel gelassener werden […], weil ich mich im Grunde genommen mit jedem auf dieser Ebene auseinandersetzen und in der Regel auch verständigen kann."[603]

Hubert nennt auch einen weiteren Aspekt seines neuen Lebensgefühls, das er der Beschäftigung mit TA – im Speziellen der Auseinandersetzung mit der Idee des Erwachsenen-Ichs – zuschreibt: die Fähigkeit im Hier-und-Jetzt zu leben, ganz präsent

---

596 Ebd.

597 siehe I, S. 133 f.

598 siehe ebd.

599 siehe I, S. 67 ff.

600 siehe I, S. 68.

601 siehe I, S. 85 f.

602 siehe I, S. 182, S. 191 f, S. 317.

603 I, S. 182.

zu sein, sich auf das Aktuelle zu konzentrieren und den Moment zu genießen. „Und wenn jetzt Zeit ist um sich auszuruhen, dann ist es angemessen, voll im Ausruhen zu sein und nicht irgendetwas Anderes gleichzeitig zu tun", sagt er.[604] Im Erwachsenen-Ich zu sein bedeute ja nicht, die Erinnerung an die Vergangenheit zu streichen und keine Wünsche an die Zukunft zu haben; die Kunst bestehe aber darin, die Dinge trennen zu können, den gegenwärtigen Augenblick zu nützen und Zukünftiges konkret in Angriff zu nehmen statt sehnsüchtig träumend irgendetwas Unrealistisches zu erwarten[605] (so nach dem Motto „Oh, wird das schön sein – irgendwann wird der Prinz kommen"[606]). „Es klingt zu banal", sagt Hubert, „aber es stimmt eigentlich: Mir schmeckt das Essen besser! [...] Ich kann mehr genießen! Ich kann mich wirklich im Hier-und-Jetzt bewegen. [...] Ich kann diese Rose anschauen und genießen, dass es sie gibt und nicht überlegen ‚Oje, sie wird bald verwelken'."[607] Davon unabhängig könne er aber sehr wohl überlegen, was er heute mit dem Rosenstrauch machen müsse, damit er weiterhin schön bleibe.[608]

Die verstärkte Fähigkeit zu genießen, ist auch für Verena ein zentrales Thema, das ihre Lebensqualität verbessert. Für sie hat dies weniger mit den Ich-Zuständen zu tun als mit der generellen Entwicklung ihrer Persönlichkeit und dem berechtigten Achten auf eigene Wünsche. Übertriebene Pflichterfüllung und demütiges Verhalten habe sie „verlernen" müssen, erzählt sie.[609]

Auch für Astrid und Anna hat ihr verändertes Lebensgefühl einen direkten Zusammenhang zur TA-Ausbildung. Astrid ist es gelungen, mit Hilfe der Gruppe ihre Trauer nach dem Tod ihres Vaters positiv zu verarbeiten, Anna ihre Scheidung. Für beide ergibt sich dadurch insgesamt eine verbesserte Situation und Stimmungslage. Als „Lebensbewältigung" bezeichnet Anna die Funktion der TA; ihre Lebensfreude sei zurückgekehrt, was sie vor allem auf ihr neu gewonnenes Gefühl des Okay-Seins zurückführt. Den Ausdruck „Lebensqualität" verwendete sie zuvor in einem negativen Zusammenhang, als sie sich an stark abwertende und verurteilende Bemerkungen ihres früheren Ehepartners erinnerte: „Damit schränkst du ja so viel Lebensqualität ein", erklärt sie.[610]

Auf die Frage, in welchem Ausmaß sich Lebensgefühl und Lebensqualität durch die TA verändert hätten, fallen die Antworten recht unterschiedlich aus. Die meisten sprechen zwar von einer deutlichen Verbesserung, beziehen die erwähnte Gelassenheit und Sicherheit aber eher auf spezifische Situationen und konkrete Momente, in denen TA-Konzepte der Strukturierung und Erklärung dienen.[611]

Thomas hingegen spricht insgesamt von einem absolut neuen Lebensgefühl aufgrund der verbesserten Kommunikationsmöglichkeit, der Horizonterweiterung und des

---

604 I, S. 192.
605 siehe I, S. 193.
606 I, S. 194.
607 I, S. 193.
608 siehe I, S. 193 f.
609 siehe I, S. 149.
610 I, S. 268.
611 siehe I, S. 317.

Gedankenguts, das er kennengelernt hat.[612] „Also das hat es mir auf alle Fälle gebracht: eine Steigerung der Lebensqualität, ja", betont er, „für mich – und ich glaube auch für die Umgebung – ist das sehr segensreich gewesen."[613] Auch Emil berichtet davon, dass sich sein Lebensgefühl „massiv geändert"[614] habe, allerdings erst nach längerer Zeit, als es ihm gelungen ist, die TA-Ideen und -Modelle zu verinnerlichen, sodass seine Praxis dadurch intuitiven Charakter angenommen hat.[615]

Andere Interviewpartner können nicht beobachten, dass sich ihr Lebensgefühl durch die TA-Ausbildung total verändert hätte. Dies lag vor allem daran, dass sie grundsätzlich optimistische, positiv eingestellte Menschen seien, erklären manche, und prinzipiell über eine gewisse Grundsicherheit und Zuversicht im Leben verfügen, die oft schon aus Kindertagen und dem Elternhaus stamme.[616] Daher sei es schwierig, Veränderungen in diesem Bereich klar zu erkennen.[617] „Urvertrauen" ist ebenfalls ein Ausdruck, den sie benützen, um ihre Grundstimmung zu kennzeichnen.[618] Diese bereits vorhandene Tendenz der Zuversicht und positiven Haltung erfährt jedoch durch die Beschäftigung mit Transaktionsanalyse eine Bestärkung und Vertiefung[619]. In diesem Sinn beschreiben auch diese Personen eine Steigerung ihres Selbstbewusstseins, ihrer Selbstsicherheit, Stressfreiheit und „Relaxtheit"[620], die sie als angenehm empfinden und die zur Verbesserung ihrer Befindlichkeit beiträgt; ebenso nennen sie den Mut zu neuen Schritten und das Abnehmen von Ängsten[621]. Sie haben nicht nur mehr Vertrauen in eigene Fähigkeiten, sondern trauen auch ihren Mitmenschen mehr zu, was ebenfalls eine entspanntere Stimmung herstellt.[622] „Die TA hat sicher dazu beigetragen, dass sich so ein gewisses sicheres und durchschaubares und wertschätzendes Lebensgefühl für mich eingestellt hat – mir gegenüber und den anderen gegenüber. [...] Ja – vielleicht wirklich das – darum sag' ich's wieder – diese Achtung und Wertschätzung", meint Christine.[623]

Veränderungen, die sich positiv auf das Wohlbefinden auswirken, betreffen auch bei dieser Personengruppe einerseits das strukturiertere Denken und Verhalten, andererseits die Entwicklung ihrer Persönlichkeit. Der ganze Bereich der „Achtung und Wertschätzung", den Christine (wie viele andere auch) erwähnt, bezieht sich auf die Okay-Haltung, die ihre Stimmung und Verfassung in hohem Ausmaß beeinflusst. Da dies im letzten Abschnitt bereits ausführlich behandelt wurde, soll hier nur kurz nochmals darauf verwiesen sein. Auch an die Entwicklungsgeschichte Verenas, die mit Hil-

---

612 siehe I, S. 136.

613 I, S. 137.

614 I, S. 229.

615 siehe ebd.

616 siehe I, S. 6, S. 58, S. 269 f, S. 326.

617 siehe I, S. 58.

618 siehe I, S. 6, S. 58

619 siehe I, S. 10, S. 270, S. 326

620 I, S. 18.

621 siehe I, S. 303

622 siehe I, S. 19.

623 Ebd.

fe der TA ihre depressiv getönte Stimmung überwinden konnte, kann nur erinnert werden.

In manchen Textpassagen haben Äußerungen zur erlebten Zuversicht, zu Vertrauen und Gelassenheit, einen fast spirituell-religiösen Anstrich. In Zusammenhang mit aktuellen und vergangenen Problemen sagt beispielsweise Anna: „Ja, es schickt sich, ich bin da völlig vertrauend, weil ich mir denke, es hat sich bis jetzt alles gefügt – es kommt, wie es sein soll."[624]

Abgesehen von der Hebung ihrer Grundstimmung spricht Verena auch spezielle Augenblicke des Wohlbefindens an und weist damit auf einen wesentlichen Aspekt der Thematik hin. Sie habe einmal folgende Aussage gehört, erzählt sie, die sie fasziniert und über die sie lange nachgedacht habe: „‚Im Grunde unseres Herzens sind wir alle ambivalent, also ständig hin- und hergerissen. Und nur in *ganz* kurzen Momenten sind wir es nicht.' Und das sind anscheinend diese – ich nenne es jetzt fast heiligen – Momente der Entscheidung", erklärt sie, „wo du dann die Energie innerlich kanalisierst."[625] Sie selbst habe solche Momente erlebt, in denen alle Last von ihr abzufallen schien, weil eine wichtige und schwierige Sache endlich entschieden war und wieder Energie für Neues frei wurde. Richtig körperlich habe sie diese Befreiung verspürt, sagt sie und führt weiter aus: „Und ich glaube, dass die TA mit ihren Modellen uns gut helfen kann, zu diesen Momenten uns hinzuführen; indem wir aufhören, uns im Strudel und im Kreis zu drehen, sondern uns hinsetzen und sagen: Okay, was blockiert mich? Von wo kommen diese Botschaften, diese ganzen Dinge, die dir dann im Kopf herumspuken […]?"[626] An dieser Stelle bezieht sie sich – wie erwähnt – auf das Ich-Zustandsmodell und ihre inneren Dialoge. „Das hilft einfach, diese verworrenen Situationen und verworrenen Dialoge zu strukturieren […]."[627]

„Heilige Momente der Entscheidung" nennt Verena Situationen, in denen sie offenbar ein Ganz-Sein, Eins-Sein und Zufrieden-Sein mit sich selbst und den Gegebenheiten erfährt, ein Gefühl, das sonst nur in Verbindung mit der Plus-Plus-Haltung beschrieben wird. Auch ein rückblickend ausgesprochener Satz lässt auf eine ähnliche Stimmung schließen: „Und es war alles gut, so wie es passiert ist"[628], sagt Verena über eine Phase in ihrem Leben, in der immer wieder Hindernisse zu bewältigen waren, denen sie erst im Nachhinein Sinn zuschreiben konnte.

Immer wieder taucht in den Texten auch der Energie-Begriff auf, den die Befragten wie selbstverständlich einfließen lassen, ohne ihn jedoch näher zu definieren. Was sie nun genau darunter verstehen, ist nicht wirklich festzustellen; sicher ist hingegen, dass diese Passagen etwas mit der Veränderung des persönlichen „Energie-Haushalts" zu tun haben (wie auch immer man diesen spezifizieren möchte) und (indirekte) Aussagen zur Befindlichkeit enthalten, auch wenn die Ausdrücke „Lebensgefühl", „Wohlbefinden" oder „Lebensqualität" als solche nicht aufscheinen.

---

624 I, S. 269.
625 I, S. 168.
626 Ebd.
627 I, S. 169.
628 I, S. 176.

Es geht um „Energieblockaden", die durch ungelöste Probleme entstehen; TA sei in diesem Fall hilfreich, wird festgestellt, weil sie zur Strukturierung des Diffusen und damit zur Problemlösung beitrage.[629] Es geht aber auch um positive Energie, die entstehe, wenn man eine Vision hat und ein Ziel erreichen möchte.[630] Angenehme Empfindungen löst auch das erwähnte Abladen von Energie aus; Fridolin hat ja damit gute Erfahrungen in einer Gruppe von Jugendlichen gemacht, die mit Hilfe des Ich-Zustandsmodells in kontrollierter Weise ihren Ärger artikulieren konnten. Klara spricht sehr viel von der „Energie-Arbeit" und der „Energie-Schiene", die ihre eigene Befassung mit TA, aber auch ihre beruflichen Beratungen ergänze. Für sie bedeutet dies unter anderem das Einbeziehen körperorientierter Techniken, wie Qi-gong-Übungen, zu denen sie über Freunde Zugang hat.[631] Unnötiger Energieverbrauch kommt in Zusammenhang mit Antreibern – besonders dem Perfekt-Antreiber – zur Sprache[632], fehlende Energie mit Minus-Positionen als Grundhaltung[633]. Ebenso erkennt man die „energetische Gefahr" von Spielen, die man durch das Anwenden der TA vermeiden könne[634].

Zu den wohl überraschendsten Ergebnissen der Studie zählt die Tatsache, dass das Thema „Gesundheit" in den Aussagen der Interviewten eine Rolle spielt, obwohl diese Problematik ebenso wie die der „Heilsamkeit" dezidiert – aus besagten Gründen – als Frage ausgeschlossen wurde. Nicht einmal als Thema, das möglicherweise in den Gesprächen auftreten würde und auf das man daher hellhörig sein sollte, wurde Gesundheit in Betracht gezogen.

Zum ersten Mal begegnet das „Gesunde" in den Ausführungen Klaras; sie spricht allerdings nicht von persönlichen Erfahrungen, sondern von ihrer theoretischen Einstellung in Zusammenhang mit ihrer TA-Anwendung: dass sie es als „gesund" empfinde, wenn Führungskräfte mit ihren Mitarbeitern nicht autoritär umgingen, sondern sie darin unterstützten, Potentiale zur Entfaltung zu bringen und zu ihrem eigentlichen Wesen zu kommen. Ihr Gesundheitsbegriff ist ein ganzheitlicher, wie sie erklärt, der nicht nur das Körperliche, sondern auch das Mentale, Emotionale und Spirituelle umfasse. Die TA könne dazu beitragen, dass Menschen ihre Talente entdecken, neue Optionen sehen und ihr „Lebensdrama" anders – besser – weiterschreiben.[635] Je mehr Wahlmöglichkeiten man den Menschen eröffne, „desto gesünder werden sie", ist sie überzeugt.[636]

Die prägnantesten Aussagen, die gelebte Erfahrungen ausdrücken, stammen von Verena. Kranksein und Gesundsein sei so ein Thema gewesen, das sie in den Jahren der TA-Ausbildung und ihrer persönlichen Entwicklung begleitet habe, erzählt sie, und dies nicht nur als theoretisches Thema, sondern als praktisches Problem, denn

---

629 siehe I, S. 154.
630 siehe I, S. 156.
631 siehe I, S. 62.
632 siehe I, S. 239.
633 siehe I, S. 322.
634 siehe I, S. 241.
635 siehe I, S. 68 f.
636 siehe I, S. 68.

häufig litt sie unter langwierigen Erkältungskrankheiten. Verena konnte nun tatsächlich beobachten, dass sie in Zeiten der Ausbildung wohl auch hin und wieder krank war, langfristig gesehen nun aber wesentlich seltener gesundheitliche Probleme hat. „Und in Zeiten, wo ich das Gefühl habe, jetzt lebe ich sehr selbstbewusst und bewusst mit meiner Kommunikation und mit meiner Umwelt, ist mir das [das Kranksein, Anm. d. Verf.] sehr selten passiert", berichtet sie.[637] Diese Bewusstheit und Aufmerksamkeit bezieht sie auf ihr eigenes Verhalten, (wie übertriebene Anpassung), auf körperliche Empfindungen (die sie früher vielleicht zu wenig beachtet hatte), auf das Wahrnehmen ihrer Emotionen und den Kontakt mit ihren Mitmenschen. Sie sieht einen Zusammenhang zwischen ihrem Kranksein und unausgesprochenen, vagen Konflikten sowie der Überforderung, die sie sich oft selbst zumutete.[638] Natürlich könne sie das alles „nicht wissenschaftlich belegen"[639], meint sie, und es gebe auch noch viele offene Fragen und andere Einflüsse, wie beispielsweise ungesunde Bausubstanzen oder Ähnliches.[640] Persönlich habe sie aber die Erfahrung gemacht, dass eine bewusste Art zu leben und mit sich selbst umzugehen ihrem Gesundsein sehr zuträglich sei.

Um diese Zusammenhänge aus ihrer Sicht zu erklären, greift auch Verena auf den Energiebegriff und die Strukturierungsfunktion der Transaktionsanalyse zurück. „Und ich glaube, dass TA schon dazu beitragen kann, Dialoge und Emotionen zu strukturieren, weil ja Vieles so unaussprechlich ist – es sind so dumpfe, vage Gefühle, Emotionen. Und Erklärungsmodelle sind immer so eine Hilfe für das Unaussprechliche – wenn du sie zur Verfügung hast, um das, was in dir so als Kuddelmuddel im Unreinen ist, zu strukturieren, dann kann dir das schon helfen, deine Energie ins Reine zu bringen und gesund zu bleiben. [...] Das ist jetzt einmal so für mich der Zusammenhang."[641] Einige Teile dieses Statements wurden in früheren Abschnitt bereits zitiert. An dieser Stelle soll die Passage als ganze bewusst noch einmal Platz finden, da hier in wenigen Sätzen sehr viele Themen in zusammenhängender Form aufscheinen, die früher eher isoliert voneinander betrachtet wurden; zusätzlich bringt Verena nun ihre prinzipiellen Überlegungen zur Transaktionsanalyse in Verbindung zur Gesundheit. Es geht um das Diffuse, das als schwierig und unangenehm empfunden wird, um die Möglichkeit, mit Hilfe von TA-Konzepten Vieles zu strukturieren und Klarheit zu schaffen, um die Funktion der Sprache, aber auch um das Bewusstsein, dass Manches im menschlichen Leben tatsächlich unaussprechlich ist und Erklärungsmodelle eben lediglich Modelle sind, die helfen, das Unsagbare anzusprechen; es geht aber auch um die Ansicht, dass ein „Kuddelmuddel" im Inneren den Energiefluss stört sowie die Meinung, dass die Energie durch Struktur „ins Reine" zu bringen ist und somit das Gesundbleiben fördert. Verena gibt auch an, das dies der Zusammenhang sei, den *sie* sehe, ohne damit Anspruch auf Allgemeingültigkeit oder absolute Wahrheit zu erheben. Da sie diese Aussagen über den Zusammenhang von TA-Anwendung und Gesundheit jedoch auf dem Hintergrund ihrer eigenen Erfahrung und eines tatsächlichen

---

637 I, S. 155.
638 siehe I, S. 150, S. 155.
639 I, S. 154.
640 siehe I, S. 150.
641 I, S. 154.

zeitlichen Zusammentreffens dieser beiden Ereignisse formuliert, sind ihre Ausführungen zumindest interessante Gedankengänge, über die es sich lohnt, ernsthaft nachzudenken. Man könnte das Ganze aber auch in das eigene Leben übertragen und beobachten, inwieweit sich „Dumpfes und Vages" negativ auswirkt beziehungsweise Bewusstes und Strukturiertes positiv.

Die anderen Interviewpartner berichten nicht von derartigen Erfahrungen und Erkenntnissen; ob sie tatsächlich nichts zu erzählen haben, nicht darüber sprechen wollen oder mögliche Zusammenhänge dieser Art einfach noch nicht bedacht oder bemerkt haben, weiß man nicht. Zwei der Befragten sehen allerdings einen Einfluss der Beschäftigung mit TA auf das Gesundheitsverhalten.

Astrid erlaubt sich durch das Zulassen ihres „freien Kindes" immer mehr, zu ihrem Bedürfnis nach Bewegung und sportlichen Aktivitäten, wie dem Nordic Walking, zu stehen und stellt dadurch eine Steigerung ihres körperlichen Wohlbefindens fest.[642] „Ich brauch' das jetzt, dass ich die Stöcke nehm' und einfach herumrenn' […]", sagt sie sich, „ich muss jetzt nicht nur auf der logischen Denkschiene bleiben, sondern ich kann das Ganze auch weit wegschieben und mich auspowern und es dann von einer anderen Seite wieder betrachten."[643] Hier zeigt sich wiederum, dass die Anwendung der Transaktionsanalyse nicht nur das Denken, sondern auch das Fühlen und Verhalten betrifft; Astrid fühlt sich somit durch das Annehmen von TA-Konzepten insgesamt – auch physisch – besser.[644]

Dass es auch viele andere Motivationen und Möglichkeiten gibt, sich körperlich zu ertüchtigen und gesundheitsbetont zu verhalten, steht außer Zweifel. Im Fall von Astrid ist jedoch das Bewusstsein der Ich-Zustände und des „freien Kindes" ausschlaggebend, sich „in der Bewegung auszuleben", wie sie sagt, was zu ihrem körperlichen Wohlbefinden beiträgt. Dies erinnert an die Ausführungen früherer Abschnitte zur Sprache der TA und zur Funktion der Konzepte: Auch wenn sich TA-Modelle inhaltlich auf bekannte Sachverhalte beziehen, treffen sie mit einfachen Begriffen oft punktgenau den Kern einer Angelegenheit und setzen damit viel in Bewegung – im wahrsten Sinne des Wortes bei Astrid.

Ein anderer Gesprächspartner stellt einen ähnlichen Zusammenhang zwischen TA und Gesundheitsverhalten her. Durch die Betonung des bewussten Lebens im Hier-und-Jetzt falle es schwerer, seinem Körper durch ungesundes Verhalten zu schaden, meint er.[645] Ob dies Ausdruck einer persönlichen Erfahrung oder ein rein theoretisches Statement ist, geht aus der Aussage nicht hervor.

Lisa vermutet, dass die TA aufgrund ihrer stressmindernden Wirkung wohl einen Einfluss auf das Immunsystem haben könnte, hat aber diesbezüglich noch keine konkreten Erfahrungen gemacht.

Ein Ausdruck Fridolins lässt in diesem Kontext aufhorchen. Wiederholt war bereits von einer meditativen Atem-Übung die Rede, bei der er dem Kind, das er einmal

---

642 siehe I, S. 292.
643 I, S. 293.
644 siehe I, S. 292.
645 siehe I, S. 195.

war, in seiner Vorstellung mit bedingungsloser Akzeptanz begegnet. Was sich dabei einstellt, sei Entspanntheit oder Freude, oder auch die „erwachte Widerstandskraft"[646] dieses Kindes, sagt er, Empfindungen, die sich in der Folge auf seinen Alltag als Erwachsener auswirken. Das Wort „Widerstandskraft" erinnert dabei unmittelbar an den Begriff der Resilienz, der sich auch bei Antonovsky findet und mit dem eine zentrale Problematik angesprochen wird: wie bleiben Menschen auch unter schwierigen Bedingungen widerstandsfähig?

Ute ist die einzige Interviewpartnerin, die sich in ihrer Befindlichkeit durch die TA-Ausbildung nicht positiv beeinflusst fühlt. Ihre Erfahrungen mit dem Kursleiter, den sie als nicht authentisch empfand, waren so unangenehm, dass die Ausbildung – ihrer Meinung nach – für sie nicht nur erfolglos blieb, sondern sich sogar auf ihren Zustand negativ auswirkte. Dass in ihren Augen vor allem die abwertende Art des Kursleiters dafür verantwortlich war, der in Supervisionen ihre persönlichen Grenzen verletzte und ihren „Selbstwert abbaute", wie sie sagt, wurde schon berichtet. Zusätzlich habe sie sich in jungen Jahren durch ihn leider auch von beruflichen Plänen abhalten lassen, die er als „Grandiosität" im Sinn von Selbstüberschätzung abtat. Im Nachhinein betrachtet hätte sie sich die Realisierung ihres Projekts durchaus zutrauen können, meint sie und bedauert, die Ausbildung nicht abgebrochen zu haben. Im nächsten Punkt wird von der ethischen Haltung des TA-Lehrers – und auch von Ute – nochmals die Rede sein.

Alle anderen Befragten fühlen sich durch die TA-Ausbildung jedoch in ihrem Wissen, Können und auch in ihrer emotionalen Verfassung gestärkt. Die Konzepte der Transaktionsanalyse empfinden sie als Ressource, auf die sie in vielen Situationen des Lebens zurückgreifen können.

Bemerkungen zum Thema „Lebensgefühl" und „Sense of Coherence"
Gelassenheit, Stressfreiheit, Sicherheit, Zuversicht, körperliches Wohlbefinden, Genuss, Präsenz, Lebensfreude, Energie und Lebensbewältigung sind häufig verwendete Worte, mit denen die interviewten Personen die erlebte Verbesserung ihrer Befindlichkeit charakterisieren und die Frage nach eventuellen Veränderungen des Lebensgefühls oder der Lebensqualität beantworten. Die Themen „Stress" und „Gesundheit" stammen (wie auch alle anderen Begriffe) von den Interviewpartnern selbst, was insofern interessant ist, als Antonovsky das gesamte Konzept des „Sense of Coherence" auf dem Hintergrund der Stressforschung und der Gesundheits-Krankheits-Problematik entwickelte.

Die erhöhte emotionale Lebensqualität führen die Befragten einerseits auf strukturiertere Erkenntnismöglichkeiten und Verhaltensoptionen zurück, die ihnen aufgrund ihrer TA-Kenntnisse zur Verfügung stehen, andererseits auf die Entfaltung ihrer eigenen Persönlichkeit, wobei beide Aspekte – wie erwähnt – in engem Zusammenhang stehen. Den Anforderungen des Alltags begegnen sie nun in gelassenerer und effizienterer Weise; auch mit innerem Druck können sie besser umgehen, was wiederum ihr Wohlbefinden fördert. Ein wesentlicher Faktor, der stressmindernd wirkt, besteht in

---

646 I, S. 83.

der Klarheit, die sie in verschiedenen Zusammenhängen mit Hilfe von TA-Konzepten schaffen können. Diffuses, Vages und Unstrukturiertes empfanden sie früher hingegen als stressreich und energieraubend.

Diese Ergebnisse bestätigen Antonovskys Konzept des „Sense of Coherence" insofern als mit einer Steigerung der Verstehbarkeit, Handhabbarkeit und Bedeutsamkeit tatsächlich auch insgesamt eine Verbesserung der Befindlichkeit und Stimmungslage eintritt.

Betrachtet man Antonovskys Definition des Kohärenzgefühls nochmals, so handelt es sich hier um eine globale Orientierung, um ein dynamisches Gefühl des Vertrauens, dass interne und externe Stimuli strukturiert und erklärbar sind, dass Ressourcen zur Bewältigung dieser Stimuli zur Verfügung stehen und dass Anforderungen es wert sind, sich zu engagieren.[647] (Dass das englische Wort „sense" mehr bedeutet als etwas rein Emotionales, wurde schon erwähnt; somit geht es auch hier nicht um isolierte Gefühle, sondern um die gesamte Verfassung und Grundstimmung eines Menschen.) Wesentliche Faktoren, die bei den Interviewten zu einer verbesserten Gestimmtheit führen, entsprechen der SOC-Definition Antonovskys: Strukturiertheit und Erklärbarkeit interner und externer Stimuli, Rückgriff auf TA-Kenntnisse als Ressource sowie persönliches Engagement und Initiative, die täglichen Anforderungen zu bewältigen.

Das Gefühl der Sicherheit und Gelassenheit, das entsteht oder verbessert wird, beruht im Grunde auf der Tatsache, dass man sich durch die Anwendung von TA-Konzepten nun „mächtiger" im positivsten Sinn des Wortes fühlt: nicht ohnmächtig einem Schicksal total ausgeliefert, sondern handlungs- und entscheidungsfähig. Zu wissen, dass man Kenntnisse besitzt, mit denen man etwas gestalten, verstehen und bewegen kann, erzeugt eine gewisse Zuversicht, ein Vertrauen in die eigenen Fähigkeiten und das Gefühl, auch zukünftige Situationen besser als zuvor bewältigen zu können.

Die Ergebnisse dieser Studie zeigen somit eindeutig, dass es prinzipiell möglich ist, mit Hilfe der Transaktionsanalyse das Kohärenzgefühl zu entwickeln und zu verbessern. Die Aneignung transaktionsanalytischen Wissens kann somit als eine mögliche Antwort auf ein Problem gesehen werden, das häufig in den Raum gestellt wird und das Schneider folgendermaßen definiert: „die drängende Frage, wie das Kohärenzgefühl zu stärken ist".[648] (Dass es nicht nur um theoretisches Wissen, sondern vor allem um dessen Integration in den Alltag geht, wurde schon ausführlich diskutiert und soll hier nur der Vollständigkeit wegen bemerkt sein, ebenso wie die Ansicht, dass Transaktionsanalyse keine reine Technik ist, sondern nur Sinn macht, wenn sie mit Persönlichkeitsentwicklung einhergeht.)

Das Ausmaß des individuellen „Sense of Coherence" ist daher nicht – wie Antonovsky meinte – im jungen Erwachsenenalter festgelegt; man kann den Kohärenzsinn fördern, unterstützen und erlernen, indem man die Strukturen der TA nützt, um die Verstehbarkeit und Handhabbarkeit von Ereignissen zu vergrößern. Dies soll

---

647 siehe Antonovsky 1987/1997, S. 36.
648 Schneider. In: Wydler 2006, S. 21.

nicht bedeuten, dass der Einsatz der Transaktionsanalyse der einzige Weg dazu ist,[649] aber die TA stellt eine gute Möglichkeit dar, das persönliche Kohärenzempfinden zu heben, wie diese Untersuchung zeigt.

Welche Bedeutung dies – abgesehen von individuellen Empfindungen – haben kann und wie weitreichend Konsequenzen sein können, wird bewusst, wenn man sich an empirische Studien erinnert, die belegen, auf welche Größen das Kohärenzgefühl einen Einfluss ausübt. Interessanterweise waren dies jene Dimensionen, die auch TA-Absolventen zur Sprache bringen: Wohlbefinden, Lebensqualität, Stressbewältigung und Gesundheitsverhalten. Besonders die positive Stressverarbeitung scheint relevant, da in Zusammenhang mit Gesundheit und Krankheit die Bedeutung von Stressfaktoren im Allgemeinen nicht geleugnet wird. Stressoren sind „omnipräsent", wie Antonovsky es ausdrückt; man kann sie weder abschaffen noch gänzlich vermeiden. Ob sie sich jedoch schädlich auswirken oder nicht, hängt nicht zuletzt von individuellen Bewertungs- und Bewältigungsstrategien ab.[650] In diesem Sinn erwies sich die Transaktionsanalyse als geeignete Methode, mit Belastungen umzugehen und Stress zu mindern, egal ob dieser aus der Umwelt oder der eigenen Psyche stammt.

Dass eine Informantin in Zusammenhang mit ihrer TA-Ausbildung auch von verbesserter körperlicher Gesundheit und geringerer Anfälligkeit für Erkältungskrankheiten berichtet, ist eine bemerkenswerte Sache, die Aufmerksamkeit verdient. Sicher kann man eine einzelne Erzählung nicht vorschnell verallgemeinern und von einer grundsätzlich gesundheitsfördernden Wirkung der TA sprechen. Ein Zusammenhang über Persönlichkeitsentwicklung, Stressverarbeitung, verbesserter Immunlage und verändertem Gesundheitsverhalten wäre aber sehr gut denkbar. In diesem Sinn könnte man sehr wohl auch aus diesem isolierten Bericht Schlüsse ziehen, sicherlich jedoch nicht in der Weise, dass man TA für ein automatisch wirkendes Instrument hält, das Gesundheit garantiert. Dass der Mensch auch prinzipiell nicht imstande ist, Gesundheit in perfekter Weise zu kontrollieren und herzustellen, wurde schon erwähnt; dennoch gibt es zahlreiche Möglichkeiten, seinen körperlichen Zustand zu beeinflussen. Manche Interviewpartner erleben die Transaktionsanalyse auch im physischen Sinn als hilfreich.

Betrachtet man sämtliche Aussagen der Interviewten zur Veränderung ihrer Befindlichkeit, so sieht man, dass die Entwicklung einer zuversichtlicheren Grundhaltung, die auf der oben beschriebenen Stärkung der SOC-Faktoren (vor allem des Verstehens und Handhabens) beruht, sich eher auf spezifische Situationen, konkrete Momente und einen bestimmten Kontext bezieht, wie das Führen schwieriger Gespräche, das Lösen von Konflikten, das Achten auf eigene Bedürfnisse und Ähnliches. Jene Textpassagen, in denen in tieferem und umfassenderem Sinn von einem Erleben der Kohärenz – des Sinnvollen, Zusammenhängenden, des Ganz-Seins – die Rede ist, beziehen sich auf eine andere Thematik, nämlich die Okay-Positionen und die Plus-Plus-Haltung. Alleine der Satz „ich bin okay, so wie ich bin" scheint bei mehreren Gesprächspartnern ein wesentlich stärkeres Gefühl der Gelassenheit und des In-sich-

---

649 Vgl. Fäh. In: Wydler 2006, S. 149 ff.
650 Bundeszentrale für gesundheitliche Aufklärung (Hg.) 2001, S. 85.

Ruhens auszulösen als alle anderen Methoden, die zu Verstehbarkeit und Handhabbarkeit führen. Sich selbst achten und schätzen zu können, beschreiben Viele als die Basis alles Weiteren schlechthin, als Fundament, auf dem das gezielte Agieren erst Sinn macht. Dieses Okay-Gefühl ist für Viele offenbar eine tiefe Empfindung und umwälzende Erfahrung. Es wird in hohem Ausmaß als etwas erlebt, das Stabilität erzeugt und durchgängig vorhanden ist, zumindest als Position, auf die man immer wieder zurückkommen kann.

Das Erleben des Okay-Gefühls ist somit eindeutig eine „globale Orientierung", wie Antonovsky es nennt, und kommt dem äußerst nahe, was er mit „dynamischem Gefühl des Vertrauens" bezeichnet. Man könnte sagen, dass Antonovsky sich in seiner Theorie mehr auf die Bewältigung konkreter Stimuli bezieht; das Vertrauen, das er anspricht, betrifft eher die Einschätzung der Bewältigungsmöglichkeiten. Die Okay-Position hingegen setzt auf einer anderen Ebene an und drückt in höherem Ausmaß eine grundlegende Orientierung, Einschätzung und Haltung aus, die zu einem bestimmten, vorherrschenden Lebensgefühl führt. Dieses Okay-Gefühl als Lebenshaltung bezieht sich zudem wesentlich stärker auf die Person als solche (auf ihr Selbst, das Ich, den Wesenskern – welche Bezeichnungen auch immer man wählen möchte). Somit kann die Okay-Haltung als tiefere Ebene und Grundlage des Kohärenzgefühls im eigentlichen Sinn gelten.

Auch aus einem anderen Grund scheint es sinnvoll, Antonovskys Konzept des „Sense of Coherence" auf ein zusätzliches, tragfähiges Fundament zu stellen. Fäh weist ja darauf hin, dass ein starkes SOC nicht gleichbedeutend mit der Fähigkeit sei, alles kontrollieren und verstehen zu können, auch nicht mit dem Drang, alles kontrollieren zu müssen.[651] Somit stellt sich aber die Frage, woher Stabilität und Zuversicht kommen, wenn Ereignisse auftreten, die man weder verstehen noch wirklich bewältigen kann und in denen man auch beim besten Willen keinen geheimen Sinn zu entdecken vermag. Mit anderen Worten: Was bleibt, wenn alles schwankt und die Versteh- und Handhabbarkeit sowie die Bedeutsamkeit ausbleiben? Logischerweise muss die Antwort etwas sein, das Konkretes, Gegenständliches übersteigt.

In sich zu ruhen, sich selbst und andere zu lieben, kann auch dann stattfinden, wenn die gewohnten Bewältigungsstrategien nicht greifen. Selbst- und Nächstenliebe sowie die Kurzformel „ich bin okay – du bist okay" erweisen sich ja (den Aussagen der Interviewten zufolge) in vielen Lebenslagen als der stabilisierende Faktor schlechthin. Aber auch wenn es sehr wohl möglich ist, erfolgreich und zielgerichtet zu handeln, ändern sich Qualität und Wirksamkeit des Tuns, wenn diesem das Gefühl des eigenen Okay-Seins zugrunde liegt. Etliche Personen machen ja die Erfahrung, dass sie sich ganz anders verhalten, wenn sie sich „okay" fühlen; Empfindungen und Handlungsweisen ändern sich, wenn sie sich ihrer selbst und ihres Wertes bewusst sind.

Betrachtet man die Okay-Position (als Lebenshaltung und Lebensgefühl) als Basis des Kohärenzgefühls, stellt sich wiederum die Frage, ob und in welcher Form dies im Erwachsenenalter einer Stärkung und Weiterentwicklung überhaupt zugänglich ist (sollten ausreichende Prägungen nicht bereits in der Kindheit erfolgt sein). Die Befun-

---

651 siehe Fäh. In: Wydler u.a. 2006, S. 150 ff.

de dieser Untersuchung zeigen sehr klar, dass die Plus-Plus-Position entwicklungsfähig und erlernbar ist. Man kann es lernen, sich zu mögen, beginnend mit dem Satz „Ich bin okay, so wie ich bin", dem die positive Zuwendung zu einem Du folgt. Lernen hat hier allerdings nichts mit schnellem Antrainieren oder reiner Technik zu tun. Jeder kann sich aber – egal in welcher Verfassung er ist – „auf den Weg machen, dass etwas einsickern kann", wie es ein Interviewpartner ausdrückt. Die Verbindung dieses Lernens mit dem Satz „ich bin auch dann okay, wenn ..." soll an dieser Stelle nochmals betont werden. Ist das Gefühl des Okay-Seins (mehr oder weniger) verinnerlicht, kann man davon ausgehen, dass damit eine Ressource geschaffen ist, die in gleichem Maße wertvoll und nützlich ist.

Die Plus-Plus-Haltung als Ideal und anzustrebendes Ziel bezeichnet Berne als „gesunde Position"[652]; auf psychotherapeutische Behandlung bezogen nennt er sie „Genesungs-Position"[653]. Die Okay-Position als Lebenshaltung ist somit nicht nur wertvoll und nützlich, sie tut dem Menschen auch gut, fördert sein Wohlbefinden und ist – nach Berne – „gesund". Dies erinnert an die Einstellung Freuds, der die Liebes- und Arbeitsfähigkeit eines Menschen in ähnlicher Weise als Zeichen von Gesundheit wertet. Auch wenn sich die Fähigkeit zu lieben naturwissenschaftlich orientierten Erkenntnismethoden entzieht, ist sie ein zentrales Ereignis menschlichen Lebens, das massive Auswirkungen hat. Die Tatsache, dass sowohl Freud als auch Berne sie in Verbindung zum Thema „Gesundheit" setzen, legt nahe, sie in das Konzept Antonovskys, das ja der Gesundheitsförderung dient, zu integrieren. Auch aus diesem Grund scheint es sinnvoll, die Okay-Haltung als Basis des Kohärenzgefühls zu betrachten.

Ein bekanntes Zitat Freuds kommt in diesem Zusammenhang in den Sinn: „Wenn man der unbestrittene Liebling der Mutter gewesen ist, so behält man fürs Leben jenes Eroberergefühl, jene Zuversicht des Erfolges, welche nicht selten wirklich den Erfolg nach sich zieht."[654] Das unbedingte Okay, das man von der Mutter erhält – so könnte man dieses Zitat mit TA-Begriffen paraphrasieren – erzeugt ein grundlegendes Lebensgefühl der Zuversicht. Dieses „Eroberergefühl" ist jedoch nicht nur eine Stimmung an sich, sondern kann auch tatsächlich in konkreten Angelegenheiten zu sichtbaren Erfolgen führen. Zwei Elemente zeigen sich hier: das Okay-Gefühl als positive Grundstimmung und das erfolgreiche praktische Handeln, das daraus resultiert und auf dieser Basis erfolgt. Die von Berne genannten immerwährenden „Prinzen" mit Erfolgsskript sind dies nicht aufgrund einer ausgefeilten Technik, sondern durch den Umstand, ausreichend geliebt worden zu sein, sodass sie sich nun selbstsicher und zuversichtlich durch das Leben bewegen können.

Nicht jeder hatte freilich das Glück, ein eindeutiges und unbedingtes „okay" bereits in seiner Kindheit zu erfahren, sodass sich insgesamt eine „Zuversicht des Erfolges" einstellen konnte. Viele Passagen der Interviewtexte zeigen aber, dass es möglich ist, auch im Erwachsenenalter das Gefühl des Okay-Seins zu entwickeln und zu för-

---

652 Berne 1972/2007, S. 108.
653 Ebd.
654 Freud, GW XII, S. 26.

dern – aus eigener Kraft, durch die Begegnung mit anderen und (nicht zuletzt) mit Hilfe einfacher Formeln, die den Kern des Gemeinten punktgenau angeben.

2.4.7 Weltanschauung, Ethik und Spiritualität

Aussagen der Interviewten zu den Themen „Werthaltung" und „Weltanschauung"
In den vergangenen Abschnitten ging es aus unterschiedlichen Perspektiven immer wieder um spezielle Aspekte der TA-Anwendung: die Integration der Modelle in den Alltag, die Persönlichkeitsentwicklung, die Kombination aus Denken, Fühlen und Verhalten, um Lebensgefühle, die sich verändern, SOC-Faktoren, die sichtbar werden, um Lebensbereiche der Anwendung, die Sprache der TA und Ähnliches. Immer wieder ist jedoch auch von bewussten Entscheidungen, Grundhaltungen und Einstellungen die Rede. Dies bezieht sich nicht nur im Allgemeinen auf das humanistische Menschenbild, das der TA-Theorie zugrunde liegt, sondern hat für die Befragten in vielen einzelnen Situationen des Alltags eine sehr konkrete und praktische Bedeutung. Offen und transparent auf einer erwachsenen Basis kommunizieren zu wollen, erfordert beispielsweise eine persönliche Entscheidung, die nicht notwendigerweise mit der Theorie der Transaktionen oder der Spiele verknüpft sein müsste. Andere Menschen als gleichberechtigte Wesen zu betrachten, die man achten und nicht in unterlegene Positionen drängen sollte, ist ebenfalls eine Entscheidung für eine grundsätzliche Einstellung, die zwar in der TA-Literatur zu den Okay-Positionen direkt oder indirekt enthalten ist, die aber doch auch eine eigenständige Größe darstellt. Auf diesen ethisch-moralischen Aspekten der TA-Anwendung soll nun im Folgenden das Augenmerk liegen.

Dass die ethische Grundhaltung im Rahmen der TA-Theorie eine wesentliche Rolle spielt, hatte beispielsweise zur Folge, dass das persönliche Verhalten der TA-Lehrenden von Ausbildungskandidaten sehr aufmerksam verfolgt und kritisch betrachtet wurde. Was Ute an ihrem Kursleiter bemängelt, ist nicht fehlendes Wissen, sondern die geringschätzige Haltung, die er als Mensch ihr gegenüber einnahm. Vor allem aber stört sie, dass Theorie und Praxis bei ihm nicht übereinstimmten[655], er dadurch unauthentisch wirkte und keinerlei Vorbildwirkung hatte.[656] Mangelnde Authentizität von Lehrenden fiel auch Klara teilweise unangenehm auf. „Aus meiner Sicht ist es immer wichtig", sagt sie, „wie *lebt* jemand so etwas? Predigt er Wasser und trinkt selber Wein? […] Da sag' ich, na pfui, das möcht' ich auf keinen Fall! […] Das ist für mich nicht stimmig."[657] Ein Ausbildungsleiter habe ethische Inhalte unterrichtet und anschließend im Restaurant „den Kellner zur Schnecke"[658] gemacht. Letzteres Beispiel habe sie nur aus Erzählungen gehört, gibt Klara an; gerade dieser Umstand zeigt aber, wie sehr das Thema „Authentizität" beschäftigt und welchen Raum es einnimmt, obwohl Ereignisse dieser Art bereits vor knapp zwei Jahrzehnten stattfanden. Klara kann jedoch erkennen, dass keineswegs alle TA-Lehrer unauthentisch sind. Im Gegensatz

---

655 siehe I, S. 34.
656 siehe I, S. 206.
657 I, S. 71.
658 Ebd.

zu Ute differenziert sie auch genauer zwischen der Theorie an sich, die sie für äußerst wertvoll hält und dem Verhalten einzelner weniger Personen. Utes Verhältnis zur Transaktionsanalyse bleibt jedoch sehr getrübt.

Vielleicht ist Ute überhaupt eine sehr kritische Person, könnte man einwenden, oder auf die Tatsache hinweisen, dass auch TA-Lehrer Menschen sind, denen Fehler unterlaufen. Dies mag stimmen; über die Unmöglichkeit der Perfektion wurde schon nachgedacht. Primär muss aber klar sein, dass Vertreter einer Richtung, die Aussagen zur Ethik inkludiert, sehr genau beobachtet werden, ob sie diesen ethischen Anspruch in ihrem Leben auch umsetzen. Theoretisch-logisch ist die Übereinstimmung von Lehren und Verhalten nicht zwingend notwendig; man erwartet aber eine gewisse Stimmigkeit, und es kommt sehr schlecht an – wie einige Texte zeigen – wenn Theorie und Praxis zu sehr auseinanderklaffen. Wie man sieht, kann die Unglaubwürdigkeit eines einzelnen Menschen unter Umständen auch zur Ablehnung der gesamten Theorie führen[659] und damit der ganzen Bewegung schaden.

TA-Lehrer sind mehr als Theorie-Vermittler; sie stehen als Personen in ihrer menschlichen Haltung im Zentrum der Aufmerksamkeit und beeinflussen durch ihre gesamte Art das Ausbildungsgeschehen. Passte diese ethische Grundhaltung, konnten die Kursteilnehmer kleine, sachbezogene und punktuelle Mängel der Unterrichtspraxis leicht tolerieren.[660] Die Person des Kursleiters ist ebenfalls ein Aspekt, den viele der Interviewten von sich aus in die Diskussion einbringen, was zeigt, welche Bedeutung diese Thematik hat. Abgesehen von den zwei genannten negativen Beurteilungen (und einigen Interviews, in denen das Thema nicht zur Sprache kommt), äußern sich alle sehr positiv über TA-Lehrende, die sie kennengelernt haben.

Anna empfindet vor allem die Pausengespräche mit ihrem TA-Lehrer in der Bewältigung ihrer Scheidungsproblematik als sehr hilfreich.[661] Was Astrid an ihrem Ausbildungsleiter lobend hervorhebt, ist wohl dessen Fähigkeit, Dinge auf den Punkt zu bringen, aber mehr noch seine menschliche Art: „Er ist ein *wunderbarer* Mensch […], und wenn du es gebraucht hast, war er einfach da", berichtet sie.[662] Dass es für die Befindlichkeit von TA-Absolventen auch von großer Bedeutung ist, wie sie selbst von Lehrenden beurteilt werden, zeigt sich an der Geschichte Verenas, die auch viele Jahre nach ihrem Abschluss mit strahlenden Augen erzählt, wie beeindruckt ein Referent von ihrer persönlichen Veränderung war.

Ob diese extreme Bedeutung, die den Ausbildungsleitern zukam, in diesem Ausmaß gerechtfertigt ist oder nicht, soll hier nicht zur Debatte stehen. De facto hatten sie diese besondere Position, und keiner der Interviewten gibt an, dass der Kursleiter nicht von großer Wichtigkeit gewesen wäre.

Das auffallendste Ereignis in diesem Zusammenhang ist wohl der Umstand, dass mehrere Informanten unabhängig voneinander einen bestimmten österreichischen TA-Lehrer besonders positiv hervorheben, dessen Integrität und unumstrittene Authentizi-

---

659 siehe I, S. 33.
660 siehe I, S. 79.
661 siehe I, S. 261.
662 I, S. 284.

tät sie schätzen. Nicht bekannt war diesen Personen, dass genau dieser Lehrende ebenfalls ein Interviewpartner war und mehrfach feststellte, dass Authentizität, die „Stimmigkeit zwischen Sagen und Tun"[663] für ihn extrem wichtig sei. Ehrliches Bestreben, authentisch zu sein ist offenbar etwas, das Menschen eindeutig bemerken und positiv wahrnehmen. Auch sonst haben die TA-Absolventen nur Positives über diesen Lehrer zu berichten, was sicherlich auch mit dessen fachlicher Kompetenz zu tun hat. Betont wird jedoch das Authentisch-Sein. Er ist auch jener TA-Trainer, der Ute zumindest teilweise wieder mit der Transaktionsanalyse versöhnen konnte.[664]

In ähnlicher Weise beeinflusste auch die Ausbildungsgruppe mit ihrem Verhalten und ihrer inneren Einstellung den Verlauf und die Wirksamkeit der Ausbildung einzelner Teilnehmer. Auch dieses Thema war kein vorab geplanter Fokus der Arbeit, sondern ein Anliegen der Interviewten. Die meisten haben das Zusammengehörigkeitsgefühl[665], das Teilen und Besprechen von gemeinsamen Erfahrungen sowie die gegenseitige Unterstützung[666] in sehr guter Erinnerung. Interessanterweise empfindet auch Ute diese Kontakte als sehr positiv.[667] Astrid fühlte sich vor allem in ihrer Trauerarbeit begleitet und verstanden.[668] Einige geben an, dass sie Kontakte auch nach dem Abschluss der Ausbildung weiter pflegen. Anna berichtet, dass eine ehemalige Kollegin sie aus freien Stücken sogar zu ihrem Scheidungstermin begleitete.[669]

Eine Ausnahme bildet Tina[670], die im Gegensatz dazu wegen eines ungelösten Konfliktes mit der Gruppe und nicht geglückter Supervisionen ihre weiterführende Ausbildung abbrach. Sie erkennt ihren Anteil an der Problematik wie den ihrer Kollegen und bedauert, dass es nicht möglich gewesen ist, die Situation zu bereinigen. Was bemerkenswert erscheint, ist die Tatsache, dass Tina imstande ist, die TA-Theorie von der negativen Gruppenerfahrung zu trennen und auch weiterhin mit Enthusiasmus TA praktiziert. Sie ist sogar jene, die sich in fast überschwänglicher Weise zur Bedeutung der Okay-Haltung äußert.

Nicht immer betonen die Interviewten gesondert, dass sie sich auch im eigenen Leben um ein authentisches Praktizieren der TA-Theorie bemühen; aus ihren Erzählungen geht aber deutlich hervor, dass sie mit großer Ernsthaftigkeit und teilweise fast religiös wirkendem Ernst bei der Sache sind. Zahlreiche Beispiele aus ihrem Alltag haben dies bereits belegt. Nicht feststellen lässt sich, dass dieses ehrliche Bemühen an bestimmte Ausbildungsschritte gekoppelt ist; gerade die Absolventen der Basisausbildung wirken in dieser Hinsicht besonders intensiv beteiligt.

Die Ansicht, dass Konzepte nur in Verbindung mit einer Werthaltung sinnvoll sind, teilen alle Informanten, die sich zu dieser Thematik äußern. Ohne diese zugrunde liegende Einstellung sei TA „eine rein mechanische Geschichte", sagt Hubert, „dann

---

663 I, S. 233.
664 siehe I, S. 36.
665 siehe I, S. 140.
666 siehe I, S. 254 f.
667 siehe I, S. 39.
668 siehe I, S. 284.
669 siehe I, S. 261 f.
670 siehe I, S. 98 ff.

malen wir halt drei Kreise an die Wand und benennen die irgendwie und bleiben so auf einer sehr oberflächlichen Ebene [...], werkzeugmäßig."[671] Das Besondere an der Transaktionsanalyse sei, dass sie auch zeige, wie man dieses Wertekonzept umsetzt, führt er weiter aus.[672] Hubert hat damit insofern Recht, als alle Modelle im Grunde auch Ideale implizieren, die man anstreben sollte oder könnte, egal ob es sich um Spiele, Strokes, das Dramadreieck oder die Okay-Positionen handelt. Die Analyse der Spiele beispielsweise hat ja nicht den Sinn zu erklären, wie man am besten Spiele spielt, sondern wie man sie erkennt, unterbricht oder – im Optimalfall – vermeidet. Das Gleiche gilt für die Positionen des Dramadreiecks: Es geht um das Erkennen möglicher Opfer-, Retter- oder Verfolger-Anteile, mit dem Ziel, Haltungen dieser Art auszuschließen. Die Stroke-Theorie wiederum gibt unter anderem Aufschluss über die besten und wirkungsvollsten Strokes, nämlich die positiven und unbedingten. Ähnliches könnte man für jedes TA-Konzept durchexerzieren. Allgemein gesprochen liegt ein wesentlicher Vorteil der Verknüpfung von TA-Modellen mit Ethik darin, den guten Zweck sicherzustellen und die missbräuchliche oder manipulative Verwendung einer kraftvollen Technik zu verhindern. Ob man nun Modelle tatsächlich mit einer dementsprechenden Haltung einsetzt oder nicht und welche Ziele man verfolgt, bleibt der Verantwortung des Einzelnen überlassen, auch wenn die TA-Theorie deutliche Aussagen über das ethisch korrekte Praktizieren beinhaltet.

Dass die TA-Anwendung mit einer bestimmten ethischen Haltung zu verbinden ist, zieht sich wie ein roter Faden durch alle Interviewtexte und zeigt sich vor allem in Zusammenhang mit der Okay-Position. Bezeichnungen für diese grundsätzliche Orientierung sind neben der „Grundhaltung"[673] auch „Lebenshaltung", „Werthaltung"[674], „Lebenseinstellung"[675] und „Grundeinstellung"[676]; weniger allgemein formuliert spricht man von „Grundzielen" wie etwa der Autonomie, von „Grundsätzen"[677], „Zielvorstellungen"[678] und einem „Lebensmotto"[679], wie der Okay-Haltung. Im Kontext der eigenen Entwicklung und des Kontaktes zu Anderen werden einige Werte besonders hervorgehoben: Verantwortung[680], Selbständigkeit[681], Autonomie[682], Eigenständigkeit und Eigeninitiative[683]. Es ist den Interviewten bewusst, dass sie für sich selbst Verantwortung zu übernehmen haben, initiativ und selbständig sein sollen, aber auch andere zur Eigenständigkeit zu führen haben (wie beispielsweise Schüler)[684], diesen

---

671 I, S. 181.
672 siehe ebd.
673 siehe I, S. 265, S. 280, S. 295.
674 I, S. 72.
675 I, S. 304.
676 siehe I, S. 231.
677 siehe I, S. 124.
678 siehe I, S. 3.
679 siehe I, S. 265.
680 siehe I, S. 109, S. 145, S. 156, S. 309.
681 siehe I, S. 145
682 siehe I, S. 3, S. 145, S. 181, S. 279.
683 siehe I, S. 157.
684 siehe I, S. 3 f, S. 67 f.

nicht zu viel Verantwortung abnehmen sollen und das Ziel letztendlich der freie, autonome Mensch ist, der zu sich gefunden hat und sich Anderen zuwenden kann.[685] Diese richtig verstandene Autonomie, die nichts mit Egozentrismus oder völliger Unabhängigkeit zu tun hat, zählt ja bereits zu den Schlüsselbegriffen Eric Bernes; sie nimmt auch in der gesamten TA-Literatur einen zentralen Stellenwert ein.[686]

Die Bedeutung der eigenen Initiative und Verantwortung für persönliche Entwicklungsschritte und Verhaltensweisen, die auch schon in früheren Abschnitten behandelt wurde, betont beispielsweise Verena: „Dieser Anspruch der Selbständigkeit, der Autonomie, dass die Menschen für sich Verantwortung tragen, das hat für mein Menschenbild oder Weltbild, glaube ich, viel weitergeholfen oder beigetragen. Dieses: ‚Es liegt an mir, etwas zu tun, und ich brauch' nicht warten, dass die Welt mich rettet, sondern *ich* muss aufstehen'. Das war etwas Entscheidendes, das zu erkennen.“[687] Auch nach dem Ende der Ausbildung sei es ihre Absicht, nicht stehen zu bleiben und sich immer wieder auf die eigene Entwicklung zurückzubesinnen, erklärt sie;[688] wichtig für ihr Wohlbefinden sei es auch, sich bewusst (berufliche oder private) Ziele zu setzen.[689]

Wenn auch einzelne Werte im Rahmen der Ausbildung neu oder verstärkt vor Augen standen, so war die grundsätzliche Lebenseinstellung bei allen TA-Absolventen (meist als Teil einer Weltanschauung) bereits vor Beginn der Ausbildung vorhanden. Das Thema „Weltanschauung" bringt Christine spontan im ersten Interview ein. Sie sei christlich geprägt und aufgewachsen, berichtet sie, die TA habe daran nichts Wesentliches verändert, aber Manches ergänzt, erweitert oder – durch die Okay-Positionen – ansprechbarer gemacht; TA passe sehr gut zu ihrer christlichen Lebenseinstellung, erklärt sie.[690]

Das Gespräch mit Christine war der Anlass, auch andere Interviewpartner nach ihrer Weltanschauung und deren Bedeutung im Kontext der Transaktionsanalyse zu fragen. Es zeigt sich, dass zwar nicht alle, aber auffallend Viele einen christlichen Hintergrund haben. Nur ein Teil von ihnen fühlt sich konfessionell gebunden oder ist aktiv praktizierend, aber sie betonen die Wichtigkeit der inneren Haltung oder den Wert der christlichen Botschaft. Authentizität und das Verwirklichen des Wesentlichen spielen somit auch hier eine Rolle. Harte Worte findet eine Interviewpartnerin für Heuchelei und Engstirnigkeit, die sie in manchen kirchlichen Kreisen erlebt hat.[691] Umso mehr empfindet sie Toleranz, Ehrlichkeit und Offenheit als zentrale Werte, die sie in ihrem Leben verwirklichen will. Auch eine andere Gesprächspartnerin meint, sie habe so ihre Probleme mit der Kirche, aber nicht mit der christlichen Lehre.[692] Zuversicht und Urvertrauen als Lebensgefühle wurden ja bereits beschrieben; oft stehen sie in Zusam-

---

685 siehe I, S. 52, S. 67.

686 2006 wurde dem Thema „Freedom and Responsibility" eine Ausgabe des „Transactional Analysis Journal" gewidmet: TAJ 36 (2).

687 I, S. 145.

688 siehe I, S. 152, S. 156.

689 siehe I, S. 156.

690 siehe I, S. 5 f.

691 siehe I, S. 251.

692 siehe I, S. 324 f.

menhang mit weltanschaulichen Orientierungen. Ein Gesprächspartner erwähnt den Kontakt zu Anthroposophen[693], zwei weitere ihre Erfahrung in buddhistisch geprägter Meditationspraxis, die – wie erwähnt – auch die transaktionsanalytische Arbeit an der persönlichen Entfaltung unterstützte. Eine interviewte Person erklärt, sie verbinde alles: ihren Glauben an Gott, ihr Vertrauen in das Leben und auch die Transaktionsanalyse, durch die sie selbstbewusster geworden sei und sich nun erlaube, auch zu ihren eigenen religiösen Vorstellungen zu stehen.[694]

Ein Informant, der in einer religiösen Gemeinschaft aktiv ist, berichtet, dass es ihm auch dort gelungen ist, mit Hilfe von TA-Konzepten einen langwierigen Konflikt erfolgreich zu lösen.[695] Dass die Klarheit der Transaktionsanalyse auch manche Bibelzitate erhellt, verständlicher macht oder in ein neues Licht stellt, wurde schon angesprochen.[696] Vor allem die biblische Selbst- und Nächstenliebe sei nun durch die Kenntnis der TA-Grundpositionen anwendbarer, verständlicher und praktizierbarer geworden, meinen Viele, was ebenfalls bereits ausführlich dargestellt wurde.[697]

Niemand sieht in der Transaktionsanalyse einen Widerspruch zu christlichen oder buddhistisch geprägten Haltungen. Viele betonen im Gegenteil die fruchtbare, gegenseitige Bereicherung und Ergänzung. Natürlich können hier weder Aspekte des Christentums noch buddhistische Meditationsformen näher diskutiert werden. Worum es an dieser Stelle geht, ist lediglich der kurze Hinweis auf die Einbettung der ethischen Komponente der TA in einen größeren, weltanschaulichen Zusammenhang, der sich bei den Interviewpartnern zeigt; zudem soll herausgestrichen werden, dass die Transaktionsanalyse – vor allem ihre Sprache und Klarheit – auch eine Funktion für das Praktizieren der Religiosität und das Engagement in einer Glaubensgemeinschaft hat. Dass die TA nicht im Widerspruch zu christlichen Einstellungen steht, verwundert nicht sonderlich; auffallend sind hingegen Berichte über den Beitrag der Transaktionsanalyse zum Verständnis und der konkreten Umsetzung von Bibelzitaten. Bezogen auf die SOC-Komponenten könnte man sagen, dass die TA offenbar auch diese Texte verstehbarer, handhabbarer und dadurch auch bedeutsamer gemacht hat. Ob die Auslegungen der Interviewten nun auch hundertprozentig dem Sinn des griechischen Urtextes entsprechen oder nicht, soll hier nicht weiter interessieren; wesentlich ist, dass es durch prägnante Formulierungen und klare Differenzierungen der TA gelungen ist, die Selbst- und Nächstenliebe besser zu fassen und zu praktizieren. Einer der Befragten hat sich ausführlich mit Berührungspunkten zwischen TA und Christentum beschäftigt, die es seiner Meinung nach „tonnenweise"[698] gebe; vor allem in den Anfängen der TA im europäischen Sprachraum in den 1970er und 1980er-Jahren sei zu dieser Thematik viel publiziert worden, informiert er.[699]

---

693 siehe I, S. 233.
694 siehe I, S. 112 f.
695 siehe I, S. 124 ff.
696 siehe I, S. 199.
697 siehe Punkt 2.4.5.
698 I, S. 84.
699 Vgl. Zeitschrift für Transaktionsanalyse 2003 (4).

Die TA sei mit allem kompatibel, hat ein Interviewpartner in einem früheren Kapitel in Zusammenhang mit anderen psychologischen Theorien und Methoden erklärt. An dieser Stelle müsste man diese Aussage auf jene Richtungen und Weltanschauungen einschränken, die eine humanistische Basis haben oder damit nicht im Widerspruch stehen, wie ein Lehrender ausführt; Leute mit faschistoiden Anschauungen seien nicht sosehr für die TA geeignet, meint er.[700]

Zwei Interviewte können mit der Frage nach ihrer Weltanschauung nicht wirklich etwas anfangen, haben darüber noch nicht nachgedacht und vermischen den Begriff der Weltanschauung mit elterlicher Prägung oder schulischer Erziehung.[701] Zufällig (oder auch nicht zufällig) sind dies jene zwei Personen, die eindeutig am stärksten von allen das Spaß-haben-Wollen und ihr „freies Kind" betont haben, was die Beschäftigung mit weltanschaulichen Überzeugungen freilich nicht ausschließen müsste.

Ein Interviewpartner vertritt die Ansicht, das Gute an der TA sei, dass sie selbst eine „religionsfreie Geschichte" sei, zwar kompatibel mit (beispielsweise) der christlichen Lehre und diese auch nicht prinzipiell leugnend, ohne jedoch Glaubensinhalte zum expliziten Thema zu machen. Er kenne viele Transaktionsanalytiker, gerade aus dem Organisationsbereich, die mit der Religion nichts zu tun hätten.[702]

Was genau dieses „Gute" sei, führt er nicht weiter aus und betont das Fokussieren der TA auf das Sichtbare und Beobachtbare. Auf den Einwand der Interviewerin, dass die Intuition, die ja im Rahmen der TA eine Rolle spielt, doch eigentlich auch an der Grenze des Fassbaren sei, versucht der Informant – mit einigem Räuspern und mehreren „ähs" – den Unterschied zwischen „realem Phänomen" (für das er die Intuition hält), „Gott und Teufel" und einem „philosophischen Konzept" zu erklären, was nicht ganz einfach ist.[703] Er wechselt bald das Thema, erwähnt den weltanschaulichen Hintergrund Eric Bernes und meint, dies sei nichts, was ihn stark beschäftigt habe.[704] Offenbar ist es nicht nur in Zusammenhang mit Forschungsmethoden schwierig, das „Reale", „Objektive" vom „Subjektiven" und „Philosophischen" zu trennen und Wertungen vorzunehmen.

Bemerkungen zu TA, Ethik und Spiritualität

Die Aussage eines Interviewpartners, die TA sei eine „religionsfreie Sache", war der Anlass, über das prinzipielle Verhältnis der Transaktionsanalyse zu Religion und Weltanschauung nachzudenken und Manches zu differenzieren. Dass hier nur einige wenige Grundgedanken skizziert werden können, ergibt sich aus der Thematik.

Sicher ist, dass sich die TA zu einer humanistischen Orientierung bekennt, dadurch eine bestimmte Werthaltung inkludiert und Weltanschauungen ausschließt, die damit nicht kompatibel sind. Dieser ethische Anteil müsste nicht notwendigerweise mit der Theorie der TA und der praktischen Seite der Anwendung gekoppelt sein. Klar ist auch, dass die Transaktionsanalyse ansonsten keine explizit religiösen, konfessionellen

---

700 siehe I, S. 248.
701 siehe I, S. 210, S. 291 f.
702 I, S. 196 ff.
703 siehe I, S. 198.
704 siehe ebd.

oder weltanschaulichen Anteile aufweist, keine bestimmte Einstellung voraussetzt und auch nicht zu einer spezifischen Weltanschauung hinführt, die über das Humanistische hinausgehen würde. Damit steht sie als neutrale Kommunikations- und Persönlichkeitstheorie allen interessierten Menschen offen, Agnostikern und Atheisten ebenso wie Angehörigen spezifischer Religionsbekenntnisse.

Ein Vorteil dieses Umstandes liegt darin, dass die TA unabhängig von kirchlich definierten Glaubenslehren praktikable, ethische Inhalte transportiert, die man leicht aufnehmen und umsetzen kann. Auf diese Weise wird Ethik individuell und auch gesellschaftlich relevant (sofern der Einzelne in kleineren oder größeren sozialen Gruppen im Sinn der TA agiert), auch wenn keine Bindung an eine Glaubensgemeinschaft vorliegt. 1983 wies Strotzka auf das Problem hin, dass mit abnehmender religiöser Bindung in einer Gesellschaft oft auch ethische Inhalte verloren gehen. Dieses Vakuum sei bewusst mit einer neu definierten und begründeten Ethik zu füllen, argumentierte er, und schlug dafür drei Begriffe als Prinzipien vor: Fairness, Verantwortung und Phantasie.[705]

Vergleicht man nun die Art dieser Begriffe mit den Ich-Zuständen der Transaktionsanalyse, so könnte man die Verantwortung dem Eltern-Ich zuordnen, die Fairness dem Erwachsenen-Ich und die Phantasie dem Kind-Ich. Es ist gut, kann man daraus schließen, das faire, erwachsene Verhalten im Hier-und-Jetzt auch mit einem verantwortungsvollen, elterlichen Blick zu verbinden; die Phantasie des Kind-Ichs schützt nicht nur vor Langeweile, sondern bringt Kreativität in festgefahrene Problemsituationen, die man ethisch vertretbar und gut lösen möchte. Im Grunde geht es hier um drei verschiedene Arten (ethischer) Energie, die mit bestimmten Zuständen und Seinsweisen verbunden sind. Dadurch werden ethische Inhalte im Leben und in der Person des Handelnden selbst verankert, was etwas anderes darstellt, als ein moralischer Überbau, der – losgelöst vom Leben – den Charakter eines erhobenen Zeigefingers hat. Wie erwähnt erklärt Eric Berne in einer seiner Publikationen just anhand des Wortes „gut" das Prinzip der Ich-Zustände.

Dass die Transaktionsanalyse eine Theorie ist, die der Aktivität in einer religiös orientierten Gemeinschaft nicht widerspricht und gut mit dem Praktizieren von Meditation oder der Auslegung mancher Bibeltexte harmoniert, zeigen die Berichte und Beispiele der Interviewten. So entscheidet jeder Absolvent selbst, ob er die Transaktionsanalyse als rein psychologische Theorie nützen möchte, oder ob er sie darüber hinaus auch mit der Sinnfrage, seiner persönlichen Religiosität oder der Weltanschauung kombinieren will.

Jenseits dieser Möglichkeiten existiert m.E. in der Transaktionsanalyse (wie auch in anderen psychologischen Richtungen) ein weiteres Potential, das in den Interviews nur am Rande zur Sprache kommt, hier aber nochmals kurz erwähnt sein soll: die Möglichkeit, das Zu-sich-Kommen, das Selbst-Werden oder Sich-Finden auch als spirituelle Erfahrung zu sehen und auf diese Weise die psychologische Theorie um die Dimensionen von Spiritualität und Transzendenz zu erweitern. Begreift man nämlich das „Selbst" des Menschen, wie es in den Worten „Selbstfindung", „Selbsterfahrung"

---

705 Strotzka 1983.

oder „Selbstliebe" aufscheint, nicht nur als innerweltliches „Ich", sondern als Größe, die etwas enthält, welche das rein Menschliche übersteigt oder auf dieses hinweist, dann kommt all diesen Begriffen eine tiefere und weitere Bedeutung zu. Selbstfindung wäre dann nicht nur das gelungene Ergebnis einer methodischen Persönlichkeitsentwicklung, sondern auch ein Ort der Transzendenzerfahrung, wie auch immer man diese definieren möchte. „Zu sich finden", „zu seinem Wesen kommen", wie Gesprächspartner es formulieren, würde somit auch eine spirituelle und transzendente Dimension ausdrücken.

Dass Spiritualität und Psychologie nicht prinzipiell gegenläufige Tendenzen darstellen, zeigt sich auch in entsprechenden Publikationstiteln. „Werden was ich bin" – so lautet der Titel einer Sammlung spiritueller Texte von Paul M. Zulehner;[706] „Werde, der du werden kannst" ist aber auch der Titel einer psychologischen Schrift zur Persönlichkeitsentfaltung durch Transaktionsanalyse.[707]

Vertreter der Transpersonalen Psychologie sind ja bekanntlich davon überzeugt, dass ein echtes Ganz- und Heilwerden des Menschen ohne den Bezug zu dieser Dimension der Transzendenz nicht denkbar ist, weshalb in ihren Theorien und Therapieformen westliche Psychologie mit asiatisch-östlicher Spiritualität verbunden wird.[708] Dürckheim entwickelte – um ein konkretes Beispiel zu nennen – eine eigene Form der Therapie, die „Initiatische Therapie", in der durch Zen-buddhistische Meditationselemente der Mensch in sich Raum für die Erfahrung von Transzendenz bereiten und auf diese Weise zu seinem eigentlichen Wesen kommen soll.[709] Allerdings findet sich auch in der christlichen Mystik die Sichtweise, dass am „Urgrund der Seele" etwas Transzendentes, Göttliches zu finden ist. Meister Eckhart nennt diesen Ort „Seelenfunken": ein „Fünklein in der Seele, das weder Zeit noch Raum je berührte", ein Licht, „das in der Seele ist, das ist ungeschaffen und unerschaffbar".[710]

Nochmals soll betont sein, dass all diese Themen hier nur extrem kurz und punktuell bedacht werden können. Dennoch scheint es wichtig, auf die prinzipielle Möglichkeit hinzuweisen, die Transaktionsanalyse um spirituelle Dimensionen zu erweitern, sie in einen größeren Kontext zu stellen beziehungsweise Querverbindungen zu anderen Systemen zu erkennen.

Ob die Interviewpartner das „Selbst" in der oben genannten Weise interpretieren und Sichtweisen dieser Art teilen würden, weiß man nicht. Zwei der Befragten sprechen explizit über Meditation und die spirituelle Dimension von Gesundheit.

In der TA-Literatur existieren einige Ansätze, das Gedankengut der TA mit Transzendenz und Spiritualität zu verbinden, was aber nicht zu den klassischen Inhalten der Transaktionsanalyse zählt.[711] Meditation sei ein stabilisierender Faktor für das Erwachsenen-Ich, schreibt Verney. Individuation sei nicht das ausschließliche Entwicklungsziel; neben der persönlichen Autonomie gehe es auch (in Anlehnung an C.G.

---

706 Zulehner 2008.
707 Rautenberg u. Rogoll 1990.
708 siehe Weinreich 2005.
709 Dürckheim 1982, 1984; Bitter (Hg.) 1968.
710 Predigt 34. In: Quint (Hg.) 1979.
711 Nuttall 2003, Trautmann 2003.

Jung) um „universal interconnectedness".[712] Mellor stellt – ebenfalls ausgehend vom Begriff der Autonomie – die Transaktionsanalyse in einen breiteren Kontext und plädiert für die Einbeziehung von Transzendenz und Ethik, wenn die Ganzheit des Menschen gefragt ist.[713]

Betont werden auch öfters die Berührungspunkte zwischen TA und Buddhismus. Kiltz publiziert unter dem Titel „Berne and Buddha – A Comparison of their Basic Assumptions" eine Folge von Artikeln zu dieser Thematik.[714]

Bernd Schmid, der 2007 für seine Erweiterung des Ich-Zustandsmodells den „Eric Berne Memorial Award" erhielt, bezieht sich am Ende seiner „Acceptance Speech"[715] auch auf die Notwendigkeit globaler Zusammenarbeit angesichts zahlreicher gesellschaftlicher Herausforderungen. Spiritualität erwähnt er – jenseits anthropomorpher Gottesvorstellungen – in nüchterner Weise in Zusammenhang mit gemeinsamen Bemühungen, Liebe und gemeinsamer Kreativität: „Cocreativity is spiritual"[716], meint er.

Auch Fanita English bezieht die Erfahrung von Transzendenz in ihre Überlegungen zur TA mit ein. Sie erweitert das Konzept der Antreiber (engl. „drivers") um drei Triebe (engl. „drives"), die sie auch „Motivatoren" nennt und die sie für die stärksten Impulsgeber hält: den Überlebenstrieb, den Ausdrucks- und den Ruhetrieb. Während die ersten zwei Triebe das tägliche, notwendige Tun beziehungsweise die kreative Begeisterungsfähigkeit meinen, bei der die Zeit wie im Fluge vergeht, bezieht sich der Ruhetrieb (neben Schlaf und Entspannung) auf Momente, in denen das Zeitgefühl gänzlich verschwindet und eine Art Ewigkeitsempfinden eintritt: Fünf Minuten, in denen man (zum Beispiel meditierend) ganz bei sich ist, können sich anfühlen wie ein Stück Ewigkeit und Transzendenz erleben lassen. „Transcendence or Quiescence Motivator" nennt die Autorin diese Triebkraft im Menschen.[717]

Fanita English spricht auch über ihr hohes Alter, das ihr niemand anmerken würde und über den vermuteten Zusammenhang von Glück, Genen und Gesundheit. Sie spricht aber auch über ihre Einstellung zum Tod: Sie brauche sich nicht darum zu kümmern, er käme von alleine; sie müsse sich nicht damit beschäftigen. Dass sie in jedem Moment bereit sei zu sterben, helfe ihr, das Leben zu genießen, sagt sie.[718] 2010 publizierte Fanita English 93-jährig und in voller Vitalität ein weiteres Buch, das sich mit lebenslanger Entwicklung und Entfaltung befasst: „S'épanouir tout au long de sa vie", lautet der Titel.[719]

Ob man nun tatsächlich Interesse hat, im Erlernen und Praktizieren der Transaktionsanalyse auch eine spirituelle Dimension zu erkennen (oder nicht), bleibt der Entscheidung des Einzelnen überlassen; die Möglichkeit dazu besteht jedenfalls. Meist

712 Verney 2009.
713 Mellor 2008.
714 Kiltz 2010.
715 Schmid 2008.
716 Ebd., S. 29.
717 English 2005.
718 CD: fanita english live.
719 English 2010.

wird jedoch die klassische Auffassung der Transaktionsanalyse als rein psychologisch orientierter Kommunikations- und Persönlichkeitstheorie vertreten.

Fest steht allerdings, dass der ethische Gehalt transaktionsanalytischer Konzepte nicht wegzudenken ist. Am deutlichsten tritt dies in der Kurzformel zutage, mit der die Transaktionsanalyse Berühmtheit erlangte und die wohl als das Herzstück schlechthin der TA gelten kann: „Ich bin okay – du bist okay". Hier treffen sich viele Strukturmerkmale transaktionsanalytischen Denkens: Die Quintessenz psychologischer und philosophischer Gedanken erhält eine klare, einfache Struktur und kondensiert sich in formelartigen Sätzen; diese Struktur ist mit Leben zu füllen und so lange zu praktizieren, bis sie zur Lebenshaltung wird; dieses Lebensmotto kann auch im Sinn von Selbst- und Nächstenliebe interpretiert werden (was den Raum auch für spirituelle Dimensionen öffnen könnte); diese praktizierte Lebenseinstellung erzeugt ein positives Lebensgefühl; Berne bezeichnet die Plus-Plus-Haltung darüber hinaus als gesunde Position. An anderer Stelle erwähnt er das Okay-Sein in Zusammenhang mit der Sinnhaftigkeit mancher Verhaltensweisen und meint, es gehe darum, jemanden „‚vom Felsen der Sinnlosigkeit' loszueisen und ihn ein bißchen in Richtung auf den sonnigen Weg des O.-K.-Seins zu bringen."[720]

Die Okay-Formel wirkt somit wie eine Schnittstelle oder ein zentraler Kristallisationspunkt, an dem sich psychologisches Wissen mit philosophischer Überzeugung, ethischer Haltung sowie mit den Themen Sinn und Gesundheit trifft. Ethik, Sinn, Gesundheit und Wohlbefinden sind hier keine Gegensätze, sondern bilden eine Einheit. Die Theorie der Okay-Haltungen ist daher nicht nur als Anleitung zum Glücklich- (oder Unglücklich-)Sein zu betrachten, sondern auch als Anleitung zum Gut-Sein und – nach Berne – auch zum Gesundwerden. Die Okay-Position ist (im ethischen Sinne) gut; sie fühlt sich aber auch gut an, macht Sinn, erzeugt Wohlbefinden und ist – nach Berne – Zeichen seelischer Gesundheit[721]. Sinnvolles, Angenehmes, Lustvolles, Gesundes und Gutes bilden ein Ganzes, untermauert von einer durchdachten psychologischen Theorie auf humanistischer Grundlage. (Nicht zu verwechseln ist nach wie vor die Plus-Plus-Haltung mit einem permanent konfliktfreien oder gar kitschigharmonischen Zustand. Doch selbst in unangenehmen Streit- und Problemsituationen wird die Plus-Plus-Haltung zu einem Kern innerer Ruhe beitragen, der trotz aller Aufregungen nicht verloren geht. Insofern kann sehr wohl davon die Rede sein, dass sich die Okay-Haltung „gut anfühlt".)

Besonders zu unterstreichen ist die Kombination von Ethik und Gesundheit, die die Plus-Plus-Position in sich birgt und die nicht selbstverständlich ist. Abgesehen von Alltagskonnotationen, in denen Ethik und Moral mit Strenge, Lustfeindlichkeit oder simpler Langeweile assoziiert werden, während „Gesundsein" an Freiheit, Spaß und Freude denken lässt, bedauert ja Antonovsky selbst, dass in seinem Konzept der Salutogenese ethische Aspekte keine Rolle spielen und ein starker „Sense of Coherence" auch dann gegeben sein kann, wenn grundlegende menschliche Werte verletzt werden. „Natürlich muß gesagt werden", schreibt er, „daß das starke Kohärenzge-

---

720 Berne 1972/2007, S. 195.
721 siehe ebd., S. 108.

fühl und die daraus resultierende gute Gesundheit von Nazis, von religiösen Fundamentalisten, patriarchalischen Männern, Kolonialisten, aristokratischen und kapitalistischen Unterdrückern nur auf Kosten ihrer Opfer erreicht werden kann. [...] Eine salutogenetische Orientierung macht keine Vorschläge für ein gutes Leben im moralischen Sinne, sie kann nur das Verständnis von Krankheit und Gesundheit erleichtern.“[722]

Im Gegensatz dazu ist die von Berne definierte Plus-Plus-Haltung eine „gesunde Position“, die sich gleichzeitig am besten eignet, „ein ordentliches und anständiges Leben zu führen“, schreibt er.[723] Ethik und Gesundheit sind damit in einer kurzen Formel in beeindruckender Weise auf den Punkt gebracht und zusammengeführt.

Nicht zuletzt aus diesem Grund scheint es sinnvoll und notwendig, die Okay-Position in das Konzept des Kohärenzgefühls zu integrieren. Damit ist nicht nur eine zusätzliche Basis geschaffen, die (in Kombination mit der Verstehbarkeit, der Handhabbarkeit und der Bedeutsamkeit) zu Stabilität und Wohlbefinden führt, sondern auch der ethisch-moralische Faktor in die Definition des Kohärenzgefühls einbezogen.

Die Verbindung des „Sense of Coherence“ mit der Okay-Haltung stellt zunächst eine theoretische Möglichkeit dar, ethische und gesundheitliche Aspekte gedanklich in einem Konzept zusammenzuführen, ohne unlogisch, widersprüchlich oder unrealistisch zu wirken. Gleichzeitig ist diese Verbindung auch eine sehr praxisnahe und einfache Darstellung, auf welche Weise sich im täglichen Leben „gesundes“ Verhalten mit praktizierter Ethik vereinen lässt. In Anlehnung an das Kapitel zur „Normalität“ soll hier seelische „Gesundheit“ als etwas verstanden werden, das dem Einzelnen gut tut – im weitesten Sinn des Wortes – oder Wohlbefinden erzeugt, ohne aber Anderen zu schaden (was natürlich nicht bedeutet, dass seelisch „gesunde“ Menschen sich immer wohl fühlen müssen). Im Prinzip geht es hier jedoch nicht um neue oder alte Definitionen von Gesundheit (obwohl diese Thematik auch Antonovsky sehr beschäftigt), sondern um die Vereinbarkeit von Ethik und Wohlbefinden. Gemeint ist eine Haltung, bei der man sich auf das eigene Wohlbefinden konzentriert, sich selbst für wichtig hält und achtsam mit sich selbst umgeht, gleichzeitig aber auf andere Menschen bezogen bleibt und auch mit diesen achtsam umgeht, sodass die Aufmerksamkeit, die man sich selbst zukommen lässt, nicht in einen Widerspruch zu den Bedürfnissen und Interessen anderer gerät. Somit geht es nicht nur um die Balance des Individuums in den Turbulenzen des Alltags, sondern auch um ein Gleichgewicht des Individuums (im Ungleichgewicht des Alltags) in Bezogenheit auf Andere, die es nicht für wichtiger, aber auch nicht für unwichtiger hält als sich selbst. Integriert man die Ethik dieser Plus-Plus-Position in das SOC-Konzept, hätten die von Antonovsky zitierten Personengruppen niemals einen starken „Sense of Coherence“, da sie diesen ja nur „auf Kosten ihrer Opfer“ erreichen können, wie er schreibt. Sich selbst auf Kosten anderer zu erhöhen, ist eine eindeutige Plus-Minus-Haltung, um die es ja nicht gehen soll. Mit der Erweiterung des SOC-Konzepts um ethische Anteile ist klarerweise die von Antonovsky empfundene Ungerechtigkeit im Leben nicht beseitigt, aber es existiert

---

722 Antonovsky 1993, S. 13 f.
723 Berne 1972/2007, S. 108.

ein einfaches Prinzip, das Ethisches und Gesundes gleichzeitig enthält, leicht verständlich ist und verwirklicht werden kann.

Ob man sich nun für Ethik interessiert und auch selbst ein „anständiges und ordentliches Leben" führen will, wie Berne es ausdrückt, oder ob man sich damit begnügt, ausschließlich Eigennütziges im Blick zu haben, bleibt eine individuelle Entscheidung. Zu ethisch vertretbarem Verhalten kann niemand gezwungen werden, genauso wenig wie man anderen gesundheitsbewusste Lebensweisen aufdrängen kann, wenn kein Interesse daran besteht. Die Frage ist jedoch, wer wohl glücklicher sein wird im Leben und wer sich mit sich selbst wohler fühlen wird. Wahrscheinlich kann niemand diese Frage allgemein und abschließend beantworten, ebensowenig wie man den Wunsch nach absoluter Machbarkeit von Gesundheit erfüllen kann. Dass die von Antonovsky genannten Komponenten des Kohärenzgefühls jedoch das subjektive Wohlbefinden, die psychische Stabilität und das Gesundheitsverhalten eindeutig verbessern, belegen zahlreiche empirische Untersuchungen. Dies kommt auch in der vorliegenden Studie zum Ausdruck; vor allem aber kann hier gezeigt werden, dass die Okay-Haltung zu einem noch tieferen Empfinden von Sinn, Ruhe und Kohärenz führt.

Bedenkt man nun nochmals die Auffassung, dass der Mensch ein „Du", ein Gegenüber braucht, um er selbst zu werden, spricht auch dies dafür, die Plus-Plus-Position in das Kohärenzgefühl einzubeziehen – „kohärent" meint ja etwas Sinnvolles, Ganzes. Es ist leicht vorstellbar, dass sich das eigene Wohlbefinden (das Gefühl von Kohärenz) und das Wohlbefinden der Mitmenschen erhöht, wenn man eine Balance zwischen der eigenen Person und den Anderen findet, statt nur um sich selbst zu kreisen oder sich ausschließlich um Andere zu kümmern und dabei den eigenen Schwerpunkt zu verlieren. Gelingt diese Balance, wäre im Sinn der Okay-Position Ethik mit Wohlbefinden eng verbunden. Bezogen auf die Realität des Alltags hieße dies Folgendes: Dinge verstehen und handhaben zu wollen, Sinn zu erkennen und motiviert zu sein (was Antonovskys SOC-Faktoren entspricht) bildet im Optimalfall eine Einheit mit dem Ruhen in sich selbst und dem Bezug zu Anderen – auf einer dezidiert ethischen Basis.

Alexa Franke betont den Titel von Antonovskys letztem Werk: „The Moral and the Healthy: Identical, Overlapping or Orthogonal?"[724] Dazu meint sie sehr knapp und eindeutig: „Ich verstehe ihn im Sinn eines Vermächtnisses."[725] Vielleicht lässt sich die Idee, die Plus-Plus-Position in das Konzept des Kohärenzgefühls zu integrieren, auch als kleiner Beitrag verstehen, Antonovskys Ansatz in seinem Sinn fortzuführen und weiterzudenken; er betont ja, dass sein primäres Anliegen darin bestehe, „Ideen zu entzünden"[726]. Eine dieser Ideen bezieht sich auf die Okay-Haltung und das Ergänzen des SOC-Konzepts um ethische Anteile, sodass „gut" und „gesund" keinen Widerspruch darstellen. Diese vierte Komponente des Kohärenzgefühls könnte – neben der Verstehbarkeit, der Handhabbarkeit und der Bedeutsamkeit – „Plus-Plus-Position" lauten.

---

724 Antonovsky 1995.
725 Franke. In: Antonovsky 1997, S. 188.
726 siehe ebd., S. 19.

Der Transaktionsanalytiker Claude Steiner, der mit Eric Berne eng zusammenarbeitete, unterstreicht in seiner Stroke-Theorie die Bedeutung menschlicher Zuwendung; 1969 schrieb er eine immer noch aktuelle, symbolische Geschichte („A Warm Fuzzy Tale", „Das Märchen von den Kuscheltüchern"[727]), in der es um die Vorstellung geht, wie eine Welt wohl aussehen würde, in der „warm fuzzies" reichlich vorhanden sind, weil alle großzügig geben, nicht neidisch sind und daher auch selbst immer genug erhalten. Wie eine große Bewegung könnte sich dies überall ausbreiten. „If you want to, and I hope you do", schließt er seine Erzählung, „ you can join by freely giving and asking for Warm Fuzzies and being as loving and healthy as you can." Auch hier scheint „loving" nicht im Gegensatz zu „healthy" zu stehen.

Lässt man sich auf diese Vorstellung und das Wesentliche der Plus-Plus-Position ein, so scheint die Transaktionsanalyse teilweise weit mehr zu sein als eine psychologische Kommunikations- und Persönlichkeitstheorie: sie kann auch ein Stück Lebensweisheit oder Lebensphilosophie werden, die unterstützt und begleitet.

2.4.8 Zufriedenheit mit der TA-Ausbildung, Wirkfaktoren und Bedingungen des Erfolges

War in den vergangenen Kapiteln in vielfältiger Weise die Rede von einzelnen inhaltlichen Aspekten der TA-Anwendung, so soll nun in diesem Abschnitt dargestellt werden, wie die Interviewten insgesamt ihre Ausbildung rückblickend beurteilen, wie sie ihren Erfolg einschätzen und ob sich ihre Erwartungen, die sie an den Kurs hatten, erfüllen konnten. Darüber hinaus wird auch die Frage behandelt, welche Faktoren des Ausbildungsgeschehens für das Erleben von Erfolg wesentlich waren. Klarerweise handelt es sich bei diesen Themen größtenteils um subjektive Einschätzungen und nicht um formale Kriterien und reine Fakten wie Ausbildungszertifikate oder höhere berufliche Positionen.

Da es in dieser Studie aber genau um diese subjektive Befindlichkeit sowie das Erleben von Sinn und Lebensqualität geht, scheint keine andere Bewertung als die subjektive schlüssig und angemessen. Wollte man den „Erfolg" der Ausbildung von außen – sozusagen „objektiv" – beurteilen, würde sich nicht nur nochmals die Frage stellen, wie sich Befindlichkeiten beobachten, messen und feststellen lassen, sondern man stünde auch vor der Schwierigkeit, „Erfolg" definieren zu müssen. Abgesehen davon, dass das Wort an sich ein schillernder Begriff ist, unter dem jeder etwas Anderes versteht, hängt es speziell im Kontext der Transaktionsanalyse sehr von der Perspektive des Betrachters ab, welche Ergebnisse als (besonders) erfolgreich einzustufen sind. Da es sich bei der TA ja nicht nur um Theorie-Kenntnisse handelt, sondern auch um praktische Anwendungen, Entscheidungen und Lebenshaltungen, ist die Sache nicht ganz einfach. Was wäre beispielsweise „erfolgreicher": präzises Fachwissen, eine einfache, aber sinnvolle Anwendung, Autonomie und Eigeninitiative oder praktizierte Selbst- und Nächstenliebe im Sinn der Plus-Plus-Haltung? Abgesehen von einem theoretischen Idealfall, der all diese Vorzüge in sich vereint, wäre die Beantwortung dieser

---

727 www.emotional-literacy.com/fuzzy.htm

Frage – gerade angesichts der Verbindung von Theorie und Ethik – wohl auch immer eine subjektive, von eigenen Wertvorstellungen geprägte.

Daher soll es um subjektive Beurteilungen durch die TA-Absolventen selbst gehen – weniger im Sinn detaillierter Bewertungen von Einzelheiten, sondern als Antwort auf die Frage, ob der Kurs wohl das gebracht habe, was erhofft wurde und insgesamt als sinnvoll gelten könne. Eingangs wurde dargestellt, dass sich die Motivationen, welche am Beginn der Ausbildung standen, oft auf private, persönliche Interessen bezogen und nur sehr selten ausschließlich den beruflichen Bereich betrafen. Dieser Ausgangslage werden nun kurz die Ergebnisse des Kurses aus der Sicht der Befragten gegenübergestellt, wobei es vor allem um Lebensbereiche der Veränderung gehen soll und um Grundsätzliches oder Charakteristisches, das in den jeweiligen Interviews hervortritt.

Christine[728] fühlte sich zunächst aus beruflichen, pädagogischen Gründen von der Transaktionsanalyse angesprochen. Die Ausbildung hat sich jedoch in mehrfacher Hinsicht positiv ausgewirkt, nicht zuletzt in der Beziehung zu ihrem Mann und den Kindern. Am meisten betont sie das neu gewonnene Selbstbewusstsein, das sie auf die gelungene Selbsterfahrung und das Befassen mit ihrer Geschichte zurückführt. „Schaut her, was aus mir geworden ist!" könnte man ihre Berichte überschreiben.

Ute[729] war aus beruflichen Gründen hochmotiviert für eine Ausbildung, wurde aber persönlich verletzt und enttäuscht. Sie gibt zwar an, dass sie einzelne Modelle in ihrem Alltag nützlich finde; insgesamt kann sie der Theorie der TA aber nichts Positives abgewinnen. Zentrales Thema ist die Authentizität der TA-Lehrenden. Neue Wege zu gehen und eigene Grenzen zu überschreiten, scheint in ihrem Leben fast mehr Bedeutung zu haben als allzu strukturiertes Vorgehen und Analysieren.

Für Klara[730] war der TA-Kurs zunächst eine rein berufliche Verpflichtung; sie verstand es jedoch, ihn als willkommene Gelegenheit zu persönlicher Weiterbildung und -entwicklung zu sehen. Sich selbst für wichtig zu halten und sich auch den entsprechenden Raum zu nehmen, sind markante Themen, die sie bei der Aufarbeitung ihrer familiären Geschichte und der Bewältigung ihrer Scheidung beschäftigt haben. Autonomie betrachtet sie als anzustrebendes Ziel, ebenso wie das Kommen zur „Essenz", zum Wesenskern.

„Ein Quantensprung an Bewusstheit" – dies war nicht nur die erste spontane Antwort Fridolins[731] auf die Frage nach Veränderungen durch Transaktionsanalyse, sondern gleichzeitig der innerste Kern vieler seiner Aussagen. Seine Motivation war im Grunde eine private, obwohl auch Berufliches (eher sekundär) eine Rolle spielte. Tatsächlich zeigt sich eine enorme qualitative Veränderung in der Beziehung zu seiner Frau; auch die gemeinsamen Kinder profitieren von TA-Kenntnissen. Beruflich integriert er die TA in sein Tun, meint aber, hier noch „am Weg" zu sein.

---

728 siehe I, S 1-30.
729 siehe I, S. 31-50, S. 205-227.
730 siehe I, S. 51-72.
731 siehe I, S. 73-94.

Ständig in einem Prozess der Veränderung zu bleiben, ist auch ein Leitgedanke von Tina.[732] Ihr ursprünglicher Wunsch, die Kommunikation zu ihrem Mann zu verbessern, hat sich nicht erfüllt; es gelang ihr aber, die Scheidung in Kooperation mit ihrem Partner und in einer guten Form durchzuführen. Tina findet in der TA-Theorie, vor allem in den Grundpositionen, ein faszinierendes und beeindruckendes Instrument, das ihren gesamten Alltag prägt und keinen Lebensbereich unbeeinflusst lässt. Sich nicht kleiner zu machen als man ist, um mit Mut und Zuversicht sein eigenes Leben führen zu können, ist dabei ein wesentliches Prinzip.

Obwohl Thomas[733] eine rein berufliche Fortbildung anstrebte, wirkte sich die Beschäftigung mit Transaktionsanalyse insgesamt positiv aus und wurde weit mehr als eine professionelle Kompetenzerweiterung. Die TA sei für ihn und seine ganze Umgebung sehr segensreich, berichtet er; eine Steigerung der Lebensqualität sei auf alle Fälle zu verzeichnen. In sich zu ruhen, den anderen zu schätzen und sich dennoch konsequent und klar zu verhalten, steht in seinen Ausführungen im Vordergrund. Bei Thomas fällt vor allem der überzeugte Charakter seines Engagements bei der Weitergabe transaktionsanalytischen Wissens auf.

Verenas[734] Motive zu einer TA-Ausbildung waren eindeutig persönliche. Es gelang ihr tatsächlich, zu sich zu finden, wie sie sagt, selbstbewusster zu werden und gute Entscheidungen in Beziehungsfragen zu treffen. Das Gespräch mit Verena war extrem inhaltsreich, sodass es an dieser Stelle schwierig erscheint, das Wesentlichste knapp auf den Punkt zu bringen. Neben der Möglichkeit, Verworrenes zu strukturieren und Vieles in einem größeren Zusammenhang zu sehen, ist für sie vermutlich die Fähigkeit, sich selbst anzunehmen, wie sie ist, das Entscheidende. In diesem Sinn spricht sie von der Heilsamkeit der Grundpositionen und der Beobachtung, dass sie in Zeiten bewussten Lebens weniger krank ist.

Hubert[735] suchte eine psychologische Methode für den beruflichen Kontext und hat sie in der Transaktionsanalyse auch wirklich gefunden. Er betont seine Begeisterung für die TA-Theorie, vor allem das Wertekonzept, berichtet jedoch wenig Persönliches aus seinem Privatleben.

Emil[736] interessierte sich ebenfalls aus beruflichen Gründen für die TA-Ausbildung; die Transaktionsanalyse bedeutete für ihn in der Folge jedoch weit mehr als eine psychologische Methode zur professionellen Anwendung in spezifischen Situationen. Emil betont das Verinnerlichen der Modelle und die Integration in den gesamten Alltag, sodass Theorie und gelebte Praxis eine Einheit bilden. Die persönliche, ständige Auseinandersetzung und das Authentisch-Sein sind für ihn das Zentrale schlechthin.

Annas[737] Ziel war das Verkraften ihrer Scheidung und die Verbesserung ihrer depressiven Stimmung; die TA-Ausbildung betrachtete sie als Ersatz für eine Psychothe-

---

732 siehe I, S. 95-116, S. 299-307.
733 siehe I, S. 117-138.
734 siehe I, S. 139-178.
735 siehe I, S. 179-204.
736 siehe I, S. 228-249.
737 siehe I, S. 250-274.

rapie. Ihren Angaben zufolge hatte dann der TA-Kurs tatsächlich die Funktion einer Problem- und Lebensbewältigung. Dies sei nur möglich gewesen, meint sie, weil sie in der Ausbildung von geeigneten Strategien (in Form der TA-Theorie) erfahren, gleichzeitig aber auch Menschen kennengelernt habe, die sie persönlich in ihrer schwierigen Situation unterstützten. Diese Kombination von Strategien und Freunden betont sie immer wieder. „Okay" als Lebensmotto bleibt erhalten, auch wenn sie sich weiters nicht sonderlich mit anderen TA-Modellen befasst.

Die Ausgangsmotivation von Astrid[738] war ebenfalls eine rein persönliche; die angestrebte Bewältigung der Trauer nach dem Tod ihres Vaters ist auch ihr – mit Hilfe der Gruppe und des Kursleiters – gelungen. Allerdings stellen sich aufgrund der TA-Ausbildung auch weitere persönliche Entwicklungen und berufliche Veränderungen ein, was primär nicht intendiert war. Sie begann, an ihrer Arbeitsstelle interne Fortbildungsveranstaltungen anzubieten und wechselte – ebenfalls mit der Unterstützung von TA-Supervisionen – in eine neue Position, was sie als günstig und angenehm erlebte. Im Mittelpunkt ihrer Ausführungen steht die Aussage, sich selbst und ihren Weg gefunden zu haben.

Lisa[739] stellt – was ihre Motivation betrifft – insofern einen Sonderfall dar, als sie mit der Ausbildung keinen bestimmten Zweck verfolgte, sondern sich einfach mit der TA-Theorie befassen wollte, nachdem sie bereits in einzelnen Seminaren und einer einjährigen Therapie die Transaktionsanalyse auf praktische Weise kennengelernt hatte. Den Kurs erlebte sie als sehr nützlich und betont die Klarheit und Struktur der TA, welche Bewusstheit in den Irrgarten der Kommunikation bringen, wie sie es ausdrückt. Dinge besser kontrollieren zu können, Prioritäten zu setzen und Verantwortung wahrzunehmen, scheint für sie im Vordergrund zu stehen. Dass sie während der Ausbildung über ein Praktikum auch eine Arbeitsstelle gefunden hat, führt sie (indirekt) auf den TA-Kurs zurück.

Ute[740] war definitiv die Einzige der Interviewten, die von der TA-Ausbildung enttäuscht blieb. Alle anderen zeigen sich mit dem Kurs, seinen Auswirkungen und den persönlichen Veränderungen sehr zufrieden, und Ute stellt fest, dass sie auch innerhalb ihrer Ausbildungsgruppe mit ihrer negativen Bewertung „solitär" gewesen sei; die übrigen Gruppenmitglieder hätten sich mit den Gegebenheiten ganz gut arrangieren können, was jedoch Utes berechtigt scheinenden Ärger nicht mildert.

Im Prinzip konnten die Befragten (außer Ute) gesteckte Ziele auch erreichen. Nicht immer ereignete sich dies so geradlinig und punktgenau wie sie es anstrebten, aber doch in einer Weise, die sie als sehr befriedigend erlebten. (Von Tina, die zwar nicht ihre Ehe retten konnte, aber dennoch eine gute Gesprächsbasis zu ihrem früheren Partner hat, wurde ja schon berichtet.) Für fast alle ergaben sich darüber hinaus aber auch noch Effekte in anderen Lebensbereichen oder in einer Form, an die ursprünglich nicht gedacht war. Gemeinsam ist auch allen Interviewten (außer Ute), dass sie meinen, viel gelernt zu haben und nun im Besitz eines wertvollen Instruments zu sein, das den All-

---

738 siehe I, S. 275-298.
739 siehe I, S. 308-327.
740 siehe I, S. 31-50; S. 205-227.

tag erleichtert und stressfreier gestaltet. Dies ist auch der Grund, dass sie Interesse haben, „d'ranzubleiben", wie sie es ausdrücken, die TA weiterhin in ihr Leben integrieren und teilweise sogar intensiv mit der Sache befasst bleiben, sei es innerhalb der Familie, im beruflichen Kontext oder als lehrende beziehungsweise weiterstudierende Transaktionsanalytiker.

Die Tendenz, die TA in irgendeiner Form weiter zu pflegen und kontinuierlich zu nützen, ist somit allen – mehr oder weniger – gemeinsam, obwohl ihre Ausbildung etliche Jahre zurückliegt und bei einigen sogar schon in den 1980er-Jahren absolviert wurde. Als äußerst unterschiedlich erweisen sich hingegen die Einstellungen zur ausführlicheren Befassung mit der Theorie der TA, zur Lektüre entsprechender Publikationen und zu weiteren Ausbildungsschritten. Lehrende haben sich klarerweise in die Theorie vertieft und besitzen auch dementsprechende Kenntnisse. Aber auch alle Befragten, die den dreijährigen Basiskurs besucht haben, verfügen über fundiertes Theoriewissen. Nicht immer ist diese Theorie-Kompetenz an das Studieren von Fachliteratur gebunden. Eine interviewte Person, die sehr gekonnt die TA-Theorie in den Alltag einbindet, den Kern der Sache sehr gut versteht und auch umsetzen kann, erwähnt ganz offen, „noch nie so ein Büchl gelesen"[741] zu haben; eine andere gibt an, dass sie selbst im Kurs nicht mitgeschrieben und immer die schriftlichen Aufzeichnungen einer Kollegin bewundert habe. So kristallisiert sich unter den Interviewten eine Gruppe heraus, die perfekt in der Anwendung scheint, aber nicht viel von theoretischem Arbeiten hält. Dies scheint für den guten und inhaltsreichen Aufbau der Kurse zu sprechen, aber auch für die TA-Theorie an sich, die sich offenbar gut im persönlichen Kontakt vermitteln lässt. Andere Teilnehmer haben sich dagegen sehr wohl mit theoretischen Feinheiten beschäftigt, heben dies auch deutlich hervor und streuen in ihre Statements immer wieder Publikationstitel und Autorennamen ein.

Unabhängig von der Frage des theoretischen Wissens, des Vertrautseins mit Publikationen und der täglichen Anwendung stellt sich der Ernst, mit dem Manche das Ganze praktizieren, oder die überzeugte Ehrlichkeit, mit der sie bei der Sache sind, als eigenständige Größe heraus, die nicht unbedingt an eine hohe Anzahl von Ausbildungsschritten und -zertifikaten gekoppelt ist. Hier zeigt sich nun die Unmöglichkeit, „Erfolg" einheitlich und allgemeingültig zu quantifizieren, sehr klar. Einen Extremfall sozusagen stellt Anna dar, die die Plus-Plus-Haltung zu ihrem Lebensmotto werden ließ, ohne sich an andere TA-Modelle zu erinnern. Allerdings hatte sie auch nicht primär vor, sich spezielles Fachwissen anzueignen; sie wollte ihre persönlichen Probleme lösen. Nachdem ihr dies gelungen ist, besteht für sie offensichtlich keine weitere Motivation, sich mit der Theorie der TA auseinanderzusetzen.

Nicht bestätigen kann diese Studie die Meinung eines Lehrenden, derzufolge drei Jahre Grundausbildung zwar ein erstes Kennenlernen der Modelle bieten, aber noch nicht zu einer Integration in den Alltag führen würden[742]. Die Interviewten scheinen tatsächlich die Modelle verinnerlicht und erfolgreich in ihr Leben integriert zu haben. Allerdings weiß man nicht, ob diese Integration schon unmittelbar nach dem Kursende

---

741 I, S. 28.
742 siehe I, S. 228.

vorhanden war, oder ob sich diese erst im Laufe der folgenden Jahre eingestellt hat. Zusätzlich handelt es sich hier um einen Aspekt persönlicher Entwicklung, mit der man wohl nie fertig ist, solange man lebt. In diesem Sinn kann die Integration der Modelle wohl immer nur eine „mehr oder weniger" gelungene sein. Der Lehrende räumt auch ein, dass der entscheidende Faktor die individuelle Bereitschaft sei, auch ohne formale Anforderungen TA nach dem Ende der Ausbildung in irgendeiner Form weiter zu betreiben. Sich hin und wieder zu einem fachlichen Austausch mit Kollegen zu treffen oder Konferenzen zu besuchen, könne schon genügen, um den erreichten Zustand zumindest aufrecht zu erhalten, meint er.[743]

Die Ansicht, dass zur persönlichen Entwicklung und Vertiefung der TA-Kompetenz (mindestens) eine weitere Ausbildungsstufe mit offizieller TA-Prüfung zu absolvieren wäre, bei der auch eine schriftliche Arbeit und Tonbänder vorgeschrieben sind, kann ebenfalls durch diese Studie nicht bestätigt werden. Natürlich weiß man nicht, ob die befragten Teilnehmer der Grundausbildung sich nicht noch besser entwickelt hätten, wenn sie weitere TA-Ausbildungsschritte durchlaufen hätten. Sicher ist jedenfalls, dass es sehr wohl möglich ist, in Selbstverantwortung und Eigeninitiative intensiv mit TA befasst zu bleiben, auch wenn kein Interesse an weiteren Zertifikaten und Prüfungen besteht. Aus dieser Untersuchung geht hervor, dass theoretisches Wissen, praktische Fertigkeiten, das Verinnerlichen der Konzepte und – vor allem – das authentische Leben von TA-Prinzipien unterschiedliche und eigenständige Größen sind, die nicht unbedingt in gleichem Ausmaß wachsen, auch nicht gleichzeitig auftreten müssen und nicht alle in der gleichen Weise mit formalen Abschlüssen zu tun haben. Vor allem das ehrliche, authentische Handhaben der Theorie und die ethisch passende Lebenshaltung sind zentrale Momente der TA-Anwendung, die sich jedoch einer formalen Überprüfung weitgehend entziehen. In diesem Sinn scheint auch der Begriff des „Experten" an Kontur zu verlieren, da er sich nicht auf theoretisches Fachwissen beschränken lässt, beziehungsweise isoliertes Wissen hier weniger Sinn macht als gekonnte, ehrliche Anwendung, die mit einem guten Verständnis des Gemeinten verbunden ist. Die genannten Dimensionen dürften mitunter – wie in einem Interview – nicht klar genug voneinander unterschieden und zu sehr an weitere Ausbildungsformalitäten geknüpft werden. Innerhalb der TA-Literatur fällt auf, dass selbst Standardwerke, wie jenes von Stewart und Joines, so verfasst sind, dass die interessierte Allgemeinheit sie ebenso verstehen kann wie Fachpersonen. Somit fehlt auch hier die scharfe Trennlinie zwischen Experten und Nicht-Experten.

Bemerkenswert ist in diesem Zusammenhang die Tatsache, dass Berne – wie erwähnt – eine Theorie schaffen wollte, die ein achtjähriges Kind versteht. Aus diesem Grund scheint es legitim, erwachsenen Menschen, die eine dreijährige Ausbildung absolviert haben, ein adäquates und kontinuierliches Praktizieren der TA zuzutrauen. Ob man die TA weiterhin in das tägliche Tun einbauen will und welche Haltung man dabei einnimmt, ist freilich eine persönliche Entscheidung. Doch selbst nach umfangreicheren Kursen und aufwändigeren Prüfungen lassen sich genau diese beiden Komponenten niemals mit Sicherheit feststellen oder gar voraussagen. Auch wird oft implizit

---

743 siehe I, S. 236.

davon ausgegangen, dass Interessenten von TA-Basiskursen grundsätzlich am Anfang ihrer Entwicklung stehen, was jedoch nicht notwendigerweise der Fall sein muss.

Die meisten Interviewten haben eben diesen Grundkurs belegt und sind daher theoretisch wie praktisch gut ausgebildet. Bis auf zwei Ausnahmen zeigen sie jedoch kein Interesse an weiteren Prüfungen. Viele stehen der möglichen TA-Karriereleiter sogar äußerst skeptisch gegenüber und meinen, dass sie darin wenig Sinn sehen könnten oder der Aufwand nicht im Verhältnis zum Ergebnis stehe. TA sei sowieso ihre Leidenschaft, erklärt eine Interviewte, sie arbeite mit TA, sie setze die Modelle um und merke, dass es gut ankomme – der Rest sei es ihr „nicht wert"[744].

Einige der Befragten, die zufrieden mit den Ergebnissen ihrer Ausbildung sind, denken über mögliche Bedingungen ihres Erfolges nach. Manche sehen einen Zusammenhang mit ihrem Alter und der Lebensphase zum Zeitpunkt des Kurses. Christine, die damals Mitte 40 war, meint, die TA habe sie „in einer guten Zeit erwischt"[745], in der sie bereits mehr Selbstvertrauen hatte, sich wohler fühlte, „gesettelt"[746] wurde und begann, schon ein bisschen über den Dingen zu stehen[747]. Die TA habe diese Tendenz der natürlichen Entwicklung zusätzlich unterstützt und gefördert. Dieses Zusammentreffen von passender Disposition, mittlerem Alter und neuer Theorie habe sich „herrlich ergeben"[748], sagt sie.

Verena hingegen war Mitte zwanzig, als sie den TA-Kurs besuchte. Von ihrer intensiven und positiven Persönlichkeitsentwicklung war ja schon mehrfach die Rede. Sie erzählt, dass sie heute einzelne Modelle nachlesen müsse, weil damals manche Inhalte viel zu abstrakt für sie waren: „Berührt haben mich *die* Dinge, die ich bereits *erlebt* habe – an Leib und Seele. *Da* hab' ich mich entwickeln können. Alles andere war viel zu kognitiv und viel zu abstrakt."[749] Abgesehen davon findet sie es jedoch nur gut und wertvoll, dass sie bereits in jungen Jahren die TA kennenlernen konnte. Den wesentlichsten Vorteil sieht sie in richtigen Weichenstellungen, die ihr dadurch in ihrem Leben gelungen sind. Mit Dreißig hätte ihr die Theorie zwar mehr gebracht, vermutet sie, fügt aber hinzu: „Wie viel schmerzhafter wären dann Entscheidungen gewesen, denn wahrscheinlich wäre ich dann schon verheiratet gewesen mit meinem Ex-Freund. Und *was* wäre dann alles passiert? Also ich bin heilfroh, dass es so war, wie es war."[750] Sie erzählt auch, dass Kollegen ihrer Gruppe, die teilweise Jahrzehnte älter waren als sie, wohlwollend-neidisch ihr TA-Wissen kommentierten: „Wie ich so alt war wie du", sagten sie, „da hab' ich ja von dem Allen noch keine Ahnung gehabt."[751]

Ute war ebenfalls Mitte zwanzig, als sie sich zu einer TA-Ausbildung entschloss, betont aber eher die negativen Effekte, die ihr jugendliches Alter auf ihren Lern- und Entwicklungsprozess hatte. Da sie sich selbst noch nicht ausreichend gefestigt fühlte

---

744 I, S. 105.
745 I, S. 18.
746 I, S. 10.
747 siehe I, S. 18.
748 Ebd.
749 I, S. 141.
750 I, S. 147.
751 Ebd.

und sehr auf der Suche nach dem war, was in ihrem Leben gut und passend wäre, begann sie die Ausbildung irgendwie mit einer gewissen Naivität, wie sie sagt, und schrieb dem Kursleiter ein extrem hohes Maß an Autorität zu. Bei Schwierigkeiten mit ihm suchte sie zunächst die Schuld ausschließlich bei sich selbst; gegen übergriffige Bemerkungen konnte sie sich nur schlecht abgrenzen, und insgesamt wurde sie durch ihre eigene Unsicherheit angreifbarer und verletzlicher.[752] Erst zu spät erkannte sie auch die negativen Anteile des Ausbildners, allerdings erst, als sie Unterstützung und Bestätigung durch andere arrivierte Trainer erfuhr.

Vergleicht man nun die beiden letztgenannten Beispiele, so zeigt einerseits die Erzählung Verenas, welche enormen Vorzüge es haben kann, wenn Ausbildungen in jungen Jahren erfolgen; andererseits besteht bei jüngeren Teilnehmern eher die Gefahr, sich als Ausbildungskandidat zu angepasst zu verhalten, verunsichert oder verletzt zu werden und dadurch auch weniger zu profitieren. Dies hat allerdings wiederum nicht nur mit dem Lebensalter zu tun, sondern auch mit persönlichen Eigenschaften der Absolventen und dem Führungsstil der Lehrenden.

Bedenkt man nun zusätzlich die Situation einer Befragten, die mit Hilfe der TA ihren Pensionierungsschock überwinden konnte, so sieht man, dass die Befassung mit Transaktionsanalyse in jeder Lebensphase sinnvoll und erfolgreich sein kann. Je jünger oder unsicherer die Teilnehmer sind, umso bewusster und sensibler sollte allerdings der Umgang der Ausbildner mit der eigenen Machtposition sein, die in jedem Fall gegeben ist, auch wenn keine speziellen Zeugnisse oder Berufsberechtigungen angestrebt werden. Da diese Untersuchung zeigt, dass die Konzepte der TA auf vielfältige Weise Struktur, Gelassenheit, Wohlbefinden und Zielorientierung in das Leben zu bringen vermögen, sprechen wohl viele Gründe dafür, nicht allzu lange zu warten und sich möglichst früh mit dieser Theorie auseinanderzusetzen. Grundsätzlich scheint jedoch das mögliche Erleben von Erfolg und Zufriedenheit mit der Ausbildung weder an bestimmte Altersstufen noch an Lebensphasen gebunden zu sein.

In welchem Ausmaß man persönlich von einer Weiterbildung profitiert, hängt sicherlich auch davon ab, wie man mit den präsentierten Inhalten umgeht, wie man sie nützt und was man selbst in der Folge daraus macht. Eine Interviewpartnerin, die Schulungen für Jugendliche abhält, berichtet, dass es sehr unterschiedlich sei, mit welcher Einstellung diese an die Sache herangingen. „Was ich schon sehr wohl glaube", sagt sie, „ist einfach, dass sie interessante Denkanstöße kriegen, und der Eine macht sich dann darüber Gedanken, und der Andere denkt sich: ‚Na pff, jaja – lass' sie reden, die kennt sich nicht aus'."[753] In abgeschwächter Form mag dies wohl für alle Bildungsveranstaltungen und auch für TA-Kurse gelten. Personen, die desinteressiert oder verschlossen sind und keine Motivation zeigen, die Transaktionsanalyse zu verwenden, sind unter den Befragten allerdings nicht vertreten; alle scheinen bestrebt, persönlichen Gewinn aus den neuen Konzepten zu ziehen. (Dass dies in der Praxis nicht immer funktionierte und welche Gründe dafür vorlagen, wurde schon dargestellt.)

---

752 siehe I, S. 39.
753 I, S. 310.

So lassen sich Erfolg und Ergebnis einer Ausbildung immer als Zusammenwirken mehrerer Faktoren begreifen. Die Kursteilnehmer finden ein bestimmtes Angebot vor: eine Theorie, die unterrichtet wird, eine didaktisch-methodische Aufbereitung und Vermittlung dieses Inhalts, ein Lehrender, der nicht nur durch sein Wissen, sondern vor allem durch seine persönliche Art das Kursgeschehen prägt und Rahmenbedingungen, wie Ort und Dauer der Kurseinheiten. Dieses Angebot trifft nun auf spezifische Dispositionen der Teilnehmer, wie Vorwissen, Einstellungen, Motivationen und Zielvorstellungen, sodass ein dynamischer Prozess zwischen dem Kursleiter (und seinem Angebot) und den Absolventen entsteht, die sich mit ihren Potentialen, Wünschen, Interessen, Hoffnungen und Begrenzungen einbringen. Da es sich bei den TA-Kursen um Gruppenveranstaltungen handelt, betreffen diese Wechselwirkungen und Interaktionen auch die Dynamik innerhalb der Gruppe, unter den Gruppenmitgliedern ebenso wie zwischen der Gruppe (oder Einzelnen aus der Gruppe) und dem Lehrenden.

Diese genannten Wirkfaktoren (wie Theorie und Didaktik, die Dynamik der Gruppe, die Persönlichkeit des Kursleiters und die Dispositionen der Teilnehmer), welche die subjektive Zufriedenheit mit den Kursergebnissen stark beeinflussen, kamen in den vergangenen Abschnitten immer wieder gesondert zur Sprache; hier seien sie gemeinsam nochmals kurz erwähnt. Für alle Interviewten, die ihre TA-Ausbildung sinnvoll und hilfreich finden, dürfte das Zusammenspiel dieser Faktoren in der einen oder anderen Weise gepasst haben. Wurden Mängel (beispielsweise didaktischer Art) beobachtet, konnte deren punktuelle Bedeutung erkannt und offensichtlich durch andere, wertvolle Elemente ausgeglichen werden.

Besonderes Gewicht hat die Persönlichkeit des Gruppenleiters, vor allem seine Authentizität und Lebenshaltung. Immer wieder unterstrichen wird auch der Einfluss der Gruppe auf die eigene Entwicklung sowie auf das gesamte Ausbildungsgeschehen. In zwei Fällen, in denen Befragte negativ auf die Ausbildung reagiert beziehungsweise den weiterführenden Kurs abgebrochen haben, hat dies weder mit theoretischen Inhalten noch mit der Unterrichtspraxis als Methode zu tun, sondern bezieht sich zum einen auf die persönliche Haltung des Ausbildners, zum anderen auf ungelöste Konflikte innerhalb der Gruppe. Dass daraus jedoch nicht unbedingt das Ablehnen des gesamten Theoriegebäudes folgen muss, zeigt das Beispiel einer Interviewten sehr deutlich.

Als spezieller Wirkfaktor kann wohl auch die Theorie der TA an sich gelten, deren Logik, Bildhaftigkeit und Einfachheit die Interviewten schätzen. Vor allem die Sprache der TA mit ihren speziellen Begriffen scheint besonders eindrücklich und wirksam zu sein. (Auch dies wurde bereits ausführlich dargestellt.)

Alle Befragten hatten aber auch eine eindeutige Motivation, die zur Ausbildung bewegte und die für den erlebten Erfolg nicht unwesentlich scheint. Mit Engagement und Initiative verfolgten sie berufliche oder persönliche Entwicklungsziele und bleiben auch nach dem Ende des Kurses aktiv an der Transaktionsanalyse interessiert. (Von diesen persönlichen Dispositionen der Ausbildungskandidaten wird im nächsten Punkt nochmals die Rede sein.) Aktivität und Interesse an TA sind zumeist in eine prinzipiell positive Lebenshaltung eingebettet, oft auch in eine bestimmte Weltanschauung, die den Boden für konkrete Erfolgserlebnisse bereitet, zusätzlich aber auch eine Stärkung und Unterstützung durch die Ausbildung erfährt.

So lässt sich resümieren, dass die TA-Absolventen (bis auf eine Ausnahme) mit dem Angebot an Information und persönlicher Begegnung zufrieden waren, sich aber auch selbst sehr aktiv involvierten und dieses Angebot zu nützen wussten.

Ein Lehrender berichtet von seiner Beobachtung, dass er das effektivste Lernen dort erlebe, wo die Abweichung des Neuen vom bereits Bekannten nicht zu groß, aber auch nicht zu klein ist. Bei zu starker Andersartigkeit gebe es manchmal Schwierigkeiten, sich mit dem Neuen anzufreunden, sagt er, bei zu geringer Abweichung fänden kaum Änderungen des Gewohnten statt, weil man meint, die Inhalte schon zu kennen, und die Motivation zur Auseinandersetzung fehle.[754] Dies entspricht der von Fischer zitierten, veränderungsfördernden „optimalen Differenz", bei der das neue Objekt dem alten weder zu ähnlich noch zu unähnlich ist.[755] Es ist anzunehmen, dass bei etlichen Interviewten, die sich mit den Resultaten der Ausbildung zufrieden zeigen, diese Differenz im richtigen Ausmaß gegeben war. Niemand begann den Kurs bereits mit fundierten TA-Kenntnissen; viele hatten sich jedoch zuvor schon mit anderen pädagogischen oder psychologischen Theorien befasst. Für Verena allerdings war die TA-Ausbildung eine „Einstiegsdroge", wie sie es formuliert, und gerade sie konnte in ganz besonderer Weise von der Transaktionsanalyse profitieren.

Ein Fall ist in Zusammenhang mit erlebten Erfolgen besonders hervorzuheben: Anna, deren Vorhaben es war, die TA-Ausbildung statt einer Psychotherapie zu machen, um den Schock ihrer Scheidung und Pensionierung zu verkraften sowie ihre depressive Stimmung zu verbessern. Obwohl sie sich zu Beginn des Kurses an einem Tiefpunkt fühlte, wie sie sagt[756], gelingt erstaunlicherweise die Realisierung ihres Planes. Sie geht gestärkt aus der Ausbildung hervor, entwickelt neue berufliche Optionen und ist jene, die in der Plus-Plus-Haltung ein umfassendes Lebensmotto sieht. Ob der Kursleiter von ihrer Motivation wusste, ist ihren Aussagen nicht zu entnehmen. Jedenfalls erkennt Anna für sich sehr klar, welche Faktoren zu ihrem Erfolg beigetragen haben: eine Theorie, die konkrete Ansatzpunkte für persönliche Bewältigungsstrategien lieferte, in Kombination mit menschlicher Unterstützung durch die Gruppe und den Lehrenden. Dass Anna intensiv an ihrer Situation arbeitete, sieht man auch daran, dass sie zwischen den Ausbildungseinheiten Tagebücher in Bezug auf TA-Modelle schrieb, viel TA-Literatur studierte und wiederholt das reflektierende Gespräch mit Kollegen und dem Lehrer suchte. Vor allem die Bedeutung von Freunden und sozialen Netzen betont sie immer wieder, die sie nicht nur in der Ausbildungsgruppe, sondern auch im privaten und familiären Umfeld findet. Sie habe durch die „Hilfe vieler Menschen viel erreicht"[757], sagt sie. Fallweise habe sie zwar auch einzelne Psychotherapiestunden genommen, erwähnt sie, berichtet aber (zwar erst nach dem Abschalten des

---

754 siehe I, S. 235.
755 siehe Fischer 2008, S. 330.
756 siehe I, S. 253.
757 I, S, 268.

Bandes), dass sie diese nicht als sehr effektiv und hilfreich erleben konnte; die eigentliche Lebensbewältigung sei auf die TA-Ausbildung zurückzuführen.[758]

Diese Thematik war kein geplanter Schwerpunkt der Untersuchung, sondern wurde überraschenderweise von Anna eingebracht. Es ergab sich im Gespräch auch nicht, näher nachzufragen, obwohl diese wenigen Aussagen so viele wichtige Aspekte enthalten, dass sie den Ausgangspunkt für eine eigene Studie bilden könnten. Das vorliegende Material reicht nicht aus, um längere Kommentare, Interpretationen oder gar Verallgemeinerungen anzuschließen. Man kann das Gesagte zunächst nur so stehen lassen und zur Kenntnis nehmen. Was jedoch auffällt, ist einerseits die positive Funktion von Konzepten, die man eigenständig handhaben kann, andererseits die stützende Wirksamkeit anderer Menschen, die in schwierigen Zeiten helfen und begleiten – nicht zu vergessen das persönliche Engagement und die eigene Initiative.

Anna ist die einzige, die in dieser direkten Form die TA-Ausbildung als Alternative zu einer Psychotherapie betrachtet. Allerdings hatten auch andere Interviewpartner die Motivation, persönliche Probleme mit Hilfe des TA-Kurses zu lösen, was ebenfalls gelang. In diesen Gesprächen fallen auch einzelne, kurze Bemerkungen am Rande, die mit Psychotherapie zu tun haben. Christine erwähnt, dass sie es schätze, wenn Therapeuten (oder Lehrer) sich im Kontakt mit Klienten (oder Schülern) vom Prinzip der Gleichberechtigung und Transparenz leiten lassen. „Das ist das, was mir wirklich gut gefällt", sagt sie, „diese Nichtabhängigkeit vom Therapeuten, diese Selbständigkeit […], dass ich einfach Begleiter bin […], nicht so gängeln und Geheimniskrämerei und so."[759] Ob dieses Statement nur theoretischer Natur ist, sich auf ihre pädagogische Tätigkeit bezieht oder auch auf dem Hintergrund möglicher (negativer) Therapie-Erfahrungen entstanden ist, weiß man nicht.

Eindeutiger ist der Therapie-Bezug in einer Aussage Fridolins, der es versteht, eigene Miniskript-Abläufe zu identifizieren und im Hinblick auf Hintergründe und unbewusste Inhalte[760] zu deuten. Die Frage, die er sich stellte und die ihn dazu veranlasste, war folgende: „Wie komme ich an das heran [an das Unbewusste, Anm. d. Verf.], ohne jetzt eine aufwändige Therapie zu machen?"[761] Hier wurde ebenfalls nicht nachgefragt, was gegen eine Therapie beziehungsweise für die eigenständige Arbeit spreche; in jedem Fall ist Fridolin mit seinen Bemühungen erfolgreich. Auch die Qualität seiner Ehe hat sich dramatisch verändert, obwohl seine Frau nicht zu einer Paartherapie bereit war (wie er nach dem Abschalten des Bandes erzählt) und sie beide alleine – mit Hilfe von TA-Konzepten – an ihrer Entwicklung arbeiteten.

In ganz anderer Weise taucht das Therapie-Thema im Gespräch mit Klara auf. Sie ist selbst beratend tätig und freut sich darüber, dass eine Psychotherapeutin, die viel Therapieerfahrung hat, gerade ihre professionelle Unterstützung in Anspruch nimmt, wenn sie Probleme besprechen will. Der Grund dafür ist nicht etwa eine spezielle Methodik, sondern die vorhandene Vertrauensbasis, die Öffnung, Beziehung und sinnvol-

---

758 siehe I, S. 253 f, S. 260 f, S. 272.
759 I, S. 24.
760 Zum Begriff des Unbewussten in der Transaktionsanalyse siehe Müller 2002, Tosi 2008, Cornell 2008, TAJ 38 (2).
761 I, S. 74.

len Austausch ermöglicht.[762] Ob die TA-Ausbildung Klaras dazu beitrug, dass sie diese Fähigkeit entwickeln konnte, geht aus dem Text nicht hervor. Sicher ist hingegen, dass diese kurze Erzählung die Wirksamkeit persönlicher Begegnung unterstreicht, die nicht nur von fachlichem Wissen abhängt.

Bei all diesen Beispielen handelt es sich eher um isolierte Aussagen, die das eigentliche Thema der Untersuchung nur am Rande betreffen; der Bericht Klaras ist zudem in gewisser Weise ein Sonderfall. Dennoch weisen die übrigen Passagen einige gemeinsame Punkte auf, welche die Interviewten schätzen und die in Zusammenhang mit Problemlösungen und Entwicklungsprozessen nicht zu übersehen sind: die Eigenständigkeit und Unabhängigkeit von Therapeuten, das gezielte Nützen theoretischer Konzepte – und vor allem das Vorhandensein sozialer Netze und verständnisvoller Freunde.

Möglicherweise liegt der Reiz der TA-Ausbildung auch gerade in der Unaufdringlichkeit des Angebots, das jeder auf seine Weise und in seinem Tempo annehmen kann (oder auch nicht). Selbständigkeit dürfte für alle eine große Bedeutung haben. Es entsteht der Eindruck, als würden sich die TA-Absolventen gerade dadurch in einer anderen Rolle, in einer stärkeren Position, vielleicht auch in einem anderen Ich-Zustand fühlen, der eine passende Basis für Veränderungen schafft.

---

762 siehe I, S. 66.

3 Resümee, Konsequenzen und Ausblick

3.1 Gültigkeitsbereich der Ergebnisse und deren Bedeutung im Kontext der Psychotherapiewissenschaft

Verallgemeinerbarkeit persönlicher Erfahrungen

In den vergangenen Kapiteln wurden Veränderungsprozesse, die TA-Absolventen erlebten, mit unterschiedlichen Akzentsetzungen und thematischen Schwerpunkten detailliert dargestellt. Fragt man nun, für welche Personen oder Personengruppen diese Ergebnisse Gültigkeit besitzen, so lautet die Antwort zunächst eindeutig: für die zwölf interviewten Menschen. Manche Resultate beziehen sich dabei auf einzelne Gesprächspartner, andere Aussagen zeichneten sich als mehr oder weniger verbreitete Tendenzen ab. So entsteht ein vielfältiges, plastisches Bild des Zusammenwirkens persönlicher Einflussgrößen mit der Theorie der TA und der Ausbildungssituation; diverse private und berufliche Lebensumstände werden als Kontext und Hintergrund der Veränderung beschrieben.

Primär geht es also um individuelle Erfahrungen bestimmter Personen, die ihren eigenen Weg sowie ihre Arbeit mit Transaktionsanalyse skizzieren. Da jedoch nicht anzunehmen ist, dass es sich hier um isolierte Einzelfälle handelt, die nichts mit anderen Menschen gemein haben, betreffen die Ergebnisse nicht nur die Befragten. Man kann mit Sicherheit davon ausgehen, dass manche der aufgezeigten Probleme, Verhaltensweisen, Einstellungen und Charakterzüge auch bei anderen Personen auftreten, sodass diesen Faktoren und ihrer Bedeutung im Kontext der Transaktionsanalyse etwas Symbolisches, Prototypisches zukommt, in dem man sich unter Umständen auch selbst erkennen kann.

„Im Besonderen das Allgemeine" zu erblicken, wie Rieken es mit Goethe formuliert,[1] eröffnet Perspektiven, die weit über die dargestellten Fälle hinausreichen. Natürlich lässt sich nicht die gesamte Erfahrung eines Menschen eins zu eins auf andere Situationen übertragen; dennoch scheint in individuellen Berichten meist etwas auf, das auch für andere Personen gilt und daher in einem gewissen Sinn verallgemeinerbar ist.

Die Ergebnisse dieser Studie lassen keine Rückschlüsse auf die statistische Häufigkeit ähnlich gelagerter Fälle zu, aber sie stellen konkrete Menschen dar und damit prinzipielle Möglichkeiten. In diesem Sinn könnte man alle individuellen Erfahrungen und sämtliche erlebte Veränderungen umformulieren und als grundsätzliche Möglichkeiten darstellen. Im Folgenden sollen einige wesentliche Resultate dieser Untersuchung, die sich als prinzipielle Möglichkeit verstehen lassen, nochmals kurz im Sinn eines Rückblicks hervorgehoben werden:

Ausbildungen in Transaktionsanalyse können sich jenseits beruflicher Kompetenzerweiterung auch auf die persönliche Befindlichkeit, die emotionale Lebensqualität und die Entwicklung der Persönlichkeit auswirken. Eine besondere Verbindung be-

---

1   Rieken 2011, i.D.; vgl. Ders. 2010, S. 14–20.

steht zum Konzept der Salutogenese von Aaron Antonovskys, da das Erlernen und Anwenden transaktionsanalytischer Konzepte das persönliche Kohärenzgefühl zu heben vermag, wenn die Komponenten des „Sense of Coherence" – Verstehbarkeit, Handhabbarkeit und Bedeutsamkeit – eine deutlich positive Steigerung erfahren.

Die Transaktionsanalyse beeinflusst nicht nur berufliche Situationen; sie kann sich auch auf private Beziehungen auswirken und den Umgang mit Partnern, Freunden und Kindern verändern. In Problemsituationen, wie beispielsweise Trennungen, können die Konzepte der Transaktionsanalyse ein Teil der Bewältigungsstrategie sein.

Allerdings wirkt TA nicht im Sinn eines Automatismus, sondern erfordert Engagement, Einfühlungsvermögen und Initiative. Besonders sinnvoll scheint die Nutzung der TA dann zu sein, wenn deren Konzepte und Grundgedanken verinnerlicht und in den Alltag integriert sind, sodass es zu einer intuitiven Anwendung der Modelle kommt.

Das Potential der Transaktionsanalyse kann besonders dann zur Geltung kommen, wenn man die TA nicht als reine Technik betrachtet, sondern sie mit einer bewussten Werthaltung kombiniert. In diesem Sinn kann sie zu einer (ethischen) Lebenshaltung werden und gewisse Züge einer Lebensphilosophie aufweisen. Eine Dialogfähigkeit zeigt sich mit anderen pädagogischen oder psychologischen, humanistisch geprägten Richtungen, sowie mit religiösen Haltungen, die zum Beispiel dem Christentum oder dem Buddhismus entsprechen.

Ein zentrales Moment, das der Ansatzpunkt vieler positiver Entwicklungen sein kann, liegt in der Plus-Plus-Haltung, deren Kern die Selbstachtung ist.

Diese kurze Zusammenfassung soll nochmals einige markante Resultate der Studie – eben als prinzipielle Möglichkeiten – in Erinnerung rufen; sie stellt jedoch keineswegs eine vollständige Auflistung sämtlicher Ergebnisse dar. Wenn sich auch viele Aussagen verallgemeinern lassen, so liegt ein wesentlicher Gewinn qualitativer Untersuchungen – so auch dieser – darin, dass plastische Bilder entstehen, die gerade durch die Fülle an individuellen Details interessant und aussagekräftig werden. In diesem Sinn sollen Verallgemeinerungen an dieser Stelle auf ein Minimum beschränkt sein. Lässt man nämlich die vielfältigen Einzelheiten der persönlichen Berichte beiseite, verblasst damit auch der eigentliche Reiz der qualitativen Darstellung.

Auf welche Aspekte man nun fokussiert und in welcher Weise man darin „das Allgemeine" erkennt, das Mehrere oder sogar Viele betrifft, obliegt dem persönlichen Umgang mit den Resultaten der Studie. Mit welcher Intention man dies tut, hängt ebenfalls von persönlichen Interessen ab.

Möchte man beispielsweise hochrechnen, unter welchen Bedingungen ein TA-Kurs im Allgemeinen sinnvoll sein könnte, so wird man – neben konkreten Ausbildungsmodalitäten – wohl auf Persönlichkeitsmerkmale der Absolventen achten und fragen, welche Charakteristika jenen gemeinsam sind, die von der Ausbildung profitiert haben. Trotz individueller Unterschiede handelt es sich nämlich immer – wie in früheren Abschnitten schon erläutert – um aktive, engagierte, eigenständige und motivierte Menschen mit klaren Zielvorstellungen sowie einer hohen Bereitschaft, Neues zu lernen und anzuwenden. Sie wirken grundsätzlich positiv eingestellt und lebensbejahend, auch wenn manche zu Beginn der Ausbildung an einer depressiv gefärbten Stimmung litten. Weiters sind sie – auf je individuelle Weise – reflektiert, haben Freude am Analysieren und Strukturieren (was jedoch das Fühlen und Handeln nicht ausschließt) und bleiben auch nach dem Abschluss des Kurses mit der Transaktionsanalyse in unterschiedlicher Form und Intensität verbunden.

Somit ergibt die Studie mehrheitlich ein Bild der aktiven, sehr interessierten TA-Absolventen, die manche theoretischen Konzepte in ihre gesamte Lebenshaltung einfließen lassen. Eine grundlegende Voraussetzung ihres Erfolges, die sicher vorhanden ist, sprechen sie nicht explizit an: die prinzipielle Erlaubnis zu denken, die in der TA-Theorie hervorgehoben wird. Dies klingt selbstverständlich, ist es aber keineswegs, bedenkt man autoritäre gesellschaftliche Verhältnisse oder familiäre Machtstrukturen, die das Entstehen dieser verinnerlichten Erlaubnis behindern. Nicht vertreten sind demnach Interviewpartner, die mit einem kognitiv getönten, analytischen Zugang überhaupt nichts anzufangen wissen, ihren Alltag kaum bewusst gestalten und nur selten Konkretes in ihrem Leben planen oder anstreben, weil sie den eher zufälligen Verlauf der Dinge bevorzugen.

Nur eine Interviewpartnerin vertritt jene Gruppe von Absolventen, die negative Erfahrungen gemacht haben oder die nichts mehr mit Transaktionsanalyse zu tun haben wollen. Wie groß deren Zahl ist (beziehungsweise ob sie überhaupt existieren), geht aus dieser Studie natürlich nicht hervor.

Aus der Sicht der Lehrenden wird sich die Frage möglicher Verallgemeinerungen eher auf Komponenten des Kursgeschehens und auf Eigenschaften der Vortragenden (wie Echtheit und Ehrlichkeit) beziehen, auf die sie Einfluss nehmen können.

Unter diesen Prämissen scheint es beispielsweise zulässig, in einem allgemeineren Sinn Ausbildungserfolge zu erwarten, wenn geeignete Dispositionen und Verhaltensweisen der Teilnehmer (im oben beschriebenen Sinn) auf authentische Lehrer treffen, die nicht nur fachlich kompetent, sondern auch als Menschen in ethischer Hinsicht korrekt sind. Veränderungen haben unter bestimmten Bedingungen in vielfältiger Weise stattgefunden; so kann man davon ausgehen, dass auch bei anderen Menschen die Beschäftigung mit Transaktionsanalyse nicht wirkungslos bleiben wird.

Beim Erkennen des „Allgemeinen im Besonderen" geht es jedoch nicht nur um das Ableiten allgemeiner Aussagen aus Einzelheiten, sondern auch um die persönliche Offenheit, mit der man sich von Berichten ansprechen und bewegen lässt. Viele Erzählungen der Befragten sind so inhalts- und facettenreich, dass es kaum vorstellbar ist, dass Leser sich nicht in dem einen oder anderen Detail wiederfinden und eigene Schlüsse daraus ziehen können.

Psychotherapiewissenschaft als eigenständige Disziplin

Es wäre zu fragen, welche Bedeutung den Ergebnissen dieser Studie im Kontext der Psychotherapiewissenschaft[2] zukommt, einer neuen universitären Disziplin im „präparadigmatischen Zustand"[3] , die sich in ihrer Eigenständigkeit etabliert, nicht in Ab-

---

2   Fischer 2008, Pritz (Hg.) 1996, Rieken 2011, i.D.

3   siehe Fischer 2008, S. 1; siehe v. Deurzen-Smith u. Smith. In: Pritz (Hg.) 1996, S. 20.

hängigkeit von Nachbardisziplinen (wie Medizin oder Psychologie) definiert sein soll und im Begriff ist, methodisch und inhaltlich an Konturen zu gewinnen.[4] Die besondere Stellung dieser Disziplin ergibt sich dadurch, dass naturwissenschaftliche Perspektiven zwar vorhanden sind, aber zu kurz greifen, während geisteswissenschaftliche Anteile (und damit qualitative Methoden) an Gewicht gewinnen. Pritz definiert in seiner Publikation „Psychotherapie – eine neue Wissenschaft vom Menschen"[5] diese Disziplin als die „Wissenschaft vom Subjektiven"[6], in der die „Besinnung auf das Wesentliche"[7] zu einer Forschungsmethodik führt, die auf die alte Wissenschaftstradition der Hermeneutik, der Lehre vom Verstehen zurückgreift.[8] Dabei wird einerseits der Vorgang der Psychotherapie selbst als hermeneutischer Prozess verstanden, andererseits Hermeneutik als wesentlicher Faktor einer geeigneten psychotherapeutischen Forschungsmethodik empfohlen.

Fischer, der in der philosophischen Logik die Grundlage der Psychotherapiewissenschaft sieht,[9] fordert Psychologen, Pädagogen, Mediziner, Sprachwissenschaftler, Neurowissenschaftler und nicht zuletzt Philosophen auf, sich am Aufbau der neuen Disziplin zu beteiligen.[10] Dabei scheint es einerseits um inhaltliche Definitionen zu gehen, um Abgrenzungen gegenüber anderen Bereichen, aber auch um Dialogfähigkeit und das Bemühen, die Grenzen nicht zu eng und zu stark zu ziehen.[11] Nicht explizit erwähnt werden die Theologen, obwohl sich gerade hier Graubereiche und Überschneidungen ergeben, die den Dialog notwendig machen.[12] „Der moderne Psychotherapeut ist eine Art ‚weltlicher Priester' geworden", schreibt Hutterer[13], und Fischer plädiert dafür, die Psychotherapie nicht zu einer Art „säkularisierten Seelsorge"[14] werden zu lassen. Die Ursache für diese Entwicklungen sieht Fischer im Verlust traditioneller Orientierungssysteme[15], und Pritz spricht von einer „epidemischen spirituellen Heimatlosigkeit"[16] des modernen Menschen in der Industriegesellschaft. Somit erhebt sich die Frage nach dem eigentlichen Gegenstandsbereich der Psychotherapie.

Die wörtliche Übersetzung des Begriffs „Psychotherapie" lautet (nach Pritz) „das Leben, die Seele, den Verstand, das Gemüt sorgfältig ausbilden"[17], was deutlich mehr umfasst als die Milderung von Symptomen oder die Behandlung von Krankheiten. Mehrere Autoren halten zwar übereinstimmend fest, dass der Kern jedes psychotherapeutischen Handelns darin besteht, bestimmtes Erleben oder Verhalten, das als störend

---

4   siehe Rieken 2011, i.D.
5   Pritz (Hg.) 1996.
6   Pritz u. Teufelhart. In: Pritz (Hg.) 1996, S. 1.
7   Ebd., S. 10.
8   siehe ebd.
9   Fischer 2008.
10   siehe ebd., S. XI.
11   siehe Pritz u. Teufelhart 1996, S. 3.
12   Vgl. dazu: Mettnitzer 2008 und 2009.
13   Hutterer. In: Pritz (Hg.) 1996, S. 137.
14   Fischer 2008, S. 2.
15   siehe ebd.
16   Pritz 1996, S. V.
17   Ebd., S. 2.

(leiderzeugend, „krankhaft oder abweichend"[18]) empfunden wird, mittels Wort und Beziehung zu beeinflussen;[19] soll Psychotherapie jedoch mehr bedeuten als die punktuelle Behandlung von Symptomen, so geht es immer auch um die „conditio humana" als solche, um Leiderfahrung und Lebensbewältigung, die mitunter professionelle Hilfe erfordern. (Im Exkurs zur „Normalität" wurde zudem auf Schwierigkeiten und Probleme hingewiesen, welche die Unterscheidung von „Normalem" und „Pathologischem" mit sich bringen kann.) Geht man nun von der eigentlichen Bedeutung des Begriffs, von der „conditio humana" (mit der Leiderfahrungen verbunden sind) und einer weiter gefassten Definition von Psychotherapie aus, so fällt ein sehr breites Spektrum darunter, das sich von der Beseitigung konkreter Symptome über Problemlösung und Lebensbewältigung bis hin zur geistigen Orientierung erstreckt; zusätzlich enthält die wörtliche Übersetzung von „Psychotherapie" auch den Bildungsbegriff.

Psychotherapie „ist" nicht, meint Schiepek, sie „wird" und befinde sich „in einem Fluß, der jede Art von Festschreibung alsbald wieder unterspült und mit sich reißt".[20] Praxisformen, Methoden, Schulen und formale Anerkennungen verändern sich laufend[21], werden nicht in jedem Staat in gleicher Weise gehandhabt, und hängen somit auch mit politischen Entscheidungen und den unterschiedlichen Gegebenheiten der Gesundheitssysteme zusammen. Aus diesem Grund ist es nicht sinnvoll, den Gegenstand der Psychotherapiewissenschaft durch Schulen, Methoden oder formale Anerkennungen zu definieren. Vielmehr scheint es nützlich – wiederum im Sinne der Wortbedeutung von „Psychotherapie" – jene Entwicklungs- und Interaktionsprozesse zu subsumieren, die mittels Kommunikation (durch Wort und Beziehung) der „Seele" dienen und Leiden mindern.

Entwicklungsfördernde, heilsame Prozesse

Kehrt man nun zu den Ausbildungen in Transaktionsanalyse zurück, so stellt sich die Frage, in welchem Verhältnis diese Kurse zur formal definierten Psychotherapie stehen. Ganz klar ist festzuhalten, dass TA-Ausbildungen in formaler Hinsicht keine Psychotherapien sind: weder werden sie als solche deklariert, noch besteht ein diesbezüglicher Vertrag mit den Teilnehmern; die Lehrenden sind keine Psychotherapeuten, und die Struktur der Ausbildung ergibt sich aus der Theorie der Transaktionsanalyse und nicht aus persönlichen Anliegen der Teilnehmer. Wie jedoch mehrfach dargelegt, ist das Erlernen der TA-Theorie eng mit praktischer Anwendung und persönlicher Entwicklung verknüpft. Somit ergibt sich innerhalb der beruflichen Fortbildung ein Bereich, der eine große Nähe zu psychotherapeutischen Prozessen aufweist, und zwar im Hinblick auf Themen und Inhalte ebenso wie auf Strukturen und Ergebnisse.

Im Grunde könnten nämlich sämtliche Themen, mit denen sich die Interviewten befassten (und die in den vergangenen Kapiteln zur Sprache kamen) auch typische Inhalte psychotherapeutischen Arbeitens sein. Es geht – um nur einige Aspekte zu nennen – um Selbsterfahrung, Selbstsicherheit, Emotionen, die Herkunftsfamilie, lebens-

---

18 Ebd., S. 1.
19 siehe ebd., S. 1; siehe Fischer 2008, S. 3, S. 14.
20 Schiepek. In: Pritz (Hg.) 1996, S. 205.
21 siehe ebd.

geschichtliche Prägungen und neue Optionen, um Entwicklung, Identität, Autonomie, Problemlösung, Lebensbewältigung, um Trauer, Scheidung, Trennung, den Beruf, die Beziehung zu Partnern, Freunden und Kindern, um Fragen des Lebensgefühls und Wohlbefindens, um Wertfragen und – nicht zuletzt um die Heilsamkeit.

Auch die Struktur des Lern- und Entwicklungsprozesses zeigt Ähnlichkeiten mit psychotherapeutischen Vorgängen. Kommunikation und Beziehung als zwei Grundpfeiler jeder Form der Psychotherapie[22] sind auch in TA-Ausbildungen jene Elemente, die sowohl das Ausbildungsgeschehen als auch die TA-Theorie selbst prägen. In der Psychotherapie gehe es um einen subjektiven Erkenntnisprozess, betont Pritz, mit dem Ziel, einen Zuwachs an begründeten Handlungsmöglichkeiten zu schaffen[23]: „Die Einsicht des Subjekts in seine spezifische Gewordenheit und Künftigkeit ermöglicht schließlich den Heilungsprozess, das heißt Veränderungen im Verhalten und Erleben, Veränderungen im Phantasieleben sowie im Soma."[24] Pritz spricht hier jene Faktoren an, die sich als zentrale Strukturelemente positiver Veränderungen der TA-Absolventen herausgestellt haben, und die überdies mit den Komponenten des „Sense of Coherence" übereinstimmen: das Verstehen, Handhaben und Bedeutung-Geben, das vielfache Veränderungen bewirkte, Vergangenheits- und Zukunftsaspekte umfasste und in einem Fall sogar körperliche Auswirkungen hatte.

Fasst man Psychotherapie als hermeneutischen Prozess auf, so ist das Verstehen, Erklären und Interpretieren das zentrale Ereignis schlechthin, welches neue Erlebensweisen und Handlungsspielräume eröffnet. Auch in der Transaktionsanalyse ist der Ansatzpunkt der Entwicklung ein Moment des Verstehens und Erkennens, das Persönliches auf dem Hintergrund von TA-Konzepten begreifbar und veränderbar macht. Natürlich steht in TA-Ausbildungen nicht die Deutung individueller Erlebnisse im Vordergrund, doch jeder hat Gelegenheit – sei es durch Übungen, Supervisionen oder Gespräche – das Eigene anhand neuer Denkmodelle zu reflektieren, einzuordnen und handhabbar zu machen. In diesem Sinn enthalten TA-Ausbildungen auch Prozesse, die man als hermeneutisch bezeichnen kann.

TA-Ausbildungen fokussieren jedoch nicht nur auf Individuelles, sondern beachten immer auch das Verstehen von Beziehungsaspekten. In der Psychotherapie sei die Beziehungsanalyse ein integrierender Bestandteil, betont Pritz; im Mittelpunkt stünden die Beziehung zu sich selbst und zu Anderen, meist zu engen Bezugspersonen.[25] Auch hier ist die Parallele zu den Berichten der Befragten augenscheinlich.

Die Beobachtung dieser Parallelen erfährt eine Bestätigung durch eine Untersuchung Fähs, der die Verbesserung des Kohärenzgefühls durch Psychotherapie nachweisen konnte.[26] In psychotherapeutischen Prozessen würden Gefühle der Verstehbarkeit, Handhabbarkeit und Bedeutsamkeit aufgebaut, stellt er fest, die zu Veränderungen des Weltbildes und zur Fähigkeit der Sinngebung führten; die innere Hilflosigkeit

---

22   siehe Pritz 1996, S. 1; siehe Fischer 2008, S. 10; siehe Frischenschlager. In: Pritz (Hg.) 1996, S. 273.
23   siehe Pritz 1996, S. 13.
24   Ebd., S. 4.
25   siehe ebd., S. 16.
26   Fäh. In: Wydler u.a. 2006, S. 149-160.

werde durch den Erwerb selbstanalytischer Funktion überwunden.[27] Auch diese Befunde entsprechen exakt den Aussagen der TA-Absolventen und den Ergebnissen dieser Untersuchung.

Fokussiert man nun auf die Tatsache, dass es sich bei TA-Kursen um Ausbildungen handelt, so sind Ähnlichkeiten in Inhalt und Gestaltung mit anderen psychosozialen Ausbildungen nicht zu übersehen. Das Wesentliche – und damit auch der Unterschied zu anderen Theorie-Lehrveranstaltungen – besteht darin, dass Emotionen und Selbsterfahrung eine zentrale Rolle spielen. Manches müsse man selbst erleben, um es wirklich zu verstehen und zu erfassen, betont Rieken in Zusammenhang mit der notwendigen Selbsterfahrung in Psychotherapie-Ausbildungen; viele Inhalte seien allein auf kognitivem Wege nicht zu vermitteln.[28] Auf diese Weise erlernen TA-Absolventen wie angehende Psychotherapeuten einerseits eine Theorie, treiben aber in diesem Lernprozess auch gleichzeitig die eigene Entwicklung voran.

Somit lässt sich das Gesagte folgendermaßen resümieren: TA-Ausbildungen des Pädagogik- und Organisationsbereichs sind formal weder Psychotherapien noch psychotherapeutische Ausbildungen. Dennoch finden in diesen Kursen heilsame Entwicklungsprozesse auf vielfache Weise statt, die inhaltlich und strukturell eine starke Ähnlichkeit zu psychotherapeutisch bedingten Veränderungsprozessen aufweisen. Wort und Beziehung sind von grundlegender Bedeutung. Die behandelten Probleme sind identisch mit psychotherapeutischen Themen; die Struktur der Veränderung entspricht in beiden Fällen den Komponenten des Kohärenzgefühls.

Salutogenese und die „Logik psychomentaler Gesundheit"
Fischer plädiert dafür, das Paradigma der neuen Disziplin „Psychotherapiewissenschaft" in ihrem Gegenstand selbst zu begründen, in ihren logisch-philosophischen Grundlagen. „Wir befassen uns mit den logischen Fundamenten der Disziplin", schreibt er, „ohne die in Literatur und Praxis vertretenen psychotherapeutischen Modelle zum Maßstab dessen zu machen, was unter Psychotherapie zu verstehen sei."[29] Es geht also um die sachimmanente Logik, um Strukturen psychomentaler Gesundheit (beziehungsweise Krankheit) und um die Frage, nach welcher inneren Logik heilsame Veränderungsprozesse stattfinden.

Bei der Klärung dieser Grundlagen bezieht Fischer sich ausdrücklich auf den Begriff der Salutogenese und überschreibt einen diesbezüglichen Abschnitt mit den Worten „Salutogenese – zur Logik psychomentaler Gesundheit"[30]. Antonovskys Konzept und die Wichtigkeit, gerade bei schweren Belastungen die Dinge „handhabbar, verstehbar und sinnhaft"[31] zu machen, erwähnt er an mehreren Stellen explizit.[32] Darüber hinaus versteht Fischer Salutogenese aber auch in einem weiteren Sinn als das Wissen um heilsame Strukturen und Prozesse (sowie um den salutogenen Kern jeder Sympto-

---

27 siehe ebd.
28 siehe Rieken 2011, i.D.
29 Fischer 2008, S. 1.
30 Ebd., S. 239.
31 Ebd., S. 243.
32 siehe ebd., S. 223, S. 332.

matik, was im Kontext dieser Arbeit jedoch weniger relevant ist). Als Prinzip der Salutogenese bezeichnet Fischer die dialektische Einheit der Gegensätze, von der weiter oben die Rede war[33]; zentrales Thema der Psychotherapiewissenschaft sei eine „psychotherapeutische Transformationslogik, nach deren Regeln das pathogenetische in salutogenetisches Wissen überführt wird"[34]. „Die dialektische Einheit von Gegensätzen", schreibt Fischer, „scheint nicht nur logisch, sondern auch affektlogisch bedeutsam zu sein und ist eng mit einem in sich stimmigen Lebensgefühl verbunden."[35]

Es erübrigt sich vermutlich, hier gesondert darauf hinzuweisen, dass auch in dieser Arbeit das Konzept der Salutogenese gewählt wurde, um positive Veränderungsprozesse darzustellen und zu deuten. Auffallend ist vor allem das stimmige Lebensgefühl, das Fischer erwähnt, und die dialektische Einheit, die im Grunde genommen besonders dann vorhanden zu sein scheint, wenn die Bezogenheit auf sich selbst in einem harmonischen Verhältnis zum Umweltbezug steht. Es wäre ebenfalls das Thema einer eigenen Studie, sämtliche Ergebnisse dieser Untersuchung nochmals detailliert Fischers „Logik der Psychotherapie" gegenüberzustellen, von der hier nur einzelne wenige Aussagen herausgegriffen werden, die im Kontext dieser Arbeit wichtig erscheinen. Wesentlich ist der grundsätzliche Bezug Fischers auf das Konzept der Salutogenese, das auch die Ergebnisse dieser Studie in einen größeren, gesundheitlich relevanten Zusammenhang stellt. Heilsame Strukturen (wie die Erhöhung der SOC-Komponenten) zeigen sich als salutogenetische, der positiven Veränderung innewohnende Prinzipien, aber auch als Ergebnis der Beschäftigung mit Transaktionsanalyse.

Als Gegenstück zu salutogenen Strukturen definiert Fischer vier pathogene Kontexte: traumatische Ereignisse, inkonsistente Regelsysteme, Verschleiern von Problemen und Widersprüchen, sowie das Blockieren einer Kommunikation auf der Meta-Ebene (durch Drohen, Ritualisieren oder starre Regeln)[36], welches das sachbezogene, konstruktive Diskutieren von Problemen unterbindet. Aus der Sicht der Transaktionsanalyse könnte man dazu sagen, dass natürlich keine Theorie der Welt weder pathogene Ereignisse noch das Vorhandensein inkonsistenter Regelsysteme prinzipiell verhindern kann – höchstens der Umgang damit lässt sich eventuell verbessern. Was jedoch die Blockade der Meta-Ebene und das Verschleiern von Problemen betrifft, so kann die vorliegende Studie zeigen, dass in der Transaktionsanalyse genau das Gegenteil davon intendiert ist und auch tatsächlich erfolgreich praktiziert wird: der offene und ehrliche Umgang miteinander sowie das sachliche und zielorientierte Gespräch.

Im Grunde handelt es sich in der gesamten Anwendung der TA-Theorie zunächst um das positive Zulassen einer Reflexion auf der Meta-Ebene, die der Klarheit und Transparenz dient. Das Erkennen und Verstehen von Strukturen, welches anhand der Konzepte stattfindet, kann sich zudem gar nicht anders als auf einer Meta-Ebene abspielen. Die Transaktionsanalyse geht jedoch noch einen Schritt weiter. Sie enthält auch Konzepte, die den Zugang zur Meta-Ebene fördern (sollte er noch nicht ausrei-

---

33 siehe ebd., S. 228.
34 siehe ebd., S. 332.
35 Ebd., S. 239.
36 siehe ebd., S. 231 ff.

chend gegeben sein), um Hindernisse gezielt aus dem Weg zu räumen. Die Erlaubnis zu denken, da zu sein und sich und anderen den geeigneten Raum für das nötige Reflektieren zuzugestehen, geht eindeutig in diese Richtung, ebenso wie das Befassen mit elterlichen Verboten und einschränkenden, diesbezüglichen Prägungen.

Ob man nun diese Reflexion auf der Meta-Ebene für sich alleine durchführt und unausgesprochen in den Kontakt mit den Mitmenschen einfließen lässt, oder ob man sich auch mit anderen gemeinsam auf der Meta-Ebene verständigen möchte, ist situationsabhängig. In jedem Fall bietet die Transaktionsanalyse auch konkrete Anleitungen für das Sprechen auf der Meta-Ebene, vor allem in Konfliktsituationen, die – im Sinn der TA – in keiner Weise zu verschleiern sind. Ganz im Gegenteil lebt praktizierte Transaktionsanalyse vom offenen, gezielten Ansprechen des Unausgesprochenen. Man könnte sich nun nochmals an sämtliche Berichte der Befragten erinnern, doch es würde zu weit führen, hier viele Einzelheiten aufzuzählen.

Ein wesentliches Prinzip des offenen Kommunizierens, das auch die Basis schlechthin für ein sinnvolles Gespräch auf der Meta-Ebene ist – vor allem bei Konflikten – sei jedoch hervorgehoben: die Selbstachtung der Beteiligten als Teil der Plus-Plus-Haltung, denn erst ein (mehr oder weniger) stabiles Bewusstsein des eigenen Wertes ermöglicht es, Probleme in möglichst direkter, sachlicher Form zu diskutieren, ohne sich vorschnell angegriffen oder negativ beurteilt zu fühlen. Wenngleich die Okay-Position wohl das zentralste Moment der TA-Praxis darstellt, so existieren auch viele andere transaktionsanalytische Ansatzpunkte für transparentes Kommunizieren, sodass insgesamt ein Klima der Klarheit und Offenheit entsteht.

In diesem Sinn kann das Fördern der Reflexion und Kommunikation auf der Meta-Ebene als salutogenes, der Transaktionsanalyse innewohnendes Prinzip gelten, welches das Gegenteil dessen abbildet, was Fischer als pathogenen Kontext beschreibt.

Die Bedeutung des Erlernens einer Entwicklungs- und Kommunikationstheorie
Lässt man nun nochmals alle Berichte der Interviewten und die von ihnen angesprochenen Punkte Revue passieren, so fällt ein einziges Thema auf, das üblicherweise kein Inhalt herkömmlicher Psychotherapien ist: das Erlernen des gesamten, zugrunde liegenden Theorie-Gebäudes, das zu selbständiger Anwendung und Entwicklung befähigt. Natürlich geschieht das Umsetzen der Konzepte zunächst im Austausch mit der Gruppe sowie mit Hilfe von Supervisionen und Gesprächen mit dem Kursleiter. Im Prinzip sind aber alle Absolventen nach der dreijährigen Grundausbildung imstande, das Gelernte selbständig zu nützen und in Eigenverantwortung weitere persönliche Entwicklungsschritte zu machen. Somit liegt der eigentliche Gewinn der TA-Ausbildung nicht nur im Theorie-Lernen und der individuellen Entfaltung während des Kurses, sondern im Erhalten eines theoretischen Rüstzeuges, welches erlaubt, das Begonnene auch nach der Ausbildung selbständig fortzuführen.

Es ist nicht das Thema dieser Arbeit, TA-Ausbildungen den deklarierten Psychotherapien in allen Details gegenüberzustellen, jeweilige Vorzüge oder Nachteile abzuwägen und miteinander zu vergleichen. Auch geht es in keiner Weise darum, Ausbildungen mit Therapien gleichzusetzen, so als könnte man das eine durch das andere in jedem Fall ersetzen.

Der Fokus dieser Studie liegt auf der Untersuchung der Wirkweise von TA-Ausbildungen und erlebten Veränderungen der Absolventen. Wie erwähnt können zusätzlich zu professioneller Kompetenzerweiterung Entwicklungsprozesse konstatiert werden, die in vielerlei Hinsicht eine große Ähnlichkeit mit psychotherapeutischen Vorgängen besitzen. Psychotherapie ist nicht zu trennen von ihrem Umfeld, in dem sie stattfindet. Aus der Sicht formal anerkannter Psychotherapien scheint es nützlich, dieses Umfeld zu kennen und Informationen darüber zu besitzen, an welchen Orten sich heilsame Prozesse ereignen, die „das Leben, die Seele, den Verstand, das Gemüt"[37] bilden. Heilsames findet also statt, auch wenn es sich – wie im Fall der TA-Kurse – formal um beruflich orientierte Fortbildungen handelt. Gerade im Erlernen einer neuen Theorie scheint jedoch eine stärkende Wirkung zu liegen, die aus psychotherapiewissenschaftlicher Sicht relevant ist. Die positive Langzeitwirkung von Theorie-Kenntnissen besteht nicht nur in der ständigen Verfügbarkeit umsetzbarer Konzepte, sondern auch in einem neuen Selbstbild, das entstanden ist, welches die Absolventen zu bewussten und eigenständigen Urhebern von Veränderungen macht.

Fanita English betont, dass sie auch in transaktionsanalytischen Therapien ihren Klienten die Theorie der TA-Modelle erkläre, sodass diese während der Therapie gleichzeitig in den Genuss eines 101-Kurses kämen.[38] Dies dürfte tatsächlich mehr sein als ein methodisches Element, das man hinzufügt oder auch nicht. Durch die Vermittlung der Theorie werden Klienten ernst genommen und ebenfalls (zumindest teilweise) zu „Wissenden" gemacht, was ein anderes Verhältnis zwischen Therapeut und Klient erzeugt, als die Anwendung geheimgehaltener Interventionen, die vermeintlich nicht wirken, wenn Klienten über die Technik Bescheid wissen. Darüber hinaus erhalten natürlich auch Klienten ein Rüstzeug zur selbständigen Verwendung. Es soll Hinweise darauf geben, dass auch Freud seinen Klienten Teile der psychoanalytischen Theorie erklärt hat[39], was wiederum die Brücke zum Bildungsbegriff der Definition von „Psychotherapie" schlägt.

Vielfach wird die Psychotherapie als Mäeutik beschrieben, als Hebammenkunst, deren Ziel es ist, nicht bewusstes Wissen, das im Klienten verborgen ist, ans Licht zu bringen. Manche Befunde dieser Untersuchung weisen darauf hin, dass die aktive Beschäftigung mit Transaktionsanalyse in ähnlicher Weise zu Erkenntnissen verhilft. In erster Linie scheint jedoch das Erlernen einer Theorie, welches tatsächlich neue, sachliche Inhalte vermittelt, von heilsamer Bedeutung zu sein. Der Zuwachs an theoretischen Kenntnissen lässt das Alte in einem neuen Licht erscheinen, erweitert den Horizont und führt zu neuen, persönlichen Erkenntnissen, seien diese nun tatsächlich „neu" oder erwecktes, bislang verborgenes Wissen.

Transaktionsanalyse als Kommunikationsinstrument für therapeutische Situationen
Ein weiterer Punkt kann als Ergebnis dieser Arbeit Bedeutung für Psychotherapien im engeren Sinn haben. Er bezieht sich auf die dokumentierte positive Wirkung der Transaktionsanalyse als Kommunikationstheorie auf Gesprächs- und Beziehungssitua-

---

37 Pritz 1996, S. 2.
38 Eric Berne Centenary Conference, Montréal, 11.–15. Aug. 2010, Workshop am 14. Aug. 2010.
39 Cremerius 1990, S. 351.

tionen. Da Psychotherapie eindeutig als Kommunikationsprozess zwischen Therapeut und Klient aufgefasst wird, zeichnen sich Möglichkeiten ab, die Konzepte der Transaktionsanalyse für die Kommunikation zwischen Klient und Therapeut zu nützen, und zwar unabhängig von der angewandten Methode und der Zugehörigkeit zu einer bestimmten Schule.

Fischer stellt ausführlich die Ergebnisse einer empirischen Studie dar, in der 47 Therapie-enttäuschte Personen untersucht und über den genauen Hergang der Therapie befragt wurden.[40] Dabei stellte sich heraus, dass die Ursache dieser psychotherapeutischen Misserfolge in einem nicht gelungenen Kommunikations- und Beziehungsgeschehen zwischen Therapeuten und Klienten zu finden ist. Zudem ergeben sich in den therapeutischen Prozessen typische Verlaufsmuster, die Fischer als „Skript" bezeichnet und die trotz aller Unterschiede eine Gemeinsamkeit aufweisen.

Hintergrund der Interpretation dieser „Dramaturgie" psychotherapeutischen Misslingens ist die Auffassung Fischers von psychomentaler Gesundheit:[41] Hier ist das Individuum fähig, Gegensätze (wie jenen von Aktivität und Passivität, Vergangenheits- und Gegenwartsbezug, von Subjektivität und Objektivität u.ä.) harmonisch in sich zu vereinen, was durch das Unendlichkeitszeichen einer liegenden Acht symbolisiert wird. Fischer spricht von einer flexiblen, dialektischen, in sich bewegten Einheit. Bei pathologischen Zuständen hingegen gehe diese dynamische Einheit verloren; die Gegensätze ziehen sich entweder kompromisshaft zusammen und bilden eine undifferenzierte, „synkretistische Ganzheit"[42], oder die Gegensätze verlieren ihre innere Verbindung und nehmen Extremwerte an, sodass ein System aufgespaltener Polaritäten entsteht. (Die dialektische Einheit von Vertrauen und Misstrauen beispielsweise wird zu absolutem Vertrauen im Wechsel mit absolutem Misstrauen.) Ziel einer gelungenen Psychotherapie ist es nach Fischer, diese Entdialektisierung aufzulösen und die beiden Pole wieder zu vermitteln.

In den untersuchten Verläufen misslungener Psychotherapien zeigt sich nun Folgendes: ungelöste Konflikte der Klienten werden im Sinn der aufgespaltenen Polaritäten (wie etwa Nähe- und Distanz-Polaritäten) vom Therapeuten nicht als solche erkannt und bearbeitet. Vielmehr lässt sich der Therapeut in den Konflikt persönlich involvieren, sodass die beiden Konfliktpole nun abwechselnd „interpersonell durchgespielt"[43] werden, sich also auf den Klienten und den Therapeuten verteilen. Als Beispiel nennt Fischer auch die asymmetrische Aufteilung des anerkennenden und anerkannten Bewusstseins auf die beiden Personen, wodurch es zu einem Spiel gegenseitiger Idealisierung beziehungsweise Entwertung kommt. In allen Fällen findet irgendwann eine Rollenumkehr statt, die zu Enttäuschung, dem Scheitern der Therapie und ihrem Abbruch führt.

Fischer erwähnt die Transaktionsanalyse in diesem Zusammenhang nicht. Was er jedoch beschreibt, ist eine klare Illustration dessen, was Berne durch die Spieleformel

---

40   siehe Fischer 2008, S. 287-304.
41   siehe ebd., S. 219-245.
42   Ebd., S. 242.
43   siehe ebd., S. 294.

darstellt: Unerkannte Motive (als Ausdruck ungelöster Konflikte) werden nicht erkannt und thematisiert, sie erzeugen eine einseitige Rollenverteilung, die sich an einem bestimmten Punkt in ihr Gegenteil verkehrt; es kommt zu Enttäuschung, Frustration und einem Misslingen der gesamten Situation.

Da die gesamte Theorie der Transaktionsanalyse auf Struktur, Klarheit und Bewusstheit von Kommunikationsprozessen abzielt, scheint es naheliegend, eine positive Wirkung von TA-Konzepten auch auf therapeutische Situationen anzunehmen. Unterstützen könnte die TA darin, Kommunikationsvorgänge und Beziehungsstrukturen effektiv wahrzunehmen, zu interpretieren und gegebenenfalls rechtzeitig zu korrigieren, sei es auch nur in der Form, dass das Auge geschärft und die Sensibilität für Unkonstruktives erhöht ist, sodass es ansprechbar und handhabbar wird. Es würde zu weit führen und wäre das Thema einer eigenen Studie, TA-Konzepte in allen Details speziell für therapeutische Begegnungen, die nicht auf der Transaktionsanalyse basieren, nutzbar zu machen. Im Prinzip unterscheidet sich die Kommunikation zwischen Therapeut und Klient aus transaktionsanalytischer Sicht jedoch durch nichts Wesentliches von anderen Kommunikationssituationen. Es geht um die Frage, wer aus welchem Ich-Zustand heraus agiert, welche Anteile er im anderen dadurch anspricht, welches Beziehungsgefüge entsteht, welche (möglicherweise extremen) Positionen eingenommen werden und vor allem – in welchem Ausmaß Problematisches zwischen Therapeut und Klient transparent gemacht und offen thematisiert werden kann. Ein Beispiel für dieses notwendige Thematisieren von Schwierigkeiten in der Therapeut-Klient-Beziehung wären etwa unausgesprochene Unterlegenheitsgefühle, Ärger über Äußerungen des Anderen, oder nicht überprüfte Annahmen, vom Gegenüber negativ beurteilt und abgelehnt zu werden.

Fischer erwähnt noch einen weiteren Punkt misslingender Psychotherapien: Die Differenzierung von Arbeitsbündnis und Übertragungssituation unterbleibt, wodurch es zu einer „therapeutischen Misallianz"[44] kommt, die auch die Analyse der Gegenübertragung verhindert.[45] Hier fällt nicht nur die starke Betonung des „Vertrages" ein, der in der Transaktionsanalyse als Grundlage jedes gemeinsamen Agierens gilt, sondern auch die prinzipielle Intention sämtlicher TA-Konzepte, die zu Transparenz und Offenheit hinführen. Klare Differenzierungen, echte Gefühle und erwachsenes, partnerschaftliches Handeln sind dabei Ziele und Wege gleichzeitig. Die Ergebnisse der vorliegenden Untersuchung zeigen, dass die Interviewten die erlernten TA-Modelle sehr gekonnt zu nützen verstehen, obwohl sie nicht therapeutisch geschult sind. Umso größer müsste eigentlich der Effekt transaktionsanalytischen Wissens bei Personen sein, die bereits eine professionelle Vorbildung in dieser Richtung besitzen. Transaktionsanalyse wäre dann nicht die Behandlungsmethode (außer in TA-Therapien), sondern ein zusätzliches Instrument zur Analyse, Interpretation und Optimierung therapeutischer Kommunikations- und Beziehungssituationen.

---

44 Ebd.; S. 303.
45 siehe ebd., S. 254.

Gesicherte Ergebnisse

Den Beginn dieser Untersuchung bildete eine ausführliche Diskussion der qualitativen Forschungsmethodik, die vielfach als äußerst geeignete Vorgehensweise zur Untersuchung des Subjektiven im Rahmen der Psychotherapiewissenschaft betrachtet wird.[46] Nun, am Ende dieser Studie, soll nochmals die Frage der Geltung und Bedeutsamkeit von Ergebnissen bedacht werden.

Fischer spricht von „logisch-empirischer Konvergenz" als Gütekriterium wissenschaftlicher Aussagen, die dann gegeben ist, wenn logische (theoretische, apriorische, nicht aus der Erfahrung abgeleitete) Erkenntnis einerseits und empirische Befunde andererseits voneinander unterschieden werden, in bestimmten Punkten aber konvergieren und übereinstimmen. Diese Differenzierung hält Fischer für wesentlich, und er hält fest: „Dann wird empirische Forschung möglich, die wirkliche Erfahrung ist und andererseits kommt das Nachdenken, die besondere Erkenntnistätigkeit des Menschen, zu seinem Recht. Forschungsergebnisse, die unter dieser Voraussetzung zustande kommen und Konvergenzen zwischen apriorischer und empirischer Seite zeigen (logisch-empirische Konvergenz), können als ‚gesicherte Erkenntnis' gelten."[47]

Es ist die Absicht dieser Untersuchung, theoretisches Nachdenken von empirischen Ergebnissen klar zu trennen. Aus diesem Grund wurde beispielsweise der gesamte Text der Interviews nicht einfach gefühlsmäßig interpretiert, sondern sehr detailliert nach definierten Vorgehensweisen analysiert, ehe eigene Kommentare folgten. Vor allem aber sollten die empirischen Befunde als solche dadurch klar ersichtlich sein, dass die Interviewten möglichst oft mit eigenen Worten und genau den von ihnen selbst gewählten Ausdrücken zur Sprache kommen sollten, auch wenn dies eine gewisse Länge und Ausführlichkeit der Darstellung mit sich brachte. Bei vielen Themen zeigt sich, dass diese empirischen Ergebnisse mit theoretischen Überlegungen harmonieren, diese illustrieren oder bereits bestehende Theorien weiterführen. Vor allem Struktur und innere Logik von Veränderungsprozessen und ganzheitlich positiven Verfassungen, wie sie im Konzept der Salutogenese und des Kohärenzgefühls beschrieben werden, entsprechen zahlreichen konkreten Erfahrungen der Interviewten.

Fischer beklagt, dass Autoren empirischer Forschungsarbeiten mitunter versäumen, ihre theoretischen Annahmen zu explizieren und die Übertragbarkeit der Ergebnisse auf die Praxis darzustellen. Auf diesem Hintergrund erklärt Fischer: „Desto wertvoller erscheinen von daher Markierungspunkte ‚logisch-empirischer Konvergenz', die es erlauben, empirische Ergebnisse mit logischen Prinzipien zusammenzubringen oder, um einen philosophischen Terminus zu verwenden, Ergebnisse empirischer Forschung zu ‚prinzipiieren'."[48] Es ist das Ziel der vorliegenden Untersuchung, diesem Anspruch möglichst nahe zu kommen, um einen kleinen Beitrag zu leisten, der sich „prinzipiieren" lässt und Vielen nützt.

---

46   siehe Rieken 2011, i.D.
47   Fischer 2008, S. 13.
48   Ebd., S. 8.

3.2 Schlussfolgerungen für Theorie, Forschung und Praxis

Vorbemerkung

In den vergangenen Kapiteln wurden die Ergebnisse der Untersuchung, die sich aus der Analyse der Interviewtexte ergeben, detailliert und ausführlich dargestellt, wobei das Hauptaugenmerk auf wörtlichen Zitaten der Befragten lag. In Form kommentierender Bemerkungen wurden diese Resultate dann auf dem Hintergrund der zugrunde liegenden Theorien interpretiert und in einen größeren Zusammenhang gestellt. Dabei zeigten sich bereits einige Schlussfolgerungen (theoretischer, praktischer oder allgemeinerer Art), die sich aus den Ergebnissen ableiten lassen. Dies betrifft beispielsweise die Erweiterung der Theorie des „Sense of Coherence" oder Reflexionen zur Lebenshaltung von Lehrenden. Wenn sich auch die Interpretation der konkreten Interviewtexte von weiterführenden Kommentaren und Schlussfolgerungen unterscheiden lässt, schien es an vielen Stellen nicht sinnvoll, die logischen Schlüsse getrennt von jenen Analysen und Interpretationen darzustellen, die sie entstehen ließen.

In Punkt 3.1 wurde nochmals ausdrücklich auf die Verallgemeinerbarkeit von Ergebnissen Bezug genommen; einzelne, markante Resultate wurden dabei überblicksmäßig und in allgemein gehaltener Formulierung zusammengestellt. Auch die Bedeutung der Ergebnisse im Kontext der Psychotherapiewissenschaft kam bereits zur Sprache.

All diesen weiterführenden Kommentaren und Schlüssen ist gemeinsam, dass es sich um logische Gedankengänge handelt, die sich aus der Arbeit mit den Interviewtexten ergeben, dabei aber eine Bedeutung erlangen, die weit über die zwölf interviewten Personen hinausreicht.

In einem weiteren Schritt soll es nun um die Frage der Nützlichkeit der gewonnenen Daten gehen, um konkrete Anwendungsmöglichkeiten in der Praxis, um den Beitrag dieser Arbeit zu bestehenden Theorien und um neue Forschungsthemen, die sich aufgrund dieser Ergebnisse auftun. Manche dieser Aspekte wurden bereits früher behandelt; hier sollen sie im Sinn der Vollständigkeit nochmals kurz erwähnt sein.

TA-Ausbildungen als berufsunabhängige Kurse

Bei vielen TA-Absolventen standen private Motive und Interessen zu Beginn der Ausbildung im Vordergrund. Dementsprechend wirkte sich die Beschäftigung mit Transaktionsanalyse auch auf das Privatleben, die persönliche Befindlichkeit und die Lebensqualität aus.

Da Kommunikations- und Entwicklungsprozesse kontextunabhängig sehr ähnliche Strukturen aufweisen und in dieser Hinsicht auch kein Unterschied zwischen Pädagogik- und Organisationsbereich festzustellen ist, spricht Vieles dafür, die TA-Ausbildungen berufsunabhängig anzubieten, sodass sie allen Menschen offenstehen, die sich weiterentwickeln und ihre Kommunikationsmuster verbessern wollen.

Auf diese Weise könnten sich wesentlich mehr Menschen transaktionsanalytisch bilden und eigenständig an ihrer Entwicklung arbeiten. Da das Publikum somit vermutlich deutlich vielfältiger wäre, könnten innerhalb der Gruppe auch zusätzliche Effekte des Horizonterweiterns eintreten. Die Kommunikationsstrukturen an sich wären leichter erkennbar, wenn die praktischen Beispiele, die Teilnehmer in Supervisionen einbringen, nicht aus dem gleichen Umfeld stammen. Für dieses berufsunabhängige Angebot spricht auch die Tatsache, dass derzeit viele Menschen mangels passender Berufszugehörigkeit von TA-Ausbildungen de facto ausgeschlossen sind, was bedauerlich scheint, da die Theorie der Transaktionsanalyse prinzipiell für jede Art von Kommunikation nützlich sein kann. Voraussetzung dafür wäre das stärkere Definieren der Kurse als Angebot zu persönlicher Entfaltung und das zusätzliche Betonen des privaten Bereichs.

TA-Ausbildungen speziell für junge Leute
Ältere Menschen unter den Befragten bedauern teilweise, nicht bereits früher von Transaktionsanalyse erfahren zu haben. Eine Interviewpartnerin in mittlerem Lebensalter hingegen berichtet von glücklichen Weichenstellungen aufgrund von TA-Kenntnissen in jungen Jahren. Diese Hinweise könnte man nützen und darin die Sinnhaftigkeit des frühen Bekanntwerdens mit TA-Konzepten erkennen. Tatsächlich scheinen langwierige Konflikte in späteren Lebensabschnitten oft deshalb schwer lösbar, weil sich in Jugendjahren ungünstige Kommunikations-, Verhaltens- und Beziehungsmuster herausgebildet haben, die umso schwieriger zu verändern sind, je länger sie andauern. Menschen, die sich bereits im jungen Erwachsenenalter an erprobten Strukturen orientieren können, hätten eine wesentlich bessere Chance, von Beginn an konstruktiv zu kommunizieren und Beziehungen auf der Erwachsenen-Ebene zu pflegen.

Da junge Menschen im Allgemeinen mit vielerlei Interessen und Verpflichtungen sehr beschäftigt sind, würde sich besonders hier ein modulartiges TA-Ausbildungssystem anbieten, das weniger zeitintensiv ist und mehr Spielraum für die eigene Gestaltung lässt.

Vermehrtes Augenmerk auf psychosoziale Prozesse in der Ausbildungsgruppe
Negatives wird nicht über das Theorie-Angebot oder die Wissensvermittlung berichtet, wohl aber über ungelöste Konflikte in der Ausbildungsgruppe und persönliche Probleme mit Lehrenden. Diesen Aspekten sollte besondere Beachtung geschenkt werden, da die erfolgreiche Vermittlung transaktionsanalytischen Wissens oder der Abschluss der Ausbildung nicht an Beziehungs- und Kommunikationsproblemen in der Gruppe scheitern sollte. An Lehrenden wird besonders Authentizität oder Ehrlichkeit geschätzt, an der Gruppe die soziale Unterstützung in schwierigen Lebenssituationen.

Zur TA-Theorie: „keep it simple"
Besonders erfolgreich sind TA-Absolventen dann, wenn sie sich auf einfache Grundkonzepte und Grundbegriffe der Transaktionsanalyse konzentrieren, den Kern der Aussage sehr gut verstehen und gezielt umsetzen können. Weniger beliebt und effektiv sind später entstandene und stärker ausdifferenzierte Modelle. Dies spricht dafür, auch bei notwendigen Weiterentwicklungen der TA-Theorie, die Konzepte so einfach, klar und strukturiert wie möglich zu halten, sodass der Kern des Gemeinten rasch zu erfassen und leicht anzuwenden ist. Dieses Prinzip, das alle ursprünglichen Konzepte Ber-

nes kennzeichnet und das den speziellen Charme der Transaktionsanalyse ausmacht, sollte auch bei zukünftigen Entwicklungen erhalten bleiben.

Veränderbarkeit des „Sense of Coherence" durch Transaktionsanalyse

Entgegen der Annahme Antonovskys kann diese Studie belegen, dass das Kohärenzgefühl keine feststehende Disposition ist, sondern in jedem Lebensalter gestärkt, verändert und optimiert werden kann. Die Beschäftigung mit Transaktionsanalyse ist ein geeignetes Instrument zur Veränderung der SOC-Komponenten (Verstehbarkeit, Handhabbarkeit und Bedeutsamkeit). Der „Sense of Coherence" wird dabei nicht nur durch einen äußeren Einfluss gestärkt; er ist auch eine aktiv erlernbare Größe, um die man sich bemühen kann.

Diese Erkenntnis ist einerseits ein Beitrag zur Salutogenese-Forschung, in der das Finden von Möglichkeiten zur Stärkung des Kohärenzgefühls als dringliche Aufgabe betrachtet wird. Diese Forderung ist sehr verständlich, wenn man die Auswirkungen des Kohärenzgefühls auf das Wohlbefinden, die psychische Verfassung und Gesundheit bedenkt.

Andererseits ist die Tatsache, durch TA das Kohärenzgefühl stärken zu können, auch eine Information für Transaktionsanalytiker und Ausbildungskandidaten. Erstere könnten in der Erhöhung des „Sense of Coherence" eine wesentliche Funktion der Transaktionsanalyse sehen und dieses Bewusstsein in ihr Tun einfließen lassen; TA-Absolventen oder -Interessenten könnten in diesem Faktum – auch jenseits persönlicher Beurteilungen der gesamten Theorie – einen klar umrissenen Wert erkennen.

Auch die Psychotherapiewissenschaft sollte dieser Tatsache Beachtung schenken, da hier das Konzept der Salutogenese oft als grundlegend betrachtet wird und das Wohlbefinden des Menschen, das Eins-Sein mit sich selbst ein zentrales Thema psychotherapeutischen Arbeitens ist. Aus der Sicht der Psychotherapie ist es wichtig, Möglichkeiten zu kennen, die diese Empfindungen und das Kohärenzgefühl fördern.

Qualitative Interviewtechnik zur Erforschung des „Sense of Coherence"

Die meisten empirischen Untersuchungen zum Kohärenzgefühl basieren auf dem von Antonovsky entworfenen „Fragebogen zur Lebensorientierung", wenngleich von zwiespältigen Erfahrungen damit berichtet wird. In dieser Studie erweisen sich qualitative Interviews als geeignete Methode, Erkenntnisse über das Kohärenzgefühl und dessen Veränderung zu gewinnen. Die Kombination der drei SOC-Komponenten mit den vier von Antonovsky definierten Lebensbereichen, in denen das Kohärenzgefühl in jedem Fall von Bedeutung ist, erlaubt eine genaue Zuordnung von Aussagen beziehungsweise ein gezieltes Nachfragen. Details dazu wurden ausführlich dargestellt.[49] Diese Struktur des Fragens oder Zuordnens wurde in dieser Arbeit in semistrukturierte Interviews eingebunden; sie lässt sich aber auch auf narrative Interviews oder punktuellere Befragungen übertragen. Da es sich beim „Sense of Coherence" um subjektive Empfindungen, persönliche Handlungsweisen und Sinnerlebnisse handelt, scheint die qualitative Forschungsmethodik zu dieser Thematik besser zu passen als quantitative Ansätze.

---

49   siehe Abschnitte 2.1. und 2.2.

Feedback der Interviewpartner vor der Interpretation ihrer Aussagen als methodischer Schritt

Ein Interviewter wünschte die Zusendung einer schriftlichen Zusammenfassung seiner Aussagen, und zwar vor deren Analyse und Interpretation. Ziel war das Ausschließen von Missverständnissen und die Sicherheit, richtig verstanden worden zu sein. Aus dieser naheliegenden Anregung könnte man vermehrt ein hilfreiches Prinzip und einen grundsätzlichen methodischen Schritt ableiten. Der Vorteil läge einerseits in der erhöhten Vertrauensbasis zwischen Interviewern und Gesprächspartnern, andererseits in der tatsächlichen Gewissheit, bei der Interpretation von richtig verstandenen Statements auszugehen. In der Personenzentrierten Psychotherapieforschung wird dies bereits angewandt, was Langer (2000) beschreibt.

Erweiterung des „Sense of Coherence" um die Plus-Plus-Haltung

Wie bereits erwähnt, berichten Interviewpartner davon, ein umfassendes Gefühl der Kohärenz im eigentlichen Sinn des Wortes zu erleben, wenn sie eine Plus-Plus-Haltung im Sinn des „Ich bin okay – Du bist okay" der Transaktionsanalyse einnehmen. Aus diesem Grund scheint es sinnvoll, die Plus-Plus-Position als vierte Komponente in das theoretische Konzept des Kohärenzgefühls zu integrieren. (Details dazu wurden im Abschnitt 2.4.5 ausführlich erläutert.) Dadurch erhalten die anderen Komponenten (Verstehbarkeit, Handhabbarkeit, Bedeutsamkeit) eine tragfähige Basis, die auch dann dem menschlichen Wohlbefinden förderlich ist, wenn Verstehen und Handhaben bestimmter Situationen ausbleiben.

Ein anderer Gewinn dieser Erweiterung besteht darin, dass auf diese Weise gesundheitliche und ethische Komponenten in einem Konzept erfasst sind, was ursprünglich nicht der Fall war und Antonovsky selbst beklagte. Ethik und Gesundheit bilden somit in diesem erweiterten Konzept eine Einheit und keinen Widerspruch. Darüber hinaus bietet diese Ergänzung auch eine praxisrelevante Anregung, wenn gesundheitsbewusstes und ethisches Verhalten gleichzeitig im Blick sein sollen. Somit entsteht nicht nur eine neue Komponente des Kohärenzgefühls, sondern insgesamt die Integration eines Ethik-Anteils in ein Gesundheitskonzept.

Betonen der Plus-Plus-Position als des zentralen Moments jeder Entwicklung

Für die meisten Interviewpartner kristallisiert sich die Position des „Ich bin okay – Du bist okay" als der Dreh- und Angelpunkt schlechthin für viele weitere positive Entwicklungen heraus. Dass es sich dabei nicht um eine grundsätzlich harmonisierende Einstellung handelt, sondern um die prinzipielle Achtung sich selbst und anderen gegenüber, wurde bereits ausführlich diskutiert, ebenso wie die Tatsache, dass gerade diese Form des Respekts und der Wertschätzung ein konstruktives Thematisieren von Konflikten erlaubt. Selbstachtung erscheint in jedem Fall als Basis der Plus-Plus-Haltung und als Voraussetzung für gelungene Beziehungen. Zusätzlich korreliert die Plus-Plus-Position der Transaktionsanalyse mit richtig verstandener Selbst- und Nächstenliebe, die auch in religiösen Systemen als zentrales Ereignis betrachtet wird.

Aus diesen Gründen scheint es sinnvoll, die Frage der Selbstachtung mehr in den Mittelpunkt der Aufmerksamkeit zu rücken und vermehrt Wege zu suchen, diese zu stärken und zu fördern. In TA-Kursen sollte man den Grundpositionen deutlich mehr Zeit und Beachtung schenken, da sie die Basis für viele weitere Modelle bilden. Wie gezeigt werden konnte, machen viele Konzepte erst Sinn, wenn sie mit einer entsprechenden Einstellung sich selbst und anderen gegenüber verwendet werden.

In der Salutogenese-Forschung im weiteren Sinn könnte die Selbstachtung als Teil der Plus-Plus-Haltung und als Komponente des Kohärenzgefühls zu einem integrierenden Bestandteil gesundheitsrelevanter Konzepte werden, da Wohlbefinden ohne Selbstachtung (beziehungsweise ohne Selbst- und Nächstenliebe) nicht gut denkbar ist.

Auch in der Psychotherapiewissenschaft könnte die Plus-Plus-Haltung als wesentliches Element heilsamer Prozesse gelten, das Wohlbefinden und Gesundheit fördert.

Erforschung heilsamer Prozesse als zentrales Thema der Psychotherapiewissenschaft
In dieser Arbeit zeigt sich die Struktur des „Sense of Coherence" als heilsames Prinzip, das der Ganzheitlichkeit des Menschen, seinem Denken, Fühlen und Verhalten entspricht. Es konnte nachgewiesen werden, dass genau diese Struktur auch mit der Grundlinie der Transaktionsanalyse übereinstimmt und TA-Absolventen nicht zuletzt dadurch positive Entwicklungen und heilsame Veränderungen erleben. Auch in dezidierter Psychotherapie ist diese Struktur erkennbar. Kombiniert mit der Plus-Plus-Haltung umfasst sie auch ethische Komponenten. In dieser Studie wurden somit förderliche Prozesse und deren Bedingungen im Rahmen von TA-Ausbildungen untersucht.

Im Hinblick auf die Schaffung eines psychotherapiewissenschaftlichen Paradigmas scheint es – wie erwähnt – sinnvoll, in der Erforschung verschiedenster heilsamer Strukturen und Prozesse das primäre Anliegen der Psychotherapiewissenschaft zu sehen, unabhängig davon, ob sich diese innerhalb oder außerhalb formal deklarierter Psychotherapie ereignen. (Dass dies auch der eigentlichen Bedeutung des Begriffs „Psychotherapie" entspricht, wurde schon erwähnt.) Orte, Strukturen und Bedingungen förderlicher Prozesse zu kennen, ist eine wesentliche Information, die allen interessierten Menschen nützt, unabhängig von Berufszugehörigkeiten und aktuellen Lebenslagen.

Als spezieller Aspekt der Heilsamkeit stellt sich das Faktum des Erlernens einer psychologischen Theorie heraus. Ausbildungsabsolventen werden dadurch in ihrer Eigenständigkeit gefördert und erhalten ein Instrumentarium, das auch nach dem Abschluss der Ausbildung selbständige Entwicklungsschritte ermöglicht. Dieser Aspekt des Theorie-Lernens könnte auch in Zusammenhang mit der Bewältigung von Lebensproblemen an Beachtung gewinnen.

„Versteckte Motive" als Teil der Ausbildungsforschung
In dieser Arbeit kristallisieren sich private Motivationen für die Ausbildung in Transaktionsanalyse als häufiges Phänomen in beruflich orientierten Kursen heraus. Die Veränderungsprozesse und Ergebnisse betreffen ebenfalls persönliche Bereiche, auch wenn zunächst professionelle Interessen tatsächlich im Vordergrund standen. In Zusammenhang mit TA-Ausbildungen besteht kein Grund, diese Motive abzuwerten oder

als nicht legitim zu betrachten. Ganz im Gegenteil wird ja dafür plädiert, dieses ganzheitliche Veränderungspotential der Transaktionsanalyse zu nützen, private Motive zu deklarieren und Kurse bewusst allen interessierten Menschen zugänglich zu machen. Berufliche Kompetenzerweiterung ist im Rahmen der TA nicht von Persönlichkeitsentwicklung zu trennen, was eine logische und gedankliche Verbindung zur Lösung privater Probleme schafft, die ebenfalls mit der Person des Betroffenen zusammenhängt. Ob diese Öffnung der TA-Ausbildungen und der breiter angelegte Zweck in jedem Fall günstig sind, wäre natürlich zu prüfen. Es ist zum Beispiel äußerst wahrscheinlich, dass manche Lebenssituationen die ungeteilte Aufmerksamkeit eines einzelnen Beraters oder Therapeuten erfordern. Ebenso kann es der Fall sein, dass TA-Interessenten tatsächlich nur ein Kommunikationsinstrument für den beruflichen Kontext benötigen und sich unfreiwillig in einer Art Selbsterfahrungsgruppe wiederfinden. Wenngleich Differenzierungen in Einzelfällen notwendig scheinen, spricht doch Vieles für die Nützung der TA-Ausbildungen auch – oder speziell – für den privaten Kontext. Persönliche, „versteckte" Motive werden somit transparent gemacht und als legitim betrachtet, da sie der inneren Dynamik des Ausbildungsgeschehens und des Veränderungsprozesses ebenso entsprechen wie der Wunsch nach Entwicklung der beruflichen Kompetenz.

Diese Schlussfolgerungen könnten ein Anreiz sein, auch in anderen psychosozialen Ausbildungen vermehrt nach versteckten Motiven zu fragen und zu sehen, ob diese Interessen nicht auch dort neue Perspektiven öffnen könnten.

Fördern sozialer Netze und gegenseitiger Unterstützung
In dieser Studie zeigt sich das sinnvolle Funktionieren sozialer Beziehungen als wesentlicher Faktor bei der Bewältigung persönlicher Probleme. Was hier nur am Rande erwähnt wird, sollte gerade angesichts einer immer größer werdenden Individualisierung und Subjektivierung allgemein wieder mehr in den Mittelpunkt des Interesses rücken. Professionelle Hilfsangebote sind wertvoll und nützlich, können und sollen aber weder Freunde noch persönliche Beziehungen im Alltag oder gegenseitige Unterstützung ersetzen. „Bewältigungsstrategien und Freunde", wie es eine Interviewpartnerin formuliert, scheint eine erfolgversprechende Kombination zu sein. Günstig dafür ist natürlich der Bezug auf einen gemeinsamen geistigen Hintergrund, auf ähnliche Sichtweisen oder eine gemeinsame Sprache, die verbindet.

Wesentlich scheint zunächst das Lenken der Aufmerksamkeit auf diese Aspekte, die selbstverständlich wirken, vielfach aber zugunsten individueller Interessen unterbelichtet bleiben. In Zusammenhang mit heilsamen Prozessen könnten die Themen „soziale Unterstützung", „sinnvolle Kommunikation" und „gelungene Beziehungen im Alltag" auch zentrale Anliegen der Psychotherapiewissenschaft sein.

Öffentlichkeitsarbeit der Transaktionsanalyse
Diese Studie konnte nachweisen, dass die Wirksamkeit transaktionsanalytischer Ausbildungen des Pädagogik- und Organisationsbereichs weit über den beruflichen Kontext hinausreicht. Entwicklungsfördernde, heilsame Prozesse und Kommunikationsvorgänge finden statt, die in ihrer Struktur psychotherapeutischer Arbeit ähnlich sind.

Dieses Bewusstsein, dass in TA-Kursen wertvolle Elemente enthalten sind, die der eigenständigen Lebensbewältigung dienen, könnte in vermehrter Form verbreitet und der Öffentlichkeit zugänglich gemacht werden. Dass theoretische Strukturen und Konzepte erlernbar sind, welche die Gestaltung des privaten Alltags erleichtern und die Lebensqualität erhöhen, ist eine Information, die möglicherweise nicht in ausreichendem Maß allgemein bekannt ist.

Es wäre die Sache von Experten zu entscheiden, wo und in welcher Form diese Öffentlichkeitsarbeit stattfinden sollte. Aufgrund der Daten dieser Untersuchung lässt sich jedenfalls ein gewisses Missverhältnis zwischen der Wirksamkeit transaktionsanalytischer Theorie und ihrem Bekanntheitsgrad in der Öffentlichkeit feststellen.

Dialogfähigkeit der Transaktionsanalyse mit Glaube, Religion und Humanismus
Viele Interviewpartner kombinieren die Transaktionsanalyse erfolgreich mit anderen pädagogischen und psychologischen Methoden, aber auch mit christlichem Gedankengut und asiatischer Meditationspraxis. Diese Dialogfähigkeit der Transaktionsanalyse könnte man gezielt nützen und auch jenseits einzelner persönlicher Kontakte das Gespräch zwischen der transaktionsanalytischen Bewegung und Religionsgemeinschaften beziehungsweise den erwähnten humanistisch oder spirituell-religiös geprägten Richtungen suchen. Auf diese Weise könnten vielfältige Kooperationen und interessante Resultate entstehen.[50]

Transaktionsanalyse für Psychotherapeuten
Im letzten Abschnitt wurde bereits erwähnt, dass die Transaktionsanalyse als Kommunikationstheorie für die Begegnung von Therapeuten und Klienten nützlich sein könnte, egal welche therapeutische Methode praktiziert wird. Der Grund liegt in der Tatsache, dass Psychotherapie als Kommunikations- und Beziehungsgeschehen begriffen wird und das Misslingen von Therapien (laut Fischer 2008) zumeist auf unglückliche Kommunikations- oder Beziehungsmuster zwischen Therapeuten und Klienten zurückzuführen ist. Ich-Zustände, Transaktionen, Spiele und sämtliche weiteren Konzepte der Transaktionsanalyse sind hier ebenso von Bedeutung wie in beruflichen und privaten Alltagssituationen.

Transaktionsanalyse an Universitäten
Für einige Interviewpartner fand der Erstkontakt mit Transaktionsanalyse an der Universität während ihres Studiums statt. Dieser erste Kontakt war für den Entschluss zu einer TA-Ausbildung in späteren Jahren entscheidend. Bei diesen meist wirtschaftlich orientierten Studien wurde (vor allem in den 1980er Jahren) Transaktionsanalyse als Persönlichkeits- und Kommunikationstheorie unterrichtet. Umso bedauerlicher wirkt es, dass zur Zeit die Transaktionsanalyse an Universitäten kaum aufscheint, selbst im Rahmen von Psychologie-Studien nicht zu den Grundkenntnissen zählt und kaum in den Lehrplänen vorgesehen ist. Angesichts der belegten Wirksamkeit der TA sollte die Transaktionsanalyse unbedingt auch an Universitäten unterrichtet werden, egal ob es sich um psychologische, pädagogische, soziale, wirtschaftliche, technische, medizini-

---

50   Vgl. dazu: Mettnitzer 2008 und 2009.

sche oder künstlerische Studienrichtungen handelt. Kommunikation, Beziehung und Persönlichkeit sind in jedem Fall von Bedeutung. Dass die Transaktionsanalyse dafür einfache und effiziente Konzepte bietet, wurde vielfach anhand der gewonnenen Daten dieser Studie erläutert. Wenn die Weitergabe transaktionsanalytischen Wissens mit der Information verknüpft wird, dass es sich um Denkmodelle handelt (und nicht um die genaue Abbildung der Realität), deren Anwendung von einer entsprechenden menschlichen Haltung nicht zu trennen ist, kann im Grunde nur Positives bewirkt werden, selbst wenn Lehrveranstaltungen zur Transaktionsanalyse weniger persönlich und zeitintensiv ablaufen als TA-Ausbildungen. Man sollte Menschen in ihrer Fähigkeit, vermittelte Kenntnisse selbständig weiter zu vertiefen, nicht unterschätzen, auch wenn TA-Vorlesungen vielleicht nur ein oder zwei Semester dauern oder gar nur einen Teil einer Lehrveranstaltung bilden. Universitäten sind prädestinierte Orte, um Denker zu erreichen, die als Multiplikatoren Inhalte verbreiten und weiterführen.

Wäre die Transaktionsanalyse als fixer Bestandteil in das universitäre Geschehen integriert, würde ein zusätzlicher Gewinn entstehen: auf natürliche Weise könnte die Transaktionsanalyse (neben ihrer Bedeutung in der Lehre) vermehrt zu einem Thema werden, das wissenschaftliches Interesse weckt und in Forschungsarbeiten Eingang findet. Eine flexible Verbindung zwischen TA-Vereinen (die sich auf Ausbildungen konzentrieren) und der universitären TA-Forschung könnte sich entwickeln, wobei das Bewusstsein wesentlich scheint, dass Ausbildung Forschung benötigt und umgekehrt Forschung nicht ohne Praxis der TA-Anwendung auskommt.

Die Präsenz der Transaktionsanalyse an Universitäten hätte in diesem Sinn mehrere Funktionen gleichzeitig: als entsprechende Plattform für die effiziente und großräumige Verbreitung transaktionsanalytischen Gedankenguts sowie als Ort der Forschung und Lehre, an dem Transaktionsanalyse unterrichtet, weiterentwickelt und wissenschaftlich untersucht wird. Es mag sein, dass auch unter Transaktionsanalytikern hier etwas Zurückhaltung herrscht und man befürchtet, dass mit einer flächendeckenderen Verbreitung der TA simplifizierte oder gar banalisierte Versionen der Transaktionsanalyse einhergehen könnten. Siedelt man die Befassung mit Transaktionsanalyse an Universitäten an, scheint diese Gefahr jedoch nicht wirklich nahe liegend, sodass eine sachlich fundierte Beschäftigung mit transaktionsanalytischem Wissen zu erwarten ist. Durch die Ansiedelung der TA an Universitäten soll die Bedeutung außeruniversitärer TA-Ausbildungen nicht geschmälert werden, ebenso wenig wie die Wichtigkeit persönlicher Seminarangebote von Transaktionsanalytikern. Beide Zugänge zur Transaktionsanalyse sind wertvoll und nützlich. Die gesamte Verbreitung der Transaktionsanalyse – und damit auch einen Großteil der Öffentlichkeitsarbeit – aber ausschließlich Vereinsausbildungen und individuellen Seminartätigkeiten zu überlassen, scheint hingegen weniger günstig. Bezogen auf die Gesamtbevölkerung können diese speziellen Angebote immer nur einen sehr kleinen Personenkreis erreichen, was angesichts der Effizienz der TA-Theorie schade ist.

Weitere Forschungsthemen

In den soeben genannten Punkten kamen bereits einige Probleme zur Sprache, die sich in Zusammenhang mit praxisrelevanten Schlussfolgerungen auch als Themen weiterer

Forschungsarbeiten herauskristallisieren. Vor allem in Zusammenhang mit der neuen Disziplin Psychotherapiewissenschaft scheint die Untersuchung heilsamer Prozesse, ihrer Strukturen, Orte und Bedingungen von zentraler Bedeutung.

Als wesentlich wurde bereits auch die Stärkung der Plus-Plus-Position[51] erkannt. Hier handelt es sich jedoch nicht nur um ein praxisorientiertes Problem, das in TA-Ausbildungen mehr berücksichtigt werden sollte (mit dem Ziel, das Integrieren der Okay-Haltung in den Alltag zu optimieren); die Förderung der Plus-Plus-Position ist auch eine Thematik, die vermehrt in den Mittelpunkt von Forschungsinteressen rücken könnte. Die Ergebnisse dieser Studie weisen ja auf den fundamentalen Wert dieses Konzeptes hin, wobei besonders das Thema „Selbstachtung" als Ansatzpunkt positiver Prozesse und Entwicklungen von Bedeutung ist. Da sich viele Probleme auf der Basis von Selbstachtung (und Achtung dem Anderen gegenüber) offenbar wesentlich leichter und konstruktiver lösen lassen, sollte auch in der Forschung das Augenmerk vermehrt auf Möglichkeiten gerichtet werden, dieses Bewusstsein und Gefühl der Selbstachtung zu fördern. Vor allem angesichts widriger Umstände, wie konfliktreicher privater Situationen, gravierender Probleme im beruflichen Kontext, oder im Fall des Scheiterns persönlicher Pläne und Projekte, stellt sich die Frage, wie Selbstakzeptanz und Selbstliebe dennoch gelingen können.

Diese letztgenannte Formulierung erinnert an das grundsätzliche Anliegen Antonovskys, an das Ideal des Stabil-Bleibens in einer instabilen Umwelt. Integriert man die Plus-Plus-Haltung in das Konzept des Kohärenz-Gefühls, könnten empirische Untersuchungen entstehen, welche die Auswirkungen dieser erweiterten Form des „Sense of Coherence" auf das Wohlbefinden, die Lebensqualität, vielleicht sogar auf gesundheitliche Aspekte beleuchten. Im Grunde könnte diese Thematik jedoch alle Disziplinen interessieren, die sich mit subjektiven Befindlichkeiten und sinnvollen Lebensprinzipien befassen, allen voran die Psychotherapiewissenschaft und die TA-Forschung.

Oft liegt das Wesentliche in einfachen Grundsätzen, deren Wert nicht erkannt wird, weil sie auf den ersten Blick fast zu einfach wirken. Andererseits existieren Prinzipien, die zwar einfach aussehen, in Wahrheit aber ziemlich schwierig zu realisieren sind. Für die Plus-Plus-Haltung scheint beides zuzutreffen. Aus diesem Grund soll deren Wichtigkeit im Rahmen der Forschung ausdrücklich betont sein.

Ein weiteres umfangreiches Thema ergibt sich angesichts der Befragten dieser Studie, die bereits zu Beginn der Ausbildung über ein hohes Maß an Initiative und Eigenständigkeit verfügten, sodass die Theorie der Transaktionsanalyse auf fruchtbaren Boden fiel, teilweise erstaunliche Wirkungen hervorrief und die Eigenständigkeit zusätzlich positiv beeinflusste. Die Frage stellt sich natürlich, wie Engagement und Selbständigkeit von Menschen gefördert werden können, die nicht ausreichend initiativ sind, um Ausbildungen (wie die der Transaktionsanalyse) in Angriff zu nehmen und erfolgreich abzuschließen, sodass auch diese Personen Strategien und Instrumente zur Lebensbewältigung erhalten. Bei all diesen Themen handelt es sich natürlich um

---

51 siehe Abschnitt 2.4.5

sehr umfassende Probleme, die hier einfach nur sehr kurz als mögliche Forschungsinteressen in den Raum gestellt werden können.

Aus der vorliegenden Studie ergeben sich aber auch punktuellere Fragestellungen, die man zum expliziten Gegenstand weiterer wissenschaftlicher Untersuchungen machen könnte. Zuerst fällt auf, dass die Ergebnisse dieser Arbeit zu einem überwiegenden Teil TA-Absolventen betreffen, deren Einstellung zur Transaktionsanalyse bleibend positiv ist und die TA-Konzepte – in unterschiedlicher Weise und Intensität – laufend nützen, sei es auch „nur", indem sie die Okay-Haltung bewusst zu einem Lebensmotto werden ließen. Eine aktive und wohlwollende Haltung erstaunt nicht bei einzelnen interviewten TA-Lehrern. Dass sich diese überzeugte Einstellung aber auch bei den meisten anderen als generelle Tendenz abzeichnet, überraschte dann doch einigermaßen, da viele Gesprächspartner zunächst unbekannt waren und die Wahl der Interviewten einfach auch nach dem Prinzip der Heterogenität von Merkmalen (wie Alter, Beruf, Geschlecht, Wohnort, Stand der TA-Ausbildung und Ähnliches) erfolgte. Man mag vermuten, dass diese Tendenz mit der Gesprächsbereitschaft der Interviewten und ihrer freiwilligen Teilnahme an der Befragung zu tun hat. Ebenso gut ließe sich aber spekulieren, dass gerade verärgerte oder missgestimmte TA-Absolventen gerne zur Transaktionsanalyse Stellung nehmen würden. Beide Gedankengänge sind jedoch reine Annahmen und Vermutungen.

Was jedoch feststeht, ist das Ergebnis dieser Studie, die mehrheitlich interessierte Personen darstellt, welche den Wert der Transaktionsanalyse zu schätzen wissen. Dies ist in keiner Weise als Nachteil zu betrachten. Es entsteht dadurch vor allem ein Bild positiver Ausbildungsverläufe und gelungener Entwicklungsprozesse sowie vieler Umstände und Bedingungen, die zu diesem Erfolg beigetragen haben. Dass der persönliche Gewinn, der aus der TA-Ausbildung gezogen wird, sich individuell sehr unterschiedlich darstellt (da ja auch die Interessen sehr verschiedenartig sind), wurde schon ausführlich erläutert. Auch ein beschriebener Ausbildungsabbruch wird nicht als Misserfolg betrachtet, da die Transaktionsanalyse als Theorie weiterhin aktuell bleibt und ständig zur Anwendung kommt.

Erinnert man sich hingegen an die ablehnende Haltung der Interviewpartnerin Ute, so scheint es fast unwahrscheinlich, dass sie die einzige TA-Absolventin ist, die negative Erfahrungen gemacht und sich entschieden von der gesamten Transaktionsanalyse abgewandt hat. Hier eröffnet sich nun ein neues Betätigungsfeld für die Forschung, die gezielt jener „black box" nachgehen könnte, in der sich möglicherweise auch andere negativ erlebte Ausbildungsprozesse, Kontaktabbrüche oder Enttäuschungen verbergen. Möchte man aus negativen Erfahrungen lernen, so könnte man nun bewusst nach jenen Leuten suchen, die zwar eine TA-Ausbildung absolviert haben, die Transaktionsanalyse aber nicht mehr anwenden, nicht mehr schätzen oder sogar ablehnen. Ob diese Personengruppe überhaupt existiert, ob sie sich finden lässt und was sie zu berichten hat (falls sie erreichbar ist), wird sich zeigen. Interessant wäre die Thematik in jedem Fall, da auch in dieser Arbeit die Aussagen einer TA-enttäuschten Person sehr aufschlussreich sind. Eine andere Hypothese könnte in die Richtung gehen, dass man Kontaktabbrüche annimmt, dahinter aber keine ablehnende Haltung vermutet, sondern die Stärke transaktionsanalytischer Theorie, die zu eigenständiger Anwendung befähigt und den weiteren Kontakt mit Transaktionsanalytikern überflüssig erscheinen lässt. All diese Fragen wären in weiteren Untersuchungen zu klären.

Zwei Themen wurden in dieser Arbeit eher am Rande behandelt, da sie nur punktuell in Form einzelner Aussagen aufscheinen, die Interviewte spontan in die Diskussion einbrachten: die Wirkung transaktionsanalytischer (nicht-therapeutischer) Ausbildungen auf die Gesundheit und das Verhältnis dieser Kurse zur Psychotherapie – mit besonderer Betonung der Bedeutung des vermittelten Theorie-Wissens und der Eigeninitiative der Absolventen. Da es sich bei beiden Problemen um wichtige Themen handelt, die sowohl für Ausbildungskandidaten und Therapeuten als auch für alle gesundheitlich interessierten Menschen relevant sind, wären dies lohnende Forschungsgegenstände. Dass die Förderung der Gesundheit ein zentrales Anliegen ist, bedarf keiner weiteren Erklärung. Der Vergleich mit der Psychotherapie könnte Aufschlüsse über jeweilige Stärken und Schwächen, Vor- oder Nachteile erbringen, sodass sich positive Prozesse noch besser erfassen und umreißen lassen. Möglicherweise könnten dadurch auch schon zu Beginn einer Ausbildung beziehungsweise einer Psychotherapie Einschätzungen stattfinden, ob im speziellen Fall eher eine Ausbildung oder eine Psychotherapie (vielleicht aber auch beides) zu empfehlen wäre. Eventuell könnte man Untersuchungen so anlegen, dass Personen befragt werden, die sowohl genügend Erfahrung mit Ausbildungen als auch mit eigenen Psychotherapien haben und somit persönliche Vergleiche in differenzierter Weise bieten könnten.

In dieser Untersuchung wurde die Wirksamkeit der Transaktionsanalyse rückblickend beurteilt und die Einschätzung ihrer Effizienz zu einem bestimmten Zeitpunkt erhoben. Interessant wären nun Längsschnittstudien, die zu mehreren Zeitpunkten Daten festhalten und somit Prozesse direkter verfolgen. Zum Einen könnte dies eine Ausbildungsbegleitforschung sein, die Veränderungen während der Dauer der Kurse dokumentiert; zum Anderen könnten längerfristige Studien starten, die auch nach dem Ende der Ausbildung weitere Entwicklungen der Absolventen und ihrer Beziehung zur Transaktionsanalyse untersuchen. Ob man durch diese häufigen Befragungen allerdings die natürlichen Verläufe nicht doch auch wieder in irgendeiner Richtung beeinflusst, sei dahingestellt. Wenn es stimmt, dass auch kurze Kontakte mit transaktionsanalytischen Gedanken das „D'ranbleiben" fördern, wie es ein Interviewter formuliert, so ist die Idee der Beeinflussung durch regelmäßige Interviews zu TA-Themen nicht von der Hand zu weisen.

In dieser Arbeit wurde versucht, ein möglichst umfassendes Bild persönlicher Veränderungsprozesse darzustellen, die auf dem Erlernen und Anwenden von TA-Konzepten beruhen. Daraus ergab sich eine breite Palette an Themen, die von der technischen Seite der Anwendung, über beliebte TA-Modelle, Strukturen der Veränderung, über Ergebnisse des Lernprozesses, betroffene Lebensbereiche, Bedingungen des Lernens, das soziale Geschehen in der Ausbildungsgruppe bis hin zu Fragen der Lebensphilosophie und Werthaltung reichen. Eine Folge dieser intendierten Gesamtschau ist die Tatsache, dass natürlich nicht alle Themen zur Gänze diskutiert werden konnten und auch nicht alle Aspekte in ähnlich ausführlicher Weise zu behandeln waren. Diesem Problem wurde dadurch begegnet, dass gerade Themen, bei denen eine umfassende Auseinandersetzung in keiner Weise machbar schien (wie der Bezug der Transaktionsanalyse zu Religion und Weltanschauung) bewusst knapp gehalten wurden, während punktuell fassbarere Aspekte (wie die Beschäftigung mit dem Perfekt-Antreiber) ausführlicher dargestellt wurden.

Somit ergeben sich aus den vielen einzeln thematisierten Problemen zahlreiche Ansätze für neue Forschungsarbeiten. Im Grunde könnte man jede angesprochene Thematik in einer weiteren Studie vertiefen und zum speziellen Gegenstand der Betrachtung machen. Im Besonderen trifft dies jedoch auf sehr breit angelegte Themenbereiche zu, wie die Dialogfähigkeit der Transaktionsanalyse mit Glaube und Religion oder mit anderen psychologischen und pädagogischen Richtungen. Was die TA-Anwendung betrifft, so könnte man natürlich auch auf bestimmte Konzepte fokussieren und die Wirksamkeit einzelner Modelle untersuchen, welche noch nicht im Detail erläutert wurden.

Als Forschungsthema würden sich natürlich auch persönliche Kommunikations- und Beziehungsprozesse in der Ausbildungsgruppe anbieten, die das Geschehen zwischen den Gruppenmitgliedern ebenso beleuchten wie Interaktionen und Beziehungsmuster zwischen Lehrenden und Lernenden.

In dieser Studie wurde die Wirksamkeit von Ausbildungen untersucht. Zu fragen wäre, ob die Theorie der Transaktionsanalyse auch dann eine positive Wirkung entfalten kann, wenn keine Kurse besucht, aber Bücher zu transaktionsanalytischen Themen studiert werden. Dies wäre ein Beitrag zur Bibliotherapie-Forschung, die davon ausgeht, dass auch die Lektüre von Büchern heilsame Wirkungen entfalten kann.

Mit jeder Frage, die durch wissenschaftliche Forschung näher beleuchtet und beantwortet wird, verändert sich der Erkenntnisstand und damit die eingenommene Perspektive. Oft führen gerade die Antworten wieder zu neuen Fragen, und selbst wenn Manches zufriedenstellend beantwortet ist, öffnet die veränderte Gesamtsicht den Blick auf Unerforschtes und Neues, Wissenswertes. In diesem Sinn ist auch das Ende dieser Untersuchung nur ein relativer Schlusspunkt; in ihm verbergen sich bereits viele neue Forschungsideen, die gleichzeitig den Beginn zukünftiger wissenschaftlicher Arbeit bilden können.

Nachwort

Forschung ist im Grunde ein nie endender Prozess. Nach dem Abschluss einer Untersuchung blickt man nicht ohne Freude auf den neuen Zuwachs an Erkenntnissen, der gelungen ist, weiß aber gleichzeitig, dass viele Fragen offen sind, deren Bedeutung und Existenz teilweise erst während der Forschungsarbeit bewusst wurden. Etliche dieser Themen werden sich mit hoher Wahrscheinlichkeit in weiteren Studien klären lassen.

Was aber noch mehr bewegt als der Gedanke an zukünftige Projekte ist die Tatsache, dass trotz aller Forschung ein Rest an Unerforschbarem, Geheimnisvollem immer bleiben wird, da die menschliche Erkenntnisfähigkeit keine unbegrenzte und vollkommene ist. Niemals wird es daher möglich sein, alles wissen und verstehen zu können, so sehr man sich dies auch wünschen mag.

Ähnlich verhält es sich im praktischen Leben mit der Machbarkeit wichtiger Umstände und Gegebenheiten, wie jener der Gesundheit, des Sinnerlebens oder – nicht zuletzt – der Liebe. So essentiell sich diese Dinge für die meisten Menschen darstellen – im eigentlichen Sinn „machbar" sind sie nicht. Man kann sie nicht automatisch herstellen, völlig kontrollieren oder gar herbeizwingen, wenngleich sich Einiges zu ihrem Entstehen beitragen lässt.

So meint man, in den Werken Bernes und Antonovskys eine gewisse zeitbedingte Färbung zu erkennen, die den Glauben an die Machbarkeit von Wohlbefinden, Glück und gelungenen Beziehungen fast zu hoch einschätzt. Den Zeitgeist einer Epoche erkennt man vermutlich erst rückblickend, im Nachhinein. Aus diesem Grund erscheint es schwierig und wenig begründet, zu vermuten, dass das Pendel nun gänzlich in die andere Richtung schwingt und der starke Optimismus häufig enttäuschten und frustrierten Stimmungen Platz gemacht hat. Ganz allgemein gesprochen lässt sich jedoch feststellen, dass der Geist der Konzepte Bernes und Antonovskys besonders dann aktuell wird, wenn Resignation und Passivität um sich greifen, und der Glaube an eigene Gestaltungsmöglichkeiten schwindet. Beide Autoren lenken den Blick wieder auf das, was der Mensch sehr wohl imstande ist, aktiv zu beeinflussen. Darüber hinaus vermitteln sie auch die Überzeugung, dass es Sinn macht, sich zu engagieren, da Vieles im Leben formbar und veränderbar ist. Dies setzt allerdings das Vertrauen in die eigenen Fähigkeiten voraus, etwas bewirken und bewegen zu können.

Trotz des optimistischen Grundtons beider Werke geht jedoch auch dort das Wissen um die menschliche Begrenztheit nicht verloren. Berne, der nichts so sehr betont wie Bewusstheit und Autonomie, schreibt – wohl nicht ganz ernst, aber auch nicht völlig unernst gemeint – in seiner typischen Art: „Die Menschen sind letzten Endes doch nur weiterentwickelte Quallen"[1]; trotz unserer Anstrengungen und der Illusion, wir seien uns unserer selbst bewusst, reiche manchmal eine Bananenschale auf dem Weg, um uns im wahrsten Sinn des Wortes aus dem Gleichgewicht zu bringen.[2]

---

1   Berne 1970/2005, S. 128.
2   siehe ebd.

Die Kunst scheint also darin zu bestehen, menschliche Begrenzungen zu kennen, gleichzeitig aber alle Möglichkeiten, die im Bereich des Machbaren liegen, voll auszuschöpfen. Und das geschieht sowohl in Bernes als auch in Antonovskys Theorien, die vermutlich gerade dadurch ihre höchste Wirkkraft entfalten.

Antonovsky, der extrem detailliert, strukturiert und logisch sämtliche gesundheitsrelevanten Faktoren analysieren wollte, zitiert einen Philosophen und Antirationalisten des 18. Jahrhunderts, Johann Georg Hamann, um die unlogische Seite der menschlichen Existenz zu illustrieren: „Die Natur ist kein geordnetes Ganzes: Sogenannt vernünftige Menschen sind Scheuklappen tragende Wesen, die festen Schritts laufen, weil sie für den wahren und zutiefst verwirrenden Charakter der Realität blind sind und geschützt durch vom Menschen selbst erschaffene Apparate; wenn sie auch nur einen Blick darauf werfen würden, was sie wirklich ist – ein wilder Tanz – sie verlören den Verstand." An einer anderen Stelle klingt diese Einsicht etwas freundlicher, wenn Antonovsky meint, Gott sei kein Mathematiker, sondern ein Poet: „Seine Werke sind voll von Anspielungen, Illusionen, Fragen, Widersprüchen, offenen Alternativen, Wortspielen, Verzweiflung und Liebe. Dennoch können wir versuchen, ein Gedicht zu verstehen. Ich möchte in meiner Arbeit untersuchen, wie Menschen mit der Realität des Gedichts umgehen, das soziale Existenz heißt."[3] Entschlossen und aktiv fährt er fort: „Ist es ein zu grandioser Ehrgeiz, sich als Ziel zu setzen, zu einer integrierten Theorie zu gelangen, die erklären kann, wie jedwedes System seine Realität bewältigt?"[4] Auch hier bleibt beides im Blick: das Undurchschaubare ebenso wie das Machbare und Erklärbare. Das Begreifen, dass hundertprozentige Erkenntnis unmöglich ist, hält nicht auf, nach logischen Zusammenhängen, Strukturen und Prinzipien zu suchen, die sich trotz allem klar zeigen und fassen lassen. Dies scheint für die Entwicklung der Transaktionsanalyse ebenso zu gelten, wie für die Konzeption des Salutogenese-Modells. Beiden Werken liegt ein ähnlicher Pioniergeist zugrunde, der Unerforschtes entdecken und Neues kreieren will, sich dabei von gewohnten Gedankengängen und orthodoxen Systemen abhebt und – bei beiden Autoren – die bloße Fixierung auf das Negative und die Vergangenheit auflöst und Zukunftsorientiertes einbringt. Dennoch ist nicht zu übersehen, dass es sich um zwei grundsätzlich unterschiedliche Ansätze handelt. Antonovsky befasst sich aus der Perspektive eines Medizinsoziologen und auf der Basis der Stressforschung mit sämtlichen psychischen, sozialen, genetischen und gesellschaftlichen Faktoren, welche die Gesundheit des Menschen beeinflussen. Berne übt als Arzt und Psychotherapeut Kritik an der klassischen Psychoanalyse und entwickelt eine eigene Theorie und Methode, die in der Folge nicht nur auf Psychotherapie beschränkt blieb, sondern eine umfassende Kommunikations- und Persönlichkeitstheorie geworden ist. Dass somit nicht die gleichen thematischen Schwerpunkte und Interessen entstehen, liegt auf der Hand, und soll deshalb auch nicht im Detail zur Sprache kommen, zumal sich Berne und Antonovsky ja auch nicht in derselben Disziplin bewegten. Umso interessanter erscheinen die Parallelen, Querverbindungen und Synergie-Effekte, die sich trotz aller Unterschiede zeigen.

---

3   Antonovsky 1987/1997, S. 154.
4   Ebd.

Mit dem „Salutogenetic Model of Health"[5] will Antonovsky ein Gesamtkonzept für die Erklärung von Gesundheit bzw. Krankheit schaffen, das letztendlich in einer einzigen Graphik sämtliche relevanten Bedingungen der individuellen Befindlichkeit in ihrer wechselseitigen Abhängigkeit darstellt: Stressoren, Ressourcen, Strategien, Lebenserfahrungen, Intelligenz und Erziehung ebenso wie soziokulturelle und historische Kontexte sowie den Einfluss von Religion oder Philosophie, um nur einige zu nennen. Die Stärke dieses Modells liegt unter anderem darin, dass die Komplexität der Themen „Gesundheit" und „Stressbewältigung" augenscheinlich wird. Dies bedingt gleichzeitig den Nachteil: das Modell ist so umfassend und kompliziert, dass es de facto kaum überblickbar und empirisch nicht wirklich überprüfbar ist.

Demgegenüber existiert im Rahmen der Transaktionsanalyse kein Gesamtmodell, das alle Lebensbereiche oder Einflussgrößen, die für die menschliche Psyche und Kommunikation von Bedeutung sind, darstellt. Wohl aber gibt es zahlreiche einzelne Konzepte und Modelle, die jeweils aus einer bestimmten Perspektive einen spezifischen Aspekt beleuchten. Fast könnte man sagen, dass sich Antonovsky auf die Gesamtheit der Lebensbereiche, auf psychische und soziale Kontexte konzentriert, während Berne tiefer liegende Strukturen und Prinzipien erkennt, die in allen Bereichen wirksam sind, die mit persönlicher Entwicklung, Beziehung und Kommunikation zu tun haben. Wenn auch der Mensch nicht imstande ist, mehrere Perspektiven gleichzeitig einzunehmen, so ergeben die Modelle der Transaktionsanalyse in der Summe doch ein recht ganzheitliches Bild, da – zeitlich nacheinander – zentrale Momente der individuellen Psyche und des Miteinanders bewusst werden, die wie Punkte eines Koordinatensystems der Orientierung dienen. Das Gesamte wird bei Berne sozusagen in einzelne Perspektiven zerlegt, die punktuell das jeweils Wesentliche beleuchten.

Das Grundinteresse beider Autoren scheint jedoch nicht so unterschiedlich zu sein wie es vielleicht auf den ersten Blick wirken mag. Wenngleich Antonovsky aus der kritischen Sicht des Soziologen eher den somatischen Aspekt der Gesundheit im Blick hat, während Berne als Psychotherapeut publiziert, geht es beiden doch letztendlich um das menschliche Wohlbefinden und das konstruktive Agieren in komplexen sozialen Zusammenhängen. Die Stabilität des Individuums in einer instabilen Umwelt, das Gleichgewicht im Ungleichgewicht wird in dieser Weise zunächst als Anliegen von Antonovsky formuliert, zählt jedoch auch zu den Hauptfragen jeder psychotherapeutisch orientierten Theorie.

Vieles, was Antonovsky in gesundheitlicher Hinsicht theoretisch für bedeutsam hält, ist durch die Konzepte der Transaktionsanalyse konkret realisierbar: der gezielte und situationsangepasste Umgang mit Belastungen, ein umfangreiches Repertoire an verschiedenen Coping-Mustern, die gute Wahlmöglichkeiten bieten, ein flexibles Instrumentarium des strukturierten Denkens und Handelns zur Bewältigung des Alltags, das Vermeiden von Einseitigkeiten oder die Ausgewogenheit von Verhaltensweisen und Persönlichkeitsstrukturen, sodass insgesamt die Beschäftigung mit Transaktionsanalyse die Funktion einer beachtlichen Widerstandsressource haben kann.

---

5   Antonovsky 1987/1997, S. 200 f.

Das markanteste Moment, das Salutogenese und Transaktionsanalyse verbindet, liegt aber im Konzept des Kohärenzgefühls, das nicht nur eine theoretische Schnittstelle ist, sondern eine Größe, die sich tatsächlich durch das Praktizieren der TA verändern lässt. Die von Antonovsky definierten Komponenten der Verstehbarkeit und Handhabbarkeit entsprechen exakt der Struktur jener Prozesse des Analysierens, Begreifens, Entscheidens und Handelns, die durch transaktionsanalytische Kenntnisse in Gang gesetzt werden und heilsame Wirkungen entfalten können. Auch das Stärken der persönlichen Motivation und das Finden von Sinn und Bedeutung im Alltag, das mit der Anwendung der TA oft einhergeht, entspricht einem weiteren Faktor des „Sense of Coherence", der Bedeutsamkeit. Die vier Lebensbereiche, die Antonovsky für zentral hält – Gefühle, Beziehungen, Tätigkeiten und existentielle Fragen – stellen sich als jene Bereiche dar, in denen die Befragten dieser Studie vorrangig TA mit Erfolg praktizieren und dadurch ihre emotionale Lebensqualität steigern können.

Der Stellenwert dieser positiven Beeinflussung des SOC lässt sich ermessen, wenn man an die zitierten empirischen Studien denkt, die nicht nur einen Zusammenhang zwischen Kohärenzgefühl und der subjektiven Befindlichkeit, dem psychischen Wohlbefinden und dem Gesundheitsverhalten zeigen, sondern auch einen Einfluss auf physiologische Vorgänge im Körper nachweisen.[6] Dass das Kohärenzgefühl durch Transaktionsanalyse positiv beeinflussbar ist, macht darüber hinaus auch deutlich, dass es prinzipiell sinnvoll erscheint, sich mit der Idee des „Sense of Coherence" zu befassen, da es sich hier eben nicht um eine Konstante handelt, die im Erwachsenenalter nicht mehr veränderbar ist, wie Antonovsky annahm.

Ein wesentlicher Synergie-Effekt von Transaktionsanalyse und Salutogenese ergibt sich auch durch die vorgeschlagene Integration der Haltung „Ich bin okay – Du bist okay" der TA in das Konzept des Kohärenzgefühls. Eine wesentliche Parallele zwischen Antonovsky und Berne ist ja deren humanistisch geprägte Grundeinstellung. Antonovsky äußert sich in diesem Sinn etwas unzufrieden über das Fehlen ethischer Komponenten in seinem salutogenetischen Modell. Die erwähnte Okay-Haltung könnte genau diese Lücke schließen und einen Ethik-Anteil mit gesundheitsrelevanten Faktoren verbinden. Für das Verknüpfen von Antonovskys Modell mit der Okay-Position der Transaktionsanalyse spricht auch die Tatsache, dass die Interviewten ein stimmiges Lebensgefühl – ein Empfinden von Kohärenz – primär durch das Erkennen des eigenen Wertes und des Wertes der Anderen erfahren.

Was die von Antonovsky definierten SOC-Faktoren betrifft, so wirkt sich vor allem die Verstehbarkeit als kognitive Komponente stressmindernd aus. Der besondere Beitrag der Transaktionsanalyse zum Verstehen psychischer Phänomene und zwischenmenschlicher Ereignisse – und somit zur Hebung des Kohärenzgefühls – liegt nun darin, dass es sich dezidiert nicht um rein subjektivistische Deutungen handelt, die möglicherweise nur dem Deutenden nützen, seinen Mitmenschen aber nicht gerecht werden. Durch das Konzept des Erwachsenen-Ichs geht es bei allem Respekt vor subjektiven Wahrnehmungen immer zuerst um den Realitätsbezug und das möglichst sachliche Anerkennen dessen, was sich im Hier-und-Jetzt zeigt. Insofern erlaubt die

---

6   siehe Teil 1.2.3 und 1.2.4

Idee des Erwachsenen-Ichs eine Verstehbarkeit, die intersubjektiv vermittelbar bleibt, und als solche nicht nur das individuelle, sondern auch das gemeinsame Verstehen unterstützt. Wenn es sich auch bei den TA-Modellen um Konstrukte handelt, so sind es doch Konstrukte, die in ihrer Abbildung der Realität dem tatsächlich Vorhandenen möglichst nahe kommen wollen, auch wenn dies nie vollständig gelingen wird. Was aber Berne offensichtlich in geradezu genialer Weise immer wieder erkennt, ist der logische Kern eines Sachverhalts, den er in seinen Modellen punktgenau trifft und gleichzeitig symbol- und bildhaft ausdrückt. Dabei bleibt genügend Spielraum, diese Strukturen individuell zu nützen und mit Leben zu füllen. Die Logik seiner Ideen fungiert dabei wie ein Faden, der aus dem Labyrinth von Verstrickungen in Beziehung und Kommunikation herausführen soll. Trotz des Scharfblicks erschöpfen sich die Konzepte jedoch nicht in reiner, theoretischer Logik, sondern entfalten ihre eigentliche Bestimmung in der lebendigen Anwendung, die auch Intuition und Phantasie enthält. Versucht man nämlich, die Wirklichkeit (wie sie sich beispielsweise in Gesprächs- und Beziehungssituationen zeigt) immer noch differenzierter und strukturierter auf rein logische Weise zu erfassen, um damit sozusagen die Logik auf die Spitze zu treiben, entsteht irgendwann im Erkenntnisprozess ein Punkt, an dem die Dinge wieder mehr zu entschwinden scheinen statt klarer und greifbarer zu werden. Das bekannte Zitat Einsteins „Phantasie ist wichtiger als Wissen, denn Wissen ist begrenzt", wurde schon erwähnt. Gerade weil aber Erkenntnisfähigkeit und Wissen nicht ins Unendliche auszudehnen sind, ist es extrem wichtig, den logischen Kern einer Sache zu erfassen, auch wenn Manches im Dunkeln bleiben muss. „On being competent even if we don't know everything" – so lautet in diesem Sinn der Titel einer transaktionsanalytischen Publikation.[7] TA-Konzepte scheinen der Grundsituation des Menschen, seiner Fähigkeit, Dinge logisch und intuitiv gleichzeitig zu begreifen, aber auch der Tatsache, häufig handeln zu müssen, ohne alles vollständig durchschauen zu können, gut zu entsprechen. Wesentlich ist allerdings, dass die notwendige Lebendigkeit nicht auf Kosten sinnvoller Strukturen geht, und umgekehrt. Ansatzpunkt bleibt das Verstehen der logischen Quintessenz, der Rest ist Subjektivem überlassen. „Fuzzy Logic", eine unscharfe Theorie mit umso logischerem Kern, scheint auf das Prinzip der Transaktionsanalyse zuzutreffen und kommt der spezifisch menschlichen Situation entgegen. Interessanterweise trägt das Wohnhaus Bernes in Carmel-by-the-Sea, das an Besucher und Urlaubsgäste vermietet wird, den Namen „Quintessentia Lodge".

Mit diesem Fokussieren auf den logischen Kern, eben auf die Quintessenz einer Sache, gelingt es im Allgemeinen sehr rasch, sich auf das Wesentliche zu konzentrieren und in die richtige Richtung zu denken. Allerdings scheint es wichtig, diese Definition des Zentralen nicht mit der umfassenden Beschreibung des Ganzen zu verwechseln. Technische Vorgänge, die mit Hilfe der Fuzzy Logic automatisiert werden, erfordern immer auch eine Art händische Nachbesserung, eine Feinabstimmung im Detail, die nicht durch feststehende Regeln zu lösen ist. Ähnlich verhält es sich mit Menschen und persönlichen Begegnungen, die ja immer etwas Spezielles und Besonderes an sich haben. Will man ihnen wirklich gerecht werden, erfordert dies nicht nur Krea-

---

7 Small 2002.

tivität und Phantasie, sondern ein sehr genaues und einfühlsames Hinsehen auf das, was sich im Detail zeigt.

Für diese Feinarbeit könnte die Idee des Kontinuums, auf die sich Antonovsky sehr stark bezieht, auch in transaktionsanalytisches Denken vermehrt Eingang finden. Selten wird es nämlich der Fall sein, dass jemand eine Position, wie beispielsweise die viel zitierte Opferrolle, total oder überhaupt nicht einnimmt. Viel häufiger wird ein „Mehr-oder-Weniger" zu beobachten sein, das zudem in vielfältigen Wechselwirkungen mit der Umwelt steht, sodass sich ein komplexes Zusammenspiel verschiedenster Kräfte bildet. Bedeutsam ist die Idee der Opferrolle allemal, da sie auf mögliche unangebrachte Haltungen der Hilflosigkeit aufmerksam macht und damit das Augenmerk in eine eindeutig bestimmte Richtung bringt, die als Sprungbrett für Veränderungen zu sehen ist.

Die Idee des Kontinuums könnte aber auch dazu dienen, mit (scheinbaren) Widersprüchen theoretischer oder praktischer Art, die Teil des menschlichen Lebens sind, in geeigneter Weise umzugehen. Betrachtet man nämlich manche Widersprüche genauer, könnte es sein, dass es keine unvereinbaren Gegensätze sind, sondern Polaritäten mit gemeinsamem Nenner, die es zu verbinden gilt. Statt sich etwa darüber zu ereifern, ob ressourcen- oder defizitorientiertes Denken nützlicher sei, wäre es auch eine Variante festzustellen, dass beide Positionen nichts anderes sind als zwei Pole eines Kontinuums, dessen Thema die Problemlösung oder Lebensbewältigung ist. Statt die beiden Extreme als einander ausschließende Alternativen im Sinn des „Entweder-Oder" zu betrachten, könnte man davon ausgehen, dass die Orientierung an Ressourcen dort an Grenzen stößt, wo Defizite hinderlich sind, und umgekehrt die Konzentration auf das Negative sinnlos wird, wenn dadurch nicht Ressourcen gefördert werden. Dieses „Sowohl-als-auch", die gegenseitige Ergänzung und harmonische Verbindung zweier widersprüchlich wirkender Tendenzen würde im Übrigen auch der Konzeption Fischers (2008) von psychomentaler Gesundheit entsprechen.

Diese Einstellung könnte man nun auf zahlreiche strittige Themen übertragen, wie etwa die Polarisierung zwischen Subjektivität und Objektivität, zwischen Individualität und Gemeinschaft, Vergangenheits- und Zukunftsorientierung, zwischen Tiefenpsychologie und Verhaltensorientierung oder zwischen konstruktivistischen und realitätsbezogenen Sichtweisen. Die Transaktionsanalyse scheint hier insofern eine Sonderstellung einzunehmen, als sie viele dieser Tendenzen miteinander verknüpft und eben keine einseitige oder extreme Position in irgendeiner Richtung vertritt. Dies mag dazu führen, dass auf den ersten Blick ein uneinheitlicher oder sogar widersprüchlicher Eindruck entsteht. Tatsächlich liegt aber gerade hier die eigentliche Stärke der Transaktionsanalyse, die es ermöglicht, Gegensätze konstruktiv zu verbinden statt Pole voneinander zu trennen, die nur gemeinsam ein sinnvolles Ganzes ergeben. Nicht zu vergessen ist allerdings die innere Verbindung von gegensätzlich wirkenden Tendenzen, die gedachte Linie, die auch dann vorhanden ist, wenn aktuell nur von einem der beiden Pole die Rede ist. Das eigentliche geistige Band, das im Rahmen der Transaktionsanalyse alle Bestrebungen verbindet, liegt jedoch in der achtsamen Einstellung sich selbst und anderen gegenüber. Somit könnte man die Theorie der Transaktionsanalyse zurecht als ganzheitlichen Ansatz bezeichnen, jedoch nicht im Sinn einer undifferenzierten Ganzheit, sondern als flexible Verbindung unterschiedlicher Positionen und Polaritäten, die gerade in ihrer Differenziertheit die Komplexität des menschlichen Lebens besser abbilden als einseitigere Erklärungsmodelle und Theorien.

Pritz betonte in seinem Vortrag „Freud und die Positive Psychologie – ein Widerspruch?", man müsse Tiefenpsychologie mit Höhenpsychologie verbinden; scherzhaft formuliert entspreche die Positive Psychologie der Philosophie des „Yes, we can", die Tiefenpsychologie jener des „Why we don't can".[8]

Die Transaktionsanalyse scheint beides zu enthalten. Wenn sie wohl mehr das aktive Tun und die zukunftsorientierte Stimmung hervorhebt, bietet sie dennoch Möglichkeiten, vergangenheitsbezogene Hindernisse sichtbar zu machen und aus dem Weg zu räumen, sodass Entscheidungen freier und bewusster werden.

Diese Vielfalt an Aspekten und Perspektiven, die sich in den zahlreichen TA-Modellen ausdrückt, fördert aber nicht nur das bewusste Auswählen und Entscheiden, sondern vor allem Ausgleich und Ausgewogenheit, in der Psyche des Einzelnen ebenso wie im Kontakt mit anderen. Im Grunde wird man in sämtlichen TA-Konzepten Momente finden, die zu dieser Ausgewogenheit hinführen, sei es im Ich-Zustandsmodell, in der Stroke-Theorie, der Strukturierung der Zeit oder in der Plus-Plus-Haltung. Insofern entspricht die Transaktionsanalyse nicht nur ganzheitlichen und logisch-rationalen Ansprüchen; sie hat auch etwas Ökologisches an sich, das zur Stabilität der Psyche und zum fairen Miteinander beiträgt.

Die Beschäftigung mit Transaktionsanalyse ist also mehr als Kompetenzerwerb. Sie enthält sowohl in der Theorie als auch in der Anwendung heilsame Strukturen, die man auch als salutogenetische Prinzipien bezeichnen könnte. Ob es sich um die Einheit von Denken, Gefühl und Verhalten handelt, um das reichhaltige Instrumentarium flexibler Strategien oder um die Komponenten des „Sense of Coherence" – immer wird der Mensch in vielen Dimensionen angesprochen. Dies aktiviert in vielfacher Weise seine Potentiale und führt im Optimalfall insgesamt zu einem stimmigen Lebensgefühl.

Ein besonderer Aspekt, der im Rahmen der Transaktionsanalyse zu Selbstbewusstsein und Wohlbefinden führen kann, ist die Förderung der Eigenständigkeit durch das Angebot an Theorie-Vermittlung. Damit heben sich die TA-Ausbildungen nicht nur von Psychotherapie und Beratung ab, sondern auch von der Ratgeberliteratur, die meist sehr konkrete Empfehlungen und Vorschläge enthält.

Dass Menschen auch unabhängig von professionellen Beratungen ein eigenes Potential zur Selbsthilfe aktivieren können, scheint – zwar nur eher in Form von Randbemerkungen – doch an manchen Stellen der entsprechenden Fachliteratur auf. Es kann natürlich auch sein, schreibt Berne, „daß ein Mensch sich selbst befreit hat oder daß er sowohl aufgrund eigener Bemühungen als auch mit Hilfe der Psychotherapie ‚von seinem Skript losgekommen ist'.[9] Fanita English betont, dass die Einstellung „Ich bin okay – du bist okay – realistisch" mit Hilfe des Erwachsenen-Ichs entsteht,

---

8   siehe Pritz 2010 (CD).
9   Berne 1972/2007, S. 165.

manchmal unter vorübergehender Hilfe eines Lehrers oder Therapeuten, manchmal aber, meint sie „durch die Fähigkeit, sich an den eigenen Haaren emporzuziehen."[10] Es scheint bemerkenswert, dass auch Fischer in Zusammenhang mit der erwähnten Studie zu misslungenen Psychotherapien davon berichtet, dass unglückliche Therapieverläufe oft erst später verarbeitet werden können, teils durch fremde Hilfe, „teils durch ‚Selbsttherapie'"[11].

Es wäre zu sehen, was hier genau mit „Selbsttherapie" gemeint ist. Offensichtlich wurde keine therapeutische Unterstützung in Anspruch genommen. Es ist jedoch anzunehmen, dass diese Personen – wie auch einige TA-Absolventen – verständnisvolle und hilfreiche Menschen im Alltag zur Seite hatten. In Kombination mit geeigneten Strategien, die in der TA-Ausbildung erlernt wurden, erweist sich ja bei Vielen der sinnvolle Kontakt mit anderen als notwendiger Faktor der Lebensbewältigung. Damit soll die Bedeutung professioneller Therapie- und Beratungsangebote in keiner Weise geschmälert werden. Als Ergänzung, Erweiterung und andere Variante scheint der Hinweis auf die Verbindung von „Strategien und Freunden" wesentlich.

Wort und Beziehung sind nicht nur tragende Elemente der Psychotherapie; auch außerhalb von Therapien sind sie lebensnotwendig. Die Transaktionsanalyse ist ein möglicher Weg, Begegnungen und Beziehungen zu gestalten. Vielleicht trägt sie auch dazu bei, Liebe als natürliche Form der Psychotherapie, wie Berne es ausdrückte[12], zu erfahren.

---

10   English 2003, S. 83 f.
11   Fischer 2008, S. 298.
12   siehe Berne 1972/2007, S. 111.

Literatur

Abkürzungen:
IJTAR = International Journal for Transactional Analysis Research, www.ijtar.org (02-10-2010)
TAJ = Transactional Analysis Journal
ZTA= Zeitschrift für Transaktionsanalyse

Allaway, John 1983: Transactional Analysis in Britain. The Beginnings. In: Transactions 1 (1), S. 5–10.

Allen, James R.; Bennett, Sevim; Kearns, Lauri 2004: Psychological Mindedness: A Neglected Developmental Line in Permissions to Think. In: TAJ 34 (1).

Ders. 2006: Freiheit und Verantwortung. Spannungen, Paradoxa und die Ethik der Alltagsentscheidungen. In: ZTA 23 (1), S. 6–14.

Amirkhan, James; Greaves, Helen 2003: Sense of Coherence and Stress. The Mechanics of a Healthy Disposition. In: Psychology & Health 18, S. 31–62.

Antonovsky, Aaron 1979: Health, Stress and Coping. New perspectives on mental and physical well-being. San Francisco: Jossey-Bass Publishers.

Ders. 1986: The Development of a Sense of Coherence and Its Impact on Responses to Stress Situations. In: Journal of Social Psychology 126, S. 213–225.

Ders. 1987/1997: Salutogenese. Zur Entmystifizierung der Gesundheit (Dt. erw. Hrsg. von Alexa Franke). Tübingen: Dgvt-Verlag [Unraveling the Mystery of Health. How People Manage Stress and Stay Well. San Francisco: Jossey-Bass Publishers].

Ders. 1993: Gesundheitsforschung versus Krankheitsforschung. In: Franke, A.; Broda, M. (Hg.) Psychosomatische Gesundheit. Versuch einer Abkehr vom Pathogenese-Konzept. Tübingen: Dgvt-Verlag.

Ders. 1995: The Moral and the Healthy: Identical, Overlapping or Orthogonal? In: Isr. J. Psychiatry Relat Sci 32 (1), S. 5–13.

Antonovsky, Aaron; Sagy, Shifra 1990: Confronting development tasks in the retirement transition. In: The Gerontologist 30, S. 362–368.

Baier, Karl 1999: Fridolin Wiplingers personaldialogische Ontologie und die Frage nach der Materie. In: Vetter, Helmuth (Hg.): Heidegger und das Mittelalter. Frankfurt: Reihe der Öst. Ges. f. Phänomenologie Bd. 2, S. 103–131.

Babcock Dorothy E., Keepers, Terry D. 1998: Miteinander wachsen. Transaktionsanalyse für Eltern und Erzieher. 5. Aufl. Gütersloh: Gütersloher Verlagshaus.

Barnes, Graham u.a. 1979 : Transaktionsanalyse seit Eric Berne. Bd I: Schulen der Transaktionsanalyse, Theorie und Praxis. Berlin: Institut für Kommunikationstherapie.

Ders. u.a. 1980: Transaktionsanalyse seit Eric Berne. Bd. II: Was werd' ich morgen tun? Berlin: Institut für Kommunikationstherpie.

Ders. u.a. 1981: Transaktionsanalyse seit Eric Berne. Bd. III: Du kannst dich ändern. Berlin: Institut für Kommunikationstherpie.

Ders. 2007: Not Without the Couch. Eric Berne on Basic Differences between Transactional Analysis and Psychoanalysis. In: TAJ 37 (1), S. 41–50.

Bateson, Gregory 1972: Steps to an Ecology of Mind. Collected Essays in Anthropology, Psychiatry, Evolution and Epistemology. Chicago: University of Chicago Press.

Beck-Neumann, Gundel; Huschens, Anne 2007: Wie Transaktionsanalyse wirkt. Ergebnisse der Befragung im Rahmen des Selbstevaluationsprojekts 2005/2006. In: ZTA 24 (3), S. 219–247.

Becker, Peter 1992: Seelische Gesundheit als protektive Persönlichkeitseigenschaft. In: Zeitschrift für Klinische Psychologie 21, S. 64–75.

Behme-Matthiessen, Ulrike; Pletsch, Thomas 2009: Gesundheit in Aktion! In: ZTA 26 (3), S. 234–247.

Berne, Eric 1961/2006: Die Transaktionsanalyse in der Psychotherapie. Eine systematische Individual- und Sozial- Psychiatrie. 2. Aufl. Paderborn: Junfermann [Transactional Analysis in Psychotherapy. New York: Ballantine Books].

Ders. 1963/1986: Struktur und Dynamik von Organisationen und Gruppen. Frankfurt: Fischer [The Structure and Dynamics of Organisations and Groups].

Ders. 1964/2007: Spiele der Erwachsenen. Psychologie der menschlichen Beziehungen. 8. Aufl. Reinbek bei Hamburg: Rowohlt [Games People Play. New York: Grove Press].

Ders. 1966/2005: Grundlagen der Gruppenbehandlung. Gedanken zur Gruppentherapie & Interventionstechniken. 5. Aufl. Paderborn: Junfermann [Principles of Group Treatment. New York: Oxford University Press].

Ders. 1970/2005: Spielarten und Spielregeln der Liebe. Psychologische Analyse der Partnerbeziehung. 22. Aufl. Reinbek bei Hamburg: Rowohlt [Sex in Human Loving. New York: Pocket Books].

Ders. 1972/2007: Was sagen Sie, nachdem Sie „Guten Tag" gesagt haben? Psychologie des menschlichen Verhaltens. 20. Aufl. Frankfurt: Fischer [What do you say after you say hello? New York: Bantam Books].

Berne, Terry 2010: A Montreal Childhood. Sevilla: Jeder.

Bitter, Wilhelm 1973: Meditation in Religion und Psychotherapie. 2. Aufl. München: Kindler.

Blättner, Beate 1997: Paradigmenwechsel. Von der Gesundheitsaufklärung und -erziehung zur Gesundheitsbildung und -forderung. In: Weikunat, R. u.a. (Hg.): Public Health und Gesundheitsförderung. Bern: Huber, S. 119–125.

Borscheid, Peter 2004: Das Tempo-Virus. Eine Kulturgeschichte der Beschleunigung. Frankfurt: Campus.

Broda, Michael u.a.: Selbstmanagement-Therapie und Gesundheitsressource – katamnestische Untersuchung zum Kohärenzgefühl bei verhaltensmedizinisch behandelten Patienten. In: Reinecker, Hans, Schmelzer, Dieter (Hg.): Verhaltenstherapie – Selbstregulation – Selbstmanagement. Göttingen: Hogrefe, S. 257– 272.

Brown, Michael; Woollams, Stan; Huige, Kristyn 2006: Abriss der Transaktionsanalyse. 6. Aufl. Eschborn: Dietmar Klotz.

Bryman, Alan; Cramer, Duncan 2001: Qualitative data analysis with SPSS Release 10 for WINDOWS. London: Routledge.

Buber, Martin 1923: Ich und Du. In: Das Dialogische Prinzip. 4. Aufl. Heidelberg: Verlag Lambert Schneider 1979.

Bundeszentrale für gesundheitliche Aufklärung (Hg.) 2001: Was erhält Menschen gesund? Antonovskys Modell der Salutogenese – Diskussionsstand und Stellenwert. Eine Expertise von Jürgen Bengel, Regine Strittmatter und Hildegard Willmann im Auftrag der BZgA, Köln: BZgA.

Carmel, Sara; Bernstein, Judith 1989: Trait-Anxiety and sense of coherence: a longitudinal study. In: Psychological Reports 65, S. 221–222.

Cheney, Warren D. 1971: Eric Berne: biographical sketch. In: TAJ 1 (1), S. 14–22.

Cicourel, Aaron V. 1970: Methode und Messung in der Soziologie. Frankfurt a.M.: Suhrkamp.

Cohn, Ruth 2009: Von der Psychoanalyse zur themenzentrierten Interaktion. Von der Behandlung einzelner zu einer Pädagogik für alle. 16. Aufl. Stuttgart: Klett-Cotta.

Conrad, Peter 2007: The medicalization of society. On the transformation of human conditions into treatable disordes. Baltimore: Johns Hopkins University Press.

Cornell, William F. 2007: The Inevitability of Uncertainty, The Necessity of Doubt, and the Development of Trust. In: TAJ 37 (1), S. 8–16.

Ders. 2008: What Do You Say If You Don't Say „Unconscious"?: Dilemmas Created for Transactional Analysts by Berne's Shift Away from the Language of Unconscious Experience. In: TAJ 38 (2), S. 93–100.

Ders. 2008: Explorations in Transactional Analysis: The Meech Lake Papers. Pleasanton: TA Press.

Ders. 2009: A Book Review. In: TAJ 39 (2), S. 174–176.

Cremerius, Johannes 1990: Freud bei der Arbeit über die Schulter geschaut. Seine Technik im Spiegel von Schülern und Patienten. In: Vom Handwerk des Psychoanalytikers. Bd. 2. Stuttgart, Bad Cannstatt: frommann-holzboog

Cropley, Arthur J. 2005: Qualitative Forschungsmethoden. Eine praxisnahe Einführung. 2. Aufl. Frankfurt a.M.: Dietmar Klotz.

Dangoor, Nira; Florian, Victor 1994: Women with chronic physical disabilities. Correlates of their long-terme psychosocial adaption. In: International Journal of Rehabilitation Research 17, S.159–168.

Danner, Stefan 2001: Ist Authentizität möglich? In: Gruppendynamik und Organisationsberatung 32 (4), S. 443–459.

Deutsche Gesellschaft für Transaktionsanalyse (Hg.) 2010: Zukunft der Transaktionsanalyse. Transaktionale Analyse und Beziehungserfahrung. Vorträge und Aufsätze von Matthias Sell. Konstanz: Digitaldruckhaus Konstanz.

Dies.: 2007: Thesen zur Zukunft der Transaktionsanalyse. Werkstattbericht einer Diskussionsrunde zum Anlass der Preisverleihung der DGTA an Dr. Leonhard Schlegel. Konstanz.

Doiron, Heather 1993: Jimmy Tennis. In: Heather Doiron & Co (CD). Charlottetown: Pam Campbell's Studio.

Dorsch Psychologisches Wörterbuch 2004. Hg. v. Hartmut Häcker u. Kurt-H. Stapf, 14. Aufl. Bern: Hans Huber.

Drego, Pearl 2000: Toward an Ethic of Ego States. In: TAJ 30 (3), S. 192–206.

Dies. 2006: Freedom and Responsibility. Social Empowerment and the Altruistic Model of Ego Sates. In: TAJ 36 (2), S. 90–104.

Drösser, Christoph 1996: Fuzzy Logic. Methodische Einführung in krauses Denken. Reinbek: Rowohlt.

Dusay, John 1972: Egograms and the Constancy Hypothesis. In: TAJ 2 (3), S. 37–42.

Ders. 1977: Egograms. New York: Harper & Row.

Ders. 1979: Die Entwicklung der Transaktionsanalyse. In: Barnes, Graham u.a. 1979: Transaktionsanalyse seit Eric Berne. Bd.I: Schulen der Transaktionsanalyse, Theorie und Praxis. Berlin: Institut für Kommunikationstherapie.

Dürckheim, Karlfried Graf 1961: Der Alltag als Übung. Vom Weg der Verwandlung. Bern: Huber.

Ders. 1982: Zen und wir. Frankfurt a. M.: O.W. Barth.

Ders. 1984: Von der Erfahrung der Transzendenz. Freiburg: Herder.

Ebner, Ferdinand 1921/2009: Das Wort und die geistigen Realitäten. Pneumatologische Fragmente. Ferdinand Ebner – Gesammelte Werke Bd. 2, Hg.v. Richard Hörmann. Wien, Berlin: LTU-Verlag.

Eichendorff, Joseph Freiherr von 1891: Sprüche. In: Eichendorffs Werke. Erster Band. Hg. v. Richard Dietze. Leipzig, Wien: Bibliographisches Institut.

Elbing, Ulrich 1996: Nicht passiert aus heiterem Himmel. Es sei denn, man kennt das Wetter nicht. Transaktionsanalyse, geistige Behinderung und sogenannte Verhaltensstörungen. Dortmund: Verlag modernes Leben.

Elsdörfer, Ulrike 1988: Die Transaktionsanalyse als Anstoß für die Pastoraltheologie. Dissertation, Frankfurt am Main.

English, Fanita 2003: Transaktionsanalyse. Gefühle und Ersatzgefühle in Beziehungen. 7. Aufl. Salzhausen: iskopress.

Dies. 2004: Es ging doch gut – was ging denn schief? Beziehungen in Partnerschaft, Familie und Beruf. 8. Aufl. Gütersloh: Gütersloher Verlagshaus.

Dies. 2010: S'épanouir tout au long de sa vie. Voyage au coeur de l'Analyse Transactionnelle. Avec Isabelle Crespelle. Paris: InterEditions-Dunod.

Dies.: fanita english live. von Freud zu Berne, zentrale Konzepte der TA, die Theorie der Ersatzgefühle, der drei Triebe u.a. (CD, Gespräch mit Fanita English) iskopress.

Enzyklopädie Philosophie und Wissenschaftstheorie 2004, Bd. 2 und 3., Hg. v. Jürgen Mittelstraß. Stuttgart: Metzler.

Erikson, Erik H. 1959/2007: Identität und Lebenszyklus. Drei Aufsätze. 22. Aufl. Frankfurt a. M.: Suhrkamp [Identity and the life cycle. New York: International Universities Press].

Eriksson, Monica; Lindström, Bengt 2005: Validity of Antonovsky's sense of coherence scale: a systematic review. In: Journal of Epidemiology & Health 59, S. 460–466.

Dies. 2006: Antonovsky's sense of coherence scale and the relation with health: a systematic review. In: Journal of Epidemiology & Community Health 60, S. 376–381.

Dies. 2007: Antonovsky's sense of coherence scale and its relation with quality of life: a systematic review. In: Journal of Epidemiology & Community Health 61, S. 938–944.

Ernst, Franklin 1971: OK Corral: the grid for get-on-with. In: TAJ 1 (4), S. 231–251.

Erskine, Richard 2008: Cooperation, Relationship, and Change. In: TAJ 38 (1), S. 31–35.

Ders. 2009: The Culture of Transactional Analysis: Theory, Methods, and Evolving Patterns. In: TAJ 39 (1), S. 14–21.

Ders. (Hg.) 2010: Life Scripts. A Transactional Analysis of Unconscious Relational Patterns. London: Karnac.

Erskine, Richard; Zalcman, Marilyn 1979: The racket system: a model for racket analysis. In: TAJ 9 (1), S. 51–60.

Fäh, Markus, Gottfried Fischer (Hg.) 1998: Sinn und Unsinn in der Psychotherapieforschung. Eine kritische Auseinandersetzung mit Aussagen und Forschungsmethoden. Gießen: Psychosozial.

Ders.1999: Von den Geschichten zur Geschichte. Unveröffentlichte Falldarstellung.

Federn, Paul 1952 Ego-psychology and the psychoses. New York: Basic Books.

Fiedler, Peter 2007: Persönlichkeitsstörungen. 6. Aufl. Weinheim: Beltz.

Fischer, Gottfried 2008: Logik der Psychotherapie. Philosophische Grundlagen der Psychotherapiewissenschaft. Kröning: Asanger.

Fontane, Theodor 1979: Sprüche. In: Gesammelte Werke. Bd. 5. Wanderungen durch die Mark Brandenburg. Balladen und Gedichte. Hg. v. Peter Bramböck. München: Nymphenburger Verlagsbuchhandlung.

Franke, Alexa u.a. 1997: Gesundheit und Abhängigkeit bei Frauen. Eine Salutogenetische Verlaufsstudie. Bonn: Bundesministerium für Gesundheit.

Frenz, Arthur W. u.a. 1993: Psychometric evaluation of Antonovsky's sense of Coherence Scale. In: Psychological Assessment 5, S. 145–153.

Freud, Sigmund: Gesammelte Werke Bd. I. Werke aus den Jahren 1892–1899. Hg. v. Anna Freud u.a. Frankfurt: Fischer.

Ders. 1930a: Das Unbehagen in der Kultur. In: Gesammelte Werke Bd. XIV. Frankfurt: Fischer.

Ders. 1983: Gesammelte Werke Bd. XII. Werke aus den Jahren 1917–1920. Frankfurt: Fischer.

Freud, Sophie 1996: Neubestimmung von Normalität: Wie haben sich unsere Konzepte über Normalität seit Anfang des Jahrhunderts verändert? (MC, Vortrag gehalten am 1. Weltkongress für Psychotherapie in Wien, 30–06 bis 04–07–1996).

Frischenschlager, Oskar 1996: Kommunikation und Beziehung als spezifischer Gegenstand der Psychotherapie. In: Pritz, Alfred (Hg.) 1996: Psychotherapie – eine neue Wissenschaft vom Menschen. Wien, New York: Springer, S. 273–291.

Gallagher, Timothy J. u.a. 1994: Sense of Coherence, coping and caregiver role. In: Social Science in Medicine 39, S. 1615–1622.

Gelo, Omar; Braakmann, Diana; Benetka, Gerhard 2008: Quantitative and Qualitative Research: Beyond the Debate. In: Integrative Psychological and Behavioural Science 42 (3), S. 266–290.

Gergen, Kenneth 1996: Das übersättigte Selbst. Identitätsprobleme im heutigen Leben. Heidelberg: Carl-Auer.

Gerhold, Dieter 2005: Das Kommunikations-Modell der Transaktionsanalyse. Ein Übungs- und Materialhandbuch für Trainer, Lehrer und Gruppenleiter. Paderborn: Junfermann.

Glaser, Barney G.; Strauss, Anselm L. 1967: The Discovery of Grounded Theory. Strategies for Qualitative Research. Hawthorne: De Gruyter.

Gloy, Karen 1995: Die Geschichte des wissenschaftlichen Denkens. Das Verständnis der Natur. Köln: Komet.

Dies. 1996: Die Geschichte des ganzheitlichen Denkens. Das Verständnis der Natur. Köln: Komet.

Goethe, Johann Wolfgang von 1986: Werke, Band 3, Dramen I. München: Beck.

Goulding, Mary 2005: „Kopfbewohner" oder: Wer bestimmt dein Denken? Wie du die Feindschaft gegen dich selbst mit Spaß und Leichtigkeit in Freundschaft verwandelst. 7. Aufl. Paderborn: Junfermann.

Goulding, Robert L. 1979: Die Neuentscheidung im Rahmen der Marathontherapie. In: Barnes, Graham u.a.: Transaktionsanalyse seit Eric Berne. Bd.I: Schulen der Transaktionsanalyse, Theorie und Praxis. Berlin: Institut für Kommunikationstherapie.

Gührs, Manfred; Nowak, Claus 2002: Das konstruktive Gespräch. Ein Leitfaden für Beratung, Unterricht und Mitarbeiterführung mit Konzepten der Transaktionsanalyse. 5. Aufl. Meezen: Limmer.

Gündel, Jürgen 1990: Transaktionsanalyse. Was sie kann, wie sie wirkt und wem sie hilft. Mannheim: PAL.

Hafen, Martin 2007: Mythologie der Gesundheit. Zur Integration von Salutogenese und Pathogenese. Heidelberg: Carl-Auer.

Hagedorn Barbara; Weber-Hagedorn, Bertram 2007: Mein Selbst trifft dein Selbst: Lass uns gucken, was wir daraus miteinander machen. Das Zwiegespräch – Dialog auf Augenhöhe. In: ZTA 24 (2), S. 164–169.

Hagehülsmann, Heinrich (Hg.) 2005: Eric Berne. Transaktionsanalyse der Intuition. Ein Beitrag zur Ich-Psychologie. 4. Aufl. Paderborn: Junfermann.

Ders. (Hg.) 2007: Beratung zu professionellem Wachstum. Die Kunst transaktionsanalytischer Beratung. Vielfalt in Theorie & Praxis Bd. 1. Paderborn: Junfermann.

Hagehülsmann, Heinrich; Hagehülsmann, Ute 1998: Der Mensch im Spannungsfeld seiner Organisation. Transaktionsanalyse in Managementtraining, Coaching, Teamentwicklung und Personalentwicklung. Paderborn: Junfermann.

Hagehülsmann, Ute 2006: Transaktionsanalyse . Wie geht denn das? Transaktionsanalyse in Aktion I. Paderborn: Junfermann.

Hallstein, Günter 2003: Seelsorge und Transaktionsanalyse. In: ZTA 20 (4), S. 303–309.

Harris, Thomas A. 1967/2009: Ich bin o.k. Du bis o.k. Wie wir uns selbst besser verstehen und unsere Einstellung zu anderen verändern können. Eine Einführung in die Transaktionsanalyse. 43. Aufl. Reinbek bei Hamburg: Rowohlt [I'm OK – You're OK: A Practical Guide to Transactional Analysis. New York: Harper & Row].

Harris, Thomas A.; Harris, Amy Bjork 1985/2008: Einmal o.k. Immer o.k. Transaktionsanalyse für den Alltag. 13. Aufl. Reinbek bei Hamburg: Rowohlt [Staying okay. New York: Harper & Row].

Hart, Kenneth E. u.a. 1991: Sense of Coherence, Trait Anxiety and the perceived availability of Social Support. In: Journal of Research in Personality 25, S. 137–145.

Haupt, Andreas 2001: Der dritte Weg. Martin Bubers Spätwerk im Spannungsfeld von philosophischer Anthropologie und gläubigem Humanismus. München: Utz.

Hawkes, Laurie 2010: Das Erlaubnisrad. In: ZTA 27 (3), S. 187–203.

Hennig, Gudrun; Pelz, Georg 1997: Transaktionsanalyse. Lehrbuch für Therapie und Beratung. Freiburg: Herder.

Hine, Jenni 2005: Brain Structures and Ego States. In: TAJ 35 (1).

Holm-Hadulla, Rainer M. 1997: Die psychotherapeutische Kunst. Hermeneutik als Basis therapeutischen Handelns. Göttingen: Vandenhoeck & Ruprecht.

Horwitz, Allan V; Wakefield, Jerome C. 2007: The Losss of Sadness: How Psychiatry Transformed Normal Sorrow into Depressive Disorder. Oxford: Oxford University Press.

Hutterer, Robert 1996: Kritische Perspektiven zu Psychotherapieforschung und -praxis. Zum kompensatorischen Charakter von Forschung, Praxis und Ausbildung. In: Pritz, Alfred (Hg.) 1996: Psychotherapie – eine neue Wissenschaft vom Menschen. Wien, New York: Springer, S. 137–203.

Hüther, Gerald 2008: Die Macht der inneren Bilder. Wie Visionen das Gehirn, den Menschen und die Welt verändern. 4. Aufl. Göttingen: Vandenhoeck & Ruprecht.

Joines, Vann; Stewart, Ian 2008: Persönlichkeitsstile. Wie frühe Anpassungen uns prägen. Bd. I. Handbuch für Therapie & Beratung. Paderborn: Junfermann.

Dies. 2008: Therapeutische Arbeit mit Persönlichkeitsstilen. Wie frühe Anpassungen uns prägen. Bd. II. Transkripte von Therapiesitzungen. Paderborn: Junfermann.

Jorgensen, Elizabeth Watkins; Jorgensen, Henry Irvin 1984: Eric Berne, Master Gamesman. A Transactional Biography. New York: Grove Press.

Kahler, Taibi; Capers, Hedges 1974: „The miniscript". In: TAJ 4 (1), S. 26–42.

Karpman, Stephen 1968: The Drama Triangle. In: Transactional Analysis Bulletin 7 (26).

Ders. 1968: Fairy tales and script drama analysis. In. Transactional Analysis Bulletin 7, S. 39–43.

Kiltz, Rolf Rainer 2010: Berne and Buddha. A Comparison of their Basic Assumptions. In: EATA Newsletter 98, S. 6–10.

Klages, Wolfgang 1978: Der sensible Mensch. Psychologie, Psychopathologie, Therapie. Stuttgart: Ferdinand Enke Verlag.

Klöcker, Norbert 2006: Auch naturwissenschaftliche Theorie ist eine Konstruktion. In: ZTA 23 (1), S. 63–65.

Knaller, Susanne 2007: Ein Wort aus der Fremde. Geschichte und Theorie des Begriffs Authentizität. Heidelberg: Universitätsverlag Winter.

Kreyenberg, Jutta 2003: Arbeitsstil- und Kommunikationsanalyse mithilfe des Konzepts „Antreiber" (AKA). In: ZTA 20 (1), S. 64–73.

Krupnick, Janice L. u.a. 1996: The Role of Therapeutic Alliance in Psychotherapy and Pharmacotherapy Outcome: Findings in the National Institute of Mental Health Treatment of

Depression Collaborative Research Program. In: Journal of Consulting and Clinical Psychology (64), S. 532–539.

Kurt, Ronald 2004: Hermeneutik. Eine sozialwissenschaftliche Einführung. Konstanz: UVK.

Lammers, Willem 2007: Logosynthese. Triffst Du nur das Zauberwort... Maienfeld: ias.

Lamnek, Siegfried 2005: Qualitative Sozialforschung. Lehrbuch. 4. Aufl. Weinheim: Beltz.

Landmann, Dörte 2002: Es ging doch gut, was ging denn schief? In: ZTA 19 (4), S. 291–304.

Langer, Inghard 2000: Das persönliche Gespräch als Weg in der psychologischen Forschung. Ein Arbeitsbuch für Ausbildung und Praxis. Köln: GwG-Verlag.

Langius, Ann u.a. 1994: Functional status and coping in patients with oral and pharyngeal cancer before and after surgery. In: Head & Neck, S. 559–568.

Lexikonredaktion des Verlags F.A. Brockhaus (Hg.) 2009: Der Brockhaus Psychologie. Fühlen, Denken und Verhalten verstehen. 2. Aufl. Mannheim, Leipzig: Brockhaus.

Lohkamp, Luise (Hg.) 2010: Leben und Arbeiten in der Zukunft ... Innovation mit Transaktionsanalyse. Reader zum 31. Kongress der Deutschen Gesellschaft für Transaktionsanalyse. Lengerich, Berlin, Bremen: Pabst Science Publishers.

Ludescher, Peter 1987: Transaktionsanalyse als Hilfe zur Verbesserung der pädagogischen Situation im Unterricht. Diplomarbeit, Universität Innsbruck.

Lundberg, Olle u.a. 1994: Sense of coherence, social structure and health. In: European Journal of Public Health 4, S. 252–257.

Lundberg, Olle 1997: Childhood conditions. Sense of Coherence, social class and adult health. Exploring their theoretical and empirical relations. In: Social Science & Medicine 44, S. 821–831.

Lutgendorf, Susan K. u.a. 1999: Sense of Coherence Moderates the Relationship Between Life Stress and Natural Killer Cell Activity in Healthy Older Adults. In: Psychology and Aging 14 (4), S. 552–563.

Martens, Jens-Uwe 2009: Einstellungen erkennen, beeinflussen und nachhaltig verändern. Von der Kunst, das Leben aktiv zu gestalten. Stuttgart: Kohlhammer.

Massey, Robert F. 2006: Freedom with Responsibility. Interconnecting Self, Others, and Social Structures in Contexts. In: TAJ 36 (2), S. 134–151.

Mayer, Andreas 1993: Fuzzy Logic. Einführung und Leitfaden zur praktischen Anwendung. Bonn: Addison-Wesley.

Mayring, Philipp 2010: Qualitative Inhaltsanalyse. Grundlagen und Techniken. 11. Aufl. Weinheim: Beltz.

Mazzetti, Marco: Supervision in Transactional Analysis: An Operational Model. In: TAJ 37 (2), S. 93–103.

McKenna, Jim 1974: The Stroking-Profile. In: TAJ 4 (4), S. 20–24.

McSherry, W.C. u.a. 1994: Sense of coherence: its effects on psychological and physiological process prior to, during and after a stressful situation. In: Journal of Clinical Psychology 50, S. 476–487.

Mei, Yang 2010: The Relationship between Teaching Transactional Analysis Theory and College Student's Locus of Control: An Empirical Research. In: IJTAR 1 (1).

Meier-Winter, Toni 1994: Anwendung der Transaktionsanalyse. Theorie und Praxis in der Schule. Zürich: LCH.

Meininger, Jut 1992: Transaktionsanalyse. Die neue Methode erfolgreicher Menschenführung. 4. Aufl. Augsburg: mi-Verlag.

Mellor, Ken 2008: Autonomy with Integrity. In: TAJ 38 (3), S. 182–199.

Ders.; Sigmund, Eric 1975: „Discounting". In: TAJ 5 (3), S. 295–302.

Mettnitzer, Arnold 2008: Couch & Altar. Erfahrungen aus Psychotherapie und Seelsorge. Wien, Graz, Klagenfurt: Styria.

Ders. 2009: Klang der Seele. Sinn suchen, trösten, ermutigen in Psychotherapie und Seelsorge. Wien, Graz, Klagenfurt: Styria

Metzler Lexikon Philosophie 2008. Hg. v. Peter Prechtl u. Franz-Peter Burkhard. 3. Aufl. Stuttgart: Metzler.

Michel, Christian; Novak, Felix 2007: Kleines Psychologisches Wörterbuch. Das Standardwerk. 22. Aufl. Freiburg: Herder.

Mohr, Günther 2008: Coaching und Selbstcoaching mit Transaktionsanalyse. Professionelle Beratung zu beruflicher und persönlicher Entwicklung. Bergisch-Gladbach: EHP-Verlag Andreas Kohlhage.

Ders. 2009: Wirtschaftskrise und neue Orientierung. Von Angst und Gier zu Substanz und Anerkennung. Berlin: Pro business.

Ders. 2009: „Ich-Zustände" – die Einheits- und die Unterschiedstheorie. In: ZTA 26 (3), S. 199–218.

Ders. 2010: Workbook Coaching und Organisationsentwicklung. Bergisch-Gladbach: EHP-Verlag Andreas Kohlhage.

Mountain, Anita; Davidson, Chris 2005: Assessing Systems and Processes in Organizations. In: TAJ 35 (4), S. 336–345.

Müller, Harro; Knaller, Susanne (Hg.) 2006: Authentizität: Diskussion eines ästhetischen Begriffs. München: Fink.

Müller, Ulrike 1999: Der Mythos der Ganzheitlichkeit. Das Strukturmodell als Metapher moderner Ichzerfallenheit. In: ZTA 16 (4), S. 170–184.

Dies.1997: Der Begriff „Das Unbewußte" bei Eric Berne oder: Die tiefenpsychologische Dimension der Transaktionsanalyse. In: ZTA 14 (3), S. 118–133.

Dies. 2002: What Eric Berne meant by „Unconscious": Aspects of Depth Psychology in Transactional Analysis. In: TAJ 32 (2), S. 107–115.

Dies 2007: Prüfungen: Initiationsriten zur Aufnahme in Geheimgesellschaften? In: ZTA 24 (1), S. 94–99.

Nagel, Norbert (Hg.) 1996: Erlaubnis zum Wachsen. Beiträge aus der Arbeit mit Transaktionsanalyse in Pädagogik und Erwachsenenbildung. 2. Aufl. Paderborn: Junfermann.

Ders. 2009: Beziehung als Schlüssel zum Lernen. In: ZTA 26 (2), S. 128–141.

Niederl, Manfred 1993: Transaktionsanalyse im pastoralen Kontext. Diplomarbeit, Universität Graz.

Nohl, Arnd-Michael 2006: Interview und dokumentarische Methode. Anleitungen für die Forschungspraxis. Wiesbaden: VS Verlag für Sozialwissenschaften.

Novey, Theodore B. 2002: Measuring The Effectiveness of Transactional Analysis: An International Study. In: TAJ 32 (1), S. 8–24.

Ders. 2006: Myth and Measurement. In: TAJ 36 (3), S. 180–185.

Nuttall, John 2003: Script Analysis and Change in the Rosarium Philosophorum. In: TAJ 33 (3), S. 231–245.

Nyamathi, Adeline 1991: Relationship of resources to emotional distress, somatic complaints and highrisk behaviors in drug recovery and homeless minority women. In: Research in Nursing and Health 14, S. 269–277.

Oevermann, Ulrich u.a. 1983: Die Methodologie einer „objektiven Hermeneutik". In: Zedler, Peter; Moser, Heinz 1983: Aspekte qualitativer Sozialforschung. Studien zu Aktionsforschung, empirischer Hermeneutik und reflexiver Sozialtechnologie. Opladen: Vs Verlag.

Oller-Vallejo, Jorge 2001: The Ego States and the three Basic Functions. In: TAJ 31 (3), S. 167–171.

Ders. 2003: Three Basic Ego States: The Primary Model. In: TAJ 33 (2), S. 162–167.

Ders. 2005: Neurological Substrata of the Basic Ego Sates. In: TAJ 35 (1).

330

Ders. 2006: Freudian Agencies, Psychic Organs and Ego States. In: TAJ 36 (1), S. 20–24.

Pflug, Isabel; Fischer-Lichte, Erika (Hg.) 2000: Inszenierung von Authentizität. Tübingen: Francke.

Platon: Parmenides. Gr./Dt, 1985 hrsg. und übersetzt von Ekkehard Martens. Stuttgart: Reclam.

Pritz, Alfred (Hg.) 1996: Psychotherapie – eine neue Wissenschaft vom Menschen. Wien, New York: Springer.

Ders. (Hg.) 2008: Einhundert Meisterwerke der Psychotherapie. Ein Literaturführer. Wien, New York: Springer.

Ders. 2010: Freud und die Positive Psychologie – ein Widerspruch? (CD, Vortrag 24–06–2010). Müllheim: Auditorium-Netzwerk.

Pritz, Alfred; Teufelhart, Heinz 1996: Psychotherapie – Wissenschaft vom Subjektiven. In: Pritz, Alfred (Hg.) 1996: Psychotherapie – eine neue Wissenschaft vom Menschen. Wien, New York: Springer, S. 1–18.

Quint, Josef (Hg.) 1979: Meister Eckhart. Deutsche Predigten und Traktate. Zürich: Diogenes.

Rautenberg, Werner; Rogoll, Rüdiger 2010: Werde, der du werden kannst. Persönlichkeitsentfaltung durch Transaktionsanalyse. 19. Aufl. Freiburg: Herder.

Rieken, Bernd 2010: Schatten über Galtür? Gespräche mit Einheimischen über die Lawine von 1999. Ein Beitrag zur Katastrophenforschung. Münster, New York: Waxmann.

Ders. 2011: Psychotherapiewissenschaft, Hermeneutik und das Unbewusste. In: ders. (Hg.): Alfred Adler heute. Zur Aktualität der Individualpsychologie. (Psychotherapiewissenschaft in Forschung, Profession und Kultur. Schriftenreihe der Sigmund Freud-Privatuniversität, Bd. 1) Münster, New York: Waxmann (i.D.).

Risto, Karl-Heinz 2003: Konflikte lösen mit System. Mediation mit Methoden der Transaktionsanalyse. Paderborn: Junfermann.

Rogoll, Rüdiger 1998: Nimm dich wie du bist. Wie man mit sich einig werden kann. 10. Aufl. Freiburg: Herder.

Sack, Martin; Lamprecht, Friedhelm 1994: Lässt sich der „sense of coherence" durch Psychotherapie beeinflussen? In: Lamprecht, Friedhelm; Johnen, Rolf (Hg.): Salutogenese – ein neues Konzept für die Psychosomatik. Frankfurt: VAS, S. 186–193.

Sack, Martin u.a. 1997: Kohärenzgefühl und psychosomatischer Behandlungserfolg. In: Psychotherapie, Psychosomatik und Medizinische Psychologie 47, S. 149–155.

Samuels, Arthur; Lukan, Elisabeth 2008: Im Einklang mit dm inneren Kind. Ein meditativer Weg zu sich selbst. 11. Aufl. Freiburg: Herder.

Saupe, Achim 2010: http://docupedia.de/zg/Authentizität

Schiepek, Günter 1996: Psychotherapie als Wissenschaft? In: Pritz, Alfred (Hg.) 1996: Psychotherapie – eine neue Wissenschaft vom Menschen. Wien, New York: Springer, S. 205–218.

Schiff, Jacqui 1971: „Passivity". In: TAJ 1 (1), S. 71–79.

Schiffer, Eckhard 2001: Wie Gesundheit entsteht. Salutogenese: Schatzsuche statt Fehlerfahndung. Weinheim, Basel: Beltz.

Schlegel, Leonhard 1993: Handwörterbuch der Transaktionsanalyse. Freiburg: Herder

Ders. 2001: Gedanken zum „Erwachsenen-Zustand der ‚integrierten' Person" nach Berne. In: ZTA 18 (3), S. 77–90.

Ders. 2007: Überblick über historisch und aktuell bedeutsame psychotherapeutische Verfahren. Frauenfeld.

Schmid, Bernd; Gérard, Christiane 2008: Intuition und Professionalität. Systemische Transaktionsanalyse in Beratung und Therapie. Heidelberg: Carl-Auer.

Ders. 2008: The Role Concept of Transactional Analysis and Other Approaches to Personality, Encounter, and Cocreativity for All Professional Fields. In: TAJ 38 (1), S. 17–29.

Schmidt-Lauber, Brigitta 2007: Das qualitative Interview oder: Die Kunst des Reden-Lassens. In: Götsch, Silke u. Lehmann, Albrecht (Hg.): Methoden der Volkskunde. Positionen, Quellen, Arbeitsweisen der Europäischen Ethnologie. 2. Aufl. Berlin: Dietrich Reimer Verlag, S. 169–188.

Schmidt-Rathjens, Claudia u.a. 1997: Über zwiespältige Erfahrungen mit Fragebögen zum Kohärenzsinn sensu Antonovsky. In: Diagnostica 43 (4), S. 327–346.

Schneider, Johann 2000: Supervision, supervidieren und beraten lernen. Praxiserfahrene Modelle zur Gestaltung von Beratungs- und Supervisionsprozessen. Paderborn: Junfermann.

Ders. 2001: „Von der Kunst, erwachsen zu handeln". Die Ethos-, Pathos- und Logosqualitäten der Erwachsenenichzustände und die Auflösung und Transformation von Eltern- und Kindichzuständen. In: ZTA 18 (4), S. 148–164.

Ders. 2002: Auf dem Weg zum Ziel. Der Vertragsprozeß, ein Schlüsselkonzept erfolgreicher professioneller Begleitung. Paderborn: Junfermann.

Ders. 2009: Meisterschaft. Merkmale und Prinzipien gelingenden Handelns. In: ZTA 26 (3), S. 219–233.

Schmidt, Ulrich 2007: Von der „Transaktionsanalyse im Arbeitsfeld Pädagogik" zu einer transaktionsanalytischen Pädagogik. In: ZTA 24 (1), S. 5–29.

Schulze, Henning 1992: Internes Marketing von Dienstleistungsunternehmungen: Fundierung der Instrumentarbereiche des internen Marketings mittels ausgewählter Konzeptbereiche der Transaktionsanalyse. Europäische Hochschulschriften Reihe 5, Bd. 1283. Berlin: Lang.

Ders. 2007: Warten auf Godot: 30 Jahre DGTA. In: ZTA 24 (3), S. 248–249.

Ders. 2009: „Strokeorientiertes Management" in Dienstleistungsunternehmungen. In: ZTA 26 (2), S. 142–163.

Schulze, Henning; Lohkamp, Luise 2005: Kollegiale Beratung – problemlösungsorientierte Unterstützung von Führungskräften. In: ZTA 22 (4), S. 254–268.

Schüffel, Wolfram u.a. (Hg.) 1998: Handbuch der Salutogenese. Konzept und Praxis. Wiesbaden: Ullstein Medical.

Sell, Matthias 2009: Beziehungsformen als Element konsequenter transaktionaler Denkweise. In: ZTA 26 (3), S. 101–115.

Sell, Matthias; Kreuzburg, Bernd 2010: Unser geheimes Wissen – über die Macht der Intuition und die Intelligenz des Bauches. In: Lohkamp, Luise (Hg.) 2010: Leben und Arbeiten in der Zukunft ... Innovation mit Transaktionsanalyse. Reader zum 31. Kongress der Deutschen Gesellschaft für Transaktionsanalyse. Lengerich, Berlin, Bremen: Pabst Science Publishers, S. 75–89.

Sennett, Richard 1998: Verfall und Ende des öffentlichen Lebens. Die Tyrannei der Intimität. 14. Aufl. Frankfurt a. M.: Fischer.

Small, Lise 2002: On Being Competent Even If We Don't Know Everything. In: TAJ 32 (4), S. 209–222.

Spitz, René A. 1945,1946/1985: Hospitalismus I u. II.. In: Bittner, Günther; Harms, Edda (Hg.): Erziehung in früher Kindheit. Pädagogische, psychologische und psychoanalytische Texte. München: Piper.

Steiner, Claude (1971): The stroke economy. In: TAJ 1 (3), S. 9–15.

Ders.2005: Wie man Lebenspläne verändert. Die Arbeit mit Skripts in der Transaktionsanalyse. 11. Aufl. Paderborn: Junfermann.

Ders. 2006: Transactional analysis and Psychoanalysis: Writing Styles. In: TAJ 36 (4), S. 330–334.

Steiner, Claude u.a. 2003: A Compilation of Core Concepts. In: TAJ 33 (2), S. 182–191.

Stewart, Ian; Joines, Vann 2000: Die Transaktionsanalyse. Eine Einführung. Freiburg: Herder.

Stewart, Ian 2001: Ego States and the Theory of Theory: The Strange Case of the Little Professor. In: TAJ 31 (2), S. 133–147.

Ders. 1991: Transaktionsanalyse in der Beratung. Grundlagen und Praxis transaktionsanalytischer Beratungsarbeit. Paderborn: Junfermann.

Straus, Florian; Hofer, Renate 2006: Kohärenzgefühl, soziale Ressourcen und Gesundheit. Überlegungen zur Interdependenz von (Widerstands-)Ressourcen. In: Wydler, Hans 2006: Salutogenese und Kohärenzgefühl. Grundlagen, Empirie und Praxis eines gesundheitswissenschaftlichen Konzepts. 3.Aufl. Weinheim, München: Juventa, S. 115–128.

Strotzka, Hans 1983: Fairness, Verantwortung, Fantasie. Wien: Deuticke.

Temple, Susannah 2002: „Functional Fluency". In: ZTA 19 (4), S. 251–279.

Dies. 2004: Update on the Functional Fluency Model in Education. In: TAJ 34 (3).

Tosi, Maria Teresa 2008: The Many Faces of the Unconscious: A new Unconscious for a Phenomenological Transactional Analysis. In: TAJ 38 (2), S. 119–127.

Trautmann, Rebecca L. 2003: Psychotherapy and Spirituality. In: TAJ 33 (1), S. 32–36.

Tudor, Keith (Hg.) 2008: The adult is parent to the child. Transactional analysis with children and young people. Lime Regis Dorset: Russell House Publishing.

Udris, Ivars; Rimann, Martin 2006: Das Kohärenzgefühl: Gesundheitsressource oder Gesundheit selbst? Strukturelle und funktionale Aspekte und ein Validierungsversuch. In: Wydler, Hans u.a.: Salutogenese und Kohärenzgefühl. Grundlagen, Empirie und Praxis eines gesundheitswissenschaftlichen Konzepts. 3. Aufl. Weinheim, München: Juventa, S. 129–147.

Uexküll, Thure von; Wesiak, Wolfgang (1996): Wissenschaftstheorie: ein bio-psycho-soziales Modell. In: Uexküll, Thure von; Adler, Rolf (Hg.) Psychosomatische Medizin. München, Urban & Schwarzenberg, S. 22–24.

Van Deurzen-Smith, Emmy; Smith, David 1996: Ist die Psychotherapie eine eigenständige wissenschaftliche Disziplin? In: Pritz, Alfred (Hg.) 1996: Psychotherapie – eine neue Wissenschaft vom Menschen. Wien, New York: Springer, S. 19–73.

Verney, Juliet 2009: Mindfulness and the Adult Ego State. In: TAJ 39 (3), S, 247–255.

Vogelauer, Werner 2005 (Hg.): Coaching-Praxis. Führungskräfte professionell begleiten, beraten, unterstützen. 5. Aufl. Neuwied: Luchterhand

Ders. 2007: Methoden-ABC im Coaching. Praktisches Handwerkszeug für den erfolgreichen Coach. 5. Aufl. Neuwied: Luchterhand.

Vogelauer, Werner; Risak, Martin E. 2002: Management-Handbuch für Führungskräfte. Wien: Manz.

Vorlaufer, Johannes 1998. In: Biographisch-Bibliographisches Kirchenlexikon Bd. XIII, Spalten 1414–1416. Herzberg: Verlag Traugott Bautz.

Wachtel, Stefan 2003: Rhetorik und Public Relations. München: Gerling Akademie Verlag.

Wadsworth, Damon; DiVincenti, Alexis 2003: Core Concepts of Transactional Analysis: An Opportunity Born of Struggle. In: TAJ 33 (2), S.148–161.

Warnecke, Martin 2003: Erwachsen werden im Glauben. In: ZTA 20 (4), S. 283–302.

Weinreich, Wulf Mirko 2005: Ein umfassendes Therapiemodell auf der Grundlage der Integralen Philosophie nach Ken Wilber. Leipzig: Araki

Weiss, Edoardo 1950: The Principles of Psychodynamics. M.D. New York: Grune & Stratton.

Wernet, Andreas 2009: Einführung in die Interpretationstechnik der Objektiven Hermeneutik. 3. Aufl. Wiesbaden: VS Verlag für Sozialwissenschaften.

White, Tony 1994: Life positions. In: TAJ 24 (4), S. 269–276.

Ders. 1995: I'm OK You're OK. Further considerations. In: TAJ 25 (3), S. 236–244.

Wildfeuer, Armin G. 2001: Über Behinderung und Normalität. In: Feischen, Karl-Josef (Hg.) 2001: „Normal ist, wer dem Ideal so nahe wie möglich kommt". Über Normalität und Behinderung. Marsberg: Marsberg Verlag, S. 41–51.

Williams, Sh. J. 1990: The relationship among stress, hardiness, sense of coherence and illness in critical care nurses. In: Medical Psychotherapy 3, S. 171–186.

Wiplinger, Fridolin 1970: Der personal verstandene Tod. Todeserfahrung als Selbsterfahrung. Freiburg: Verlag Karl Alber.

Wirtz, Rainer; Fischer, Thomas (Hg.) 2008: Alles authentisch? Popularisierung der Geschichte im Fernsehen. Konstanz: UVK.

Wydler, Hans; Kolip, Petra; Abel, Thomas (Hg.) 2006: Salutogenese und Kohärenzgefühl. Grundlagen, Empirie und Praxis eines gesundheitswissenschaftlichen Konzepts. 3. Aufl. Weinheim, München: Juventa.

Yu-Szammer, Ruth 2006: Bildungsprozesse als Transformationsprozesse. Die transaktionsanalytische Psychotherapieausbildung als Initiator und Begleiter von Bildungsprozessen. Diss. Univ. Graz, Inst. f. Erziehungs- und Bildungswissenschaften.

Zeilinger, Anton 2005: Spukhafte Fernwirkung. Die Schönheit der Quantenphysik (CD). Köln: supposé.

Zulehner, Paul M. 2008: Werden, was ich bin. Ein spirituelles Lesebuch. Zusammengestellt von Paul M. Zulehner. Ostfildern: Schwabenverlag.

Ders. 2008: GottesSehnsucht. Spirituelle Suche in säkularen Kulturen. Ostfildern: Schwabenverlag.

Ders. 2010: Christenmut. Geistliche Übungen. Gütersloh: Gütersloher Verlagshaus.

Abstract

The aim of this qualitative empirical study was to determine the effectiveness of non-therapeutic training in Transactional Analysis. The purpose was to find out if the courses taken in order to widen the professional competences also had an impact on personal well-being, on the emotional quality of life, on private relationships and on the development of the trainee's personality.

Besides Transactional Analysis, the study is also based on Aaron Antonovsky's concept of salutogenesis. It is from this perspective that the collected data was interpreted.

The heterogeneous sample, which was selected according to the criteria of age, profession, gender and level in TA-training, consisted of twelve interviewees. All of them were Austrian trainees of at least three-year-programs. More than half of the trainees showed no interest in pursuing further training. Semi-structured qualitative interviews were carried out. The transcriptions of the interviews were assessed applying the basic principles of qualitative content analysis.

The main results can be summarized as follows: the motivation to undergo training in Transactional Analysis relies not so much on professional interests but rather often (exclusively) on private and personal interests. This decision was in part motivated by a first contact with TA while studying at university. In fact, the effects of the training are not only related with professional contexts but also with private life, the relationship with friends, partners and children. An increase of the „Sense of Coherence" of the TA trainees was evident, especially in the components of comprehensibility and manageability. Complete effectiveness of TA was achieved when it was permanently put into practice, when it was integrated in every-day life and when it became an attitude towards life, which is associated with ethics. The result of this was a higher emotional quality of life, especially due to the position that Eric Berne has defined as the plus-plus-position, a position of respect for oneself and for others. An incorporation of this position as the fourth component of the concept of „Sense of Coherence" is proposed in this study. This adds an ethic dimension to Antonovsky's model of health. It was further demonstrated that healing and development-stimulating processes can take place within the frame of non-therapeutic TA-trainings. This is closely associated with psychotherapeutic processes and corresponds to Fischer's „logic of psychomental health" (2008). A factor that accounts for the effectiveness of TA is the fact that its theory provides models that give an accurate account of the essence of innerpsychic processes as well as of interpersonal interactions and relationships, but at the same time they provide enough space for personal interpretations and applications. This corresponds to the principle of Fuzzy Logic, an approximate theory with a logic core that is optimally suitable for complex problems and facts. TA effectiveness – besides in adequate study programs – can also be found in the language of TA, which, thanks to the simultaneity of logic and imagery, can address many dimensions of the human being. An additional factor is the engagement and the initiative of the TA-trainees. The participants in the courses considered the authenticity and personality of the teaching staff to be more important for them than expert knowledge and pedagogy. In exceptional cases the lack of authenticity of lecturers and problems within the group of students lead participants to abandon their studies or to reject the theory as a whole. The evident openness to dialog of TA with other methods within human sciences, with religion and philosophy, reveals a potential that goes beyond a mere technique.

The following conclusions, amongst others can be drawn: the training in TA should be independent from professional training and should be addressed to anyone who is interested in communication and the development of personality. TA is appropriate for any age. With respect to personality, development and decision-making, TA could be more widely offered to younger students. The presence of TA in universities would be valuable and would contribute to the dissemination of the theory and to the promotion of TA research. TA could be applied as an instrument for the optimization of communication between clients and therapists in the psychotherapies of all sorts of schools and methods.

Except for a few cases, this study reveals that the interviewees acknowledge the success of the TA training and show a lasting positive attitude towards TA. A remaining open question for research would be the exploration of unsuccessful training processes and of attitudes of rejection in TA-trainees. From the perspective of a bibliotherapy research an exploration of the effectiveness of the reading of TA publications could be carried out, independently from TA-training programs. In salutogenesis research, it remains to be explored how the „Sense of Coherence" with the inclusion of the plus-plus-position influences well-being and emotional quality of life.